《韦卓民全集》编委会

湖北省学术著作出版专项资金资助项目

韦卓民全集 第五卷

一切未来的形而上学导论　自然科学的形而上学初步　康德哲学讲解　等

［德］康德　［加］华特生　著
高新民　刘占峰　等整理
韦卓民　译

華中師範大學出版社

图书在版编目(CIP)数据

韦卓民全集·第五卷/[德]康德,[加]约翰·华特生著;韦卓民译;高新民,刘占峰等整理. —武汉:华中师范大学出版社,2016.7

ISBN 978-7-5622-7222-9

Ⅰ.①韦… Ⅱ.①康… ②华… ③韦… ④高… ⑤刘… Ⅲ.①韦卓民(1888—1976)—全集 Ⅳ.①C52

中国版本图书馆 CIP 数据核字(2015)第 315667 号

韦卓民全集·第五卷

© [德]康德 [加]约翰·华特生著
韦卓民译 高新民 刘占峰等整理

责任编辑:郭志刚
责任校对:肖绪旭
编辑室:学术出版中心
电话:027—67863220
出版发行:华中师范大学出版社
社址:湖北省武汉市珞喻路 152 号
电话:027—67863426/3280(发行) 027—67861321(邮购)
传真:027—67863291
网址:http://www.ccnupress.com
电子信箱:press@mail.ccnu.edu.cn
印刷:湖北恒泰印务有限公司
督印:王兴平
字数:640 千字
封面设计:甘 英
开本:710mm×1000mm 1/16
印张:41
版次:2016 年 7 月第 1 版
印次:2016 年 7 月第 1 次印刷
定价:123.00 元

欢迎上网查询、购书

总 序

历经20年以上两代华师相关学者曹方久、高新民诸教授的辛勤搜集、整理、校订、编辑,《韦卓民全集》终于出版问世。这是华中师范大学出版社的又一壮举,也是这位前辈大家给我们留下的一笔丰厚学术文化遗产。

韦卓民先生不仅是一位卓越的大学校长,还是一位学贯中西、博古通今的杰出学者,其重要业绩在于中西文化之沟通。他毕业于华大前身文华大学,并曾先后就读于哈佛、伦敦、牛津、柏林等世界著名大学。他以毕生精力营造中西文化交流的桥梁。正如年轻一代学者王宏维所描述的那样:“集翻译、研究、教学于一体,熔‘三大批判’于一炉,风雨如磐,运动迭起。精译、深耕、勤教,始终无怨无悔。”1915年,韦先生以英文撰写《孟子之政治思想》,取得文华大学文学硕士学位,可以看作是其学术生涯的发端。随后陆续发表的《佛教净土宗以信得救的教义及其与基督教之比较》(1920)、《孔门伦理》(1929,博士论文)、《中国文化之精神》(1947)等论著,则是这一事业的继续发展。上个世纪50年代中期以后,他身处逆境,而沟通中西文化致力更勤,译著笔耕始终未辍,如《康德哲学介绍》(1956)、《亚里士多德逻辑》(1957)、《培根与其〈新工具〉》(1956)、《康德哲学浅说》(1972)、《黑格尔〈小逻辑〉讲稿》(年代不详)等。这些学术业绩多侧重于介绍西方传统文化的精华,特别是对亚里士多德、培根、康德、黑格尔等人哲学名著的翻译、阐释与导读。早在1928年他就说过:“有机体须从其环境吸收并同化一些要素,而且只有在吸收及同化的过程不断的情况下,才可能有生命。‘综合’一词是很重要的。它意指我们须对我们要综合的文化有完整的分析,比较其优缺点,然后造成一个有机体的整体,以保存两种文化的优点。我们必须这样做,而且必须以母体系统为新结构的间架。这是精神创新的工作……又是多么伟大的工作。”(《东西文化之综合问题》,据台北韦卓民纪念馆译文)这些话陈义甚高。他是这样说的,也是这样做的,而且是以自己的全部生命投入这项伟大工作。或许可以说,不理解这一点就不懂得真正的韦卓民。

诚然，韦卓民是一个虔诚的基督徒，但他信仰而非偏执，更没有流于浅薄的迷信。其根本原因就在于他是一个真正的哲学家，在精神世界更着重于理性的超越，既超越世俗，也超越宗教。正如香港年轻一代学者陈广培所曾指出：韦卓民眼中的基督教与中国社会文化的关系，“隐含着‘他者’的伦理视野”，其终极探究乃是整个宇宙与人类文明的存在与变化。但他并非沉溺于幻想，而是立足现实，关切现实，理解现实。所以他在基督教对华传播问题上，极力主张必须根植于中华文化土壤。用我自己的话来表述，就是“主归中华应该先于中华归主”。作为基督徒，他当然希望“将远东拥有世界最悠久历史的这个国家的优良文化，带到主的神坛前，作为对主的奉献”。因此，他自己坦然承认：“我毕生研究，都在导致去发现怎样使中国文化基督教化。”但他毕竟又是一个经过长期科学训练的现代哲学家，他对基督教的信仰，虔诚而非迷信，从不认为任何经典就是绝对真理，而多数传教士与基督徒信奉与传播的也不一定就是真正的教义真谛。所以，他摒弃西方中心主义，特别是许多欧美差会在华传播基督教过程中所拘守的专断与偏执。我认为，他在学术上致力更多的还是对西方近代哲学名著的译介与诠释。即使是在神学方面，也是反复强调并致力于基督教的中国化，即根植于中华文化。

韦卓民一生最为辉煌的时期是1945—1947年。抗战胜利后，华中大学返回昙华林，重整家园，百废待兴，并且雄心勃勃制订十年发展计划。在此期间，他曾应邀赴美讲学，先是作为鲁斯世界基督教讲座教授(The Henry W. Luce Visiting Professorship of World Christianity)，发表题为“让基督教在中国土地上生长”(Rooting the Christian Church in Chinese Soil)的系统演讲。随后，又应Hewell基金会邀请，在Andoer-Newton以及波士顿的圣公会多次演讲，主题是“中国文化之精神”(The Spirit of Chinese Culture)。这些系列演讲，均于1947年在美国结集出版。

这次讲学，规格甚高，声誉颇隆。韦卓民以前在耶鲁大学的老同事，曾任美国历史学会与美国教会史学会会长的赖德烈教授(Kenneth Scott Latourette)，为其演讲文集撰写序言，高度评价说：“韦博士了解中国文化的精神，有同情而深度的睿智，同时他又是一位基督徒，在向英语世界里，阐述中国文化之深处，实在罕与其比。”赖德烈 1910—1917 年曾在中国雅礼学院任教，是上个世纪 30—40 年代美国中国史与教会史研究的领军人物，他对韦卓民的评价绝非礼仪性的客套，而是由衷的倾服。韦卓民虽然专攻西方哲学，但其中国文化根底甚深，长期教授逻辑学、代数与几何、政治学、哲学、神学等课程，早已具备中西跨文化研究（他自己称为“综合”）的坚实基础，即使对欧洲早期汉学大家也不盲目崇信。韦卓民曾指出：“由于不够严谨地解释中国文字中若干名词，或是无意地把若干我们自己的意见掺杂到中国哲学宗教文献之中，我们假中国文化之名，表达我们自己的思想。……如此我们犯了理解上的谬误，翻译上的谬误，这尤其是在引用上最恶劣的谬误，因为在翻译原著时，你等于有效地告诉读者，这是原作者的意思。……最著名的汉学家，往往是最大的罪人。但是谁肯带头来批评呢?”他只有自己带头来批判，并且指名道姓地以这些“饱学之士”为例，如“19 世纪的 Legge（理雅各）与 Ross（罗约翰），20 世纪的 Bruce（卜道成）和 Rawlinson（乐灵生）”。他有意不提当时仍然在世的某些“饱学之士”的名字，算是给他们留点面子。

韦卓民在对外文化交流过程中显示出可贵的自觉与自信，他有足够的底气向西方学界挑战，因为他中文底子极好，熟读四书五经；又精通英、德、法、俄、希腊、拉丁等文字，不仅对西方相关经典著作钻研颇深，而且阅读涉猎甚广。例如，英国史学大师汤因比的巨著《历史研究》尚在陆续撰写出版之中，他就在演讲涉及人类文明兴衰时多次引用其论述，而当时中国史学界研究汤因比者还寥若晨星。韦卓民对西方“饱学之士”的批评，并非局限于经典中个别词语翻译的考订纠误。他特别强调：“我要指出的，不只是语言文字而已。整个的文化背景，必须也要加以考虑，诸如思想形式、思想规则、研究方法、哲学、宗教、艺术及社会结构等。”（以上引文均据老校友沈宝寰译文）因此，这种批评就不是口舌之争，更不是意气之争，而是力图实现层次更高而收效更为深远的东西文化高层交流。韦卓民的演讲不仅面对美国，而且面对世界；不仅面对基督徒，而且面对全人类。

韦卓民虽然是基督徒，但也是教育家与哲学家，他投入精力与思考更多的毕竟还是学校教育与哲学研究。教育使他进入世俗，哲学使他超越宗教;他追求美好的理想,但始终立足于现实,立足于中国的土地,厕身于中国的人民。因此,不像那些专业的神学家与偏执的布道者,他公开而真诚地履行现实社会的公民承担。抗战爆发后,他不断以英文撰写时评文章,向全世界介绍中国人民团结抗击日本疯狂侵略的真实情况,勇敢地表明反对法西斯主义的政治立场,比如 1938 年 6 月在美国《耶鲁评论》(Yale Reviews)上发表《抗战初期中国的若干问题》(Questions about China),1940 年于重庆发表的长篇英文通讯稿《抗战时期中国的教育》(Education in Wartime China),1941 年春发表于《基督王国》(Christendom)杂志的《中国战争对中国文化的影响》(Cultural Effects of the Present War in China),1941 年 3 月在中国广播电台发表的广播词《学者在战争中的任务》(The Role of Scholars in the War)等。特别是这篇向美国人民发表的广播词,再次重申:“在中国所发生的战争,只是极权与民主间大战的先锋。过去一年半来的事实,证实了我的看法,中国正在作战,而且决心继续作战,直至正义和世界道德得到维护为止。”作为一所西迁云南大理的大学之校长,他还自豪地向世界宣布:“透过坚持不懈的努力,中国的高等教育,不仅在战时得以维持,而且在一些重要方面还获得了显著进步,特别是许多研究所和高等学府向大后方落后地区的转移,产生了很好的影响,使得过惯了沿海各地生活的师生们,有机会熟识内地的生活。这种情形本身就是一种具有深远意义的教育,文化得以广泛散布,现代思想得以传播,水准较低的学校,在和进步的省份迁来的大学接触后,也因此提高了程度和效能,其结果将是战后会出现一个更教育化的中国。”在这些平实而又恳挚的话语中,我们可以看到一个真正的爱国者,一个终生奉献教育的老校长,一个胸怀世界的卓越中国公民。

但是抗战结束以后,人们还没有从胜利的喜悦中醒悟过来,国民党反动派就发动了史无前例的大规模内战,而政府腐败与战祸绵延,迅速使广大民众再次陷入痛苦深渊。韦卓民与成千上万善良的知识精英一样,逐步放弃了对于国民党政府的幻想,同情民主运动,保护进步学生,并且毅然拒绝国民政府迁校台湾的指令。他与华中大学广大师生一起,迎接了新中国的诞生,并且接受人民政府的命令,断绝与外国差会的联系,把学校由私立改为公立,以后又顺应全国性院系调整,与中华大学、中原大学等校合并，改制建立华中师范学院。他确实自觉地努力适应新社会，新政府也确曾给予重视并委以领导建校的重任。但是由于朝鲜战争爆发，美国成为敌国，而中国选择“一面倒”的亲苏外交政策。在抗美援朝热潮中，教会大学被定位为“美帝侵华文化堡垒”，其校长也相应被定格为“帝国主义文化侵略代理人”。在肃清“亲美”、“崇美”、“恐美”思想运动的高潮中，韦卓民成为理所当然且火力集中的靶子，并且从此离开学校领导岗位，成为一般教师。1957 年他被错划为“右派”以后，在政治上更受歧视，“十年动乱”期间亦为当然的批斗对象，直至 1976 年以后才经过平反恢复名誉。但好景确实不长，不过两年，这一代学术宗师就溘然与世长辞。

应该承认，韦卓民 1949 年以后这将近 30 年之久的漫长岁月确实是一个悲剧，但悲剧并非个人原因造成。根据我个人亲自接触与文献检索两方面的了解，过去无论如何屈辱痛苦，俨然成为众矢之的，他都能以平和的心态、超脱的胸怀，似乎顺应而又有内在定力地坦然应对。他天性幽默，语言风趣。记得“文革”时期，他作为“批斗对象”每天都要挤公交车从昙华林到南湖校本部“集中学习”。吃中饭排长队时，有人好心提醒他的铝制饭盒已被挤扁，他微笑轻声回应：“人都扁了，何况饭盒?”这就是真实的韦卓民，一位伟大的哲学家、教育家。在那种是非颠倒、蒙冤受屈的岁月，仍然保持着学者的尊严与人格魅力，甚至在集中学习的“牛棚”里仍然照常写作不辍。

俱往矣，过往的岁月，已逝的往事！大江东去，浪淘尽千古风流人物。刘知几云：披沙拣金，时有获宝。评文如此，评人亦然，只要是真金，迟早总会闪耀炫目光芒。出版社领导嘱我作序，哲学与神学浅薄如我，何必贻佛头著粪之讥。但曾忝任后辈校长，毕竟有所相知，于公于私，义不容辞。感慨万端，直抒胸臆而已。不当之处，尚祈多界贤达不吝批评教正。

章开沅

乙未初冬 年方九十

于南湖实斋

韦卓民引领我们走向康德
——代出版前言

在中国，伟大哲学家康德的著作和思想正在被越来越多的人所熟悉、所掌握，他那博大精深的思想在中华民族精神进程中的魅力已逐步展现。

韦卓民先生对康德哲学在中国的传播起到了巨大的作用，他在康德哲学"东渐"过程中的关键性地位是不可磨灭的。

20世纪甫始，梁启超发表《近世第一大哲康德之学说》一文，首次向中国人系统地介绍了康德。

"五四"新文化运动前后，张颐先生率先将康德和黑格尔的哲学带进了中国大学的课堂，张铭鼎等许多老一辈的学者致力于康德哲学的介绍和传播，在文化理论界掀起了一个热潮。

20世纪30年代以后，国内陆续翻译出版了康德的一些原著，它们是：《纯粹理性批判》(胡仁源译，1931年，商务印书馆)、《实践理性批判》(张铭鼎译，1936年，商务印书馆)、《道德形而上学探本》(唐钺译，1937年，商务印书馆)。与此同时，也出现了一些有价值的研究专著和论文，如郑昕先生的《康德学述》(1946年，商务印书馆)。

从"五四"到中华人民共和国成立前，尽管康德哲学得到了一定传播，但正如贺麟先生所评论的：成效不大，深度不够，范围狭小，"以致最后谈康德的仅有学术界为数极少的几个人"①。这种情况之所以产生，恐怕与学术界对康德哲学原著的系统翻译和介绍工作做得不够有莫大关系。

20世纪60年代，这种情况得到了很大改善。康德的三大批判中译本陆续出版：《纯粹理性批判》(蓝公武译，1960年)、《实践理性批判》(关文运译，1960年)、《判断力批判》(宗白华、韦卓民译，1964年)。中国人终于可以用中文一窥康德批判哲学体系的全豹了。接着，商务印书馆又出

① 贺麟：《康德、黑格尔哲学在中国的传播》，见《贺麟选集》，吉林人民出版社，2005年，第461页。

版了三本解释康德原著的译作。即是韦卓民先生翻译的《康德〈纯粹理性批判〉解义》([英]斯密著,1964 年)、《康德哲学著作选译》([加拿大]华特生编选,1963 年)和《康德哲学讲解》([加拿大]华特生著,1963 年)。

《纯粹理性批判》是批判哲学的根基,是康德的扛鼎之作。尘封 20 多年的蓝译《纯粹理性批判》的问世,对想学习康德而又无条件直接阅读原文的莘莘学子,就像久旱后之甘露①,它成了哲学系学生和哲学研究者案头必备之书。读懂康德,特别是他的《纯粹理性批判》,是十分艰难之事。入门需要引领,康蒲·斯密的《康德〈纯粹理性批判〉解义》,像他英译的康德原著一样,是一本国际公认的权威著作,近一个世纪以来,广泛流传,经久不衰。这一著作汉译本的出版,对康德哲学的传播,无疑又是一场及时雨。试问,有志于研究康德的学者,有几位没有读过这本《解义》的呢? 这本书当时"内部"出版,印数很少,可谓洛阳纸贵,得之者将它作为珍品收藏。直到 20 世纪 90 年代,有的学校因难觅此书,为教学需要,不得不内部翻印,可见它的价值和作用。

同期出版的其他两本华特生讲解康德的译作,也是对学习、研究康德极具参考价值的读物。《康德哲学原著选读》(原书 1888 年出版)编选了"三大批判"和《道德形而上学基础》四本原著中的若干章节。作者认为这些包括了康德系统思想的一切要点,对初学康德哲学的人很有帮助,可以为进一步研究康德哲学作好充分准备。这本书曾作为加拿大的大学教材,美国的大学也采用过。《康德哲学讲解》(原书 1908 年出版)是作者用前书作为基本教材向大学生讲的讲稿,积 20 年的教学经验整理而成。作者认为把这两本书结合起来向学生传授康德哲学,是"比较成功的一种试验结果"。韦卓民教授也正是用过华特生的教本和经验讲授康德哲学的。

以《解义》为标志的上述三本讲解康德哲学的著作,对促进康德哲学的教学、研究的重要意义,是显而易见的。它们的翻译出版,在康德哲学东渐史中,如果不能说"不亚于",那也是"仅次于"康德原著翻译出版的一件大事。在短短的两三年内,韦卓民先生向世人贡献了包括《判断力批判》(下册)在内的四本有关康德的译作,这在当时无人能出其右,可以说,

---

① 20 世纪 30 年代出版的胡仁源的译本是公认读不懂的。

解放后国内引进康德哲学最早、最多、最有力者，实应首属韦卓民先生。这些事实已然可以确定：在康德哲学在中国传播的第三个阶段①中，韦先生起到了发端奠基的重要历史作用。

但韦卓民先生所从事的康德哲学的传播、研究工作远远不止于此，人们以前知道得太少了。

韦卓民先生是一位学贯中西、融汇古今的大学者。他在中外哲学史、逻辑、教育和宗教神学等领域中均有很深的造诣与丰硕的建树。在西方哲学史领域，韦先生着重研究了四个人，即亚里士多德、培根、康德和黑格尔。关于这四位哲人，他均有遗著留下，但花时间最长、耗精力最多的乃是康德。在他留下近百部(篇)达七八百万字的中英文遗稿中，关于康德哲学的竟占了二分之一左右。这些足以证明，20 世纪中期，国内关于康德哲学的传播和研究，韦先生确实是首屈一指的。

韦先生之所以花大力从事康德哲学的传播和研究，是因为，他把康德看作西方哲学思想发展中承前启后的最关键人物。他认为，研究西方近代哲学中的人不管谈什么哲学问题，都必须追踪到康德。在他讲授康德、黑格尔哲学时，讲到康德，不时会流露出一种激情，这是他讲黑格尔时所没有的。他曾向王元化先生讲过，他对康德的评价远远超过黑格尔。当然，在那极“左”的年代里，他在称颂康德的同时也不得不从政治角度斥责过康德几句，这是可以理解的。

韦先生在 1957 年突遭厄运后，从居住几十年的校长楼移居一间斗室，工资陡降，生活条件急剧变差，但他从容对待，一心扑到对康德等人的研究上，到“文革”前，数年内以惊人的速度译出有关康德的专著竟达 10 部，300 余万字(同一时期，韦先生还撰写和翻译了 4 本关于黑格尔哲学和逻辑学等方面的著作达 100 万字左右)。这个时期，是中国最需要理性和人性的时期，也是他在康德的研究中成就最多的时期，也许这并不是偶然的。商务印书馆慕其名向他约稿，由于“文革”爆发，只出版了 4 部，这可以说是学界的一大损失。此后 10 年，这位耄耋老人在蹲牛棚、下农村、

① 贺麟先生在《康德、黑格尔哲学在中国的传播》中把康德、黑格尔哲学在中国的传播分为三个时期：早期为从变法运动到五四运动，中期为从五四运动到全国解放，后期为中华人民共和国成立之后到现在。

挨批斗、受凌辱等更为恶劣的境遇中仍念念不忘康德、黑格尔，笔耕不辍。在那令知识分子濒于崩溃绝望的岁月，他鼓励难友说："要有信心，做学问不能停下来！"像其他中国学者一样，韦卓民先生也以自己的人格谱写了康德、黑格尔东渐史上悲壮的一幕。

我们看到，韦先生关于康德研究的遗著中，绝大部分是译著，是康德的原著和对原著解读的著作。他认为，要真正认识康德哲学一定要读原著，特别是他的"三大批判"，这是康德哲学思想的精髓。韦先生曾著文专门分析"三大批判"的前提、基础和背景，提出了独到的见解。他认为"三大批判"中的《纯粹理性批判》是重中之重，代表了康德在哲学史上的地位。五六十年代，他在"康德哲学讲座"上，主要讲的是《纯粹理性批判》。他着重分析了该书的主题思想"验前综合判断怎样成为可能的?"这一课题的理论来源、内容实质和解决途径。正是因为想要帮助国内学子更好、更深入地学习这部名著，才知难而进，重新翻译这本最难读的书，以克服当时已有译本中的缺陷。在此前后，他还翻译了两位英国学者讲解《纯粹理性批判》的两本专著(即《康德〈纯粹理性批判〉解义》和《康德的经验形而上学》)；特别在"文革"前夕，又翻译了康德为《纯粹理性批判》所撰的简写本《一切未来形而上学导论》。这些都说明了他对这一名著的异常重视。

但是韦先生并不是单纯为翻译而翻译，而是把研究寓于翻译之中，翻译的过程也就是他的研究过程。当年他讲康德、黑格尔哲学时，对一些重要概念、词语，总是反复地从结构、词根讲到语义，从英文、德文追溯到拉丁文，给人的感觉似乎有点"咬文嚼字"、"烦琐考证"，但只要用心体会，就会领略到其中的奥妙和深刻。

下面仅举两例：

例一，"a priori"一词，国内一般都译为"先天"，韦先生认为是错误的，因为"a priori"在拉丁文中并无"与生俱来"之意，康德用这个词更无此意。韦先生在译此词时，先译为"先验"，后一再琢磨，觉得也不妥当。因为在康德著作里多年来已用"先验"来译德文的"transzendental"，如果再用它来译"a priori"，就混淆不清了。于是他反复推敲，最后决定创造一个崭新的词语"验前"来译"a priori"。从字面上看，二者似无甚区别，实际上意思却大不相同，"验前"更符合康德的原意。韦先生在"文革"中还专为此写过一篇文稿。韦先生的这一翻译，目前已得到许多学者的认同。例如中国人民大学的钟宇人教授在来信中写道："康德所用'a priori'一词，蓝译本译为'先天的'，影响很大，其实是不确切的。韦先生根据原拉丁文与对康德用意的深入研究，创译为'验前的'，很符合康德所说'绝对不依赖于经验的'原意。"

例二，《纯粹理性批判》第二版序言中康德有一句名言：Ich musste also das Wissen aufheben，um zum Glauben Platz zu bekommen。20 世纪的五六十年代，国内都把它译成"我否定知识，以便给信仰扫清地盘"，并据此认定康德是个反对科学知识的信仰主义者。韦先生说，这根本不是康德的原意，是英译者错误地把"aufheben"译为"deny"，国内有人据英文而译为"否定"，是跟着别人犯错误。因此韦先生根据对德文"aufheben"与"Glaube"词义的考察，及对康德思想主旨的理解，把这句话译为"我要扬弃知识，以便替信念留有余地"。近年来，随着对康德哲学研究的深入，学术界对把"aufheben"译为"扬弃"，把"Glaube"译为"信念"尚有不同的意见。但若留意到当年韦先生这样译，至少表达了康德既未否定知识，又给信仰扫清地盘的意蕴，从而为康德在中国的"错案"平了反，也就不难体会他的苦心了。

对康德哲学中的概念、术语，乃至重要句子，像这样苦心推敲、决不含糊的例子还有很多很多。正如韦先生说的，他在翻译时"以信为主"，用尽心思忠实于原著，不能为了追求"达"、"雅"而损伤原著本意。为了更忠实于原著，他始终不断地修订自己的译文，刻苦钻研、精益求精，正如他所说的，做学问一定要有一种"主见不可无，成见不可有"的独立与创新精神。这种精神在当今弥漫着浮躁、浮夸气氛的学术界，尤其值得提倡，值得推崇。

韦卓民先生在康德哲学研究领域卓有成效的工作，辉煌的成就，是他一生事业的重要组成部分。韦卓民先生乃是为了一个宏伟的工程而奋斗终生的。这个工程就是营造一座宽广而坚实的融通中西文化的桥梁。早在 70 年前，他已明确了这一奋斗目标。1928 年他在伦敦所作的一篇演讲中声称，融合异质文化是各民族文化发展的规律，而在当时的我国，"融合中西文化则是中国走向现代化而必需的、富有挑战性的工作"。他还旗帜鲜明地申明:在吸收西方文化时,我们反对妄自尊大的“保守派”,也要反对崇洋媚外的“洋化派”。如果说,解放前他在融合中西文化方面所做的工作主要是通过在国内办教会大学、宣讲基督教神学和在国外讲解与介绍中国传统优秀文化的话,那么,解放后他就把主要精力放在西方哲学史的译介上来了。原来,他研究、译介康德哲学正是站在这个高度来进行的!他常说:我们要在学习西方哲学时做到取长补短,以便更好地发展中国的哲学。他在上世纪50年代就曾多次说过:在欧洲,有些小国都翻译、出版了柏拉图、亚里士多德、康德、黑格尔等哲学大师的“全集”,而我们至今还没有一套,这同我们这个文明古国的地位是极不相称的。他立志要弥补这一缺陷。本来他已具备优越的主观条件,既“通晓古今”,又“学贯中西”,仅外语就精通英、德、法、俄、拉丁文等七八种。可他并不满足,仍自谦说“差距很大”。其实,他是在鼓励我们努力奠定扎实的功底,以铺设他理想中的“桥梁”。他还认为,在介绍西方文化、西方哲学时,要避免把西方的观念“解说成中国的观念”,过分追求中国化、通俗化,以致把人家的文化变质变味。我们体会他的意思是,在学习康德这样的西方哲学时,一定要力争学到原汁原味的康德思想;要努力体验领会德国语言的特征及其文化背景;设法逐渐领会康德的思维方式从而弄懂其实质,真正做到沟通中西,优势互补。

在这方面,韦先生开了先河,做了榜样,引领我们走近了康德,也引领我们走上了民族文化复兴的宽广大道。

唐有伯　曹方久

2006年6月24日

总 目 录

一切未来的形而上学导论…………………………………………… 1
自然科学的形而上学初步………………………………………… 143
道德的形而上学基础(节选)……………………………………… 257
实践理性批判(节选)……………………………………………… 281
康德哲学讲解……………………………………………………… 311
整理者后记………………………………………………………… 633
出版后记 …………………………………………………………… 635

一切未来的形而上学导论① (1) [1]

[德]康德　著
韦卓民　译
刘占峰　整理

① 据原文的标题应译为《一切未来的能作为科学出现的形而上学导论》，兹照我国哲学界一向惯用的名称简译。——中译者

目　录

引　言 …… 5
导　论　关于形而上学知识特性的引言 …… 13
第一节　论形而上学的来源 …… 13
第二节　论单独能称为形而上学的认识方式 …… 13
第三节　关于判断普遍划分为分析的与综合的之意见 …… 16
本导论的一般问题:形而上学究竟是可能的吗? …… 18
第四节 …… 18
一般的问题:知识怎样可能从纯粹理性而来? …… 22
第五节 …… 22
主要的先验问题 …… 27
第一部分　纯粹数学怎样成为可能? …… 27
[第六节至第十三节]
注　意一、二、三 …… 32
第二部分　纯粹自然科学怎样成为可能? …… 38
[第十四节至第三十五节]
第三十六节　自然本身怎样成为可能? …… 58
[第三十七节至第三十八节]
第三十九节　纯粹自然科学的附录　关于范畴的体系 …… 62
第三部分　一般的形而上学怎样成为可能? …… 67
[第四十节至第四十四节]
第四十五节　关于纯粹理性的辩证论的初步意见 …… 71
Ⅰ.心理学的理念 …… 72
[第四十六节至第四十九节]
Ⅱ.宇宙论的理念 …… 76
[第五十节至第五十四节]

Ⅲ. 神学的理念 …… 85
［第五十五节］
关于先验理念的一般注释 …… 86
［第五十六节］
总结:关于纯粹理性的界限的确定 …… 87
［第五十七节至第六十节］
本导论一般问题的解答:形而上学作为科学怎样有其可能? …… 100
附　　录　关于使形而上学实现为科学所能发生的东西 …… 106
索　　引 …… 116
译 后 记 …… 136
德汉词表 …… 138

引 言

本导论不打算给初学的人用,而是给将要作教师的人用的,而且即使给将要作教师的人用,也不是对一种已经存在的科学作有条理的阐明,而是为了发现这样一种科学。

就有的学者来说,哲学史(古代哲学史和近代哲学史一样)构成了他们的哲学。本导论却不是为他们写的。这些人必然要等到别人用理性的资源构成了一种哲学后才能从事说明那已经发生的东西。不然的话,他们就没有什么能说的了,因为他们的意见乃是:凡能说的东西都是前人已经说过了的,而且事实上,对于未来的一切都可以这样预言而不会错误的,由于人类的知性,千百年来,曾在许许多多的方式上,推测过不可胜数的题目,凡是有一种新的观念出现,几乎都找得到一种旧的观念是和它有着某种相似之处的。

我的意图乃是要说服致力于形而上学的人,暂且停止他们的工作,把一切过去的形而上学的工作看作不存在,尤其是首先提出这个问题:"像形而上学这样一种东西究竟是否可能?"

如果形而上学是一门科学的话,何以它不能像别的科学那样为人所 (2)
一致而持久地承认呢? 如果它不是一门科学,它又怎能装着科学的样子,
不断地诩诩夸耀,而且对人类的知性提出种种永不熄灭却又永难满足的
希望呢? 关于这种假定的科学的本性是什么必须有某种断然的决定:究 [2]
竟它是要证实我们确有所知,还是毫无所知;绝不能让它长此因循下去了。因为各门科学都不断前进,而这样被认为是智慧本身的知识,其预言常为人所咨询,反而一直踌躇不前,一筹莫展,这样未免太令人可笑了。它的信仰者也大大地减少了,而我们并不明白那些自己觉得在别的科学里有足够的力量会出风头的人,却情愿在这个部门里拿他们的名誉来冒险,而在这里,竟然有在别的一切方面都是一无所知的人却大胆提出一种断然的意见来,以为在这个范围里,手边没有任何确定的尺度能把渊博从毫无价值的废话分辨开来。

可是每每在一种科学经过长时间处理之后，当人们已把它里面所有的进展视作一些奇迹时，却有人于无意中提出这个问题来：这样的一种科学是否有其可能而且怎样可能？因为人类的理性是非常爱好建筑的，在许多时候，建起了一座高塔，随后又把它分拆下来，来看看它的基础是怎样奠定的。一个人可变为合理而聪明永远不会太迟；但是当知识迟迟而来，要使它在工作上发生效力就总是更困难的。

提出一种科学是否可能这个问题，是预先假定对于它的实在性有一种怀疑。但是对于那些把这个假想的宝库当全部财富的人来说，这样的一种怀疑一定会是一种冒犯；因此，任何发动这样一种怀疑的人总得要准
(3) 备对付来自各方面的抵抗。有些人满以为拥有老的，因而也就认为是正统的一套而感到自豪，手拿着他们的形而上学撮要，就带着轻蔑的态度来鄙视这种怀疑。另有些人是在任何地方都永远看不见任何东西不是和他们从前在别的地方所曾见过的东西完全相同的，于是他们就不会了解这种怀疑，而在某段时间里，一切视若无事，并不准备会有行将来到的变动，或者承认有这种变动的希望。

与此同时，我可以具有信心地预言，对本导论能自行思维的读者将要
[3] 不单纯怀疑他从前的科学，而且最后要完全被说服：没有满足本导论里所提出的各种要求，就不能有这样一种科学的存在，因为它的可能性乃是依据这些要求的满足的，并且由于这种满足从来没有得到，所以就一直还没有像形而上学这种东西。但是，由于普遍人类理性的种种利害关系是如此紧密地和形而上学结合在一起，所以对它的追求就永远不能失掉它的信念①，而这种读者却仍将要承认，一种彻底的革新，或者更确切地说，按照一种前此完全闻所未闻的计划的一种新生，乃是不可避免的，无论暂时对这种办法是如何予以反抗。

自从洛克和莱布尼茨的种种尝试以来，或者更确切地说，就其历史记载而言，自从形而上学的第一次发生以来，由这门科学的际遇来看，没有发生过任何事件比休谟对它的攻击能更有决定性。休谟诚然对于这种等

① “村民等待着河水流过去，但是河水却不断地流。一直要流到永远。”（罗马诗人贺拉特奥斯的话）

级的知识没有作出任何的说明，但是他曾打出一点火星，足以燃起一种光亮，如果触着一种能接受它的实体，就一定能保持而且扩大其微光。 (4)

休谟的出发点，主要乃是形而上学的一个独特而又重要的想法，也就是原因与结果的联系(包括力与行为等这些派生的概念)而且要求声言曾产生这个想法的理性，严格地说明其正当理由，何以它有权利认为，某东西是这样构成的，一被断定，某另一个东西也就同时要予以断定；因为在原因这个想法里是含有如此的思想的。休谟无可反驳地证明，就理性来说，是完全没有可能从验前的单纯的种种概念而想出这种联系来的，由于这种联系包含着必然性；但是虽然是这样，我们仍不可漏掉这样一个问题，就是如何因为某东西存在，而某另一东西也就必然一定要存在，而因此，这样一种联系的想法又怎能被看作是验前的呢？于是他便作出结论说，理性是完全用这种想法来欺骗它自己的，它错误地认它为自己的本生子，而其实不过是想象力的私生子，由于想象力受胎于经验，便在联想律 [4] 之下带来某些表象，而且用那从而发生的，即从习惯发生的一种主观的必然性来代替以洞见为基础的一种客观的必然性。休谟从而得出结论说，理性甚至并不具有在一般上想出这样的联系能力，因为在这样想出时的种种想法都会是单纯的虚构，而一切他自以为是验前的知识不过是错误安上标记的寻常经验而已。这也就等于说，完全没有形而上学这种东西存在，而且绝无可能有它的存在①。

无论休谟的结论是如何草率而不正确，它至少是根据调查研究的。 (5) 如果在其当时具有优良头脑的人们都一致努力来在他所说的意义上解决这个问题，看看在可能的范围内能否得到一些更可喜的结果，那就会很有价值了；而其后果也就必是这门科学的一种迅速而彻底的改革了。

但是形而上学的始终不祥的命运决定了休谟不会为任何人所了解。

① 同时休谟称这样破坏性的哲学本身为形而上学，而且赋以一种很高的价值。他(在其《人性论》第四部分)说："形而上学与道德论是知识中最重要的部门；数学与自然哲学的价值不及其半。"但是这位精明的人在这里只考虑到思辨理性种种夸大要求的节制所能有的消极效用，就是在于终止使人类苦恼的许许多多无止境而又麻烦的争论；但是他却忽略了其种种积极的弊病，是会撇出理性的最重要的期望而跟着发生的，而只有这些期望是理性能摆在意志面前作为其一切努力的最高目标。

当我们看到他的反对者,如里德、阿斯瓦尔德、卑立提和最后皮里士特雷如何看漏掉他的问题的特点,而把他所正怀疑的作为是当然的,而另一方面,却把他从没想到要提出异议的东西热烈地加以证明,而且大都做得很不客气,其结果就是完全误会了他志在改革的暗示,于是一切率由旧章,好像万事大吉了。问题原本不是原因这个概念是否正确,是否有用,而且从关于大自然的全部知识看来,是否不可或缺,因为论到这样一层,休谟
[5] 是从来没有怀疑过的。其问题只是,原因这个概念是否能在验前为理性这样一种方式想出来,以致构成一种不依靠任何经验的内部真理,因而是
(6) 比单独适用于经验的对象更为广泛有用;休谟所想要明白的就是关于这点。问题乃是关于这个观念的起源,不是关于它在使用上的实践必然性;如果前一点是确定了的话,其使用的各种条件与其有效的范围就已经足够明白了。

对这位大名鼎鼎的人物,反对者们,要充分公平地处理这个问题,就得要在理性单独从事于纯粹思想的范围内深入到理性的本性,而这对于他们来说是很麻烦的一件事情。因此,他们就想出一种更方便的手段,以为从毋需任何见地就可公开地反抗他,那就是诉诸于人类的常识。拥有直截了当的(或者像近年来称为朴素的)常识,诚然是拥有一种伟大的天赋才能。但是它的证明必须靠种种事实,靠人们所想所说的东西的思想丰富性与合理性,而不是靠它作为一个神话的,在人们自行辩护时,没有任何聪明的东西可引用,乃求援于它。在见地与知识都衰颓不振时,在那时,而不在那时以前,诉诸常识乃是近时巧妙的发明之一,而仗着这种发明,一个胸无一物的空谈家可以冷静地面对那学问最渊博的思想家反对到底。但是,只要还有一小点的见识留下来时,人们就会谨慎地抓住这根稻草。事情大白时,这种论证不过是诉诸群众的裁判;在舆论鼎沸的面前,哲学家也是羞涩的,而受欢迎的庸夫俗子就趾高气扬地得胜了。可是我认为休谟的常识,是不弱于卑立提的,而且此外,他还有某东西是卑立提一定没有的,那就是一种批判的理性,使常识不致越轨,而且不让它在
(7) 种种的思辨里做得过火;或者我们如果单纯关心思辨,也不要常识来作出决定,因为它是无力来处理它自己的各种公理范围以外的那些事情的;而只有这样,常识才依然是一种健康的常识,使用一块松木板折成一定的形

状，用镊子与斧头便十分够了，但是为了铜板的雕刻，就必须用蚀刻钢针才行。同样地，一般的知性和思辨的知性一样，是按其自己的类别有用的；前者的用处，是当我们看作对于经验有着一种直接的关系的那些判断的时候，而后者的用法，是在我们要普遍地从单纯的概念作出判断的地方，例如在形而上学里，自命为健康的知性（虽然每每是用反语说的）却不能作出任何判断来。 [6]

我毫不犹豫地供认，休谟这人是多年前第一次打破我的独断主义酣睡，而且给我在思辨哲学范围里的研究以完全不同的一个方向的。我当时和他远离，而没有听到他所得的各种后果。这些后果单纯是由于他没有把他的问题完全摆在他的面前，而只着手于其一部分而来的。着手那问题的一部分而不考虑到其全部是不可能提供一种解决的。当一个人从一位前辈所留下来的一个有根据、虽然尚没有发展出来的观念出发，这人很可以指望，加上了反思之后，便把这观念推进而超过那位精明的人可能达到的境地，而这观念的光亮，原来的火星却应归功于那人的。

首先，我试试看休谟从观察所得的知识能否使之成为一般的，而不久就发现，原因与结果的联系这个概念远不是知性在验前思索事物的各种联系的唯一概念，而形而上学乃是全由这样的概念组成的。我努力于确定这种概念的数目，这样，得到成功，使自己觉得满意时，也就都是从一单 (8)
条原理出来的，那时我就着手演绎出这些概念。现在我就确知，这是不能从经验得出来的，如休谟所曾妄想的那样，而必须发生在纯粹知性里面。这种演绎对我的精明前辈来说像是不可能的，而除他以外并没有任何一个人曾经想到过，虽然每一个人都漫不经心地使用过这个概念（但没有问到它的客观有效性是以什么东西为依据的）；我本要说，这乃是人们为形而上学打算早就可能解决的最困难的问题，而最糟糕的是形而上学，就其 [7]
现时在任何地方所存在的来说，并不能提供我丝毫帮助，因为上述的演绎首先在使形而上学成为可能。不但在一种特殊的情况下，而且关于纯粹理性的全部能量也都要解决休谟的问题，我才能够至少更确实地，虽然仍旧只是慢步地完全根据普遍性的各种原理确定纯粹理性的整个范围，其限度及其内容。这就是形而上学需要按着一种稳当的计划以构成它的体系的存在。

可是我怕要在最大可能的发展上贯彻休谟的问题(即从在纯粹理性批判里所做的那样)会遭着那个问题始初提出来时那样的际遇。它将会错误地被判定,因为它是为人所误解的。它会为人所误解,因为人们虽然愿意把这书翻开来看看,但是却不愿加以深思;不愿意在这本书上支出这种思索的劳累,因为这部著作不但冗长,而且干燥乏味、晦涩难懂,反乎一切惯常的种种想法。但是我必须供认,完全出乎我意料之外,竟然有哲学家多方埋怨,认为这书不够通俗,读来没趣,其安排不够惬意,可是它所处
(9) 理的问题却是属于高度为人类所珍视,为人类所不可少的知识的一个部分,是只能按照学问的谨严性的最严格的规则来处理的。因而迟早会受到欢迎,但绝不能是在一开始的时候。然而关于某种晦涩性,我们必须承认这种不满,其原因部分是由于计划的冗长,结果就是研究的各个主要论点不那么容易掌握,而本《导论》也就是旨在消除这种不满。

上述的那部著作(指《纯粹理性批判》——中译者)呈现出纯粹理性在其全个范围与界限上的能量,因之始终是基础,而和它相对地来说,本《导论》只是作为它的准备而已;因为拿这部批判作为科学来说必须总是完整
[8] 而有系统,一直到它最微小的细节,然后我们才能想到形而上学发生,或者乃至在这方面抱有最遥远的希望。

我们久已惯于看到知识的某些陈腐部门,除去了它们从前的外皮,按我们自己赞成的式样,配上一套整齐的服装,而加以新的称号,就得到一种新的支持;而绝大多数的读者不是期待什么不同于我们的《批判》的任何东西。但是本《导论》将要使之承认这是完全一种新的科学,以前并没有人丝毫想到它,甚至它的观念都是前所未知的,而且对于它来说,除了休谟的疑问所提供的暗示之外,一切前此为人所接受的知识都毫无用处。但是休谟绝未想到这样性质的正是科学是可能的,也未使他的船安然上陆,却把它搁浅在怀疑主义的海岸上,让它在那里躺着腐烂;而我却不这样做,我偏要配上一位领港员,按照从地理知识得来的航驶技术的某种原
(10) 理,提供完整的地图和指南针,把这船安然驾驶到它认为妥当的处所去。

在一门完全孤立而绝无仅有的崭新科学里,如果我们是一开始就抱有这样的偏见,认为我们能用我们从前所获得的知识,不知这种知识正是首先就将要加以怀疑的,而竟然这样去判辨事物,我们就将一事无成。原

因就是，如果我们这样做，我们就只会认为凡我们看见的都是我们早已知道了的东西，由于声音相似，凡听见的就全都像是变形的，无意思的，莫名其妙的，因为我们作为基础的乃是我们自己的意见，由日久的习惯成为一种第二天性的，并不是所读的作者的东西。但是这部著作的冗长原是根据科学而不是根据时尚（而一种不可避免的枯燥乏味以及学问上的谨严就是科学的特征），无论时尚怎样有利于所写的题目，都无疑不利于这本书。

诚然不是人人都能写得像休谟那样微妙而同时又娓娓动人，或者像摩西·门德尔松那样渊博而典雅；然而我却自以为我也有可能使我的风 [9]
格受到大家的欢迎，只要我不过草拟一个大纲而让别人来完成它，而且心中并不想到我多年从事的这门科学的好处；因为宁可不为一种迅速而适意的欢迎所引诱，而愿意有一种迟来而经久的名誉，这是需要相当大的忍耐以及不小的自制。

草拟计划每每是一种非常舒适，自命不凡的脑力工作，可以借以获得创作天才的名声，只须要求一个人自己所不作成的，非难自己所不能改善的，提出自己所不知在何处寻找的。但是理性的一般批判，其彻底的计划 (11)
如果不是要像平常那样作为一些虔诚（而不问实际）的愿望的单纯申说，所需要的就不止于如上所说的了。因为纯粹理性是和其他的一切如此隔离，而在其本身又是如此紧密联系着一个区域，以致不能触及它的任何一部分而不影响到其余各部分。所以，没有确定它的每一部分关于其他各部分的地位与影响，我们就一事无成，由于它以外没有什么东西是我们关于它的内部性格的判断能借以得到纠正的。它的每一部分的有效性与用途依靠它对于在理性里面的其余各部分的种种关系；而且像在一个有机体的结构里面一样，其每个肢体的意图只能从其整体的一个完整的概念才能推论出来。所以，关于这样的一种批判，是可以说，它是绝不可能的，除非它是十分完整，一直到纯粹理性的最小成分；而且又可以说，在这种能力的范围里，我们要就确定并且详细说明**一切**，要就不去确定与说明**什么**。

可是，一个单纯的计划在它批判之前也许是不可理解，靠不住的而且无用的，但是当它在批判之后时，却大为更加有用了。因为那时我们就能够看到其整体,检验这门科学所零零碎碎地作为依据的各个主要论点,而使其风格比初次从事那工作时可能有的要好些。

[10] 后面的就是这样的一个计划。在工作完成时,它是可以在一种分析的方式上呈现出来的,而工作本身却必不得不自始至终按着一种综合的方法构成,为的是要这门科学表示其一切关节在其自然的联系上作为知
(12) 识的一种特别能力的机构。另一方面,如果有人觉得我所作为任何未来的形而上学体系的导论而提出的这个计划其本身是晦涩的,他就必须记住,并不需要每一个人都来研究形而上学;有很多才干是足以研究通透而且甚至深奥的科学的,但大都是在直观的领域里,而在单独以抽象的概念为基础的一种钻研里是不成功的;在这样的一种情况下,其才能就应该转到另一个方面去。但是谁要来评判一个形而上学体系或者构成一个形而上学体系,谁就必须在各方面满足将在这《导论》里所提出的种种要求。也许他接受我的解答,或者完全驳倒它而提出另一种解答来代替它——要规避它都是不可能的;而且最后,这么多为人大声反对的晦涩(虽然每每是懒惰与愚蠢的一种掩盖)却可能有其用处的,因为那些由于尊重其他科学而保持一种机宜缄默的人,在形而上学的种种问题上常会表示意见而且用一种独裁的语气作出决定,因为在这里他们的无知并不明显地和别人的知识冲突,虽然依然是和一种健康批评的各种公理相冲突;而关于这种无知,我们可以引用罗马诗人维吉尔的话说:

“懒惰的雄蜂成群,不要接近蜂巢吧!”

导　论　关于形而上学知识特性的引言 (13) [11]

第一节　论形而上学的来源

在提出知识的一个部门作为科学的过程中，必须能够准确地弄明白它与别个不同的特征，就是它不和任何其他部门共同之处，因而是它所特有的；不然的话，一切科学的界限都互相渗入，而没有任何科学能按照它自己的性质得到充分的处理。

原来这种特性可在一门科学的对象，它的知识的来源，它的认识的方式之差别上，或者在这些差别之中的几点上，如果不是用其一切在一起的，而一种可能的科学与其领域的观念，主要是以这为依据。

首先，关于形而上学知识的种种来源，形而上学知识这个概念本身就说明这些来源不能是经验性的。它的各种原理(所包括的不单纯是它的公理，还有它的基本概念)因而就必须永远不是从经验得来的；因为所需要的不是物理的知识，而是形而上学的知识①，也就是经验范围以外的知识。所以非外界的经验，即物理科学本身的来源，又非内部经验，即经验 (14)
性心理学的根据，足以为其基础。那么，它在于验前的知识，也就是在于从纯粹知性与纯粹理性得来的知识。

但是在这点上，没有什么东西可把形而上学的知识从纯粹数学分别开 [12]
来；所以它就必须下定义为纯粹的哲学知识；而关于这种说法的意思，我得要请读者参看《纯粹理性批判》一书，在那里，理性的用途在这两种方式之间的区别曾清楚而详尽地说明过。关于形而上学知识的各种来源只谈这么多。

第二节　论单独能称为形而上学的认识②方式

A. 一般说来，综合判断与分析判断之间的区别

---

① 我们要记住，希腊文"形而上学"原是"物理学以后"的意思。——中译者

② 我英译康德的原德文"Erkenntnisart"这词，按其各种情况和英译的各种习惯分别译为"cognition"与"knowledge"这两个不同的词。——英译者英语的"knowledge"在本译文中一律中译为"知识"，而"cognition"则按其前后文或中译为"知识"或中译为"认识"。——中译者

形而上学知识必须只含有验前判断，这是其各种来源的特性所要求的。但是各判断，不管它的起源是什么，也不管它的逻辑形式怎样构成，都得按照它们的内容具有一种区别，而由于这种区别，它们要就是简单解释性的对于知识的内容毫无贡献，要就是扩张性的能扩大其所予的认识；这第一种可称为分析判断，第二种称为综合判断。

分析判断在其述项里所说的无一不是其主体概念里已想过了的，虽然想的也许不怎么清楚，或者有同等程度的意识。当我说，一切物体都是扩展的，这时我并不会丝毫扩大我关于一个物体的概念，而只分析它，由
(15) 于扩张虽然没有明白地在那概念里说出来，但是已经在那里想到过；换句话说，这个判断乃是分析的。另一方面，有些物体是重的这个命题，在其
[13] 述项里含有某东西，不曾在物体这个一般的概念里想到过；那就是说，就它对我的概念加上了某东西而言，它扩大了我的知识；因此它就必须称为一个综合判断。

B. 一切分析判断的共同原理乃是矛盾原理

一切分析判断都完全是以矛盾原理为根据，而且按其性质来说都是验前的知识，不管用作它们的质料的概念是不是经验性的。其理由是，一个肯定的分析判断的述项是先就在其主体概念里想到了的，所以不能就主体去否认它而没有矛盾；同样地，在一个否定的分析判断里，也必然按照矛盾原理就主体予以否定。关于每一个物体都是扩展的，没有任何物体是非扩展的，这些命题就是这样。

为了这种理由，一切分析命题都是验前的判断，即使它们的概念可能是经验性的。试拿黄金是黄色金属这个命题为例，原来要知道这层，我在我关于黄金的概念以外不需要另外什么经验，因为黄金这个概念是含有这种物体是黄色的和这种物体是一种金属这两个命题的；因为这正构成我的概念，所以我就只须解剖它，毋须在别的地方去寻找什么。

C. 综合判断要求一个不同于矛盾原理的原理

有一些验后的综合判断，其起源是经验性的；又有一些具有验前确实性的其他综合判断，是从知性与理性发生的。但是两者在这点上是相同
(16) 的，就是它们绝不能单在分析的公理里，即在矛盾原理里有其来源；它们还需要有一条完全不同的原理，即不论它们所由推论出来的原理是什么，

它们却必须符合矛盾原理,因为任何东西都不能违反这条原理,虽然不是 [14]
任何东西都能从它推论出来的。我首先且把综合判断分为下列各类:

(1)关于经验的判断总是综合的。把一个分析判断奠基于经验就会是悖理的,由于为了构成这个判断毋须超出我自己的概念,因而对它来说,经验的证实是不需要的。一个物体是扩展的,这是具有验前确实性的一个命题,而并不是关于经验的判断。因为在我投靠经验以前,在这个概念里我已经有了我判断的一切条件,而我就简单地按照矛盾原理,从而把那个述项取出来,同时也就可知道这个判断的必然性,这是经验永远不能告诉我的一点。

(2)数学的判断全都是综合的。这条真理一向都被人类理性的分析者看漏了,其实像是直接反乎他们的一切假定似的,虽然它是不可争辩而确实的,而且在其各种后果上也是很重要的。其理由就是,由于过去觉得数学的一切结论都是按照必然确实性本身的性质所需求的矛盾原理得出的,于是就作出结论说,数学的各公理也是通过矛盾原理而被知道的,而这却是一个大错;因为虽然一个综合命题能按照这上述的原理被看到,然而它这样被看到,只是靠预先假定有它从而得出来的另一个综合命题,而绝不是靠它自己。

首先必须留意,数学命题在本质上都总是验前的,而绝非经验的。因 (17)
为它们包含着必然性,而必然性不能从经验推论出来。如果有人不愿意承认这点,我就将把我所说的局限于纯粹数学,其概念本身就连带着这个事实,就是它并不含有任何经验性的东西,而只含有验前纯粹知识。

乍看起来,人们可能有倾向认为 7+5=12 这个命题单纯是分析的,
是按照矛盾原理从 7 与 5 的总和这个概念得出来的。但是经过更细密地 [15]
考虑之后,将要发现 7 与 5 的总和这个概念所包含的,除把两个数结合为一个数以外,没有别的东西,而且在那里面并没有想到任何关于这单个数是什么而且包括着那其他两个数。当我单纯想到 7 与 5 的结合时,12 这个概念决不是已经想到的,而且我可以随便把我这样一个可能的总和来加以解剖无论到多么长的时候,也不会在那里发现 12 这个数。我们必须离开这些概念,而求助于与它们之一相应的直观,例如我们的 5 个手指或者 5 个点(或者像昔格内尔在他的算术里那样的 5 个点),而这样把在直

观中所寻的5个单位逐一加在“7”这个概念之上。所以，我们的概念实是
为“7+5=12”这个命题所扩大的；对于原有的概念，是加上了一个新的概
念的，而这个新的概念决不是在原有的概念里所想到的；换句话说，算术
命题都总是综合的，这是一条真理，当我们拿比较大一点的数来看时，就
会看得更清楚些，因为那时我们就必然清楚地承认，无论我们怎么样把我
们的各概念翻来覆去，而不求助于直观，我们靠它们的单纯解剖，永远不
会找到所需要的总和。

(18) 纯粹几何的任何公理也不是分析的。一条直线是两点之间的最短的
线，这是一个综合命题。因为我的“直的”这个概念是和大小无关，而只和
质有关的。所以“最短的”这概念是完全加上去的，而不能从一条直线这
个概念的任何分析得出来。所以就必须又是有赖于直观，而只用直观，这
个综合才是可能的。

某些其他为几何学家所作为先决条件而要求的公理诚然是分析的而
且以矛盾原理为依据，但它们却是像同一性的命题一样，只用作方法的锁
链里的环节，而不是本身作为原理的；例如a=a，整体是自相等的，或(a+
b)>a，即整体大于其部分。但是，这些公理，虽然被包含在单纯的概念
里，却只是因为它们能在直观里呈现出来，才被纳入数学里去。单纯由于
措词的模棱两可，才产生这种一般的信念，以为这样一些必然的判断其述
[16] 项是已经处在我们的概念里面，因而判断就是分析的。那就是，我们**应该**
想出某一定的述项属于一个所予的概念，而且这种必然性乃至依附概念本
身。但是问题不是我们**应该**在那些概念里想出什么来，而是我们实际上确
是想出什么来，虽然是模模糊糊地；这就给我们说明那些概念的述项其实必
然依靠其主体，虽然不是直接地依靠它(而是通过一种附加的直观)。

第三节　关于判断普遍划分为分析的与综合的之意见

从人类知性的批判看来，这种划分是不可缺少的，因而就在这个部分
里值得成为标准，虽然我不知道在任何其他部分里它有什么重要的效用。
(22) 而且在这里，我又发现其原因，何以那些独断的哲学家只在形而上学本身
里，而不在它的外边，不在一般纯粹理性的规律里，寻找形而上学判断的
各种来源，就总是忽略了这种看来是这么自然出现的划分，并且像沃尔

夫,或步他后尘的精明的鲍姆嘉顿那样,在矛盾原理里寻找充足理由原理的证明。而充足理由原理显然乃是综合的。另一方面,我却已经在洛克的《人类知性论》里能查出这种划分的一种想法。因为在该书第四卷第三章里(即第三章从第九节起),在他谈了判断里的各种不同的表象与其各种来源之后,他把这些判断的一种列为同一性的或说矛盾原理里的(即列为分析判断的),而另一种列为在一个主体的表象的存在的(即列为综合判断的),而他却自认(在第十节里)我们关于这最后一种判断的(验前)知识是很有限的,几乎等于零。但是,在他关于这种知识所说的东西里,确定而化成规则的是这么少,难怪没有引起任何一个人来开始研究该类的 [17]
命题,而奇怪的是休谟都不是例外。因为像这些普遍性的,然而是确定的原理,是不容易从别人学得到的,如果对于那些别的人来说,这些原理只是模糊地看得出来。一个人首先必须是通过自己的反思而想到它们,然后才在别处,否则就一定不会发现它们,因为即使想到它们的人也不知道这样一个观念是处在他们的意见的基础上的。那些不自行思维的人却仍然具有尖锐的洞见来在已经给他们说明之后,在预先曾说过的东西里,看出没有人能在以前看见的各种东西。

(23)
本导论的一般问题：形而上学究竟是可能的吗?

第四节

如果实际上是有了形而上学作为一种科学的话，我们就可以说：这就是形而上学，你只须学习它，它就会用它的真理永远地而且不可抵抗地说服你。在那种情况下，目前的问题就会是不必要的了，剩下一个问题就只是关于我们敏锐性地检查多于关于事物本身的存在的证明了；问题也就是，它怎样可能，而且理性是怎样着手来掌握它的？不幸的是，在这种状况里，人类的理性不处在这样一种愉快的境遇里。没有任何一本书能指出来，比方像欧式几何那样，而关于它就能够说：这就是形而上学。按纯粹理性的原理所证实的关于一位最高存在者以及关于一种表面的知识，在这里可以找到这门科学的主要目的。无疑是有可能来提出许多是必然确实的而且从来没有人争论过的命题；但是这些命题都全是分析的，而且关于结构的材料与原理多过关于知识的外延，而知识的外延却是我们在
[18] 目前情况下的特别对象。但是甚至当一些综合命题产生出来时(例如充足理由原理)，而它们又为人愿意接受了。虽然它们绝没有从纯粹理性，即验前地，得到证明，如它们应该得到的证明那样；甚至那时，在我们想要为着主要的意图去利用它们的任何时候，我们便陷入这样一些不稳定而可疑的说法，以致一个形而上学的体系总是和另一体系不是在那些说法本身上就是在它们的证明上相矛盾，而这样就使一切对于恒久的承认要
(24) 求变为无效了。为了建立这门科学所作出的种种尝试无疑就是这早发生的怀疑论的主要原因。怀疑论是一种思想的方式，在其里面理性是这么凶狠地对待自己，如果不是它完全绝望来满足它的主要愿望，就永远不会发生。因为远在人开始用一定的方式来探究大自然以前，人就已经询问他自己被孤立的理性，这是为平凡的经验多少已经实践过的；因为理性总是在那里，而自然的规律一般要费力寻找出来的。而这样，形而上学就像

泡沫一样浮在面上，而且又像泡沫一样，一集合起来就溶解了，同时另一堆泡沫又出现，总有某些人急于抓住它；而另一些人，不是设法深入到所说的现象的原因，只笑抓泡沫的那些人的徒劳无功，而认为自己是聪明的。

①把纯粹数学知识从一切其他验前知识区别开来的本质特征，就是它不是从概念本身开始，而总是通过概念构造的。（见《纯粹理性批判》913 页）所以，既然在它的命题里它必须从这个概念超出到含有相应的直观，这些命题就永远不能而且永远不应该从概念的解剖发生，也就是从分析发生的；换句话说，它们全部是综合的。

我不能不说到从忽略这种简单而表面上似乎不重要的观察对哲学产生的不利。休谟诚然觉得它是一种值得哲学家去做的工作，就略看了一下验前的纯粹知识的整个范围，在其里面，人类知性是自认为这样广泛地占有的。然而他轻率地从它割出一整个部分，而且其实是其最重要的部 [19]
分，即纯粹数学这个部分，以为它的本性和所谓它的构成是依据完全不同的原理，即单单依据矛盾原理；而且虽然他不像我在这里所做的那样，或者用同样的名称，作出命题这样一种正式而普遍的划分，但是却等于是说，纯粹数学只含有分析判断，而形而上学则含有验前的综合判断。可是在这点上，他大大地错了，而这种错误对他的整个想法来说有了明显有害的种种后果。因为他倘若没有犯这种错误，他就会扩充了他关于我们综合判断的起源远远超过他关于因果性的形而上学概念，而且在那里面包含着验前数学的可能性；因为他必须是把这看作同样是综合的。但是在这后一种情况下，他决不会把他的形而上学的种种命题奠基在单纯经验之上，由于他那样一来就会不得不把纯粹数学本身的公理从属于经验，而他是很有见识的，不会这样进行。

那时，形而上学就会得到很好的同伴，而这种同伴也就保证它不致受 (20)
到受人轻蔑的待遇了；因为打击形而上学就必然是打击纯粹数学，而这既不是休谟的本意，也不能是他的本意。其结果必会引致这位尖锐的人去

① 从这段起，一直到“就形成形而上学的本质内容”为止共有六个段落 Vorländer 版放在第二节里作为最后的五段。——中译者

考虑我们现在从事于考虑的事情，但是由于他的不是别人所能仿效的风格，就必然会有无限的收获。

形而上学的判断本质上全都是综合的。我们必须把属于形而上学的判断同形而上学判断本身区别开来。属于形而上学的判断之中，许多是分析的，但是它们只为形而上学判断提供工具，而形而上学的判断却是形而上学这门科学的全部意图，而且都是综合的。因为，在一些概念是属于形而上学时，例如实体这个概念，从它们的剖解所发生的种种判断，比方实体乃是只作为主体而存在的东西等等，以及许多更与之相类似的分析
[20] 判断，是属于形而上学的；利用这种判断，就是努力于接近这个概念的定义。然而知性的一个纯粹概念（像形而上学所含有的那些概念那样），其分析的进行不能有别于任何其他不属于形而上学的概念（乃至一个经验性的概念）的分析（例如空气是一种弹性的流体，其弹性不为任何所知的冷度所毁坏），可见正当是形而上学的乃是这个概念，而不是那分析判断。所说的科学有其特别而且是它特有的某东西，就是在于它的验前知识的产生，而这种验前知识必须从它和一切其他的知性知识所共通的东西区
(21) 别开来；所以，例如“凡在东西里是实体的东西都是永恒的”这个命题乃是一个综合的判断，而且正当是形而上学的判断。

当构成形而上学的材料的验前概念曾经事前按照已定的原理搜集起来的时候，这些概念的剖解是极有价值的。那时它们就能被呈现出来作为一种特别的部门（仿佛作为一种确定的哲学），所含有的单是和形而上学有关系的分析命题，虽然是完全不同于构成形而上学本身的综合命题的。因为事实上，除了是在形而上学里面，这些分析在别的地方没有任何重要的用处，其用途乃是和那些综合命题有关系的，是要从那些剖解的概念产生出来的。

那么，在这节里得出的结论就是，形而上学本应是有关验前的综合命题，只有这些命题才构成形而上学的意图，但是此外，它还需要时常剖解它的概念，或说须有分析判断，而在这方面的程序只是和想要把其概念用分析的方法来弄得明白的其他知识部门相同的。但是验前知识的产生，在直观里和在概念里一样，总之，在哲学的知识里的验前综合命题就形成形而上学的本质内容。

那么，厌倦了对我们毫无启示的独断论，而又厌倦了那叫我们毫无指 (24) 望，乃至对并不碍事的无知这种休息的指望的怀疑论，并且为我们所需要的知识的重要性所引诱，而经过长期的经验，就使我们对于我们自认为具 [21] 有的一切，或者对于以纯粹理性的名义出现的东西都觉得不可靠，于是剩下来的只有一个批判的问题，其答案是必须规定我们未来的程序的：形而上学究竟是否可能呢？但是这个问题的答复必不可是对于任何实际上形而上学体系的某些特殊说法的怀疑意见（因为我们现在不承认任何这种形而上学的说法了），而是要从这样一种科学到目前为止的唯一有疑问的概念而来的。

在《纯粹理性批判》里，我开始综合地对这个问题进行工作，着手钻研纯粹理性本身，并努力在这个来源里按照各原理来确定其纯粹用途的各 (25) 种要素和规律。这个任务是艰难的，要有一个坚决的读者，逐渐想出一种体系来，而除理性本身以外，这种体系没有任何材料，因而也就是没有任何事实来支持它自己，并从它的原有的根源企图去扩展知识。反之，《导论》应该是预备位的练习，表示计划要做的东西，以尽量实现一种科学，而不是阐明一种科学。所以《导论》必须依靠已知是可靠的某东西，使我们有信心地前进，而追溯到它对我们说来还是未知的种种来源，而其发现将不但说明我们所已经知道的东西，而同时却是要给我们展示出这些从同样来源发生的许多知识的一种范围。因此，《导论》的这种有次序的进程，尤其是为准备一种未来形而上学体系的导论而计划的有次序的进程，将是分析的。

可是幸而碰巧，虽然我们不能承认形而上学是一种实在的科学，但是我们却可以具有信心地断言，某些纯粹综合的知识实在是验前所予的，那就是纯粹数学和纯粹自然科学，因为两者却含有一些命题，一部分是通过单纯理性而必然确定的，另部分则是一致同意承认是来自经验，却又完全独立于经验。

那么，我们至少是有一些无可争论的验前综合知识，而毋须去问这是否可能，因为它是现实的，但是要问——它是如何成为可能的，因为要能使已经被给予出来的东西成为可能的原理并从而推论出其余一切的可能性。

(26)
[22]

一般的问题：知识怎样可能从纯粹理性而来？

第五节

我们已经看到分析判断与综合判断之间的重要区别。分析命题的可能性是很容易由想象得到的，因为它们以矛盾原理为根据。验后的综合命题，例如从经验得出来的，其可能性是毋须特别解释的，因为经验不过就是知觉的一种不断的积累(即综合)。那么，剩下来要追问或检查其可能性的只是验前的综合命题，因为这种可能性所依据的，必须不同于矛盾原理的一些原理。

但是我们不必去找出这样的命题的可能性，那就是，不必问它们是否可能，因为它们的存在，实际上是被给予出来，而且具有不可怀疑的确实性；并且由于我们在这里所遵循的方法是分析性的，我们一开头就将假定这样综合的，从理性而来的纯粹知识乃是实在的；但是，我们因之就必须探究这种可能性的根据而进行追问——这种知识是怎样成为可能的？以便我们可以从它的可能性的种种原理确定其用途的各种条件、范围与限度。一切以之为关键的正当问题，在用学术的精确性表达出来的时候，将是这样的：

验前的综合命题是怎样成为可能的？

为通俗起见，在上文里我曾以稍微不同的方式来表达这个问题，也就
(27) 是做有关从纯粹理性而来的知识的探讨，而我在这种时候是能这样做而无害于所想得到的洞见的。因为，由于我们在这里仅仅是关心于形而上学与其各种来源，我就指望，有了上面所说的一些以后，读者将经常记住，当我们在这里谈到从纯粹理性而来的知识时，我们总是指综合的知识，而

绝不是指分析的知识①。换言之，形而上学的成败其存在本身是完全依
靠这个问题的解决。让任何一个人写下关于形而上学的一些主张，不管 [23]
这些主张怎样说得通，也堆上了一些结论，层出不穷，以至堆得不能再堆，
如果这人首先不能满意地解答上述的问题，我就有权来说：这一切都是无
用的，毫无根据的哲学，虚伪的智慧。你是通过纯粹理性说话，并自以为
创出了验前的知识，你骗人说，不单纯剖解所予的概念而是剖解不依据矛
盾原理的新联系。而且你以为这些联系是你完全不依靠任何经验想出来
的。你是怎样达到这些联系的，并且你将怎样在这样的一些主张里为自 (28)
己辩护呢？不能容许你上诉于人类的一般常识的一致，因为那是一个证
人，其名声只依据一般的传说。

“你这样对我说明的一切，我却不相信而且恨恶。”

虽然这个问题的答复不可缺少，但它也同样是困难的，而且人们从前
之所以很久没有尽力给它作答复，其主要原因是在于他们从没有想到能
够提出关于任何这种东西的问题这个事实，但是还有第二个原因，那就是 [24]
在于这一个问题的满意答复要有一种反思，比谈到形而上学的最冗长的著作所要有的更为顽强、更加深入，而且更是劳累，而形而上学的始初出现曾使它的创始人有名垂千古的希望。而且每一个有思想的读者，仔细考虑到这个问题的要求，往往一开头就为其困难所吓倒，于是把它看为不可解决的；而且事实上，如果不是因为这样，验前纯粹综合性知识在实际上的存在，就会把它看为完全不可能的。在休谟的情况下，事情就是这样，虽然他远远没有把这个问题在其一般性上摆在他的面前，像我们在这里所做的那样，又像我们必须做的那样，如果其答案是要对全部形而上学都有决定性的话。因为这位尖锐的人说，当一个概念对我被给予出来时，

① 不可能避免某些词句变为古典的，这些词句起源于科学的初期，随着知识的逐步进展，它们就被觉得是不相称和不适用的了，不能避免一种比较新的更适合的术语和旧的术语发生危险的混淆。分析方法就它和综合方法对立来说乃是完全不同于一种分析命题的集合体的东西。分析方法的意思单纯是说从我们所追求的东西出发，好像它是被给予出来似的，而追溯到单由于它们这东西才是可能的那些条件。按照这种方法，我们时常使用的只是综合的命题，数学分析就提供一种实例，这也许可更恰当地被称为后溯的方法，与综合的或称前溯的方法相反。而且这样的一个被称为分析的主要是指真理的逻辑，和辩证论相对比，并不与属于它的知识的分析或综合性格有任何特别的关系。

我怎有可能超出它，而把它和另一个概念联系起来，这另一个概念乃是不
包含在它里面的，而且事实上也这样联系起来了，好像这另一个概念是必
(29) 然属于前一个概念似的？只有经验才能给我们呈出这样的联系来（他是
从他误以为不可能的那种困难上得出的这种结论），而且凡是这样想象的
必然性，也就是等于说，假定为验前的知识，无非是觉得某东西是真的这
种习惯，从而就把主观的必然性认作客观的必然性这种习惯罢了。如果
读者埋怨我在这个问题的解答里将会给他的困难与麻烦，那么就让他着
手试试用一种更容易的方法来解决它吧。那时他也许会感激那为他花了
这样深刻研究的劳累的人，而且只要他估计到这个题目的性质的话，他多
少会对容易作出这种解决表示一点惊奇。为了在其全普遍性上（全普遍
性是在数学家用这个词的意义上，即为一切情况下都足够的意思）来解决
这个问题，而且要能够最后把它在分析的形式上提出来，如读者将在这里
看出那样，是费了多年的麻烦的。

因此，所有形而上学家都严肃而合法地暂停他们的工作等到他们适
当地答复了这个问题——验前综合知识是怎样成为可能的？因为，如果
他们有什么东西，用纯粹理性的名义拿到我们这里来，他们所必须拿出来
的凭据就单在于他们对这问题的答案；没有这种答案，他们就只得等待着
[25] 那常常受到欺骗而有常识的人们的拒绝，而并不再去问他们更有什么工
作了。

另一方面，如果这些形而上学者继续他们的事务，不是作为一种科
(30) 学，而是作为一种有益劝导的技术，适合于人类一般常识，那么，天公地道
是不能不让他们有这样职业的。在那种情况下，他们将只是使用一种理
性的信念的语言；他们甚至将要承认不容许他们对于处在一切可能经验
的范围以外的东西有所猜测，更谈不上知道了，而单纯是假定对于生活中
的了解和志愿的指导是可能的乃至是不可缺少的东西（可不是为着纯理
论的用途，因为他们必须放弃纯理论，而是为着纯粹实践的种种意图）。
只有这样，他们才可能有聪明而有用的人这个名声，而且他们越是放弃形
而上学家的名声，就越会负有上述的名声。因为形而上学家乃是要成为
纯理论的哲学家，而只要当我们所关心的乃是验前的判断时，光是或然性
的东西是不可靠的（因为按所假定来说，凡是验前知道的都因而声明为必

然的)。形而上学家是不容许玩弄猜测的,那么他们所说的必须要就是科学,要就不成为任何什么了。

可以说,必然在一切形而上学之先的全部先验哲学,其本身不过是这里所提出的问题在系统的秩序上和完全的彻底解决,因而我们也就是还没有先验哲学。因为成为先验哲学,正当地说来,乃是形而上学的一部分,但是前一种科学是必须首先构成这后一种科学的可能性,因而先验哲学就必须在一切形而上学之先。那么,因为一种完备而在其本身说来又全是新的科学,而且关于它,不能从其他科学得到任何帮助,所以必须有了它,才能适当地解答任何一个问题,于是无怪乎所提出的问题的解答带来了麻烦与困难,而且也许甚至带来某种程度的晦涩性。

在我们现在按照分析的方法开始去解决这个问题时,而在这当中,我 (31)
们是预先假定从纯粹理性而来的这种知识都是实在的,我们只能求助于理论知识的两门科学(是我们在这里单独与之有关的),那就是纯粹数学与纯粹自然科学,因为只有这些科学才能把一些对象在直观里给我们提出来,因而(如果有一种验前知识在它们里面会发生)也就证明这些对象的真实性或和具体对象的一致,即它们的实在性;从这点一直到它们的可能性的根据,我们都定能遵循分析的道路进行。这是大大便利于我们的事情,因为这些普遍性的考虑不是单纯适于事实,而且是从事实出发,而不是像在综合的程序里那样,必须要完全在抽象上从概念得出来。

但是,从这些实在的而且同时是有根据的验前纯粹知识上升到一种可能的验前纯粹知识,像我们所追求的那样,也就是上升到形而上学作为一种科学,我们必须在我们主要的问题之下包括着那引起它的问题,即那处在原来问题的基础上而自然地被给予出来的验前知识,虽然关于这种知识的真实性不无可疑,而没有任何关于它的可能性的批判检查,就把它作为现在通常称为的形而上学——总而言之,就是对这样一种科学的自然倾向;而这样,把这个主要的先验问题分成四个其他问题,就将逐步地予以解答:

1. 纯粹数学怎样成为可能?

2. 纯粹自然科学怎样成为可能?

3. 一般的形而上学怎样成为可能?

4.作为科学的形而上学怎样成为可能?

将要看到,虽然这些问题的解答主要是打算去用实例来证明这部《批
(32) 判》的本质内容,可是这个解答还有某东西是特别的,本身是值得重视的,就是要在理性里追求所予的一些科学的来源,为的是要利用这种行动本身来研究与测量这些科学知道验前某东西的能力。像这样特殊的一门科学本身也就必然有所收获,如果不是关于它的内容方面,至少是关于它的正当使用,而且一方面,它帮助说明它的共同起源这个更高级的问题,而同时也令人更好地阐明它自己的性质。

主要的先验问题 (33) [27]

第一部分　纯粹数学怎样成为可能?

第六节

知识的一个伟大而要建立起来的部门,其范围已经令人惊奇,而前途又是有希望去无限扩张,除了彻底综合外,还带有完全必然的确实性,即绝对的必然性,而这样就是绝不依据任何经验性的根据,而是理性的一种纯粹产物,这是怎样来的。“人类理性怎能引起这样一门完全验前的知识?”这种能力既不是而又不能根据经验,它是否预先就假定有验前知识的某种根据是深深地隐藏着,但是如果我们只刻苦地去寻找其萌芽,通过它的这些结果,即根据就会显露出来呢?

第七节

但是我们发现一切数学的知识都有这种特征,就是它必须事先在**直观**里,而且其实在验前,即在一种不是经验性的而是纯粹的直观里,呈现它的概念,而没有这种直观的话,它就寸步难行;所以数学知识的判断都总是直观性的,而哲学却必须满足于从单纯概念而来的推论性判断;因为 (34)
虽然哲学能用直观来说明它的一些必然的学说,但是这些学说却永远不能是这样一种出处得出来的。关于数学的本质这种观察,本身就提供我们一种指导,关于它的可能性的首要条件,即某种纯粹直观必须是在其基础上,而在那里它是能在具体上而同时又在验前,呈现出一切它的概念,或者如人们所谓构成它们。如果我们能找出这种纯粹的直观,连同它的可能性,那就容易说明在纯粹数学里的验前综合命题怎样成为可能,因而 [28]
也就说明这门科学本身怎样成为可能了。因为正如经验性的直观,毫无困难地用其本身是直观提供我们的新述项，就使我们综合地在经验里扩张我们关于直观的一个对象所形成的概念，纯粹直观也将这样做，只有这种差别：就是在后的一种情况下，验前综合判断是确实的而且必然的，而在那第一种情况下，判断不过是验后的而且在经验上确实的，因为这后者所含的只是偶然在经验性的直观里所碰见的东西，由于既是验前的直观，这种直观是在一切经验或个别事物的知觉之前，和那概念不可分离地结合在一起。

第八节

但是由于这个步骤，这种困难好像是增加了，而不是减少了。因为现在的问题是：验前直观到的任何东西怎样成为可能？直观乃是一种表象，因为它会是直接依靠当前有其对象的。所以，好像不可能来原本验前地
(35) 进行直观。因为那样的话，直观就必须是发生而并没有一个在先的对象或当前的对象，是它能与之有关系的，因而就不能是直观了。事实上，概念是属于一种性质，使得有些概念，即只含有一个一般对象的思想的那些概念，尽可以在验前被形成，而我们并不和它的对象有直接的关系(比方量的概念，原因的概念，等等)，但是就是这些概念，如果它们是要获得意思与意义，也要有具体上的某一定的用途，即对于某种直观的适用，从而它们的对象是将对我们被给予出来的。但是关于一个对象的直观怎能先于这对象本身呢？

第九节

如果我们的直观所有的性质是呈现事物如在其自身里面那样的，就完全不会有验前直观发生了，而直观就总会是经验性。因为包含在照其本身来看的对象里面的东西，只当它是被给予而对我呈现出来时，我才能
[29] 知道。那么，诚然不可想象，关于当前一个事物的直观，怎样使我知道它如在其自身那样，因为它的各种属性是不能过渡到我的表现能力里面来的。但是，即使有这种的可能性，所说的直观也不会在验前发生，即在那时像对我呈现出来以前发生，因为没有这对象，就不能想象在我的表象和

这个对象之间的联系的任何根据；而在这种情况下，它就必须以灵感为其依据了。因此，我的直观只有一种可能的方法是它借以能先行于对象的实在性而作为验前知识发生的，而那就是，如果它所包含的无非是在我的主观里先于一切实在的印象，为我借以受到对象所影响的感受性的形式。因为，感官对象只能按照感受性这种形式才被直观到，乃是我能验前知道 (36)
的一种事实。由此可见，单独有关于感性直观形式的命题将对感受的一切对象都是有效而且可能；而且相反地，验前可能的直观永远不能是关于不同于我们感官对象的事物的。

第十节

因此，只有用感受性直观的形式，我们才能在验前直观到事物，但是我们这样所直观到的对象只是如它们对我们的感受所出现的那样，而不是如它们可能在其自身里那样；这是一种绝对必须的假定，如果验前综合命题承认为可能，或者万一它们是在现实上被碰见时，如果它们的可能性是能被想象而事前能被规定的。

可是，这样的直观也就是空间与时间，而这些直观处在一切纯粹数学的知识与判断的基础上，而表示同时为确实而必然的。因为数学必须主要在直观里呈现一切它的概念，而纯粹数学则在纯粹直观里这样做，就是说，它必须构成它们。因为没有这，也就是说，只要缺乏了一种单在它里面验前综合判断的质料才能被给予出来的纯粹直观，纯粹数学便没有可能进一步；因为它不能用分析的方法，即靠概念的剖解而前进，而是不得不用综合的方法前进。空间这个纯粹直观构成几何的基础——乃至算术 [30]
也是靠一些单位在时间里的继续增加而引起它数的种种概念；但尤其是纯粹力学，单靠时间表现的帮助，才能引申出它关于运动的概念来。然而这两种表象同是单纯的直观；因为，当一切是经验性的，即属于感觉的，都 (37)
从物体与其种种变动（即运动）的经验性直观中丢去，空间与时间仍然是剩下来，因而就是纯粹直观，验前处在前者的基础上。因此之故，永远不能丢掉空间与时间，而既然是验前纯粹直观，就证明它们乃是我们感受性的单纯形式，必须先于一切经验性的直观，即关于实在对象的知觉，而按照它们，对象就能在验前被知道，虽然只如对象对我们出现的那样。

第十一节

所以本节的问题是解决了。纯粹数学,在其单只谈到感官对象的这个范围内,只是作为验前的综合知识才可能,而感官对象的经验性直观有一种纯粹验前直观(即时间与空间的直观)为其基础。这种直观的能力作一种基础,是因为它不过是感受性本身的纯粹形式,先于对象的实在出现的,由于它首先使这种出现成为可能。可是这种验前直观的能力与现象的质料无关,也就是与现象里是感觉的东西(即感觉,德文的Empfindung)无关,因为这构成现象里的经验性成分;而只与现象的形式,即空间与时间,有关。如果任何人丝毫地怀疑这个事实,就是空间与时间都不是事物在其本身来说的条件,而只是依靠其对于感受性的关系,我就倒想知道,他怎样认为有可能在验前,因而就在认识事物以前,也就是在事物被给予我们以前,知道关于事物的直观必须怎样构成,如在这里是用空间与时间构成的那样。然而用空间与时间来构成事物的直观是完全可想象的,只要空间与时间不过是算作我们感受性在形式上的确定,而 (38)[31] 对象则单纯作为现象,因为那样一来,现象的形式,即纯粹直观,就能想象为从我们自己出来的,换言之,是验前的。

第十二节

为了对上述的东西的说明和证实有点贡献,我们只须考虑一下几何学家的寻常而必然的程序。关于两个所予的形的完全相同的一切证明,毕竟是以它们彼此覆盖这个事实为关键;换句话说,是在于有可能在各点上都能以其中的一个形来替代其他一个形这个事实,而这显然无非是以直接直观为依据的一个综合命题罢了。可是这种直观被给予出来就是纯粹的而且验前的,因为不然的话,所谈的命题就不能算作无可置疑地是确实的,而只会具有经验性的确实性。在那种情况下,我们只能说,所观察到的一直总是这样,或者说,就我们的知觉一向所及的来说,这是正当的。完整的空间,其本身不是另一空间的界限,有三个向度,而且没有任何空间能有多于这个数目的向度,这乃是根据这个命题,就是在单个点上,不能有多过三条线在正角上彼此二等分。但是这个命题不能从概念提出来，而是直接以直观为依据，而且其实是以纯粹的验前直观为依据，因为无疑确实，我们是能要求一条线无限制地(拉丁文所谓 in indefinitum)延长，或者要求一系列的变动(例如由运动所通过的一些空间)得要无限制地被延续下去，而这是预先假定有空间与时间的一种表象，单纯依靠着直观，即就其在本身来说，不为任何东西所限制，因为从概念说来，这命题永远不能断定。那么，验前的纯粹直观实在处在数学的基础上，而这些直观使其一切综合的而且必然有效的命题成为可能，而且因此我们在空间与时间里的种种概念的先验演绎就同时说明纯粹数学的可能性，而没有这 (39)
样的一种演绎，而且没有我们假定"一切能被给予我们的感受的东西(外部的东西在空间中被给予，而内部的东西在时间中被给予)只为我们如其对我们出现那样，而不是如其在其自身那样所直观到"，诚然是可以断定，可是绝不能被了解。

[32]

第十三节

那些怀有不能摆脱空间与时间是属于自在之物的实在造性(德文的 wirkliche)的这种想法的人，可在下面的种种似非而实是的说法上运用他们的智慧，而在他们徒然想去解决这些困难时，至少是在短时间内想摆脱他们的种种成见，就可能认为，空间与时间的贬低到我们感性直观的单纯形式这种地位也许可能有其某种根据的。

如两个东西，在一切能就其每个单独来说，却认识到的各点上，是恰恰相同的这个时候(也就是在一切关于量或质的各方面都是恰恰相同的这个时候)，必然就是，在一切情况与关系上，其中的一个是能被放在其他一个的地位上，而并不因这样替代以致引起丝毫可认识得到的差别。这诚然适用于几何的平面形；但是有许多的球面形，虽然是有这种完全的内部一致，但是在其外部的种种关系上却显出一种一致性，不足以让其一个来替代其他一个。

例如在相对两个半球上的两个球面三角形，有赤道的一个弧作为其共同的底线，在它们的各边与各个角而言，都完全相等，所以在其中的随便哪个里，如果分开来而且同时完全地描述，不会发现什么东西不同样存 (40)

在于其他一个里；然而虽是这样，却不能拿其中的一个来替代其他的，即在相反的半球上的一个，而在这里就是那两个三角形的内部差别，乃是任何知性都不能指出是内部的差别的。我现在要从日常生活牵出一些更寻常的实例来。

有什么东西像我的手或耳，而且在各点上都相像，而有甚于它在镜里的影像呢？然而我不能把我在镜里看见的那样一只手放在原来的手的位置上；因为当原来的是右手时，镜中的手却是左手，而右耳的影像乃是左
[33] 耳，绝不能替代右耳的。可是，在这里并没有任何是知性所能想象的内部差别，然而就感受所告诉我们的来说，这些差别却是内部的，因为那左手，虽然一切都同等而且相类，但是不能如右手一样被包围在同样的界限里（左右手不是全等的）；一只手的手套不能戴在其他一只的手上。那么解答是什么呢？这些对象不是事物的表象如它们在其自身那样，如纯粹知性所会认识它们的那样，而是感受性直观，即是现象，其可能性是依据某一定而未知的自在之物对某另一东西，即对我们感受性的种种关系。然而空间乃是这些对象的外部直观形式，而每一个空间的内部确定只是通过其对整个空间的外部关系之确定，才是可能的，这整个空间的每一个[分开的]空间乃是一部分（即就其对外部感受的关系说的）；换句话说，部分只是通过其整体才是可能的，这虽然绝不能是自在之物的情况，即不是
(41) 单纯知性对象的情况，但是关于单纯的现象，尽可能是这样。因此，我们能使相类似而且相等，虽是不一致的东西（比方相反旋转的螺旋线）成为可理解的，并不是靠任何一单个概念，而只是靠左右手的关系，这直接涉及直观。

注意一

纯粹数学，尤其是纯粹几何，只在它们单纯涉及感官对象这个条件下才具有客观的实在性，然而从这点来看，这条公理是有效的，就是我们的感受性表象决不是自在之物的表象，而只是自在之物对我们出现的方式的表象。由此可见，几何的命题并不是我们诗意幻想的创造的单纯确定，
[34] 因之就不能有把握地用来谈到实在的对象，而这些命题是必然对空间有效，因而也就对在空间里可碰到的每一个东西有效；因为空间无非是一切

外部现象的形式，而单独在这种形式之下，感官的对象才能对我们被给予出来。其形式是处在几何的基础上的感受性乃是外部现象的可能性所依据的；所以这些现象除几何所替它们规定的东西以外，绝不能更含有任何东西。

如果各感受是得要呈现对象如它们在其自身里那样，则事情就会完全不同了。因为，在那种情况下，就决不会从空间的表象（而几何学家是把空间连带一切它的各种属性断定为一种验前基础的）得出结论说，这一切连同从而引申出来的东西乃是在自然里正是这样构成的。几何学家的空间也就会被看作一种单纯的捏造，而就没有任何客观有效性会归之于它的了，因为我们不明白何以事物必然一定按照着我们自发地而且在事 (42)
前所作出它们的影像。但是，当这种影像，或者更确切地说，这种形式的直观，乃是我们感受性的本质属性，对象单独通过它才能对我们被呈现出来；然而这种感受性所呈现的不是自在之物，而只是它们的出现，那么就十分容易想象，而且同时不可反驳地证明，我们感性世界的一切外部对象是必须一定最完全正确地符合于几何的命题了。因为感受性，用它的外部直观形式（即空间），这就是几何学家所从事研究的，就使那些对象本身（虽然是作为单纯出现的）初步成为可能。

在哲学史上将总是一个令人惊异的现象，就是曾有过一个时候，甚至数学家而同时又是哲学家，也开始怀疑到他们的命题，诚然不是在这些命题有关于空间的这个范围内，而是怀疑到空间这个概念的客观有效性以及它连带着一切几何上的确定之对自然的适用。他们担心，恐怕自然里一条线是物理的点所组成的。他们并没有认识到，思想中的空间是使物理的空间，即物质的外延，本身能为可能的；没有认识到物理的空间并不 [35]
是自在之物的什么性质，而只是我们感性的表象能力的一种形式；没有认识到空间中的一切对象乃是单纯的出现，就是说，不是自在之物，而是我们感受性直观的表象；而且因此，空间，如几何学家所想它的那样，恰恰就是我们验前在我们自己里面所发现的感受性直观的形式，含着一切外部出现（关于它们的形式的）可能性的根据；并且这些外部出现必不得不，而且最正确地和几何学家的命题相一致，而几何学家并不是从任何虚构的概念得出这些命题来，而是从一切外部出现的主观基础，即感受性本身， (43)

得出这些命题来。只有这样，几何学家，关于他的各命题无可怀疑而客观的实在性，才保证不受到一种毫无出息的形而上学的一切无理指摘，无论这对他来说是怎样奇怪的，由于他没有回想到他的各种概念的种种来源那里去。

注意二

凡是作为对象给予我们的，都必须是在直观里给予我们的。但是我们的直观一切都是单独靠感官发生的；知性不直观到什么，而只反思。那么，由于五官，按上面所看到的来说，是绝不使我们能够，乃至在一单个点上，认识自在之物，而只认识它们的出现，可是这些乃是感受性的单纯表象，所以"一切物体，连同物体所在的空间，都必须认为只是表象，除在我们的思想里存在外，是不在任何别处存在的"。那么，这不就是最明了的观念论吗？

观念论是在于断言，除能思维存在者外没有别的任何东西的存在；其他我们认为我们在直观里看到的东西，只是能思维的存在者的表象，不能有在这存在者外边的对象与之相应。反之，我却要说，事物是作为我们的五官所能发现的对象给予出来，外在于我们的，但是关于它们在其本身来说可能是什么，我们一无所知；我们只知道它们的出现，也就是在它们影
[36] 响我们的感官时，在我们里面所产生的表象。我所以就当然承认有在我们外边的物体，也就是东西。虽然这些东西，关于它们在其自身可能是什么，对我们来说完全未知，但是我们却通过由它们对我们感受性的影响而获得的表象才认识它们。我们给这些东西以物体的称呼，这是一个词，单
(44) 纯表示对我们是未知的。可是并非较少实在的对象的出现。能称这为观念论吗？其实反而是观念论的反面。

关于外界东西的许多述项，可以说它们并不属于自在之物，而只属于自在之物的出现，而且在我们的表象之外并没有其自己存在，而这样说并不怀疑到那些外界东西的存在，这是早在洛克的时代以前就已经为一般人所接受而承认，而自从那时起，就更是如此。热、颜色、味道等等属于这类的述项。没有人能拿出丝毫的根据来说，在我的方面就不能容许，当我为了一些重要的理由，把物体的称为第一性的其余性质，例如外延、地位，

而特别是空间，连同依赖空间的东西（不可入性或称物质性，形状，等等）算入上述出现之列。而且正如一个人，不承认颜色是对象在其本身来说的属性，而只是作为变更属于视觉的，不能因为那个缘故，就被称为一个观念论者。同样地，我的想法不能称为是观念论的想法，因为我在颜色之上又觉得形成关于一个物体的直观的一切属性都单纯属于那物体的出现。因为一个出现的东西的存在，并不因为它出现，就像在实在观念论那里的情形那样，被撤销了，而只是指出，我们不能通过五官去认识它，如它在其自身那样。

我想要知道，如果我的说法是要不含有一种观念论，就必须怎样形成。我无疑就应该要说，空间表象不只完全按照我们的感受性对于对象的关系了，因为那是我以往说过了的，而且要说它正是类似对象本身的，而这样说法是不能有任何意思的，正如说红的感觉是类似在我里面产生这种感觉的朱砂一样。

注意三 (45) [37]

因此，我们就可以毫不犹豫地把一种容易预见却绝无意味的反对意见予以取消。那种反对意见是说，通过空间与时间的观念性，整个感性世界就会变成绝对幻影了。如果使感受性成为仅仅是在于我们借以如实地认识事物的表象之一种模糊的方式，而毫无力量来使之清楚地意识到在这种我们的认识里的任何东西，那么从起头就毁坏了深入到感受性认识的性质的一切哲学洞见。另一方面，我们曾证明过，感受性不是在于明晰性与含糊性的这种逻辑分别，而是在于知识本身的起源这种类的分别，因为感官认识所给予出来的不是事物的如它们实是的那样，而只是事物刺激我们五官的方式；因而通过五官，单纯是出现，而不是事物本身，被给予于知性为着反思用的。在这种必然的改正之后，就出现一种考虑，是发生于一种不可原谅而几乎是没有意义的错用的，好像我的学说是把感官的一切对象都变成完全幻相似的了。

当一种出现是给予我们时，我们完全自由来从而推论到关于其实质是什么。前者，即出现，是依据感官的，但是判断是依据知性的；而唯一的问题乃是，在关于对象的确定里是否有真实性。但是真实性与梦幻的分别不是由表象的结构所决定的(表象是和对象有关系的),因为在真与梦里,表象是相同的。这个分别是为这种结构按照那些确定一个对象的概念里面的表象的首尾一贯性的规则所联系和这些表象是否能在一种经验里结合在一起所决定的。因此,如果我们的认识把幻相当作真实,就是
(46) 说,如果一个对象借以被给予出来的直观被认为是对象或其存在的概念作用,而这只有知性才能想出的,那么错处就不是在于出现了。感受把各行星的进程对我们呈现出来,先是向前的,然后又是向后的,而在这里既
[38] 没有假,也没有真,因为只要它是被认作一种出现,就还没有对于那些行星的运动的客观性格作出任何判断来。但是,因为知性不格外留心,免得表象的主观方式被认作客观的,错误的判断就容易发生了。我们会说,它们看来像是向后运动;然而这个幻相不得算是感受,而得要算是知性,只有知性的本分才是根据出现来形成一个客观的判断的。

这样,即使我们不反思到我们表象的起源,而让我们的感受性直观随便含有什么东西,只要这东西是按照一切知识在一种经验里的前后一贯性被联系起来,[我们将要发现],虚伪的幻象或真实的东西之发生是随着我们不留心或者小心谨慎;因为有关系的单是感官表象在知性里的使用,而不是它们的起源。同样地,如果我认为一切感受的表象连同它们的形式,即空间与时间,不过是出现,而且认为空间与时间不过是感受性的一种单纯形式,不存在于外在于它的对象里,而我又是只关于一种可能的经验才利用这些表象,在那种使用里就没有丝毫犯错误的试探。而在我看来,那些表象为单纯的出现之中也不含有一种幻相;因为虽然是这样,那些表象还是能够正确地按照真实性在一种经验里的规则而前后一贯。像这样,几何的一切命题关于空间都有效,正如一切感官对象一样,因而就
(47) 是关于一切可能的经验,不管我是看空间为感受性的一种单纯的形式或者把它看作依存于事物本身的某东西。但是唯有在那第一种情况下,我才能想像总有可能在验前知道上述的各命题关于外部直观的对象的。不然的话,凡是关于一切单纯是可能的经验的东西就仍旧正像我从没有着手这样离开那流行的判断了。

但是,假使我只冒险把我关于空间与时间的概念提到一切可能经验的范围以外去,这是不可避免的,如果我宣扬它们为属于自在之物的性质

(因为有什么东西会叫我不认为它们对于同样的自在之物有效,即令我的各种感官有不同的构造,而又不管这些感官是否适合于这些自在之物的呢?),那样一来,就可能发生一种严重的错误了,这种错误是根据一种谬 [39]
想,把属于我的主观的,原是关于事物的直观的一种单纯条件的东西宣扬为普遍有效的(即对于一切感官对象都是必然的,所以对于一切可能的经验来说也是必然的),因为我用空间与时间来谈到自在之物而没有把它们限定为经验的条件。

那么,我关于空间与时间的观念性的学说远不是把整个感性世界归结为单纯幻影,它反而是唯一的方法来保证有些最重要的认识,即数学验前提出的认识的应用于实在的对象,并且来防止它们被认为是幻想的。因为没有这种注意,就完全不可能确定我们并不从任何经验借过来,却验前处在我们表象能力里的关于空间与时间的直观是否单纯自制的幻想,没有任何对象,或者说至少没有任何相称的对象与之相应,因而几何本身也就是一种单纯的幻想了;完全不是这样,而我的学说的关于感性世界一切对象的无可争辩的有效性,由于这些对象只是出现,已经能够为我们所 (48)
证实。

其次,我的一些原理远非因为它们把各感官的表象归结为出现而就把经验的真实性变为幻相,它们反而就是防止先验幻想的唯一方法,而形而上学乃是一直为这种先验幻相所蒙骗并且错引到种种幼稚的捕风捉影的努力,把一些单纯是表象的出现当作自在之物;从而就产生理性二律背驰这些令人惊奇的假定,这是我后来将要提到的,而为这单种观察的意见所予以取消的,这意见是说,只要我们把出现仅仅在经验里使用,它就产生真实性,但是一经它超出经验的范围而变成超验时,所产生的便没有什么,而只是纯粹的幻相了。

那么,因为我把空间与时间的实在性留给我们通过各感官对我们自己直观到的东西,而只把我们关于那些东西的感受性直观限制着,就是限于它们在任何特殊的直观里,乃至在空间与时间这种纯粹的直观里,所表现的不得多于上述东西的出现,而且永远不是这些东西如他们在其自身 [40]
里那样的素质;这不是我自己[用于]自然的虚构的任何彻底的幻相,我对于一切[把我的学说]认为是一种观念论的假定是这么明确而清楚地抗拒,以致我的抗拒可能好像是多余的。如果不是因为一些无资格的评判者老是要以一种陈旧的名称来加于凡是不合乎他们的歪曲意见,虽然是常见的意见的东西,而且是绝不按哲学术语的精神,而仅仅拘于它的词句来作出判断,随时要把他们自己的谬见来代替弄得很明白的种种知觉,而
(49) 这样来歪曲它们,使它们变形。因为我自己曾给我的理论以先验观念论这个称呼,这个事实不能使任何人有正当的理由来把我的理论和笛卡尔的观念论(虽然这只是一个问题,由于它的不可解决,照笛卡尔的意见来说,谁都自由去否认有形式的存在,因为这是一个永远不能满意地得到解答的疑问)或者和贝克莱的神秘而空想的观念论混为一谈,而反对这种以及其他类似的谬论,我们的《批判》(指《纯粹理性批判》——中译者)反而含有最好的特效药。因为我称为观念论的东西并不能触及事物的存在(对于事物的怀疑就是正当构成在相反意义上的观念论),因为我从来没有想去怀疑事物,而我所称为观念论的,仅仅是有关于事物的感官表象,而空间与时间主要是属于这种表象的;而且关于这些表象以及一切出现,我只指明它们既不是事物(而只是表象的方式),又不是属于自在之物的规定。但是先验这词,在我来说是绝不含有对于我们关于事物的**知识**有关系,而只和我们知识能力有关系的,应该防止这种误会。然而宁可不引起这种误会的延续,我愿意撤回这个说法,而称之为批判的[观念论]罢了。如果把实在的东西(不是出现)变为单纯的表象就实在是一种客观观念论的话,那么又有什么名称是用于那反而把单纯的表象变为东西的呢?我认为我们可称它为**梦想的**观念论,以别于上面可称为**空想的**观念论,但是这两者都应该为我在别处称为先验观念论,却更好称为批判观念论的所避免的。

(50) [41]

第二部分　纯粹自然科学怎样成为可能?

第十四节

自然就是事物在按其普遍性规律被确定的范围内存在。如果自然是表示**自在之物**的存在的话,我们就永远不能在验前或在验后知道它。不

能在验前知道它是因为我们无法知道适用于自在之物的东西？这种东西不依靠我们对概念的剖分(即分析命题)而成功。而我所要知道的不是包含在我关于一个东西所有的概念里的东西(因为那是关于它的逻辑性质),而是增加在这个概念之上而存在于那东西的实在性里面的东西。这东西本身要在我的概念以外得到确定。我的知性却只在其下才能把事物确定在其存在中联系起来的那些条件,对自在之物是不能规定任何规则的;自在之物并不遵从我的知性,而我的知性却要遵从自在之物。自在之物因此就必须预先被给予我,并能在它们里面发现这些确定;而在这种情况下,自在之物就不会验前被知道了。

而验后呢,要有关于自在之物的性质的这样一种知识也同样是不可能的。因为,经验只以事物的存在所服从的种种规律来教我,就其有关于自在之物的来说,这些规律就必然在我的经验以外也适用于自在之物。可是经验所让我知道的,诚然是什么东西存在而且是怎样存在,但是绝不 (51)
叫我知道它是必然这样存在而不在任何其他的方式上也存在。所以经验就永远不能让人知道自在之物的性质。

第十五节

然而我们实在具有一种纯粹的自然科学,它在验前而且以不容置疑的命题所需要的一切必然性来提出自然所服从的种种规律。我在这里只 [42]
需让那预备知识来做证人,它在普遍性的自然科学名义下,先行于一切以经验性的原理的物理科学。在那里我们有应用于出现的数学,又有构成纯粹自然知识的哲学部分的那些(从概念)推论出来的原理。但是后者又包含着许多不是纯粹的而不依靠经验的种种来源的东西,例如运动的概念,不可入性的概念(物质这个经验性的概念乃是依据这个概念的),惰性的概念与其他,就使这种预备知识不能称为一种完全纯粹的自然科学。此外,它只是有关于外部感觉的对象,而这样就不替我们提供最严格意义上的一种纯粹自然科学的任何实例;因为这种自然科学会要使自然一般地从属于普遍性的规律,不管它是有关于物理科学的外部感官的对象,或者心理学的内部感官的对象。但是在上述的普遍性的物理科学的各原理之中,将要发现一些实在具有我们所需要的普遍性,如**实体是继续而且永**

恒的这个命题,和凡发生的东西总是预先按照固定的规律为一个原因所确定的这个命题。这些都是实在普遍性的自然规律,完全验前存在。那么,事实上是有一种纯粹的自然科学,而现在这个问题便发生——它怎样成为可能?

(52)
第十六节

自然这词还取得另一种意义,给对象下定义的,而在上述的意义里,所表示的乃是单纯一般事物的各种确定的存在之规则性。从物质方面来考虑,自然乃是经验的一切对象的总和。目前我们单是关心这种自然,因为永远不能成为一种经验对象的东西。如果要按照它们的本性来被知道,就会使我们不得不形成一些概念,在具体上(即在从一种可能的经验而来的任何实例上)永远不能给予其意义,而且关于它们的性质,我们就不得不只是形成一些概念,其实在性,就是说它们实在是和对象有关系,
[43] 抑或是单纯思想的臆造,这是永远不能予以决定的。关于那不能成为经验的对象,其知识是超物理的,或者类似于此的,我们在这里与之完全没有相干,而与之相干的只是自然的知识,其实在性能为经验所证实,虽然这种知识是验前的可能而且先于一切经验。

第十七节

那么,在这种比较狭窄的意义上,自然中的形式的东西就是经验的一切对象的规则性,而且就其是验前知道的来说,是它们必然的规则性。但是刚才已经证实了,自然的各种规律,就其对象的不作为一种可能经验的对象,而是作为自在之物来考虑的来说,是永远不能在验前被知道的。我们在这里所与之有关的,不是自在之物(其性质是我们置之不理的),而单纯是作为一种可能经验的对象的东西,而其总和就是我们正式称为自然的
(53) 的。而我现在要问,如果问题是关于对自然验前认识的可能性的话,是否更好把这问题正式地形成如下:怎有可能来在验前认识作为经验对象的东西的必然规则性?或者,经验本身关于一切它的对象的必然规则性一般[怎有可能来在验前被认识]?

真正明了之后，问题的解答，不管是在这个或那个的形式上提出来，关于自然的纯粹认识（这构成问题的实在论点）毕竟还是完全一样。因为单是在它们之下关于事物的一种经验上的认识才是可能的，那些主观规律对于作为一种可能经验的对象的那些东西来说也有效（虽然那些东西诚然不作为自在之物；但是我们在这里并不考虑自在之物）。那么，无论我是说：没有这条规律——就是在一个事件被看见时，它必须总是和在它面前的某东西有关系，而它按照一条普遍性的规则跟在其后面——一个知觉的判断就永远不能作为经验而有用；或者我是这样来表示：凡经验所让我们知道的东西，其发生是一定有一种原因的；这两种提法完全一样。

可是选择这第一种公式是适当的。理由就是，一方面，我们是能在验 [44]
前而且在一切所予的对象以前，关于单独在其之下，一种关于那些对象的经验才有可能的那些条件的一种知识，但是另一方面，这种知识绝不是关于什么规律是那些对象（不涉及一种可能的经验，而在其本身来说）所服从的；我们不能在验前研究东西的性质，除非是由于探究那些条件与普遍性的（虽不是主观的）规律，只在其之下这样的一种知识（在单纯形式方面）才可能作为经验，而且按照这些条件与规律来确定东西作为经验对象
的可能性。如果我是选择其第二种表达方式，而去寻求自然可能作为经 (54)
验的对象所须服从的验前条件，我就容易被引入误解里去，而以为我得要说明自然的作为一个自在之物，而且那时我就会无益地被卷入一些无止境的努力里，去追求一些东西的规律，而关于那些东西，我是一无所有的。

所以我们在这里只关心于经验和它的可能性的普遍的而验前所予的种种条件，从而确定自然作为一切可能经验的完全对象。我想不用说，我并不是为着对于已经给予出来的自然的观念的那些规则，因为那些规则是预先假定有经验的，或者怎样通过经验我们就能得到自然的规律，因为这些规律那时就不会是验前规律，而且不会给予任何自然的纯粹科学；而是经验的可能性的验前条件如何同时乃是一些来源，是自然的一切普遍性的规律所必须从而被得出来的。

第十八节

那么我们必须首先注意到，虽然经验的一切判断都是经验性的，就是

说，在感受的直接知觉里有其根据，可是另一方面，不是所有经验性的判断尽是经验的判断，而是在经验性的判断以外，而且一般说来还在所予的感受性直观以外，必须加上一些特别的概念，其起源是完全验前在纯粹知性里，而凡是知觉都首先统摄在其之下，而且只有利用它们，知觉才能变成经验的。

[45] 经验性的判断，就其是有客观的有效性的来说，乃是经验的判断；那些单纯是主观上有效的，我就称为知觉的判断。后一种判断不需要知性的纯粹概念，而只需要在一个思维主体里的知觉的逻辑联系。但是那第
(55) 一种判断，在感受性直观的表象之上，都还要求有原来产生于知性里的一些特别概念，才能成为客观有效的经验判断。

我们一切的判断起初都是单纯知觉的判断；它们仅仅对我们，即对我们的主观有效。只有后来我们才给它们一种新的关系，即对于一个对象的关系，而且坚决主张它们总是对我们并且又对每一个别的人都有效。因为当一个判断和一个对象完全一致时，所有[这种]判断就必须和同样的对象完全一致，而又相互完全一致，并且这样，经验的判断的客观有效性所含蕴的意思不过是这种判断的必然普遍的有效性而已。但是，另一方面，当我们有理由认为，一个判断必然是普遍有效时(其关键绝不是知觉本身，而是知觉在其之下被统摄的知性纯粹概念)，我们就不得不把它看为是客观的，就是说，所表示的不单纯是这知觉和一个主观的关系，而是那对象的一种质；因为，如果所说的那些判断必须相互一致的原因不是一切与之有关系的对象的一致性的话，就会没有任何理由可说别人的判断都必然一定和我的判断完全一致了。

第十九节

所以客观有效性与(对每个人来说都是)必然的普遍性乃是可相互交换的观念，虽然就对象自身来说我们并不知道，然而当我们看一个判断同时是普遍性的而又是必然的时候，客观有效性也就不言而喻了。在这种判断里，我们靠所予的知觉的普遍而必然的联系就认识到那对象(虽然就
(56) [46] 其本身是什么来说是未知的)，只因为感官的一切对象都是如此，所以经验的判断的客观有效性不是由于对对象的直接认识(因为这是不可能

的)，而是单纯由于在这种经验性判断里的普遍性这个条件，即如已看到的那样，不依据经验性，或者任何感受性的条件，而依据知性的一种纯粹概念。对象，在其本身来说，一直总是不知的；但是当知性概念，给予我们以感受性的一些表象，其联系为知性的概念确定为普遍有效时，对象就为这种关系所确定，而判断也就客观了。

我们要说明这点；房间是暖的，糖是甜的，艾草是苦的①，**乃是单纯主观上有效的判断**。我并不指望**我将总是**，或者每个别的人将会像我现在这样觉得它们的。这些判断只表示两种感觉和同一个主观，即我自己，有关系，而且只在我现在的知觉状态中是这样，因而不是对对象有效的。我称这些判断为知觉判断。经验判断的情况就完全不同。凡是经验让我知道的东西，在某一定的情况下是怎样，而在任何时候也必须是这样，并且让任何别的一个人所知道的也是这样；其有效性不局限于主观或局限于 (57)
那主观在一个特殊时候的状态。所以我就断言一切这样的判断为客观有效的。例如当我说——空气是有弹性的，这时这个判断就是一个知觉判断，由于我只是使我的各感官的各种感觉互相有关系而已。如果我坚决主张它应该称为一个经验的判断，我就以为这种联系是在一种条件之下，使它成为普遍有效的了。那就是说，我坚决主张，我无论何时，而且任何别的一个人，都将在同样的情况下必然这样结合这同样的知觉。

第二十节

所以我们就必须剖析经验，为的是要看包含有感授予知性的这种产物里的是什么，而且经验的判断本身怎样成为可能。我所意识到的直观，即知觉(拉丁文的 perceptio)，是处在这种判断的基础上的，而这知觉单纯是属于感官的。但是其次，单和知性有关系的判断也是属于感官的。判

① 我毫不犹豫地承认这些例子并不提出任何时候能够成为经验的判断的知觉判断，即令是有一个知性概念加在它们之上，因为它们所涉及的乃是单纯的感觉，而人人都认识到感觉乃是单纯主观的，而作为这样的东西是绝不可断定为对象的属性，而这样就永远不能变为客观的。我目前只想举出一种判断的一个例，是主观有效的，但是在其自身里并不含有任何必然性的根据，因而就和对象没有关系。在下一种注意里就有一个例，是知觉判断加上一个知性概念，就变为经验的判断的。

断的这种[动作]可能是两重的:第一,我仅仅把知觉在我自己意识的特殊一种状态里进行比较;第二,我可能把它们在一般的意识里结合起来。第一种判断乃是一种简单的知觉判断,因而只有主观的有效性,因为它乃是一些知觉在我心中的状态的单纯联系,和对象没有关系。因此,在一种意识里,利用判断,把一些知觉进行比较而加以联系,就经验来说是不够的,如一般的想象的那样。在这种判断里,没有任何普遍性与必然性能从而发生,而单是依普遍性与必然性,这种判断才能成为客观上有效,而且成为经验的。

(58) 预先要假定有另一种而且完全不同的判断,然后知觉才能变为经验
的。经验的直观必须被统摄在一个概念之下,由这直观一般地确定其判
断的形式,使这直观的经验性意识在一般的意识里联系起来,从而给这经
验性的判断以普遍性;这样的一个概念就是知性的一种纯粹验前概念,它
们做的无非是替一个直观确定它能用作判断的一般方式。如果这概念是
原因这个概念的话,它就确定一般关于判断所统摄在它之下的直观;例
如,空气的直观是用一般判断来确定的,而同样,空气的膨胀是用假言判
[48] 断的前因对后果的关系来确定的。所以原因这个概念就是知性的一个纯
粹概念,完全不同于一切可能的知觉,而且只用来确定包含在它之下的表
象,而这种表象是按一般判断而言的,也就是使一个普遍有效的判断成为
可能。

那么,在一个知觉判断能变为一个经验的判断以前,首先要把知觉统
摄在知性的这些概念之下。例如空气是属于原因的概念的,而这个概念
(59) 是确定这个判断在它的外延上作为假言判断的[①]。这样,那外延就不单
纯表现为属于我在特殊状态里关于空气的知觉,或者在许多我的状态里,
或者在别人的知觉一种特殊状态里,关于空气的知觉,而是**必然**属于空气
的知觉;而空气是有弹性的这个判断就变为普遍有效的了,因而也就变为

① 下面的可当作一个更容易理解的实例,当太阳照在石上,石就渐暖——这个判断乃是一个单纯的知觉判断,而且并不含有任何必然性,无论我或别人是怎样时常看到它的。那些知觉只是通常像这样被结合着罢了。如果我说太阳使石变暖,原因这个知性概念就加在这个知觉之上,而这知觉连同日光这个概念就必然和暖这个概念联系起来,这时那综合判断就必然变为普遍有效,结果就是客观的,而这样一种知觉也就改变为经验了。

一个经验的判断，而且在其之先就有某些判断，把空气这个直观统摄在原因与结果这个概念之下，从而也把那些知觉统摄在这个概念之下，不单纯是关于在我的主观里的这些知觉的相互方面，而且是一般的有关于判断的形式（在这里是假言判断的形式），而这样就使这个经验性的判断成为普遍有效的了。

如果我拿我们一切的综合判断，就其是客观有效的而言，加以剖析，我们就将发现它们绝不是（如一般人相信的那样）在一个判断里通过比较而得到联系的单纯直观所组成的，而且它们不会有其可能的，如果在经验取得的概念以外没有一种知性的纯粹概念，为前者的一些概念所统摄着，而且只有这样才能在一个客观有效的判断里被联系起来。甚至纯粹数学 [49]
的种种判断在其最简单的公理里都不是不受这种条件限制的。直线乃是两点之间最短的距离这条公理预先假定这线统摄在量这个概念之下，而这个概念的确不是什么直观，而是处在知性里，并且用以确定这直观（即这线）。在谈到关于它的量而对于它可以作出判断时，所谓量也就是多数（即作为多数性的判断）①，因为用这名称就是理解为在一个所予的直观 (60)
里包含有许多同质的部分。

第二十一节

为了证明经验在其依据知性的纯粹验前概念这个范围内的可能性，我们必须首先指出什么是一般属于判断的而且在一个完整的表里指出在判断里的知性的各种环节，因为那些不过就是一般直观的概念的知性纯粹概念，就其在它们本身来说是为判断的这些环节的这个或那个所确定的，就必然而普遍有效这点来说，必须恰恰和它们[即这些环节]平行。像这样，一切作为一种客观有效的经验性认识的经验的可能性的验前公理就都被正确地确定下来了。因为这些公理无非是一些预先假定，把凡是知觉（按照知

---

① 我喜欢用这个名称来称这种在逻辑里称为特殊判断（拉丁文的 judicia plurtiva）的。因这所谓特殊判断含有这种判断不是普遍性这个观念。但我从单称判断里的单一性开始而前进到普遍性去时，我必不可引入任何涉及普遍性的东西；我单纯想到没有总体性的多数性，而不是想到它的例外。如果逻辑的环节是要以知性的纯粹概念为基础，这是必需的；在逻辑的用途上，事情就可仍旧不变。

觉的某些一定的普遍性条件)统摄在上述的知性纯粹概念之下。

[50] **判断的逻辑表**

一、按量划分

全称的

特殊的

单称的

二、按质划分

肯定的

否定的

不定的

三、按关系划分

断言的

假言的

选言的

四、按样式划分

或然的

实然的

必然的

知性概念的先验表

一、按量划分

单一性(尺度)

多数性(总数)

总体性(整体)

二、按质划分

实在性

否定性

限制性

三、按关系划分

实体

原因

交互性

四、按样式划分

可能性

现实性

必然性

自然科学的普遍性原理的纯粹生理学表

一、直观的公理

二、知觉的预测

三、经验的类比

四、一般经验性思想的公准

(62)

[51]

第二十一节 a

为了用一单个观念掌握前面的东西,就必须提醒读者,我们在这里不是谈到经验起源,而是谈到处在经验里的东西的起源。其第一种起源属于经验性的心理学,没有第二种起源也会存在,而这第二种的起源属于知识的判断,尤其属于知性的批判,而且永远不能足够地发展出来。

经验是属于感受性的直观和完全是知性工作的判断所组成的。但是知性单纯从感受性的直观所构成的判断远远不是经验的判断。因为在一种情况下,判断只把一些知觉,随着它们在感受性的直观里被给予出来,而加以联系;但是在其他一种情况下,判断所必须做的,乃是经验一般包含的是什么,而不是其有效性是纯然主观的那种单纯知觉所包含的是什么。经验的判断,在感受性直观之上,必须把某东西加于一个判断,而且在同样的判断的逻辑联系之上(在其已经由比较而变成为普遍性的以后),另加某东西,确定这个综合判断同时为必然的,从而又是普遍有效的;而这个东西不能是别的,而是那个概念,即把那个直观呈现为关于判断的一个形式而不是另一个形式并在其自身里这样被确定下来的,也就是直观那种综合统一性的概念,它只能通过判断的一种所予的逻辑作用而被呈现出来。

第二十二节

上面所说的总结起来就是:感官的任务就是直观,而知性的任务就是思维,但是思维就是把一些表象在一个意识里统一起来。这种统一要就 (63)
是单纯有关于主观的,而是不必然的,主观的,要就是无条件地被给予,而是必然的或说客观的。表象在意识里的统一就是判断,那么,思维就等于判断,或说将表象归入于一般的判断去。因此,判断要就是完全主观的, [52]
那是当表象单单归入于一个主体里的意识而在那里被统一起来的时候;要就是客观的,那是当表象在一般的意识里被统一,即必然地统一起来的时候。在一个意识里有多少统一表象的可能方式,一切判断就有多少逻辑的环节。但是如果这些逻辑的环节是用作概念,它们就是这些概念在一个意识里的**必然**统一的概念,因而也就是客观有效判断的各原理。这种在一个意识里的统一要就是由于同一性而为分析的,要就是由于一些不同的表象的互相结合与递加而为综合的。经验是在于一些现象(即知觉)在一个意识里的综合性联系所达到的必需的程度。因此,知性的纯粹概念就是那些概念,即在其之下一切知觉必须事前被统摄,然后才能用作经验的判断,而在这种判断里,知觉的综合性统一是表现为必然而普遍的[①]。

(64)

第二十三节

判断单纯作为所予的一些表象在一个意识里的统一来考虑就是规则。这些规则,在它们把这统一作为必然而提出来的这个范围内,就是验前的规则,而在没有什么超过它们所能得出的东西的这个范围内,这些规
[53] 则就是公理。那么,既然关于一切经验的可能性,就是当经验作为单纯的思想形式来看的时候,在经验判断的那些使出现在其直观的各种形式上从属于使经验性的判断成为客观有效的知性纯粹概念的条件以外没有任何其他条件,所以这些规则就必须是一切可能经验的验前公理了。

可能经验的公理同时也就是验前知道的自然普遍性规律。而这样包含在我们前面的第二个问题里的——纯粹自然科学怎样成为可能,这个问题就得到解决了。因为一门科学的形式所需要的系统性格在这里是完全碰到了,因为在上述的一切一般的判断的形式条件以外,即在逻辑里发现的一切一般的规则的形式条件以外,更没有任何是可能的了,而这些形式条件也就构成一个逻辑性系统;而奠基在它们之上的一些概念,即含有一切综合而必然的判断的验前条件的概念,就同样构成一个先验的系统,
(65) 而且最后,一切出现借以被统摄在这些概念之下的一些公理就构成一个物理的[②]系统,即自然的一个系统,先于一切关于自然的经验性知识,首先使这种知识成为可能的,因而是正当地要称为普遍的而纯粹的自然科学的。

① 但是经验的判断必须在知觉的综合里含有必然性这个命题怎样和上面这么坚持主张的命题,就是经验作为验后的知识只能作出不必然的判断来这个命题一致呢?当我说经验叫我知道某东西,我的意思总是指处在它里面的知觉说的,例如热总跟在石为太阳照着之后,而这种经验的命题到此为止总是不必然的。说这种发热必然是由太阳的光照所引起,诚然是(由原因这个概念)而包含在这个经验的判断里;可是我并不从经验而知道这点,而正相反,因为经验首先是由知性的这个概念(即原因这个概念)的这样加在那知觉之上的,至于这种知觉是怎样由这种增加得来,可参考本批判关于判断的先验能力那部分。

② 或者如我们现在所应该称它的那样,译为物理的——英译者——其实"物理的"(英文的 physical)也就是原希腊文的"自然的"。——中译者

第二十四节

上面的自然①公理的第一条把一切出现作为空间与时间中的直观统摄在量这个概念之下，而这样来看，就是数学应用于经验的一条原理。其第二条公理不把正当经验性的东西，即感情，直接统摄在量这个概念之下，因为感情表示直观的实在性，但不是什么包含在空间与时间里的直观，虽然认为与之相应的对象在空间与时间里。可是在实在性（即感情的表现）与零（即时间里完全没有直观）之间，有一种有量的差别。因为在每
一个所予等级的光明与黑暗之间，在每一个等级的热与完全的冷之间，在 [54]
每一个等级的重与绝对轻之间，在每一个等级的含有空间与全没有空间之间，能想到逐渐更小的等级。而与此相仿，在有意识与完全无意识（即心理学的黑暗）之间，也存在着不断更小的[等级]。因此，不可能有任何
知觉表示绝对的空虚；例如我们只得把任何心理的黑暗看作一种意识，它 (66)
诚然是弱于另一种较强的意识的，而在感情的一切情况下亦复如是。像这样，知性就是能甚至用一条公理来预测构成经验性的表象（即出现）的正当的质的那些感情，而这条公理是说，一切感情（即每一个出现的实在东西）都有一个等级，而这就是数学对自然科学的第二种应用（拉丁文 mathesis intersorum）。

第二十五节

谈到现象的关系，而且其实仅仅是关于出现的存在，这种关系的确定不是数学的确定而是动力学的确定。如果它不是从属于验前使关于这些出现的经验的认识首先成为可能，就永远不能客观有效，因而也就不能与一种经验相称。因此，出现就必须统摄在实体这个概念之下，而这个概念是处在存在的一切确定的基础上作为东西本身的概念的；或者谈到第二点，在出现之中就其是遇有一种前后相继，即一种事件这点来说，出现就必须统摄在和原因有关系的一种结果这个概念之下；或者就同时并存而

① 不参考《纯粹理性批判》关于知觉的公理所说的东西，下面的三个段落将是难以得到了解的，但是有了对这些公理的一般的见解，而注意其主要论点，可能是有好处的。

要在客观上被认识到的，也就是要通过一种经验的判断而被认识到的这点来说，出现就必须是统摄在交互性(即交互作用)这个概念之下；而这些验前原理是客观有效的，虽然是经验性的判断之基础之上的，就是说，处在经验就其是要把一些对象的存在在自然中联系起来这点而言的可能性的基础之上的。这些原理乃是自然的特殊规律，可称为动力学的。

[55] 最后，属于经验的判断的还有关于一致与联系的认识，而这种一致与
(67) 联系，与其说是出现相互间的一致与联系，不如说是它们一般对于经验的关系之一致与联系，这种关系或者是把出现的一致和知性所认识的形式条件统一起来，或者是把出现的前后一贯性和感官与知觉的材料统一起来，或者是把上面的两者在一个概念里统一起来，而结果就是按照普遍性的自然规律包含着可能性，实在性与必然性，从而构成方法的物理学学说，构成真理与假设的区别，而且构成假设的可靠性的限度。

第二十六节

虽然从知觉的性质，按照批判的方法，所得出来的第三个原理表，在其自身来说，表示一种完备性，这种完备性就使它远远超出在一切其他试图过而毫无结果的这种表之上，或者在将来企图用一种独断的方式从这东西本身的性质[得出来的]这种表之上，因为在这第三个原理表里，一切验前综合的公理都是按照一条原理，即一般判断的可能性，产生出来的，而这种可能性构成涉及知性的经验本质，而且其构成是这样的，使得我们可以相信得过，再没有更多这样的公理了(这是一种满意，绝不能从独断的方法获得)——可是这远不是它的最大的贡献。

必须注意证明的根据，这是发现这种验前知识的可能性的，而且同时是以一种条件限制着一切这样的公理的，如果我们是不要错解这些公理，而且不把它们在使用上扩张到过于知性给于它们的原来的意思所将容许
(68) 的，我们就绝不得忽略了这种条件：这种条件就是，这些公理只含有一般可能经验在其是服从验前规律的范围内所有的各种条件。因此我并不说，自在之物含有一种量，含有它们的实在性，一种等级，它们的存在，在一个实体里的各种偶性的关联，等等；理由就是，这是任何人都不能证明
[56] 的，由于这样的一种综合的联系简直没有可能出自单纯的概念，因为在单

纯的概念里一方面缺乏一切和感受性直观的关系，而另一方面又缺乏这种直观在一种可能经验里的一切联系。所以在这些公理里的各种概念，其最重要的限制就是：一切东西只在上述的各验前条件下作为经验的对象。

其次，从这点就得出前述事项的一种特别而奇怪的证明方式：就是所说的各公理并不直接涉及出现与其关系，而是涉及出现所构成其质料而不构成其形式的经验之可能性，也就是不涉及那些客观而普遍有效的综合命题，在这里面经验的判断与单纯的知觉判断区别开来。这是发生于出现作为单纯的直观，占用一部分的空间与时间，而隶属于量这个概念，这个概念把这种量的杂多综合地按照验前的规则统一起来；而且这是在那知觉既是含有直观而同时又含有感情这种范围内，而在感情与零（即完全没有感情）之间，总是有由于减少而一般进展的，然而出现的实在东西必须有一种基础，由于在其自身来说，它是不占用任何部分的空间与时间 (69)
的①。但是这种从空洞的时间或空间朝着实在性的进展只是在时间里才有可能。结果就是，虽然就感情作为经验性直观的质而言，永远不能验前被知，即关于这点，在其里面它特别不同于其他的感情的，可是它还是能够一般地在一种可能的经验里被分别出来作为知觉的量，在强弱上不同 [57]
于同类的任何其他的感情的；这是指数学在感受性直观方面对于自然的应用，而数学的被给予我们是靠感受性直观，而且靠它，数学才首先变为可能而确定的。

但是读者必须格外注意称为经验的类比的那些原理的证明方式。因为由于这些原理不是像数学一般应用于自然科学的那些原理那样，关于直观的产生，而是关于直观的存在于一种经验里的联系，而这种联系不是别的，只是在时间里按照必然规律的存在的确定，单在这些规律之下，这

---

① 在一个小的空间的热，光等等（就等级来说）和在一个大的空间里同样大的，同样地，内部的表象（德文 Vorstellungen），如痛苦或一般的意识，不管它们持续时间的长短，在等级上并不是较小的；因此，量在这里的一点和一片刻时间上是和在任何无论多长的时间或者多大的空间里同样大。那么，等级就是量，不是关于直观，而是关于单纯的感情，或者[换句话说]一个直观的基础的量只能通过 1 对 0 的这个关系被统计为量，也就是靠每个直观通过无止境的中间等级过渡到直观的消失，或者是靠每个直观从零通过无止境的增加环节逐渐成长为在某所予的时间里的一个确定的感情。质的量就是等级（拉丁文的 Quantitas qualitatis est gradus）。

(70) 些直观才是客观有效的，因而才是经验的。所以综合统一性的证明，其关键不是在于自在之物的联系，而是在于知觉的联系，而且乃至这些知觉的联系，不是在其内容方面，而是在其在时间里的确定方面，和在存在按照普遍性的一些规律对于时间确定的关系方面。所以，当在相对的时间里的经验性确定要成为客观有效，即要成为经验时，这些普遍性规律就是含着一般在时间里的存在的确定的必然性（结果就是验前按照知性的一条规则的）。我在这导论里不能关于这问题更有所说。不过有些读者长时间习惯于把经验看作一些知觉的一种单纯的经验性堆积，因而就不去反思经验大大超出这些知觉的范围，就是说，它给经验性的判断以其普遍有效性，而为着这样做，知性的一种纯粹统一性是必需验前领先的。我得要请这样的读者注意到经验的这样不同于一些知觉的一种单纯的堆积，而且从这种观点来判断证明的方式。

第二十七节

在这里就是把休谟的怀疑从它的基础除去的地方了。他正当地主张，我们无法能通过理性而看出因果作用的可能性，就是说看出一个东西
[58] 的存在和这东西所断定的某别一个东西的存在的关系。我并且说，我们甚至最少地看出潜存（德文的所谓 Subsistenz）这个概念来，就是在这个概念里所含着的必然性，认为一个主体必须处在一个东西的存在基础上，而其本身不能是属于任何别的东西的一个述项，我诚然乃至要说，我们不能关于这种东西的可能性形成任何概念（虽然我们在经验里能指出种种
(71) 实例来）。同样地，事物的交互作用甚至也是不可被了解的，因为无法看出，怎样从一个事物的状态能得出一种后果来而且是与该状态完全不同，外在于它的东西，而且反过来也是这样，并且各有各的存在的一些实体又怎样必然互相依靠。同时，我也远远不是把这些概念看作单纯从经验中借来的，把其里面提供的必然性看作是虚构的而且是单纯的幻相，只由于长时间的习惯而在我们里面惹起的。我反而充分说明这两种概念和从它们引申出来的公理在一切经验以前就是作为验前确定的，而且具有不可置疑的客观正确性，虽然无疑只是关于经验才是如此。

第二十八节

虽然关于自在之物的这样一种联系，究竟它们是存在为实体，起着原因的作用，或者是能在交互作用的关系上和其他的实体一起(作为一个实在的整体的各个部分)，我并不能有丝毫的观念，可是我更不能在出现作为出现里想到这样的一些属性，因为上面所说的那些概念并不含有什么是在这些出现的基础之上的，而所含单是知性所须想到的。那么，我们就从我们知性里，其实也就是在一般的判断里的这样一种联系上，才有了一种相类似的概念，也就是，一些表象在一种的判断里作为主体对于述项而结合，在另一种的判断里作为原因对于结果而结合，而在第三种的判断里是作为一些部分一起来形成一个完整的可能知识的。因而我们验前认识到，没有一个对象的表象是可以作为关于上面所说的环节的这个或那个的一种确定的东西来考虑的，我们就不能有任何知识能关于对象有效，而 [59]
且，如果我们从事于对象的就其本身来看的话，就不会有一单个可能的标 (72)
志是我能从而认识到它是确定为有关于所想的这个或别的一个环节的，也就是，认识到它是在实体的概念之下，或是在原因的概念之下，或(对于别的一些实体)在交互性的概念之下得到结合，因为关于存在的这样一种联系的可能性，我毫无概念。但是，问题并不是自在之物怎样确定，而是在一般判断的所想到的环节方面，关于事物的经验认识怎样确定，就是作为经验的对象的事物怎样能够而且怎样应该被统摄于上面的知性概念之下。而这样就很清楚，我完全体会到，一切出现的统摄于这些概念之下，不但是有其可能，而且是必要的，也就是用它们为经验的可能性的公理是可能的而且是必要的。

第二十九节

让我们试图解决休谟认为有疑问的概念(他的所谓 crux metaphysicorum 形而上学难题)，即原因这个概念。首先通过逻辑在验前给予我的一般有受条件限制的判断之形式，即一种认识作为前件而另一种作为后件。但是在这个知觉之中却可碰见这种关系的一条规则，在所予的出现发生时，总是在后面跟着有另一个出现(虽然不能颠倒过来),而这就会是一种使用假言判断的情况,比方说,如果一个物体久为太阳所照耀,它就会变暖。在这里确是没有任何联系的必然性,换句话说,没有什么原因的概念。唯独我进一步说:如果上面原是单纯知觉的主观联系的那个命题要成为一个经验的命题,它就必须看为必然的而且普遍有效的了。但是这样一个
(73) 命题就会是成为:通过它的光,太阳就是热的原因。上面的经验性规则现在就被看为规律了,而且其实不但对于出现是有效,而且对于出现在其对于一种可能经验的关系上也有效的,而经验是要彻底的,因而这就是必然
[60] 有效的规则。那么,我就完全了解原因这个概念是一个必然属于经验的单纯形式的概念,而且了解它的可能性作为在一种一般的意识里的一些知觉的综合统一;但是一个一般的东西作为一种原因的这个可能性我却不明白,因为原因这个概念和东西没有关系,而只表示属于经验的条件,就是说,经验只能是关于出现的一种客观有效的知识,而且是关于在前件能按照假言判断的规则和其后件综合起来这个范围内的出现时序的。

第三十节

因此,当知性的纯粹概念离开经验的对象而涉及自在之物(即本体)时,就毫无意义了。这些纯粹概念仿佛是用来把一些出现拼缀起来,使之可能续成经验似的。从它们对于感官世界的关系所发生的公理只供我们的知性在经验里使用。在这个范围以外,只有一些任意的结合,毫无客观实在性,其可能性既不能在验前得知,而其与对象的关系又不能证实,乃至不能为一个实例使之成为可理解的,因为所有实例都是从某种可能的经验借来的,而结果就是那些概念的对象只是在一种可能经验里可以碰到的东西。

(74) 休谟的问题的这种完全的解决,虽然是反乎其创始人的意想的,却替知性的纯粹概念防护了它们的验前起源,而又替普遍性的自然律防护了它们作为知性规律的有效性,可是在这种方式上,它们的用途只限于经验,因为它们的可能性根据,单只在经验对于经验的关系上;然而这之所以如此,不是因为这些规律是从经验得出来,而是因为经验乃是从它们得出来,这种完全倒转过来的联系方式是休谟绝没有想到的。

从上面所说的各种探究就得到一切一向的研究结果如下:“所有验前的综合公理无非是可能经验的原理。”永远不能和自在之物有关系,只能 [61] 和作为经验对象的出现有关系。所以不仅纯粹自然科学,亦且纯粹数学,也都是除了单纯的出现以外,永远不能和任何东西有关系,而其所提示的,要就是使一般的经验成为可能的东西,要就是总在某种可能的经验里提得出来的东西,由于它是从这些原理得来的东西。

第三十一节

而这样,我们在一切的形而上学的尝试中就终有某些确定的东西可遵守的了。前此这种尝试,虽是十分大胆地,但总是盲目地,不分皂白地追求一切东西。独断的思想家从没有想过,他们所致力的目标应该是树立在他们的近处,而且甚至那些对于他们想象的常识最有把握的独断思想家,也是从单纯理性的概念与原理出发,岂知这些概念与原理诚然是正当而且自然的,但是单纯打算在经验里使用以求知识的识别,而这种思想家却不知道而又不能知道任何一定的范围,因为他们从没有反思到,也不能反思到任何这种纯粹知性的性质,乃至其可能性。

许多纯粹理性的自然家(我用这个名词是指一个人,毫无知识便冒昧 (75) 地在形而上学的种种问题上加以决定的)尽可声言,在这里费了这么多的准备工夫,或者他也喜欢说,用一种叫人讨厌的炫耀博学,而提出来的东西,是他早就不但猜想过,并知道而且深入过的,[他这样做]是靠他的常识的预见精神,也就是说:“有了我们一切的理性,我们是绝不能超出经验的领域的。”但是虽然如此,当人们拿他的理性原理,逐条来质问他时,他就必须承认,在这些原理之中,有许多是不从经验得出来,因而就是不依靠经验而有效,而就是验前有效的。那么,他将怎样,而且根据什么理由,来在限制以内抑制着独断者和他自己,而他们却是在一切可能经验以外使用这些概念与原理的,只因这些概念与原理被认为不依靠经验?而且 [62] 甚至这种常识的内行,不管他所自负的、便宜得来的智慧是多少,总不会不在不注意时误闯到经验对象的范围以外而进入幻想的领域里去。其实他一般会很深地被纠缠在那里面,虽然他通过通俗的话语,把一切都作为或然性,像是合理的假定或类比,提出来以文饰他的种种毫无根据的推测。

第三十二节

从哲学的最早时期以来,纯粹理性的研究者就已经在构成感官世界的感性的存在物或称出现(即拉丁文的 phaenomena)以外,决定认为有构成一个知性世界的特种知性的存在物(即拉丁文的 noumena);既然他们把出现与幻相认为是同样的东西(这在一个未开化的时代里应该得到原谅),于是就把实在性单归之于知性的存在物。

(76) 事实上,当我们把感官的对象,如正确的那样,看作单纯的出现,我们就同时承认一种自在之物是处在感官对象的基础上,虽然我们并不知道它,如它在其自身所构成的那样,而只知道它的出现,也就是我们的各感官为这种未知的某东西所刺激的方式。那时,知性由于承认出现,也就承认自在之物的存在,而且我们甚至可以说,处在出现的基础上的这种存在物,简言之,知性的单纯存在物,不但是可容许的,而且是不可避免的了。

我们的批判演绎决不排斥这样的东西(即本体),但宁可限制感性论的原理,就是就它们不应扩张到一切东西上去,使一切东西都变为单纯出现这点说,它们只对于一种可能经验的对象才应该有效。我们在这里承认有知性的存在物,是凭着强调那毫不容有任何例外的规则,就是我们关于这些知性的纯粹存在物并不知道任何确定的东西,而且我们关于它们
[63] 也不能知道任何东西,因为我们知性的纯粹概念,正如我们的纯粹直观一样,所与之有关的只是一种可能经验的对象,简言之,只是感官的单纯存在物,而一经我们离开这些对象,上面所说的那些概念就没有丝毫的意义剩下来了。

第三十三节

事实上,我们的知性纯粹概念有其勾引我们把它们作超验使用这种试探的;因为我是这样称呼凡超越一切可能经验的东西的。不但我们那些完全不依靠经验,并不含有任何感官出现的实体、力、行为、实在性等概念实在像是有关于自在之物(本体)似的;而且加强这种推测的就是,在这
(77) 些概念里面含有一种确定的必然性,是经验所永远不能与之处于相同水

平的。原因是这个概念含有一条规则,按照这条规则,从一种状态就必然得出另一种状态来;但是经验所让我们知道的只是一种状态常识,或者最多是通常,跟在另一种状态的后面,因而是不能使之获得严格的普遍性或必然性的。

因此,这些知性概念像是有这么多的意义与内容,远不是在经验里的使用所能穷尽其全部预定的用途的,于是在不知不觉之中,知性就在经验的房屋旁边,筑起一座极其广大的边房,用单纯的思想物来充实它,而竟然没有注意到它已经超出它在其他方面是正确的概念的合法界线。

第三十四节

在《纯粹理性批判》里(原版的第137页起和第235页起)所做的两种重要的,虽然是极其枯燥的研究却是完全不可缺少的。第一种研究指出,各感官并不在具体上提供知性的纯粹概念,而只提供这些概念使用的图型,而且指出,与之相符合的对象只是在经验里(作为知性从感受性的材 [64]
料所产生的成果)才会碰见。第二种研究(这部《批判》的第235页)指出:纵然我们知性的纯粹概念与原理是不依靠经验,乃至它们的用途看来像是有更大的幅度,但是在经验的领域以外,通过它们是什么都不能想出来的,因为它们所能做的只是关于所予的直观确定其判断的单纯逻辑形式。 (78)
但是,既然在感受性的领域以外,没有任何直观被给予出来,所以这些纯粹概念[在那里]就变为完全没有意义的了,由于它们不能通过任何手段在具体上表示出来。结果就是,一切这些本体连同它们的全体,即一个智性世界①,只是作为一个问题的提示,其题目,在其本身来说,诚然是有可能的,但是其解决,按我们知性的性质来说,完全没有可能,因为我们的知性不是什么直观能力,而单纯是在一种经验里的所予的直观的联系,因而就必须包含我们一切概念的对象,但是没有这些对象,一切不能为一种直

① 不是知性的(德文的intelliglble)世界(如一般所说的那样);因为通过知性的知识是知性的,而这种知识只是和我们感官世界有关系;但是对象就其是能通过知性被表现出来,而没有我们任何感受性直观能与之有关系的这点来说,就称为智性的,但是,由于每个对象都需要有其可能的直观,我们就得要设想一种知性,是直接直观到东西的,但是关于这种知性,我们毫无概念,因而关于知性与之有关系的知性之物,我们也毫无概念。

观所支持的概念就必须是毫无意义的。

第三十五节

如果想象力有时做梦,而不能严密地留在经验的范围以内,它也许可以原谅;因为它确为这种自由的活跃所鼓舞而增强,而且节制它的狂放比刺激它的沉闷容易些。但是知性是应该思想的,却反去做梦,这是绝不可原谅的;因为我们惟有靠它的支持去在必要时限制想象力的空想。

[65] (79) 但想象力【的做梦】,始初很天真而谨慎。它首先把在它里面先于一切经验而为它天赋的一些自然知识变为纯粹的状态,然而这种知识在经验里才适用。逐渐它就丢掉这些限制;而这样一来,又有什么去阻止它呢? 因为知性已经自动地摒弃它的原则了。首先,它便得到在自然中的一些新想出来的力,不久有了在自然以外的存在物,总而言之,就有了一个世界,为着这种世界的装配,我们是绝不能缺乏材料的,因为靠一种高产的想象,总会丰富地获得这种材料,而且它虽然不为经验所证实,然而绝不为经验所反驳。这就是何以年轻的思想家爱好在一种真正独断的方式上所处理的形而上学,而牺牲了他们的时间和在别的方面有用的天才。

但是,通过各种关于解决这样深深隐藏着的问题的困难之告诫,通过对我们理性的限制之悲叹,而且通过把一些断言贬低为单纯的猜测,要使纯粹理性的这些毫无效果的尝试变为不太过分,都是无用的。因为,如果不清楚地指明这些尝试的**不可能**,而且把理性的**自我认识**提高到一种真正科学的水平,并在那里面把它正当使用的领域从它的空虚无益的使用领域,用所谓几何的确定性区别开来,这些徒劳无功的努力就永远不会完全被放弃。

第三十六节　自然本身怎样成为可能?

这个作为先验哲学能接近而为其所必须导致的界限与完结之最高点的问题,实在含有两个问题。

第一:自然在其物质的意义上,即自然的作为直观,作为一切出现的
(80) 总体——空间、时间,以及充实这两者的东西,即一般的感觉对象——是

怎样成为可能的？答复乃是：以我们感受性的造性为媒介，按照这种造性，我们的感受性为其本身不为人所知而又完全不同于它们的出现的那种对象在一种特别的方式上所刺激的。这个答复是在书中(指《纯粹理性批判》——中译者)的先验感性论里，和在本《导论》的第一个一般问题的解答里作出的。 [66]

第二：自然在其形式的意义上——作为一切出现必须服从的那些规则的总体，如果这些出现要被思想为在一种经验里联系着——怎样成为可能？答复只能是：它的成为可能，只是以我们知性的造性为媒介的，上面一切感受性的表象是按照这种造性必然和一个意识有关系的，而且我们思想就因之以特别的方式，即照着一些规则，而必须完全从关于自在之物的知识区别开来的经验是通过这些规则成为可能的。这个答复是在书的先验逻辑里，和在本《导论》里的第二个一般问题的解答的过程中作出的。

但是，我们感受性本身的这种特别性质，或说我们知性的特别性质，连同处在其基础上的而且处在一切思想的基础上的必然统觉，怎样成为可能，这是不容许有任何更进一步的解决或答复的，因为关于一切答复以及关于一切思想的对象，我们都总是要有这种解决或答复的。

有许多自然的规律是我们只通过经验才能知道，但是在出现的联系中的合规则性，即一般的自然，我们绝不能通过任何经验而学得来，因为经验本身需要有这种规律，而且这些规律是验前处在经验的可能性基础之上。一般经验的可能性同时也是自然的普遍性规律，而一般经验的公理也同时是自然的公理。因为我们关于自然一无所知，除非自然是作为出现的总体，即作为在我们里面的表象的总体，因而我们只能从那在我们自己里面表象的联系的原理得出关于这些出现的联系的规律来；换句话说，从构成经验的可能性的一种意义里的必然统一的各种条件得出出现联系的规律。 (81)

甚至通过这整章所陈述的这个主要命题，就是普遍性的自然规律是得要在验前知道的这个主要命题，自然就导致这另一个命题，就是自然的最高立法必然处在我们自己里面，即处在我们的知性里，而且我们必须不在自然里通过经验来寻找自然的普遍性规律，而是反过来，必须在那处在 [67]

我们的感受性与知性里的经验可能性的各种条件里去寻找自然。因为不然的话,怎有可能来在验前知道这些规律,如果它们不是分析性知识的规则而实际上是这些规则的综合性扩张呢? 可能经验的原理与自然可能性的必然一致,只能从两种原因之一而来;要就是这规律是从自然通过经验借过来的,要就是反之,自然乃是从一般经验的可能性的规律得出来的,而且和这种纯然一般的规则性完全一样。这第一种假定是自相矛盾的,因为自然的普遍性规律是能在验前被知道,而且必须在验前被知道的(即不依靠任何经验),并且是能而且必须断定为知性的经验性使用的基础;所以就只剩下那第二种【假定】了①。

(82) 但是我们必须把自然的经验性规律(这些规律总是预先假定一些特殊知觉)同纯粹的或说普遍性的自然规律区别开来,这后一种自然规律没有任何特殊知觉在其基础上,所以就单纯含有它们在一种经验中的必然统一的各种条件;而且关于这后一种规律,自然与可能的经验一样。因而,如在这种情况下那样,其合法性依据出现在一种经验里的必然联系,因之就是依据知性的原始规律(没有这种经验里的必然联系我们就不能认识感官性世界的任何对象),这在开始时听来是奇怪的,然而仍然是确

[68] 实的,就是在我关于知性的原始规律这样说的时候:知性不是从自然在验前汲取其规律的,而是给自然规定这些规律的。

第三十七节

我们将通过一个实例来说明这个看来是大胆的命题,指出我们在感受性直观的对象里所发现的规律,特别是在它们被认识为必然时,都是为我们自己认为是知性照着这样放进对象里去的,虽然在一切其他方面,它们是相同于我们以之归因于经验的自然规律的。

---

① 唯独克鲁什奥斯(Crusius)知道一种折中办法:就是一个不犯错误而又不欺骗别人的神灵把这些自然规律原来就栽种在我们里面。但是,既然蒙骗人的一些原理,每每进行干涉,而这人的体系本身是给出不少的实例的,所以关于这种原理的使用是没有可靠的标准,来把真正的来源的原理同从不真正来源的原理分别开来。因为我们绝不能确实知道真理的神或谎言之父灌入我们里面的是什么东西。

第三十八节

如果我们考虑一下圆的种种性质，是这个几何形借一条普遍性的规则把这么多的空间任意确定在其自身里而统一起来的，我们就不得不把 (83) 一种自然归之于这个几何的东西。例如两条彼此相交而又和这圆相交的线，无论怎样划法，却总是这么合乎规则，使得在一条线的分段之下的长方形相等于在另一条线的分段之下的长方形。现在我就问："这条规律是处在那圆里抑或是处在知性里的呢？"也就是说，这个几何形是不依靠知性而在它的里面含有这条规律的根据呢？抑或是知性硬把这条规律加在这几何形之上，规定弦是在几何比例上相交的呢？由于知性自己是按照它自己的概念，即半径的相等，而构成这个几何形的。当我们探索这条规律的种种证明时，我们就很快看出，它只能是得自知性放在这个几何形的结构的基础上的条件，即得自半径的相等。如果我们扩大这个概念，以便还进一步追求几何形的许多性质在共同规律下的统一性，而把这圆作为一个锥线，像其他锥线一样，服从同样的结构基本条件的，来考虑，我们就发现，一切在椭圆、抛物线和双曲线里边相交的弦总是这样相交，结果就是在其分段下的各长方形，虽是事实上不相等，然而彼此间的比例相同。 [69] 如果我们还更进一步，即达到物理天文学的基本学说，我们就看到互相吸引这一条物理规律是扩张到全个物质性自然的，其规则就是，这种吸力是和从每个吸引点算起的距离的平方成反比例地减少的，也就是，其减少是随着这种力在其里面分散的球面之增加的；而这像是必然处在东西本身 (84) 的性质里面的。因而通常是声明为验前可知道的。不管这条规律的来源怎样简单，由于这种来源都是单纯以那些不同半径的球面的关系为依据的，但是其种种后果的关于这条规律的一致性与规则性是这么可贵，结果就是不但各天体的一切可能的轨道都在锥线上，而且还跟着有它们相互间的这样一种关系，以致不能想象到任何吸力的规律适合于一个世界体系，除非是这种距离的平方之反比例。

那么这里就是自然依据知性验前知道的规律，而且其实主要是依据空间确定的普遍性原理的。现在我就问：这些自然规律是否处在空间里面，而知性是否靠单纯设法去研究包含在空间里的丰富意思而学得这些规律,或者这些规律处在知性里面。而且是在这种方式上处在那里面的,就是照着这个方式知性才以其一切概念所从而出发的综合统一性的条件来确定空间?空间乃是这么一律的东西,而关于一切特殊的性质又是这么未确定,一定没有人会在它里面寻找自然规律的任何财富。另一方面,确定空间为圆形的,为锥形或球形的东西也就是知性的就其含有这种形的结构之统一性的根据而言的。称为空间的这种直观的单纯普遍形式,乃是可确定的直观的一切特殊对象的基质,而在这基质里一定是存有后者,即特殊对象的可能性与多样性,但是对象的统一性只为知性按照处在其自己的性质里的各种条件所确定,而这样,知性就是自然的普遍秩序的
(85) 根源,因为它是把一切出现包含在它自己的各种规律之下,而且它是借以
[70] 首先验前按照经验的形式构成经验,而由于经验,一切要通过经验而被知道的东西就变为必然隶属于知性的规律了。因为我们和自在之物的性质无关,像独立于知性的条件一样,自在之物的性质是独立于我们感受性的条件。我们所与之有关的乃是自然的作为一种可能经验的对象,而知性一方面是使这成为可能,而另一方面却[坚持]感官世界要就完全不是经验的对象,要就是自然。

第三十九节　纯粹自然科学的附录　关于范畴的体系

一个哲学家所想要的东西不能有悬于他要把那些从前通过他曾在具体上利用过而在一种东鳞西爪的方式上对他表现出来的各种各样的概念与原理,从一条验前的原理引申出来,而这样就在一个认识里面把它们统一起来。从前他只认为那些在一定的抽象后还剩下来,而通过相互比较像是构成一个特殊种类的知识的东西是完全集合了;但是它只是一大堆而已。他现在却知道恰恰这么多,不更多也不更少,才是构成一种知识的样式的,而且看到这个样式的划分的必然性,这就是一种了解;这样他就第一次有了一个体系。

从一些共同的知识寻出种种的概念来,而这些知识没有任何特殊的经验在其基础之上的,而同时又是在经验的一切认识里发生,可是这些经验认识的联系的单纯形式又仿佛是由这些知识所构成的,这种做法并不

预先假定有任何反思或识别力是多过一种语言的一般词的实际使用规 (86)
则，而这样就编纂一种语法要素的。其实，这两种研究很密切地相类，纵然我们不能提出一种理由，说明何以每种语言恰恰有这种而不是别种的形式结构，而且更不能提出一种理由，说明何以一般要遇到每种语言在形 [71]
式上的确定上，只有这么多，不更多，又不更少。

亚里士多德在范畴的名目下搜集了十种这样的纯粹基本概念①。在这些用拉丁文称为 Predicaments（一般仍中译为“范畴”）的东西之上，他后来又觉得不能不增加五个所谓后范畴②，然而部分仍处在前面那些范畴里面（例如在先性 prius，同时性 simul，运动 motus）；但是这种狂想只能当作未来研究者的一种暗示而得到嘉纳，不能作为一种正规发展的观念而有效；因此，在哲学的更开明的阶段上，它就被丢弃作为完全无用的了。

在调查人类知识的纯粹的（不含有任何经验性的东西的）要素时，我首先能够在长期反思之后，把感受性的基本概念（即空间与时间）从知性的基本概念区别开来而且具有信心地予以分开。通过这种过程，那第七、第八和第九个范畴就从范畴表上排除出去了。剩下来的对我是不能有什么用处的，因为手边并没有任何原理，能借以充分测量知性，而且能完全并且准确地来确定知性的纯粹概念所从而发生的一切知性的机能。

为了找出这样的一条原理，我就在我的周围去寻找知性的一种动作，
是包含着所有其余的知性活动，而其特色就是只通过各种不同的变化或 (87)
契机，把表象的杂多带到一般思想的统一性之下，而那时我就发现知性的这种动作是通过判断的。在这里已经摆在我面前的就是逻辑学家的全部工作，虽然不是毫无缺陷的工作，而通过这种工作，我也就能够将知性纯粹机能的全表提出来，虽然关于所有的对象，这些机能没有确定下来。最后我就使这些判断机能和一般对象发生关系，或者毋宁说和确定各种判断为客观有效的那些条件发生关系，而就有知性的纯粹概念发生了。关 [72]

---

① 即 1. 实体。2. 质。3. 量。4. 关系。5. 主动。6. 被动。7. 何时。8. 何地。9. 姿态。10. 状态。

② 即时空，在先，同时，运动，占有。

于这些概念，我能毫不怀疑，只有它们，而且只有它们这么多，既不多些而又不少些，才能构成我们从单纯知性而来关于事物的全部知识。我很合理地以它们“范畴”这个旧的称呼来称这些知性的纯粹概念，在这样做时，我却保留这种权利，在范畴的全体上并用“副范畴”(Prädikabilien)这个名称，增加从范畴得出的一切概念。无论它们的得出是通过范畴的互相联系，或者是和出现的纯粹形式(即空间与时间)联系，或者是和它们的质料联系，只要这联系不是在经验上确定的(即一般作为感觉的对象)，而且一经我现在所从事于其推进的一种理性批判的先验哲学体系得到成立时，我就是这样做的。

但是，在这种范畴的体系中，要使这个体系与毫无原则而进行的那种狂想区别开来，才能获得算为哲学的那个本质的东西。就是通过它，知性的纯粹概念的真正意义，以及这些概念使用的条件，才能得到清楚地确定。因为很明白，在其本身来说，这些知性的纯粹概念不过是一些逻辑的机能，而作为这样的机能来说，在其本身不构成丝毫关于对象的概念，而是需要有感受性的直观在其基础之上，因而它们只是用来对于那些否则
(88) 就关于判断的一切机能都没有确定的，无可无不可的、经验性判断加以确定的；因之就替这些经验性的判断获得普遍性，而且通过这些判断就使一般**经验的判断**成为可能。

这种对于范畴本性的识见，同时是把它们限制于经验上的使用的识见，是范畴的第一个创作者与其任何后起者所绝没有想到的。但是，没有这种识见(这正是依靠它们是怎样得来或怎样引申出来的)，它们就是完全无用的。成为没有说明，或说没有使用规则的，一个可怜的名目表而已。如果古代的人曾在任何时候想到这类的事情，在形而上学的名义下千百年来不枉费许多有用的头脑，那么，关于纯粹理性知识的整个研究，就无疑会以完全不同的一种形式传到我们今日了，而且会启发了人类的
[73] 知性，而不是如实际遇见的那样，使它在一些晦涩而毫无实用的琐碎思量里白费气力，而使之对真正的科学并不适用的了。

这个范畴体系使纯粹理性本身的任何对象的处理成为有系统的，而且提供一种无可怀疑的指示或线索，使得每一种形而上学的考虑如

何进行并且是依着一定的方向，如果它的研究是要成为完备的话，因为它是穷尽每一种其他的原理所必须被常到它们之下的一切知性的契机。概念表是这样发生的，而我们的对于这表的完整性之能确信，是通过这个范畴体系①。而且甚至在那必须超出知性的物理学的使用的这些概念的划分之中(见《纯粹理性批判》第 344 页和第 415 页，即第二版的第 344 页和第 415 页)，还总是这个线索，由于它必须总是通过那些在人类知性里验前确定的固定各点而前进，所以它就任何时候都是形成一个关闭的圈
子，更没有任何疑问，知性或理性的纯粹概念的对象，就其是在哲学上而 (89)
且按照验前的原理来衡量而言，能这样完全被知道的。我甚至不能在这
种效果里忽略本体论的抽象部分，即有与无概念的多种区别，从而构成一 [74]
个合规则的而且必要的表(看《纯粹理性批判》第 292 页，即第二版的第 348 页)。

这个体系，像每个人以一条普遍性原理为根据的真正体系那样，显现 (90)
出它不可估计的功用，就是在别的方面可能潜入于上述的知性纯粹概念之间的异类概念都予以排斥而将它的地位让给每种知识。我在反思概念的名称下，也是按照范畴的线索，列成一表的那些概念，并未经过特许。而又没有正当的权利，竟在一种本体论里，互相混合在纯粹知性概念之中，虽然纯粹知性概念是[对象]的联系概念，因而也就是对象本身的联系概念，而反思概念乃是从前所给予出来的概念的单纯比较，因而就有一种完全另外的性质与用途；而通过我的合法的划分(见《纯粹理性批判》第

① 关于范畴表，可以作出许多巧妙的观察，如(1)其第三个范畴由第一与第二两个在一个概念里结合起来而发生；(2)量与质的范畴单纯是从单一性到总体性的进展，或说从有到无的进展(而为着这个起见，质的范畴必须是这样排列的：实在性，限制性，完全否定性)，而没有所谓相对物或对立物(即拉丁文的 correlata 或者 opposita)；而另一方面，关系与样式的范畴带有相对物或对立物；(3)如在逻辑里那样，断言判断是在一切其他判断的基础上，同样地，实体这个范畴对于一切实在东西的概念也是如此；(4)像样式不是在判断里的任何特殊的述项那样，样式的概念把一切的副范畴都数完，这是从任何一种好的本体论(例如鲍姆加顿的本体论)大体完全地能抽出来，而且把这些副范畴都在范畴之下分类排列——那是我们必不可漏掉把一切这些概念尽量加以完全的剖析——那就会有形而上学的一个纯是分析部分，其所包含的不是什么单个综合命题，这可能先于其第二(即综合)部分，而通过它的确定性与完全性，不但有用，而且由于它的匀称性，是含有某一定的美的。

260 页,即第二版的第 316 页),它们就不至于有这种混淆。但是,当我们现在行将要做的那样,把完全不同性质与起源的理性先验概念的表从前一种的知性概念(这些概念因而是必须有一种不同于其他一种概念的形式的)分开,那个特别范畴表的功用就将要看得更加清楚了。这种必要的分开从来没有发生于任何一个形而上学的体系里,因为在那里理性的观念和知性的概念作为一个家庭的同胞,毫无彼此地混在一起——这是一种混淆的状态,没有一种特别的范畴体系,是绝不能避免的。

第三部分　一般的形而上学怎样成为可能？

第四十节

纯粹数学和纯粹自然科学，不会为着它们自己的可靠性和确实性而需要如我们刚才所结束的关于两者的这样一种演绎；因为纯粹数学是以其自己的证据为依据，而纯粹自然科学，虽然是起源于知性的种种纯粹来源，但是却依靠经验与其彻底的证实，这是它所不能完全击破或缺少的一种证据，由于它虽是有它一切的确实性，而作为哲学来说，它绝不能和数学竞争。这两种科学都需要有上述的研究，却不是为了它们自己，而是为着另一种科学，即形而上学。

形而上学所与之有关的，不单纯总是在经验里适用的那些自然概念，而且除此之外，并且是有关于理性的一些纯粹概念，而这种纯粹概念永远不能在任何可能的经验里被给予出来；那就是说，形而上学所与之有关的乃是那些概念，其客观实在性（即不是单纯幻想），以及那些假定，其真或假，没有任何经验能够证实或者发现。形而上学的这个部分真正是构成
其本质意图的东西，一切其他的部分单纯是手段，而因此，这种科学，为了 (92)
它自身起见，就需要有这样的一种演绎。现在在我们面前的第三个问题仿佛是和形而上学的本质与特性有关，也就是理性单纯单独对它自身的事情，由于它所深思的是它自己的概念以及认为是直接从这些概念发生，而毋须有经验的中介，或者实是没有可能来通过经验的中介以达到，关于
对象的知识①。 [76]

没有这个问题的一种令人满意的解答，理性绝不能对其自己公道。理性把知性局限于经验性的使用，是不穷尽其本身的作用的。每一特种的经验只是其领域全个范围的一部分。但是所有可能经验的绝对整体，

① 如果是能说，一种科学，在其构成时，至少就在所有人的观念里是实在的，并且导致它的一些问题是为所有人里面的人类理性的本性所提出来的，因而关于这些问题的解决的许多尝试，如果是有缺点的，却总是不可避免的；那么，我们就必须说：形而上学是在主观上（而且必然）是实在的，因而我们就公道地问，形而上学怎样（在客观上）成为可能的？

虽是在其自身来说不是什么经验，然而就理性说来，却构成一个必然的问题，对于这问题的提出，理性却要求有完全不同于知性的纯粹概念的一些概念，其使用只是内在的(immanent)，即就其能被给予出来的而言和经验有关系；而理性的各概念是扩充到其圆满性，即一切可能经验的集合单一性，从而就超出任何所予经验的范围而变为超验的了。

那么，像知性为着经验要有范畴那样，理性照样在其自身里面含有理念的根据，而我之所谓理念乃是一些必然的概念，其对象是不能在任何经验里被给予出来的。理念的储存在理性的本性里，正如纯粹概念的储存
(93) 在知性的本性里一样，而且如果这些理念带有一种容易错引人的幻相，这种幻相是不可避免的，虽然我们尽可预防为它所错引。

由于所有幻相在于把判断的主观根据当作客观的，所以纯粹理性在其超验的(即过度的)用途上的自知乃是理性在错用它的机能，而且是使它的只有关于它自己的主观与其在一切内在使用的线路的超验性格和对象发生关系时所陷入的种种迷途的唯一预防剂。

第四十一节

理念，或说理性的纯粹概念与范畴，或说知性的纯粹概念的作为完
[77] 全另一种，另有其起源与功用的知识，这两者之间的区别是在一门科学的基础上这么重要的一点，而这门科学却将包含着一切这些验前知识的体系，所以没有这种划分，形而上学就简直没有可能，或者最多就是毫无关于所处理的材料的知识，而又不知道这些材料的适合于这种或那种的计划，竟去建筑一座空中的楼台的一个杂乱而极不细致的企图罢了。如果这部《纯粹理性批判》只单单做到使人第一次注意于这种区别。那么它对于我们的概念的说明以及对形而上学领域研究的指导，其贡献就会多于从未从事解决纯粹理性种种先验问题的一切毫无结果的努力了。过去在这种努力之中，人们并没有猜想到这个领域是完全不同于纯粹知性的领域，所以在那里，知性的概念和理性的概念就一起列在一个区域里，仿佛它们是属于一类似的。

第四十二节

知性的一切纯粹知识有这种特性，就是这些知识的概念都是在经验里被给予出来，而其公理都是能为经验所证实；而理性的超验知识，关于它们的理念，却不曾在经验里被给予出来，而且它们的公理又不是经验所能证实或反驳的。因此，可能发生的错误只能为纯粹理性自己所发觉，而这是很困难的，因为理性以它的理念为中介，自然就是辩证的，而这种不可避免的幻相要能使其不越轨，却不是对事情的客观而独断的研究，而是单靠理性自身的主观作为这些理念的一个来源的。 (94)

第四十三节

我在这部《批判》里的最大目标，一直总是不单要仔细地把所有的知识种类分别开来，而且又从它们的共同来源得出分别属于这些知识种类的一切概念，使得我不但能探究出这些概念是从哪里来，因而就能够可靠地确定其用途，而且又使我能得到那些完全出乎意想以外，而竟是不可估 [78]
价的优点，就是知道这些验前的，因而是按照原理的概念的枚举分类与详细的说明。没有这种优点，一切在形而上学里就是单纯的狂想，在这里面，我们永远不知道我们所拥有的是否足够，或者可能在那里面缺少什么；如果缺少的话，是在哪里缺少的。我们无疑只在纯粹哲学里才能有这种优点，可是这种优点构成纯粹哲学的本质。

因为我曾在知性的一切判断的四种逻辑机能里发现范畴的起源，所 (95)
以在理性的三段论式的三种机能里来寻找理念的起源只是自然的。因为，如果理性的这种纯粹概念(即先验的理念)一经被给予出来，除非是把它们看作与生俱来的东西。它们就不能在别处找得到，而只在理性的同样的活动里才能找得到。这种活动，就其形式来说，是构成理性的各种推理的逻辑成分的，但是就它是把知性的判断表现出来作为关于这种或别的一种验前的形式而被确定的这点来说，【上面所说的那种理性的活动是构成】纯粹理性的先验概念的。

理性推理的形式区别使它们划分为断言的，假言的与选言的成为必然的。以此为根据的理性概念所包含的,第一就是完全主体(实体性)这个理念;第二就是一切条件的完整系列这个理念;第三就是在凡是可能的东西的一个完整的总体这个理念里的一切概念的确定①。这第一个理念
[79] 是心理学的,第二个是宇宙论的,而第三个是神学的;由于这三个理念在辨证上都按其机缘,依其类别从事,所以以之为基础的纯粹理性的全部辩
(96) 证论就得划分为谬误推理,二律背驰,和最后的理性的理想;靠这种划分,我们就有充分的保证,可使纯粹理性的一切要求都在这里完全表现出来,而且没有一种要求是缺少的,因为理性作为这些要求所从出的起源,其能力是这样完全被测量过了的。

第四十四节

在这种一般的考虑里所值得注意的就是,理念不像在范畴那样,在知性经验中的使用里毫无用处,而就这点来说,是完全多余的;其实理念乃知性关于自然知识之准则的障碍,虽然就为一种还得要确定的意图来说,它们是必要的,灵魂是不是一种简单的实体,就其出现的说明来说,我们是能完全漠不关心的,因为我们不能在感官上,通过任何可能的经验,因而就是在具体上,使关于一种简单存在物的概念变为可理解的;因此之故,这个概念对于所想得到的深入到出现的原因的识见,是完全空虚的,而且不能用作内部经验或外部经验所提供的东西而说明任何原理。关于世界的起源或者关于世界的永恒性(在世界以前的部分)的宇宙论理念,在说明世界本身里的一种事变上也同样不能对我们有丝毫的好处。最后,我们必须遵照自然哲学的一条正确的准则,不用一切从一个最高存在者的意志得出来对于自然安排的说明,因为这种说明已再不是一种自然哲学,而且应该承认,我们已经和自然哲学断绝关系了。因此,这些理念

① 在选言判断里,我们考虑一切可能性对于特殊的一个概念的划分,一个一般的东西的彻底确定这条本体论的原理(就是一切可能对立的述项,其中之一必须是隶属于每个东西的),这同时就是一切选言判断的原理,乃是以一切可能性的总体为根据的,在这个总体里,一个一般的东西的可能性是看为确定了的,这就用来作为上述的命题的一个小的说明,就是理性在理性的选言推理里的活动,在形式方面是和它借以得到一切实在的一个总的内容,包含着一切相互对立的述项的积极述项的这个总体的理念相同的。

有其用途的一种确定,完全不同于范畴;通过范畴和以范畴为根据的原理,经验本身才成为可能。如果我们的意图无非是能在经验里能被给予 (97) 出来的那种关于自然的单纯知识的话,我们关于知性的辛苦分析论就会 [80] 是完全多余的了;因为没有这种细心的演绎,理性在数学里和在自然科学里也可安全地而且很好地完成它的工作。所以我们把知性的批判和纯粹理性的理念结合起来,是为了一种在知性的经验性用途的范围以外的目标,而关于这个目标,我们在上面已曾说过,知性在这方面是完全没有可能去活动,而且是毫无对象而又毫无意义的。但是,虽然如此,在属于理性的本性的东西与属于知性的本性的东西之间是必定有其和谐的,而且前者对于后者的完成又必定有其贡献,不可扰乱。

这个问题的解答如下:纯粹理性并没有任何特殊的对象是它的理念所指定而处在以经验作为目的的领域以外的,而纯粹理性所要求的单纯是知性在经验的联系里的使用之完备性。可是这种完备性只能是原理的完备性,而不是直观与对象的完备性,但是,为了把前者确定地表现出来,纯粹理性是把它们看作关于一个对象的知识,关于这些规则完全被确定下来的一种知识,但是这种知识的对象只是一个理念,为的是使知性的知识尽可能接近于为那个理念所指出的完备性的。

第四十五节　关于纯粹理性的辩证论的初步意见

我们在上面的第三十三节和第三十四节里曾经说明,范畴的纯粹性,毫无感受性确定的混淆在内,是能误引理性范畴使用完全扩充到一切经 (98) 验的范围以外而达到自在之物那里去的;因为它们不能找到任何直观能使它们在具体上获得其意义与意思,然而作为一些单纯逻辑的机能来说,它们还可以表现一般的东西,虽然不能单独地给出关于任何东西的一个确定的概念,这种夸张的对象就是称为本体(noumena)的东西,或称为纯粹知性的存在物(更好是称为思想物),例如实体的考虑为没有在时间里 [81] 的永恒性,或者一个不在时间里起作用的原因等等,由于那时所附入于它们的述项原是用来单纯使经验的合规律性成为可能的,而且同时那些只有经验在其下才是可能的直观条件又都从它们那里拿走了,于是这些概念也就丧失一切的意义了。

可是，不为外来的规律所影响，知性是没有危险会由它自己这样轻率地越轨进入于单纯思想存在物的领域里去的。但是，当不能完全满足于知性的规则之一种经验性的用途的那理性要有这一连串的条件得到完整时，知性就被驱逐到它自己的范围以外，部分是要把经验的对象表现扩张到这么远的一个系列里，以致没有任何经验能把握得住它，而部分(为了完成这个系列)又要寻求全在这个系列以外的本体(noumena)，从而取得上述的一连串的条件，于是由于最后独立于经验以外，就使它的态度变为断然完全的了。这些就是先验的理念，它们按照我们理性的自然确定的真正的，可是隐藏的意图来说，并不是要成为过度的概念，而单纯是为着经验性用途的长限扩张的；但是它们由于一种不可避免的幻相，就勾引知
(99) 性进入一种超验的用途，这种用途虽是谲诈多端，然而是不是由于决心而使之不越出经验的界限的，而只有煞费苦心而且通过科学的教导才能使之纳入正轨。

Ⅰ.心理学的理念(《纯粹理性批判》第341页起)

第四十六节

长时期以来，人们都注意到，在一切实体里的主体本身，即在一切(作为述项的)偶性都被抽掉之后，所剩下来的东西，就是实体性的东西本身，乃是未知的，而关于我们识见的这些限制是常有怨言的。但是我们要注
[82] 意，不能使人类知性负责，只因为它不知道事物的实体性的东西，就是说，只因为它不能单凭它自己去确定这种实体性的东西反而是指望确定地知道它，像一个所与的对象一样，而这东西却是一种单纯的理念。纯粹理性所要求的乃是，一个东西的每一个述项都应有其所属的主体，而这个主体却又必然只是一个述项，所以就要有另外一个主体，如此递进以至无穷(或者就我们所能达到的程度来说)。但是从这就得出结论说，没有我们所能达到的东西可以认为是终究的主体，而且无论我们的知性怎么深入，即令全部自然都揭露在它的面前，它也绝不能想到这个实体性东西的本身；因为我们知性的特性是在于它思想任何事物都是用推论的方

式,即通过概念,因而单是通过一些述项的,而这些述项必须总是缺乏其绝对的主体的。因为这种缘故,我们借以知道物体的一切实在的性质,总是作为力的结果而显示出来的不可入性,都只是偶性,而我们得不到它们的主体。

可是,看来好像就在我们自己的意识里(即在思维的主体里)我们就有了这种实体性的东西,而其实是在一种直接的直观里的;因为内感官的一切述项都和我这个主体有关系,而这个我不能想作任何其他主体的述项。那么,在这里,在那些作为一个主体的述项而被给予出来的概念的联系里,其完全性不单纯不是一个理念,而是一种存在,那绝对主体本身,就像是在经验里被给予出来了。但是这种期望都变为泡影了,因为这个我并不是什么概念[①],而只是内感官的对象的一个标记,这是就我们的能不通过任何另一个述项知道它来说的;所以,在其本身来说,它固然不能是另一东西的任何述项,然而又同样不是一个绝对主体的一个确定的概念,而只是,像在一切其他情况下的那样,内部出现对其未知的主体的关系。同时,这个理念(这是十分足以用来作为制约性的原理,完全消灭一切关于我们灵魂的内部出现的唯物论说明的),由于一种完全自然的误解,就引起一种十分似是而非的论证,认为如果关于我们思维的存在物里的实体性的东西的知识完全落在经验的总体之外,从上面的假定的关于这种实体性的东西的知识,就能推论到它的性质。 (100) [83]

第四十七节 (101)

可是,这个能思维的自我(即灵魂),作为不能想象为另一东西的述项的思想的终究主体,是可以称为实体的;但是,如果不能证明它的永恒性,而永恒性是使实体这个概念在经验里成为有效果的,那么这个实体的概念依然是完全空洞,而毫无结果的。

① 如果统觉的表象,即我,是任何东西都借以被思维的一个概念的话,它就是能够被用为别的东西的述项的,或者会含有这样的述项的,它实在不过是关于一种实在性的感觉,而没有丝毫的概念可言的,而只是一切思想与之有关系的东西的表象。

可是永恒性是永远不能以一个实体的作为自在之物这个概念而被证明,另只为着经验而得到证明的,上述的这点曾在经验的第一个模拟里(《纯粹理性批判》第182页,即第二版的从第224页起)充分地说明过;人们如果不甘愿接受这个证明,他们只试试是否有可能从一个不作为另一个东西的述项而存在的主体的这个概念而证明它的存在是绝对永恒的,而且证明,无论是在其自身来说或者通过任何自然的原因,它都不是能生或能灭的。这种验前综合命题,在其自身来说,是绝不能证明,而只是谈到东西作为可能经验的对象时才能证明。

第四十八节

所以,当我们以灵魂作为实体这个概念而推断其永恒性时,这种推断的有效,只是关于作为可能经验的一个对象,而不是把它作为在一切可能经验以外的一个自在之物,可是一切我们可能经验的主观条件就是生命;
[84] 结果就是只能从生命而断定灵魂的永恒性,因为人的死亡就是一切经验的结束,而关于灵魂的作为死后的一个对象,只要还没有证明其反题,这
(102) 正是问题之所在,因此,灵魂的永恒性只能在人的生命里得到证明(而这个证明不是要我们作出的),而不是在死后证明(而这却是实在的争论点),因为一般的理由是把实体这个概念,看作必然和永恒性结合在一起的,只是根据可能经验的一条公理的,因而只能是为着可能经验起见的①。

---

① 事实上这是很值得注意的,就是形而上学家一直都是那么漫不经心地溜过实体的永恒性,而并没有企图去证明它,无疑是因为一经他们开始去处理实体这个概念时,一切证明都溜走了,常识知道没有这种假定,在一种经验里的知觉的结合就没有可能的,于是它就通过一条公准来补充这种缺陷;因为它绝不能从经验本身得出这条公理来:部分是因为它不能追踪一些物质(实体)在其一切的变化与分解里到如此的远来发现那物质总是没有减少的;而部分是因为这公理含有必然性,而必然性总是一条验前原理的一个记号。可是形而上学家却有恃无恐地把这条公理应用于灵魂作为一个实体这个概念,而且推断其在人死后的必然延续,尤其是因为从意识的不可分割里引申出来的这种实体的简单性保证它不由分解而毁灭,如果他们曾找到这条公理的根源(可是这是需要比他们所想作出的更深刻的一些探讨的),他们就会看到,实体的永恒性这条规律只是为着经验的起见而有效,而且是为看那些东西,就其是在经验里被认识而又是和别的东西联系起来而言的,并且这条规律,对于和一切可能的经验无关,像死后的灵魂那样的东西是绝不能有效的。

第四十九节

有某种实在的东西不但是和我们外部的知觉相应,而且必须与之相 (103)
应,这固然是在经验中被证明,但是绝不能作为自在之物的联系来证明
的。这就等于说,经验性的一类的某东西,就是作为存在于我们外边的空
间里的出现的东西是能被证明的;因为我们和不是属于一种可能经验的
那些东西毫不相干,由于既然它们是不能在任何经验里被给予出来,对我 [85]
们来说,它们就是虚无的东西了。经验上在我们外边的东西就是能在空
间里被直观到的,而作为这种东西,连同它所包含的一切出现,属于表象
一类,其按照经验的规律的联系就可证明它们的客观实体性,正如内部感
官各出现的联系证明我们灵魂作为内部感官对象的实在性一样;所以,通过
外部经验,以我意识到的物体作为外部出现在空间里的实在性,是正如我通
过内部经验而意识到我的灵魂在时间里的存在一样的,而我的认识到这个
灵魂,也是只通过出现作为内感官的一个对象,而这些出现构成一种内部的
情况,其处在这些出现的基础上的这种情况的本质东西,对我来说是未知
的。笛卡尔的观念论只把外部经验从幻梦区别开来;而作为前者的真实性
的标准的规则性是从后者的缺乏规则性与虚伪的假相区别开来的,在两者
之中,同是预先假定空间与时间作为其对象的实在性的条件,而只是问,当
我们醒时在空间里所碰见的我们外部感官对象是否实在。空间里找得到,
而同样地,内部感官的这个对象,即灵魂,是否在时间里存在;换句话说,经
验能否提供可靠的标准来分别真实性与想象。现在,这种疑难容易消除,而 (104)
我们在日常生活中总是消除它的,那就是通过我们研究在两者之中出现的
按照经验的普遍性规律的联系,而在外部东西的表象彻底和这些规律一致
时,我们就不能怀疑它们是构成的确的经验的物质的观念论,由于出现的作
为出现只按照它们在经验里的联系来考虑,所以就是很容易被反驳;而物体
的存在在我们的外边(即在空间里)之为一种经验,是和我自己按照内部感
官的表象之存在在时间里的为一种经验,是同样可靠的;因为在我们的外边
这个概念只表示在空间里的存在。但是,正如在我有(通常译为“我
是”——中译者)这个命题里的我,其表示的不单纯是内部直观(在时间时)
的对象,而且又是意识的主体,同样地,物体所表示的,不但是(在空间里 [86]
的)外部直观,而且不是处在这种出现的基础上的自在之物;而因此,这个问

题就是物体(作为外部感官的出现),在我的思想的外边作为在自然里的物体而存在,是可以毫不迟疑地予以否定的;然而这是无异于这个问题,就是我自己作为内部感官的出现(按经验性的心理学来说就是灵魂)是否在我的表象能力的外边而在时间里存在的,因为这是必须同样予以否定的。当每个东西都归结为它的真正意义时,都是同样地确定下来而且断然是这样的,形式的观念论(我用别的方式称为先验观念论的)其实是驳斥物质的观念论,或称笛卡尔的观念论。因为,如果空间不是别的,而只是我的感受性的一种形式,那么它作为在我里面的一种表象,其实像我是我自己一样,而问题的关键就是在空间里出现的经验上的真实性,可是,如果不是这样的话,
(105) 而空间与空间里的出现乃是存在于我们自己外边的某东西,一切在我们知觉以外的经验标准就永远不能证明在我们外面的对象的实在性了。

Ⅱ.宇宙论的理念(《纯粹理性批判》从第405页起)

第五十节

纯粹理性在其超验使用上所产生的结果乃是它的最值得注意的现象,而且又是使哲学从它的独断睡眠中醒过来的最有力的现象,并且是把它推进到理性批判这个繁重的事务去的。

我称呼这个理念为宇宙论,因为它总是从感官世界取得其对象,而且只使用那些概念,其对象乃是一个感官的对象,因而就是境内的(即内在的),而不是超验的,因而,就这点来说,就不是一个理念;而另一方面,把灵魂想作一个简单的实体,也就等于把一个对象(即那简单的东西)想为是不能对感官表现出来的。但是,虽然如此,这个宇宙论的理念却把那受
[87] 条件限制的东西和它的条件(不管是数学的或动力学的条件)的联系扩张到那么远,以致经验永远不能达到它,因而关于这点,它就依然总是一个理念,其对象是绝不能在任何经验里充分被给予出来的。

第五十一节

在这里一个范畴体系的用处是这样明显而不可错认地表现出来,所

以，即使没有几个别的证明的话，单单这个证明也十分足以实证它在纯粹理性的体系中的不可缺少性。只有四个这样的超验理念，不比范畴的种 (106)
类多些；但是其中的每一个都只有关于一个所予的被条件限制的东西的一系列的条件的完整性，按照这些宇宙论的理念，有纯粹理性的四个辩证的断言，而由于它们是辩证的，这些断言就证明，每一个都是有一种和它相矛盾的对立，是同样根据纯粹理性可说得过去的原理；而这是一种冲突，没有任何一种形而上学的巧妙分别所能避免的，而是使得哲学家必然要回到纯粹理性的最初根源那里去。这些并不是任意想出来的，而是在人类理性的本性里有其根据的，因而是不可避免而永不止息的二律背驰含有以下的四个正题连同它们的反题：

一、

正题	反题
世界在时间与空间里有一个**起点**。（界限）	世界在时间与空间里乃是无限的。

二、

正题	反题
一切在世界里的东西都是由单一的部分所构成的。	没有任何单一的东西，而一切东西都是合成的。

三、

正题	反题
在世界里有通过自由的一些原因。	没有自由，而一切都是自然。

四、 (107) [88]

正题	反题
在世界原因的系列里有一个**必然**的存在者。	没有任何东西是必然的，而在这个系列里一切都是不必然的。

第五十二节

这里就是人类理性的最奇异的现象，而在其任何别的使用里都不能指出其一个实例。如果像一般地那样，我们把感官世界的出现看作自在之物；如果我们认为它们联系的基本原理是自在之物的普遍原理，而不单纯是关于经验有效的原理，而其实像通常的，如果没有我们的批判，就是不可避免的那样：那么一种不是意料所及的冲突就会发生，永远不能用寻常的独断方法来予以调停，因为所有的正题与反题都是能用同样明显的，清楚的而不可抵抗的一些证明来证实的——因为我保证一切这些证明的正确性——而这样，理性就看到它自己的不一致，这是一种情况，为怀疑论者所喜，而必须使批判的哲学家陷入反思与不安里去。

第五十二节 b

一个人可能在形而上学方面用许多方法去胡乱搞一场，而没有危险被发觉是在谬误中的。因为，如果我们只不自相矛盾，这些综合的命题里是完全有可能的，即令这些命题可能是纯然虚构的：我们在这种情况里
(108) (我们所联系的概念 由于是单纯的理念，而这些理念，关于它们的全部内容，是绝不能在经验里被给予出来的)是永远不能为经验所驳斥的。因为我们怎样通过经验决定：世界是从无始以来就存在，或者是有一个起点的呢？物质是可以无穷地分割，或者是单一的部分构成的呢？这样的概念不能在任何，乃至在最大可能的经验里被给予出来，因而所主张或否定的命题的谬误不能通过这个试金石而被发现。唯一的情况是理性能把
[89] 它错误地作为独断的东西给予出来，而违背其本心揭发出来的秘密辩证会是这样，如果它把一个断言奠基于一条普遍承认的公理，而从另一条同样是有证明的公理，却以极大的正确性推断得出一个恰恰相反的结论来。这种情况在这时就成为现实了，而且事实上是关于理性的四种自然的理念，从而一方面有四种断言，而另一方面有同样多反面断言发生出来，其中每一种都是从普遍承认的前提所得出的正确后果，因而就暴露纯粹理性在这些原理的使用中的辩证幻相，否则这个幻相就必

然一直被掩藏着。

那么在这里就是一个有确定性的探求，一定必然被我们发现隐藏在 (109)
理性的预先假定里面的①。两个互相矛盾的命题之中，不能两个同是假的，除非在其两个的基础上的概念原是矛盾的；例如这两个命题：一个正方的圆是圆的和一个正方的圆不是圆的。它们同是假的；理由就是：关于这第一个命题，说所谈的圆是圆的，这是错的，因为它是方的，可是说它不是圆的，即它是方的，这又是错的，因为它原是一个圆。因为在这里就是一个概念的不可能性的逻辑标志：在同一个预先假定之下，两个互相矛盾的命题会两样是假的；换句话来说，因为在这两个命题之间不能想象任何第三者来，用那种概念，也想不出任何东西来。

第五十二节C

现在，处在头两个二律背驰的基础上有如上的一个矛盾的概念，而我称这两个二律背驰为数学的，因为与它们有关的，乃是同类东西的加或除；而我就从而说明正题与反题同样是假的，这是怎样发生的。

当我谈到时间与空间里的对象时，我所谈的并不是自在之物，因为关于这些东西，我是一无所知的，而只是谈到在出现里的东西，也就是谈到经验的作为关于对象的特别认识方式，唯有这才是准许人可得到的。我必不可说，我所想的在空间或时间里的东西，在其自身来说，就是没有我的这种思想而存在于空间与时间的；因为那时我就会自相矛盾了，由于空间与时间连同其中的出现，就其自身在我的表象以外来说，都不是什么存在着的东西，而只是一些表象的方式，说我们表象的单纯方式存在于我们的表象以外，这显然是矛盾的，那么，感官的对象就只存在于经验了；而给 (110)
这种对象以一种没有经验，或者在经验以前的在其自身来说的继续存在，就等于想象能没有经验或在经验以前便有经验了。

---

① 所以我愿批判的读者特别从事于这一种二律背驰，因为看来，它是自然自身所立定的，为的是要使理性在其冒昧的自负里感到狼狈，而且使它进行自我检查，我保证我替正题与反题所作出的每个证明负责，从而显示理性这种不可避免的二律背驰的确实性，如果读者通过这个奇异的出现觉得不能不回到在其基础上的预先假定的检查那里去，他就将感觉到不得不和我一道更深刻地去探讨纯粹理性一切知识的最初根据了。

现在当我问到世界在空间与时间里的大小时，就我们已有的一切概念来说，说世界是无限的和说它是有限的同样不可能。因为无限的世界和有限的世界都不能被包含在经验里，由于关于一个无限空间的经验以及关于一个无限时间的经验同样不可能；以一个空洞的空间或以一个在先的空洞时间为世界的限界，也不可能；这些都只是理念而已。因此，关于世界在空间或时间上而处在世界自身里的限量，必须是和一切经验脱离的。但是这乃是和感官世界的概念相矛盾的，而感官世界只是出现的总体，其存在与联系只是在表象里，即在经验里，才发生的，因为它不是物的本身，而不过是表象的一种方式。可见，一个在其本身来说是自行存在的世界的这个概念乃是自相矛盾的，而关于这世界的大小量这个问题的解决就总是谬误的，不管是想要肯定地或否定地去解决它。

[91] 关于第二个二律背驰亦复如是。这第二个二律背驰是有关于出现的分割的。因为出现乃是单纯的表象，而其分割单纯是存在于出现的表象，因而就是存在于其部分里，也就是说，存在于在其里面被给予出来的一种可能的经验里，而且只扩充到经验的达到的范围里。假定一种出现，例如一个物体，在其自身里并在一切经验以前，就是含有一切部分的，而这些部分都只有可能经验才能达到的，这就等于是把一种先行于经
(111) 验的特别存在来给予一个只能存在于经验里的单纯出现，或者是说，在一些表象在表象能力里碰到以前，就已经有了这些单纯的表象，这是自相矛盾的，而结果就是，这个被误会的问题，不管其解决是主张物体为无限多的部分所构成，或者是有限数目的单一部分所构成，也同是自相矛盾的。

第五十三节

在第一类的二律背驰里（即在数学二律背驰里），其预先假定的谬误是在于把互相矛盾的东西（即出现与物之在其自身）表现为能够在一个概念里统一起来的，但是关于第二类的二律背驰，即动力学类的二律背驰，其预先假定的谬误是存于把能够统一起来的东西表现为矛盾的，因而就像在第一类里的那样，两个矛盾的主张同是错的；而这里，又是这样，其互

相反对的东西只是通过单纯的误解，就同时可以是对的了。

数学性的联系必然预先假定所联系的东西的同质性（那是在量这个概念里的同质性），而动力学性的联系决不要求有这种同质性的。凡在有关于延扩东西的量的地方，其所有部分都必须是互相同质，而又与其整体同质的；而在原因与结果的联系里，虽然尤是可以碰见同质性，但是同质性不是必然的。因为因果性这个概念（一个东西是通过这个概念而为某完全与之不同的东西所断定的）至少是需要有同质性的。

如果把感官世界的对象当作自在之物，而又把上面引用的自然规 [92]
律当作自在之物的规律的话，这个矛盾就会是不可避免的。同样地，如
果自由的主体是像别的对象一样，表现为单纯的出现的话，其矛盾也同 (112)
样不可避免；因为是把同样的东西同时关于同类的对象在同样的意义上进行肯定而又否定。但是，如果是使自然的必然性单纯和出现有关系，而使自由单纯和自在之物有关系，那么，在承认或假定两种的因果性之中，是没有任何矛盾发生的，无论使后者成为可理解是怎样困难或者不可能。

在出现中，每一个结果都是一个事件，或说在时间里发生的某东西；在这结果发生以前，必须先有其原因的因果性的一种确定（即是原因的一种状态），这结果按着一条普遍性的规律跟在它后面而来。但是这原因由于因果性的确定又必须是实现的或说**发生**的某东西；这原因必须曾经**开始**动作，否则在它与其结果之间就不能想到任何时间的顺序。那么结果和原因的因果性就一直是存在着的了。所以在出现之中，原因**对其结果的确定**必须又是曾发生的，因而又必须像正如其结果一样，是一个事件，而它又是必须有一种原因的，如此类推；而结果就是，自然的必然性必须是一种条件，是有效原因所按着来被确定的，另一方面，如果自由是出现的某些一定原因的一种特性，它就必须就原因的作为事件来说，是一种能力，能够**从它自己**（即自发地）开动这些原因的，也就是说，没有这些原因本身的因果性开始其作用的，因而就得要有另一个根据来确定其开头的。然而在那种情况下，这些原因，在其因果性方面说来，就必须是服从它的状态的时间来确定的；也就是说，它必**不能是出现**，而必须是看作一个自

(113) [93] 在之物,而它的结果却又是要看作出现的①。如果一个人能想到知性存在物对于出现这样一种影响而没有矛盾,虽然必然性是会依附于感官世界里的一切因果联系上的,只要其自身不是任何出现,而是处在这出现的基础上的那个原因,那他就会承认这是自由了。这样,自然与自由就能没有矛盾而归之于同样的东西,在一个时候作为出现看,在另一个时候又作为自在之物看的这种不同的关系之上了。

我们在我们里面有一种能力,它不但是和它作为它的动作的自然原因的那些主观的、能确定的根据有联系,而这是就其本身属于出现的一个存在物的能力来说的;而且它又在和一些客观的根据有关系,虽然这些根据乃是单纯的理念,而这是就这些根据能确定这个能力来说的;而这种联系通过应该表达出来的。这种能力称为理性,而当我们只按照这个在主

(114) 观上能确定的理性来考虑一个存在者(人)时,它不能被看作一个感官的存在者,而所思想的质乃是一个自在之物的质;这个自在之物的可能性,那永远未曾发生的东西的应该(德文的 Sollen),然而其活动却能作为一些动作的确定与原因的,而这些动作的结果乃是在感官世界里出现的,对于这种东西我们简直不能理解。同时,这个理性的因果性,在考虑到它在感官世界里的效果时,就会是自由,这是就那些本身是理念的客观根据而

[94] 看作是确定这些效果来说的。因为那时,它的作用就会不依靠任何主观的东西,因而就会不依靠时间的条件,也不依靠用来确定这些条件的自然规律,因为理性的各种根据会按照原理提供动作的规则,而并没有情况、时间,或地点的影响。

---

① 自由这个理念单在智性的东西作为原因对于出现的东西作为结果的这种关系里发生。因此我们不能以自由归之于物质在其以之充实空间的那种不停止的动作方面,虽然这种动作是从一种内部的原理发生出来的。同样地,我们找不到任何自由的概念适合于纯粹的知性存在物,例如上帝在其动作是内在的这个范围内;因为,虽然他的动作是不依赖外部有确定性的各种原因,然而乃是在他的永恒理性里,即在其神圣的本性里被确定的。只有如果某东西是通过一种动作而开始的,因之其结果是在时间的系列时,因而是在感官世界里碰见的(比方世界的起头),那时才发生这个问题,那原因的因果性本身必须开始,或者这原因是能引起一个结果而毋须它的因果性本身开始的,在第一种情况下,这种因果性的概念乃是一种必然性的概念,而在第二种情况下,它是自由的概念,读者将由此看到,在说明自由作为自发地开始一种事件时,我就恰恰碰见构成形而上学问题的那个概念。

我在这里所引证的，单纯只是为了使人理解起见的一个实例，而不一定属于我们的问题，因为这个问题必须从单纯的概念得到决定，而不依靠我们在实在的世界里所碰见的各种质。

现在我就能够毫无矛盾地说，有理性的存在者的一切动作(就它们是在任何经验里碰见的出现来说)都是从属于必然性的；但是完全同样的动作，在其关于有理性的主体与其能按照单纯的理性而动作的这个方面来说，乃是自由的。因为自然必然性所要求的是什么呢？无非是感官世界里每一个事件按照固定的规律的可确定性，也就是在出现里与原因的关系，在那里处在其基础上的自在之物与其因果性依然是未知的，可是我说，自然规律依然是在那里的，无论有理性的存在者是出乎理性，因而是通过自由，属于感受世界里的种种效果的原因，或者这些效果是别的根据而不是理性的根据所确定的。因为在第一种情况下，动作是按照准则的，
其在出现里的效果将总是按照固定的规律；在第二种情况下，如果动作不 (115)
是按照理性的各种原理，它就是隶属于感受性的经验性规律，而在两种情况下，那些效果是按照固定的规律联结在一起的；然而我们所期望于自然必然性的并不多过这点，而且我们关于它所知道的也不过是这点。但是在第一种情况下，理性乃是这些自然规律的原因，所以就是自由的，而在第二种情况下，种种效果跟在感受性单纯的自然规律的后面，因为理性对这些效果不加以影响；可是理性不因此就本身为感受性的确定(这是不可能的)，因而在这种情况下，理性也是自由的。自由并不妨碍出现的自然规律，正如出现的自然规律的不中断理性的实践使用的自由一样，由于这
种使用的自由和自在之物的作为确定性的根据相联系。 [95]

通过这个方式，实践的自由，即理性借以按照客观的能确定的根据而有其因果性的自由，就被拯救出来，而关于这些同样的效果作为出现来说，并没有丝毫损害到自然的必然性。上面所说的又能用作一种说明，来弄清楚我们关于先验的自由与其自然的必然性的可调协之处所得要说的，这种调协是在同一的主体里，而不是在同一的联系上来理解的。因为关于这层，一个存在者来自客观原因的动作，就其能确定的根据所致的来说，其每一个起头总是一个第一次起头的，虽然在出现的系列里，这同样的动作只是一种下位的起头，必然有确定它的原因的状态先行于它，而这

个状态本身又为直接在其前面的一种状态所确定;所以我们并不致陷入自然规律相矛盾而能想到在有理性的存在者里,或者在一般的存在者里
(116) (只要这些存在者的因果性是在它们作为自在之物里面而被确定的)有一系列的状态是由其自身借以开始的。因为这动作对理性的客观根据的关系不是什么在时间里的关系;在这里事情是这样进行的,按时间说来,确定因果性的东西不是先于那动作的,因为像这样的能确定的根据并不表现对象与感官的关系,因而不表现对象与出现中的种种原因的关系,而是表现对象对那些能确定的一些原因作为自在之物的关系,而自在之物是不受时间条件控制的。因此,关于理性的因果性,这动作可以看为一种第一个的起头,但是同时,关于出现的系列,又可看作一种单纯下位的起头,而且毫无矛盾地,把前者看作自由的,而把后者(由于它只是出现)就看作服从自然必然性的。

关于第四种二律背驰,它是和在第三种的二律背驰里的理性之自相冲突同样得到解决的。因为,*如果在出现里的原因只从出现的原因*,就其
[96] 是被考虑自在之物来说,区别开来,两个命题就能并行不悖,就是说,在感官世界里(按照类似的因果律),到处就没有任何原因,其存在是绝对必然的;而另一方面,这个世界可能是和一个作为它的原因的必然存在者相联系,虽然这个原因是另外一类的,而且这种联系是按照别的规律的,上面两个命题的不相容性只是依据这种误解,那就是把单纯对于出现有效的东西扩充到自在之物去,而把两者在一个概念里混淆起来。

第五十四节

这就是全部二律背驰的安排与解决。在二律背驰里,理性在其各种
(117) 原理的应用于感官世界的时候,就把自己牵连进去,以致二律背驰的这种(单纯的安排),就其本身来说,对于人类理性的认识也是有相当贡献的,虽然这种冲突的解决不能充分满足读者,因为读者在这里有一种自然的幻相要与之斗争,而这个幻相只是新近才作为幻相对他表现出来,而从前却看作是真实的。因为从这里得出来的一个后果是不可避免的,即由于完全没有可能来摆脱理性和它自身的这种冲突,只要是把感官世界的对象当作事物的本身,而不是作为它们在事实上那样的东西,即单纯的出

现，读者就因之不得不再一次从事于如我所作出的那种一切我们验前知识的演绎与其检查，以便在这问题上达到一个决定。现在我们要求的不过是这么多，因为如果他在这事情上只首先足够地深入到纯粹理性的本性里去，而唯有借着纯粹理性本性的概念，理性这种冲突的解决才是可能的，那么那些概念就将已是读者所熟悉的了。没有这种情况，我是不能期望最留心的读者充分嘉纳的。

Ⅲ. 神学的理念

第五十五节

第三个先验理念乃是纯粹理性的理想，它是给那最重要的材料于 [97]
理性的，可是在其单纯在空论上追求时，就给最重要的材料于理性的过
分的(即超验的)，从而是辩证的使用的。理性在这里不是像其在心理 (118)
学的理念和宇宙论的理念那里那样，从经验开始，并通过根据的上升被错引出去致力于完整系列的追求，而是完全与经验断绝关系，并从那会构成一个一般的东西的绝对完全性的东西的单纯概念，即通过一个最完善的原始存在者这个理念，下降到一切其他东西的可能性的确定，更进到这一切其他东西的实存性：所以在这里把一个存在者的单纯预先假定，也就是这个理念，从知性的概念区分开来，是比以前那些情况更为容易的，虽然这个存在者不是在经验的系列里，可是为了经验起见而被想出来，使得经验的联系、秩序，与统一性成为可理解的。因此，从我们把我们思想的主观条件认为是事物本身的客观条件，把为了理性的满足的一个必要的假设认为是一个信条，所引起的这个辩证的幻相是可以容易被揭露的；因而我关于先验神学的这些僭越的臆说，我再没有别的东西要使大家想起的了，因为《纯粹理性批判》关于这点所说的是可了解，明白，而且断然的。

关于先验理念的一般注释

第五十六节

通过经验而给予我们的对象，在许多方面上是不可理解的，而且当自然律推进到一定高度时，虽然总是按照自然律，但由它带领我们所到达的许多问题是绝不能得到解决的，例如，何以各种物质互相吸引。但是，如果我完全简直离开自然，或者在它的联系的进行中，超出一切可能经验，因之深入到单纯的理念里，那时我们就不能说，对象对我们来说是不可理解
[98] (119) 的，而且说事物的本性把一些不能解决的课题摆在我们的面前；因为我们在那种情况下，和自然或者和一般所予的对象是毫不相干，而与之相干的只是一些概念，这只是在我们的理性里面有其起源，同时与之相干的又是单纯的思想物，而关于这种思想物，一切从它起源的课题必定是能解决的，因为理性关于它自己的手续是能够而且必须一定说明其全部理由的①。由于心理学的，宇宙论的和神学的理念只是理性的概念，不能在任何经验里被给予出来，所以有关理性而被放在我们面前的一些问题，不是通过对象，而是通过理性的单纯准则，为着它自己的满足而提出来的，并且必须能够一起充分地得到解答；而这是这样发生的，就是人们指出这些理念乃是一些基本原理，为要使人们知性的使用达到彻底的一致性，完全性和综合统一性，而且是只
(120) 就经验来说，然而又是就经验的**全体**来说才有效，可是，虽然经验的绝对全体是不可能的，但根据一般原理的知识的一个全部这个理念乃是唯一的东

① 帕拉特拿先生在他的《箴言》一书里带有识别力地说（见该书的第728、729两节）："如果理性是一个标准的话，就没有任何概念是人类理性可理解的了，概念的不可理解性是只在实在的东西里找出来的，在这里，那不可理解性是由于所获得的理念的不充足性而来的。"所以如果说在自然里有许多不可理解的（例如生殖能力），听来是不合理的，而实在不奇怪，但是在我们提高到超过自然时，一切又是可理解的了；因为那时我们就离开能给予我们的对象而单纯从事于理念了，这些理念是我们很好地用来得到了理解理性通过它们而对知性规定它在经验是使用的规律的，因为它就是理性自己的产物。

西，是能获得一特种统一性的，即获得一个体系的统一性，而没有这种统一性，我们的知识就不过是一种片段凑合而不完全的东西，并且是不能为着最高意图(这总是一切意图的体系)去使用；但是我在这里所了解的，不单纯是理性的实践使用，而且是理性的纯理论的使用的最高意图。

那么，先验理念是表明理性特有的预定目的的，就是作为知性的用途 [99]
的系统统一性的一条原理。可是，当认识方式的这种统一性被看作好像它是依靠认识的对象似的时候，当我们把单纯是制约性的东西认为是组织性的东西而使我们自己相信我们能够通过这些理念把我们的认识扩充到远远超出一切可能经验的范围，也就是在一种超验的方式上扩充它的时候，虽然这些理念是单纯用来使经验尽其可能接近于完全性的，也就是限制经验的进程的不是不能属于经验的任何东西：那么，这就是在判定我们理性的预定目的与其原理的过程中的一种单纯的误解，而且又是一种辩证，部分是扰乱理性在经验上的用途，而部分是使理性和其自身不一致的。

总结：关于纯粹理性的界限的确定

第五十七节

我们在上面作出了极其清楚的一些证明之后，如果我们对于任何对
象还指望知道更多的属于可能经验的东西，或者甚至关于任何东西，是我 (121)
们认为它虽然不是一个可能经验的对象，然而我们却还想要只按照最少的知识去确定它，按照它的造性，如其在其自己的那样，这都是不合理的；因为无论我们通过什么方法来完成这种确定，时间、空间，以及一切知性的概念，尤其是从感官世界里的经验性的直觉或者知觉所得来的概念，都不会，也不能有任何用途，除了单纯是使经验成为可能的这种用途以外，而且，如果我们从知性的纯粹概念丢掉这个条件，这些概念就不能确定任何对象，并且毫无意义。

可是更不合理的就是我们完全不承认有自在之物，或者想要说我们的经验是关于事物的唯一一种认识方式，因之我们在空间与时间上的直

[100] 观就是唯一可能的直观，而且我们的推论知性是所有可能知性的范型，因之就想说要把经验的可能性的种种原理认为是自在之物的普遍性条件。

如果不是有关于我们理性界限的一种谨慎的批判，来监视它的经验性用途，而且对它的种种僭越立定其终点，我们把理性的用途限制于可能经验的那些原理上就可能因之变为**超验的**，而我们理性的限制也就可能说是事物可能性的限制，像休谟的对话集①曾用作的一个例子那样。怀疑主义原本是形而上学与其违法乱纪的(德文的 poligeilosen)辩证所引起的。起初为着有利于知性在经验上的使用起见，形而上学曾尽可能把一切超出这种范围的东西说 (122) 得不成东西而且认为是虚伪的；但是人们渐渐就感觉到，我们在经验中所利用的原理，也就是验前的，而且在不知不觉之中，我们好像是以同样的权力，进展到超过经验所到达的地方，于是人们就开始怀疑经验的各种原理本身了。可是关于这些原理没有任何重大的危险，因为在这里，健康的知性总是很好地保持其权力；只是在科学中却发生了一种特别的混乱。就是科学不能确定，理性的被信任究竟到多么远，而且何以只是这么远，而不是更远一些；但是只有通过我们使用理性的形式而且从原则上加以限制，才能免掉这种混乱，并且防止它在任何未来的时候再发生。

不错，关于自在之物，在其超出一切可能经验的范围以外可能是什么，我们不能有任何确定的概念。然而关于询问这些自在之物的事情，我们是不能完全弃权的；因为经验绝不使理性得到充分的满足；它引导我们越来越向后地去追求这个问题的答复，而关于其完全的解答让我们感到不满意，如任何人从纯粹理性的辩证都能看得出来那样，而关于这点，纯粹理性有其很好的主观理由。谁能忍受由我们灵魂的本性，我们就能达到关于这个主体的清楚意识，而且达到这种深信，就是不问灵魂实在是什么东西就不能在**唯物上**说明它的各种出现，而且，如果没有任何经验性的 [101] 概念足以说明这点，至少是假定一个理性的(简单的非物质的)概念，单纯为了这种起见，虽然我们不能实证其客观实在性的呢？谁能在一切宇宙 (123) 论的问题上用单纯经验性的知识得到满意呢？这些问题是关于世界的大小与持续的，关于自由或自然的必然性的。因为无论我们怎样开始，凡是

① 休谟的对话集是指他 1779 年的《关于自然宗教的对话集》说的。——Voclaudn 注

按照经验的基本规律做出的答复总是产生一个新的问题，同样是要有一个答复的，从而就清楚地暴露一切为了使理性得到满足的物理说明方式的不充分性，最后，谁在一切是他能够按照经验性的原理而假定和思想的东西之彻底不必然性与依赖性的面前，不看到这些问题上是不能站稳他的立场的，而又不觉得，虽然是有一切的禁令，不得在一些超验的理念里丧失其自己，然而却又不得不在一切是他能用经验来证实的概念以外而在一个存在者的概念里寻找宁静和满足，而关于这个存在者的理念在其本身来说，其不可能性其实是不能有所领会的，然而也是不能反驳的，因为它乃是知性的存在者，没有它，理性就总是得不到满足。

对于扩延的存在者来说，界限总是预先假定有空间，而这空间是在某一确定的地位以外而且是围住它的。限制却不需要有这种空间，因为只要它没有绝对的完整性，它乃是关于大小量的单纯否定。然而我们的理性好像在它的周围看见对于自在之物的认识有一种空间似的，虽然它关于自在之物绝不能有确定的概念而是只被限制于出现。

只要理性的认识是同质的，我们就不能想到它的确定界限。在数学和
自然科学里，人类理性诚然知道有限制，但是没有什么界限，就是说，它知道
有某东西存在于它自己外边，是它绝不能达到的，但是不知道它自己能在任
何地方终止其内部的进展。我们在数学里识别力的广延和不断新发明的
可能性是无穷进展的，通过不断的经验和通过理性对于经验的统一的新自
然性质以及新的力量与规律的发现也是这样。但是同时不得误认为在这 (124) [102]
里没有限制，因为数学只和**出现**有关系，而那不能是感受性直观的对象的东
西，如形而上学与道德的概念，是处在它的范围以外，而且是它所绝不能进
行得到的，并且又完全不需要它。所以是有向着这些科学(指形而上学与道
德学——中译者)的一种不断的进展与接近，而且像是有一个接触点或线。
自然科学绝不会替我们发现事物的内部，那不是出现的东西，但是这种东西
还可用作出现的说明的最高根据；然而自然科学是不用这种东西来作出它
的物理说明的，而且，如果是有这种东西是从别的来源(例如非物质东西的
影响)向它提供出来，它就应该予以拒绝，而决不把它带入它的说明的进程
中来，而且总是把它的说明奠基于作为感官对象而属于经验的东西，而又是
能使之和我们实在的知觉而按照经验性规律发生联系的。

但是形而上学却在纯粹理性的辩证尝试中把我们引到界限那里去(这些尝试都不是任意地或轻率地开始的,而是理性的本性本身所推进);而这些先验理念,由于我们不能与之周旋,所以它们就总是不让它们自己实现出来,而用来不但替我们指明纯粹理性使用的界限,而且又指明确定这些界限的方式;而这又是我们理性的这种自然倾向的意图与用途,是产生形而上学作为它的宠儿的,这宠儿的产生,像世界上任何别的东西的产生一样,不得算作偶然的,而是要归因于一种原始的,为着伟大的目的而聪明地 (125) 组织起来的胚胎。因为形而上学,与任何其他科学,就其重要的部分来说,是为自然本身栽在我们里面的,而决不能看作在经验进展中随意的选择或者偶然的扩张产物,而形而上学是和这种产物断绝关系的。

理性通过那些为着经验上的使用,因而在感官世界以内,是足够的一切理性的概念和知性的规律,是不能就得到满意的;因为由于总是有那些不断再来的问题,它是绝对没有一种完全解答的指望的,以这种完整性为其目标 [103] 的先验理念也就是理性的这样的问题。它看得很清楚,感官世界不能含有这种完整性,因而那些只服务于感官世界的知性的概念,即空间与时间,以及我们在知性的纯粹概念的名义下产生出来的所有概念,却同样不含有这种完整性,感官世界不过是一连串按照世界普遍规律联系起来的出现,因而它没有就其自身来说的存在(德文的 Baotchen),由于它本来不是自在之物,而只是必然和那含有这种出现的根据的东西有关系,和那不能单纯作为出现,而是作为自在之物而被认识的存在者有关系。惟有在关于这些存在者的知识中,理性才能指望在从受条件限制的东西到条件进展中得到它的圆满性要求的满足。

我们在上面的第三十三与三十四节里曾指定理性关于一切思想物的知识的限制;而现在,既然先验理念进展到这些必然的**本体**,而这样就已引导我们好像是到了和(经验的)全个空间连同我们一无所知的空虚接触似的,我们 (126) 就能确定纯粹理性的界限了;因为在一切界限中是有某种积极的东西(例如面乃是立体空间的界限,虽然它本身仍是一个空间;线乃是一个空间,而这个空间就是面的界限;点乃是线的界限,可是还在空间里占据一个位置),而限制则不同;限制只含有否定。在所引用的各节里所指定的限制,在我们发觉有某东西是在它们以外之后,是不够的(虽然我们绝不能知道这东西在其本身来说是什么)。因为问题现在就是:在我们所知的东西与我们所不知而永远不能知的东西的联系之中,我们理性的态度是什么呢? 在这里就是所知的和一种完全不知的东西(而这乃是总是依然不知的某东西)的实在联系,而且即令在这里,其不知的东西不会丝毫变更为知的,如事实上不能指望的那样,那么这种联系的概念必须是能够被确定的而且是能使之成为明晰的。

那么,我们就不得不想到一个非物质的存在物,一个知性世界,和一切存 [104] 在者之中最高的存在者(单纯的本体),因为只在这些作为自在之物的本体里,理性才碰到完全性与满足,是它永远不能指望在出现从与它们同质的根据得出的东西之中碰见的,因为出现其实和不与其同质的根据的某东西有关系(因而就是和完全异质的某东西有关系),由于出现总是预先假定有一个物在其本身里而言的,而且是表示它的,无论我们是否可以更密切地知道它。

但是,由于我们关于这些知性的存在物在其本身来说究竟是什么,永远不能知道,就是不能确定地知道,而却不得不在感官世界的关系上假定这样的东西,而且通过理性把它们和感官世界联系起来,所以我们就至少是能够通过这些表示其对于感官世界的关系的概念想到这种联系。因为,如果我们只是通过知性的纯粹概念想到知性的存在物,我们其实只是想到不确 (127) 定的东西,因而我们的概念毫无意义;如果我们想到它是通过从感官世界借来的种种质的,那么它就再不是知性的存在物,而是想作出现之一,并且属于感官世界。我们把最高存在者的概念来做一个例子吧。

这个**神**的概念乃是理性的一个完全纯粹的概念,可是它只表现一个包含一切实在性的东西,是我们不能确定其中之任何一个实在性,因为也是要有它的一个必须从感受世界借来的实例,而在这种情况下,我就总得要和感官的一个对象有关,而不是和某完全异质的而不能成为一个感官对象的东西有关的。例如我以知性归之于它;可是我所能想到的任何知性都是像我自己的知性的,即一种知性,其直观是必须通过各感官被给予出来,而且要把这些直观变为从属于意识的统一性的规则。但是那时,我的概念的各种要素就总是处在出现里;可是由于出现的不足够性,我就变 [105] 为不得不超出它,到一个决不依赖出现的存在者,也就是不和出现作为它的确定的条件而结合在一起的存在者这个概念那里去了。然而,为了得到一个纯粹的知性,如果我把知性从感受性分开:剩下来的就只是思想的单纯形式而没有直观,而我通过这种单纯的形式不能知道任何作为对象

的确定东西。为着这种意图,我就应该想到另一种知性是直观到对象的,
可是关于这种知性,我没有丝毫的概念,因为人类知性乃是推理的,只通
过普遍性的概念才能认识。但是,如果我以意志归之于最高的存在者,我
(128) 也遭遇矛盾。因为我得到这个概念,只是由于我是从我的内部经验得出
它来,而这样就是从我的满意所依赖的对象得出它来,而这些对象的存在
乃是我们所需要的;但是在这种存在的基础上有感受性,这完全和最高存
在者这个纯粹概念相矛盾的。

休谟对于神有论的一些反对意见是软弱的,所触及的不过是其各种
证明,而绝不是神有论主张的本身这个命题。但是关于那必须通过我们
在神有论(Deismus)那里的最高存在者这个单纯超验的概念的一种更缜
密的确定而达到的神治论(Theismus),休谟的反对意见是很强有力的,
而且按照我们所组织的概念来说,这些反对意见在某些(其实在一切寻
常)的情况下是不可反驳的。休谟总是主张,通过我们只能以本体论的一
些述项(永恒性、无所不在性、无所不能性)归之于它的一个原始存在者的
这个单纯概念,我们实在是想不到什么确定的东西,而且又主张,要把具
体上表示一个对象的一些质加上去的;说它是原因是不够的,而是[要说]
它的因果性的性质是怎样的,是否通过知性与意志;而在这里,他对于事
情的本身,对神治论,就开始了,而以前,他只猛攻神有论证明的各种根
据,这不带有任何特别危险的。他的严重论证全涉及神人同形同性论,而
他认为神人同形同性论不能和神治论分开,而且使神治论成为自相矛盾
的;如果人们把这个神人同形同性论去掉,[神治论本身]也就随着垮台
[106] 了,而剩下来的只是一种神有论,是人不能用来做什么的,对我们毫无用
处,而且不能用作宗教与道德的一种基础。如果神人同形同性论的不可
(129) 避免性是确实的话,一个最高存在者的存在的种种证明可能是人们所愿
有的,而即令作出种种的让步,可是这个存在者的概念还是永远不会为我
们能够确定而不把我们陷入种种矛盾里去。

但是,如果我们把要避免纯粹理性一切超验的判断的这个禁令和看来是与之相矛盾的禁令,即前进到处在纯粹理性的内在的(即经验性的)使用领域以外的这个禁令联系起来,我们就将知道在这里,两者可以并存,但是只在理性的一切可容许的使用的正确界限上;因为这是属于经验

的领域，正如它是属于思想物的领域一样，而且我们同时将从而得到教训，那些值得注意的理念怎样服务于单单来确定人类理性的界限，即一方面不把经验知识扩张到无止境，以致只剩下单纯世界来为我们去认识，而另一方面，不越出经验的界限而要去判定在这界限以外的东西作为自在之物。

但是我们是固守这个界限的，就是在我们把我们的判断限制于此世可能对于一个存在者的关系，而这个存在者的概念本身是处在此世里边所能有的一切知识以外的。因为特别是这样，我们就不把任何是我们用来想到经验对象的质，在其自身来说那样，归之于这个最高存在者，于是也不避免那**独断**的神人同形同性论了；但是我们却应用那最高存在者对这个世界的各种关系，于是也就让我们有一种**象征**的神人同形同性论，而事实上这种神人同形同性论只是表示一种说法而不表示其实体。

当我说，我们不得不看这个世界，好像它是一个最高的知性与意志的作品，我们说的其实不过是像一只表、一只船、一个联队的对于一个技工、一个造船师、一个司令员，同样这个感官世界（即一切构成所有出现的这个总体的基础的东西）的对于那未知的东西，而那未知的东西是我们知 (130)
道，诚然不是按照它在其本身来说是怎样，而是按照它对我来说是怎样， [107]
也就是关于我是其一部分的这个世界。

第五十八节

一个这样的认识是按着类比的认识，而这种类比所表示的不是两个事物的一种不完全的想象，如人们一般理解这词那样，而是完全不相像的事物之间的两种关系的完全相像[1]。通过这种类比，依然是有一个对我

---

① 人的行为的法律上的关系与动力的机械性关系之间的类比就是这样的：我不能对另一个人做什么而不给那人这种权利，在同样条件之下对我同样地做；正如一个物体不能用它的动力而对另一个物体起作用而不因而就使那另一物体对它起其反作用到同样的程度，在这里，权利与动力乃是完全不相像的东西，但是在其关系上是有完全的相像的，因此，通过这样的一种类比，我就能作出一种关于对我是绝对未知的事物的一种关系上的概念来，如，儿童幸福的促进（＝a）对于父母的爱（＝b）的关系是像人类福利（＝c）对于上帝里面的未知的东西（＝x），而这未知的东西我们称为爱；不是好像它是丝毫和任何人类的爱好有所相像似的；而是因为我们能够引起上帝的爱的对于世界的关系，相似于世间的东西的彼此之间的关系。但是这里的关系概念乃是单纯一个范畴，即原因的概念，与感受性毫不相干。

们来说的关于最高存在者的足够明确的概念，虽然我们曾去掉凡是简单地，而且就其自身来说能确定它的东西，因为我们乃是就世界的一方面，
(131) 因而就我们的一方面来确定它的，而过于这样做，对我们来说是不必要的。休谟对于那些从其自身而且从世界借来的材料来绝对确定这个概念的人所进行的种种攻击，并不是打击我们；而且他又不能因这事而谴责我们，就是在拿掉了最高存在者这个概念的客观神人同形同性论之后，什么都没有剩下来了。

因为，如果人们一开头就让我们有关于一个原始存在者的那个神有论的概念作为一种必需的假设——像休谟在他的《对话集》里用斐多
[108] (Philo)的口气反对克里安提斯(Cleanthes)所做的那样，而在这种概念里，人们是通过纯然本体论的一些述项，实体、原因等等来想到这个原始存在者的(这是人们所必须做的，因为理性在感官世界里是为其本身不断又是被条件所限制的纯粹条件所推进，而绝不能得到任何满足的；而且这又是人们所恰好能做而不陷入神人同形同性论里去的，这神人同形同性论是把一些述项从感官世界转移到完全与这个世界不相同的一个存在者那里去的，由于那些述项乃是单纯的范畴，并不给出任何确定的概念，因而也就不给出限制于感受性的各种条件的任何概念)；所以没有什么东西能妨碍我们去把一种因果性通过理性而关于这个世界来陈述这个存在者，而这样就过渡到神治论(Theismus)，而没有必要来把这个理性归之于它，作为一个黏着它在其本身来说的性质。因为关于那第一点，唯一的一种可能的方法，来追求理性在其关于感官世界里一切可能经验方面的用途，一直到其最高的程度而且在其彻底与自身一致的方式上，就是在假定一个最高的理性为世界上一切联系的一个原因的时候。这样一条原则必须彻底对它有利，而且绝不能在其自然的用途上有所损害。但是第二点，不是把理性作为一种质转移到原始的存在者那里去，在其自身而言，而只在其对感官世界的关系上，而这样就完全避免了神人同形同性论。
(132) 因为在这里，所考虑的只是在世界上到处碰见的理性形式的原因，而在它是这种理性形式的根据的范围内，才把理性归之于这个最高存在者，而且只是按照类比的原则，就是在这种说法是表示那对我们来说，是未知的世界终究原因，得要在其最高程度上用来确定世界上的一切理性这个范围

内的。这样就有了防范,我们不至于利用理性这个性质来想到上帝,而是通过它来想到世界,由于关于世界的按照一条原理必须有最大可能的理性使用。我们因此就招认,对我们来说,这个最高存在者,其自身怎样,乃是完全难以深究的,而且在一定的方式上甚至是不可思议的,因而我们就 [109]
不至于在超验上使用我们从理性作为一个有效的原因(通过意志)而得出来的一些概念,并通过只从人类本性借来的一些性质来确定神的本性,而这样就沉沦在一些巨大而空想的概念里;而另一方面,我们也不至于在一些超物理的说明方式里淹没掉由人类理性转移到上帝的而从我们的概念得出来的关于世界的考虑,而且这样就把它从它应有的最后目的贬低下来了,它乃是应该按照这种最后的目的作为关于单纯的自然而通过理性的一种研究,而不应该是从一个最高的理性得出来的自然出现的一种大胆的推论。适合于我们软弱的概念的说法将是这样:我们所想的世界,好像它的存在与内部的确定起源于一个最高理性似的,而这种存在与内部确定也就是我们借以部分把认识到属于它这个世界本身的造性的,虽然我们没有擅自想要确定它在其自身来说的原因;而另一方面,部分地把这 (133)
个造性的根据放在最高的原因对于世界(即对于世界里的理性形式)的关系里,而并没有发现世界靠它自身为着这是足够的①。

像这样,看来像是反对神治论的种种困难就消逝了:就是人们并不把理性的使用独断地推进到超出一切可能经验的领域以外,而使另一条原理和休谟的原理结合起来,而这另一条原理乃是休谟所完全忽略了的,就是不得把可能经验的领域错认为将自己限制于我们理性眼中的东西的领域。理性的批判这里就指出在休谟所斗争的独断论与他所会引入来替代它的怀疑论这两者之间的真正中间路线,这条中间路线不像别的中间路线,那些中间路线好像企图这样机械地来确定它们自己(就是从一样东西拿一点,而从另一样东西又拿一点)而没有一个人是从而得到知道一种更 [110]

① 我应该说:最高原因的因果性在世界方面来说就是在艺术作品方面来说的人类理性,最高原因本身的性质始终依然不知。我只把它的为我所知的结果(世界的秩序)与它的和理性的一致性和我所知的人类理性的结果进行比较,因而就称前者为一种理性,而并不把我用这词所理解在人里面或者在任何我所知的别的东西里面的东西归之于它作为它的特性。

好的方法的，但是那真正的中间路线乃是一个能按照原理而正确地得到确定的这样的中间路线。

第五十九节

我在本注释开始时曾利用界限这个譬喻，为的是要固定理性在其适
(134) 宜使用方面的限度。感官世界单纯包含着出现，而出现固然不是自在之物，然而知性依然要假定后者(那本体)，就是因为它必须承认经验的对象是作为单纯出现的东西。在我们的理性里包括着两者在一起，而问题就是：关于这两个领域，理性怎样进行限定知性关于这两个领域呢？包含着凡是属于感官世界的东西的经验，本身是没有限定的；它只从一个受条件限制的东西达到另一个受条件限制的东西，限定经验的东西必须完全处在它的外边，而这也就是纯粹知性存在物的领域了。但是对我们来说，这个领域乃是一个空洞的空间，即就知性存在物性质的确定来说，因而也是就我们当我们得要和独断地确定的概念有关时，是不能越出可能经验的领域的这点来说的。但是一个界限本身乃是某积极的东西，属于其里面的东西正如它是属于处在一个所予的总体之外的那个空间，所以它是一种实在积极的知识，而理性就成为其中参与的东西，所以就扩张到这个界限；所以它就并不企图越过这个界限，因为它发现在这前面有一个空洞的空间，在其里面它诚然是能想到属于事物的形式，但却不能想到任何事物的本身，但是经验领域为它在别的方面所不知的某东西的**划定**乃是一种认识，在这个立足点上留给理性的，因之理性就不是被包括在感官世界之内，然而它又不是留在其外边空想着，而是像关于界限的知识所应该的那样，把自己限定于处在界限以外的东西对于包含在界限以内的东西的关系。

[111] 自然神学就是这样的一个概念，在人类理性的界限上，由于它看到自己不得不向前看到一个最高存在者的这个理念(而且是在一种实践的关
(135) 系上而又关系到一个智性的世界)，不是为要关于单纯的知性存在物确定什么，也就是不是为要关于感官世界以外的任何东西进行确定，而是为要指导自己在感官世界里面按照(理论上和实践上)最大可能的统一性的原理的使用，而且为了这种起见，它就利用感官世界对于一种独立的理性(作为一切这些联系的原因)的关系，从而就不单纯**创制出**一个存在者，而

且由于在感官世界以外必须一定会有某东西只是知性才能想到的，所以也就按这样一个方式予以确定，虽然只是按照类比的原则。

像这样就仍然有我们原来的命题，而它就是全部纯粹理性批判力的结果："我们的理性通过它的验前原理所能叫我们知道的绝不多于单纯的可能经验对象，而且关于这些对象，也不多于能在经验里知道的。"但是这种限制并不妨碍它引导我们到经验的客观界限去，也就是到了对某东西的关系，而这个某东西本身并不是经验的对象，然而就是一切经验的最高根据，可是没有叫我们知道关于这个东西在其本身来说的任何东西，而只是在这种关系上，就是对于它自己的完全用途而且是指向在可能经验的领域里边的最高意图的用途。然而这又是我们能合理地希望或者甚至想要得到关于它所能得到的一切用途，而我们也就应该以此为满足了。

第六十节

这样，我们就已经按照形而上学的主观必然性，如它实在在人类理性的自然倾向里，而且事实上又像是在它的组成的最主要的意图里那样，完全表现出形而上学来了。我们在这个过程中发现，我们理性的这样一种 (136) [112]
自然的用途，如果没有纪律来控制着它而且使它不出轨，这只有通过科学的批判才可能，它在其过度上升时，部分是表面地，而部分又是由于它实在是内部有冲突，就让我们陷入种种的辩证的结论里去了；而且我们又发现，这种牵强附会的形而上学，对于自然知识的推进是没用的，其实对它不利，由于凡是在自然里面的东西都必然是原来要对付某种有用的意图的，所以就总剩下来一种值得研究的课题，就是找出在我们的理性里这种对于超验概念的倾向目的所在的那些自然意图。由于凡是在自然里面的东西都必然是原来要对付某种有用的意图的。

这样的一种研究事实上是有困难的；我并且承认，我在这里一切关于自然的第一性意图所说的只是猜测的东西，只是在这种情况下，可能让我来这样做，由于问题所与之有关的不是形而上学判断的有效性，而是其自然倾向，所以它就是处在形而上学的体系以外，而在人类学里的了。

当我考虑一切的先验理念时，其总体是构成那自然的，纯粹理性的特有课题的，使之不得不离开单纯关于自然的考虑而超出一切可能的经验，而且在这种企图中成立称为形而上学的这个东西(无论它是知识也好，是诡辩也好)；这时我就相信我曾发现这种自然的倾向是在使我们的概念脱离经验的束缚和单纯关于自然的考虑的限制，这是就其至少可以看见一个领域敞开在它的面前，包含着单纯纯粹理性的对象，而不是任何感受性
(137) 所能达到的这点来说的；在这个意图之中，诚然不是要我们在纯理论上忙于应付这些对象(因为我们找不着站得稳的实地)，而是因为实践的原理。没有这样一个空间在它的面前作为它的必然的期待与指望，它就不能扩充到一种普遍性，是理性为着道德的意图所一定必须的。

那么，我觉得心理学的理念，不管我通过它，对于那超过一切经验的概念的人类灵魂的性质，能了解的是多么少，至少也足以给我指明经验的
[115] 概念之不适用，从而就使我不致陷入唯物论的歧途，因为唯物论是一种心理学的概念，不能说明自然而且又在实践方面压缩了理性。同样地，由于关于自然的一切可能知识的明明不足以满足理性在其种种合法的追求，宇宙论的各种理念就用来使我们避免宣称自然为自足的自然主义。最后，由于在感官世界里一切自然的必然性总是受条件限制的，因为它总是预先假定事物的互相依赖而且由于无条件的必然性必须在一个不同于感官世界的原因里去寻找，但是这个原因的因果性，如果它是单纯自然的话，却永远不能使不必然的东西之存在作为它的后果为人们所能了解，于是理性就利用神学的理念来摆脱宿命论以及在那无第一性的原理——如在这原理中的因果性那样——的自然联系中的一种盲目的自然必然性，而这样就导致一个通过自由的原因这个概念，也就是一个最高的智慧了。
(138) 这样，那些先验理念就可用来，如是不是积极地叫我们知道什么，至少是取消了胆大的而且压缩了理性领域的唯物论，自然主义与宿命论的主张，从而替道德观念在纯理论的领域以外获得一个地位；而这依我看来，就多少说明那种自然的倾向。

一门单纯的理论科学可能有实践用途是处在这门科学的界限以外的，因而是能单纯看作一种注释，而且像一切注释那样不属于这科学本身而作为它的一部分。同时，这种关系至少处在哲学的界限里，尤其是从纯

粹理性的种种根源得来的那种哲学，在那里理性在形而上学里的纯理论用途必须和它在道德里的实践用途有一种必然的统一性。因此，纯粹理性在形而上学的不可避免的辩证就必须作为自然倾向来考虑——不单纯作为一种需要解决的幻相，而且按照其意图的自然机构——如可能的话，值得予以说明的，虽然这种任务，由于是额外的，公道地说来，是不应寄希 [114]
望于形而上学本身的。

作为第二种注释，却更和形而上学的内容有关系，必须看为是这些问题的解决，这里在《纯粹理性批判》里从第647页到第668页(第二版从第670页到第696页)进行。因为在那里讲述了某些理性的原理，是验前确定自然的秩序，或者毋宁说验前确定知性，而知性要通过经验找出自然秩序的规律。在经验方面来说，这些规律像是组织性的而且立法性的，然而它们是从单纯理性发生出来的，但是理性不应像知性那样看作可能经验的一条原理。然而这种一致性的依据是否就在这里，就是正如自然本身不是依靠出现或出现的根源，即感受性，而是依靠感受性对知性的关系； (139)
同样地，自然使用为了一种完整可能经验(在一个体系里的)起见，其彻底的统一性只能属于这个知性在其对于理性的关系上；也就是说，经验是否间接服从理性的立法；这可以为那些想要追踪理性在其在形而上学使用以外的性质而且一般系统地构成一种自然史的人进一步去考查；我诚然曾在书上把这个课题作为重要的课题说明过，虽然我没有试图去解决它①。

而这样我就结束了我自己所提出的主要问题之分析性解答，这问题就是：形而上学一般怎样成为可能。在这过程中，我是从它的用途实在是至少在其各种后果上被给予出来的地方，进行到它的可能性的各种根据的。

① 我在这部《批判》里的意图始终不变，那就是不漏掉任何能使这种对于纯粹理性的性质的研究成为完全的东西，不管这种性质是怎样深深地隐藏着，任何人都有自由在以后随意把他的研究进行到多么远，如果他是只看出还有要做的事务的话；因为对于任何一个从事于测量这整个领域的人是可以合理地这样期望的，因他是要这样测量，以便把这个领域留待将来的培植与分配的。上面两个注释也是属于这里的。由于它们的干燥无味，业余爱好者很难欣赏它们的，所以我只在这里把它们只为专家们加上去。

(140) [115]

本导论一般问题的解答：形而上学作为科学怎样有其可能？

形而上学，作为理性的自然倾向来说，乃是实在的，但是，在其本身来说，(如在第三个主要问题的分析性解答里所证明的那样)它又是辩证的与虚伪的。因此，想要从它得出我们的种种原理，而且在这些原理的使用上遵从这种自然的却又是错误的幻相，这就绝不能产生科学，而只产生空洞的辩证技术，在其里面，一个学派用这种技术来超过别的学派，但是任何一个学派都不能获得一种合法而恒久的好结果。

要使它们为科学而能要求不单纯是有欺骗人的说服力，而且是有明见与确信，一种理性批判就必须在一个完整的体系里呈现验前概念的全部储藏，按其各种不同的来源，即感受性、知性，与理性、分列的；此外还有一个这些概念的完全的表，连同一切能够从它们引申出来的概念的分解，尤其是通过它们的演绎的验前综合知识的可能性，与其使用的各种原理，最后就是它的界限。所以批判含有，而且惟有它才含有，好好检查过而证明过的全部计划，其实是含有形而上学借以可能得到作为一门科学而达到完善的一切手段；要用别的方法与手段，是不可能的，然而问题却不是这种任务是怎样有其可能，而只是我们怎样着手去做，怎样把好好的头脑从它们前此倒置而无效果的途径转向不是欺骗的工作上来，而且这样的
(141) 一种结合是怎样最适合地转向到共同的意图上去。

这么多是确定的：谁曾尝试过批判，谁就永远厌恶一切在从前不得不认为满足的滔滔不绝的独断空谈，因为那时他的理性是需要有某东西的，但不能找到更好的东西作为它的给养，批判对于寻常的学校形而上学，是
[116] 正如**化学**对于**炼金术**，或者**天文学**对于算命的**占星学**。我保证没有在这本《导论》里想透而且了解批判的各原理的人是在任何时候都会回到那陈旧而诡辩的假科学那里去的；他将宁可相当愉快地展望到现在就是一定掌握在他的手中的一种形而上学，这再不需要什么准备的发明，而且只有它才能为理性取得恒久的满意。因为这是一切可能科学之中的一个优

点，唯有形而上学才能怀着信心地预期得到的，那优点就是，它能达到完成而且达到一种恒久的地位，由于它再不能改变，而又不会通过新的发明而有任何的增加；因为理性在这里并不是在对象以及在关于对象的直观里(直观不能叫它知道什么)，而是在其自身里找到它的知识的根源；所以，当它的可能性的各原理完全地而且毫无任何误会地表现出来时，再没有剩下任何东西是纯粹理性所要验前知道或者甚至有理由要问的了。这么确定而终结的一种知识，其远景是有些魔力的，甚至把(我在后面所还将要谈到的)它一切的用途放在一边。

一切虚伪的技术，一切空洞的智慧，都是有它一定的时期的；但是终究是要自行毁灭的，而且它的最高培植也就是它的衰退点，而谈到形而上
学，这正是时候了，这是为它在一切有文化的国家里所退化到的情况所证 (142)
明，虽然在那里，任何别的科学都在热烈地展开着，大学的老一套安排还得留着它的仿佛形象，某一单个科学院有时还在活跃着而且通过种种的奖赏来引起这样或那样的尝试；但是它已再不列入主要的学科之内，而且人们可自行判断，一个智力丰富的人，受到大形而上学家的称号，会怎样看待这个善意，却几乎没有人贪图美名。

但是，虽然一切独断的形而上学的退化时候无疑是到了，然而还缺少许多东西使我们能够说，它通过彻底而完全的理性批判的重生时候是已
经出现了。一切从一种倾向过渡到它的反面是通过无所适从性的情况 [117]
的，对于一个作家来说，这种时机是最危险的。可是依我看来，对于这门科学是最有利的。因为，当通过从前的结合的完全分离，派系的精神便熄灭了，这个时候，人们的心也就会在最好的状态上来逐渐听取按另一种计划所结合的各种提议了。

关于这部《导论》，如果我说我希望它也许会使在批判的领域里的研究激动起来，而且对于看来像是在其纯理论方面缺乏营养的一般哲学精神，提供它的保养的一个新的而很有前途的对象，我就已经能预见，凡是经我这部《批判》带领着去不愿意而苦恼地走这条荆棘道路的人，将要问
我，我的这种希望是以什么为根据的。我答复说：根据必然性的不可抵抗 (143)
的规律。

人的精神会完全放弃形而上学的种种研究是很难期待的事情，正如

我们为了不总是呼吸不清洁的空气，不至完全停止呼吸一样，所以在世上总是要有形而上学的，而且不但这样，对每一个人来说，尤其是对能反思的人来说，如果没有一种公认的标准的话，每一个人就将按其各自的方式剪裁出他的标准。现在，一向称为形而上学的东西，不能满足任何一个尖锐的头脑，但是完全放弃它是不可能的；因此纯粹理性的一种批判本身终究是必须**尝试**的，而在得到了它的时候，就必须予以**研究**而且使之受到一种普遍性的考验，因为否则就无法缓和这种迫切的要求，而这种要求不但是求知欲而已。

自从我知道批判以来，我读完了一本有形而上学内容的著作，这本著作，通过它的概念的种种定义，它的多样性和它的有秩序的安排，结合着它的平易风格，使我觉得有兴趣，而且培养了我，但是我不得不问：**这位作者曾否把形而上学推进一步呢**？我请那些有学问的人饶恕我——他们的著作在其他方面对我是有好处的。对于各种智力的培养也是有过贡献的——如果我承认在他们的各种探求和在我的小小努力里（自爱心对我
[118] 的努力是表示有利的）都还没有能够找到对这门科学的丝毫推进，这其实就是因为这个自然的理由，就是那时这门科学并不存在，而又不能零零碎碎地凑合在一起，而它的胚胎首先还得要在这部《批判》里去充分地形成。然而通过分析性的处理，为了防范一切误会，我们必须记住上面的经过，
(144) 我们所得的一些概念对于知性曾是很有用的，但是这门科学（即形而上学）却没有因之得到丝毫的推进，因为概念的那些分解只是一些构成这门科学的材料，我们尽可以把实体与偶性这些概念进行剖解与确定；作为任何一种未来使用的准备，这是十分有用的。但是，如果我不能知道在一切存在的东西里，实体是保持不变的，而变的只是偶性，这门科学不会通过这一切的分解而得到丝毫的推进。现在形而上学是不能证明这个命题为验前的而且有效的，也不能这样证明充足理由的命题，更不能这样证明更复杂的命题，例如属于灵魂说或者属于宇宙论的，尤其绝不能这样证明任何综合的命题。所以通过这一切的分析，并没有创造出什么东西来，更没有推进什么东西，而有过了那么多的扰攘和嘈吵之后，这门科学仍然像是在亚里士多德的时代那样。虽然如果首先只发现了验前综合知识的线索的话，对于这件事情的各种安排就无可争论地会比从前更大、更好地发明

出来的了。

如果有什么人觉得给这里所说的东西侮辱了，他是很容易反驳这种谴责的，只要他提出一单个属于形而上学的综合命题是可以验前在一种独断的方式上证明的；因为只是当他曾做到这点时，我才承认他在实际上推进了这门科学的，即令所谈的命题是充分地为一般经验所证实。不能有任何要求是更适当而更公道的了，在这点没有做到的情况下（这无疑是确定的），说形而上学作为科学，是一向都完全不存在的，就再公道不过的了。

如果人们是接受这种挑战的话，我只必须不许做两种事：第一，就是 [119]
盖然性与猜测这个玩意，它极不适合于形而上学，正如它不适合于几何一
样，而第二就是：用所谓健康的常识这根魔术棒来作出决定。它不是什么 (145)
人要的，而是按照个人的特性自行调整的。

因为关于那第一件事，不能找到什么不合理的东西是甚于在一种形而上学里，在从纯粹理性出来的哲学里，企图以盖然性与猜测为判断基础的。一切要在验前知道的东西都是通过盖然性与猜测而宣告为确实必然的，而且必须作为这样的东西来证明。那么，尽可以这样企图来在种种猜测之上建立一种几何学或一种算术；因为关于算术的几率计算法（calculus probabilium），它所包含的并不是什么盖然的判断，而是完全确定的判断，而这些确定的判断是根据某些一定的实例，在所予的同样条件下的可能性的程度，在一切可能的实例之总和里，按照规则必然完全没有错误地得出来的，虽然关于任何单一的实例，这是不够确定的。甚至在经验性的自然科学里，（通过归纳法与类比法的）种种猜测之能被允许，只是这样的，就是我们假定的东西的可能性至少必须是完全确实的。

关于健康的常识，当我们谈到一些概念和一些原理时，是就其在经验方面有效的，而且又是就其在经验的条件范围以外作为有效而被给予出来的，那么情况就可能更糟。因为，健康的常识是什么呢？它是一般的知性的就它是正确使用来说的，那么一般知性又是什么呢？它只是在认识与具体上规则的使用这种能力，有别于在抽象上规则的认识的这种能力的纯理论的知性。所以，一般知性几乎不包括一切发生的东西都是通过
它的原因而得到确定的这条规则的，而且永远不能把这条规则在其一般 (146)

上来看的。因此它就要求有一个从经验而来的实例,而当它听见说,它所表示的无非是它一直所想到的东西,就是当一块窗户玻璃被打破,或一件家用器具失掉时,它了解这条基本原理而且接受它。那么,一般知性的用
[120] 途不过就是能看出它的种种规则是在经验里被证实的(虽然它们实在是验前处在经验里面的),因而就是把它们看作验前的而且独立于经验的,这却是属于纯理论的知性,而且处在一般知性的知识范围以外。但是形而上学是只和后一种知识有关,而一种健康的知性却上诉于一个保卫者,它在这里却没有裁判权而且在别的方面为人所轻视,除非是在人们感觉到在窘迫之中而不知道在一种纯理论里怎样去劝告或帮助自己的时候。

一般的人类知性的虚伪朋友们(虽然他们一般是藐视一般的人类知性,然而有时是极其尊重它的),其所使用的一种通常的借口就是说:必须有一些命题,是直接确实的,而且关于它不但不需要作出任何证明,而且并不需要有任何说明,不然的话,我们就永远不会到达作为我们判断的根据的一个尽头了;但是对于这种权限的证明,他们(在矛盾的定理以外,而这条定理又不足以证实综合判断的真实性)绝不能提出任何没有疑问而他们能以之直接归之于一般人类知性的东西,如数学定理那样:例如二的两倍等于四,在两点之间只有一条直线,等等。但是这些是一些判断形而
(147) 上学的判断,与之有天渊之别。因为在数学里,我能通过我自己的思想作出(即构建)一切这样的东西来,是我通过一个概念表现为可能的;我逐步把一个二加在另一个二之上,而我自己就作出四这个数来了;或者我在思想上,从一点到另一点,在划出各种的线来的过程中,而只能划出一条线在所有的各部分相似(无论是相等或不相等的)。但是我却不能用我的全部思想力量从一个东西的概念提出另一个东西,其存在是必然和那第一个概念相关连的概念来,而是必须求援于经验的;而且,虽然我的知性在验前(虽然总是和可能的经验有关系地)替我提供关于这样的联系的一个概念(即因果性这个概念),我却不能把它像数学的概念那样验前在直观里表现出来,而这样就把它的可能性验前展示出来,但是这个概念连同它
[121] 的应用的原理,如果它要在验前有效(如在形而上学里所需要的那样),是要求有它可能的申辩与演绎的,因为不然的话,我们就不知道它是有效到多远,而且它能被使用是只在经验里或者又在经验之外边。因此,在形而

上学的作为纯粹理性的一门纯理论的科学里，我们绝不能求援于一般人类知性，但是，当我们不得不离开形而上学而且放弃那必须是一种手段的一切纯粹纯理论的知识，因而也就在一定的情况下放弃形而上学本身与其教训，而我们就觉得只有一种合理的信念才是可能的，而且其实对于我们的需要是足够的(也许对我们来说，乃至比知识本身更有益)，那时，事情的面貌也就完全改变了。形而上学，不但作为一个整体来说，而且在其一切部分来说，必须是一门科学，否则它就不是什么了；因为作为关于纯粹理性的纯理论来说，只有普遍性的识见才有其立场。但是在此之外，盖 (148)
然性与健康的人类知性固然是有其有用的而且合法的使用的，可是完全按其自己的原则，而这些原则的重要性总是依靠其对于实践的关系。

这就是我认为我有理由来对于形而上学作为科学的可能性所要求的。

[122]

附 录 关于使形而上学实现为科学所能发生的东西

既然没有任何人们所采取的途径是曾达到这种意图的,而且在一种先行的纯粹理性批判以外,这种意图永远不能达到,所以看来这种期望并非不公道,就是责望现在摆在眼前的这个尝试应该要受到一种严密而谨慎的检查,而在这种检查里,我们认为完全放弃对形而上学的一切要求不是更为适当的,而在这种情形下,只要是忠实地坚持原意的话,是不必有所非议的。如果所采取的事物过程是如其实在的那样,而不是如其应该的那样,就有两类的判断:一类是**先行于研究的判断**,而这也就是在我们的情况下的判断,在那里,读者所形成的一个判断是从他的形而上学而论到纯粹理性批判的(而这就应该首先证明他自己的形而上学之可能性);而另一类是**在研究以后的判断**,在那里,读者敢于暂时把那些和他所接受的形而上学在别的方面有相当强烈冲突的东西和从批判的研究出来的种种后果放在一边,而首先去检查这些后果可能从而得出来的各种根据,如
(149) 果寻常形而上学所陈述的东西是确实地作出的(像几何那样的),那么第一个判定的方式就会是适当的;因为,如果某些原理的一些后果和真理冲突,这些原理就必然是假的,而不待另有研究就要予以排斥。但是,如果情况不是这样,如果形而上学不是有一些不可争辩而确实的(综合)命题的储藏,而且也许竟然是这样,有些这种命题,看来像是其中最好的,却在其后果上是互相冲突的;并且,如果在那里并不能找到本来是形而上学的(综合的)命题的真实性的绝对可靠标准;这样,上述的判断方式就不行了,而《批判》的各种原理之研究就必须先于一切关于其有价值或无价值的判定的了。

[123]

关于先于研究的《批判》的一个判断的检查

这种判断是在《格丁根学术通报》(*Gottingischen gelehrten Anzeigen*),1782 年 1 月 19 日,第三部分补充,从第四十页起那里去寻找的。

当一个熟悉著作主题，而勤勉地把他的深思熟虑放在他的论述里的一个作家，落到一个评论者的手里，而这个评论者，在他的方面，有足够眼力来侦察出著作的有价值或无价值的依据却不是咬文嚼字，而是深入到主题，而且调查审核不单纯是作家所从而出发的各种原理，这样一来，判断的严厉诚然有可能使那作家不愉快，然而群众无动于衷，由于他们从那里得到好处；而那作家自己也应感到满足，由于他有机会来从一个称职 (150)
的评判者的反对检查去改正他的文章或者从而加以说明，像这样，如果他认为自己基本上正确，就能及时除去任何在其后果上对他的著作不利的绊脚石。

就我的评论者来说，我觉得我的处境完全不同。因他好像并未看到我所（幸运或不幸运地）从事的研究之究竟；而[其原因]或者是他不耐心去想透一部冗长的著作，或者是由于他认为他早就已经把一切都弄到完善了的一门科学受到改革的威胁而发生困恼，或者是我不愿意想象的实在狭窄观念，使他总是不能叫他的思想超出学阀的形而上学的范围；总而言之，他急躁地把一长系列的命题浏览一遍，而不知道它们的前提，是我们不能用来想任何东西的，他把他的申斥这里分一点，那里分一点，而读者竟不知道其理由何在，正如他不明白他的申斥是指向哪些命题一样，因而这对于群众既不能用作一种报告，而在专家的判断中对我又丝毫没有损害；因此我就完全略过这种批评，如果不是因为它给我机会来作出某些
说明，是能在一些情况下防止这部《导论》的读者的误解的。 [124]

然而批评家为要可以最容易的抓住一个观点，从而可以在对于作者最不利的方式上去看这整部著作而毋须费力去作任何特殊的研究，他在开始时和在结尾时都是说："这部著作乃是一个先验的（或者如他所改作'更高的'）观念论体系。"①

① 一定不是更高的，高塔和像高塔的形而上学上的伟大人物一般有许多风在他们的周围，这却不是讲到我。我的地位是经验的丰收低的地方，而"先验"（transcendental）这词，其意义是我所常常说明而没有一次为我的批评者所理解的（他一直是这么不小心看一切东西的），并不是表示什么超出经验的东西，而其实是（验前）先于经验的某东西，可是那并不对于经验有所增加，而单纯是使经验的知识成为可能。如果这种观念越出经验的范围，它们的使用就称为超验的，这区别于它们的内在的，即限制于经验的使用。在本著作里曾充分地预防这种的误会；但是批评家觉得在误会上是对他有利的。

(151) 一看这一行字,就对我指出随后的批评是什么了,犹之于一个从没有看过或听过几何学的人,找到一本欧几里得几何学,翻了几页时,碰见许多图形,而有人问到他的意见,他便说:"这类是绘图的一种系统的指导;作者用一种特殊的语言,以便作出一些暗昧不可了解的指示,终之所教的不过是每个人通过眼睛的一种良好的自然目力所能做出来的。"

让我们在这个时候看看通过我全部著作的是一种什么观念论,虽然它远远不是构成这个体系的精华。

从爱利亚学派到贝克莱主教的一切真正观念论者们的定言乃是包含在这个公式里面的:"一切通过感官与经验的知识无非是单纯的幻相,而单在纯粹知性和理性的观念里才有真理。"

反之,始终控制和确定我们的观念论的基本原理乃是这个:"一切单纯从纯粹知性或纯粹理性而来的关于事物的知识无非是单纯的幻相,而只在经验里才有真理。"

(152) [125] 但是,这就是和观念论本身的直接相反;那么我怎能为着完全对立的意图而用这个词呢?而且批评家又怎样到处都看见它呢?

这种困难的解除所依据的很容易从我的著作里的一般联系中看到,如果是想要去看的话。空间与时间连同一切是它们所包含的东西,都不是在其本身来说的东西或性质,而是单纯属于这些东西与性质的出现;到此为止,在信条上我和那些观念论者一致。但是那些观念论者,而其中尤其是贝克莱,把空间看作单纯一种经验性的表象,以致它就像在其里面的出现一样,只是通过经验或知觉连带它的种种确定性,而为我们所知。我与此相反,是首先证明空间(而且又是时间,这是贝克莱没有考虑的)以及一切它的验前确定性之能为我们所认识,是因为它像时间一样,作为一种纯粹形式在一切知觉或说经验以前在我们的感受性所固有而使感受性的直观成为可能,因之就使一切出现成为可能。从这就得出这个结论:由于真理是依据普遍而必然的规律作为它的标准,所以,按照贝克莱的说法,经验就不能有真理的标准,因为经验的出现(照他来说)没有任何验前的东西在其基础之上;从而就得出结论说,出现不过是单纯的幻相;而就我们来说则反是,空间与时间(结合知性的纯粹概念)在验前规定它们对于一切可能经验的规律，而且同时予以把真理从幻相区别开来的可靠标准)①。

我的所谓观念论(正当地称为批判的观念论)属于完全特别的一种，(153) 由于它推翻了通常的观念论，而且通过它，一切验前知识，甚至几何学的验前知识，才第一次得到客观实在性，没有我们证明的空间与时间的观念 [126] 性，这种客观的实在性，甚至最热心的实在论者都不能维持，事情既然到了这种情况，我本想用别的方法来称呼我这个概念，以便防止误会，但是完全更改它原是不可能的，然而可以容许我，在将来，如在上面已经说过了的那样，就称它为形式的观念论，或者更好是称它为批判的观念论，来把它从贝克莱的独断的观念论以及从笛卡尔的怀疑的观念论区别开来。

此外，我在本书的评判里并没有发现任何值得注意的东西，评判者在这里，而又在那里笼统地批评，这是灵巧选择的一种方式，因为它并不表露一个人自己的所知或无知；一种详细的单个的彻底的批评，如果它如公益的批评那样触及主要的问题的话，就会暴露或者可能是我的错误，或者可能是批评家对于这种研究的识见的程度了。然而这也并不很坏呀，他能想出这样一个计划，使惯于只从报刊的报告而形成他们关于各书的概念的读者们，早就失去读这本书的那种欲望，一口气就说出一连串的许多命题是从它们的联系，和它们的证明与说明的种种根据割裂开来，这听来就必然是不合理的，尤其是对一切学阀的形而上学方面来说竟是这么敌对 (154) 哟。突击读者的忍耐，直至他要作呕，然后在使我熟悉了这个饶有意思的命题，说持久的幻相就是真理以后，就用那种粗暴的，然而像慈父般的教训来结束：那么和通用的语言争执为的是什么呢？这种唯心论的区别为的是什么？而且从何而来的？一种毕竟把我的书里特别的而从前是形而上学上的异端的东西，变为单纯语言革新的判断，就清楚地证明我的僭称

① 本来的观念论总是有热衷的意图，而且不能有别的意图；但我的观念论却是完全想要了解关于经验对象的验前认识的可能性，而这乃是一向总是没有解决或者甚至得出来的一个问题。这样全部热衷的观念论就垮台了，因为它(如从柏拉图的观念论那样可以看出)是从我们的验前知识(乃至从几何的验前知识)推论到另一种(即知性的)直观作为感官的直观，因为人们绝不想到各感官是可以验前直观的。

的裁判者，对于那类丝毫没有了解，而且加之不正确地了解他自己的①。

[127] 这批评家说话很像这样的一个人，他是意识到他隐藏着的重要而且有超群的见识，因为我关于形而上学不知道近来有什么东西，是能为这种语调找出正当的理由的。但是他不向世人交出他的一些发现来是很不对的；因为无疑是有许多像我这样的人，过去许久一直没有能够在这个部门
(155) 里所写的一切美妙东西里找到任何一个指头大的东西是推进这门科学的，往时的一些定义得到尖锐化了，一些跛脚的证明就有了新拐杖了，形而上学的拙劣编纂有了新的增长或者一种改变的外貌了，但是人们仍然没有找到世界所需要的东西，世界对于一些形而上学的主张都感到厌倦了；人们要有这门科学的可能性，要有这门科学的确实性所从而得出的各种来源，要有可靠的标准，借以把纯粹理性的辩证幻相从真理区别开来。这位批评家一定拥有这样的钥匙，不然的话，他就绝不会用这种高的语调说出来。

然而我却陷入这种疑惑里，可能没有这种科学的要求是他曾想过的，因为不然的话，他就不会把他的判断指向这一点，甚至认为在这样的重要事情里的一种错误的尝试也会博得他的尊敬。如果是这样的话，我们就言归于好了。他可以随意尽量深入形而上学里面去，没有任何人会阻止他；只有关于处在形而上学以外的而在理性里面才找着的形而上学的种种根源，他是不能判定的。我这样证明我的怀疑不是没有根据的，就是他关于验前综合知识的可能性从未提过一字，而这乃是一个特别的问题，其
[128] 解答是形而上学的命运的完全依据，也是我的《批判》（以及这《导论》）的归宿。他所碰到而又紧紧依附的那个观念论，只是在学说里拿来作为解
(156) 决那问题的一个手段（虽然它是从别的根据得到它的证实的），因而他就必须指明或者那个问题并不具有我（至本《导论》）对它所赋予的重要性，

① 这个批评家不止一次和他自己的影子打架，当我把经验的真实性和梦境对立起来时，他绝没有想到我在这时只是谈到沃尔夫哲学的著名梦见客观存在这句话；这话是单纯形式的，而与睡和醒之间的区别并不相干，而且其实在一种先验哲学里是不能看见的。此外，他称我的范畴演绎和知识原理表为“一般熟悉的逻辑与本体论的基本原理在一种观念论的方式上表达出来的”，读者关于这点只需参考本《导论》来说服自己，比这更为不幸而在历史上更不正确的判断是很难作出来的。

或者它要就是通过我关于出现的概念完全不能得到解决,要就是在别的方式上有能更好地得到解决;但是关于这点,我在批评里并未找到一个字,这位批评家就并不懂得我的著作,而且也许关于形而上学本身的精神实质也是不了解的了;而这并不是我所愿意的,由于批评家须得要用力通过这么多的障碍,这种劳苦是会使他急躁的,而这种急躁性又使那摆在他面前的著作被笼罩在一种不利的阴影里而令它的基本部分更变为不可理解的了。

一种学术杂志,它的投稿人可能是通过很好的选择并且细心选出来的,但是还要做许多事,才能在形而上学的领域里,如在别处一样,维持它在其他方面赢来的威名。别的科学与知识部门都有其标准。数学在其自身里就有;历史与神学在一般书籍里或者在圣书里有;自然科学在数学里有,而医学就在经验里有;法学在法典里有;乃至嗜好的各种事情也在古人的表率里有。唯有关于称为形而上学的这种东西,首先要找到它的标尺(我曾作过一种尝试来确定它以及它的用途)。现在,在这种著作要予以评判,而标尺还没有找出来以前怎么办呢?如果这些著作是属于独断一类的,一个人可随意怎样做;在这里谁也不比谁高明些,不久总会有另一个人出来,以子之矛攻子之盾。可是,如果这些著作是属于批判性的,和别的著作不相干,而只和理性本身有关系,那么评判的标尺就不是已经 (157)
假定的,而要首先去寻找了。虽然反对与谴责都可容许,可是必须以和蔼为基础,因为那种需要是我们大家所共通的;但必需的见识的缺乏都跟一 [129]
种正确的,有决定性的态度不相容。

可是,为了使我的辩护和以哲学研究的共同本质为怀的利益联系起来,我提出的这个考验是决定一切形而上学研究指向着它们的共同目标所必须的那种方式。这无非是数学在别处所曾做过的,即在竞赛中成立其方法的优越性,也就是向我的批评者挑战,对他从所知的一些概念,乃至最不可缺少的概念之一,例如实体的永恒性这条基本原理,或者世界上事件必为其原因所确定的这条基本原理,通过验前的根据,像理所当然的那样,来按照他自己的方式证明他所主张的一条真正形而上学的原理,即一条综合的而又是验前的原理。如果他不能的话(沉默就是信仰),他就必须承认:既然形而上学没有这种命题的不容置疑的确实性就简直等于无,所以在一切事情之先,首先就要在一种纯粹理性的批判里成立其可能性或不可能性;而他所以就有义务或者承认我在这部《批判》里的基本原理是正确的,或者证明它们为无效。但是,像我所能预先看到的那样,虽然他一向毫无顾虑地依赖他的基本原理的可靠性,可是在他碰见一种严格考验的时候,他却在形而上学的整个范围中没有一单个基本原理是他
(158) 能大胆提将出来的,所以我让给他一个优越的条件,是人们只在一个竞赛里才能指望得到的,那就是免除他担负的证明的责任(拉丁文的 onus probandi),而把它放在我的身上。

他在本导论里而又在我的《纯粹理性批判》的第 426 页到第 461 页里[即第二版的第 454 页到第 489 页里]找到八个命题,其中两个是和另外两个相矛盾的,但是其中每一个都是必然属于形而上学的,而形而上学又必须要么就承认它,要么就拒绝它(虽然没有一个是在其时不为某哲学家所承认的)。现在,他有自由从这八个命题之中,随意找出一个来,而承认它,却没有任何证明,但我却把这证明作为一种礼物送给他,而只留下一个命题(因为浪费时间对于他和对于我一样无益),然后让他来攻击我对
[130] 于其反题的证明。如果我能挽救得了这个证明,而且同时说明,按照每一种独断的形而上学所必须一定承认的基本原理,他们采取的命题之反面一样清楚地能被证明,那就从而成立,形而上学有一种遗传的缺点是不能说明,更不能予以排除的,一直要等到我们上升到其出生地,即纯粹理性本身;而这样,要么就接受我的《批判》,要么就有一种更好的东西来替代它;它至少必须加以研究;而这就是唯一的东西,是我现在要求的。反之,如果我不能挽救我的证明,一个从独断的基本原理出来的一个验前综合命题就在我的论敌方面站稳了,我对于一般形而上学的起诉因之就是不公道的了,而我就自愿承认他对我的《批判》的谴责是合法的(虽然这远远不会是其后果)。但是为要达到这点,我却认为必须丢开那种匿名,因为我看不到它怎样会避免得了,而使我从一些不知名而好管闲事的论敌,不只是用一个课题,而是用好几个课题来尊重或攻击我。

(159)

关于对这部《批判》可能有判断的一种研究的提议

我感谢这学识丰富的群众以长期的沉默来款待我的《批判》,因为这

至少是证明判定的延期和某种的揣测，认为一部不走旧路而闯出一条新路的著作，而在那里面人们也许是不这么容易马上自己找出其途径，其中可能有某东西对人类知识是重要的，而目前却是枯死的小枝可得到它的新生与繁茂的，因之就小心翼翼，免得由于一种过急的判断而摧残那还是柔嫩的幼枝，一种由于这些理由而延宕的判断考验，现在就在格丁根学术杂志里摆在我的眼前，其彻底性(姑且考虑到我自己可疑的颂扬)即从那属于我的著作的第一原理之一的一个零片的可理解而未经改窜的提出，读者便可自己觉察得到的。

由于一个冗长的结构不能从一种仓促的浏览一遍便作为一个整体而 [131]
加以判断，所以我现在就提议，从它的基础逐渐地来检查它，并且用本《导论》作为一种一般的大纲来和那部原著进行比较。这种无理的要求，如果它只是出于妄自夸大，像虚荣心通常以之归于一个人自己的作品那样，就会是放肆的而值得愤怒地予以拒绝的。但是现在整个纯理论哲学的事情已经到了熄灭点，而人类理性却以不可熄灭的爱好纠缠着那些事情，而只有不断受到欺骗之后，现在才企图把这种态度改变为漠不关心的态度；虽然这无济于事。

在我们有思想的时代里，不要认为许多有功绩的人不会利用任何好 (160)
的机会来与那越来越开明的理性的利益合作，只要还有一点希望可以达到目的的话，数学、自然科学、法律、艺术，乃至道德，等等，没有完全充满着心灵，总是还剩有一个空间，是为单纯纯粹而纯理论的理性划定的。而且这个空间的空虚就迫使我们去在滑稽画像，在嬉戏的勾当，或者在放荡里，寻找表面上像是工作和谈话，为的是得到娱乐，而且不致听见理性的那种烦扰人的呼唤。但是理性，按照它的预定用途，所需要的乃是能叫它满足的某东西，而不是单纯为了别的意图或者嗜好的利益。当知理性乃是为其自身而存在，因为在其里面，一切其他的知识，乃至一切的意图，都必须汇合而结成一个整体，所以关心于这个理性范围的一种考虑，如我有理由来推测的那样，对于每个只曾试图过来扩大其概念的人都是有一种很大的引诱力的，而且我甚至可以说，有大于任何其他是他所不愿意与之交换的理论知识部分的引诱力的。

所以我把这本《导论》，作为研究的计划与线索提出来，而不是作为那部著作本身,因为,虽然我甚至现在也对于那部著作,就其内容、组织,以及讲学的方式,连同我在写下来之前在斟酌与推敲每一句之中所花费的谨慎来说,是完全满意的(因为不但关于那全部著作,而且在某些情况下关于甚至一单个命题的各种来源,为要完全得到满意,我是花了若干年的);可是我不完全满意于我在原理论的某些节里的阐述,例如在知性概
(161) 念的演绎里,或者在纯粹理性的谬误推理里,因为一种一定的散漫性妨碍了其清楚性,而人们可以把这里在《导论》中关于那几节所说的来替代那几节而作为检查的根据。

人们关于德国人夸耀说,凡是需要持久性与不断勤劳的地方,他们是比别的民族进行得更远的。如果这个意见有根据,在这里现在就有一个机会,有一种事情,其成功的结局是我们难以怀疑的,而且在其里面凡是有思想的人都同样能参加,虽然他们一向还没有有效地完成它而证实那有利的意见;主要是因为关于它的科学乃是属于这么特别一种的,使得它能突然达到完成而且达到那样不变的状态,以致它永远不能更推进一点或者通过后来的发现而有所增加,或者有所改变(至于在某些地方由于更大的清楚性的装饰,或者一些外加的实用,我在这里就不去计及了);而这乃是别的科学所没有,或者能够有的一个优点,因为没有一种科学是如此完全孤立而不依靠别的科学的,而且和一种纯粹的认识能力有关,并且现时像是对于我的期望不是不利的,因为正在当前,在德国,没有人像是知道能从事于什么,除非是一些所谓有用的科学,而所从事的不是单纯的游戏,而是一种富有持续意图的事情。

有学问的人的各种努力,怎样才可以为着一个这样的意图能联合起来,而且找到达到这种意图的手段,我就得让别人去想了。在这个时候,我的意见并不是指望任何一个人来遵从我的各种命题,或者甚至自以为
(162) 有这种希望,但是任何一个人都可想要加以种种的攻击、重复、限制,或者证实,使之成为完整,以及扩充。如果这件事情只是从其基础上加以研究的话,一种学说的机构就将一定会被建立起来,即令不是我的学说机构,而这种学说机构将是后辈子孙继承的一种遗产,是他们有理由来感谢的。

[133] 在人们首先关于这种批判的基本原理没有错误时,作为其后果的这种形而上学是可以期待的,而且由于那些虚伪的羽毛已经予以废掉,就绝

不会显得可怜而贬黜为一个只是微小的形状，而可能在别个方面丰富地而且体面地装饰起来，虽然要在这里指出，就是烦琐的了；但是在这样的一种革新之后，立刻令人格外注意。平凡的形而上学因之就已经创造出一些用处来，由于它找出纯粹知性的一些基本概念，以便通过分解就使之成为清楚的，而通过说明就使之成为确定的。所以它对于理性来说，乃是一种文化工作，无论它后来觉得应该转到哪个方向去；而它所做的却是最好的，但是它后来却消灭了这种劳绩，由于它以冒险的主张来促进傲慢，以巧妙的论词与掩饰来推进诡辩，以那种用一小点学阀的智慧来解决最难的课题的敏捷来推进浅薄，这就越是能诱惑人，由于它越是一方面从科学的语言挑选某东西，而另一方面从通俗的语言又挑选某东西，于是它对于每个人都能满足，但是其实并不是什么。反之，通过批判，就有标准给予我们的判断，从而就能靠得住地把知识从知识的假相区别开来，而且奠定它，所以它在形而上学里就可完全付诸实施了，这是一种思想，以后要把它有益的影响扩张到理性用途的每一个别的方式上去，而首先是影响 (163)
那真正的哲学精神。但是它替神学所成就的工作，使它不依靠独断推测的判断，从而就保证它完全不受到一切这种敌人的攻击，确是不得低估的。因为一般的形而上学虽然应许神学许多后援，但是不能履行其诺言，而又由于召集了推测的独断论者来拥护神学，所做的不过是武装了众人来反对自己而已。宗教狂热在一个昌明的时代里不能流行，除非它是躲在学阀的形而上学的后边。而在其保护之下还胆敢仿佛用理性来叫嚣的，但是却为批判哲学从它这个最后的避难所驱逐出来了，而过于一切的，它的能对于形而上学的教师还是重要的，就是它能够用一般的确定语气来说，它所讲述的东西终于是科学，从而对于社会有实际的利益。

索　引

本索引按德文本的页码编排

甲、人名索引

Aristoteles 亚里士多德,86,144.
Baumgarten 鲍姆嘉顿,22,89 注.
Beattie 卑亚提,5,6.
Berkeley 贝克莱,49,151-153.
Crusius 克鲁什奥斯,81 注.
Descartes(Cartesius)笛卡儿,49,103-104,153.
Eleaten,die 爱利亚学派,151.
Euklid 欧几里得,23,151.
Horaz 贺拉斯,3 注,28.
Hume 休谟,3-10,19,22,28 起,70,72-74,121,128,130 起,138.
Leibniz 莱布尼茨,3.
Locke 洛克,3,22,44.
Mendelssohn 门德尔松,10.
Oswald 阿斯瓦尔德,5.
Platner 帕拉特拿,119 注.
Plato 柏拉图,152 注.
Priestley 皮里士特雷,5.
Reid 里德,5.
Segner 昔格内尔,17.
Vergil 伏吉尔,12.
Wolff 沃尔夫,22,154 注.

乙、事项索引

A.

Aggregat 堆积,70,和 System 系统比较.

Akademie der Wissenschaften 科学院;142.

Akzidenzen (Accidenzen) einer Substanz 一个实体的偶性,68,92 起,99,144.

Alchimie 炼金术,141.

Allgemeingültigkeit notwendige der Erfahrungsurteile 经验判断的普遍必然的有效性,55 起.

Allheit, Kategorie der 总体性的范畴, 60 注,61.

"als ob"好像(von den Ideen 关于理念的),129,132.

Analogien der Erfahrung 经验的类比,61,69 起,101-Erkenntnis (insbes. Gottes)nach der Aualogie 按着类比(尤其是神的)知识,130 起,特别是 130 注;auch in der empirischen Naturwissenschaft erlaubt 又在经验性的自然科学里所许可的 145.

Analytik 分析论 als Teil der Logik 作为逻辑的部分,27 注,76 比较 97.

analytische 分析的(和 synthetiache 综合的相对立的).

Methode 方法,11 起,25,27 注,30 起,139,143 起,satze(Urteile,w. s.)=erlänterndeanlouteande 分析命题(判断)=说明的,14 起,dienen zur Weiterfuhrung von Schlußkettenten 用来扩充推断的,16,18,一般比较一下,14 起,50,63;又比较 Erkenntnie 知识,81.

Anfang 开始,der Zeit und des Raums 时间与空间的开始,106,108,der Welt 世界的开始,113 注,einer Haudlung 动作的开始,112 起,113A,115,erster und subalter 第一次与下位的起头,115 起.

Anschauung definiert 直观的下定义,34,im Gegs. zum Verstand 知性对象里的直观,43,formale 形式的直观,42,mathematischc 数学的直观,17 起,19,reine(a priori)纯粹(验前)的直观,33 起,44,empirische (zufällige)经验性(不必然的)直观,33,36 起,121,oder sinnliche 或感受的直观,35 起,124,äußere 外部直观,47,intellektcuelle 智性的直观,78A,153A,innere 内部直观,104,unmittellbare,直接的直观,100,ihren Form 直观的形式,s. d. 参看 Form 形式.

Anthropologie 人类学,136.

Anthropomorphismus 神人同形同性论,128,131 起,dogmatischer und symbolischer 判断的和象征的神人同形同性论,129,objektiver,客观的神人同形同性论 131.

Antinomie 二律背驰,der reinen Vernunft 纯粹的二律背驰,48,95,99,158,in der Natur der menschlichen Vernunft gegrüendet 二律背驰以人类理性的本性为基础,106,von besonderer Wichtigkeit 是特别重要的,108 注;die mathematischen 第一种二律背驰,109 起,zweite 第二种,110 起,die dynamischen 力学的,111 起,die dritte 第三种,111-116,vierte 第四种,116.

Antizipationen 预测 der Wahrnehmung 知觉的预测,61,比较 66.

a posteriori 验后,15,26,34,50,63 注.

Apperzeption 统觉,80,100 注.

A priori 验前,=从纯粹知性与纯粹理性而来的,15,=在一切经验之先,即不领先任何经验的,34,81,151 注,比较一下 25,28 起,152,在洛克那里的说法,22.

Arithmetik 美术,17,36,145.

Assoziation 联合 der Vorstellungen 表象的联想,4.

Ästhetik transscendentale 先验感性论,76,80.

Astrologie,占星术 ,141.

Astronomie 天文学,141,physische 物理的(天文学),83 起.

Attraktionsgesetz 吸引力规律,83 起.

Aufgaben 课题,问题 der reinen Vernunft 纯粹理性的课题(问题),78,93,118 起,136,比较一下 Ideen 理念.

Aufgeklärtes Zeitalter 启蒙时代,开明时代,163.

Axiome 公理 der Mathematik 数学的公理,19 起,59,der Anschauung 直观的公理,61.

B.

Bathos(=Tiefe)低的地方,fruchtbares der Erfahrung 经验的丰收的低的地方,151 注.

Bedingungen 条件 formale der Sinnlichkeit 感受性的形式条件,37

(比较一下 Form,Raum 空间,Zeit 时间),der Urteile 判断的条件,64,比较一下 67;Reihe der Bed 长的 bis zum Unbedingten 一连串(系列)的条件直到无条件的东西,98,106,比较一下,118,125,134.

Begriffe 概念(Gegs. Anschauung 直观的对立,参看 Anschauung 直观)33 起,38,45 起,ihre mathematische Konstruktion 其数学的构成,17 起,147.

Beharrlichkeits 永恒性,参看 Substanz 实体.

Bewegung 运动=Veränderung der Körper 等于物体的变更,37,38,ihr Begriff 其概念,51B. der Planeten 行星的运动,46.

Bewußtseiu 意识,empirisches und Bew. überhaupt 经验性的与一般的意识,58,63,73;意识的不同程度直至完全无意识,65 起,比较一下 68 起注;其不可分割性,102 注.

C 比较 K.

Chemie 化学,141.

D.

Dasein,存在,有 50,61,比较一下 Wirklichkeit 现实性,实在性.

Deduktion 演绎 der Kategorien 范畴的演绎,8,154A,160,比较一下 147,von Raum und Zeit 空间与时间的演绎,37 起.

Deismus 神有论(有神论),127 起,131.

Denken 思想的定义 62 起,=urteilen 思想等于判断,63,其单纯的形式,64,思想通过规则,80.

Deutsche 德国人, Beharrlichkeit der selben 德国人的持久性,161.

Dialektik 辩证 der reinen Vernunft 纯粹理性的辩证,27A,95,97 起,107,120,121,122,138.

dialektische Behauptungen 辩证的主张,100,Kunst 辩证的技术,140,Scheins. d. ,Schlüsse 结论的辩证假相,136,Vernunftgebrauch 理性的辩证使用,117,Versuche 辩证尝试,124.

Ding(e) an sich 自在之物(与 Erscheinung,w. s. 出现对立,参看出现)35 起,45 起,59 起,97 起,103,107,自在之物不受时间条件限制,116,117,120 起.

diskursiv 推论的(与 intuitiv 直观的对立),等于从单纯概念来的,33 起 51,99.

Dogmatik 独断论,spekulative 纯理论的独断论,162.

dogmatischer 独断的 Anthropomorphismus 独断的神人同形同性论,(参看),这种概念,134,Beweisart 独断的证明方式,144,Denken 独断的思想,74,75,比较一下 79,Gewäsche 独断论的空谈,140,Grundsätze 独断的基本原则,158,Idealismus 独断的观念论 158,Metaphysik 独断的形而上学,142,158,Methode 独断的方法,67,Philosophen 独断的哲学家,17,Schlummer 独断的眠睡,105,(康德早期的独断酣睡,7),Schriften 独断的书刊,156,Spekulation 独断的纯理论,163,Weg 独断的途径,107.

Dogmatismus 独断论,24,133.

dynamische Grundsätze 力学的基本原理,66.

E.

Einbildungskraft schwärmt 想象力使人醉心,78.

Einfache,das 简单的东西,105,106.

Einheit 单一性,统一性,单位,Kategorie der 单一性,范畴,61,89 注 (synthetische) E. der Anschauungen 直观的(综合)统一性,62,68,或 Wahrnehmungen 知觉,53,70,73,84,des Bewußtseins 意识的统一性,127,des Bewußtseins,一般思想的统一性,86,kollektive 比 der Erfahrung 经验的集合统一性,92,比较一下 118,der Erkenntnisart 知识(认识)方式的统一性,120,des Gegenstandes 对象的统一性,55,der Konstruktion 结构的统一性,84,der Objekte 对象的统一性,84,urteile 单一性判断,56 起,61,des reinen Verstandes 纯粹知性的统一性,70,综合的统一性证明知性用途的系统统一性,120,135,139,纯理论的东西与实践的东西的统一性,138,比较一下 135,mathematische 数学的单位,17,regulative und konstitutive 制约性的统一性与组织性的统一性,120.

Elementarbegriffe 基本概念,86,162,-erkenntnisse 基本概念的知识,79.

Empfindung 感觉,als Materie der Erscheinung 感觉作为出现的东西之材料,37,87,das Reale der Anschauungen 感觉是直观的实在东西,

65,das eigentlich Empirische 感觉乃至原来经验性的东西,65,比较一下 37 起,66,68 起,连同注,感觉的对象(Gegenstand)80.

Erfahrung 经验,不单纯等于知觉的综合,26,比较一下 45,46,70,又等于验后的知识,63 注,但是等于客观有效的经验性知识,60,比较一下 57,60 起和其他,andere Definition 另一定义,63,gemeine 共通的经验,4,24,144,innere und äußere 内部经验与外部经验,13,103,128,mögliche 可能的经验,30,46(两次),47(三次),52(三次),53(两次),54(两次),64(两次),68(两次),69,73,74,75,76(三次),81,82,84,91(四次),92(两次),102,102A,103,110(两次),121(两次),122,131,138(两次),134,135(两次),136,138,139,147,152.

在休谟那里(参看休谟)=习惯性(Gewohnheit)经验教给我们的是什么,51,经验不是一些感觉的单纯堆积,70,经验乃是感受性与知性的产物,57,77。经验的验前条件,54,68,经验的可能性,53,54,60,64,66,68(按照单纯形式 53)74,80,81(三次),85,98,121(两次)。经验的最高根据,135,经验的单纯形式,53,73,84。allgemeine Gesetze 经验的普遍规律,104,Kriterien 经验的标准,105,Begreiflichkeit 经验的可理解性,118,Gesetzmäßigkeit 经验的规律性,98;=Lesen der buchstabierten Erscheinungen 经验等于出现的按全面阅读 73,als absolutes Ganzes 经验的作为绝对整体,92,比较一下,119 起,Haus mit Nebengebäude 经验描写为旁边有边房的房屋,77.

关于:

Erfahrungsgebrauch 经验的使用,73 起,88,92,95,97 起,119 注,120 起,等处.

Erfahrungsurteile 经验判断(unterschieden von Wahrnehmungsurteilen 和感觉判断的分别)54-64,经验的定义,54,比较一下 16,68,72 起,88.

Erkenutnis 知识,gemeine 共同的知识 85;physische und metaphysische 物理的知识与形而上学的知识,13;metaphysische 形而上学的知识,14 起;reine philosophische 验前综合知识,28 起,140;theoretische 理论的知识,31;ihr Zusammenhang in der Erfahrung 经验

里知识的联系 46;Elemente 知识的要素,86;Idee eines Ganzen derselben 知识的一个整体这个理念,119 起.

Erläuterungsnrteile=analytische(w. s)Urteile 说明(解释)判断=分析(参看)判断,14 起.

Erscheinungen 出现(与自在之物对立的)=Vorstellungen unserer sinnlichen Anschauung 等于我们感受直观的表象,42,43。比较一下 76,又参看 empirische Vorstellungen inuns 自在之物;出现又等于我们里面的经验性表象,66,81,110,比较一下 36 起,45 起;出现与幻相(Schein)的对立,65 起,70,75 起,76,107,109,111 起,又参看 Schein(幻相);innere unserer Seele 我们灵魂的内部出现,100;innere und äußere 内部与外部出现,103 起,和事物内部的对立,123 起,比较一下 134,135,152,Materie der Erfabrung 出现是经验的质料,68.

Erweiterungsurteile=synthetische(w. s.) Urteile 扩充判断=综合(参看)判断,14 起,15 起.

Etwas 某东西,89 注.

extensiv 外延的,参看 Größe 大小量.

F.

Fatalismus 宿命论,137.

Form 形式,der sinnlichen Anschauung(Sinnlichkeit)感受直观(感受性)的形式,35 题,64,157,等处;den Ezfaknuug 经验的形式,53,68;der Erfahrung 出现的形式,38,87;des Denkens 思想的形式,64,127;des Urteilens überhaupt 一般判断的形式,58.

Freiheit=Vermögen 自由=能力,eine Reihe von Begebenheiten von 从自身开始一系列的事件的,112,113 注;als Kausalität der Vernunft in der Sinnenwelt 自由作为理性在感受世界里的因果性,114;transscendentale 实践的自由,115;ihr Subjekt 先验的自由,111 起;der obersten Intelligenz,最高智慧的自由,113 注,37,自由与自然的必然性,106,111-116.

Funktion 作用,机能,参看 Urteil 判断.

G.

Gedankendinge, Gedaukenwesen 思想物,52,98,119,比较一下,

Noumena(本体).

Gefühl stets subjektiv 感觉始终是主观的,56 注.

Gegenstand 对象,der Erfahrung(与自在之物对立的)经验对象,52 起,68,72 起,120 起;der Empfindung 感觉的对象,80,G. überhaupt 一般对象,35.

Gemeinschaft 交互作用,kategorie der 交互作用范畴,61,Grundsatz der G 交互作用的基本原理,66,比较一下 70 起,72.

Geometrie 几何学,reine 纯粹几何学,17 起,36,46,47;ihre Methode 几何学方法,38,ebene und sphärische 平面与球面几何学,39 起,144,149,153.

Gesetz im Gegs. zur Regel 规律与规则的对立,73.

Gewohnheit=subjective Notwendigkeit 习惯性=主观的必然性,4,29,71.

Glaube 信念,vernünftiger 合乎理性的信念,29 起,147.

Gott 上帝,神,作为可能物的总体,95,比较一下,95 注,113 注;作为理念,117 起,123,126 起;sein deistischer Begriff 上帝的神性概念,参看 Deismus 神有论;上帝(神)的直观与知性,127,上帝(神)的意志,127 起;Gott und Welt 上帝与世界,129 起.

Grammatik 语法,86.

Grad=Größe der Qualität 等效(程度)=质的多少,69 注,比较一下 65 起,68 起.

Grenze 界限(与限制不同),123 起,125 起,129,133-135.

Grenzbestimmung 极限,der reinen Vernunft 纯粹理性的极限,120 起.

Größe 大小量,Begriff der 的概念,是在知性里有其处所的,59,比较一下,61,65,68 起,111.

Grundsätze 基本原理,纯粹知性验前综合基本原理的定义,44,作为可能经验的原理,74,比较一下 60,71,72;ihre physiologische Tafel 基本原理的生理学上的表,61(其完全性,67);als Bedingungen möglicher Erfahrung 作为可能经验的条件,68;allgemeine Naturgesetze 普遍的自然律

(参看)64,81,mathematische und dynamische 数学的与动力学的基本原理,65-67,des Grades und der Größe 等级(程度)的与大小量的基本原理,65 起;der Substanz, Kausalität und Gemeinschaft 实体,因果性与交互作用的基本原理,66,der Möglichkeit,Wirklichkeit und Notwendigkeit 可能性,实然性与必然性的基本原理,66 起,ihre Anwendung 基本原理的应用,67-74,auf die Kategorien gebaut 建筑在范畴之上,96.

H.

Hand 手,die,im Spiegel 镜中的手,39.

Handlung 行为,76,Folgebegriff der Kausalität (w. s)行为是因果性(参看)的派生概念,4,Gottes 上帝的行为,113,比较一下 Anfang und Freiheit 开始与自由(113 注,114 起).

hyperphysische Erklärungsarten 超物理的说明方式,132.

Hypothesen 假设,67,118.

hypothetisch 假言的,参看 Urteil 判断.

I.

Ich,das 我 Begriff, sondern Gegenstand des inneren Sinnes 我不是什么概念,而是内感官的对象,180,或说是内直观,104,bloßes Getühl des Daseins 单纯是存在的感觉,100 注,Subjekt des Bewußtseins 意识的主体,104.

Ideal 理想,der reinen Vernunft 纯粹理性的理想,95,117.

Idealismus 观念论,worin er besteht 观念论是在于什么,43,真正的或实在的观念论,43 起,49,152 注;schwärmerischer Platos 柏拉图狂热的观念论,152 注,träumender 梦想的观念论,49;empirischer, materialer oder skeplischer des Carte sius,经验性的,物质性的或说笛卡尔的怀疑论的观念论,49,103 起,153;mystischer, schwärmerischer oder dogmatischer Berkeleys 神秘的,狂热的或说贝克莱的独断论的观念论,49,152 起。transscendentaler oder formaler. “besser”kritischer Kants 先验的或说形式的,“更好是说”康德的批判的观念论,48 起,49,104,153,kein “höherer”没有任何“更高的”观念论,150 起,注。比较一下一般的观念论,43-49,103-105,150-153,155 起.

Idealität 观念性,des Raumes und der Zeit 空间与时间的观念性,45,47,153,比较一下 Ideal ismus 观念论.

Idee, Ideen 理念,又称 oder notwendige reine Vernunftbegriffe 必然的纯粹理性概念(93),其对象是不限在任何经验里被给予出来的,92;理念与范畴的分别,92,93 起,118 起,理念在理性推理的各种机能里有其起源,95 起,理念的数目与划分,95,理念划分为(1)心理学的;98-105,137,(2)宇宙论的,96,105-117(又分为数学的与动力学的,105),137,(3)神学的,117 起,137,又参看上帝;比较一下 118-120,理念＝客观的理性根据,113 到 116,理念的确定(定义),119 起,理念是限制性的,不是组织性的,120,138 起,理性问题,136;道德的理念,138,先验的理念,90,95,98,105,118,120,124 起,136.

Identität 同一性 der Urteile 判断的同一性,22,比较一下 18.

immanenterVerstandesgebrauch 知性的内在使用(与先验使用对立,参看先验使用),91,93,129,157 注.

Induktion 归纳法,145.

intellektuelleErkenntnisse 知性,知识,78 注,参看 Anschauung 直观,知性知识的原因,122 起.

intelligible Gegenstände 知性的对象,78 注,知性世界,78,135.

Intelligenz 智慧,oberste 最高的智慧,137.

Intensive,内涵的,das 内涵的东西 66,69,比较一下 Grad 等级.

K.

Kategorien 范畴(比较 reine Verstandesbegriffe 纯粹知性概念),范畴的体系,85-90,范畴的用处,88,105,亚里士多德的范畴,86,康德的范畴的产生,86 起,范畴的意义,87 起,Tafel 范畴表,61,89,89 注.

Kausalität 因果性, Kausalitätsbegriff 因果性概念,通过休谟对它的可疑性,4 起,19,70 起,因果性的定义,70,比较一下 66 起,77,111 起,147。因果性通过理性,131,133 注,比较一下,128.

Kegelschnitte 链线,83 起.

Keplersche Gesetze 开普勒定律,83 起.

Konstruktion 结构,(anschauliche Darstellung) mathematischer

Begriffe 数学概念直观性性表象,17 起,34,36,83 起,147.

Körper 物体,物体的定义,43 起,比较一下,104,物体与出现.

kosmologisch 宇宙论的,参看 Idee 理念.

Kraftbegriff 力的概念,4,76,参看因果性.

Kritik. 批判,des Verstandes 知性的批判,97,der Schulmetaphysik,学阀形而上学的批判,141,比较一下 162,der Vernunftprinzipien 以理性原理的批判,121,wissenschaftliche 科学批判,140 起,der Vernunft 理性的批判,105,107,113,124,130,140 起,批判的作为批判必须成就什么,130.

Kants Kritik der reinen Vernunft 康德的纯粹理性批判,8-11,14,24 起,31,64 注,65 注,77,80,88,89,90,93,94,101,117,118,138 注,139 注,140 起,148,149 起.

kritischer Idealismus,批判观念论,参看 Philosophie 哲学,Vernunft 理性,6.

L.

Leben und Tod 生与死,101 起.

Logik 逻辑,逻辑与辩证论对立,27 注,transscendentale 先验逻辑 80,formale 形式逻辑,59 注,64,89 注.

Logiker 逻辑家,87.

logisches Wesen eines Dings 一种事物的逻辑本质,50,—or Gebrauch 逻辑的使用,60 注,—e Tafel 逻辑表 60,—es System 逻辑体系,64,—e Funktionen 逻辑作用,94 起,Verknüpfung 逻辑的联系,62.

M.

Materialismus 唯物论,100,137 起.

materialistische Erklärung der Seele 关于灵魂的唯物论说明,122.

Materie 物质,是扩张的,42,113 注,物质的经验性概念,51,Anziehungskraft 吸引力,118,M。der Empfindung 感觉的物质(质料),参看该条.

Mathematik 数学(比较 Arithmetik 算术,Geometrie 几何学,Konstruktion 结构),纯粹数学,14,17 起,19,25,31,74,91,97,数学的公

理,参看公理条,Möglichkeit 可能性 33-49,Urteile 数学预先假定各部分的同类性,111,比较一下 109,数学对自然出现的应用 51,69,124,Erfahrung 经验,65,71 或 Naturwissenschaft 自然科学,66,69.

Mechanik 力学,纯粹力学只通过时间概念才是可能的,36.

Menschenvernunft 人类理性(allgemeine)普遍的,Menschenverstand 人类知性(普遍的的健康的)9,具利害关系,3,6 起,健康的或说普遍的人类知性,即常识乃是一种不良的见证,28,常识的作为魔术棒,145;比较一下 145-148.

Metaphysik 形而上学,是否科学? 1 起,它当前的命运,2 起,141 起,在休谟那里关于形而上学的概念,4 起,注释,形而上学的源泉,13,27,155,构成形而上学的器材,21,23,形而上学最突出的(本质的)意图,23,91,135,形而上学的出生地,147,形而上学的终结性,141,形而上学的核心,92,形而上学的可能性,91-139,形而上学的自然意图,136,形而上学的本质内容,21,形而上学的用处,162,形而上学的狡猾,43,形而上学体系,136,形而上学的有疑问的概念,24,形而上学的成败是依靠什么的,27,形而上学的分析与综合部分,89 注,形而上学=纯粹理性的纯理论科学,147,形而上学是从纯粹理性出来的哲学,145,诡辩的形而上学,136,是诡辩的假科学,141,形而上学还没有任何公认的标准,156,形而上学曾伤害了许多好的头脑,79,88,140,形而上学与道德,124,138,一般形而上学是否可能? 23-25,31,139。形而上学作为科学怎样有其可能? 140 起,163,形而上学作为有益劝导的技术,29 起,形而上学作为我们理解的自然倾向(作为宠儿,124),39,124 起,135 起,138,148,所以就是主观上在我们里面是现实的,92 注,在我们里面像呼吸那样是必需的,143;一般的形而上学,148,162,163 参看学阀的形而上学.

关于:

Metaphysiker 形而上学家,29,102 注,142,=纯理论的哲学家;30.

Metaphysische 形而上学的(=处在经验的彼岸的),形而上学的知识,13 起,Kompendien 形而上学撮要,3,形而上学的巧妙(Kunst)106,形而上学的研究,74,143,157,形而上学的判断(参看该条).

Methode 方法,分析的与综合的方法,参看分析的,=后溯的与前追的方法,27 注,批判的方法,67,参看独断的方法.

Methodenlehre 方法论,physiologische 物理学的方法论,67.

Modalität 样式,der Urteile 判断的样式,61,89 注.

Möglichkeit 可能性,61,67,Inbegriff aller M. 一切可能性的整体,95 注;经验的可能性(参看),自然的可能性,79 起.

Momente 刹那,矩,环节,判断的逻辑环节,60,60 注,63,72 等处.

Moral 道德,124,128,138,160.

Moralische Absicht 道德的意图,137,道德的理念(Ideen),138.

N.

Natur 自然:(a)形式上的自然=只就其为普遍规律所确定的事物之存在,50,比较一下 52,54,80,(b)物质(质料)上的自然=经验所有对象的整体,52,比较一下 54,79 起,81,是处在知性里的,81=可能的经验,82,比较一下 84.

关于自然的:

Naturerkenntnis 自然知识,纯粹自然知识的哲学部分,51,其可能性,52 起,纯粹的与经验性的自然知识,65;比较一下自然科学(Natur Wissenschaft).

Naturgeschichte 自然历史,其系统化,139.

Naturgesetze 自然规律(定律),普遍的(纯粹的),50 起,52,54,64,74,81 起,特别的,66,经验性的,82;是在知性里的,不是在空间里的,82-85.

Naturlehre,自然学说,其预备知识(Propädeutik),51.

Naturnotwendigkeit 自然的必然性(与自由对立,参看自由 Freiheit),111 起.

Naturordnung 自然秩序,84,138.

Naturphilosophie 自然哲学,96.

Natursystem 自然体系,65.

Naturwissenschaft 自然科学,纯粹的,25,31,其可能性,50 起,74,91,普遍的自然科学,51,65,67,其基本原理,61,经验性的自然科学,145,自然科学不带我们到事物的内部去,124,它只与事物的物理的说明有关.

Naturzwecke 自然的意图(目的),第一个意图,只是推测,136.

Naturalismus,自然主义,纯粹理性的自然主义者,74 起,137 起.

Nichts, das 无,不是什么系统,89,89 注.

Notwendigkeit 必然性,主观的与客观的,4,29,纯对的,33,作为范畴的,61,67,乃是一种验前原理的标志,102 注,与不必然的东西(Zufall 常中译为"偶然")对立,107,比较一下自然的必然性.

Noumena 本体(Gedankendinge 思想物,Dinge an sich 自在之物,即就其自身来说的事物,参看各该条),73,75 起,其整体,78,hyperbolische Objekte 夸张的对象,98,比较一下 125 起,134.

Null,无,零=直观(感觉)的全无,65,68,69 注.

O.

Objekt(客观)对象,44,52,52 起,等处,比较一下自在之物,对象(Gegenstand).

Objekive Gültigkeit 客观有效性(Realität 实在性),通过什么起其作用的,55=notwendige Allgemeingültigkeit 必然的普遍有效性,55 起,比较一下 41 起,57,60,63,69,87,153.

Ontologie 本体论,89 注,90,154 注.

ontologische Einteilung 本体论的划分,89,上帝的本体论述项,128,131 一本体论原理,95 注.

P.

Paralogismus 谬误推理,纯粹理性的,95,99,160 起.

Perzeption 知觉=Wahrnehmung (参看该条).

Philosophie 哲学,不等于观念史,批判哲学,107,163,纯粹哲学,94,思辨(纯理论)哲学,142,145,比较一下先验哲学(Transscendentalphilosophic).

Physik 物理学,13,普遍(一般)物理学,51.

physiologische Grundsätze 自然学说的基本原理,61,Methodenlehre 其方法论,67.

Postprädikamente(des Aristoteles)(亚里士多德的)后范畴,86.

Postulate 公准,一般经验性思想的公准,61,比较一下 102 注.

Prädikabilien 副范畴,87,89 注.

Prädikamente = Kategorien des Aristoteles 等于亚里士多德的范畴,86.

Prinzipien 原理,regulative 制约性的原理,100,实践性的,137,其完全性,97,经验的可能性的原理,121(参看经验条),自然历史的原理,139.

problematisch 有疑问的,参看 Urteil(判断).

Prolegomena 导论,Kants,康德的导论与其意图,1,3,9,10-12,25,70,141,142,154 注,155,156,158,189,160 起.

Psychologie,心理学,经验性的心理学,13,51,62,104.

psychologische Idee 心理学的理念参看理念(Idee)条,Dunkelheit 其黑暗,65 起.

Q.

Qualität,质,判断的质,60,范畴的质,61,质的大小量,69 注,物体第一性的质与第二性的质,44.

Quantität 量,判断的量,59,60,范畴的量,61.

R.

Raum 空间,36 起,空间的纯粹直观是数学的基础,36 起,空间乃是我们感受性的形式条件,37,空间单纯是表象形式,109,空间是外部(感性)直观的形式,40,42,46,84,空间是外部出现的形式,41,比较一下 46,87,空间是感受性的形式,46,104,空间是感受性的基本概念,86,几何学的空间与物理学的空间,41 起,空洞空间,65,69,110,空间的三向量,38,空间的观念性,参看观念性条,空间部分,58 起,空间的均匀性,84,空间的无限性,106,110;空间为感觉对象所充实,79 起。又比较一下 82 起,108 起,121,125 起,152 起.

Realisten 唯实论者(与观念论者对立),153.

Realität 实在性,客观的实在性,参看客观条;经验的实在性,52,感觉的实在性,65,实在性的总体,95 注.

Reflexionsbegriffe 反思概念,90.

Regeln 规则,其定义,64,验前规则,比较一下,70,逻辑的规则,64,经验性规则与规律对比,72 起.

rein 纯粹的,参看 Anschauung 直观,Mathematik 数学,Naturwissenschaft

自然科学等条.

Relation 关系,判断的关系,60,范畴的关系,61.

Religion 宗教,其基础,128.

Rezensentenpflicht 批评者(评论者)的责任,149,156.

Rhapsodie 狂想(与系统对立的),86,87,94.

S.

Satz 原则,充足理由原则,21,23,144,矛盾原则(原理),参看该条.

Schein 幻相,与出现(Erscheinung)不同,45-49,先验幻相,48,辩证的幻相,92,93,94,101,108,117,118,140,155.

Schema 图型,Schematismus 图型法,77,比较一下 64,77.

Schranke 限制,参看 Grenze 界限.

Schulmetaphvsik 学阀的形而上学,150,153,163.

Schwärmerei 狂热,78,182 注,160.

Seele 灵魂,是否简单永恒的实体? 96,灵魂等于思维的自我,101。是内感官对象,103 起,比较一下 100,101 起,102 注,122,137,比较一下我(Ich),死人(Tod).

Selbstbewußtsein 自我意识,100.

Sinne 感受,外感受与内感受,39,51,100,103 起,感受的事情乃是直观,62.

Sinnenwelt 感受世界,75,78 注,=出现的总体,110 起,129,比较一下 121,125,126 起,129 起.

Sinnlichkeit 感受性,乃一切出现的根源,138,感受性的验前概念,146,在莱布尼茨那里,感受性乃是混乱的知识,45;感受性的形式,参看形式条,比较一下空间(Raum)条.

Skeptizismus 怀疑论,9,23 起,107,121,133.

Sollen 应该,113 起.

Subjekt 主体,主观,最后的,绝对的主体,99 起,思维的主体,100.

Substantiale 实体的东西(与实体的 Akzidenzen 偶性对比,参看 Akzidenzen),99 起;比较一下 95,101.

Substanz 实体,实体的永恒性(Beharrlichkeit),51,比较一下 66,70

起,72,98,101,102 注,实体=物质(Materie),102 注.

Synthesis 综合,几何学的综合只通过直观才是可能的,18,知觉的综合参看 Wahrnehmungen (知觉)条.

synthetische 综合的(与分析的对立)统一性,综合的知识,参看 Erkenntnis (知识)条,综合方法,11 起,27 注,综合判断=扩张判断,14,15 起,洛克谈综合判断,22,验前判断与验后批判,15 起,21,26,31,验前综合判断的可能性,26 起.

System 体系,与堆积对立,参看 Aggregat (堆积)条,85,与狂想(Rhapsodie)对立,参看狂想条,86,87,94,先验哲学(不同于理性批判)的体系,87,比较一下 105(纯粹理性的体系),范畴的体系,98,可能经验的体系,139,一切意图的体系,120;逻辑的体系,64,先验的体系,64 起,自然学说的体系,65.

T.

Tafel 表,判断的逻辑表,60,范畴的先验表,61,87,89 注,140,基本原理的生理之表,61,88,154 注,有与无(Etwas und Nichts)概念表,89,反思概念表,90.

Teilbarkeit 可分割性,无限可分割性,108,110.

Theismus 神治论,128,131 起,133.

Theologie 神学,156,自然神学,134 起,先验神学,118,神学与批判,163.

Trägheit 惰性,惰性概念,51.

transzendente 超验的,超验的课题(Aufgaben),93,超验的概念,136,(纯粹理性的)超验使用,48,76,92,93,98,105,120,132,超验的理念105(?),123,比较一下 128,超验的原理,121,超验的结论,136,纯粹理性的超验判断,129,超验的=过分的,117,超验的是与内在的(immanent)对立的,151 注.

transscendental 先验的,不与事物有关,而与知识能力有关的,49,比较一下 151 注,主要的先验问题与其分成四个部分,31,33 起,空间与时间的先验演绎,38 起,先验理想,117,先验观念论,49,先验理念,参看理念(Ideen)条,先验自由,115.

Transzendentalphilosophie 先验哲学,必须是在一切形而上学之先的,30,其最高点,71,先验哲学的体系,87,比较一下 154 注.

U.

Unbegreiflichkeiten in der Natur 事可理解性,自然里的不可理解性,119 注.

Undurchdringlichkeit 不可入性,其概念,51.

Unendlichkeit 无限(无穷)性,空间与时间的无限性,106,110.

Universitäten 普遍性,142.

Unmöglichkeit, ihr logisches Merkmal 不可能性,其逻辑标志,109.

Ursache 原因,原因概念,51,58 起,64 注,77,98,111 起,比较一下因果性(Kausalität);最高原因,130 注,133 注,比较一下上帝(Gott),通过自由的原因,137.

Urteil 判断=一些表象在一个意识里的联合,63,判断分为分析的与综合的这个古典的划分(见 21),14 起,比较一下 59,63 起,参看判断表条,肯定的与否定的判断,15,60,验前的与验后的判断,15 起,34,直观判断与推论判断,32 起,经验判断与知觉判断,参看该条,数学的判断,16,59,146,形而上学的判断,20 起,146 起,客观判断与主观判断,54 起,多数判断,59 起,59 注,假言判断,58 起,60,72 起,直言(断言)判断,60,89 注,折取(选言)判断,60,95 注,经验性判断,87 起.

Urteilen 各判断,一般的判断,57,58,60,71,单纯比较的判断,57,判断的逻辑作用,62,判断的环节(Momente),参看 Momente 条.

Urwesen 原始存在者,138,比较一下上帝(Gott).

V.

Vernunft 理性,批判的理性,6,纯粹的理性,11,14,15,24 起,29,74 起,等处,思辨的(纯理论的)与实践的理性,5 注,30,120,160,健康的理性,74,75,普遍的理性与思辨的理性,145 起,最高的或说永生上帝的理性,113 注,131 起,理性的建筑欲,2,理性最重要的瞭望,5 注,理性是理念的根源,94,理性又是和理念有关系的,113,理性是不同于知性的。97,134,140,理性按照经验性用途的无限扩张而追逼它的自然确定,98,比较一下,139,理性绝不能通过经验而充分得到满足的,122,123 起,160,理性的本性,106,117,139,139 注,理性的特有确定,120,理性的界限确定,120 起,理性最初的根据,109 注,理性=能力,从自由(参看)而动作的 113 起,理性在世界里的形式,132,133,理性的自我认识,79.

Vernunftbegriffe 理性概念,Vernunftgründe 理性根据(客观的),参看理念(Ideen)条.

Vernunftgebrauch 理性用途,实践的,115,先验的,参看先验的条,纯粹的,25,思辨的,纯理论的,与实践的,30,138,经验性内在的,127 起,其界限确定,122,124 起;两个方式,14.

Vernunftschlüsse 理性的结论,95.

Verstand 知性,纯粹知性,14,15,知性只反思(判断),43,45,96,57,知性=思维(判断)能力,62,把所予的一些直观在一个经验里联系起来的能力,78,不应狂热而应思维的,78 起,给自然规定其定律的,82,84 起,这样就首先按照经验的形式而构成经验,85,确定客观对象的统一性,84;知性的特别性质是推论的,99,121;健康的知性,122,(比较人类的知性——Menschenverstand),共通的知性,102 注,知性与感受性,127 起,138 起,140,知性与理性,参看理性条;一种能直观的知性这个问题,78 注,127.

Verstandesbegriffe 知性概念,纯粹知性概念(比较一下范畴条),其定义,60,63,比较一下 54,55,56,58,知性确定直观为判断,58,59,知性概念表,61(与判断表恰恰平行的,60);知性概念只有内在的用途,93,比较一下,76,121,125,127,知性概念的真实意义,87 起,比较一下 73 起,80 起.

Verstandesgebrauch 知性的用途,119 注,知性的物理学的用途(使用),88,其完全性,97.

Verstandeswelt 知性世界,75;Verstandeswesen 知性之物=Nouznena 本体,参看本体条,"更好称为思想之物"(参看,"思想之物"——Gedankenwesen),76,98,117 起,比较一下 113 注,119.

Vielheit 多数性,多数性范畴,61,比较一下 60 注.

W.

Wahrheit 真理,真实性,与梦幻,45,103,154 注,真实与幻相(参看 Schein 幻相条),45 起,152.

Wahrnehmung 知觉=经验性直观,37,121,知觉在一个思维主体里的联系(综合),54,63 注,70,72,73,只属于感受,57,统摄在纯粹知性概念之下,54,57 起,63,比较一下 67.

Wahrnehmungsurteile 知觉的判断,别于经验的判断,参看 Erfahrungsurteilen=只是主观有效的经验性判断,54,比较一下 53,55,56,56 注,57,58,58 注,62,63 起,注 68,72 起.

Wahrscheinlichkeit 盖然性(似真性)不适合形而上学,144,比较一下 36,145-148.

Wechselwirkung 交互作用,参看 Gemeinschaft 条.

Welt, Anfang oder Ewigkeitders,世界的起兴或永恒性,96,106,世界的大小,110,世界与上帝,129 起.

Widerspruch 矛盾,矛盾律(原理),作为分析判断的原理,15,比较一下 16,18,22,26,27,146.

Wirklichkeit 现实性,一种事物的现实性(与逻辑之物对立),50,比较一下 48 起,作用范畴的现实性,67.

Wissen 知识,与相念(信仰)对立,29 起,与假知识对立,162.

Wissenschaft 科学,与说服技巧对立,29,与猜测对立,30,形而上学的作为科学,参看形而上学条,科学需要有系统学,64,需要有一种确定的标准,156,科学不完全充满灵魂,160,各科学的界限不应互渗入,13.

Z.

Zahlen 数,参看 Arithmetik 算术条.

Zeit 时间,(比较空间 Raum 条),36 起,作为数学的纯粹直观基础,36 起,是我们感受性的形式条件,37,时间的演绎,39,是感受性的单纯形式,46,时间的观念性,参看观念性,是大小量与等级(程度)的预先假定,65,68 起,比较一下,79 起,时间是感受性的基本概念,86,是出现的纯粹形式,87,是内感受的形式,103 起,时间是无限的或有限的? 106 起,还比较一下 121,125,152.

Zufall 不必然性(与必然性对立),107,137.

Zusammengesetzte 组合的东西(与简单的东西对立),106.

Zweck 意图,目的,理性的最高意图(目的),120,一切意图的一个整体,160.

译后记

康德的哲学思想在近几十年来广泛地为欧洲与美国的唯心主义哲学家所继承和利用，尤其是为这些国家里占有比较重要社会地位的唯心主义的自然科学家所利用，其影响所及，在我国解放前也是相当大的，因此深入研究康德哲学，全面加以批判，是我们今日研究外国哲学的人们的一项重大任务。

研究康德哲学，当然是应从他的所谓“三大批判”入手，其《纯粹理性批判》第一版，刊出于 1781 年，第二版刊出于 1787 年，跟着在 1788 年有他的《实践理性批判》的刊出，在 1790 年有他的《判断力批判》出而问世，于是就完成了他所称的“批判哲学”体系。这三部《批判》已有中译本可读。读康德著作的人每每感觉到除这三部《批判》以外，还不得不读他的几部比较次要的却不可不读的书，其中以《未来一切形而上学导论》为人所最耳熟。

这书是康德答复当时德国嘉尔惠(Garve)对他的《纯粹理性批判》一书的批评的，嘉尔惠评康德的哲学为贝克莱主观观念论的思想。这引起康德的反驳和解释，于是就有《未来一切形而上学导论》在 1783 年的刊出，正在《纯粹理性批判》第一版与第二版出版的时期的当中，所以读这部《导论》不但可以看到康德怎样企图把他自己的观念论和贝克莱以及其他各派的观念论区别开来，而且也可看到他对于有些在《纯粹理性批判》第一版里，甚至在第二版里所没有详细说明的哲学概念，例如“自在之物”是什么，自在之物这个概念在他的哲学体系中处于什么样的重要地位，能否像他的后辈如费希特、谢林、黑格尔等所企图的那样，予以取消。所以这部《导论》不但是和他的第一部《批判》有密切的联系，而且是叫我们更可理解他的全部批判哲学的。

截至此时为止，这部《导论》还没有中译本，我们现在把它从德国 Leipzig，1920 版的 Karl Vorländer 德文本译出。翻译中并曾详细参考过 1909 年英国伦敦版英人 Ernest Belfort Bax 的英文译本。

据康德原书的标题,应中译为《能作为科学而出现的一切未来的形而上学的导论》,兹简译为《一切未来的形而上学导论》。

康德原用的德文素称难读,本中译者所参看的英译本,其英文亦晦涩错杂。本中译的不妥之处一定很多,希读者批评指正。

韦卓民
武昌华中师范学院
1965 年 6 月 18 日

德汉词表

（按汉语拼音排列）

A

阿斯瓦尔德　Oswald

爱利亚学派　Eleaten

B

表　Tabel

本体　Noumena

本体论　Ontologie

辩证、辩证论　Dialektik

贝克莱　Berkeley

卑亚提　Beattie

鲍姆嘉顿　Baumgarten

必然性　Notwendigkeit

不必然性　Zufall

不可入性　Undurchdringlichkeit

不可能性　Unmöglichkeit

不可理解性　Unbegreiflichkeit

C

出现　Ersheinung

存在，有　Dasein

纯粹的　rein

D

导论　Prolegomena

道德　Moral

等级　Grad

惰性　Trägheit

对象　Gegenstand
　　　Objekt

堆积　Aggregat

单一性　Einheit

德国人　Deutsche

多数性　Vielheit

笛卡儿　Descartes

大小量　Größe

独断的　dogmatischer

独断论　Dogmatik
　　　Dogmatismus

低的地方　Bathos

E

二律背驰　Antinomie

F

反思　Reflexion

范畴　Kategorien
　　　Prädikamente

付范畴　Prädikabilien

方法　Methode

方法论　Methodenlehre

伏吉尔　Vergil

分析的　analytische

分析论　Analytik

G

概念 Begriffe

关系 Relation

公理 Axiome

公准 Postulate

规则 Regeln

规律 Gesetz

观念 Ideal

观念性 Idealität

观念论 Idealismus

感受 Sinne

感觉 Gefühl
Empfindung

感性论 Ästhetik

感受性 Sinnlichkelt

感官世界 Sinnenwelt

归纳法 Induktion

盖然性 Wahrscheinlichkeit

H

好象 als ob

化学 Chemie

环节 Momente

幻相 Schein

后范畴 Postprädikamente

怀疑论 Skeptizismus

贺拉斯 Horaz

J

矩 Momente

经验 Erfahrung

界限 Grenze

结构 Konstruktion

假相 Schein

假设 Hypothesen

机能 Funktion

几何学 geometrie

基本原理 grundsätze

基本概念 Elementarbegriffe

交互作用 Wechselwirkung
gemeinschaft

简单的东西 Einfache

K

空间 Raum

狂想 Rhapsodie

狂热 Schwärmerei

课题、问题 aufgaben

科学 Wissenschaft

科学院 Akademie der
Wissenschaften

客观的 objektive

开始 Anfang

开明时代 aufgeklärtes
Zeit

开普勒定律 Keplersche
gesetz

L

力 Kraft

力学 Mechanik

量 Quantität

零 Null

联合,联想 Assoziation

理想　Ideal
理念　Idee
理性　Vernunft
类比　Analogien
灵魂　Seele
里德　Reid
洛克　Locke
逻辑　Logik
逻辑家　Logiker
炼金术　Alchimie
莱布尼茨　Leibniz

M

矛盾　Widerspruch
某东西　Etwas
谬误推理　Paralogismus
门德尔松　Mendelssohn

O

偶性　Akzidenzen
　　Accidenzen
欧几里得　Euklid

P

批判　Kritik
批评者　Rezensenten
判断　Urteil
判断的　Kritischer
普遍性　Universität
普遍有效性　Allgemeingültigkeit
柏拉图　Plato
帕拉特拿　Platner
皮里士特雷　Priestley

R

人类　Mensch
人类学　Anthropologie

S

手　Hand
数　Zahlen
数学　Mathematik
时间　Zeit
刹那　Momente
上帝、神　gott
世界　Welt
算术　Arithmetik
思想　Denken
思想物　gedankendinge
　　gedankenwesen
实体　Substanz
实在性　Realität
神学　Theologie
神有论　Deismus
神治论　Theismus
神人同形同性论
　　Anthropomorphismus
生与死　Leben und Tod
宿命论　Fatalismus
说明的判断　Erläuterungsurteile

T

体系　System
条件　Bedingung
图型　Schema
统觉　Apperzeption

同一性　Identität

天文学　Astronomie

W

我　Ich

物　Ding

物体　Körper

物质　Materie

物理学　Physik

问题　Satz

无限(无穷)性　Unendlichkeit

无,不是什么东西　Nichts

Null

唯物论　Materialismus

唯实论者　Realisten

沃尔夫　Wolff

X

休谟　Hume

限制　Schranke

想象　Einbildung

想象力　Einbildungskraft

信念,信仰　glaube

行为　Handlung

形式　Form

形而上学　Metaphysik

形而上学的　Metaphysische

形而上学家　Metaphysiker

现实性　Wirklichkeit

心理学　Psychologie

先验的　Transcendental

习惯性　gewohnheit

昔格内尔　Segner

吸引力规律　Attraktionsgesetz

学阀的形而上学　Schulmetaphysik

Y

有　Dasein

有疑问的　problematische

样式　Modalität

原理　Prinzipien

原则　Satz

原因　Ursache

验前　a priori

验后　a posteriori

演绎　Deduktion

意图　Zweck

意识　Bewusstsein

预测　Antizipationen

语法　grammatik

运动　Bewegung

应该　Sollen

因果性　Kausalität

永恒性　Beharrlichkeit

原始存在者　Urwesen

亚里士多德　Aristoteles

Z

质　Qualität

真理　Wahrheit

锥线　Kegelschnitte

主体、主观　subjekt

主张　Behauptung

直观　Anschauung

作用　Funktion
哲学　Philosophie
宗教　Religion
综合　Synthesis
综合的　synthetische
智慧　Intelligenz
智性的　intelligible
知识　Wissen
　　Erkenntnis
知觉　Perzeption
知觉　Wahrnehmung
知性　Verstand
知性的　intellektuelle
知性的内在使用　immauenter Verstandesgebranch
占星术　Astrologie
总体性　Allheit
组合的东西　Zusammengesetzte
自由　Freiheit
自然　Natur
自然主义　Naturalismus
自然历史　Naturgeschichte
自然哲学　Naturphilosophie
自然体系　Natursystem
自然秩序　Naturordnung
自然科学　Naturwissenschaft
自然学说　Naturlehre
自然学说的　physiologische
自然的意图　Naturzwecke
自然的必然性　Naturnotwendigkeit
自我意识　Selbstbewußtsein
自在之物　Ding an sich

自然科学的形而上学初步

[德]康德　著
韦卓民　译
高新民　整理

目　录*

中译者前言…………………………………………………………………… (146)

序　言…………………………………………………………………… [37](148)

第一部分　运动学的形而上学初步 ………………………… [105](158)

第二部分　动力学的形而上学初步 ………………………… [169](174)

第三部分　力学的形而上学初步 …………………………… [214](211)

第四部分　现象学的形而上学初步 ………………………… [233](227)

索　引…………………………………………………………………… (238)

　　甲、人名索引 ……………………………………………………… (238)

　　乙、事项索引 ……………………………………………………… (238)

德汉词汇表…………………………………………………………………… (253)

* 目录页码中[ ]内为原德文本页码，( )内为本书页码。

中译者前言

研究康德哲学从而予以全面批判的人，每每觉得这个德国唯心主义哲学的创始人，难于统一他的不可知论与他早年就从事研究的自然科学。对于自然科学，他曾有过多种论著的刊出并极有影响，例如他31岁出版的《一般自然历史和天体理论》就被恩格斯认为是一本“把这个僵硬的自然观打开第一个缺口”的书。从欧洲18世纪的自然科学的发展上来说，康德站在当时比较进步的方面，已具有恩格斯所说的“把物质看作吸引和排斥的统一体”的思想（见《自然辩证法》，1957年人民出版社版第48页）。他还是动力论学说中的辩证法思想的倡导者。所以我们就总想看看康德的自然科学思想到了他写《纯粹理性批判》时究竟发展及演变到什么地步。

为了明了这个问题，他在1786年即《纯粹理性批判》第1版刊出后的第5年、第2版刊出前一年所出版的《自然科学的形而上学初步》一书就颇值得我们注意。该书是康德晚年之作，也是他关于自然科学理论有系统的最大一部著作。原德文标题为《Metaphysischen Anfangsgründe der Naturwissenschaft》，一般中译为《自然科学的形而上学原理》，又有译为《自然科学的形而上学基础》，但是按德文原用的词，似中译为《自然科学的形而上学初步》较为确切。

本中译本是根据德人Otto Buek 1922年的Leipzig版译出的。在翻译中曾参看过英人E·B·Box的英译本《Kant's Metaphysical Foundation of Natural Science》（伦敦，1909年版）。这位英译者在他的译序中说“在这部‘基础’中，康德行文的麻烦晦涩有甚于他的其他著作”，但是依我们读来，这本英译也极难阅读，不参看原德文，每每是看不懂的，然而亦可作为理解康德的词句的一种他山之石。

本译者对于自然科学认识极浅，译词尽量依照中国科学院编译出版委员会名词室重订于 1956 年 9 月出版的《物理学名词(英汉对照)》。本译文中其他方面错误之处必多,敬请读者批评指正。

韦卓民

于武昌华中师范学院

1965 年 6 月 18 日

序　言 (189)

如果对“自然”这个单词仅在其形式的意义上来理解的话,那么有多 [137]
少种特殊不同的事物,就有多少种自然科学,因为每种特殊事物都必定包含着属于其存在的各种确定性的第一性的内部原理,而且自然一词所表示的就是属于一个事物的一切本性的第一性的内部原理①。但是在其质料的意义上来看,自然不是被理解为一种性质,而是就其能作为我们感官的对象,也作为经验的对象来说,被当作是一切事物的总体,也可以被理解为一切出现②的总体,即除一切非感性的对象之外的感性世界。于是,在这种意义上来理解的自然,根据我们感受性的不同而分为两大部分,一部分包括外部感官的对象,另一部分包括内部感官的对象。由上所决定,对自然就可能产生出两种学说,即物体学说和灵魂学说,前者考察的是有广延的自然,后者研究的是思维的自然。

任何学说,如果可以成为一体系即成为依据一定原则而顺序排列的 (190)
知识整体,那么就可称之为科学。由于其原理可能或者是在一个整体里的知识的经验性的联系的基本原则,或者是其纯理论的联系的基本原则,所以自然科学,无论它是关于物体的学说,或者是关于灵魂的学说,如果
它要得配得自然科学这个称号,就得要划分为历史的自然科学与纯理论 [138]
的自然科学,只要自然这个词(由于它是表示这种事物的存在的杂多从其内部原则而来的一个衍生物)不一定是要有一种通过理性而关于它的体系的知识。因此,对自然的学说[简称自然学说]作下述的划分可能更好:第一是历史性的自然学说,它只包括按系统排列的关于自然东西的事实(而这又会是由作为按相似性排列的一个自然事物的分类体系的自然的

① 本质是一切属于一事物的可能性的第一性的内部原理,所以我们只能以一种本质,而不能以一种本性归之于几何图形(因为在几何图形概念里所想到的是没有任何表示一种存在的东西的)。——康德

② “apperances”,通常译为“表象”、“现象”,中译者主张译为“出现”,以便与“Phenomenon”(现象)区别开来。——整理者

描述和作为自然在不同时代与不同地方的系统描写的自然历史这两者所组成的);第二是自然科学。自然科学又会是,或者正当地称谓的自然科学,或者非正当地称谓的自然科学,其第一种会是完全按照验前的原理来处理其对象的,而第二种会是按照从经验得来的规律来处理其对象的。

只有其确实性是不容置疑的学问才能称为正当的科学;而所能含有的单纯是某种经验性的确实性的知识,则只是一种不正当地被称为科学的东西。因此,有系统的知识,其整体就称为科学,而且在这种系统里的知识联系,如果是原因与结果的联系,它就被称为纯理论的科学。但是,当它所包含的各种根据和原则,比方在化学里那样,毕竟是单纯经验性的,而且理性所从而说明所予的事实的那些规律乃是单纯经验性的规律,
(191) 那么这些根据与规律就是不带有必然性的意识的(不是无可置疑地确实的),而这样,严格说来,其整体就不配得科学这个称号。正因为如此,化学就宁可名为有系统的技术,而不应称为科学。

只有当一种纯理论的自然学说,在其基础上的自然规律都是验前知道的,而不是单纯的经验规律时,这种自然学说才配得自然科学这个称号。第一种的自然知识称为纯粹的纯理论知识;而第二种的自然知识就称为应用的纯理论知识。由于自然这个词本身已包含有规律这个概念,而这个概念又包含有属于一个东西的存在的一切确定性的必然性这个概念,所以就容易看到,何以自然科学必须只从其一个纯粹的部分,即含有其余的一切自然说明的验前原则的那个部分,引申出它的名称的合法性
[139] 来,而且何以只由于这个部分,它才是实在的科学。同样地,按照理性的各种要求,一切自然知识最终必须以自然科学为其目的,并把自然科学作为自己的归宿,因为规律的那种必然性乃是不可分开地附于自然这个概念之上的,因而就是可以彻底了解的;之所以某些出现的从化学的原则而来的最完全的说明总是留下一种令人不满意之处,是因为从这些由单纯的经验而来的非必要的规律,是不能引出任何验前的根据的。

所以一切实在的自然科学必须有一个纯粹的部分,它是理性在它里面寻找到的不容置疑的确实性的根据。而由于它按照其原则说来,和那些只是经验性的东西比较起来,完全是不同类的,所以分开地而不和其他部分完全不混在一起地来阐明这一部分,是极其有利的。而且在事情的

性质上说来,同时又是绝对必要的责任,并且这样的结论是要尽可能做到极其完善的,为的是使我们可以能够确切地确定,理性为其自己所能做到的是什么,而且它的能力在那里开始需要有经验的原则的帮助。从单纯 (192)
概念而来的纯粹理性知识称为纯哲学,或说形而上学;而只通过其对象在一个验前的直观里表现出来,而且以概念的构成为其认识的根据的知识,就称之为数学。

所以正当地称为自然科学的东西是以自然的形而上学为先决条件的;因为属于一事物的存在的那东西,其必然性的规律,即原则,是与这样一个概念有关的,这个概念是不容许构造的,因为那种存在是不能在任何验前的直观里被表现出来的。因而实在的自然科学以自然的形而上学为前提,显然,后者永远只包含着不是经验性的纯粹原则(因为它是因此而具有形而上学这个名称的)。但是它可能:或者是和经验的任何确定的对象毫无关系,因而就感官世界的这个或那个东西的性质来说,是未确定的,而只和那些使一般关于自然的概念成为可能的规律打交道,在这种情况下,它就是自然形而上学的先验部分;或者它可能研究这种或那种东西 [140]
的特殊性质,关于它是有这样的一种经验性的概念被给予出来的,从而使得除了处在这个概念里面的之外,为着这种东西的认识,必须用任何别的经验性的原则(例如,它把关于一种物质,或者关于一种能思维的存在者的经验性概念放在其基础之上而去寻找理性关于这种概念的对象所能在验前有的知识的范围),而这样的一种科学,虽然总是必须称为自然的形而上学,即物体的或能思维的自然的形而上学,然而那时它却不是什么普遍性的、而是一种特殊性的形而上学的自然科学(物理学与心理学),正是在这门学科中,前述的那些先验原则就应用于我们感官的那两种对象。

但是,我主张在每一种关于自然的特殊学说里,只能碰见这么多的正 (193)
当的科学,如在数学里所碰见的那样。因为按照上面所说的,科学本身,尤其是自然的科学本身,是要有一个纯粹的部分在其经验性部分的基础之上,而且是以一种关于自然的东西的验前知识为其依据的。所谓验前认识任何东西,就是从它的单纯可能性来认识它。但是,确定自然东西的这种可能性是不能从它们的单纯概念而被知道的;因为从这些概念里,其思想的可能性(即思想并不自相矛盾)诚然是能被知道的,但不是关于其对象作为能在这思想的外边(作为存在的东西)被给予的自然东西的可能性的。因此,为了认识确定自然东西的可能性,因而也就为了在验前知道它,还需要有验前与这个概念相应的直观被给予出来,就是说,这个概念须得被构成。但是,理性通过概念构成的知识,就是数学的知识。所以,一种一般纯粹的自然哲学,即研究什么是构成一般的自然这个概念的纯粹自然哲学,是可以没有数学而有其可能性的,但是,关于**确定的**自然东西的纯粹自然学说(关于物体的学说与关于灵魂的学说),只是利用数学才成为可能的;而且,由于在每一种自然学说里所碰见的实在科学,有多
[141] 少是像在那里的验前知识有多少的那样,所以,自然学说所包含的实在科学,也就像在它那里所应用的数学那么多。

所以,关于各物质间的相互化学作用,只要还没有发现任何概念是能被构成的,也就是说,不能说出任何关于各部分的趋近与离开的规律,是那些物质的运动连同这些运动的后果所借以能验前在空间里被直观到,而且被表现出来的,例如是和那些物质的密度成比例的(这却是一种永远难以满足的要求),那么化学就只是一种系统的技术,或试验的学说,而永远不会成为真正的科学,因为它的各种原则是单纯经验性的,而不容许有
(194) 任何验前在直观里的表现。结果就是,关于各种化学现象的原则丝毫不能使这些现象的可能性成为可理解的,理由在于:这些原则是不能有数学的使用的。

可是经验性的心理学,依然必须比化学更远离那可称为真正自然科学的地位;这首先是因为数学不适用于内部感官的现象与其规律,所以我们就唯有在内部感官的内部变化的流逝中估计到**连续性**的规律,但是这就会是知识的扩张,其关系大约相同于物体学说的数学所获得的关系,有如关于直线性质的学说对于全套几何学那样。因为在其里面灵魂的种种出现所被构成的纯粹内部直观乃是时间,而时间只有一个向度。但是,不管是作为分析的系统技术,还是作为一种实验的学说,心理学都不能与化学相比,因为在它里面,内部观察的杂多乃是只通过思想的分开而彼此分开的,并不是保持着的分开,又不是随意再可结合起来的分开;尤其是另一思维主体并不以符合我们的目的的方式从属于我们的观察。更有甚

者,这种观察,在其本身来说,又常改变和移动观察对象的状态。所以经
验性心理学绝不能是多于内部感官的历史性的自然学说,并且作为这样
的学说来说,尽可能是有系统的这种学说:也就是关于灵魂的一种自然描
述,而不是灵魂科学,甚至不是一种心理学的试验学说;这就是其理由,何 [142]
以我们在这部原来包含着物体学说的基本原则的著作标题里,是用按照
惯常使用的自然科学这个一般的名称,因为只有这个名称,在其应有意义
上,是它所应得的,因而是不会引起两种不同的意思的。 (195)

但是为了使数学的使用对于物体学说成为可能,而且只有通过这
种数学的使用,物体学说才能变成自然科学,那么属于一般物质的可能
性的那些概念**构成**原则就必须作为先决的条件;因之一般物质这个概
念的一种完全的分解就必须放在其基础之上,这就是纯粹哲学的事情。
而纯粹哲学为了这个意图,就不是使用任何特殊的经验,而只使用它在
各别的(虽然在其本身来说,不是经验性的)概念里所碰见的、有关空间
与时间的纯粹直观的一些经验(又是按照在本质上依靠一般自然这个
概念的那些规律的东西),因而它就成为一种关于实在**物体自然的形而**
上学。

所有想按数学来进行其工作的自然哲学家,总是(虽然是不自觉地)
利用、而且必须利用形而上学的原则,不管他们在别的方面是如何严肃地
防范形而上学对他们科学的种种要求。毫无疑问,他们理解形而上学的
一种幻想,即随意想出一些可能的东西来,而且拿概念作玩耍,这些概念
也许是完全不能在直观里表现出来的,并且不能保证它们的客观实在性,
而只是不自相矛盾而已。但是一切真正的形而上学是从思维能力本身的
本质得出来的,因而决不是想出来的,因为它不借用经验中的东西,而含
有思想的种种纯粹操作,也就是种种的验前概念与基本原则,而这些概念
与基本原则首先把经验性的种种表象的杂多带入合乎规律的联系里去,
从而这样的直观杂多就变为**经验性**的知识,即经验。所以这些数学、物
理学家就完全不能缺少形而上学原则,而且不能缺少其中的这样一个
原则,那就是使其原有的对象的概念,即物质这个概念,适用于这对于 (196)
外部经验的使用,如运动的概念,充实空间这个概念、惯性这个概念,等 [143]
等。但是他们有权坚持认为:让这些单纯经验性的原则在那些问题上

发生效力与他们给予他们的自然规律的那种不容置疑的确实性是不一致的，因之他们就宁可假设这样的经验性原则，而不研究它们的验前根源。

但是，对于各门科学有好处的极其重要的事情，就是把各种不同类的原则彼此分开，把各个原则归到一个特别的系统里去，从而构成它所应属的那类科学，以便通过这样做，来避免由它们的混淆所造成的不确定性。这是由于一部分是一些限制，而一部分又是一些错误，却都是在其使用中可以发生的，然而人们却不能辨别究竟应归于这两者中的哪一种。因为这个缘故，我认为关于自然科学的纯粹部分（即拉丁语的所谓 physica generalis——一般的物理学），在那里，形而上学的构成与数学的构成是时常彼此渗透的，必须把形而上学的构成，连同其概念构成的各原则，所以也是一种数学的自然学说本身的可能性，在一个体系里表现出来。只要人们防止各种科学的界限的相互渗入，而使其占住属于它们的划分领域，那么这种区分，除了已经提到的各种好处以外，还有其一种特别的、由知识的统一性所带来的诱人力量。

可以用来评定这个进程的第二个根据，就是下述事实：在一切称为形而上学的东西里面，各科学的**绝对完全性**是可以期望的，这种完全性是人们在任何其他的知识种类里不能期望得到的，因而在这里正如在一般的
(197) 自然的形而上学里那样，物体自然的形而上学的完全性是可以有把握地期待的；其理由就是，在形而上学里，只须按照思想单纯的普遍性规律来考虑其对象，而在别的科学里，其对象就必须按照直观的材料（经验性材料和纯粹的材料）所表现出的那样来考虑，所以，形而上学在其里面的对
[144] 象必须总是要和思想的**一切**必然规律相比较，必须给出一个**确定数目**的知识，而这个数目乃是可以完全穷尽的，但是别的科学，由于它们提供无穷多的直观（纯粹的直观或者经验性的直观），因之也提供思想的无穷多的对象，就绝不能达到绝对的完全性，可是却能够扩充到无穷；如同纯粹数学与经验性的自然学说那样。而我相信我已经把这种形而上学的物体学说，按其所能达到的程度，完全穷尽无遗了，不过我又认为：我所完成的并不是什么了不起的工作。

为要达到无论是一般自然的或者特别是物体自然的一种形而上学体

系的完全性，其模型就是范畴表①。因为关于事物的性质的知性纯粹概念，

①我发现一些怀疑是阿里利舒(Ulrich，1746—1818年)教授在《文学通报》1785年第295号发表的《逻辑与形而上学导引》这篇评论中所表示的。这些怀疑固然不是反对知性纯粹概念表，而是反对从中引出的关于整个纯粹理性能力的界限规定的结论，因而就是反对所有形而上学的界限规定的。在这种怀疑里，这位研究深邃的批评家表示他是和他的并不更弱于观察眼光的作者一致的，而这种怀疑，因为它们触及我在《纯粹理性批判》里所提出的主要基础，所以就是一些理由，认为这种批判关于它的主要目标，远远没有带着那种不容置疑的确信，为强迫一种无条件的接受所必需的；这个主要基础据说是我部分地在这部《批判》那里，部分地在《一切未来形而上学的导论》里所讲述的知性纯粹概念的演绎。而这种演绎在《纯粹理性批判》中恰恰是最清楚的部分，但却被认为是最不清楚的，或者是恶性循环的，等等。我把我对于这些反对意见的答复只 (198)
是指向其主要点，就是没有完全清楚而令人满意的范畴演绎，这个纯粹理性批判的体系就会在其基础上动摇起来。对这一点我反而主张，凡是赞成我关于所有我们直观的感受性的命题以及范畴表的足够性的(这些范畴是从一般的判断的逻辑作用借来的、我们意识的一些确定性)，像这位批评家所赞成的那样，那么这部《批判》的体系就必带有不容置疑的确实性，因为它是建筑在这个命题之上的，就是我们理性的整个纯理论的用途所达到的绝不超出可能经验对象的范围。因为如果能证明，理性在所有它的知识里所必须使用的范畴除了单纯能和经验的对象有关系以外再不能有其他的运用(因此，只有在这些范畴里，思想的形式才是成为可能的)，那么对于范畴怎样使这种思想的形式成为可能的这个问题的答复就诚然是十分重要的，为的是要尽可能来完成这种演绎。但是关于这体系的主要意图即纯粹理性的界限之确定是决非必要的，而单纯是应有的而已，因为为着这种意图，这演绎已经进行得够远了，就是在它说明了所想到的范畴无 [145]
非是在其运用于直观上(直观在我们这里总是感性的)的单纯判断形式，而这样就第一次获得了对象而变为知识的这个时候；因为这是已经足以完全确实地把批判本身的全部体系建立起来了。牛顿的万有引力体系是这样被固定的，虽然它还带有这个困难，就是我们不能说明远距离的引力是怎样可能的；但是困难却不是怀疑。所以我能从下面所承认的来证明，即令没有那个范畴的完全演绎，这个主要基础依然是稳定的：

1. 承认：这范畴表包含着完全所有知性的纯粹概念，而又包含这些知性的纯粹概念所从而引申出来的在判断里的知性操作，而不同的只是通过知性的概念，一个对象对于判断的这种或那种作用被认为是确定的(例如在石头是硬的这直言判断里，石头是用作主体，而硬是用作述项 (199)
的，所以知性就依然可以把这些概念的逻辑作用倒转过来而说：某硬的东西是石头。反之，当我把它想象为在这个对象里作为确定的时，那么，这石头，在一个对象的所有可能的确定性上，而不是在单纯概念的确定性上，就必须想象为只是主体，而硬的东西只想象为述项，于是同样的逻辑作用就变成纯粹知性概念，即实体与偶性了)。

2. 承认：由于它的本性，知性是带有验前综合的基本原则的，而通过这种原则，它就把所有可能被给予于它的对象从属于那些范畴，因而也就必须有验前的直观，是含有那些纯粹知性概念的应用所需要的种种条件的，因为没有直观就没有任何对象(对于这种对象，逻辑的作用是能作为范畴而被确定的)，因而也就没有任何关于对象的知识。由于没有纯粹直观，就没有验前确定这种知识的逻辑作用的任何基本原则。

3. 承认：这些纯粹直观永远不能是别的，而只是外部或者内部感官的现象的单纯形式(即空间与时间)，因而只是可能经验的对象的单纯形式。

(199) 不可能有更多的了。在其量、质、关系与样式这四类范畴之下，一般物质
[146] 这个概念的所有确定性，以及所有能关于它而在验前想到的，在数学的构成里能表现出来的，或者在经验里作为经验的对象可能被给予出来的东西，都必然能够从中引申出来。在这里再没有什么需要去做，如发现或者增加新的范畴，当然，如果在明晰性上或者在彻底性上有什么缺欠，那么无疑是可以予以改进的。

(201) 所以得要把物质这个概念在知性概念的四种作用里自始至终(在四个部分里)实行到底，在其每一个部分里面加上一种新的确定性。作为外部感官的一个对象的某东西的基本确定性必须是运动；因为只有通过运
[147] 动，外部感官才能被刺激。知性把所有属于物质的本性的其他述项都归结于这个基本的确定性即运动，因此，自然科学就彻底地或者是一种纯粹的运动学说，或者是一种运用的运动学说。所以自然科学的形而上学初步可以分为四个主要部分，其第一个部分，即作为一种纯粹限量(Quantum)

所以结果就是：纯粹理性的直接使用都永远不能和别的东西有关系，而只和经验的对象有关系，因为在验前的基本原则里，没有经验性的东西能够是其条件的，所以这些验前的基本原则只能是一般经验的可能性原则，惟有这才是纯粹理性的界限的确定的、真实而充足的基础，但不是关于经验怎样通过那些范畴而且只通过它们才成为可能的这个问题的解答。这最后一个问
[146] 题即令没有它，那个结构还会是稳定的。当然这个问题又是极其重要的. 并且如我现在所明白
(200) 的那样，它还是极其容易的，因为它几乎是通过一个一般的判断的正确确定的定义而来的一个单个结论而被完成的(这是一种操作，所予的表象是通过它而第一次变为关于一个对象的知识的)。在演绎这部分里，我从前的种种论述带有模糊性。对此，我并不否认，而且认为它可归之于研究中知性的惯常命运，因为，捷径常常不是它所发觉的第一条路。所以我就抓住最近的机会来弥补这个缺陷(这种缺陷与其说是关于在那里还是十分正确地作出来的说明的根据，毋宁说是有关阐述的方式的)，而不使我的明察秋毫的批评家陷入对他来说无疑是不愉快的境地，就是不得不逃避于一种前定的和谐，这是由于种种出现的和知性的规律的那种意外的一致，虽然这些知性的规律的来源是不同于出现的来源的；而这种补救的方法可是远远更坏于它们旨在挽救的恶事，而且其实也是于事无补的，因为表征知性的纯粹概念(与其应用于出现的种种原则的)那种客观必然性是不能从这里出来的，例如在原因与其结果的联系这个概念里，一切都是仍然单纯主观必然的，而在客观上单纯是不必然的拼合，正如休谟当他称它为从习惯而来的单纯幻相时所希望它是的那样，世上没有任何体系能从任何地方得出这种必然性来，除非是从验前处在思想本身的可能性的基础上的那些原则得出来；而单独通过这些原则，其出现是对我们被给予出来的对象的知识，即经验，才是有其可能的。而且即令假设我们永远不能充分地说明经验是怎样因之成为可能的那个方式，然而有一点是无可争辩地确定的，这就是：经验是单纯通过那些概念才成为可能的，而且反过来，除了是和可能经验的对象有关系以外，这些概念是不能有任何意义与其应有的用途的。——康德

来考虑的运动，是按照其组合，而没有考虑到能运动的东西的质(Qualität)的，这部分可名为运动学(Phoronomie)，其第二部分是把运动考虑为在一种原始的运动力的名义下而属于物质的质的，因之就叫做动力学(Dynamik)，其第三部分是把物质在其通过原有相互运动的关系上来考虑的，因之就得到力学(Mechanik)这个名称，其第四部分考虑的是单纯在表象的方式上，或在其样式(Modalitat)的关系上的运动或静止，它是确定的外部感官的现象，因之这部分可名为现象学(Phänomenologie)。

但是，将物体学说的形而上学初步不但与使用经验性原则的物理学区分开来，而且甚至与在那里涉及数学运用的物理学的理性前提区分开来，除了有一种内在的必然性之外，还有一种外部的、虽然只是不必然的、却同样是一种重要的理由，来把它的彻底详述与形而上学的一般体系分开，而且把它作为一个特别的整体系统地提出来。这理由就是，描绘出一门科学的界限是允许的，不仅是按照它的对象的原有性质和关于这种性质的特别认识方式，而且又按照这种意图，即人们为要进一步运用这门科学本身而留在眼前；并且人们又觉得，形而上学不但一向曾使如此多的人 (202)
为它忙碌，还继续要使他们为它忙碌，为的是要不但扩充自然知识(这是更容易得多而且更可靠很多的，通过观察、实验和把数学运用于外部出现就能做到)，而且还要达到一种完全处在经验的界限以外的知识，如关于上帝的知识，关于自由的知识，关于灵魂不死的知识；这样，如果人们在这种意图的促进中得到这意图的从一种诚然是从它的主干长出来，但只是对于它的正常生长有害的小枝脱离开来，而把这小枝另外栽种在一个地 [148]
方，而不至于错认其来历，或者让它的全部成长是离开一般形而上学的体系的，这就是人们的收获。这样做并不影响一般形而上学的完全性，而且还会促进这门科学向着它的目标均匀进展，如果在任何情况下，有需要一般物体学说之处，是可以求助于这门科学的特别体系的，而并不致使那更大的体系〔指一般的形而上学〕因这特别体系而涨大。而在这个事实里很值得注意的(虽然在这里不能把它彻底地摆在眼前)，就是：无论在什么情况下，一般形而上学在需要实例(即直观)来替它的知性纯粹概念获得意义的地方，它就总是必须从一般的物体学说那里拿来的，因之就是从外部直观的形式与原则那里拿来的，而且，如果这些东西不是完全摆在当前，它就在一些纯是无意思的概念之中，不稳定地而且迟疑地到处摸索，所以就有那些著名的争辩，至少有那些成问题的模糊性，例如关于种种实在东西的反面之可能性，内涵量的反面之可能性，等等；关于这些问题，知性只是通过从物体自然而来的实例而得以知道一些条件是什么，而只有在这些条件之下，那些概念才能有其客观的实在性，即意义与真实性。这样，
(203) 物体自然的这种分开的形而上学，对于那一般的形而上学，是有特色的，而且是有不可缺少的贡献的，因为它提供一些实例（具体的例子）来实现一般形而上学（本来是先验哲学）的概念与学说，即给予思想的单纯形式以其意思与意义。

我在本论述中遵循的是数学的方法，即使不是完全严谨的（因为如要完全严谨的话，就必须有多于我花费在它上面的时间了），至少是仿效的。我这样做，不是为了通过炫耀渊博来替论述获得更好的接纳，而是因为我认为这样一个体系完全可以运用这种方法。而且假以时日，一个更有才干的能手，如果能为这种草案所刺激，而能获得其圆满的成功，那么自然的数学研究者就会发现：把这无论如何不能除去的形而上学部分作为一般物理学的一个特别的主要部分来研讨，而且使之和数学的运动学说结合起来并不是不重要的。

[149] 牛顿在其《自然科学之数学原理》（郑太朴中译为《自然哲学之数学原理》——中译者）的原序里（在看出几何学只需要它们设定的两种力学的操作法，即如何作成一条直线与一个圆之后）便说：几何学能应用极少从别处来的原则以收这许多成就，这真是可称颂的[①]。另一方面，关于形而上学，我们可以这样说：它处于一种恐慌的状态，因为纯粹数学给它提供出来的是那么多，而它所能成就的却这么少。但是，在这个时候，这么少的东西，乃是数学在其应用于自然科学之中所必须使用的，而自然科学，由于它在这里必须以形而上学有所假借，所以就不必觉得惭愧而让它自己和形而上学站在一起。

---

① 牛顿的原拉丁文是：Gloriatur geometria，quod tam paucis principiis aliunde petitis tam multa praestet——见牛顿的《自然哲学之数学原理》序文，郑太朴中译本原序第 2 页，引文用郑译。——中译者

第一部分 运动学的形而上学初步

(204) [150]

说明一

物质是在空间中运动的东西。自身是可动的空间称为物质的空间或相对的空间；一切运动必须最后是在其里面被思想的（因之其自身是绝对不可动的）这个东西就名为纯粹空间或绝对空间。

注释一

由于在运动学里所讨论的只是运动，所以在这里除可动性以外，没有任何别的性质以之归于它的对象，即物质。因此它到此为止，只就一点来说是有效的，而在运动学里，我们抽掉所有的内部性质，因而就抽掉可动的东西之量，而只有关于运动以及在运动里能被看作量的东西（速度与方向）如果在这里有时也使用物体这个词，那么这样做，只是预料到运动学 (205) 的原则应用于下面更确定的物质概念，目的是使这种阐述不那么抽象而更可理解。

注释二

如果我说明物质这个概念，不是通过一个应属于它作为对象的述项，而只是通过它对于知识能力的关系（即在其里面最先对我被给予出来的表象），那么物质就是每一个外部感官的对象。这就是物质的单纯形而上 [151] 学的说明。但是空间却仅仅只会是一切外部感性直观的形式（这种直观在其自身来说究竟是属于我们名为物质的外部对象，或者只是留存在我们感官的本性里的，在这里却不是问题）。与形式相比，物质是在外部直观里作为感觉对象的东西，因而就是那感受性的、外部直观的正当经验性的东西，因为它是完全不能在验前被给予出来的。在所有的经验里必须有某种被感觉到的东西，这就是感受性的直观的实在东西；因而，我们在它里面来直观到各种运动的经验的空间，就必须是能被感觉的，即能通过能被感觉的东西而被指示出来的，这作为经验的所有对象的总体而其自身又是经验的一个对象来说，就称为**经验性的空间**。可是这个经验性空间，作为物质性的东西，本身是可动的。但是一个可动的空间，如果它的运动是能被觉察的，就又预先假定有另一个扩大的物质性的空间，正是在这里面，它才是可动的，而这另一个扩大的物质性的空间又预先假定另有一个，以至无穷。

(206) 所以，作为经验对象的任何运动都只是相对的；运动在其中被觉察的空间是一个相对的空间，而这个相对的空间本身又是运动的，也许是在一个相反的方向，在一个更扩大的空间里运动的。因而对于第一个空间说来是运动的物质在其对于第二个空间的关系上来说是名为静止的；而运动这个概念的这些改变是随着相对空间的变化前进到无穷的。假定一个绝对空间，即一个空间，由于它不是物质性的，所以就不能作为就其**本身说**来被给予出来的任何经验对象，也就是假定某东西，在其本身来说，或者就其后果（即在绝对空间的运动）来说，都是不能被觉察的，而是为了经验的可能性起见才假定它的。但是没有这样一种空间，经验也必定能够被构成。所以，绝对空间，**就其本身来说**，不是什么东西，而且简直不是任何对象，而只表示：我能在所予的空间以外、在任何时候想到每一个别的相对空间，而且是我能够向外推动出去超过所予的空间以至无穷的东西。它是这样的一个空间，即包括这所予的空间，并且我能够假定这个所予的空间是在其里面运动的。但是，因为我只在思想里才有这个扩大的、虽然仍然总是物质的空间，而关于表示它的物质，我一无所知，所以我就把这种物质抽掉，它因之就被表象为一个纯粹的、非经验性的、绝对的空间了。我能把它和每个经验性的空间相比较，而且我能想象那经验性的空间在
[152] 其里面作为可动的，因而就总是把它看作不可运动的。如果把它变成一个实在的东西，那么就把我能用来和每一个包括在其里面的经验性的空间相比较的任何空间的**逻辑普遍性**与实在范围内的一种**物理的普遍性**混淆起来了，而且误解了该观念内所包含的道理。

作为一种结论，我还注意到，由于一个在空间里的对象的可运动性是不能在验前而没有经验的教训就被知道的，所以，为了这个缘故，我在《纯
(207) 粹理性批判》里就不能把它放在知性的纯粹概念之列。而这个概念，作为

经验性的来说，只能在通过经验而被给予出来的一个概念的、虽然是按照验前原则的、一种作为应用形而上学的自然科学里，才有其地位。

说　明　二

一个东西的运动就是这个东西对于一个所予的空间的**各种外部关系的变动**。

注　释　一

我已经把物质这个概念放在运动这个概念的基础之上了。但是，由于我当时是想不依靠广延性这个概念而确定运动这个概念，而这样就只能在一点上来考虑物质，所以我就得要容纳人们所用的关于**运动作为位置的变动**这种说明。可是由于物质这个概念是要一般地予以说明的，因而是要适用于被运动的物体的，所以上述定义就是不够的。因为每一个物体的位置是一个点，如果一个人想要确定月球离地球多远，他就是想知道它们位置的距离，而为了达到这个目的，那个人不是测量从地球的面或其内部的任何一点到月球的任何一点的距离，而是取一个中心点到另一个中心点的最短直线，因而在每一个物体之中都只有一个点是构成它的位置的。可是一个物体是能够运动而并不改变其位置的，像地球在其轴
线上旋转那样。然而它对于外部的空间之关系依然是变动的；因为，例如 [153]
说地球在 24 小时的过程中，是以它的不同各个面向着月球的，从而在地 (208)
球上就产生各种随时变化的影响。只有对于一个可动的，即物理的**点**，人们才能说：运动总是位置的改变。人们可能反对这种说明而提出警告说：具有把内部运动，例如酸酵包括在内；但是人们称为运动的东西，是就其被考虑为统一体而言的。说物质，例如一桶啤酒，在运动着，是表示某不同于在桶里的啤酒的东西在运动着。一个东西的运动和**在**这个东西**里面**的运动是不相同的，但是这里所说的只是关于其第一种的运动。不过这个概念对于第二种情况的应用，在以后我们也是容易弄明白的。

注　释　二

运动可能是**旋转**的(并没有位置的变动)或者是前进的，而这些前进的运动又可能或者是扩大其空间的运动，或者是被限制于一个所予的空

间的运动。属于第一种的是直线的或曲线的运动，它们是不回转到其自身的。属于第二种的是那些回转到其自身的。这后一种又或者是循环的或者是摆动的运动，也就是圆圈的运动或者摇摆不定的运动。其第一种运动处在同一种空间，总是在同样的方向上，其第二种运动是交替地在相反的方向上，如同一个摆动的钟摆那样。震动（拉丁文为 motus tremulus）同属于这两种。虽然它不是一个物体的一种向前进行的运动，但却是一种物质的交互性的运动，这种物质不因之而在总体上改变其位置，如同被敲过的一个钟的震动，或者为声音使它运动起来的空气的震动那样。我在运动学里只提到这些不同类的运动，因为人们在一切不是向前进行的运动那里，速度这词的一般使用，是在不同于在向前进行的运动那里所用的意义之上的，正如下面的注释所说明的那样。

(206)

注 释 三

在每一个运动里，当人们把那可运动的东西的一切别的性质抽去了
[154] 时，方向与速度就是要考虑的两个契机(Momente)。我在这里预先假定了这两者的通常定义；但是对方向的定义作了一些不同的限制。一个在圆圈上运动着的物体，不断改变其方向，结果就是等到它回到它所从而出发的那点上来时，所有只是可能的方向都包入在一个平面上了，然而人们却说：它总是在一同样的方向上运动着，例如行星从黄昏运行到清晨就是这样。

但是，在这里运动所向的一个方向是什么呢？这一个问题和下面的问题有关系：蜗牛在其他方面是类似的，甚至是相同的，但是还有内部的不同，那么这种内部的不同，一种是向右旋转，而另一种是向左旋转，其所依据的是什么呢？或者说刀豆的弯曲，或者说蛇麻草的弯曲，其一种是像一个塞钻那样，或者像海员所说的那样是倒向太阳的，另一种好像是顺着太阳而绕杆旋转的，其所依据的又是什么呢？这里的概念固然是可以使之构成的，但是作为概念来说，是不能为其自己通过一般的标志而在推论知识的方式上弄个明白的，而且在事物本身里（比方在很少碰见的人那里，在尸体解剖时，一切部分按生理的规则，都是和别人的一致的，只是发现一切内脏都反乎通常的秩序，或向左或向右错放了），在其内部的后果上没有任何能想到的分别，然而却有一种真实的数学的而且其实是内部

的分别。两种在所有别的方面都相同，而按方向来说却有区别的圆周运动，虽然是相应的，但不是完全同一的。我在别处曾指出(即在《一切未来的形而上学的导论》里)，由于这种分别虽是必须在直观里被给予出来的， (210)
然而不容其被带到清楚的概念上来，因而是不能予以说明而使人易于理解的(如拉丁文所谓 dari，non intelligi，所予的，但不是可理解的)，所以这就为下述命题的证明提供了一个良好的证实根据，这个命题就是：一般的空间不属于**自在之物**的性质或关系，因为自在之物必然让它不得不把自己带到客观的概念上来，而一般的空间单纯是属于我们关于事物或关系 [155]
的感观的主观形式。至于这些事物或关系，在其本身来说究竟是什么，这依然是我们完全不知道的。但是这是离开了我们本题的话，因为在本题里，我们是必然一定要把空间作为所考虑的东西的性质来处理的，即作为**有形体的东西**的性质来处理的，因为这些东西本身只是外部感官的现象，而且在这里只是要作为这样的东西而予以说明的。谈到速度这个概念，这个词在使用中有时获得一种与习惯不相同的意义。我们说：地球在其轴线上旋转比太阳更快，因为它花的时间要短些，比太阳的运动要快得多。一只小鸟的血液循环比人的血液循环要快得多，虽然在小鸟里的流动无疑是有更小的速度的，弹性物质的震动也是这样。不管是循环的或震动的运动，其回转的时间的短促就形成这种用法的根据；如果在别的方面能避免误会，这种用法也没有大的害处。因为回转的迅速的增加而没有空间速度的加大，在自然里是有特别而重要的结果的；而在动物的液汁循环里，这样的事实也许还没有引起足够的注意。在运动学里我们只是在这种空间的意义上使用速度这个词，即 $C=\frac{S}{T}$①。

说　明　三 (211)

静止就是持久地存在(拉丁文为 praesentia perdurabilis) 于同样的位置上；**持久的东西**就是一直在一个时间里存在的东西，即经久的东西。

① 这个公式的意思就是："速度(Celeritas：C)等于所经过的空间(Spatium：S)被所耗去的时间(Temporum：T)除，或者说：速度的增加和所经过的空间成正比例，而和所耗去的时间成反比例。"——按 Kirchmann 的讲解。——英译者

注　释

一个在运动中的物体是在一刹那间走过它所在线上的每一点的东
[156] 西。现在问题就是，它在那点上是静止的还是运动着的。人们将要说，无疑它是在运动着的；因为，它只有在运动着，目前它才是在这点上的。但是让我们假定这运动是这样的：

A　　　　　B　a

O———— O···O，

这个物体以均匀的速度向前就经过 AB 这条线，而向后则从 B 到 A，这样，由于它是在 B 上的那一刹那，是这两个运动所共通的，所以从 A 到 B 的运动就经过半秒钟，而从 B 到 A 的运动也经过半秒钟，但是两个运动一起就经过一秒钟，结果就是：这个物体在 B 上并没有花费过时间的最小部分；这样并没有丝毫增加这些运动，其在 BA 这个方向进行的那后一个运动就能变换为在 Ba 这个和 AB 同一直线方向的运动；而在那里，当这个物体是在 B 上的时候，就必须把它当作不是静止的，而是运动着的。所以它就会又被看为是在第一个运动里运动着而回归到在 B 点上的，但这是不可能的；因为按曾所假定的来说，这只是一刹那，它既属于运动 AB 时，同时又属于同等的运动 BA，而运动 BA 是和前一个运动相反
(212) 的，并且和它一起结合在一个同样的完全缺乏运动的刹那上的。结果就是，如果这是构成静止概念的东西，那么在均匀运动 Aa 里，就必须证明这个物体在每一个点上(比方在 B 上)的静止，这又是和上面的主张相矛盾的。反之，设想直线 AB 是在 A 点之上直升起来的，使得一个从 A 到 B 上升的物体，在其通过地球引力(gravity)而在 B 点上丧失掉它的运动之后，就再从 B 降回到 A 来；那么我就问：在 B 上的这个物体是应看作运动着的呢，还是看作静止的呢？人们无疑会说：是静止的；因为在它达到这点之后，所有从前的运动已经从它那里拿走了，而一种返回的均匀的运动要首先跟着来，但是这还不存在；人们又会补充说，运动的缺乏就是静
[157] 止。可是，在第一种情况下，是假定一种均匀的运动，而运动 BA 的开始，只有在运动 AB 事前停止了的时候，而且是还没有从 B 到 A 的运动的，其结果就是，在 B 上缺乏所有运动，从而按照通常的说明，就会得要假定静止了；但是我们不能假定静止，因为在一定的速度上，必不可把任何一

个物体想作是静止在其均匀运动的任何一点上的。在第二种的情况下，既然上升与降落只有一刹那把它们分开，那么，静止这个概念的假定是以什么为依据的呢？其根据就在于，那后一种运动不是被设想和所予的速度均匀的，而是始初作为均匀地被延迟，而后来就均匀地被加速的。这样，在 B 点上的速度不是完全延迟了，而只到一定的程度，小于任何所予 (213)
的速度，从此，如果不是降落回来，它的降落线 BA 就会是处在 Ba 这个方向，因而这个物体就总是被考虑为仍然是上升的，那么它就好像以速度的单纯一个矩（德文：Moment）——不考虑地球引力的阻力——在任何无论多么大的所予时间内，经过一个小于任何被给予出来的空间，因之它的位置（对于任何可能的经验来说）就永远不会改变。这样一来，它就处在一种同样位置上持续存在的状态中，也就是处在静止的状态中。虽然由于地球力的不断作用，也就是由于这种状态的改变，这种状态就立刻消失了。在一种持久的状态上和这种状态上的持续（如果没有任何东西移动它的话）是两个不同的概念，其中一个并不损害另一个。所以静止不能通过运动的缺乏予以说明，因为运动的缺乏即作为零的运动是完全无法设想的，而必须用在同一的位置上的持续存在来得到说明。由于这个概念的构成是通过这样一种运动的表象，这个运动在一个有限的时间内具有无限小的速度，所以这个概念对后来数学在自然科学上的运用是有用的。

说　明　四

构成一个复合运动的概念意思是说：把一个结合于一个可运动的东西上的两个或更多的运动所产生的一个运动，验前地在直观中表现出来。

注　　释 [158]

构成概念所需要的是：这些概念的表现，其条件不是从经验借来的，因而，这些概念也不是以某些一定的力为条件，因为这些力的存在只能从经验中引申出来；或者一般地说，概念构成的条件不应该本身就是一个不 (214)
能验前在直观里被给予出来的概念，例如原因与结果的概念，动作与阻力的概念，等等。在这里尤其要注意，运动学自始至终首先是把一般运动作为量的构成，而且由于它把物质只是当作可运动的东西，因而它并不考虑到这种物质的任何的量，所以它就得要在验前把这些运动单独作为量来确定（按它们的速度以及它们的方向，诚然又按这两者的结合）。因为为了应用数学起见，这么多是必须完全在验前而且在直观上予以决定的。理由是：各运动通过物理的原因即力的联系，其规则是绝不允许它们一般的组成的基本原则在数学作为基础而规定以前，就基本上予以阐述的。

基本原则之一

每一个运动，作为一种可能经验的对象来说，可以随意看作一个在静止的空间里的物体的运动，或者看作这个物体的静止，而其空间的运动是以同样的速度在相反的方向上的。

注　释

为要形成一种关于一个物体的运动的经验，所需要的是：不但这个物体而且该物体在里面运动的空间都是外部经验的对象，因而都是物质的。
[159] 一个绝对的运动，也就是和一个非物质性的空间有关系的运动，是不适合于任何的经验的，所以对我们说，就不成为什么东西（即令我们愿意承认
(215) 绝对空间在其本身来说是某东西）。但是，甚至在所有的相对的运动里，其空间本身由于假定它是物质的，又可想象为静止的或运动着的。这第一种情况的发生，就是在这个时候，即当在我视为和作为运动着的物体有关系的那个空间以外，再没有任何广泛的空间是包含着那个空间的时候（如同在一只船的船舱里，我看见一个球在桌上运动着时）；第二种情况的发生就是在这个时候，即当在这个空间的外边，还有另一个空间是包含着那个空间的时候（如同在我说的情况下，河流的岸），由于我就这后者（即河岸）来说，看见这最近的空间（即船舱）是运动的，而看见这个物体本身是静止的。这样一来，对一个在经验上所予的空间，无论它的广延多么大，要确定它对一个更大的、包含着它的空间来说是运动着的，抑或不是运动着的，这是不可能的。因而对于所有经验以及凡是从经验得出来的后果来说，无论我把一个物体看作是运动着的或者是静止的，并把这空间视为在相反的方向而以同样的速度运动着的，都必定是完全一样的。再次：由于对任何可能的经验来说，绝对空间什么也不是。无论我是说：一

个物体，就这个所予的空间来说，是在这个方向，以这种速度运动着，或者我是把它想象为静止的，而把所有这种运动归之于那空间，只是在一个相反的方向上，这些概念都是一样的。因为每一个概念都与后者完全相同，其与前者之不同的例子是不可能的，只有当我们在知性里想要给它以联系的那种关系上，它才是不同的。

而且我们不能在任何经验里规定这样一个固定的点，根据它就能确定运动与静止绝对是什么意思；因为所有像这样给予我们的东西都是物质的，所以也就是可运动的，而且（由于我们在空间里并不知道有可能经验的极限），它也许在实际上是运动着的，而我们并不能觉察到这种运动。我能把一个在经验性空间里的物体的运动之所予的速度的一部分划归这 (216)
个物体，而把其他一部分划归那空间，只在其相反的方向上。而就这两个结合的运动的各种后果来说，这全部可能的经验完全是一样的，无论是想象这个物体仅仅以全部速度在运动着，或者是想象它处于静止状态，而想 [160]
象空间以同样的速度在相反的方向上运动着。**我在这里是假定一切运动都是直线运动**。因为当碰到是曲线运动时，它在一切方面就不都是一样的，无论我是有权把这个物体看作运动着的（比方地球在其每日的旋转上）而把周围的空间（星空）看作是静止的，或者把后者看作运动着的而把前者作为是静止的。对此我在后文是要更特别地予以讨论的。所以在运动学里，我只是在物体的运动对于空间的关系上考察这种运动（而这种运动对于静止或运动是完全没有任何影响的），所以我是否以所予的运动的任何或所有的速度，或者以多少速度，归于这个或那个运动，完全是不确定的，而且是随意的，以后在力学里，一个运动着的物体是要在其与别的物体的实在关系上，在它的运动的空间里，予以考察的，在那里与这就不再是完全一样的了，如将在适当的地方予以说明的那样。

说　明　五

运动的组合是一个点的运动的表象，其运动是作为一个运动和两个或更多的同类运动结合在一起的。

注　　释

在运动学里，由于我认识物质，不是通过别的性质，而是通过它的可 (217)

运动性,因而我可以把它本身只作为一点来予以考察,所以这个运动就只能作为一个空间的描写来被考虑。然而事实是这样的,就是我不但注意到所描写的空间,如在几何里那样,而且又注意到其中的时间,因而就注意到一个点描写这空间所用的速度。运动学所以就是关于运动的纯粹的
[161] 学说(拉丁文为 mathesis)。一个量的确定概念就是通过同类东西的组合产生一个对象的表象的概念。可是除了运动并没有什么与运动同类的东西,所以运动学就是关于同一个点按照运动的方向与速度把它的各种运动组合起来的一种学说;运动学也可以说是关于这样一个单一运动的表象,在这个运动里面却同时包含着两个甚或几个运动;就同一个点的两个运动是一起构成一个运动的(即是和这个运动是同一的)来说,而不是什么就其产生那后者,如原因产生其结果那样来说,为要找出从几个运动(其实随便多少运动)的结合而产生出来的那个运动,运动学也可以说是关于同一个点同时进行的两个运动的表象。正如要找出一切量的产生那样,首先是找出在所与的条件下由两个运动结合而成的那个运动;进而又把这个运动和第三个运动结合起来,如此类推。结果就是,关于一切运动的组合的学说都可还原为两个运动的组合的学说。但是同样一个点的两个运动,如果是在这同一个点上被发现的,那么就可以在双重的方式上予以区分,但又可以以三重方式在那个点上把它们结合起来。首先,它们的同时发生,或者是在同样一条线上,或者是在不同的线上;后者就是包住一个角的运动。在同样一条线上的那些运动,或者是在彼此相反的方向上的,或者是保持相同的方向的。由于所有这些运动都是作为同时发生来考虑的,所以从这些线的关系中,也就是从同样的时间里的运动所描写
(218) 的空间的关系中,立刻就产生出速度的关系。所以就有三种情况:(1)由于两个运动(不管是同速度的,或者是不同速度的)在一个物体里、在相同的方向上结合起来,它们就构成一个由此组合起来的运动。(2)由于同一个点的两个运动(相同速度的或不相同速度的)在彼此相反的方向上结合起来,通过它们的组合就构成一个在同一条线上的第三个运动。(3)一个点的两个运动,有相同的速度或不相同的速度,但却是在不同的而包住一个角的线上的,它们就作为组合的予以考虑。

定 理 一

同样一个点的两个运动的组合只能这样来思考，就是其中一个是被表现为在绝对的空间里的，而以相对空间发生的同样速度、而在相反的方向上的运动替代另一个运动，并被表现为是和第一个运动同一的。

证 明 [162]

第一种情况：在同样的线和方向上的两个运动同时到达同样一个点。

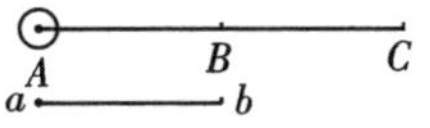

图 1

假设两个速度 AB 与 ab 被表现为包含在运动的一个速度里。设使 (219)
我们这次假定这些速度是相同的，所以 AB＝ab，这样，我就说它们不能表现为同时在同样一个(不管是绝对的或相对的)空间里的同样一个点上。因为，由于表示这两个速度的线 AB 与 ab 乃是正当的空间，是 AB 和ab＝BC 这两个空间的组合在同样的时间里所通过的，因而作为这两个空间的总和的线 AC 只能表示这两个速度的总和。但是 AB 与 BC 这两个部分，在其自身来说，并不是每个都表现为等于 ab 这个速度的；因为它们不是像 ab 那样在相同的时间里被通过的。这样，在相同的时间被通过的作为 ab 那条线的双倍线 AC 就不表示后者的双倍速度，如我需要的那样。因此，在同样空间里并在一个方向上的两个速度的组合是不能在直观上被表现的。

与此相反，如果物体 A 被表现为是以速度 AB 在绝对空间里运动着的，而且我又另外以一个 ab＝AB 这种速度给予那相对的空间，而这另加的速度是在 ba＝CB 这个相反的方向上的，这样就好像我把后一个速度分配于在 AB 这个方向上的物体似的(基本原则一)。但是，在这种情况下，这个物体在相同的时间里自己通过 AB 与 BC 之和即等于 2ab 的线而运动着，但这个时间是它经过 ab＝AB 这条线的时间，它的速度被表现为这两个相等的速度 AB 与 ab 之和。这也就是所需要证明的。

第二种情况：在恰恰相反的方向上的两个运动结合于同样一个点上。

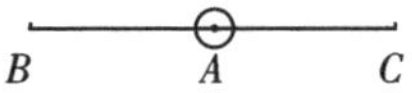

图 2

[163] 设使这两个运动之一 AB 和另一个 AC 是在相反的方向上，而且我
(220) 们在这里是假定它的速度是相同于那第一个的速度的；这样一来，在同样一个空间里、在同样一个点上把两个这样的运动表现为同时的这种想法是不可能的，因而这些运动本身的这样一种组合这个情况，也是不可能的，这和假定也是相悖的。

反之，设使运动 AB 是在绝对空间里，而替代在同样的绝对空间的 AC 这个运动，再设使处在相对空间里的相反运动 CA 具有相同的速度，同时这个相反的运动（按照基本原则一来说）是完全等于运动 AC 的，而这样就是完全可以替代它的；由此就尽可以同时表现同一个点的两个恰恰相反而同样的运动。可是，由于这个相对空间是以同样的速度 CA＝AB，在和 A 点一起以相同的方向运动着的，所以这个点，或者说在这点上的物体，就那相对的空间来说，是不改变其位置的，也就是说，一个以同样的速度在两个彼此恰恰相反的方向上运动着的物体是静止的，或者按一般的说法：它的运动等于在其更大的方向上的两个速度的差（这一事实很容易从已证明的东西中推导出来）。

第三种情况：同一个点的两个运动，按其包住一个角的两个方向来说，是表现为结合着的。

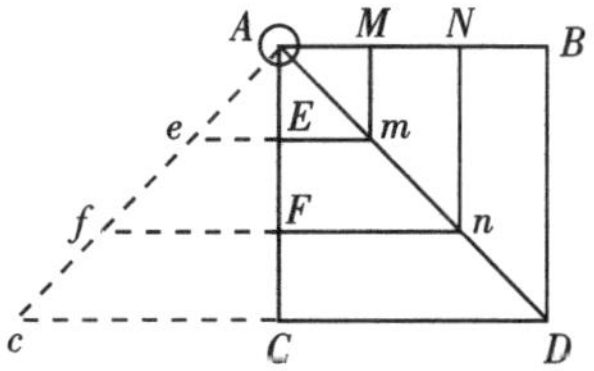

图 3

(221) 这两个所予的运动就是 AB 和 AC，其速度与方向是这两条线所表示
[164] 的，但是这两条线所包住的角就是 BAC（不管它是一个直角，如在这里的情况那样，或者是任何别的角，都是一样）。现在，如果这两个运动在同一个时候，在 AB 与 AC 这两个方向上而且实是在同样一个空间里发生的，那么它们就不能在同一个时候，在这两条线 AB 与 AC 之上发生，而只在

与这条直线平行的那些直线上发生。所以就得要假定：这两个运动中的一个在另一个运动里引起一种变动（即从所予的轨道移开），虽然在两方面的方向仍然是一样的。但是这又是违反这条定理的假定的。因为这条定理以“组合”这个词来表示这两个所予的运动是包含在第三个运动里的，所以就和第三个是同一类的，而不是由一个改变另一个就产生第三个。

反之，设使运动 AC 是假定为在绝对空间里进行着的，但是又假定相对空间在相反方向上的运动来替代 AB。设使 AC 这条线分割为三个相等的部分，AE、EF、FC。那么，物体 A 在绝对空间里经过 AE 这条线时，其相对空间，连同点 E，就经过 Ee＝MA 这个空间了；当那物体经过两个部分之和等于 AF 时，那相对空间连同点 F 就划出 Ff＝NA 这条线了；当这个物体最后经过 AC 这整条线时，那相对空间连同点 C 就划出 Cc＝BA 这条线了；这一切仿佛是相同于这物体 A 曾在这三个时间段中经过 Em，Fn 和 CD（等于 AM、AN、AB）这三条线，而且在这物体经过 AC 的整个时间里，它就是经过了 CD＝AB 这条线的。所以它在最后一个刹那上而在点 D 上，而且又在全部时间里，就是逐步在 AD 这条对角线的各点 (222)
上，这条对角线是表示那组合运动的方向以及速度的。

注　释　一

几何的结构要求一个量同另一个量是同一类的，或者两个量在其组合上同第三量是同一类的，而不是要求这些量作为原因而产生第三个量，这也将是力学的结构。完全的相似性和相等性，就它们是跟在直观里被 [165]
认识到的来说，是全合性（Kongruenz）①。一切完全同一的几何结构都是以全合性为依据的。两个运动和第三个运动结合在一起的全合性，如组合运动（拉丁文所谓 motu compositio）本身一样，在那两个是在同一空间里，比方在相对的空间里表现时，是绝不能发生的。因此，一切想要在其三种情况下证明上面的定理的企图，始终只是力学上的解答。这是因为，比方人们使一些能动的原因通过一个所予的运动和另一个运动结合起来而产生第三个运动，却不是证明那些原因是和这个运动同一个类的，而它

① 这个词（英文为 congruity）还可译为“全等”。——整理者

们本身作为这样来看，是可以验前在纯粹直观里表现出来的。

注 释 二

例如，当一个速度 AB 被称为双倍的时候，这只能被理解为它是由两
个简单而相等的速度 AB 与 BC 所组成的(见上图 1)。但是，如果我们说
一种双倍的速度是一个运动，通过它就在同样的时间里经过双倍那么大
的空间，那么在这里就是假定不是按其本身所理解的那样的了，就是以为
(223) 两个相同的速度是可以像两个相同的空间那样结合起来的，而且，说一个
所予的速度是由更小的一些速度所组成的，而一个迅速性是由一些迟缓
性所组成的，像一个空间是一些更小的空间所组成的那样，这在其自身而
言是不清楚的；因为速度的各部分不是互相外在的，像空间的各部分那
样，如果要把速度作为量来考虑，由于这种量是**内涵的**(强弱的)，它们的
概念的构成方式就必须不同于空间的**外延**量的构成方式。但是这种构成
之为可能，不是在任何别的方式上，而只是通过两个相同的运动的**间接**组
合，而且这两个运动之中，其一个是物体的运动，而另一个是相对空间在
相反方向上的运动，可是这后者的运动，因为这个缘故，是完全同一于在
前一个方向上的物体的同样的运动的。因为在**相同的方向上**，不容有两
[166] 个相同的速度在一个物体里组合起来，除非是通过一些外边的能动的原
因，例如有一只载着带有这两种速度之一的物体的船，而又有另一种和这
船固定地结合在一起的可运动的力把第二种速度加入这物体里去，这第
二种速度是相同于前一种的速度；在这里必须预先假定：这个物体是在第
二种速度出来时，仍保持自身在第一种速度的**自由**运动中的；这就是动力
的一条自然规律。在问题单纯是速度作为一种量，其概念是怎样**构成**的
时，这规律是不在考虑之列的。关于速度的一个加在另一个之上，只说这
么多。但是在谈到一个速度从另一个减出来时，如果承认了一个速度作
为加法的量的可能性，那么这后一件事情是容易**想到的**，可是这个概念是
不能这么容易**构成的**。其理由就是，要达到这个目的，两个相反的运动必
(224) 须在一个物体里被结合起来；然而这是怎样发生的呢？立即可见到，也就
是就这个同样静止的空间来说，是不可能想象在同一个物体里在相反方
向上的两个相同的运动的；但是在一个物体里的两个运动之不可能性这
个概念却不是**静止**的概念，而是两个相反的运动这种组合的**构成的不可**

能性的概念,而这却是在定理中假定为可能的。可是这种构成不是在别的方式上成为可能的,而是通过这个物体的运动和那空间的运动的结合才是可能的,正如所曾证明的那样。最后,关于其两个方向是包住一个角的两个运动的组合,就不得同样地把它们想象为在一个物体里,和同样一个空间有关系,如果假定其中一个不为外来的不断流入来的力所影响(例如一种交通工具把这物体向前带),而另一个则保持其自身并不改变,或者如一般所说:我们必须以一些动力和一个第三种运动从两种结合着的力之产生为基础,虽然这是对一个概念所包含的东西作力学上的阐明,然而不是它的数学结构,因为数学结构只是要把对象(作为限量)是什么变成为可直观到的,而不是对象怎样利用一定的工具与力量通过自然或艺术被产生出来的。——各运动的组合,为要确定它们对于其他运动的作为量的关系,是必须按照全合性的种种规则而发生的,而这之是可能的,在所有三种情况下,都只是利用那和两个所予的运动之一全合,从而这两 [167]
个运动和这组合的运动之全合才是可能的。

注 释 三

运动学不是作为纯粹的运动学说,而仅仅是关于运动的量的纯粹学说,而且在这种运动的量的学说里,物质不是按照任何别的性质,而是作 (225)
为单纯的可运动性来被思考的,这种运动学所包含的没有其他什么,只有这样一个通过上述三种情况引申出来的定理。这个定理是关于运动的组合的,而且其实是单纯地关于直线运动的可能性的,不是关于曲线运动的。其理由就是,在曲线运动里,运动(按其方向来说)是不断在改变的,其运动的一种原因所得要拉出来的就不能是单纯的空间。组合运动这个名称,人们通常是这样来理解的,在其里面,运动的两个方向是包住一个角的,这对于物理学虽然无害,可是却有害于一般纯粹哲学科学的划分原则。因为,就物理学而言,上面的定理所处理的三种情况是可以单独在第三种情况里就充分地表现出来的。因为,当那两个所予的运动所包住的角是作为无限小的来考虑时,它就含有第一种情况;但是,如果它被想象为只是在无限小的程度上与一单条直线区别开来,那么,它就含有第二种情况;所以在关于组合运动的那个所知的定理里,我们所述的三种情况都可以作为一个概括的公式被给予出来。但是在这种方式上,人们就不能学到在验前按其各部分来洞察运动的量的学说，而这在许多方面都是有用的。

如果任何一个人有这种兴致，要把一般运动学的定理所想到的三个部分和一切纯粹知性概念划分的计划，在这里特别是和**量**这个概念的计
[168] 划联系起来，他就将看出：一个量的概念总是含有同类东西的组合的，同时在关于运动的量的学说里面包含有量的纯粹学说。而且其实那运动能
(226) 按照空间所提供的三个契机而发生，即是说在线与方向的**统一性**里，在同样一条线里的各方向的**多样性**里，而最后在各方向以及各线的**总体性**里面，它是含有所有作为量的可能运动的确定性的，虽然运动的量（在一个可运动的点上）是单纯在于速度的。这个注释只在先验哲学里才有其各种用处。

第二部分 动力学的形而上学初步 (227) [169]

说 明 一

物质，就其充实空间来说，是可运动的东西。所谓充实一个空间，也就是抵抗所有可运动的东西，就是企图通过它的运动来侵入一个确定的空间里去。凡是没有被充实的空间就是一个空洞的空间。

注 释

这就是对物质这个概念的动力学说明。这个说明又以运动学的说明为前提，但是增加了一种性质，这种性质是作为原因与一种结果有关系的，也就是在一定的空间里边抵抗一个运动的能力。在前面的那门科学里，甚至在我们谈到同在一个点上而在相反的方向上的运动的时候，是不可能考察上述性质的。当任何别的可动的东西的运动朝向这个空间里的 (228)
任何地点的时候，空间的充实就是使这个空间不受任何别的可运动的东西的侵入。现在，我们必须对物质在各方面的抵抗是以什么为依据，而且这种抵抗是什么等问题加以研究。但是我们已经从上面的说明中看到：物质在这里被考虑为抵抗，不是当它从它的地点被驱逐出来，因而本身被移动的时候（这种情况以后将要作为力学上的抵抗来加以考虑的），而只是当它自己的单纯扩张的空间受到减少的时候。人们使用这样的说法：占住一个空间，也就是直接存在于这个空间的一切点上，为的是从而表示一个东西在空间里的扩张。但是，因为在这个概念里不确定的是：什么结果，或者究竟有无结果，是从这种存在产生出来的；是否抵抗别的企图侵入它里面来的东西；或者它所表示的单纯是一个就其是几个空间的总和 [170]
来说的空间之没有物质，正如人们关于每一个几何图形都能说：它是占住一个空间的（即它是扩张的）那样；或者在空间里是否有某东西是使另一个可运动的东西必须更深地侵入到这个空间里的（即吸引别的东西的）；

我要说，由于这一切都是未确定的。所以，“充实一个空间”更接近于“占住一个空间”这个概念的规定性。

定 理 一

物质充实一个空间，不是通过它的单纯存在，而是通过它的一种特别动力。

证 明

(229) 侵入一个空间就是一种运动(在其开始时称为侵入的努力)。对运动的抵抗是运动减弱的原因，而且又是它能转化为静止的原因。可是只有某种在其相反的方向上能运动的东西才能和任何运动结合起来而使之削弱或消灭(运动学的定理)。所以，一种物质在其所充实的空间里，对另一种物质的所有侵入所作出的抵抗，也就是这另一种物质在相反方向的运动的原因。但是一种运动的原因是称为动力的，所以物质充实其空间是通过动力，而不是通过它的单纯存在。

注 释

兰伯特(Lambert)①等人称充实其空间的物质的这种性质为固体性(一个意义相当复杂的词)，而且主张我们必须至少在外感觉世界里的每个存在的东西(即实体)中假定这种固体性。按照他们的想法，在空间里有某种实在的东西，由于它的概念，因而就是按照矛盾的原理，就必定带有这种抵抗，并且必定使一个真实的事物所占住的空间里没有任何别的东西能同时存在。但是矛盾的原理并不把任何曾想侵入一个有了另一种
[171] 物质的空间的东西驱逐回去。只有当我以一个力归之于占住一个空间的东西，是能赶走所有外来的而接近它的能运动的东西的时候，我才理解了这样的问题，即在一个为一个东西所占住的空间里，而另一个同类的东西却要侵入来，是怎样含有矛盾的。在这里，数学家就假定某东西作为一种物质的概念的构成之第一性所予(Datum)，其本身是不容再进一步构成的。可是他能任意从任何所予来开始他的一个概念的构成而并不必再从

① 兰伯特(J. H. Lambert，1728—1777)，德国数学家，物理学家，哲学家。——英译者

事于对这个所予的说明;但是,他却不因之就有权来说明那前一个所予是完全不能有任何数学的结构的,使得这样就可以阻止回复到自然科学的 (230) 第一性原理那里去。

说 明 二

吸引力就是这样的动力,通过它,一种物质就能成为别的东西对它接近的原因(或者这样说也是一样的:通过它,这物质就反抗别的东西从它移去)。

排斥力就是这样一种动力,通过它,一种物质就能成为一个原因,使别的东西从它移去(或者也可以说,通过它,这物质就阻止别的东西向它接近)。我们有时将称这后者为**推出力**,前者为**引诱力**。

附注:只有上述两种物质的动力是可以想象的。因为一种物质能加在另一种物质之上的运动,就其每种运动都是作为一个点来考虑而言,总必须是看作在两点之间的那条直线上被分配的。但是在这条直线上,只有两种运动是可能的:一种是通过它,那些点就彼此**移开**,而第二种是通过它,那些点就彼此**接近**。但是,作为第一种运动的原因的,可称为**推斥** [172] **力**,而第二种则称为**吸引力**。所以,在物质自然里的一切运动力必须归结于其上的、可以被想象的力只有这两类。

定 理 二 (231)

物质充实其空间是通过所有它的各部分的排斥力的,也就是通过一种它自己的扩张力的,这种力有一种确定的程度,过此以外,是可以想象到一些更小或更大的程度以至无穷的。

证 明

物质充实一个空间,只是通过运动力实现的(定理一),而这种力是这样的,即阻止别的力的侵入,或者说阻止其接近。可是这就是排斥力(说明二)。所以物质之充实其空间,而且其实充实其空间的各部分,只是通过各种的推斥力的,因为不然的话,它的空间的一部分就会不是充实的(这是违反那预先的假定的),而会只是被包围住的了。**但是由于所有它**

的各部分的推斥而被扩张的某东西的力量也就是扩张力(这是膨胀的)。所以这种物质充实其空间只是通过一种它自己的扩张力,这是第一点。在每一个所予的力以外,必须还能够想到一个更大的力;因为超过它就没有更大的力是可能的,这就是这样的一种力,通过它,在一个无限的时间里,就会经过一个无限的空间了(这是不可能的)。再者,在每一个所予的动力之下,必定能够想到一个更小的动力(因为最小的就会是那种力,通过它自己的无限增加,而经过任何一个所予的时间就不能产生一种有限的速度,而这却表示所有动力的缺乏)。所以在一种动力的每一个所予的
(232) 程度之下,总是能够有一个更小的程度,这就是第二点。因此,一切物质借以充实其空间的扩张力是有它的程度的,而这个程度总不是最大的,也不是最小的,而是在这以外,还有更大的以及更小的,以至无穷。

附注一:一种物质的扩张力又可称为弹性。现在由于那扩张力是作
[173] 为一切物质的一种本质属性的空间充实所依据的基础,所以这种弹性就必须称为原始的;因为它是不能从任何其他的物质属性引申出来的。按照这点来说,所有物质原来都是有弹性的。

附注二:由于在每一种扩张力以外还能找到一种更大的动力,而这种动力是能对它起反作用的,这样也就会减小它所力求扩大的空间。在这种情况下,后一种力就会被称为压缩力;基于这个理由,对每种物质来说,又必定能够找到一种压缩力,它能把这个物质从它所充实的每一个空间驱赶到一个更窄的空间里去。

说 明 三

当一种物质通过压缩力而完全消灭另一种物质的扩张的空间时,它在其运动中就侵入到另一物质里去了。

注　释

当一个充满着空气的抽气机的吸管里的活塞推进几乎到尽头时,空
(233) 气物质就是被压缩的。可是,如果是把这种压缩进行到这么远,以致这活塞完全接触管端(而丝毫没有空气溜走),那么这空气物质就会是被压缩透了;因为它的两头的物质并不给它留下任何余空,它就会处在管端与活

塞之间而并不占住一个空间了。这种由于外来的压缩力所致的物质透入性,如果我们愿意假定它或者只是想象它的话,就可以称之为**力学的透入性**。我有种种理由,通过这样一种限制来把物质的这种透入性与另一种透入性区别开来。而这另一种的概念也许正如那第一种一样是不可能的。不过,对这另一种透入性,我将来还会有机会来说明它的。

定 理 三 [174]

物质是能够被压缩到无穷的,但是它绝不能为一种物质所透入,无论这种物质的压缩力是怎样大的。

证 明

一种物质用来力求扩张到它所占住的一个所予空间的各方面去的原始力,在被包围的一个更小的空间里,就是更大的,而在被压缩到一个无限小的空间里去时,它就是无限的了。可是,对于物质的任何所予的扩张力,是能找到一种更大的压缩力,迫使它进入一个更小的空间里去的,如此可进至无穷,这是第一点。但是为着透入物质,把物质驱集到一个无限小的空间里去就是必需的了,因而就需要有一种无限的压缩力,而这是不可能的。所以一种物质就不能通过压缩被任何别的物质透入,这就是第二点。

注 释 (234)

我在这个证明里,一开始就曾假定:一种扩张力,越是被推进到狭窄的地方去,就必定起更强烈的反作用。诚然这对于只是引申出来的每一种的弹性力并不都是有效的。但是在应有主要的弹性的那种物质里,就其是充实一种空间的一般物质来说,这是可以设定的。因为从所有各个点向着所有各方面所施的扩张力是构成它本身的概念的。但是被带进一个狭窄的空间里去的一些伸张力的同样限量,必须在这空间的每一个点上,空间越小,则抵抗就越强,而力的一定的限量也就在这空间里散布其效力。

说 明 四

以阻力为依据,而按压缩的程度比例增加的物质之不可入性,我称为

[175] 相对的不可入性;但是依据这种预先假定,认为物质作为物质是不能有任何压缩的,这种不可入性,我就称为绝对的不可入性。以绝对不可入性来充实空间,可称为数学的空间充实,而以单纯相对的不可入性来充实空间,则可称为力学的空间充实。

注释一

按不可入性的单纯数学的概念来说(这个概念预先假定没有任何动力是物质本身所固有的),没有物质是能够被压缩的,除非是在它里面含有空洞的空间这个限度内,所以,以物质作为物质来说,它是绝对的而且以绝对的必然性来阻止所有侵入的。但是按照我们关于这种性质的说
[235] 明,不可入性是有其物理的根据的;因为扩张力使它自己作为充实空间的扩张的东西,就首先是成为可能的。由于这种力是有一定的能被克服的程度的,所以这就减小了物质的扩张的空间,也就是说,物质的空间能被一个所予的压缩力侵入到一定的程度,但这样一来,由于完全的透入是需要一种无限的压缩力的,所以完全的透入就是不可能的,因此,就必须把空间的充实只看作相对的不可入性。

注释二

事实上,绝对不可入性恰好只是一种隐秘的性质(拉丁文所谓 qualitas occulta)。因为我们问:各物质在其运动中为什么不能互相侵入,其原因何在? 所得的答复就是:因为它们是不可侵入的。引用推斥力就可避免这种非难。因为,虽然这种力根据其可能性同样是不能进一步予以说明的,因而必须作为基本的力,可是它提供了一个有效原因及其各规律的概念,按照这个原因与其规律,在被充实的空间里的阻力,就能按其程度而得到估计。

[176]

说明五

物质性的实体就是在空间里的那种东西,就其本身来说,即就其和所有在空间里、在它的外边存在着的别的东西分开来说,它是可运动的。物质的一部分的运动,从而这部分就不再为一部分,这种运动就是分开。一种物质的各部分的分开就是物理的划分。

注　　释 (236)

实体这个概念表示的是存在的最终主体,也就是其本身不作为单纯述项而属于另一个东西的存在的东西。可是,物质乃是一切可算作在空间里的东西的存在的主体;但是在物质以外,更没有任何别的主体是能被想象的,而只有空间才是如此,但是空间却是一个概念.并不含有任何存在的东西,而只含有外感官的可能对象之外部关系的必然条件。所以物质,作为在空间里的可运动的东西来说,就是空间里的物质。但是物质的所有部分也同样是实体,这是就人们能说它们都是主体而不是别的物质的单纯述项这点来说,因此它们就必须被称之为物质。但是如果它们在其本身来说,是可运动的,因而就是外在于和别的邻近的东西之结合而在空间里存在着的东西,那么它们本身也就是主体了。所以物质自己的运动,或者它的任何部分的运动,就同时是一种证明,即这种可运动的东西以及它的每个可运动的部分都是实体。

定　理　四

物质是可分割到无穷的,而且其中的每一个部分又是物质。

证　　明

物质是不可侵入的,而且这是由于它的原始扩张力(定理三)而成为不可入的,但是这只是在一个为物质所充实的空间里的每个点的推斥力的后果。可是这为物质所充实的空间是在数学上可分割到无穷的,也就 [177]
是说,它的各部分是能区分到无穷的,虽然它们是不能被运动的,结果就是不能分开的(按几何学的证明)。但是在一个充满了物质的空间里,其 (237)
每一部分都含有同样的抵斥力来对各方面的所有其他的力起反作用,也就是把它们击回,而且同样为它们击回,即被移动到离它们一定的距离。因此,一个为物质所充实的空间的每一个部分,就其本身来说,都是可运动的,而结果就是,可通过物理的划分与那些剩下来的各部分分开,因为这些剩余的部分是物质性实体。这样,为一种物质所充实的空间的数学可分割性达到多远,则充实这空间的实体的可能的物理划分就达到多远。但是这种数学划分是无穷的,结果就是:这物理划分也是无穷的,即是说,所有物质都是无限可分割的，而且实是可分割为无限多的部分的，而其每一部分本身又是物质性的实体。

注 释 一

通过空间的无限可分割性，物质的无限可分割性还远远没有得到证明，除非是事先证明在这个空间的每一部分里都有物质性的实体，也就是能碰见在其本身来说是能运动的部分。因为一个单子论者原是想要假定，物质乃是由一些物理点所组成的，其中的每一个点（正是为了这个缘故）是没有任何能运动的部分的，但又通过单纯的推斥力而充实一个空间，这样，他就可以承认，这个空间，不是在其里面发生作用的实体，就是可分割的，因之这个实体发生作用的范围，不是那起作用而能运动的主体本身，由于这空间的分割而同样可以被分割。据此他就准备用以物理上不可分割的各部分来组成物质，然而又容许它们以力学的方式占住空间。

但是通过这上面的证明，这位单子论者就完全丧失了他的借口。因为从这就看得清楚，在一个充实的空间里，不能有任何一个点，其本身不是在所有各方面起着推斥的作用的，正如它的被推斥那样，因而像一个在
(238) 每个别的推斥的点的外边而现在起着反作用的主体而在其本身来说是能
[178] 运动的那样；据此，还可以进一步看清楚，下述假设，即认为一个点通过单纯的冲动力而并不利用别的同样的回击力，就充实一个空间是完全不可能的。为了使这层，从而又使上面的定理的证明成为在直观上可以看到的，我们就必须假定：

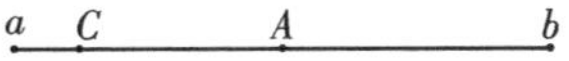

A 是一个单子在空间里的位置，ab 是它的推斥力范围的直径，因而 aA 就是其半径，a 就是在占住那个范围的空间里一个外在的单子将要推斥的地方，这样，在 a 与这个范围的那中心点 Λ 之间，就可能指定一个点 C（按照空间的无限可分割性）。现在，如果 A 推斥那力求在 a 来浸入其自己的东西，C 就必须推斥那两点 A 与 a。因为如果不是这样，这两点就会毫无阻碍地彼此接近，结果就是 A 与 a 在点 C 上会合，于是这空间就会被侵入了。所以在 C 上必须有某东西是推斥 A 与 a 的侵入的，因而就是击退单子 A 的，正如它为单子 A 所击回那样。由于击回就是一种运动，所以 C 也就是在空间里能运动的东西，因之就是物质，而在 A 与 a 之

间的空间就不能为一个单一的单子的效力范围所充实,而在 C 与 A 之间的空间亦复如是,如此类推,以至无穷。

当数学家把具有更大或更小的压力的一些弹性物质的各部分的推斥力想象成为与其相互的距离成某种比例而增加或减少时,例如空气的最小部分是在其相互间的距离之反比例上彼此回击的,因为它们的弹性是和它们在其里面被压缩的空间成反比例的,那时,如果我们把那必然属于 (239)
一个概念构成的过程中的东西归之于在其本身而言的对象里的那个概念,我们就会完全歪曲了它们的意思而且曲解它们的话语了。理由就是,按上面所说的,所有接触都能被想象为一种无限小的距离;而在这样的情况下,这种事情又必然要这样发生,就是在那里得要想象有一个或大些的 [179]
或小些的空间完全为物质的同样的量所充实,也就是为推斥力的同一限量所充实。因之在一个无穷可分割的东西里,并没有其各部分的任何实际上的距离,而且在其整体的空间的扩大那里,是要假定总是构成一个连续体的,虽然这种扩大的可能性只是在一个无限小的距离这个概念之下才能使之成为在直观上可看到的。

注　释　二

数学在其内部的使用上,对于错误的形而上学的狡计,固然是完全不关心的,而在其关于**空间的无限可分割性**的明显主张的可靠掌握上则保持不变,不管一种采取单纯概念的诡辩是把什么反对意见放在它的道路上来;唯独在它将对于空间有效的一些定理,应用到充实那空间的实体上来时,它就必须按照单纯概念来进行检查了,因而也就是从事于形而上学的工作。上面的定理已经就是其证明。因为,虽然从数学的观点来说,物质是无限可分的,但是并不能由此必然地得出来这样的结论,即物质在物理上也是无穷可分的,即使在下述情况下亦复如此,即空间的每一个部分又是一个空间,在它本身里面总是包含着彼此外在的一些部分;除非是能证明在这个充实的所有可能的部分之中每一个部分又是实体,而这个实体又因为是与一切其余的部分分开的,就作为是为自己而能运动的东西 (240)
存在着的。所以数学的证明一向是缺乏某东西,而没有这个东西,它就不能有任何对自然科学的可靠应用,而这种缺乏已被上面立定的定理补救了。但是关于形而上学对于物质的无限可分割性的**以后的物理定理**的其

余各种攻击，数学家就必须完全听任哲学家了，而哲学家在这以外，通过
这些反对意见，就走入了一个迷宫，他乃至在直接关于他的各种问题上很
难找到出路，而这样，即没有数学家插手进去，他关于自己的事就够忙了。
[180] 即令物质是可分割到无穷的(独断的形而上学断定说)，它**就是由无限多**
的部分所组成的；因为一个整体必须事前就在其里面含有在其整体里所
能划分成为的所有各部分。但是关于任何作为一个**自在之物**的整体，这
最后一条定理又无疑是确实的，因而虽然我们不能承认物质，或者甚至空
间，是由**无限多的部分所组成的**(由于一个无限的数目，其概念本身是带
有这个意思的，即它绝不能被想象为完全表现出来的，这样来想是一种矛
盾)，那么我们就必须这样决定，或者是这样说以反抗几何学家：**空间不是**
能分割到无穷的；或者是这样说来激怒形而上学家：**空间不是一个自在之**
物的属性，而这样，物质就不是自在之物，而是我们一般外感官的单纯出
现，正如空间是其最主要的形式那样。

在这里，哲学家就陷入进退两难的危险窘境。否认空间是可分割到
无穷的这第一个命题，是大言不惭的冒险，因为数学是不至于因诡辩而消
(241) 失的；然而把物质看作自在之物，因之就把空间看作自在之物的属性，因
而否认上述的命题，乃是同一回事。这个哲学家看到自己不得不放弃这
种断言，不管它对于一般的见解是如何通行而适合的，然而却自然是在这
种条件之下的，即在这一种情况下，人们把物质和空间变为只是出现(因
而就把空间变为外感官的直观的形式，于是就把这两者一同变为不是事
物的本身，而只是在其自身来说是我们所不知的对象的主观表象方式)，
而这个哲学家就从物质的**无限可分割性**的困境中被拯救出来了，但仍没
有摆脱物质由**无限多的部分**组成的那种困难中。这后一命题是可以容易
通过理性而被想象的，虽然使之在直观上可以看见而且构成它是不可能
的。因为凡是在表象中被给予出来的才是实在的东西，表象里给予出来
的，是不**多于**在表象里所碰见的，也就是不**多于**表象的进行所达到的那么
远的。所以关于其分割可进行到无穷的那些出现的东西，我们只能说，我
们给它们的是多少部分，也就是我们在任何时候能把它们划分到多么远，
[181] 它们的部分也只有那么多。因为那些作为属于一个出现的东西的各部
分，只是在思想里，即在划分的本身里存在的。那么，虽然划分是进行到

无穷的，可是这划分绝不是作为无穷的被给予出来的；所以就不能从而得出结论说，只因为它的划分是进行到无穷的，所以那可划分的东西就包含**在其本身里**而且在我们的表象以外有无限的部分。因为其划分是能被进行到无穷的，不是事物本身，而是其表象。而且客观对象的划分（这在其本身来说是未知的）是绝不会完结的，因而永远不能完全被给予出来。所
以表象的任何划分并不能证明对象中有任何实际上无限的数目（因为这 (242)
就会是一种明显的矛盾）。一位伟大的人物也许在德国比任何别的一个人更多地维护了数学的威信，且曾多次击退了形而上学企图推翻几何学关于空间的无限可分割性的定理的嚣张气焰，有根据地提醒人们：**空间只是属于外界东西的出现**；但是他却没有得到人们的了解。人们是这样了解这个命题的，好像它是要说：空间是对我们出现的，否则它就是一种东西或东西本身的关系，可是数学家只是考虑它作为它出现的那样的；人们不应该这样理解它，而应该把它理解为：空间不依附任何在我们各感官以外的东西的性质，而只是我们感受性的主观形式，是外部感官对象在这种形式之下，对我们出现的，而这些对象其本身有什么性质，却是我们不知道的。这种出现，我们名为物质。在那种误解的情况之下，人们总是把空间想作一种在我们的表象力之外而依附于一些东西的性质，但是数学家却只按照一般的概念，即混乱地思想（因为人们一般是这样说明出现的），因而就把物质的无限分割性这个数学定理，这个预先假定在空间概念里最高度的明晰性的命题，归之于空间的一种混乱的表象，而这个定理却是几何学家以之为基础的。这样一来，形而上学家就仍然可以用一些点来组成空间，用单纯的部分来组成了物质、而且这样（按照他的意见来说）就
把明晰性带入这个概念里来了。这种混乱的根源是存在于一种被误会的 [182]
单子论里的，而单子论却并不属于自然出现的说明，而是莱布尼茨所详加叙明的关于世界的柏拉图概念，在其自身来说，原把世界不作为感官的对象来看，而是作为自在之物来看，单纯作为知性的对象，却处在感官出现
的基础上的东西来看，这样的概念还是正确的。**自在之物的组合**当然是 (243)
由于简单的东西而成的；因为在这里，其各部分必须是在一切组合之前就是被给予出来的。但是**出现的组合**不是由于简单的东西的，因为在那只有作为总是组合的（即广延的）而被给予出来的出现里，其部分只能通过

划分才被给予出来的,所以就不是在组合以前而是在组合之中的。所以,就我所看到的来说,莱布尼兹的意见并不是把空间说明为通过简单东西的并排安排的,反而是把这些简单东西作为相应于一个单纯智性的(却是我们不知的)世界之一方面来规定空间的,而且他的意见所主张的,无非就是在别的地方已经说明过的,就是空间以及以空间为形式的物质所包含的不是自在之物的世界,空间本身只是我们外部感官直观的形式。

定 理 五

物质的可能性需要有一种吸引力作为它的第二种主要的基本力。

证 明

不可入性,作为物质的基本属性,是物质借以首先显示它自身为在我们外感官的空间里的某实在的东西,因而无非是物质的扩张能力(定理二)。可是,一种本质上的动力,是物质的各部分借以互相逃避的。第一,它不能通过其自身而受到限制,因为物质反而是通过其自身就不得不继
(244) 续扩大它所充实的空间的;第二,它不能单独通过空间就被固定在扩张的
[183] 某一定的界限上;因为空间能含有一个根据,以致在一种扩张物质的容积之扩大这种情况下,其扩张力是成反比例地削弱的,然而由于每种动力的渐渐变小的程度是可能到无穷的,所以它就不能含有这种程度在任何地点停止下来的根据。因此,物质单独由于它的推斥力(这是包含有它的不可入性的根据的),如果没有任何别的动力在起着相反的作用的话,就不会被抑制在任何扩张的界限以内,也就是它会散布到无穷,而没有任何物质的可指定的量会在任何可指定的空间里被碰到。单纯在物质的推斥力的情况下,结果就是所有空间都成为空洞的,因而就没有任何真正的物质了。所以要有任何物质的存在,就需要有反乎扩张力的一些力量,也就是需要有压缩力。但是这种力是不能原来就在另一种物质的反推动里去寻找的;因为这种推动,为要成为物质,又需要它自己就是一种压缩力。所以就必须在其地方假定物质的一种原始力,是在推斥力的相反方向上,因而就是在接近的方向上起作用的:那就是必须假定一种吸引力。可是这种吸引力是属于作为物质的一般可能性的物质的,结果就是先于物质的

一切分别的,所以它就必不可归之于一种单纯特别的物质,而是要归于每种一般的原始的物质。因此,一种原始的吸引力作为属于物质的一种基本力,属于所有的物质。

注　释

在下述情况之下,即从物质的一个属性过渡到另一个特别与之不同 (245)
的属性,该属性虽然不是包含在其中然而却是同样属于物质的概念,我们必须更详细地来考虑我们知性的态度。如果吸引力原本是物质的可能性所需要的,那么我们在把不可入性作为一种物质的第一性标志的时候,为什么不同样地利用它作为这种标志呢?为什么不可入性是随着一种物质的概念直接被给予出来,而吸引力却不在这个概念里被想到,而只是通过推理才归属于它的呢?我们的各感官不让我们这么直接地察觉到吸引力
像觉察到推斥和不可入性的阻力那样,这个事实并不能充分地解答上述 [184]
困难。如果我们是有这样一种能力的话,那就容易看出,我们的知性会选择空间的充实来表示空间里的实体,即物质,正如在这种充实之中,或者如人们在别的方式上称为固体性的这种东西之中,物质的特性被规定为一种不同于空间的东西。无论我们对吸引力有多么好的感受力,吸引力也绝不能将一种有确定体积与形态的物质显现于我们面前,而只是使我们的感觉器官努力去接近在我们外边的一个点(即有吸引力的物体的中心点)。地球各部分的吸引力只能影响我们,只是因为这吸引力全部集中在其中心点上。正是这中心点才是影响我们感官的东西,除此之外,地球的全部吸引力再不能更多地、也不能以别的方式影响我们。一座火山的吸引力,或者每一块石头的吸引力,亦复如此。在这里,我们是不会由此而获得关于空间里任何对象的确定概念的,因为它的形状、大小,乃至它所在的地方,都不能落到我们各感官的范围里来的(仅有吸引的方向才是能像在重力里那样被察觉得到的;而那吸引点是决不能被知道的,就其是充实空间的来说,我并不能看出它是怎样通过推理而没有关于物质的知觉就能被发觉的)。所以就很清楚:我们关于量的概念在应用于物质时就
使我们的外部知觉变成为一种作为一般对象的物质经验概念成为可能, (246)
而上述应用又是只以其借以充实这个空间的属性为基础的。利用感官的感觉,上述属性又为我们提供一个有广延的事物的大小与形状,从而也就

帮我们获得关于空间里的一个确定对象的概念；而这种概念又是建立在人们对于这种东西能说到的别的一切的基础上的。这无疑可以说明：为什么人们在别的方面有极其清楚的证据证明吸引正如同推斥一样是必须属于物质的基本力的，但竟然这样不愿意去承认它，并且除了斥力与压力（两者都利用不可入性）不愿意承认其他任何运动力。因为人们常说，空间借以得到充实的东西就是实体，这种说法是相当正确的。但是由于实
[185] 体只是通过感官才对我们显示它的存在，从而我们就通过它即通过感官知觉到它的不可入性；因而只在和接触的关系上，实体的存在才暴露给我们，而（在一种物质对另一种物质的接近之中）接触的起始叫做斥力，但是它的持续就叫做压力；所以就好像一种物质对另一种物质的直接影响永远不能是别的任何东西，而只能是压力或斥力；这是我们能直接感觉到的两种影响；而与此相反，那不能给我们任何感觉，或者不能给我们任何感觉的确定对象的吸引力，对我们来说，就成为难于想象的基本力了。

定　理　六

仅仅通过吸引力，而没有推斥力，就没有任何物质是可能的。

证　　明

(247) 吸引力就是物质的这种动力，即物质借以迫使另一种物质接近它的力；结果，当发现它存在于物质的所有部分之间时，这物质就利用它来力图减少其各部分彼此间的距离，因之就减少它们一起所占住的空间。可是，没有什么东西能妨碍一种动力的作用，除非是另一种与之相反的动力；而这种与吸引力相反的力就是推斥力。所以，没有推斥力，而仅仅通过接近，物质的所有各部分就会毫无阻碍地互相接近而减少它们所占住的空间。那么，在这种假定的情况下，由于没有部分间的距离，在其里面一种通过吸引力的更大的接近，是一种推斥力才使之成为不可能的，所以这些部分就向着彼此移动，一直到没有任何距离存在于其间，也就是说，它们就会融合在一个数学点上，而这空间就会变为空洞的，因而就没有任何物质了。据此，仅仅通过吸引力而没有推斥力的物质是不可能的。

附注：一个事物的内在可能性作为其条件而依据的那种属性就是该

事物内在可能性的一种本质的部分。所以推斥力如吸引力一样,是属于物质的本质的,而且在物质的概念里,它们两者是不能彼此分开的。

注　释 [189]

由于在空间的各处只能想到两种动力,即推斥力与吸引力,所以为了验前证明这两者在一般的物质的概念里的统一,事前就必须对每一种单独地给予考察,以便能看出它们在分别被考察时,所能在物质的表象里成就的是什么。现在可以很清楚地看出,不管我们把两个都不放在物质的 (248)
表象的基础上也好,或者只假定其中之一个是在那基础上也好,空间总是空洞的,而没有任何物质是会在那里碰见的。

说　明　六

在物理学意义上所理解的接触,**就是不可**入性的直接作用与反作用。一种物质对于另一种在接触以外的物质的作用就是**超距作用**(拉丁文为 actio in distans)。在彼此之间的物质当中没有任何媒介而还可能的超距作用,可称之为直接的超距作用,或者称之为物质**通过空洞空间**对于另一种物质的作用。

注　释

在一种数学意义上所理解的接触,就是两个空间的一个共通的界线,因而就是既不在一个空间里,而又不在另一个空间里。所以直线是不能相互接触的,但是当它们共同有一个点时,在它们延长也就是在它们相交的情形之下,这点就在这些线之一的里面,如同它是在另一条线里面一样。但是圆与直线、圆与圆,是在一点上彼此接触的,两个平面是在一条线上接触的,而物体是在平面上接触的。所以,数学的接触是在物理的接触的基础上的,但仅有数学的接触还不构成物理的接触。为着使物理的接触可以发生,还得要另外想到一种力学的关系,固然不是吸引的力学关系,而是推斥的力学关系,也就是不可入性的关系。物理的接触就是在这两种物质的共通界线上的一些推斥力的交互作用。 (249)

定　理　七 [187]

一切物质必不可少的吸引力就是物质通过空洞空间对其他物质的一

种直接的作用。

证　明

原始的吸引力本身含有物质作为在一定程度上充实一个空间的那种东西的可能性的依据，因而就含有物理接触的可能性的依据。所以它就是先行于物理的接触的，而结果就是它的作用必定不依赖这个接触作为其条件的。可是，一种不依靠任何接触的动力的作用，也是不依靠能动与被动之间的空间的充实的，就是说它的发生无待于这两者之间的空间的被充实的，因而是作为通过空洞空间的作用。所以那原始的而为一切物质所必须具有的吸引力就是这物质通过空洞空间对另一种物质的一种直接的作用。

注　释　一

要使各种基本力的可能性成为可理解的，这是一种完全不可能的要求：因为它们被称为基本力，正是由于它们是不能从任何别的力引申出来的，也就是说，它们是不可理解的，但是这原始的吸引力丝毫不比原始的推斥力更不可理解。它并不像不可入性那样直接向感官呈现出来，也不可能把在空间里确定的对象的那些概念给我们提供出来。所以，它不是感觉得到的，而仅仅是推论出来的，这样它就有一种被引申出来的力的这个模样，好像它只是通过推斥而产生出来的动力的隐蔽的表演。在更缜密地来考虑时，我们却看到，它是不能从任何东西进一步地引申出来的，
(250) 尤其是不能从各种物质的动力那里通过它们的不可入性而引申出来的，
[188] 因为其作用是恰恰和后者相反的。对于直接超距作用的最通常的反对意见就是认为：在物质不存在的地方。它是不能直接起作用的。如果地球直接是向月球而使它接近自己，那么地球就是对一个离它数千里远的东西起作用，然而是直接起作用的；即令在它与月球之间的空间被看作是完全空洞的。因为，虽然物质可能存在于两个物体之间，但是这物质并不影响那吸引力。所以它能在一个它不在的地方直接发生作用；这一点，按表面来说，似乎是矛盾的。但其实一点也不矛盾，以致人们宁可说：每个在空间里的东西是对另一个在那起作用为东西所不在的地方那里起作用的。因为，如果它是在它所在的地方起了作用的话，它所对之起作用的东西就不会在那地方的外边了；因为所谓在外边是表示出现于其他的东西

所不存在的地方。如果地球与月球是彼此接触的话,其接触就会是一个地方,在那里既没有地球而又没有月球;因为两者的相互距离是以它们的半径之和来计算的。而且在这个接触点上;无论是地球的一部分或者是月球的一部分都不会存在,因为这个点是处在两个充实的空间的界线上的,而这个界线既不构成其一个的一部分,又不构成另一个的一部分。所以说两种物质不能彼此有直接的超距作用就等于说:没有不可入性的力这种媒介,它们就不能彼此直接起作用。可是这一来好像是我要说:推斥力乃是唯一的力,是各种物质能借以成为起作用的,或者至少是必需的条件,唯有在其底下,
各种物质才能相互起作用,而这就会是表示吸引力或者简直没有可能,或者 (251)
总是依靠推斥力的作用的;但是这两种断言都是毫无根据的。空间的数学接触和通过推斥力的物理接触的混淆就在这里构成这种误解的根据。在接触的外边而直接吸引,其意思就是说,按照常规来相互接近,而并没有什
么含有其条件的推斥力,而这之必然是可以被想象的,正如相互直接推 [189]
斥,即如相互按常规逃避那样,而毋须有吸引力在那里面有任何的参与。因为这两种动力是完全不同类的,而且毫无理由来使其一依靠另一个。同样,主张一方没有另一方作为媒介就不可能,也是缺乏起码的根据的。

注 释 二

从接触中的吸引里是绝对不可能有任何运动发生的,理由就是接触是不可入性的交互作用,而不可入性是妨碍所有运动的。所以必须有某种直接吸引是在吸引以外的,因而就是超距的;因为不然的话,即使是引起接近的努力的压力与斥力,由于这些压力与斥力是和物质的推斥力在相反的方向上起其作用的,因而也不可能有原因,至少在物质的本性里不可能本原地存在着的原因。我们可以把不借推斥力的媒介作用而发生的那种吸引叫做**真实的**吸引,而把单纯在那种方式上进行的吸引就叫做**外表的**吸引;因为一个是另一个物体所力求接近的物体,其本身对于那另一个物体是不运用任何吸引力的,理由在于:这另一个物体是从别的地方被
推斥力引向第一个物体的。但是即使是这些外表的吸引,终之也必须有 (252)
一个真实的吸引在其基础之上,因为那为压缩或说推斥,而不是为吸引,所服务的物质,没有种种的吸引力,就必不会成为物质的(定理五)。结果就是,所有通过单纯外表的吸引来说明接近的现象的那种方式,都是兜圈

子。一般认为:牛顿知道没有必要为他的体系去假定物质的一种直接的吸引,只要有了纯粹数学的极其严格的节制,就可让物理学家们有其完全的自由,用他们认为是好的方式,去说明物质直接吸引的可能性,而不把他[牛顿]的各种命题和物理学家的假设游戏混淆在一起。但是,如果牛顿不是假定所有的物质单纯作为物质并通过它的本质属性来运用这种运动力的话,他怎样能替这个命题,即物体在其周围同距离所发生的普遍吸引力与其物质的量成比例找到根据呢? 因为,在两个无论是物质上同类与不同类的物体之间,如果其一个是拉另一个的(按照交互作用的等量规律),那种交互接近就必须总是和物质的量成反比例的。所以这条规律只
[190] 形成一条力学原则,而不是形成一条动力学的原则,就是说,它是从吸引力而来的一条**运动**的规律,而不是**吸引力**本身的比例,而且一般说来,它对所有运动力都是有效的。所以,如果一个磁体第一次是为另一个同样的磁体所吸引,而第二次是为同样的、但装在一个两倍于它的重量的木箱里的磁体所吸引,这样,在后一种情况下,它所分给那第一个磁体的相对运动,就会多于前一次所分给的,虽然这增加其物质的量的木箱对它的吸引力毫无增加,而这就证明那木箱是没有任何磁性吸引力的。牛顿说:"如果以太,或者任何别的物体,是没有重量而存在的话,由于它不在别的方面而只是在形式上和任何别的物质不同,它就能够一步一步地通过这
(253) 个形式的一种逐渐变动而转变为一种物质,其样式是像地球上最重的东西那样的;而这样,这最重的东西,反而通过它的形式的逐渐变动又是能够丧失它所有的重量的,但是这是违反经验的,等等。"①所以牛顿是没有把以太(更不必谈其他的物质)作为吸引规律的例外的。这样一来,对他来说,剩下来的还能够有什么样的物质,通过它的推斥,物体的相互接近才能被看作单纯的表面的吸引呢? 所以,如果我们随意把牛顿所主张的真实的吸引来替代一种表面的吸引,而且为了说明接近的现象,就假定一种通过**推斥**的碰撞的**必然性**。那么我们就不能把这位伟大的吸引论创始人作为我们的前驱者,他在解答关于物质的普遍吸引的原因的问题时,正确地抽去了一切假设;因为这个问题是物理的问题或者形而上学的问题,而不是数学的问题。而且虽然在他的《光学》第 2 版的序言里,他说"ne

① 见《自然哲学之数学原理》第 3 卷,命题 6,附录 2——郑译本似未译出。——中译者

quis gravitatem inter essentiales corporum proprietates me habere existimet, quaestionem unam de eius causa irtvestiganda subieci"①。这样，我们就能彻底地看出，他的同时代的人，而且也许他自己，对于一种原始的吸引力所抱的愤恨使他和自己不一致；因为他不能绝对地说，两个行星，例如木星与土星，在和它们的卫星（其质量是人们所不知的）的同样距 [191]
离上，所表明的吸引力是与这些天体的物质的量成比例的，如果他不是假定它们单纯作为物质，就是按照物质的一种普遍的属性互相吸引的。

说 明 七 (254)

各种物质只在接触的共通面上通过一种动力就能直接地互相起作用，我称这种动力为一种表面上的力；但是一种物质借以能在接触面以外直接对其他一种物质的各部分发生作用的动力，我就称之为透入的力。

附注：物质利用来充实一个空间的推斥力就仅仅是一种表面上的力。因为互相接触的部分是互相限制其作用范围的，而且这推斥力不利用处在其中间的部分是不能移动任何更远离的部分的，通过扩张力的一种物质的直接作用一直通过这种力而达到另一种物质，则是不可能的。反之，一种物质所借以占住一个空间的那种吸引力，而并没有充实这空间，因之就借以通过空洞的空间来对另一些远离的各种物质发生作用，其作用就设定没有任何处在那当中的物质，就是没有界限的。这样就必须想到使物质本身成为可能的这种原始的吸引力了，所以这种吸引就是一种透入的力，仅仅是因为这个缘故，它就总是和物质的量成比例的。

定 理 八

物质本身作为物质的可能性所依据的这种原始吸引力在宇宙空间中扩张自身，从这宇宙空间的每一部分到其他一切部分，以至无穷。

证 明 (255) [192]

由于这种原始的吸引力是属于物质的本质的，所以物质的每一部分

① "于是人们就不相信我认为重量是物体的一种本质属性，然而我却曾附加上关于它的原因的研究的一个问题。"——中译者

都本应是有超距作用的。现在设使：有一个距离是这种作用所不能超出它以外的，那么它发生作用的范围的这种限制，要么就是依据处在这范围以内的物质，要么就单纯依靠它在其中扩张其影响的空间的大小量。这第一种情况是不可能发生的，因为这种吸引是一种透入的力，它不顾任何处在其中间的种种物质，直接超距并通过每个作为空洞空间的空间起其作用。第二种情况同样是没有的。因为由于每种吸引都是一种动力，它有一个程度，在这程度以下能想到越来越小的程度以至无穷；这样，在更大的距离上，是有一种根据来照着那种力的散布方式成反比例去减少吸引的程度的，但是绝不完全消灭它。由于现在没有任何东西在任何地方限制物质的任何部分的原始吸引力起作用的范围，因而它就超出所有指定的界限以外向其他每一个别的物质扩张，进而向整个宇宙空间扩张，以至无穷。

附注一：这种原始的吸引力，作为一种透入力，对一切其他物质都起作用，因而是与前一种物质的量成比例的，并且能把它的扩张力的作用达到一切可能的远处。这种吸引力一当与它起反作用的东西即推斥力结合起来，那么这推斥力的限制，因而一个在一定程度上被充实的空间的可能
(256) 性，就必定能从这种吸引力里引申出来；而且这样一来，作为（在一定程度上）充实空间并在其中运动的物质的动力学概念就可以被构成。但是对于这件事，需要有一条关于关系的规律以及那原始的吸引力，作为物质在各个不同的距离上的推斥力和它的各部分彼此间的推斥力。然而，由于这条关于关系的规律是依据这两种力的方向上的不同（这是因为一个点
[193] 要么是被推动去接近别的点，要么是被推动去远离别的点），而且是依据这些力在其里面散布到不同的地方去的空间的大小量的，这个规律就是一种纯粹数学的课题，而再不属于形而上学的事情了，甚至如果以这种方式构造物质概念的意愿未能实现，那么，形而上学对此也毫无责任。因为形而上学所负责的单纯是我们理性知识所准许的结构要素的正确性，而不是在施工中我们理性的不足够性与限制。

附注二：由于一切所予的各种物质为了形成一种确定的物质事物，必须用一定程度的斥力来充实其空间，所以只有一种和原始的推斥相冲突的吸引才能使空间在一定程度上的充实成为可能，也就是使物质成为可

能；不管那些物质是起因于被压缩的物质的各部分彼此之间的应有吸引，或者是起因于它们和一切宇宙物质的吸引相联合，这都是一样的。

原始的吸引是和物质的量成比例的，而且是扩张到无穷的。所以，空间被物质按照确定量所充实，终究只能为物质的无限扩张的吸引所成就，而每一种物质是按照它的推斥力的多少而被分配的。

所有物质直接运用于一切，而且在所有距离上的物质的这种普遍吸
引的作用名为**万有引力**；在更大的万有引力的方向来运动的努力就是重 (257)
量。每种所予的物质的各部分的彻底推斥力名为它的**原始弹性**。所以这种弹性和重量就形成物质的唯一验前可洞察的普遍性性格，其前者是一种内部关系，而后者涉及到外部关系；因为物质本身的可能性是以这两者为根据的；内聚性(Zusammenhang)，在其说明为只限于接触的条件的物质的交互吸引时，就不属于一般物质的可能性，因而就不能被认识为是验前与之结合的。所以这种性质就不是形而上学的，而是物理学的，由于这
一点，它就不属于我们目前考虑的范围。 [194]

注　释　一

为了这样一种也许可能的构造的企图起见，我不能忽略附加一种小小的预告。

1. 对于每一种力，人们可以说，它是在不同的种种远处直接起作用的，而且就其对于每个在一定的远处所予的点运用其动力的程度来说，只是为它得要在其里面散布其自身以对这个点而起其作用的那个空间之大小所限制的，因此，可以这么说：它在其里面散布其自身的一切空间里，不管这些空间是小或是大，它总是形成一个同等的限量，但是它对于在这个空间里的那个点所起的作用，程度总是和它在其里面曾必须散布其自身以便能够对那个点起其作用的那个空间，处在反比例的关系上的。这样，例如光是从一个发光点在各方面以盘形散布出来的，而其盘形总是以距
离的平方而增大的，而在这一切无止境增大的盘形里发光度的限量，统计 (258)
起来总是一样的，而结果就是：在这些盘形里所假定的一个同样的部分就必须按程度来说，随着同样光的限量之散布面的增大而减少其发光性。同理，一切按照规律在面上或者在立体的空间里必须散布其自己以按照其本性来对远离的对象起其作用的力，也是这样的。用这样一种方式来

表现一种从一个点向各远处散布的动力，比用寻常的方式，如在光学以及
其他的部门里，把它作为通过从一个中心点而彼此散开的圆形光线要好
些。因为，由于照这样的方式所划的一些线永远不能充满它们所经过的
空间，因而也就永远不能充满它们所接触的面，不管所划的或所假定的线
有多少，都是一样；而这就是那些线的发散性的不可避免的后果。这样它们
就引起一些麻烦的结论，而这些结论又引起一些假设，这些假设是尽可以避
[195] 免的，只要把整个盘形考虑为被同样的光量**均匀地**照亮的，并且在每个地
方，其发光度的程度，如自然的那样，是假定与整个的大小成反比例的；而在
一种力通过大小不同的各个空洞的每一种别的散布的情况下，也是这样的。

2. 如果这力是在远处的一种直接的吸引，那么这种吸引的方向线就
必须更多地不表现为从那吸引点发出来的光线，而反要表现为从四周的
盘形之所有的点（盘形的半径就是所予的远离）汇合在吸引点之上。其理
由就是，这个运动到这点的方向线（而这点也就是这运动的原因与目的）
(259) 就指定各线所必须由此开始的出发点，即从而得到其方向的面的各点到
那吸引的中心点，而不是反过来的；因为只有以面的大小来确定线的多
少；而那中心点则让那些线总是不确定的①。

---

① 不可能把在所予的各种距离的一些面表现为完全是从一个点以光线那样的方式分散出来的线的作用（不管这是发光力的作用或者是吸引力的作用）所充满的。这样，在这种分散的光线的情况下，一个远离的面的比较更轻微的发光性就单纯是以这个事实为依据的，就是在发光的地方之间还留有一些不被光照的地方，而这些地方是随着各个方面的更远离而就更大的，欧勒（Eouler）的假设避免了这种不适宜性，但是确实又有比这更大的困难，就是使光的直线运动变为不可理解的。但是这种困难是起因予一个尽可以避免的关于光质的数学观念的。这个观念就是把光质想象为小球体的堆积，这些小球体按照它们反对冲击的方向的各种不同的倾斜位置，就会作出那光的一种侧面的运动来，而没有任何东西防止我们来把这种物质现象想象为一种原始的流质，而且完全是这样，毋须把它分成一些固定的小物体。如果数学家想要在增加距离那里的光之减少，变为在直观上可看到的，他就利用四散的圆形光线在它的以盘式的散布表示某空间的大小，在那空间里面，这些圆形光线之间的光的同量是均匀地散开的，因而就有其发光度的程度之减轻；但是，他却不想要人们看出这些光线是唯一发光的东西，好像在它们之间总是存在着完全没有光的地方似的，而且越离远就越变大。如果人们想要把这些面的每一个描写为彻底发光的，他们就必须把盖着更小的面的同量的发光力想象为均匀地盖在那更大的面上，因而为了表示其直线的方向，这些线就必须从这个面及其一切点划到发光的点，与其作用这作用的大小就必须是事前想出的，而其原因也就按着它们登记下来。关于吸引线，如果人们愿意这样称呼它们的话，而且其实关于从一个点出来充满即令是一个立体的空间的力的一切方向，上面所说的也是有效的。——康德

3. 如果这力是一种直接的推斥力的话，那么一个(在单纯数学的描写 (260)
上的)点就是力学式地充实一个空间的，而问题就是，按照什么无限小的 [196]
距离的规律(这里的距离对于接触是同样有效的)，一种原始的推斥力(因
而其限制仅仅依据它在其里面散布的空间)在不同的各种距离上起其作
用，这样，人们就更不能想象这种力是通过从所假定的推斥点出来发散推
斥线的，虽然这运动的方向是以它为出发点，因为这力必须在其里面被散
布以便在这个距离上起作用的那个空间，是一个必须想象为被充实的立
体空间(其方式，也就是一个点如何能通过它的动力，即在力学上，充实一
个立体的空间，确是不能更有数学的表现的)。而从一个点分散出来的线
是没有可能来使一个在立体上充实的空间的推斥力成为可想象的；相反
地，人们估计这些推斥的点在各种无限小的距离上的推斥力，仅仅是根据
它与这些点的每一个在力学上所充实的立体空间的反比例，因而是按其
与它们彼此间的各种距离的立方的反比关系来进行的，而不能去构想这
些点。

4. 这样，物质的原始吸引就会在与其距离的平方线成比例上在一切
远处起其作用，而那原始推斥就在与其立方成反反比例上，在一些无限小
的距离上起其作用，而通过两种基本力的这样一种作用与反作用，其空间
的充实的一个一定程度的物质就会是可能的了；因为，由于在各部分的接
近的情况下，那推斥是比那吸引在更大的程度上增强了，通过的所予吸引
不可能有比其更大的那种接近的限制就被确定了，因而那形成空间的充
实之深浅为多少，其压缩的程度也就被确定了。

注　释　二 (261)

我大致看到了关于一般物质的可能性的这种说明方式的困难。这种
困难就在于：如果一个点不能通过它的推斥力直接推走任何别的一个点，
同时又不充实那整个立体的空间，一直到通过它的力就达所予的距离，那
么，似乎可以由此得出，这个空间就必须包含着几个推斥点，而这是和预 [197]
先的假定相矛盾的，而且在这上面(定理四)在空间中的单纯的东西的推
斥范围的名义下曾被驳斥过。然而，能被给予出来的一个实在的空间这
个概念和单纯为着所予的两个空间的关系的确定而想出来的、并非实在
空间的这个空间概念，这两者之间是有一种区别要作出来的。在那所举

的例子里，一种意想的物理单子论，是应该有一些实在的空间的，这些空
间是要从力学上，即通过推斥而从一点来被充实的，因为那些单子是作为
一些点，而在从它们出来的物质的任何可能的产生以前，就是存在着的，
而且是通过它们应有的生效范围被确定为能属于它们的所要充实的空间
的一部分。所以在假设里，这物质是不能被看作无限可分割的，也不能被
看作连续的限量；因为这些直接相互推斥的部分还是有一个相互间的确
定距离的(即它们推斥的范围的半径的总和)；反之，当我们如在实际上所
发生的那样，把这物质想作连续的量，完全没有直接推斥的部分之间的任
何距离存在于其中，结果就没有这些部分直接作用范围变得更大或更小
这种情况。可是各种物质都是能被扩大或压缩(像空气那样)的，而在这
里，人们就把它们最邻近的一些部分的距离想象为能增加或减少。但是，
(262) 由于一个连续的物质的最邻近的部分相互接触，不管它们是更远的被扩
大或者是被压缩的，其相互间的各距离都是被想作**无限小**的。而这种无
限小的空间是作为在大些或小些的程度上为它的推斥力所充实的。这种
无限小的中间空间却与接触没有丝毫的区别，所以正是空间的观念，使一
种物质的扩大作为连续量成为在直观上可说明的，但它们是否实在这样，
其实是难以设想的。所以当有人说：物质的相互直接推动的各部分的推
斥力是和它们的距离的立方成反比例的，其意思只是说，它们是和人们所
[198] 想象的在各部分之间、可是直接相互接触的立体空间成反比例的，而所说
的距离因之就必须名为**无限小**的，以便使它与所有实在的距离分开来。
因而我们必不可从一个概念结构的种种困难、或者不如说从概念的误解，
而作出任何反对这概念本身的异议；因为不然的话，它就会碰到这种比例
的数学表现，而这比例正是吸引力在不同的距离上发生的，正如在物质的
扩张或压缩的整体里每个点借以直接推斥另一个点那样，在这两种情况
下，动力学的普遍性规律就会是这样的：从一个点对任何在它以外的另一
个点所运用的动力的作用，是和这动力的同样的限量在其里面得要扩张
其自身，以便对于这另一个点在确定的距离上，直接起其作用的那个空间
成反比例的。

(263) 从物质的各部分原来就是在与其无限小的距离成立方的反比例上相
互推斥的这条规律中，就必然要得出一条关于这些部分的扩张与压缩的

一条规律，这是完全不同于马里奥特(Mariotte)的空气规律的；因为马里奥特的规律证明的是物质的最邻近部分的逃避力，是和它们的距离成反比例的，就像牛顿所证实的那样(《自然哲学之数学原理》，第 2 编，第 23 题，注释)。但是人们又不能把空气的各部分的伸张力看作那种本源的推斥力的作用，因为这些伸张力以热为根据，而这热不单纯是作为透入空气的原有各部分的一种物质，从各方面看来是通过它们的振动，使它们相互逃避的，再者，我们又是能够承认它们是有相互的实在距离的。但是这些振动必须按其距离的反比例以一种逃避力分给其相互最邻近的各部分，这是可以根据运动通过弹性物质的摇摆传递的规律而就可以理解的。

我还要说明的是，我不想让当前关于一种原始推斥的规律的阐述，被看为必然属于我在形而上学上处理物质的目标，我也不想把这后者(对于它来说，原先把空间的充实表现为物质的力学属性，也就够了)和那些为前者而发的争论与疑惑混在一起。

动力学的一般附注 [199]

如果我们回顾一下我们前面所做的事情，我们就将看到在其里面所有的是：第一点，在空间里实在的东西(在别的方面名为固体的)就其进行充实而言，是通过推斥力的；第二点，关于第一点，作为我们外部知觉的应有对象来说，它是消极的，即是说通过吸引力，所有空间借以按其本身而言就成为被侵入的，也就是说那固体成为完全被取消的；第三点，第一种 (264)
力为第二种力的限制，而且从而得到我们考虑的空间的充实的程度的确定，因之在实在性否定性和限制性的项目下的物质性质，在其应属于一种形而上学的动力学来说，就已经充分地被探讨过了。

关于动力学的一般注释

物质自然的动力学的普遍性原则是这样的，即我们外感官的对象里的所有实在的东西，不单纯是空间的确定性(位置、扩张与形状)，而且必须被当作动力来看待；因而通过这条原则，所谓固体、或说绝对不可入性，就作为一个空洞的概念，从自然科学里被驱逐出来了，而代之以一种推斥力。在另一方面，那真正而直接的吸引就抵御了那误解其自己的形而上学的一切诡辩，而且被说明为一种基本力，乃至是物质这个概念之可能性所必需的。现在从这里就发生这个后果，就是空间，如果觉得有其必要的话，就能被假定为大抵是彻底地、同时是在不同的程度上被充实的，而毋须把一些空洞的中间空间分布在物质的里面。因为，按照物质的第一种属性，即充实一个空间的这种属性，之所以为依据的那些推斥力的原本不同的程度，其对于那原始吸引(无论是每一种物质为了它的本身的吸引，或者是宇宙的所有物质为着联合的吸引)的关系是想象为无限不同的；因
[200] 为这种吸引是依据那在一个所予的空间里的物质之集合的，其扩张力是
(265) 依据它充实这空间的程度的，而这程度又可能是特别不同的(比方像在同样的容积里某同样量的空气按照其高些或低些的温度就表示多些或少些的弹性)；所以其一般的根据就是：通过真正的吸引，物质所有部分就直接对另一物质的所有部分起作用，但是通过扩张力，就只对其在接触面上的那些部分起作用，因之它总是一样的，不管在这后面是有多的或少的物质存在着。从上述的一切中，自然科学就得到了一个大的好处，自然科学就从而减除了这种负担，就是要凭着空想而从充实性与空虚性来构造一个世界，而且还要能够把所有空间都想作是充实的，然而又是在种种不同的量上充实的，这样一来，空洞的空间至少就失去其必要性而回归到一种假设的价值上去了；不然的话，它借口是一种必要的条件来说明空间充实的不同程度，就能僭取一条基本原则的称号了。

与上述情况相关联，一种按照方法来使用的形而上学，对于矫正那些同是形而上学的，但还没有受到过批判的考验的各种原则的那种长处，乍看起来，只是消极的。虽然如此，但这样一来自然研究者的领域就间接得到扩大了；因为那些条件，是这个领域从前用来限制其自己的，而且通过它们所有运动的原始力量通过哲学思维而消灭了，现在这些条件就失去其有效性了。我们必须避免超出一种一般物质的普遍概念所使之成为可能的东西以及在验前解释其特殊的或者特别的定义与分别。物质这个概念被追溯到单纯的动力上去了，而且对此我们也不能指望有其他的办法，因为不能在空间里想到任何活动；任何变动，除非是作为运动的。但是谁
(266) 能了解基本力的可能性呢？这种基本力只能是假定的，如果它们必然是属于一个概念的。关于这个概念，是可以证明它是一个基本的概念，是不能从任何别的概念中引申出来的(像充实空间这个概念那样)，而这也就

是一般的推斥力和起反作用的吸引力。对于这种力,我们能够相当充分地判定其联系与其各种后果;只要不自相矛盾,人们也可以想象它们的各种相互间的关系。可是不能因之就擅自假定其中的一个是实在的,因为要有构成一个假设的权力,就难免要有关于所假定的东西的可能性之完全确定性,可是在基本力的情况下,其可能性乃是永远不能为人所了解的。在这里,那数学的力学之说明方式与形而上学动力学的说明方式相比是占有优越的地位的,而这种优越地位是后者所不能赢回来的,也就是说,从一种完全同样方式的材料中,通过各部分的多种形式,利用一些搀入来的空洞的中间空间,它就能产生按密度以及按作用的方式的非常多样的物质(如果又加上一些外力的话)。因为这些形态和那些空洞的中间空间都是可以用数学的证据来证实的;反之,如果这种材料本身变成为一些基本力的话(验前确定这些基本力的种种规律是我们做不到的,更不能有信心地指出这些基本力的多样性,是足以说明物质特有的个别性的),我们又欠缺所有用来构成物质的这种概念以及把我们一般所想的东西在直观上表现为可能的手段。但是另一方面,一种单纯的数学物理学,为了那种优越地位,是要付出双倍的[代价]的,因为它首先就把一个空洞的概念(即绝对不可入性)放在它的基础之上,而且其次,它又必须放弃物质的一切应有的力,并且还有它的基本力的原始结构以及一些空洞空间的搀入,而在要求有说明的需要之后,它还必须承认想象力在哲学的领域里所应有的自由(其实是合法的要求)比和想象力的谨慎相协调的还要多。 [201] (267)

我不能对物质的可能性与其从基本力而来的特有的多样性提出充分的解释,如我们希望的那样,我将把它的特有的多样性得要在验前一起化成的矩(Momente)完全表现出来(虽然我同样不能了解其可能性)。放在定义之间的注释将能说明这些定义的应用。 [202]

1. 一个物体,在其物理的意义上,就是在确定界线之间的一种物质(所以它是有一种形状的)。在这些界线之间的空间,按其大小来考虑,就是空间的容积(volumen)。有确定容积的一个空间的充实程度叫做密度。(否则德文 dicht——密实的——这词就是作绝对上用作不是中空的,有气泡的,穿孔的)。在这种意义上,如果一种物质不含有任何空洞的空间,在绝对不可入性的体系里就有一种绝对的密度。按照空间充实这

种概念来说，就设定种种的比较，把它与另一个在其里面含有更少的空洞
东西的物质相比较，就称为更密实的物质，一直到了最后，其里面的空间
里没有任何一部分是空洞的，这种物质就称为完全密实的了。这后一个
词只能按照物质的单纯数学概念来使用，因为在一种单纯相对的不可入
性的力学体系里，并没有最高的或最低的密度，而且任何怎样稀疏的物质
都同样可称为完全密实的，如果它是完全充实它的空间而毫不含有什么
空洞的中间空间的话，就是说，如果它是一个连续的东西而不是一个断续
的东西的话；但是，如果它虽然是完全充实它的空间、而不是像另一种物
(268) 质那样在同样的程度上充实它，那么在力学的意义上，它还是更不密实
的。可是，即使在这后一个体系里，把各种物质的关系按照它们的密度来
设想，也还是不适宜的，除非把它们表现为相互间是特别同类的，以致一
个是能通过单纯的压缩而从另一个产生出来的。既然现在这后一个看来
对于一切物质本身的性质甚至不是必需的，因而在不同类的物质之间是
[203] 不能正当地作出关于它们的密度的任何比较的，例如在水与水银之间的
比较，虽然习惯上是这样的。

2. 吸引，就其单纯作为在接触上起作用的来说，叫做内聚性
(Zusammenhang)。就是通过很好的实验得到证实的、被称为接触上的
内聚性的这种力，也是被发现在很小的距离上起作用的；但是吸引称为内
聚性，只是在我想到它之为接触时，单纯按一般经验来说，它是难于被知
觉为在小的距离上的。一般假定内聚性为物质的一种完全普遍的属性，
不是因为我们是通过物质的概念而被引导到它那里去的，而是因为经验
到处把它这样表现出来。但是这种普遍性必不可在**集合性**上来理解。好
像每一种物质通过这种吸引就**同时**对宇宙间的其他每一种物质起其作用
似的——如万有引力那样——而单纯是在**析取性**上的，就是说，对这一种
物质，或其他一种物质起其作用，不管和它接触的是哪类的物质。因为这
个缘故，既然这种吸引（如按不同的证据可证实的那样）并不是穿透的，而
只是一种面上的力，由于它本身被作为这种力来说，并不是按其密度在各
个方面安排着，并且既然为着这种内聚性的完全强度，就必须有各物质的
流动性的一种先行状态和后来的变硬，而它们从前这么紧密联系着，在同
(269) 样的面上的断断续续的各种结实的物质（例如有裂缝的一面镜）就再不容

许有它们在流动状态以后从其变硬而得来的那种程度的吸引了。这样，我就认为这种在接触上的吸引力不是物质的什么基本力，而只是一种派生的力；关于这点，以后再详说吧。一种物质，不管其各部分相互间的内聚性多么强，而它却能为任何一个无论是多么小的动力所使之易位，这种物质就是流质。但是，如果一种物质的各部分并不减少其接触的限量，而只不得不互易其相互间的接触，那么它们就是相互易位的。各部分，因而也就是各种物质，如果它们的接触不只是和别的部分互换的，而是消灭的，或者其限量是减少的，那么它们就是被分开的。一个坚固的——更好是说固态的——物体（拉丁文所谓 corpus rigidum 硬体）就是这样的物体，其各部分是不能通过任何力而使之相互换位的，结果就是，它们是用一定程度的力来反抗推移的——各种物质对推移的阻碍就是摩擦。对于接触上的各物质的分开的反抗就是内聚性。所以流动的物质在其分开上
是不受到任何摩擦的，而在碰到有摩擦的地方，就假定那些物质在或大或 [204]
小的程度上是固态的；最小程度的摩擦就称为粘附性（拉丁文之谓 viscositas），至少在其较小的部分上是这样。如果一种固体的各部分不打碎就不能相互换位，也就是说，如果它的内聚性不同时被消灭就不能变动，那么这种固体就是脆弱的。人们很正确地把流动的与固态的物质的分别放在其各部分的内聚性的不同程度之上。因为要称一种物体为流动
的，不在于它对破裂的反抗是多少，而只在于它对其各部分的互相换位之 (270)
反抗是多少，前一种反抗无论多么大，但是后一种反抗在一种流动的物质里总是等于零的。让我们拿一滴水来考虑吧。如果在它里面的一个分子被和它接触的邻近部分的无论多么大的吸引力拉到一边去，它是会恰恰同样多地被拉到相反那方去的，而由于两边的吸引相互消除其作用，所以这个分子就容易移动，正如它好像存在于空洞的空间里面的那样；就是说，那要移动它的力并没有任何内聚性是要克服的，只需克服所谓的惯性，因为在所有物质的情况下，即令这物质是完全不内聚的，还得要克服这惯性。所以一个微生物在这滴水里就容易运动，正像毫无内聚性要拆开似的。因为实际上它并没有这水的任何内聚性是要消灭的，也没有在那水里面的接触是要减少的，而只是要改变它。但是，设想这个微生物是要用力通过这滴水的外部平面，那么首先就要注意，这滴水的各部分的相

互吸引就一直要移动，直到它们达到相互间的最大接触，就是达到与空洞
空间的最小的接触，即形成一个球状。如果现在这个所谓小虫力求用力
超出这滴水的平面，那么它就必须改变这种球形，结果就必然导致这水和
那空洞空间的更多接触，而这样就导致水的各部分相互间的更小接触，即
减弱其内聚性，而且在这时，这水才第一次通过它的内聚性来反抗，但不
[205] 是在这滴水里，因为在这里的各部分相互间的接触毫无减弱，而只在它们
(271) 和其他部分的接触上有所改变而已，因而这些部分丝毫没有分开，而只调
换其地位而已。所以我们其实是为了类似的理由，把牛顿关于光线的论
述应用于这个微生物。牛顿说：光的被击回不可能通过稠密的物质，而只
是通过空洞的空间。可见一种物质的各部分的内聚性的加大，丝毫不损
害其流动性。水在其各部分的内聚比一般所相信的远远强大得多。如果
我们所依据的是一种实验，即用一块从水面拉开的金属，那么这个实验什
么也不能说明，因为在这里的水并不是在那起初的接触的整个面上分裂
开来的，而是从一个很小的面分裂开来的，而这个很小的面是终究起因于
水的各部分之调换地位的，正如一条软蜡棒于一端吊有一种负荷，就逐渐
变为越来越薄，然后就必须在远远比我们开始所认为的那样的更小的面
上裂开。但是，关于我们的流动性的概念完全可以肯定的是这样的：各种
流动的物质可以解释为这样的物质，**其每一个点都用这样一种相同的力**
而力求向各方向移动，这种力正是它在一切方向上被压迫的力。这就是
流体动力学的第一条规律所依据的一种性质，但是绝不能以它归之于一
些光滑的而且又是固体的分子的一种堆积，像堆积体的压力极其轻微的
解除，以及按组合运动的规律所能指出的那样。通过这样就证明了流动
性这个性质的独特性。如果现在这种流动的物质受到移动的最少阻碍，
就是只受到丝毫的摩擦，那么这种摩擦就会随着物质的各部分被相互压
迫的压力之强大而增长，而且最后就有一种压力，在它的情况下，这种物
质的各部分就不容许由任何一种小的力而互相调换地位了；例如在一个
(272) 两股的弯曲管里，其一股无论是多么宽，而另一股无论是多么窄，只要不
是一个毛细管——如果我们设想这两股同是几百英尺高，按照流体静力
学来说，在窄股里的流动物质是会和在宽股里的流动物质同样高的。但
[206] 是，可以设想这些管底的压力以及把在这些相通的管联系起来的那个部

分之上的压力，是和那些越来越大以至无限的高度成比例的，这样，如果在这流质的各部分之间是有最小的摩擦的话，就能找到这些管的一种高度，而在这种情况下，将少量的水注入窄管里是不会使宽管里的高度移动其位置的，就是说，在宽管里的水柱就会高于在窄管里的水柱的，因为那些有这么大的相互压力的下面部分是再不会由像所加上的水重这么小的一种动力而容许有什么移动的。这乃是和经验相反的，而且甚至和流质这个概念相反的。如果不是由于重的压力，而设定各部分之间的内聚性，不管它多么大，也同是这样的。流体静力学的基本规律所依据的是上面所引用的流动性的第二条定义。这条定义是说：流动性是一种物质的属性，有了这种属性时，物质的每一个点就都是用它被压迫向着任何一个方向的同样的力来力求向着各方向移动的。这条定义是从那第一条定义引申出来的，如果我们是把它和一般动力学的基本原则结合起来的话。这基本原则是：一切物质原本是有弹性的，因为它必须是力求用一定的力向着它在其里面被压缩的那空间的各方面来扩张其自身的，也就是（如果一种物质的各部分容许它们为任何一种力使其相互调换位置而无阻碍，像在流质的情况下实际上出现的那样）来移动其自身的，而所用的力就是那压缩它的力在任何一个方向所运用的。所以正当地说来，只有固体的各
种物质（其可能性所需要的，除它们各部分的内聚性以外，还有另一种说 (273)
明的根据）是我们能以摩擦力归之于它们的，而摩擦力就是已经预先假定了刚性这种性质的。但是，何以某些物质，虽然没有流质所具有的那样一种更大的内聚力，也许具有一种更小的内聚力，然而却那么顽强地反抗其各部分调换地位，并且只有通过其所有各部分的内聚性同时在一个所予的平面上消灭，才容许其自身分开，而这个平面是提供一种突出的内聚性
这种模样的——所以为什么是这样，固体又是怎样有其可能的，这仍是一 [207]
个未解决的问题，尽管通常的自然学说相信它能轻易地解决这类问题。

3. 弹性（跳跃力）是物质的这样一种能力，即当它的大小或形状曾为另一种动力所改变，而在这种动力松驰的情况下，恢复它的原来的大小或形状的一种能力。弹性要么是膨胀的，要么是吸入的；前者是在压缩之后要恢复其从前的更大的体积，后者是在扩张之后要恢复其从前更小的体积。（吸入的弹性，如这词已经指出的，显然是派生的，一根铁丝为吊在它

那里的重量所拉长，在解除其羁绊时，就跳回它的原形那里去，借助以这内聚性为原因的吸引，或者在流质物质的情况下，当热突然从水银那里拿去了时，水银物质就会急于恢复其从前更小的体积。单纯是在于恢复其从前的形状的弹力，总是吸入的，像一柄剑的鞘那样，其在凸圆那个面上的各个部分是相互拉扯着的，它们是力求恢复它们从前邻近的状态的，而这样，一小滴的水银就可以称为有弹性的。但是膨胀的弹性可以是原始的，又可以是派生的。例如空气有一种派生的弹性，是由于和它最紧密联结在一起的热质的弹性也许是原始的。另一方面，我们称为空气的流体，
(274) 就其基本要素作为物质来说，却一般是已经在其自身里面有了弹性的，而这种弹性就称为原始的。我们所觉察到的一种弹性究竟是属于哪一类的，在一些表面的情况下，是不可能准确地予以决定的。

4. **运动的物体通过其运动的传递而具有的相互作用就称为力学的作用；但是一些物质的相互作用，只要它们还在静止上便通过其原有的各种力交互改变它们各部分的结合，就称为化学的作用**。这种化学的影响，只要它的作用是一种物质的各部分的分开，就称为溶解（德文为 Auflösung）（力学的分开，例如用一个楔子打入一种物质的两个部分之间，由于这楔子不是通过它自己的力而起作用的，因而完全不同于化学的分开了）；但是这样一种分开，即其作用是两种互相溶解的物质的分离，就
[208] 是分析（德文为 Scheidung）。在特别不同的物质之相互溶解中，没有一种物质的任何部分不是与它特别不同的另一种物质的一部分在和整体的同样比例上结合起来的，这种溶解就是**绝对溶解**，也可以名为**化学的渗透**（德文为 Durchdringung）。在自然中是否实际上有这种能溶解的力，可能依然是无法解决的问题。在这里的问题，只是可否这样来想。现在很明显，只要一种溶解物质的各部分还是分了（moleculae）的话，这些分子的溶解不是比更大部分的溶解更为不可能的。其实，如果还有溶解力的话，那么这种溶解就必定要进行下去，一直要到再没有不由溶剂与被溶解的物质这两者按在其整体中相互的比例上组合起来的部分为止。因为在这种情况之下，不能有这溶解的体积的任何部分不是含有那溶剂的一部分的，所以，这种溶剂又必定作为一个连续体完全充满着这容积。同样由
(275) 于不能有溶解的容积的任何部分不是含有被溶解的物质的比例部分的，

于是这被溶解的物质又必定作为一个连续体充满着形成那混合物的容积的全部空间。但是,当两种物质,其每一种都完全充实同样一个空间时,它们就是互相渗入的。因此,一种完全的化学溶解就会是物质的一种渗入,不过它却完全不同于力学的渗入,因为对于后者人们可以想象到:在运动的物质之更大的接近的情况下,一种物质的推斥力是可以完全抵消其他一种物质的推斥力的,而一个或同时两个就能把它们的扩张变为零了;反之,在这里,那扩张是照旧的,只是这些物质不是彼此外在的,而是彼此在其里面的,即(像习惯上所叫做的那样)通过套叠(Intussuszeption)而一起占住一个等于它们密度之和的空间。对于这种完全溶解的可能性,因而对于化学渗入的可能性,是难于有什么非议的,虽然它含有一种完全的、可至无穷的分开。在这种情况之下是没有任何矛盾的。因为这种溶解的发生是不断地通过时间的,所以就是以加速度地通过一个无限系列的刹那的,而且是通过这种分开,就是通过还要再分开的一些物质的外 [209]
面,其总和是增长的,由于这种溶解力不断起着作用,所以这整个溶解就能在一个指定的时间内得到完成。两种物质的这样一种化学渗入不能为人所理解,是由于一般说来,每一种连续体的分开一直到无穷是不能为人所理解的。如果我们离开这种完全的溶解,我们就必须假定,它只能达到还得要溶解的物质的某一定的微小粒子,而这些粒子是在那溶剂里面在固定的相互距离上漂浮着的,可是我们并不能指定丝毫的理由,说明这些微小粒子,既然它们是还可以分开的物质,那么为什么不是同样地被溶 (276)
解。因为,这种溶剂不再起其作用,而就经验所达到的程度说来,可能在自然中是十分正确的;但是这里所谈的是关于一种溶解力的可能性,这种溶解力可以溶解这种粒子,而且还进而溶解所剩下来的每种其他的东西,一直要到那溶解完全为止。这溶解所占的容积可能和那些相互溶解的物质在混合前所占的空间之总和相等,或者更小些,又或者更大些,总是按照其吸引力与推斥力的关系而定。它们在这溶解中,每个就其自身来说,以及两个结合在一起,都是构成一种弹性媒质(德文 elastischen Medium)的。单独这一点就能提供一个充足理由,说明何以所溶解的物质本身不通过它的重而再与那溶剂分开。理由就是那溶剂的吸引,由于它是同样强大地向着各方面发生的,所以就自己消除了它的抵抗,而在流质中采取一定的粘附性,不与这样的被溶解物质所运用的巨大力量相协调,例如像用水冲淡的各种酸的对于各种金属体的运用的力那样。这种酸不单纯是靠紧那些金属体,像它们单纯是漂浮在它们的媒质里所必然发生的那样,而是用很大的吸引力相互分开,并且散开在溶剂(这里德文是 Vehikel)的全部空间里的。又设若人的技术没有任何这样的化学溶解力能在其力量中起一种完全溶解的作用,那么,也许自然还能在其动植物的操作里表示这种化学的溶解力,而且也许是通过这种力来产生各种物质的,虽然这些
[210] 物质是混合的,然而没有任何技术又能把它们分开。这种化学的渗透甚至是能碰到的,那就是在这种地方,那里两种物质之一不为其他一种所分开,而实际上是被溶解的,例如热质渗入物体里面,在这里如果它只散布
(277) 在那种物体的空洞中间的空间里,那固定的实体就会依然是冷的,因为它是不能吸取任何热质的。我们同样能够用这种方式设想某些物质经过的物质的一种看来是自由的通道,正像磁性的物质那样,甚至在最稠密的物质里,都没有为着这而替它事前准备好一些敞开的细孔与空洞的中间空间。但是这里不是要找到关于特别出现的东西的假设的地方,而只是要找出那条原理来,按照它,这些出现的东西就能得到判定。凡是使我们不必以空洞的空间为逃避之处的东西,对于自然科学来说,都是一种实际上的收获。因为空洞的空间给想象力以太多的自由,以致用虚构去补偿自然知识里的缺欠。绝对空虚与绝对密度在自然科学里,正如盲目的机遇与盲目的命运在形而上学的科学里那样,正是探索的理性之绊脚石,必然带来这样的结果,即要么是虚构占了理性的地位,要么是使理性安枕在模糊不清的性质这种枕头上。

但是自然科学所有问题之中最重要的问题就是:如何说明物质所能有的特别多样性是无穷的。对于这个问题只能有两种解决的途径:即力学的途径和与之相反的动力学的途径,前者是通过绝对充实与绝对空洞的联合,而后者是通过推斥与吸引的原始力结合之中的单纯多样性来说明物质的所有多样性的。第一种途径是以原子与空洞为其演绎的材料的。原子就是物质的一个微小部分,在物理上不可分割。一种物质如果
(278) 它的各部分借助一种不能被自然中现实存在的任何动力克服的力量而联合在一起,那么这种物质在物理上就是不可分割的。一个原子,就是由于

它的形状而从别的形状特别区分开来的而言，就被称之为第一性的物体。一个物体，其动力是依靠它的形状，就被称之为机器。通过它们最小的部 [211]
分作为机器的性状与组合的这种说明物质的特别多样性的方式就是力学的自然哲学；但是另一种说明的方式，就是从各种物质的不作为机器，即不作为外部动力的单纯工具，而是从原来属于那些物质的吸引与推斥这种动力来得出物质的特别多样性，可以名为动力学的自然哲学。力学的说明方式，由于它是最容易为数学所使用的，于是在原子哲学或微粒哲学的名义下，就从古代的德谟克利特一直到笛卡尔，而且甚至到我们现在，在自然科学的原理上总是保持其威信与影响。它的基本东西就在于原始物质的绝对不可入性这个预先假定，在于这种物质的绝对同质性（而种种的分别只能是在其形态上的），在于这种基本物体本身的物质之内聚性的绝对不可克服性。这就是产生各种特别不同的物质的材料，不但是为着手边要有各种各类的不变动性的一种不变的、而同时又是以各种方式形成的根本材料，而且是为着要从这些作为机器的第一性部分的形态（它所缺乏的只是一种从外面插入来的力量）来在力学上说明各种自然作用。然而这个体系的首先而最重要的凭据，即是依据物质的密度的特别区别
是不得不有空洞的空间的。而这种必然性却是表面上的，而且这些空洞 (279)
的空间是假定为按照需要的比例分布在物质的里面和那些粒子之间的，其目的是为了[说明]这么多的现象，就是乃至最稠密的物质的容积里充实的部分与其空洞的部分比较起来几乎就是等于零的。可是，为了引入一种动力学的说明方式（这对于实验哲学来说是远远更为适宜而有利的，由于它直接导致物质应有的各种动力与其规律的发现，另一方面又限制假定空洞的中间空间与一定形态的基本物体的那种自由，而这种中间空间与物体都是不能通过实验而得到确定或发现的），并不需要勉强造出一
些新的假设来，而只需要驳斥机械说明方式的公设，即假定没有可能来设 [212]
想物质密度的一种特别的分别，没有空洞的空间混合在其里面，其驳斥的方法也就是单纯引用一种没有矛盾的思考方式。因为我们如果首先声明：那种单纯力学的说明方式所根据的公设之作为一条基本原理是无效的，那么不言而喻，只要不用任何空洞的中间空间，仍然可以想到密度的特别分别，我们就必不可把这条公设当作一种假设。但是这种必然性所

依据的是这样的基础，即物质（如单纯力学的自然研究家们所假定的那样）不通过绝对的不可入性，而通过推斥力来充实它的空间，而推斥力的程度在不同的物质里各有不同，而且就其自身来说，推斥力和吸引力毫无共同之处，因为吸引力所依照的是物质的量，所以在同样的吸引力之情况下，不同物质的推斥力在程度上可能是**有本原的区别**。结果就是，在同样
(280) 的物质量的情况下，这些物质的扩张程度可以有非常大的、特别的、本源的区别的。反过来，在同样的容积之下，即在同样的密度之下，物质量也可以有很大的、特别的、本源的分别。通过这种方式，我们觉得下述情况并不是不可能的，即可以设想一种物质（如同我们想象以太那样）完全充实它的空间，而没有任何的空虚，但在同样的容积的情况下，所用的物质量却无可比拟地少于我们所能实验到的一切物体的量。在以太里的推斥力，就其对于它应有的吸引力的关系上说来，必须被想象为无比地大于我们所知道的任何物体里的推斥力。正是**因为它是可以想象的**，于是我们就假定它，对于（空洞空间的）假设来说，这就是一种相反的作用，因为这个假设单独是以这种讹诈为依凭的，即佯言没有空洞的空间，**就不可能设想有物质**。此外，吸引力和推斥力的任何规律都不可在验前的种种猜测上来冒险，而一切的东西，乃至作为重力的原因的普遍吸引，连同它的规
[213] 律，都必须是从经验的材料推论出来的。在化学的亲和性[的问题上]，除了通过实验的途径外，尤其不可作这样的尝试。因为要按照其可能性来在验前了解原始力，一般是处在我们理性的水平线以外的，而一切自然哲学也许是在于把所予的，而在表面上是各别的种种力量还原为多数的力量与能力，以便去说明前一种力的各种作用。但是这种还原只能达到基本力，而过此以外，我们的理性就再不能前进了。这样，在处在物质的经验性概念基础上的东西之后面的形而上学研究，其唯一的好处是尽其可
(281) 能把自然哲学引导至对力学的解释根据的研究，因为只有这些根据才提供了得到确定的规律的希望，因而也就提供了得到一切说明真正理性的联系的希望。

这就是形而上学应用于物质这个概念的构成、因而也就是为了数学对自然科学在物质借以在确定数量上，充实其空间的那些属性方面的应用所能做到的一切事情。在这里，这些属性被看作为动力学的肯定，而不

是被看作为无条件的原始肯定,像一种单纯的数学处理所会设定的那样。

对于世界上是否有空洞空间的这个著名的问题,是能够作出结论来的。我们认为:空洞空间的可能性是不容争辩的。因为物质的一切力都是需要空间的,而且由于空间又包含着力的散布规律的各种条件,所以在有任何物质以前,就必然预先假定有空间。这样,就物质是通过吸引而占住它周围的空间而不同时充实这个空间的来说,吸引力是以之归于物质的,所以即令在这空间里物质是在起某作用的,而这空间还是可以被想象为空洞的,因为这物质不是通过推斥力而起作用的,所以就不是充实这个空间的。但是,假定空洞空间为现实的则没有任何正当的理由,因为找不到任何经验、任何从经验得出来的推论以及任何说明它所必需的假设,来支持这一假定。所有经验所给予我们的只是去认识相对的空洞空间。而这些相对的空洞空间是可以用下述方式予以完满地说明的,即物质有一种充实空间的属性,它不需要空洞的空间而可以在一切可能的程度上以越来越大或者越来越小以至无穷的扩张力来充实其空间。

(282)

第三部分
力学的形而上学初步

[214]

说 明 一

物质，就其是有动力的来说，就是能运动的东西。

注 释

上面就是物质的第三种定义。单纯动力学的概念可以把物质作为静止的来予以考虑；在这里动力所与之有关的单纯是一定空间的充实，而没有让我们来把充实这空间的物质看作本身是被运动的。因此，推斥原是**给予**运动的一种原始动力；反之，在力学里，一种被运动的物质，其力量是考虑为要把这个运动**传递**于另一种物质的。但是很清楚，运动的东西不会通过它的运动而有任何的动力，如果它不具有一些原始的动力是它借以在它所有运动以前就在它所在的每个地方起其作用的。而且同样很清
(283) 楚的是，没有任何物质会把匀速运动外加于另一种物质，其运动是在直线上处于它前面的道路上的，除非两种物质都具有推斥的原始规律；然而，如果两者不具有吸引力，任何物质又不能通过它的运动而强迫另一种物质在直线上来**跟着它**(能拖在它的后面)。所以凡是力学的规律都预先假定了动力学的规律，而且作为被运动的一种物质不能有任何动力，除非是利用它的推斥或吸引。因此，物质是在它的推斥或吸引上，而且和它们一起在自己的运动里直接起作用的，并从而把它自己的运动传递给另一种物质。由此人们可以观察到，我在这里没有再提及运动通过吸引的传递(例如当一个比地球有更大的吸引能力的彗星，在行经地球的前面时，就
[215] 会把地球拖在它的后面)，而只提及推斥力的中介，而且是通过压力的(如利用拉紧的弹簧那样)或者是通过碰撞的中介。我之所以这样做，是因为一种物质的规律应用于另一种物质的规律之上，只有方向路线上的不同，而在其他两种情况下，是一样的。

说　明　二

物质量就是在一个确定空间里能运动的东西之多少。就其各部分被
考虑为同时在它们的运动中起作用(运动着)的来说,这物质就称为**质量**
(Masse)。而当它的所有部分都是在相同的方向上运动,同时又在它们
的外边运用其动力时,人们就说物质以其质量发挥着作用。有确定形态
的质量称为**物体**(在力学的意义上)。在力学上估计的运动量是这样的运
动量,它的估计是同时通过被运动的物质的量和它的速度的,而在运动学 (284)
上说来,运动量仅仅在于速度的度量。

定　理　一

物质量在与任何别的物质量相比时,只能通过它的所予速度的运动量来得到估计。

证　　明

物质是无限可分割的,因而它的量不能**通过**它的各部分的**多少**而直
接被估计。因为如果这在所予的物质和一种与之同类的物质比较上发
生,那么在这种情况下,这物质量就是和容积的大小成比例的了,这样就
和定理的要求相违了。因为定理告诉我们,物质量要通过其与任何别的
甚至特别不同的物质量的比较来得到估计。所以,只要我们抽掉了物质
原有的运动,那么这物质无论是直接地或间接地都不能在其**与任何别的**
物质的比较上得到估计。结果就是,除了它的运动量就更没有任何其他 [216]
普遍有效的尺度了。但是在运动量里,以物质的不相同的量为依据的运
动之区别,只是当其在比较的各种物质中的速度假定为相同时,才能被给
予出来,如此等等。

附注:物体的运动量是处在其对它的物质量与它的速度的复合关系
之中的,就是说,无论我是使一个物体的物质量加倍增大而保持其速度不 (285)
变,或者是加倍增加其速度而保持其质量,物体的运动量都是一样的。因
为一个大小量的确定概念只是通过其限量的构成才是可能的。但是就量
的概念来说,这不过是同值的复合;因而一个运动量的构成就是许多彼此

同值的运动的复合。可是，按照运动学的定理说来，无论我是以某一定程度的速度给予一个运动的东西，或者是以运动东西的数来除那所予的速度而把得出的各个较小程度的速度给予许多相同的运动东西，结果都是相同的。由此，首先就产生出一个表面上的关于一种运动量的运动学概念，它是由许多相互外在的运动组合而成的，不过又是在由协调的可运动的点组成的整体里结合起来的。现在，如果把这个点想象为通过它的运动就具有运动力的某东西，这样就从而引起关于运动量的力学概念了。但是在运动学里，把一个运动想象为由许多互相外在的运动组合而成的东西是行不通的，因为运动的东西，由于是被想象为没有任何运动力的，所以在它和几个与它同一类的运动组合之中并不给出任何运动的大小量的区别来，除非那区别仅仅是在于速度。很容易理解，一个物体的运动量对于另一个物体的运动量是怎样的，其作用的大小对于整个作用的关系也是怎样的。有些人仅仅把一个由阻力而充实的空间之大小（比方一个物体用一种所予的速度来反对重力所上升到的高度，或者同样的物体所能插入到柔软物质里去的深度）假定为整个作用的尺码，实际上提出了另一条关于作为现实的运动的运动力的规律，也就是各
[217] 物质量的规律与各物质速度的平方的复合关系的规律；但是那些人都
(286) 忽视了在这所予的时间里的作用的量，而这个时间正是物体在里面以更小的速度经过了它的空间。因而只有这种量才是一种为所予的均匀阻力所耗尽的运动之尺度。所以，如果是把动力在力学上来考虑的话，即是说，如果就物体自身是被运动的东西而论，把这种动力考虑为物体所有的动力，而不管它们运动的速度是有限的或者是无限小的（单纯对运动的努力），那么，在活力与死力之间就不可能作出任何区别；也许我们更适当的是称物质用来在别的物质里起作用的那些力为死力，也就是说，当我们完全抽掉了它自己原有的运动，或者乃至抽掉它使自己运动的努力，结果就是完全抽掉了动力学的原始动力，这种力就名为死力，而一切力学上的动力，即通过其自己的运动而运动的力，就称为活力，在这里，条件是不去考虑速度的分别，哪怕其程度可能是无限小的。假如这些死力与活力的称谓都应该予以保存的话，那么上述的一切就值得予以坚持。

注　释

为了避免散漫，我们把前三段的说明综合为一种注释。

物质量只能被设想为（互相外在的）可运动的东西的数量（德文为Menge），正如定义所表明的那样，这是一般力学的一条值得注意而基本的定理。因为这表明，物质不能有任何别的大小量，除非是在于**互相外在的**杂多的数量，因而也不能有任何有所予速度的运动力的程度是不依靠这种数量的，而且是能被考虑为单纯的内涵量的。如果物质是单子所组成的话，这就必定会发生，因为单子的实在性在一切关系上都必须有其程度，而这程度是可以大些或小些的，毋须依靠互相外在的部分之数量。至 [218] 于在同一个说明里的质量概念，是不能像通常那样把它和量的概念等同起来的。流质能通过它自己的运动而在质量里起作用，而又能在流动里起作用。在所谓水锤里冲击的水在质量是起其作用的，也就是同时以所有它的各部分起着作用的；装在一个器皿里的水亦复如此，它是通过它的重量压在它所处的秤盘上的。与此相反，磨坊小溪的水对截击它的水轮蹼板之作用不是在质量上，即是说，不是同时冲击水轮的所有部分，而只是一个跟着一个。所以这里如果要确定以一定速度被运动着而又具有运动力的物质量，我们就必须首先找出**水的物体**来，就是找出物质的这样一种量来，即当它在质量上以一定的速度（即以其重量）起作用时，所能产生的同样作用。因此，质量这个词通常是理解为一个固体的物质量（装载一种流质的器皿就代替了流质的固体性）。最后，在把那定理（定理Ⅰ）连同其注释一起来看时，里面就存在着令人奇怪的东西，即按照那定理来说，物质是要通过有所予的速度的运动量来估计的，而按照注释说，运动量（一个物体的运动量，因为一个点的运动量只是在于速度的程度）就反而在同样速度的情况下，是通过被运动的物质的量来估计的。这种说法好像是一种兜圈子，并且使人对这个或那个东西无法得到任何确定的概念。 (288) 这个意想的圈子会成为实在的，如果它是两个同一的概念的彼此交互引申的话。可是它一方面只含有一个概念的说明，而另一方面只含有它的对经验的应用。在空间里运动的东西的量是物质的量；但是物质的这种量（即运动东西的数量）在经验里实证其自己，只是在相同的速度情况下通过运动的量(例如通过平衡)而实现的。

还得要注意的是,物质的量就是在运动的东西里的**实体的量**,因而就不是物质的一种所予的质的多少(推斥或吸引的多少,如在动力学中所曾
[219] 提出的那样),而且在这里的实体限量不过就是构成物质的运动东西的单纯数量所表示的东西。因为只有这运动东西的数量才能在同样速度的情况下给出在运动的量里的一种分别。但是一种物质在其**自己的**运动里所有的运动力单单是能证明**实体**的量,这是以实体作为空间中最终的主体(再不是别的东西的任何述项)这个概念为依据的,因这个实体就除了互相外在的同类东西的数量以外,是不能有任何其他的量的。不过,由于物质的**原有运动**是确定其主体(即运动东西)的一个述项,而在一个作为运动东西的一种数量的物质里,是指定(在同样速度的情况下以同样的方式)被运动的一些主体的多数性的,而在动力学属性的情况下,它的大小量又可能是一单个主体的作用的大小量(比方空气的一个分子能有或者多些或者少些的弹性)。所以由此就看得很清楚,在一种物质里,实体的量为什么只能在力学上,即通过它的运动的量而被估计,而不是在动力学上,即不是通过原始运动力的大小而被估计的。同样地,**原始吸引**,作为万有引力的原因来说,能够提供物质的量与其实体的一种尺度(如在通过称重来比较各物质时实际上发生的那样),虽然在这里看来处在基础上的
(289) 不是吸引物质的原有运动,而是一种动力学的尺码,即吸引力。但是,由于在这种力的情况下,一种物质的作用是以所有它的部分直接对另一种物质的所有部分发生的,因而(在相同的距离的情况下)它显然就是与这些部分的数量成比例的,从而这吸引的物体本身就(通过所吸引的物体的反抗)给出它原有运动的一种速度,而这种速度,在相同的外部情况下,是正将和它各部分的数量成比例的。由此,估计就在这里发生了。这里的估计虽然只是间接地发生的,然而事实上是力学的。

[220]

定　理　二

力学的第一条规律——在有形自然的所有变动情况下,物质的量整个来说是保持不变的,既不增加也不减少。

证　明

(在一般的形而上学中,这个命题是基本的,它表明:在自然的所有变动的情况下,没有任何实体发生,也没有任何实体消灭,而在这里即在力学中,则只是证明在物质里实体是什么。)在每种物质里,在空间中运动的东西是依存于物质的所有偶性的最终主体,而这些互相外在的运动东西的数量就是实体的量。所以按实体来说,物质的大小量不过就是它从而构成的那些实体的数量。因而物质的量不能增多或减少,除非是通过新的物质实体的发生或消灭。可是在物质的所有变迁的情况下,实体决不能产生或消灭;所以物质的量也就不能增多或减少,而总是在整体上保持 (290)
不变,即是说,它在世界某处持续其同样的量,虽然这种或那种物质,通过其部分的加减,是能增加或减少的。

注　释

在这个证明里,实体只有在空间里而且按照空间的各种条件才是可能的,因而实体只有作为外感官的对象才是可能的。实体具有本质特征的东西就是实体的大小量不能增加或减少,除非有实体的产生或消灭,所以,由于一个单纯在空间里才是可能的对象,其任何的大小量必须是由互相外在的各部分组成的,因之这些部分,如果它们是实在的(即某些运动的东西),就必然是一些实体。反之,能够考虑为内感官的对象的东西可能有一种作为实体的大小量,它不是由相互外在的一些部分所组成的,所以它的各部分就不是一些实体;因此其生灭就不必是一种实体的生灭;这样一种量的增减也是可能的,但并不妨碍实体的永恒性这条基本原理。[221]
这样一来,意识,因而我的灵魂的各种表象的清晰性,也就是作为其后果的意识能力即统觉,甚至连同灵魂的实体,都有一种可能大些或小些的程度,而不必为着这就有任何实体的生或灭。但是,由于统觉能力的逐渐减弱,其最后的结果只能是它的完全消灭,即令灵魂只具有简单的性质,但灵魂的实体还是会经历一种逐渐的消灭,因为它的基本力的消失不是通过分解的(即实体从一个组合物中分离出来),好像是通过熄灭的,而且这 (291)
又不是在一个刹那间完成的,而是通过它的程度的逐渐减低,不管它的原因是什么。自我,这个作为统觉的相关连物的东西,其本身仅仅是一种思想,它作为一种单纯的前缀,表示的只是一个没有确定意义的东西,也就是一切述项的主项,没有任何把这个主体的表象与一个一般的某东西的表象区别开来的条件;所以通过"实体"这个词我们不可能对实体是什么形成任何概念。与此相反,物质作为实体这个概念就是在空间中能运动的东西这个概念。所以毫不奇怪,如果说后一种实体能证明实体的永恒性,那么前一种实体则不能证明,原因是在物质情况下,从它的概念(即它是运动的东西,而运动的东西只是在空间里才是可能的)而得出:在它里面具有大小量的东西是含有多数的相互外在的实在东西的,即是含有一些实体的,因而它的量就只是通过分解才能减少的,而分解却不是任何消失,而且按照永恒性的规律,后一种实体在这个情况下也会没有可能。反之,自我这个思想并不是什么概念,而只是一种内部的知觉。所以,从自我这种思想中就不能引申出任何东西(除了内感官的对象与单纯被想象为外感官的对象的东西的完全分别之外),由此也就不能得出作为实体的灵魂具有永恒性的结论。

[222]

定　理　三

力学的第二条规律——物质的一切变动都有其外在的原因(每一个物体都保持其静止的状态或在同方向与同速度上的运动,除非是为一个外在的原因迫使它离开这种状态)。

(292)

证　　明

(从一般的形而上学来说,这个命题是基本的,就是所有变动都是有一个原因的;在这里[即在力学中]关于物质只须证明它的变动必须总有一种外在的原因。)物质作为外感官的单纯对象来说,只有空间里外部关系的确定性,因而除了通过运动,就不遭受任何的改变。关于这点,作为一个运动和另一个运动的交换,或者一个运动和静止的交换,或者颠倒过来,都必须碰到它的一种原因(按照形而上学的原理)。但是这原因不能是在其内部的,因为物质没有任何绝对内在的确定与确定性的根据。所以一种物质的一切变动都是以外在的原因为根据的(就是说,一个物体保持其静止的状态……)。

注　释

这条力学的规律必须只称为惯性的规律(拉丁文为 lex inertiae);凡作用都有与之相反的一种相等的反作用,这条规律是不能有这个名称的。因为后一条规律是说物质做什么,而前一条规律只说它不做什么,因而它更适合于对惯性的表述。物质的惯性就是,而且所表示的也不过是,它的无生命性,如物质就其自身来说的那样。生命是意指一种实体从一种内在的原理出发确定自己行动的能力,是一个有限的实体确定一种有限性的实体的变化的能力,也是一种物质性的实体把静止或运动作为它的状态的改变加以确定的能力。可是,我们并不知道一种实体改变其状态的任何别的内在原理,而只知道愿望;一般说来,我们也不知道实体的任何别的内部活动,而只知道思想以及连同依靠愿望的东西,即苦感或乐感,以及热情或意志。但是,这些确定的根据与行动决不属于外感官的表象,因而也就不属于物质作为物质来说的确定性。所以,凡是作为物质而言 (293)
的物质,是无生命的。这就是惯性的这个命题所说的,而且所说的也只是 [223]
这么多。如果我们在生命里去寻找物质的任何变动的原因,那么,我们就将要立刻在另一种实体里去寻找它,而这种实体是不同于物质的,虽然是和物质结合在一起的。因为在自然知识里,首先要知道作为一种这样的物质来说的规律,而且要把这些规律,从一切其他起作用的原因的混合中提炼出来,使它们清楚地区分开来,看其中每一种就其自身来说单独是起着什么作用、而且是怎样起其作用的,然后再把这些规律与这些原因联系起来。自然科学本身的可能性完全是依据惯性的规律的(仅次于实体的永恒性的规律而已)。与这一规律对立的,就是扼杀一切自然哲学,就是物活论(Hylozoism)。从惯性作为单纯无生命性这样一个概念本身,我们就可看到这样的事实:它并不表示一种维持其状态的积极努力。只有有生命的存在物才能在这后一种意义上称为有惰性的,因为这些存在物有一个另一种状态的表象,对这种表象它们非常厌恶,并以全力来加以反对。

定　理　四

第三条力学规律——在运动的所有传递中,作用与反作用总是彼此相等的。

证　明

(这个命题必须是从一般的形而上学中借来的,就是所有外在的作用都是交互作用。在这里,为了要保持在力学的范围里,只须指出,这种交互作用[拉丁文的所谓 actio mutua]同时也是反作用[拉丁文的所谓
(294) rcactio];但是为了不损害这种识别力的完整性,我却不能在这里完全略去关于交互作用的形而上学规律。)空间中种种物质的一切活动的关系以及这些关系的一切变动,就它们能够是一定的作用的原因来说,必须总是被想象为交互性的,就是说,由于种种物质的一切变动都是运动,因而一个物体的任何运动,在其与一个绝对静止的物体的关系上(这个绝对静止的物体因此就是要使之运动的),是不能被想象的。但是这个绝对静止的物体必须毋宁被想象为只就这个空间来说才是相对静止的,而它却是和
[224] 这个空间有关系的,并且是和这个空间一起以同样的运动量向相反的方向上、在绝对的空间里被移动的,正像那被移动的物体在同样的空间里所有与它反对的运动量那样。因为关系的(也就是运动的)变动,在两者之间,始终是交互性的;一个物体接近另一个物体的每一部分是多少,那另一个物体接近其第一个物体的每一部分也是多少;而且因为这里所谈的不是围绕着两者的经验性的空间,而只是存在于它们之间的线(由于这两个物体是被考虑为单纯处在相互的关系上的,而这种相互关系是按照其中之一个的运动对其另一个的状态之变动所能有的影响的,所以就抽掉了一切对于经验性空间的关系),这样,它们的运动仅仅在绝对的空间里才被看作是可确定的,而这两个物体之中每一个都必须在这个绝对的空间里有其在那个运动中的同样一份,这运动又原是在那相对的空间里归之于这一个物体的,因为并没有任何理由认为这两个物体中的一个有多于另一个的运动。在这种关系上,一个物体 A 向着另一个静止的物体 B 的这个运动,如果还原为绝对空间,A 对于 B 来说,可能是运动着的,好比一些起作用的原因的关系单纯是相互发生关系的那样,而这样一来每一个都被认为在这个运动里有其同样的一份,但在现象上,这个运动却单独归之于物体 A;这种事情是不能有别的样子的,而只能以下述的方式发
(295) 生,即在相对空间中以归之于物体 A 的速度,是在与其质量成反比上分

配于A与B的,A所得的速度单是那在绝对空间里属于它的,而另一方面,B连同它在其里面静止着的相对空间所得的速度是在相反的方向上的。这样一来,运动的同样现象就完全保持不变了,而两个物体的交互作用就可以在下面的方式上予以图解:

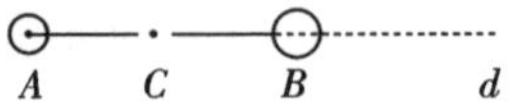

假设有一个物体A具有一种速度=AB,就相对空间而言,向物体B运动着,而B以同样的空间而论,是静止的。设速度AB分为两个部分:AC与BC,这两部分是在与质量B与A成反比例上,彼此保持其关系的。设使A是以速度AC在绝对空间里运动着,而B是以速度BC在相反的方向上连同那相对的空间运动着:这样一来,两个运动就是彼此相反而又 [225]
彼此相等同的,由于它们是相互取消的,于是在其相互的关系上,即在绝对的空间里,这两个物体就移置为静止了。然而B原是以速度BC在方向BA上连同那相对的空间运动着的,而方向BA是和物体A的方向,即AB,正好相反的。所以,如果物体B的运动为碰击所取消,那相对空间的运动却不因此而也被取消掉。在碰击以后,对于两个物体A与B来说,那相对空间是运动着的(而这两个物体现在在绝对空间里是静止的),其运动是以速度BC在方向BA上的,或者(这也是一样的)在碰击以后,两个物体是以同样的速度,即Bd=BC,在碰击的AB之方向上运动着的。然而按照前面所述,物体B在BC的方向上而且以BC的速度的运动量, (296)
因而那在方向Bd上而以同样的速度的运动量是等于物体A以AC的速度在AC的方向上的运动量的;结果就是,其作用,即把物体B以碰击维持在相对空间里的运动Bd,因而有速度AC的物体A的动作也是一样的,即总是等于反作用BC的。假定不是碰击一个静止的物体,而是同样物体在同样的情形下碰击一个被运动的物体,那么上述规律也不会受到什么影响(正如数理力学所告诉我们的)。同样,既然运动通过碰击的传递各种物质在其运动互相反抗的方向上是不同于通过牵引的传递的,所以结果就是,在运动的所有传递里,作用与反作用总是互相等同的。(凡是碰击只是利用一种等同的反碰击,凡是压力只是利用一种等同的反压力,而同样地,凡是牵引只是利用一种等同的反牵引,才能把一个物体的

运动传递给另一个物体)①

附注一:由此就得到这个结论,即就普遍的力学来说,这不是一条不重要的自然规律:每个物体,无论它的质量是多么大,都必定为每一个无论其质量或速度是多么小的物体所移动。因为A在AB方向上的运动必然有B在BA方向上的一种与之相反的等同运动和它相应。这两种运动在绝对空间里通过碰击而互相取消。但是这样一来,两个物体就在碰击的方向上保持着一种Bd=BC的速度;结果就是,物体B,为了乃至碰击的最小力也会移动。

(298) **附注二:**因而,这就是作用与反作用相等的力学规律,它所依据的就
[227] 是:任何运动的传递都必定以这些运动的交互作用为先决条件。因而若没有交互作用,就没有任何物体碰击相对第一个物体来说是静止的另一个物体,但是如果这另一个物体按空间来说是静止的,那第一个物体碰击它,就只是连同这在同样的方式上(Masse),而又在相反的方向上移动着的空间,其运动是按它自己分得的相对一份运动连同我们最先在绝对空间里以之归于它的运动量。因为没有任何按另一个物体来说是运动着的运动能够是绝对的;如果它按另一个物体来说是相对的,那么,在空间里

---

[226] ① 在运动学里,由于一个物体的运动对于它的空间是被考虑为在这空间里的关系的变动,所以不管我是想以一种相同的但相反的运动归于空间里的物体,或者归于那相对的空间来替代它,都是完全同样有效的;两者所作出的出现是完全一样的。空间的运动量只是其速度,因而那物体的运动量同样也只是其速度(因之它就可以被考虑为一个单纯的运动点)。但是在力学里,由于一个物体是被考虑为向着另一个物体在运动着,而它通过它的运动,对于这另一个物体是有一种因果关系的,就是说,自行运动的关系。由于它或者是在其接近之中通过不可入性的力,或者是在其移去之中通过吸引力,它都是和这另一个物体进入一种交互的关系里的,那时,我是想要把一种相反的运动给予这个物体或者给予这个空间,就再不是同样有效的了。因
(297) 为现在运动量的另一个概念开始起其作用了,就是说,不是单纯关于空间而被想到的,并且单是在于速度的那种运动量,而是这种运动量,在这种情况下,实体(作为能动的原因)的量是必须同时要计及的,而且在这里,假定那两个物体都在运动着,并且是以一种等同的运动量而在一个相反的方向上运动着的,这种假定就再不是随意的,而是必需的了;但是对于空间是相对静止的物质来说,就把所需要的运动连同那空间归之于它了。因为一个物体通过它自己的运动是不能对那另一个物体起作用的,除非或者是在接近之中利用推斥力,或者在移去之中利用吸引力。由于现在这两种力总是两方面在相反的方向上而同等地起其作用,于是就没有任何物体能利用这种力通过它的运动而对另一个物体起其作用,正好像没有其他一个物体以相同的运动量起其反作用那样。所以没有任何物体是能通过它的运动把运动给予一个绝对静止的物体的,但是这后一个物体(即绝对静止的物体)必须恰恰以像那前一个物体的同样运动量(连同其空间)在相反的方向上被移动的,而前一个物体是曾通过第一种运动而在同样的方向上维持这后一个物体的,读者将容易看出,虽然运动传递的这种表现方式被在其里面有这种不习惯的东西,但是如果人们不怕阐明的散漫的话,那么这种表现方式仍然是可以变得清楚明白的。——康德

就没有任何关系不是交互性的而又等同的了——但是还有另一条规律，即各物质的作用与反作用的动力学规律，不是就一种物质把它的运动传递给另一种物质而言的，而是原来把它的运动给予另一种物质，而且与此同时通过阻力而在其自身里面产生出这运动。在一种类似的方式上，就可以很容易地证明这一点。如果物质 A 吸引物质 B，它就强迫后者来接近它，或者它是反抗后者用来努力从它移去的一种力量，这种说法和前一种说法是一样的。但是，由于反正是一样，不管是说 B 向 A 移去，或者是说 A 向 B 移去，这种反抗同时也是物体 B 对物体 A 所运用的反抗，只要它是努力移去，因而引力与反引力是相等的。同样的，如果 A 回撞物质 B，A 就是反抗 B 的接近。但是，说 B 接近 A，或者说 A 接近 8，都是一样的，因为 B 反抗 A 的接近是一样多的；所以压力与反压力总是相等的。

注 释 一 (299)

因而，这就是运动传递的结构，而这结构同时又带着作用与反作用相等这条规律作为它的必需条件。牛顿不相信他自己能在验前证明这个规 [228]
律，于是求援于经验。为了证明这个规律，别的人就把物质的一种特别的力，在最初为开普勒所提出的惯性力（德文为 Trägheitskraft，拉丁文为 vis inertiae）的名称下引入自然科学里面来，因而基本上还是从经验引申出来的，而最后，别人又放进一个运动的单纯传递这个概念。这些人把传递看作一个物体的运动逐渐过渡到另一个物体。这样一来，那运动的物体必然丧失的就正等于它所给予被运动的物体的，一直要到它再不对后者有输送运动（也就是在它和这后者达到在其方向上速度相等的时候）①；这样，一

① 作用和在这种情况下错称为反作用的相等，在运动移注这个假设的情况下，也能同样产生出来，而所谓运动移注，就是运动从一个物体移注入另一个物体里去，在这种情况下，被运动的物体 A 是可以把它的运动在一刹那之间全部传递给静止的物体，使得它在这种碰击之后就会静止下来，而这是一种不可避免的情况，只要我们把这两个物体想为是绝对坚硬的（这种性质是必须与惯性区别开来的）。但是由于这条运动规律既不能在其应用上和经验一致，而又不能自相一致，这样一来，我们就没有别的办法，而只得否认绝对坚硬物体的存在，这就等于承认这条规律的不必然性，由于它是应该以物质所借以互相运动这种特别的性质为依据的。另一方面，在我们关于这条规律的描写里，不管我们是要把互相碰击的物体想作是绝对坚硬的与否，却完全是一样的。但是运动的移注论者，怎样把弹性物体的运动在他们的方式上通过碰击来说 (300)
明，这是我完全不能理解的，因为很清楚，静止的物体并不作为单纯静止的东西得到运动（这运动原是碰击的物体所丧失的），但是，在那碰击之中，它对于碰击的物体在相反的方向上运用着实在的力，其目的好像是要压缩两者之间具有弹性的东西似的，而这从它的方面所需要的实在运动（虽是在相反的方向上）是像运动的物体在它的方面所需要有的是一样的。——康德

切反作用都消失了,就是说,那被碰击的物体对于碰击的物体的一切实在的反作用力都消失了(比方像要拉紧一条弹簧而可能出现的那样)。此外,这些人并未证明他们所说的规律实际上意指着什么,并且丝毫没有说明运动传达按其本身的可能性是什么。因为运动从一个物体到另一个物体的**过渡**这个词并未说明什么东西。如果我们又不想在字面上来理解它(这是违反拉丁文所说的 accidentia non migrant e substantia in substantias 偶性不从实体移入实体的基本原则),好像运动是从一个物体灌注入另一
[229] 个物体似的,如水从一个玻璃杯注入另一个玻璃杯那样,那么这里的课题就是,怎样使这种可能性成为可理解的,而这种可能性的说明所依据的,恰恰就是作用与反作用的相等这条规律所出自的根据。我们不能想象,一个物体 A 的运动是怎样必然和另一个物体 B 的运动相联系的,除非我们想象在两者的里面都有一些力是在一切运动之前(在动力学的方式上)应该为它们所有的,例如推斥力。而现在能证明的是,物体 A 的运动,通过它向 B 的接近,连同 B 向着 A 的接近,如果 B 是被看作静止的,那么,
(301) 物体 A 的运动就必然是和 B **连带其空间**向着 A 的运动联系在一起的,只要这两个物体连同它们(原有的)运动力单纯被认为是在彼此相对上运动着的。这最后一点从而就能在验前完全被理解,就是:就经验上可认识的空间来说,不管物体 B 是静止的或者是运动着的,它对于物体 A 来说必须被看作必然是运动着的,而且其实是在相反的方向上运动着的;因为不然的话,就没有它对于两者的推斥力的任何影响会发生,但是如果没有这种推斥力,物质的任何相互的力学作用就完全是不可能的,也就是没有任何通过碰击的运动传递是可能的。

注 释 二

所以惯性力(拉丁文为 vis inertiae)这个名称,不管它的创始者的名声多么大,还是必须从自然科学里尽行除去,这不仅仅是因为它带有语词上的矛盾,或者说惯性(无生命性)的规律可能容易和在每一种传递的运动里的反作用的规德相混淆,而主要是因为那些不十分正确熟悉力学规律的人,其错误的观念就从而会得到保持并加强,根据这种错误的观念,我们在惯性力的名义下所谈到的物体之反作用将导致这样的事实:宇宙中的运动将被耗尽、削弱或根除。然而,由于运动的物体得要用它的一部

分运动克服静止的物体的惯性(这就会是纯粹的损耗),只能用剩下的部
分来使后者运动起来,因而通过这种反作用,运动的传递就不会发生。但 [230]
是,如果没有什么运动剩下来的话,那么运动物就不能通过它的碰击使静
止的物体运动起来,因为后者的质量很大。一种运动所能反抗的,只是另
一个东西的相反运动,但决不是这另一个东西的静止。所以在这里,物质
的惯性,即单纯没有能自行运动的能力,并不是反抗的原因。惯性力这个 (302)
词,如果是用来表示单纯要反抗而并不能使一个物体运动的这种特别而
完全特有的力的话,那就是一个毫无意义的词。所以,我们就这样来更适
当地称呼一般力学的三条规律:在物质的一切变动的情况下,物质自存性
的规律,惯性的规律和物质反作用的规律(拉丁文为 lex subsistentiae,
inertiae et antagonismi)。这些规律,亦即这门科学现在的所有定理,是
恰恰相符于实体、因果性和交互作用这些范畴的,在这些范畴应用于物质
时是毋须再有其他什么解释的。

力学的一般注释

运动的传递之发生,只是利用了一种静止的物质所固有的种种运动
力(即不可入性与吸引力)。一种运动力对于一个物体刹那间的作用就是
物体的引发,后一个物体通过引发而得到的速度,就其是能在与时间的相
同的关系上增加的来说,就是加速度的矩(德文为 Moment)。(所以加速
度的矩必须只含有一种无限小的速度,不然的话,物体就会通过它而在一
个所予的时间内达到一个无限的速度,而这是不可能的。此外,一般说
来,加速的可能性,通过它的一种不断的矩,是以惯性的规律为依据的。)
物质通过扩张力的引发(比方一种带有重量的压缩空气)总是以一种有限
的速度发生的,但是从而印入另一个物体的(或者从它撤回的)速度只能
是无限小的;因为前者只是一种肤浅的力,或者(这是一样的说法)是物质
的一个无限小的限量的运动,因而它就必须是以有限的速度发生的,使它 (303)
可以等于一个有限质量物体以无限小的速度的运动(即等于一个重量)。 [231]
与此相反,吸引是一种渗入力,而且是作为物质的一种有限的限量用来把
运动力加于另一种物质的同样有限的限量之上的。所以吸引的引发必须
是无限小的,因为它是等于加速的矩的(而这总是必须无限小的),而在推
斥的情况下,由于物质的一个无限小的部分要把一个矩印入一个有限的

部分里，情况就不是这样的了。我们不能想象任何一种带有限的速度的吸引，而那物质不是由于它自己的吸引力而必须渗入其自身里去的。因为一种有限限量的物质以一种有限的速度对另一种有限限量的物质所运用的吸引必须是胜过每一种有限的速度，而这速度是那物质用来通过它的渗入性的，但只是以其物质量的无限小的一部分对这压缩的各个点起其反作用的。如果吸引只是一种肤浅的力，像人们想象内聚力的那样，那么就会得出反面的结果来。但是这样来想象吸引力是没有可能的，如果它是真正的吸引(而不是单纯外面的压缩)的话。

一个绝对坚硬的物体就会是这样的物体，其各部分是这么强烈地相互曳引，以致它们不能为任何重量所分开，它们彼此相对的位置也不会变动。可是，因为这样物体的物质的各部分是必须以加速度的一个矩来曳引的，而这个加速度的矩对于重量的矩会是无限的，但是对于从而被驱动的质量来说却是有限的。所以那通过作为扩张力的不可入性的反抗就必
(304) 须以多于引发的有限的速度来发生，因为那反抗的发生总是伴随着一种无限小的物质量的，即是说，这物质是会努力用无限的速度来扩张其自己的；但是这是不可能的。因而一个绝对坚硬的物体，即这样的物体，它会在刹那间就反对一种在碰击上对于一个以等于其全部力量的有限速度而被移动的物体的这种反抗的，这是不可能的。结果就是，一种物质，通过它的不可入性或内聚性，对于一个在有限运动中的物体的力量，**在一个刹那间**，只产生一种无限小的反抗。从而就得出连续性的力学规律(拉丁文
[232] 为 lex continui mechanica)，即：在任何物体里，其静止的状态或运动的状态，而且在运动的状态里的速度或方向，都不是在一个刹那间而通过碰击就改变的，这种改变只是在一定的时间里，通过一系列的中间状态，其彼此间的差异是小于其前一个状态与后一个状态之间的差异的。一个碰击一种物质的物体不是立刻就通过这物质的反抗而静止下来的，只是通过不断的速度驰缓才静止的，或者，那本来是静止的物质，就要通过不断的加速度，或者按照规则从一个程度的速度到另一个程度的速度，才被运动起来；同样地，如果它的运动的方向是和那物质成一个角的，那么它的改变就只是利用一切可能的、处在中间的方向，即利用在曲线上的运动(由于类似的理由，这条规律还可以扩充到一个物体的状态通过吸引的变动

上)。这条连续性的规律(拉丁文为 lex continui)是以物质的惯性的规律为基础的。而另一方面,形而上学的连续性规律必须一般地扩充到一切(内部以及外部的)变动上去,因而就是根据一般作为大小量的变动这个单纯概念,而且还是根据变动的产生这个概念(而这种产生是必然像时间本身那样在一定的时间里不断进行的),所以形而上学规律在这里是没有地位的。

[233] (305)

第四部分 现象学的形而上学初步

说　　明

物质，就它作为物质能成为经验的一个对象来说，是能运动的东西。

注　　释

运动，像所有能通过感官被呈现出来的东西那样，只是作为出现被给予出来的。为要它的表象可以变为经验，还需要有某东西是通过知性想象出来的，即是说除了需要依存于**主体**的表象的那种方式被想象以外，还需要借助这表象来规定对象。所以，如果某一个对象（德文即 Objekt）（所以在这里也就是一个物质的东西）就运动的**述项**来说，是想象为**被规定的**，那么运动的东西作为这样的东西来说，就是经验的对象（这里是德文的 gegenstand）了。可是运动就是在空间里的关系的变动。所以在这里就总有两个相关连的东西，**第一**，这变动可以归之于在出现里的一个相关
(306) 连的东西，也可以归之于其他一个，而这个或那个都可以称为被运动的，因为两者是一样有效的；**第二**，其中之一个是必须在经验里被想象为运动的，而把那其他一个不算是被运动的；**第三**，它们两个都必然而且必须同时通过理性被表现为是被运动的。出现所含有的只是运动里的关系（即根据其变化的关系），所以在出现里就不含有任何这样一些确定性；但是，如果能运动的东西，作为这样的东西来说，也就是按其运动来说，是要想象为确定的，即是为了可能的经验起见的，必须指明：那些条件是这个对象（即物质）所要按照着来通过运动这个述项而在这样或那样的方式上得
[234] 到确定的。这里所谈的不是虚伪的变为真实，而是出现变为经验；因为在虚伪的情况下，知性总是从事于确定一个对象的判断，虽然它有把主观错认为客观的危险；但是在出现里，是没有知性的判断可言的；这一点不仅是在这里，而且在全部哲学里，都必须予以注意，因为不然的话，当我们谈

到出现时，人们就会把这个词当作在意义上和虚伪一样的，并总是错误地予以理解。

定　理　一

一种物质就一个经验性空间而言的直线运动，对于它和这空间相反的运动的区别来说，是一种单纯可能的述项。同样的运动，如果是与一种在它外边的物质毫无关系的，就是说被想象为绝对的运动，这是没有可能的。

证　　明

对于一个在相对空间里运动的物体来说，把这空间称为静止的，或者反过来称它是在相反的方向上同样快地被运动的，于是反而称那物体为 (307)
静止的，这类争论并不是关于应属于这对象的东西，而只是关于它对主观的关系，也就是关于出现而不是关于经验。因为如果看的人是处在这相对的空间里作为静止的，他就说那物体是运动的；但是如果他(至少是在思想上)处在另一个空间里，这空间是包括那相对的空间的，而他对于这物体来说，同样是静止的，那时他就会说那相对的空间是运动的。所以在经验里(经验是一种有效地确定一切出现的对象的知识)，相对空间里的物体运动或说这物体在绝对空间里的静止与那相对空间的相反而同样的运动，这两者之间是毫无分别的。因而，一个对象的表象如果是通过两个述项之一的，而这两个述项在客观上是有同样效力的，只就主观与主观的表现方式来说才是彼此不同的，这个对象的确定就不是按照一种析取的
判断，而单纯是按照选择的一种二者择一的判断(其两个客观上相反的述 [235]
项之一是排斥它的反面的，但是另一个在客观上其实是同样有效的，而在主观上却是彼此相反的，它并不排斥客观的反面——所以就是通过单纯的选择的——采取一个是为着确定它的)①；这就是说：通过作为经验对象的运动这个概念，不管是把一个物体想象为在相对空间里运动的，还是把这相对空间想象为对物体来说是运动的，就其本身来说都是未确定的，

① 关于析取的相反与二者择一的相反，在这部分的一般注释里将还有论述。——康德

因而就是有同样的效力的。那么，就两个彼此相反的述项来说，那个其本身未确定的东西还单纯是可能的。所以一种在经验性的空间里的物质的
(308) 直线运动，作为不同于这个空间的相等而反向的运动来说，仅仅在经验里才是一种单纯可能的述项；这是上述命题中的第一个要点。

再则，一个关系，因而也是这关系的变动，即运动，只就两个相关连物同是经验的对象来说，才能是经验的对象；但是纯粹空间，又称为与相对的(经验上的)空间相对立的绝对空间，并不是经验的对象，而且什么也不是，这样一来，直线运动，如果和任何经验上的东西毫无关系，就是绝对的运动，这种运动简直是不可能的；这是其二。

注　释

这条定理从运动学上确定了运动的样式。

定　理　二

一种物质的曲线运动，作为不同于空间的相反运动来说，是物质的一种实在的属性；反之，如果所采取的是一个相对空间的相反运动以替代物体的运动，那么就没有物体的运动，而当把相对空间的这种相反运动看作物体的实在的运动时，那么这种运动就是一种单纯的幻想了。

证　明

[236] 圆周运动(像所有非直线运动一样)是直线运动的不断变动，而由于直线运动本身是就外部空间来说的关系的一种不断的变动，所以圆周运动就是这些空间里外部关系的变动的变动，因而就是一些新运动的不断产生。因为按照惯性的规律来说，一个运动，就其发生来说，是必须有一个外在的原因的。然而在这个圆的各个点上的物体是(按照同样的规律)
(309) 尽力在和这圆接触的直线上前进的，同时这种运动对于那外在的原因也在发挥反作用。所以每一个在圆周运动上的物体都是通过它的运动而证明是有运动力的。可是作为不同于物体的运动的空间的运动，仅仅是运动学意义上的，而没有任何运动力。因而，这里要么是物体在运动，要么就是在相反方向上的空间在运动，这个判断是一个析取的判断。通过这种析取的判断，肯定了其一支，即物体的运动，那么就排斥了另一支，

即排斥了空间的运动；一个物体的圆周运动作为不同于空间的运动来说，所以就是一种实在的运动，而结果就是，空间的运动，纵然它作为出现来说，是和物体的圆周运动完全一样的，可是在所有的出现的联系中，即在可能经验的联系中，是与之相矛盾的，所以它只不过是单纯的幻相而已。

注　　释

这条定理是从动力学上确定运动的样式的；因为一个没有一种不断起作用的外在运动力的影响就不能发生的运动，直接地或间接地证明了原始的物质运动力，这种原始的运动力要么就是吸引，要么就是推斥——此外，牛顿在他的《自然哲学之数学原理》里即在其附释的接近结尾的部分中所假定的一些定义[郑译本的《说明》——中译者]，与这里所说的有关，可作为参考。从那里可以看出，两个物体围绕着一个共通的中心点的圆周运动(因之地球在其轴线上的运动也是这样)。甚至在空洞的空间里，所以就没有任何通过经验和外在空间相比较之可能，但仍然还是可以利用经验而被认识到的，因而一种在空间的外在关系的变动的运动，是能 [237] (310)
在经验上被给予出来的，虽然这个空间本身不是在经验上被给予的，而且并不是经验的对象，这个佯谬是值得予以解答的。

定　理　三

在一个物体的每一个运动里(借着这种运动，这个物体相对另一个物体来说就成为运动着的)都必然有另一个物体的一种反向而等速的运动。

证　　明

根据力学的第三条规律(定理四)，物体的运动的传递只是通过它们的原始运动力的交互作用才是可能的，而这种交互作用又只是通过相互的而同样的运动才是可能的。所以两者的运动都是实在的。但是由于这种运动的实在性不是(像在第二条定理里那样)以外在力的影响为依据的，而是从在空间里被运动的东西对于每一个别的因此而成为运动的东西的关系在这个概念直接地、不可避免地得出来的，所以这后者的运动就是必然的。

注　　释

这条定理是从力学方面确定运动的样式的——此外，这三条定理从物质运动的可能性、实在性与必然性，亦即从样式的所有三个范畴方面，规定了物质的运动，这本身是足够明显的。

运动学的一般注释

所以在这里出现了三个概念，它们在一般自然科学中的使用是不可
(311) 避免的，而它们的确切定义因此就是必需的，虽然这不是那么容易的，而
且不是能被理解的。这三个概念是：第一，在相对（可运动的）空间里的运
动的概念；第二，在绝对的（不可运动的）空间里的运动的概念；第三，作为
[238] 不同于绝对运动的一般相对运动的概念。绝对空间这个概念是在所有这
一切概念的基础上的。可是我们怎样获得这种特殊的概念呢，而且它的
使用的必然性是依据什么呢？

它不能是经验的任何对象；因为没有物质的空间不是知觉的客观对象，当然它还是一个理性的必然概念，因而只是一个单纯的概念。因为要有运动乃至作为出现被给予出来，就要有空间的一种经验上的表象，以便使这表象与运动的东西改变其关系；但是被知觉到的空间必须是物质的，因而按照一般物质这个概念来说，它本身就是可运动的。可是，要把它作为被运动的来想，我们就得要把它想作是包含在一个更大范围的空间里的，而且假定这更大的空间是静止的。但是对于一个还更广大的空间，也可以照样来处理，这样一直到无穷。所以就总不能通过经验来达到一个不运动的（非物质的）空间，关于它是能以绝对的运动或静止归于任何物质的，而这些关系的确定的概念是必须按照我们把这运动的东西在其对于这些空间的这个或别的一个的关系上来考虑并不断地变动的。那么，由于把任何东西看作静止的或运动的，其条件在相对空间里又总是被制约而到无穷的，所以由此就可以看得清楚：首先，所有运动或静止都只能
是相对的，而没有一种是绝对的，就是说，物质只能在它对于物质的关系
(312) 上才被想为运动的或静止的，但绝不是就没有物质的单纯空间而言的，这
就是说绝对运动，像想象为没有一种物质对另一种物质的任何关系的这
种运动一样，是简直没有可能的；第二，因此就没有在相对空间里的运动

或静止的概念是可能对于一个出现都是有效的,但是我们却必能想象一个空间,在它里面那相对的空间里能想作被运动的,但是它的确定并不是依靠任何别的经验上的空间的,因而就不是再受条件的限制的,也就是一个绝对的空间,是所有相对的运动与之有关系的,而且在它里面凡是经验上的东西都是能运动的,而恰恰为了这个缘故,于是在这个绝对的空间里,物质的东西的一切运动的作为单纯相互的相对运动,作为二者择一的 [239]
交互运动①,都可能是有效的。但是不能作为绝对的运动或静止(由于其中之一个是叫做被运动的,而另一个,在与它的关系上那前一个才是被运 (313)
动的,就同样被想象为绝对静止的)。所以绝对空间是必要的,不是作为一个实在客观对象的一个概念,而是作为一个理念,用作一条规则,来把其中所有的运动考虑为单纯是相对的,而且所有的运动和静止都必须还原为绝对空间,如果它们的出现要变成经验的一个确定的概念(经验的概念是结合一切出现的)。

这样,如果我是把物体想象为本身就是静止的,把那个物体在相对空间里的直线运动还原为在绝对空间里的,那相对空间就变为在(感官看不见的)绝对空间里作相反方向的运动,而我又是把这个表象想象为正是这个出现所给予的,那么这样一来,一个物体大概同时可能具有的一切直线运动的出现,就变为把它们结合在一起的经验概念了,也就还原为单纯相对的运动与静止的经验概念了。

圆周运动,由于按照第二条定理,即令它和外部在经验上给予的空间

① 在逻辑里,或此或彼总是表示一个析取的判断的,因为如果一个是真的,其他一个就必是假的。例如,一个物体要么就是运动的,要么就不是运动的,即是静止的。因为那里所说的只是关于认识对于客观的关系。在现象学说里,是涉及对主观的关系的,而想要从而确定对客观的关系,那就不是这样的了。因为那里的命题是:这物体或者是运动的,而空间是静止的,或者是倒转过来的。这不是一个客观的东西里的析取命题,只是在主观的关系上的,而包含在那里的两个判断是二者之一有效的。在同样的现象学里,运动不是单纯在运动学上来考虑,而宁可是在动力学上来考虑的,这个析取的命题就反而是在客观的意义上被理解的,就是说,在一个物体的旋转的地位上,我不能假定它的静止和空间的与之相反的运动。但是在那运动是在力学上被考虑的地方(如当一个物体向另一个看来像是静止的物体撞击时那样),乃至那时按形式的析取判断,就客观而言,还是在个别上使用的,所以这运动是必不可归之于或者这个或者另一个的,而是以同样的一份归之于每一个。一个概念就其相反的述项而言,对它的二者择一的、析取的、与个别的确定性加以区分是有其重要性的,但是在这里不能再加以讨论了。——康德

没有关系，还是能够作为在经验里的实在运动被给予出来的，所以就好像是在事实上的绝对运动。因为就外部空间来说的相对运动（例如地球的
[240] 轴线旋转运动对于天体来说就是相对运动）是一种出现，是可以把这个空间（即天空）在同一时间内的相反运动来替代它而作为它完全同值的，但是根据这条定理，在经验里却绝不能以它来替代那出现，因而那圆周运动就不能被想象为和外部是相对的，这就好像是承认这种运动的方式是绝对的。

但是特别应注意的是：这里所谈到的是真正的（即实在的）运动，而这
(314) 种运动似乎并不是作为真实的运动出现的。所以如果我们愿意单纯根据这种运动对于空间的经验性关系来判断这种运动的话，那么是可以把它看作静止的。换句话说，所谈的是与幻相相区别的真正的运动，而不是谈的作为和相对的运动相对立的绝对的运动。因而圆周运动，虽然它在出现里并不显现出任何地位的变动，就是说，并不显现出任何运动的东西对于（经验性的）空间的关系在运动学上的变动，但却可以显现出一种通过经验而证明的物质在其空间里的一种在动力学上连续不断的关系的变动；例如它显现出吸引通过一种逃跑的努力的不断减弱，这是圆周运动的一种结果，因而圆周运动断然表示它和幻相是彼此有别的。再如我们能够把地球想象为在无限的空洞空间里、在它的轴线上旋转，而且通过经验来证实这种运动，虽然地球各部分的相互关系和对于外边的空间的关系，在运动学上来说，即在出现上，都是没有变化的。因为就地球的各部分作为一些经验性的空间来说，没有任何东西能改变其在地球上或在地球里的地位；而对那外边的完全空洞的空间的关系来说，是没有任何外部的改变了的关系可言的，因而任何一种运动的出现就不能够发生。但是，如果我想象有一很深的洞穴一直延伸到地球的中心那里去，而我把一块石头丢进洞穴里去，我就发现，虽然重力总是向着从那中心开始的每一个距离的，然而那下坠的石头却不断从它垂直的方向偏转，而且是从西向东偏转
[241] 的，这样我就作出结论说，地球从晚到早是在其轴线上旋转的。或者我把
(315) 这石头从地面上远移去，这石头就不停留在地面的同一个点上，而是从东向西移动的，于是我仍然可作出同上面相同的结论，即地球在轴线上旋转。而且两种知觉同是这种运动的实在性的充分证明。不过这种证明，

对地球与外部空间(即多星的天空)的关系之变动是不足够的,因为它只是出现,而这种出现是可以从两种事实上相反的原因发生的,而且这种出现并不是从这种变动的所有出现之说明根据即经验中引申出来的一种认识。但是这种运动,虽然不是对于经验性空间的关系的任何变动,然而仍然不是任何绝对的运动,而是各物质的相互关系的不断变动,而且尽管被想象为存在于绝对空间里,其实只是相对的运动。正是基于这一理由,这种运动才是真正的运动。这里所依据的是这样的观念,即地球(轴线以外的)每一个部分和处在直径上与之相反而离中心等距离的每一个其他部分的交互连续的移去。因为这种运动在绝对空间里是实在的,原因在于:当重力能吸引这物体,而且并没有任何动力的推斥原因时(例如从牛顿的《自然哲学原理》1714 年版第 10 页上选择的实例所能看到的那样)①,所想到的从距离移去就从而不断为实在运动所代替,而这种实在运动是包 (316)
含在运动的物质里面的(即在物质的中心的),但和那外部的空间没有关系。

就**第三条定理**的情况来说,为了表示两个物体的交互相反而又相等的运动的真实性,甚至不考虑到这经验性的空间,这里是不需要有通过经验给予出来而在第二种情况下所必要的(重量或一个松弛的弹簧的)活动动力学影响的。但是作为物质的属性的(即推斥或吸引)的这样一种影响 [242]
的单纯动力学的可能性在其一个的运动的情况下,是同时伴随着其他一个的相同而相反的运动的,而且其实是从一个相对运动的单纯概念引申出来的,如果这种相对运动被放在绝对空间中、即根据真实性来予以考虑。因而第三条定理也就像一切可以从单纯的概念充分地予以证实的东西那样,是一条绝对需要的相反运动的规律。

---

① 他在那里说:Motus quidem veros corporum singulorum cognoscere et ab apparentibus actu discriminare difficilimum est:propterea,quod partes spatii illius immobilis,in quo corpora (316)
vere moventur,non incurrunt in sensus. Causa tamen non est prorsus desperata.(要知道单个物体的真正运动,而且要把它与好像是运动的东西严格区别开来是格外难的:因为物体在其里面真正运动的那个不运动的空间的各部分是不能在感官里被认识的,然而这事不是完全没有希望的。)于是他就让两个用一条线联系着的球在空洞空间里绕着它们共通的重心而旋转,并指出它们运动的实在性连同它的方向怎样还是能够在经验里找出来的。我也曾在有些改变的情况下想从地球在它的轴线上旋转来揭露这一点。——康德

即使一个物体在空洞空间里，就另一个物体来说，被认为是运动的，但也不存在任何绝对的运动；这里的两个运动不是对包围它们的空间来说是相对的，而只对于在它们中间的空间来说才是相对的。当这种空间被作为绝对的时，唯有这中间的空间才能确定它们相互的外在关系。因而这种运动又是相对的。所以绝对运动就只是那应属于一个与任何别的
(317) 物质毫无关系的物体的运动。这样的运动只会是**宇宙**的（即所有一切物质的体系的）直线运动。因为只要有任何的物质存在于一种物质的外边的话，即令是为空洞的空间所分开的，这种运动仍会是相对的。因此，运动规律的每一个证明，如果它的结果是它的反面即必须有全宇宙的一种直线运动作为它的后果，那么这种证明就是这运动规律的真实性的一种不可置疑的证明了。原因很简单，即绝对运动是从这规律的反面引申出来的。然而绝对运动完全是不可能的。属于这类的就是在物质通过运动的一切交互作用里的对抗作用（Antagonism）的规律。因为每一种与这种对抗作用的偏离都会移动所有物质的共通重心的地位，也就是移动整个宇宙的地位；与此相反，如果我们把宇宙想象为在它的轴线上旋转的，那么这就不会发生。所以这种旋转运动总是可以想象的，虽然按我们所能看到的来说，假定这种运动是不会有任何可理解的好处的。

关于空洞空间的不同概念对于运动与运动力的不同概念也是有关系的。在一种**运动学**的意义上的空洞空间，又称为绝对空间，正当地说来不应该名为空洞的空间的；因为它只是一个空间的观念，在它里面我抽掉了所有特别的物质，使它成为一个经验对象，为的是要在这样的空间里面把物质的或者任何一个经验性的空间想象为可运动的，并由此把运动不是仅仅从单方面想象为绝对的属性，而总是交互地想象为单纯相对的属性。
[243] 所以这种空间并不是属于事物存在的什么东西，而单纯是属于概念的规定性的，因此，空洞空间是不存在的。在一种**动力学**意义上所说的空洞空间就是没有充实的空间，就是说，在它里面没有别的运动的东西来阻止运动东西的透入，因而，在它里面没有任何推斥力起作用。这样一种空间有可能要么是在世界里面的空洞空间（拉丁文所谓 vacuum mundanum），要么是在世界以外的空洞空间（拉丁文所谓 vacuum extramundanum）；如
(318) 果世界被想象为有限制的，而且那第一种空洞空间，要么就是分散的（即

拉丁文的 vacuum disseminatum),它只构成物质体积的一部分,要么就是作为连续的空洞空间(拉丁文的 vacuum coacervatum),它把物体分开,例如把各天体相互分开。这种分别,由于它所依据的是指定在宇宙里空洞空间的地位之不同,所以就不是本质的,而是为不同的目的而使用的。首先是为要从而引申出特别不同的密度,其次是为要从而引申出一种在宇宙里不受任何外来阻力的运动的可能性。在动力学的一般注释里已经指出过,**不必**去假定为了第一种目的的空洞空间;但是根据矛盾原理,又决不能单纯从它的概念来证明它是**不可能**的。即令没有任何单纯逻辑的理由来驳斥它,可是还有一种一般自然界的理由即是说一般物质的组合的可能性的理由(只要我们更好地去理会一般物质的组合),来将它排除于自然学说之外。因为,如果为着说明物质的内聚性而假定的**吸引力**,只像是吸引力而不真是吸引力的话,也许只是通过分散在宇宙各处的外在物质(即以太)的一种**压缩**的作用,其本身只是通过一种普遍而原始的吸引力,即万有引力,才被带到这种压力上来的。这是一种有许多理由的意见。这样一来,在物质里面的空洞空间就虽然不在逻辑上,然而却在动力学上,因而就在物理学上成为不可能的了,因为每一种物质都会在物质里面所假定的空洞空间里自行扩张(由于那时就会没有任何东西阻止它的 [244]
扩张力),而这样一来,这些物质就会总是充实的了。一个在**世界以外**的空洞空间,如果是理解为包括所有的主要吸引物质(即大的天体)的话,按 (319)
同样的理由来说,就是不可能的,因为按量来说,离这些物体的距离越远,对以太(以太是包围着这些物体,并为它们所推进就通过压缩在这些物体的密度上稳定下来的)的吸引力就成反比例愈加减弱,而以太本身却会在密度上逐渐减弱以至无穷,虽然它不会在任何地方让空间成为完全空洞的。任何人也不必觉得奇怪,事情在这时候是完全假设地、以除去空洞空间来进行的;即使保持着空洞空间的地位,事情也不会更顺利。那些敢于独断地决定这个议论纷纷的问题的人,无论是肯定地决定或者否定地决定,毕竟是以单纯形而上学的假定为它们的支持的,像从动力学所看到的那样。可是至少要在这里指出,关于所想的课题,是完全不能作出决定的。再次,至于在力学意义上所说的空洞空间,指的无非是在宇宙里面的连续空虚,目的是为了使诸天体获得自由运动。我们容易看到,这种空洞空间的可能性或不可能性，其所依据的不是什么形而上学的理由，而是难于揭露的自然秘密，即是物质以什么方式限制它自己的扩张力。虽然如此，如果承认在动力学的一般注释里关于特别不同的各种物质在（按照它的重量）同样物质量的情况下，有无穷可能大的扩张所说的，那么，其实就不必假定一种空洞的空间，即令是为要使各天体有其自由而持续的运动，因为阻力，甚至是在完全充实的空间的情况下，也可以想象为如我们所要的那么小。

(320) 这样，就结束了带有空虚因而带有不可理解的形而上学物体学说，而在这里它是和理性的一切其余的企图有同样的幸运的，那就是当它努力于在回溯中达到事物的最初根据的原理的时候，由于它的性质是这样的，
[245] 除非是在所予的条件下得到确定的东西，它是绝对不能被理解的。结果就是：既然它既不能停留在受条件限制的东西上面，又不能使无条件的东西成为可理解的，所以在它为知识欲所刺激而去把握一切条件的绝对整体时，它就没有别的办法，而只得从对象归回到它自己上来，为的是不去研究事物的最终界限而去研究和确定留给它的能力之最终界限。

索　　引

本索引中的页码是德文本的，即中译本边码(　)中的页码。

甲、人名索引

E

Euler 欧勒，1707—1783，帝俄时代的数学家与物理学家，259 注.

H

Hume，D 大卫·休谟，1711—1776，英国哲学家与历史学家，206 注.

K

Kepler Johann 约翰·开普勒，1571—1630，德国天文学家，299 注.

L

Lambert，Joham Heinrich 约翰·亨利·兰伯特，1728—1777，德国的数学家，物理学家，天文学家，哲学家，229 注.

Leibniz，Gottfried Wilhelm 哥特弗里·威廉·莱布尼茨，1646—1716，德国数学家，哲学家，242 起.

M

Mariotte，Edme 阿马·马里奥特，1620—1684，法国物理学家，263.

N

Newton，Jssak 以扫·牛顿，1643—1727，英国数学家，物理学家，198 注，203，252 起，263，271，299，309，315.

U

Ulrich，Johann Angust Heinrich 约翰·奥古斯特·亨利·阿里利舒，德国哲学教授，197 注.

乙、事项索引

A

Actio in distans(拉丁文)超距作用，248。Äther 以太，280，318.

Akzeleration 加速度，Moment der 加速度矩，302。Akzidens 偶性，

199 注.
Allgrmeine Literaturzeitung 文学通报,197 注.
Allgemeinheit 普遍性,逻辑的普遍性,206.
物理的普遍性,206.
Allheit 总体性,226.
Anschauung 直观,验前的直观,193,199 注.
内部直观二时间,194.
纯粹直观与可能经验对象的形式,199 注.
Antagoniomus 对抗作用,其规律,317.
Anziehen 吸引的东西二互相按照规律接近的东西,251.
Anziehung 吸引,318.
普遍的吸引是与物质量成比例的,252 起.
通过空洞空间的吸引,249.
吸引是一种渗入力,303.
在距离上的吸引,198 注.
原始吸引,253,256,288.
吸引的招引(Sollizitation,303).
吸引的一种结构的企图,257 起.
真吸引与外表的吸引,251 起.
Anziehungskraft 吸引力,230,243,245,250 起,又参看 kraft(力)条.
Apperzeption 统觉,290.
A priori erkennen 验前认识=从单纯的可能性而认识,193.
Atome 原子,原子与空洞,277 起.
Atomistik 原子哲学 oder korpuskuarphilosophie 或称微粒哲学,278.
Attraktionstheorie 吸引论,253.
Auflösung 溶解,定义,274 起.
绝对溶解,274.

B

Behung 震动,208.
Bedingung 条件,一切条件的绝对整体,320.

Begehren 愿望,292.

Begriffe 概念,概念的构成,193、195、239、362、281.

der Bewegung 运动概念的构成,213.

柏拉图关于世界的概念,242.

Beharrung 永恒性 beharrlich 永恒的,其定义,211.

是永恒的不等于是在永恒的状态里,213.

Berührung 接触,251,数学的接触,248.

接触无异于通过无限小的中间空间的被分开,262.

物理的接触,248 起.

接触=不可入性的作用,248,251.

Beschleunigung 加速度,302.

Beweglichkeit 能运动性,204,206.

Bewegung 运动,绝对运动,298、306 起,308,311,316.

宇宙的运动,316.

相对运动,205,298,311.

旋转运动,208.

前进的运动,208.

直线运动,208,216,225,306.

内部运动,208.

圆周运动,313 起.

曲线,225.

不回转到其自身的运动,208.

摇摆不定的运动,208.

真的(现实的)运动,313 起.

循环的运动,208.

运动,运动的概念与其构成,213.

运动作为经验的对象,307.

运动作为空间的描写,217.

运动作为大小量,214.

运动的大小量在力学上的估计,283 起.

运动的大小量学说,217.
作为外感官对象的一个某东西的基本确定,201.
一个东西的运动=它的外部关系的变动,207.
运动的传递之结构,299.
在动力学里运动的样式,310.
在力学里运动的样式,310.
直线运动的样式,306 起,308.
圆形运动的样式,308.
运动的量(运动学的与力学的概念),285.
运动的组合,218,225.
第一种情况,218,第二种情况,219,第三种情况,220 起.
运动组合的定义,216.
运动组合的构成,224.
运动的组合之发生必须是没有力的帮助的,224.
运动学说,纯粹的与应用的,201.
Bewußtsein 意识,290.

C

Chemie 化学,不是科学,而是系统的技术,191,193.
化学作用,274 起.

D

Denken 思想,292.
思想可能性的原理,200 注.
Dichtigkeit 密度,密度的定义,267.
绝对密度,267.
Ding an sich 自在之物,210,240.
自在之物的组合,242.
Durchdringung 渗入,物质的渗入,232 起.
化学渗入,274 起.
Dynamik 动力学,201,227 起,252,309.
动力学的普遍规律,262.

普遍动力学的基本原理,272.
动力学的普遍原理,264.
动力学的说明,277.

E

Einfache,das 简单的东西,242 起.
Einheit 单一性,线与方向的单一性,225 起.
Elastizität 弹性、弹力、原始弹力,232.
弹性的定义,257.
弹性,273,299 注.
扩张的弹性 } 273.
吸引的弹性 }
弹性的中介,276.
Erfahrung 经验,306.
经验=经验性的知识(包含有形而上学)195.
经验只通过范畴才是可能的,199 注.
Erklarungsart 数学力学的说明方式与形而上学动力学的说明方式,266.
Erscheinung 出现,312 起.
Erscheinung und Schein 出现与幻相,306.
Erscheinung 出现. Teilbarkeit der 出现的可分割性,241.
出现的组合,243.
Erscheinungslehre 出现的学说,312 起.
Euler 欧勒(欧勒假设)259 注.

F

Fernwirkung 距离作用,248,250.
Fester korper 坚固的物体(定义)269.
Flüssig 流动的(定义)269.

G

Gemeinschaft 交互作用,交互作用的范畴,302.
Geometrie 几何学,203.
几何学的结构以全合为根据,222.

Geschwindigkeit 速度,208.
速度概念,210.
速度作为大小量,222.
Geschwindigkeit 速度是外延量,223.
速度是内涵量,223.
速度的构成作为大小量,223.
Gestalten 形态,其可能性,266.
Gleichartigkeit 同方式性,材料的绝对同方式性,278.
Glad 等级、程度、286.
Gravitation 万有引力(定义)257.
Grenge 界限,事物的最终界限,320.
留给事物的能力之最终界限,320.
Größe 大小(量),199.
大小(量)的概念,217,225.
大小(量)这个概念的应用于物质,245.
大小(量)的构成,285.
外延的大小量,223.
Größe 内涵的大小量,202,223,286.
Grössenlehre 大小量说,运动的大小量说,217,224 起.
Grundsätze 基本原理,验前综合的基本原理,199 注.

H

Harmonie 和谐,前定和谐,200 注.
Härtc 坚硬性,绝对坚硬性,299 注,303.
Hydrodynamik 流体动力学其规律,271.
Hydrostatik 流体静力学,其规律,272.
Hylozismus 物活论,这就是死的自然哲学,293.

I

Ich 我,我不是什么概念,291.
Intussuszeption 套叠,275.

J

Jupiter(planet),木星(行星)253.

K

Kategorien 范畴,197 起.
范畴的演绎,197 起并注.
范畴表,197 起并注.
Kausalitat 因果性,因果性范畴,302.
Klebrigkeit(viscositas)粘附性,其定义,269.
Kongruenz 全合,212.
Kontinuum 连续,239,261 起,267.
Körper 物体,物理的物体,其定义,267.
绝对坚硬的物体,299 注,303 起.
弹性物体,299 注.
Körperlehre 物体学说,普通性的物体学说,202.
Kraft 力、运动力,228,264,265.
Anzichungskraft,吸引力,230 起,253,279.
288、303、还参看 Anzichung(Attraktionskraft).
吸引(吸引力).
Kräft 原始的吸引力伸张到无限,254 起,263 与距离的平方成反比例上起作用,其构成,257 起,260 起,262.
吸引力乃是一种基本力,243 起,264.
吸引力是物质可能性的根据(基础)249. 是通过空洞空间起作用的,249 起.
吸引力是透入的力,254.
吸引力是扩张的力,265.
Flachenkraft,表面上的力,254.
gruudkräft 基本力,249,266.
lebendige kräfte 活力,活力的估计,285 起.
死力,286.
Kräft 力,triebende,推出力,230.

Zichende,引诱力,230.

Zusammendrückende,压缩力,232,244.

Zurüokstossungskraft 回撞力,又称推斥力,230 起.

244,246 起,250,261,263 起 279.

推斥力是属于物质的本质的,247.

原始推斥力,249、263、282.

原始推斥力的构成;在和无限小的距离的立方成反比例上起其作用的,260 起,262.

Zurückstossuugskraft. 简单东西推斥力的范围,261.

Kritik der reinen Uernunft. 纯粹理性批判,206.

L

Leben 生命,定义,292.

Lebloskeit 无生性,292.

Leere 空洞,空虚,320.

绝对空洞,277 起.

Limitatiön 限制,限制范畴,264.

Logik 逻辑,312 注.

Lust und Unlust 苦与乐、苦感与乐感,292.

M

Masse 质量,其概念,287.

质量的定义,283.

Materie 物质,196,264.

物质的普遍概念,200,205.

物质的概念是回到(追溯到)动力去的,262.

Materie 物质概念的构成,229,255 起,266.

Zergliederung der 物质的分析(分解)195.

物质的定义=在空间运动的东西,204.

物质的定义=就其是充实空间而言的运动东西,227.

Materie 物质,乃是在空间存在的东西的主体,236.

物质作为某运动的东西,214.

物质的动力学说明,227,255.
物质的力学定义,282 起.
物质的运动学定义,305 起.
物质是外感官的对象,205.
物质是原有经验性的东西,292.
物质作为实体,291.
物质是无限可分割的,236 起.
物质是不可入的,236 起.
物质是出现,不是自在之物,240.
物质的量,其定义,282 起,288.
物质是连续不断的,262.
Mathematik 数学,不致于因诡辩而消失的,240.
Mathematik 数学,数学的应用于物体学说提供数学概念的.
构成,195.
数学把它的知识奠基于概念在一种验前直观里的构成,192.
数学与形而上学,239.
数学的结构,195,224.
Mechanik 力学,201, 216,224,252,282 起,296 注.
力学第一条规律,289.
力学第二条规律,291.
力学第三条规律,293.
力学的方法,271 起.
力学的作用,274 起.
Menge 数量,无限数量的部分,240 起.
Metaphysik 形而上学,203,239.
或哲学=从单纯概念而来的纯粹理性知识,192.
Metaphysik der Natur 自然的形而上学,192.
自然的形而上学的先验部分,192.
物体自然的形而上学,192,195,202.
能思维的自然的形而上学,192.

Metaphysik der Natur 形而上学含有思想的种种纯粹操作，所以就含有种种验前概念与基本原则，195.

形而上学让各门科学有绝对安全性的指望，196.

形而上学作为关于上帝、自由与不死的学说，202.

按照方法来使用的形而上学，265.

Modalität 样式，样式的各范畴，199，310.

Möglichkeit 可能性（范畴），310.

Moleculae 分子，274.

Monade（Monas）单子，238，286.

Monadist 单子论者，237.

Mnnadologie 单子论，242.

物理的单子论，261.

N

Natur 自然，自然的概念，190.

形式意义上的自然与物质意义上的自然，189.

Naturbesckreibuug 自然描述，190.

Naturerkenntnis 自然知识，纯粹的与应用的，191.

Naturgeschichte 自然历史，190.

Naturgesetze 自然规律，196.

Naturlehre 自然学说——所包含的真正科学只如它所包含的数学有多少，192 起.

历史的自然学说，理性的有自然学说，190.

Naturphilosophie 自然哲学，是在于把各种力还原为一些基本力，280.

力学的自然哲学，278 起.

动力学的自然哲学，278 起.

Naturwissens chart 自然科学，190.

自然科学的（纯粹部分［普遍物理学］）196.

自然科学里的原理，230.

历史的自然科学与理性的自然科学，190.

正当的自然科学与不正当的自然科学，190.

正当的自然科学需有一个纯粹部分,191.
自然科学预先假定有形而上学,192.
Negation 否定,否定范畴,264.
Newtons Qptik 牛顿的光学,253.
Notwendigkeit 必然性,必然性的意识,190.
必然性范畴,310.
纯粹知性概念的客观必然性,200 注.
必然性,主观必然性,200 注.

O

Ort 地位,位置,一个物体的位置,207.

P

Phänonenologie 现象学,201,305 起,312.
phoronomie 运动学,201,204 起,224,296 注,308.
运动学是以运动的构成作为大小量和物质的作为运动东西为其对象的,214.
运动学把运动只作为空间的描述来考虑,216 起.
运动学乃是运动的大小量的学说,217.
运动学的定理,225.
physik 物理学,192.
数学物理学,266.
Prolegomena 未来形而上学导论,197 注.
Punkt 点,动力学点 261.
物理学点,208,237.
Psychologie 心理学,192.

Q

Qualität 质,199,264.

R

Raum 空间:是外感性直观的形式,205,210,240.
空间只属于外界事物的出现,242.
空间并不是自在之物的什么属性,210,240.

绝对的空间并不是什么客观对象,206。绝对空间是一个理念,311,绝对空间乃是一个空间的理念,为的是要确定给予的空间的关系的,261.

绝对的空间,204,206;214,215 起,294 起,298.

311 起.

纯粹空间,308.

空间,作为形体存在的属性,210.

空洞空间,227,234,248 起,265,277 起.

空洞空间＝不存在,317 起.

Raum 通过空洞空间的作用,249 起,254.

充实的空间,227,234,280.

经验性的空间,205.

相对的空间,204 起,214 起,218 起,295,311 起.

空间的无限可分割性,239.

空间的充实,227 起,235 起,245,266,280.

逐渐的空间,264.

数学的空间,234.

动力学的空间,234,263 起.

空间的内容(空积),其定义,267.

Realität 实在性,实在性范畴,264.

实在性,实在的东西 229＝固体(dassolide)263 起.

Reibung 摩擦,其定义,269.

Relation 关系,199.

Richtung 方向,运动的方向,209 起,215,304.

Ruhe 静止,224.

绝对静止,215.

静止是在原来位置上的永恒存在,211,213.

S

Saturn 土星(行星),253.

Scheidung 分析,其定义,274.

Schein und Erscheinung 幻相与出现,306.
Schwere 重,重量,其定义,257.
Seele 灵魂,其自然描述不是灵魂科学,194.
Seelenlehre 灵魂学,193.
　　经验性的灵魂学不是自然科学,191.
Substandigkeit 实体性,其规律,302.
Sollizitation 招引,302.
　　吸引的招引,303 起.
Solidität 固体性,229,245,263 起.
Spröde 脆弱的,其定义,269.
Starr 固态的,其定义,269.
　　固态的物质,272 起.
Steigkeit 永恒性,其规律,291.
　　永恒性的力学规律,304.
　　永恒性的形而上学规律,304.
　　在内部变化的流逝中的永恒,(连续)性的规律,194.
Stoss 推斥,通过推斥的碰撞(Antrieb)253.
Subjekt 主体,空间中最后的主体乃是实体,288.
Substanz 实体,229,246.
　　实体范畴,302.
　　物质作为实体,291.
　　实体与偶性,199 注.
　　实体的永恒性,289 起.
　　实体,空间中存在的最终主体就是实体,236.
　　物质性实体,235,292.
　　有限的实体,292.
　　实体的量,288 起,297 注.
　　灵魂的实体,290.

T

Teilbarkeit 可分割性,数学上的可分割性,237.

物理学上的可分割性,235.
无限可分割性,236,239,275.
物质的无限可分割性,241.
空间的无限可分割性,239 起.
无穷分开的完全可分割性,275.
Trägheit 惯性,惯性规律(vis inertiae 条),292 起,302,304.
惯性规律与作用反作用的规律,292 起.
Trägheitskraft 惯性力(lex inertiae),299,301.
惯性力必然从自然科学里尽行除去,301 起.
Trarsfusionisten 移注说家,299 注.
Trennung 分开,235.
分开的定义,269.

U

Unbedingte das 无条件的东西,320.
Undurchdringlichkeit 不可入性,235,248,266,278.
绝对不可入性,234 起,相对不可入性,234 起,物质的不可入性,233,243 起.
绝对的不可入性=一种躲闪的性质,235.
不可入性=扩张能力,248,二推斥力,264.
Unteilbarkeit 不可分割性,物理学上的不可分割性,277.
Ursache 原因,外来的(外在的)原因,291,292.
Urteil 判断;判断的定义,199 注.
判断的机能(作用),198 起.
二者择一的判断,307,312 注.
析取(选言)的判断,307,309,312 注.
个别分配上(distributive)的判断,312 注.
直言的(断言的)判断,198 注.

V

Vacuum coacervatum 连续的空洞空间,318.
disseminatum 分散的空洞空间,318.
mundanum 世界里的空洞空间,317.

extramundanum 世界以外的空洞空间,318.
Veränderung 改变,一个改变的概念,一般作为大小量的改变,304.
Vernunft 理性,理性的思辨,纯理论的使用(用途)只达到可能经验的对象,198 起注.
Verschiebung 移动,其定义,269.
Vielheit 多数性,多数性范畴,226.
Volumen 体积,267,280,体积与形态,245.

W

Wärme 热,263.
Wechselwirkung 交互作用,292,293 起,302.
作用与反作用的相等,252,298 起.
作用与反作用相等的动力学规律,298 起.
Wesen 存在者,其定义,189 注.
Wirklichkeit 现实性,——范畴,310.
Wirkung und gegenwirkung 作用与反作用,293 起,298 起;物质反作用规律,302.
Wissenschaft 科学,理性的科学,190.
Wissenschaft und wissen 科学与知识,190. 在其里面有多少数学就有多少是正当的科学,192 起.

Z

Zeit 时间,时间的相对性二内部直观,194.
Zufall 不必然性,盲目的不必然性,277.
Zurückstossuugskraft 推斥力,230 起,246,249,260 起;又参看"kraft"(力)条.
Zusammendrückung 压缩,318.
Zusammendrückbarkeit 可压缩性,物质的可压缩性,233.
Zusammenhang 内聚性,257。其定义,268.
内聚性不属于物质的可能性,257.
Zwischenraume 中间空间,空洞的中间空间,264,266.
无限小的中间空间,262.

德汉词表

（按汉语拼音排列）

A

阿里利舒 Urich

B

必然性 Notwendigkeit

不必然性 Zufall

不可入性 Undurchdringlichkeit

不可分割性 Unteilbaskeit

C

出现 Erscheinung

存在者 Wesen

脆弱的 Spröde

超距作用 Actio in distans

D

点 Punkt

单子 Monade

单一性 Einkeit

单子论 Monodologie

单子论者 Monadist

导论 Prolegomena

等级 Glad

地位，位置 Ort

多数性 Vielkeit

大小量 Grösse

动力学 Dynamik

对抗作用 Antagonismus

F

否定 Negation

方向 Richtung

范畴 Kategorien

分子 Moleculace

分开 Trennung

分析 Scheidung

G

改变 Veränderung

关系 Relation

固体性 Solidiät

固态的 Starr

惯性 Trägheit

惯性力 Tragheitskraft

H

化学 Chemie

幻相 Schein

和谐 Harmonie

J

经验 Erfahrung

静心 Ruhe

界限 Grenze

接触 Behruhrung

几何学 Geometrie

坚硬性 Härte

加速度　Akzeleration
　　Beschleunigung
距离作用　Fernwirkung
基本原理　grundsätze
交互作用　Wechselwirkung
　　Gemeinschsft
简单的东西　Einfache
坚固的物体　Fester körper

K

科学　Wissenschaft
概念　Begrift
空间　Raum
空洞、空虚　Leere
空洞空间　Vacuum
可能性　Mäglichkeit
开普勒　Kepler

L

力　Kraft
力学　Mechanik
逻辑　Logik
连续　Kontinuum
理性　Vernunft
灵魂　Seele
灵魂学　Seelenlehre
兰伯特　Lambert
乐与苦　Lust und unlust
流动的　Flussig
流体动力学　Hydrodynemik
流体静力学　Hydrostatik
莱布尼茨　Leibniz

M

木星　Jupiter
密度　Dichtigkeit
摩擦　Reibung
马里奥特　Mariotte

N

牛顿　Newton
内聚性　Zusammenhang
粘附性　Klebrigkeit
牛顿的光学　Newtons Optik

O

欧勒　Euler
偶性　Akzidens

P

判断　Urteil
普遍性　Allgemeinkeit

Q

全合　Kongruenz

R

热　Wärme
溶解　Auflösung

S

渗入　Durchdringung
思想　Denken
速度　Geschwindigkeit
数学　Mathematik
数量　Menge
时间　Zeit
生命　Leben
实体　Substanz

实在性　Realität
实在性　Substandigkeit
说明方式　Erklarungsart

T

土星　Saturn
统觉　Apperzeption
条件　Bedingung
套叠　Intussuszeption
弹性　Elastizität
体积　Volumen
推斥　Slöss
推斥力　Zurückstossungskraft
同方式性　Glechartigkeit

W

我　Ich
物质　Materie
物体　Körper
物理学　Physik
物活论　Hylozoismus
物体学说　Körperlehre
无生命　Lebloskeit
无条件的　Unbedingte
万有引力　Gravitation
文学通报　Allgemeine Literaturzeitung

X

休谟　Hume
限制　Limitation
吸引　Anziehung
吸引力　Anziehungskraft
吸引论　Atlraktionstheorie
吸引的东西　Anziehen
形态　Gestalet
形而上学　Metaphysik
心理学　Psychologie
现实性　Wirklichkeit
现象学　Phümomenologie

Y

以太　Äther
意识　Bewusstsein
压缩　Zusammendruckung
样式　Modalität
移动　Verschiebung
移注说家　Transfusionis ten
愿望　Begohren
原子　Atome
原因　Ursache
原子哲学　Alōmistik Korpuskularphilosophie
运动　Bewegung
运动学　Phoronomie
永恒性　Beharrung Stetigkeit
因果性　Kausalität
因果关系　Kausalverhaltnis
验前认识　A priori erkennen

Z

重、重量　Schevere
主体　Subjekt
招引　Sollizitation
质量　Masse

直观　Anschauung
震动　Behung
自然　Natur
自然科学　Naturwissenschaft
自然哲学　Naturphilosophie
自然规律　Naturgesetze
自然学说　Naturlehre
自然描述　Naturbesohreibung
自然历史　Naturgeschichte
自然知识　Naturerkenntnis
自在之物　Ding an sich
总体性　Allheit
中间空间　Zwischensaum
作用与反作用　Wirkung und gegenwirkung

道德的形而上学基础(节选)

[德]康德　著
[加]约翰·华特生　选
韦卓民　译

目　录

第一节　从寻常道德的概念过渡到道德的哲学概念…………………… 260
第二节　从通俗的道德哲学过渡到道德的形而上学…………………… 264
第三节　从道德的形而上学过渡到实践理性的批判…………………… 275

241
第一节　从寻常道德的概念过渡到道德的哲学概念

在这世界内，甚至在这世界之外，除**好的意志**外，可以说什么东西也不可能无限制是好的。智力、机警、判断力和其他理智上的才能（无论称它们什么），无疑都是好的，而且是人所喜欢的东西；天性禀有的，像勇敢、果断、坚忍这些品质从许多方面看来也是一样；但是，指导这些天赋才能的意志，就是所谓**性格**本身，如果不是好的，那么，这些才能可能是极其恶毒害人的东西。**命运赐予的**也是一样。权势、财富、荣誉，即或健康，以及一般的安宁和对自己处境的满意，即称为**幸福**的，如果一个人的意志不好，这一切都会引起自负，往往使人专横；一个有思想而公平的旁观者，看见一个一帆风顺，但毫无一点纯洁而良好意志的人，是怎么也不能满意的。所以，一个人要配得幸福，良好的意志似乎是不可少的条件。

242 一个人的意志所以好，并不是因为从它而来的后果是好的，也不是因
[226] 为它能达到所追求的目的，而是因为它本来是好的，即因为它志向好。所谓好意志，不只是好心好意；还在乎坚决使用力之所及的一切方法，至于它本来价值，倒不因成功而提高，也不因失败而降低。

只有意志具有绝对价值，这种观念看来很离奇，所以，虽然群众也赞成，也这样判断，但我们仍须仔细审查它。

243 如果大自然只是向有理性和意志的人提出供应，使他们得到延续、安宁，总而言之，得到幸福，那么我们不得不承认，人们使用其理性时所想出来达到他们的目的的方法是很不高明的。事实上，一个有文化有教养的人，追求享乐与幸福所用最坏的办法，就是使用他的理性来追求。因之在他的心中很容易发生某种程度对理性的厌恶，即对理性的憎恨。他发觉：技艺（成了享乐手段的），甚至科学，并不给他带来幸福，而只加重他的负担。终于，不是轻视而是羡慕教养较低者，这些人更紧密地随从他们自然
244 冲动的提示，而很少理会到理性叫他们作什么或者不作什么。至少应该承认，一个人否认了理性在产生幸福与满意之中有很多好处，甚至认为毫无好处，尽管他这样做，他对于统制世界的善良并不抱有讨厌或不愉快的看法。这种判断实际上是说，生命有一个比幸福更高尚得多的目的，理性

的真正使命就是要达到那个目的。

那么,理性的真正目标,就它是实践的,即能够影响意志的这方面来 [227]
说,必定是要产生一个本身是好的意志,而不只是作为别的东西的一种手段才是好的意志。这个意志不是唯一的或全部的好,而是最高的好,一切其他的好之条件,甚至是追求幸福的条件。所以,理性的培养原是增进其第一个而无条件的目标,即好意志的产生,至少在今生,会在许多方面限制了幸福的达到,甚至使之成为不可能,这不是和大自然的智慧不相容的,因为达到幸福只是理性的第二个而有条件的目标。

为了要使关于本身就是好的这种意志的概念有一种清楚的意识(那
种概念是已经为群众所熟悉的),让我们审查一下义务这个概念。义务的 245
概念,是含有在一定的主观限制和阻滞之下表示出来的好意志这个观念的。

我不谈公认违反义务的行为,这些行为不管在达到这个或那个目的时可能有什么好处,但是明显地不从义务感而来的。我也不去理会那些在现实上并不和义务不一致,可是由于某种自然的爱好的冲动而作的行为,虽然那冲动不是要直接去作这些特殊行为的;因为在这些行为里面,容易确定和义务一致的行为是由于义务而作,或者是为着某种自私的目标的。当做某一种事情时,其直接的爱好本身,是符合义务的,那就更难来分辨它的动机了。例如保持一个人自己的生命是义务;可是,由于每一
个人都自然爱好保持他的生命,人们以之从事于这个任务的小心翼翼就 [228]
没有真正的价值,他们从而动作的准则也没有任何道德的意义了。他们保持生命是符合于义务而不是因为义务的。但是如果灾祸和绝望的愁苦
弄得生活毫无乐趣;假如这个不幸的人以死求解脱,但仍然千方百计延长 246
他的寿命,纯是出于义务感;那么,他的准则就有真正的道德意义了。

但是,其次,由于义务而作的行为得到它的道德价值.不是由于它打 247
算要达到的目标,而是由于它以之而确定的准则。所以,不管目标是不是
达到,那行为还是有同样的道德价值的,只要意志从而决定去行动的准则 248
是独立于一切感性欲望的对象的。上面所说的把这点弄清楚了,能给行为以一个无条件的道德价值的,不是所指望要达到的目标,换言之,不是作为意志的目的的,从行动出来的后果。那么,如果行为的道德价值不是

在于意志本身不是作为追求达到某一目标的意志，那它是在于什么呢？它只能是在于意志的原则，无论能不能用那行为来达到所追求的目标。因为意志好像是站在歧路上似的，一面是它的验前原则，这是形式上的，另一面是它的后验实质上的动机。站在那里，它必须有什么来作出确定，而行为若是从义务感作的，既不能由一条实质的原则确定，就只能由一切志愿的形式原则而确定。

[229] 从这两个命题直接得出第三个，可以表述如下：**义务就是由于尊重规律而行动的责任**。对于我指望从我的行为所达到的目标，我可能有一种自然的爱好，但是对于不是我的意志的自发活动而只是它的结果，我永远不能有所尊重。无论是我自己的或者是他人的自然爱好，我也不能有所尊重。如果是我自己的爱好，我至多不过承认它；如果是他人所表示的，而我把它认为能增进我自己的利益，我便因之在某些情况之下可以说竟至对它有所喜悦。可是，能引起我尊重或者能叫我承担责任去行动的唯一东西并非作为一种后果，而是作为一条原则的和我的意志有联系的规律；这原则不根据什么自然的爱好而是控制自然的爱好的，或者至少是使它对于决定我的行为过程毫无影响的。那么，如果由于尊重义务而作的行为，把自然爱好的影响完全摆在一旁，而且和这一起，又把意志的所有目标摆在一旁，剩下来能够决定意志的，客观方面只有**规律**本身，而主观方面就是**纯粹**对规律作为行为原则的**尊重**了。于是就有这条准则——牺牲我一切的自然爱好，我也要遵守道德规律。

249 所以我们称为道德的那个最高的善只能是**规律**在其自身的那个观念，这是只就其是确定意志的这个观念而言，而不涉及指望从它得来的任何后果。只有一个**有理性的存在者**才能有这样的一个观念，所以从规律的观念而动作的人在道德上已经就是好的，不管他指望从他的行为所得

[230] 的后果事后是不是得出来了。

一条规律的观念，即使离开它所预期的结果，而要决定意志，因而本

250 身有权利称为绝对而无限制是善的，究竟它的性质必须是什么的呢？既然意志必不得由于想望从遵守某一条规律所预期的结果而便行动起来，剩下来的唯一的意志之原则就是行为遵照普遍规律这条原则。在一切情况之下，我必须这样行动，**让我同时能够决意使我的准则成为一条普遍的**

规律。所谓纯粹地而简单地遵守规律就是这个意思;如果义务的观念不是要被看为空洞幻梦似的,这就是用来,而且必须用来决定意志的一条原则。事实上,我们一向对于行为所作出的判断是完全和这条原则一致的,而且在作出那些判断时,我们的心目中总是有这条原则的。

例如,为环境所迫,我可不可以订下诺言而不打算履行呢?问题不是虚伪许诺是否精明,而是道德上对不对。使我能够迅速而果断地回答这
问题,我最好是问自己,我是不是满意让我虚伪地许诺来免我受一时的困 251
惑这条准则有普遍规律的效力,应用到他人如同应用到我自己一样。那么我会立刻看到,虽然我能立意说谎,但我却不能愿意说谎成为一条普遍
的规律。如果说谎是普遍的话,严格地说来,就不会有许诺了。我可以说 [231]
我打算在将来某时作某事,但是没有人会相信我的话,即使他当时相信我的许诺,可是后来他是会照样来对待我的。这样我的准则就变为自败立场的,只要把它当作为一条普遍的规律。

所以义务是由于对道德规律的纯粹尊重而行动的责任。一切其他动
机都必须对这个动机让步,因为它**本身**是好的意志的条件,而这种意志具 253
有无与伦比的一种价值。

然而人有一种强烈的感想,对于义务的命令是反抗的,虽然他的理性告诉他那些命令是配得最高的尊重的。因为不只具有理性,而且还有某些自然的需要和爱好,得到完全的满足时就称为幸福。这些自然的爱好嚷着争取它们表面上合理的要求得到重视;可是理性发出命令不屈不挠地拒绝对自然的欲望应许什么,而以轻视和蔑视的一种态度来对待它们的要求。因之就发生一种**自然的辩证**,就是一种倾向,想把义务的严格规律搪塞过去,怀疑这些规律的有效性,至少是怀疑它们的纯洁性和严重性,像这样就使义务的规律让步于自然爱好的要求。

这样一来,人们就不得不越出理性通常活动的狭窄观念范围,而开始
进入**道德哲学**的领域,固然并不是因为感觉到思辨的种种困难,而只是由 [232]
于实践的缘故。人们实践的理性,不能运用得比他们的理论的理性为时更久,就不知不觉地陷入一个辩证里面,迫使它求援于哲学;在这种情况之下正如在其他一种情况下一样,只有在人类理性彻底受到批判后才能安定下来。

254
第二节　从通俗的道德哲学过渡到道德的形而上学

到此为止，我们关于义务的概念，是从人们通常运用其实践理性中使
用这概念的方式上得来的。然而我们必不可以认为义务的概念因之就是
从经验得来的。正和这相反，我们常常听见一些埋怨，而我们又不能不承
认这些埋怨是合理的，就是没有人能举出甚至一个实例，是一种行为的确
纯是由于尊重义务而作出的；并且又说，确实有许多行为是和义务**相反对**
255 **的**，而没有一种行为是显然由于义务感而做，因而是有道德的价值的。其
实没有什么东西能叫我们免于完全失掉义务的观念，而在心灵里保持一
种对道德律的尊重，除非清楚地相信，理性是按其自己的权威发出命令，
256 它根本不管人们的行动事实上是不是纯然出于义务观念。因为理性坚定
地下令说，应该有某些行动，可能这些行动却根本不曾有过，任何东西都
以经验为根据者一定怀疑这些行动的可能性。例如人人都要求完全无私
[233] 的友谊，尽管真诚的朋友也许根本谁也没结交过；因为纯洁的友谊，是和
义务作为义务这个观念结合在一起，而且是属于在验前的理由上先于一
切经验而决定意志的理性之观念的。

而且毫不可争辩的，除非我们否认道德有任何真理，否认它是以一个可能的对象为标准，道德律的应用是这么广泛，它不只是人，即一切**有理性的存在者**都应该遵守，而且不但在某种偶然的条件下，在某种限度内是应该遵守而且是绝对地必然地要遵守的。并且很明白，没有什么经验能叫我们认为这种断然性的规律，甚至是有其可能的。

257 所以，真正最高的道德无不独立于一切经验，完全以纯粹理性为根据，那么，如果我们要有区别于通俗道德哲学的道德哲学，我们可以不待再有任何研究，便可认为道德的概念和从这些道德概念引申出来的原则，都是验前所与，而且是在其一般上(in abstracto)表现出来的。

258 这种道德形而上学不能有经验的心理学、神学、物理学和超物理学成分混合在里面，尤其不能有什么神秘的，或者可以称为次物理的质素混合在里面的，它不但是作为义务的正确理论之基础所不可少的，而且在道德教训的实践体现中也有极大重要性。因为没有和情欲的杂质混合的义务

纯粹观念,就是说,道德律的观念,比一切从经验而来的动机,通过人的理 259
性而影响人心是大大地更为有力的。这样一来,理性才开始意识到它能 [234]
由于自己而成为实践的。意识到自己的尊严之后,道德律就蔑视一切情
欲而能够一个一个地控制它们。

从上面所述就很明显:一切道德的概念都是完全验前地处于理性而
且来自理性,而且是普通人的理性所领会,正如理性在其纯然的思辨活动
中所领会一样。我们又看到,把道德的概念和规律从纯粹理性得来,把它
们纯然地毫无混杂地表示出来,而且划清这全部理性的实践与纯粹知识
的范围,不只是在以思辨理性构成道德的理论中有极大的重要性,而且为
着生活的实践行为也是这样的。在企图确定纯粹实践的理性全部能力的
过程中,也不容许把它的原则变为依赖于人类理性的特别性质,像在思辨 260
哲学中我们可以这样做而有时候不得不这样做那样;因为道德律必须适
用于任何有理性的存在者,因之必须得自有理性的存在者本身的概念。

不但要从人们普通的道德判断前进到哲学的道德判断,而且要从依
靠实例摸索前进的通俗哲学达到一种道德的形而上学,为了证明这种必
要性,我们的出发点必须是理性的实践能力提供行为一般规则的地方,然
后清楚提示它达到义务概念的各个步骤。

自然中一切事物都是按照规律的。唯有有理性的存在者才有按照关 [235]
于规律的**观念**而动作的能力,即依原则而动作;换言之,唯有有理性的存
在者才有意志。如果没有理性,行为是不能出自规律的,所以意志不过是
实践的理性。如果意志是不会错地为理性所决定,则一个有理性的存在
者一切行为主观上和客观上都是必然的了;就是说,意志就必须看为是一
种能力,只选择理性,不问自然爱好是什么而宣示是实践上必然的或好
的。不然的话,如果意志不总是单为理性所决定,而每每为某些主观条件 261
或动机所支配,可是这些条件与动机又不总是和客观条件一致;如果按人
的现实情况来说,意志不是和理性完全一致;那么,认为是客观必然的行
为,在主观上却是偶然的了。因之按照客观规律而这样确定的意志就称
为**责任**。那就是说,如果一个有理性的存在者之意志不是绝对好的,我们
就想象到它是能为理性的客观规律所决定,而不是为它必然服从那些规
律的本性所决定的。

某一原则是客观的而且是意志所应遵守的，这个观念乃是理性的命令，以公式来陈述这命令就是命令的宣示。

一切命令的宣示都是以应该来表达，表示必须遵守这些宣示的意志，按其主观的素质，不是必然符合于理性的客观规律而确定的。一个命令的宣示说，做某一件事或者不做某一件事是善的，但是它所宣示的意志，
[236] 不是总是因为一件事是好的就做的。所以以理性的观念来确定意志的就是实践上是好的。换言之，那不是用主观的感化来确定意志，而是用客观的原则，就是对一切有理性的存在者都有效的原则来确定意志。善和愉快完全不相同。愉快产生于纯然主观原因对于主体的意志的影响，而这些原因随着这个或那个个人的感受力而改变，然而理性的原则是对于一切人都一样有效的。

262 一个完全好的意志，像人的意志那样，是隶属于客观的规律的，隶属于善的规律的，但是不能说它是有责任要按照那些规律而行动的。这样一个意志按其主观的素质只能为善的观念而确定的。谈到神的意志，或其他圣洁的意志，命令宣示是毫无意义的；因为这里的意志按其本性是必然地和规律一致，所以应该是对它不适用的。命令的宣示都是公式，只表达一般意志作用的客观规律对于这个或那个有理性的存在者之不完善意志的关系，例如对于人的意志的关系。

然而一切命令的宣示可能是有条件的命令，又可能是无条件的命令，有条件的命令宣示说，如果立意要得到某另一东西，或者至少可能是立意要这样，则必须做某一东西。无条件的命令宣示是宣告说，一种行动本身即客观上是必然的，并不涉及另一个目的。

每一条实践的规律都是把一种可能的行动表示为好的，因之一个能
[237] 为理性确定它的行动的主体是必须遵守的。所以一切命令的宣示都是公式，为着确定一种行动，这种行动，按照一个在某种意义上是好的意志之原理，是不能推诿的。如果行动是好，只是因为它是达到另外一种东西的手段，那么这个命令的宣示乃是有条件的；如果能设想这行动本身是好，则命令的宣示，作为本身符合于理性的一个意志的原则，就是无条件的。

所以一个命令的宣示说明我的什么可能的行为是好的。它提供一条实践的规则是对于这一种的意志的，就是或者这种意志不只是因为一种

行动是好的而立刻做这种行动,或者是因为那行为者不知这行动是好,即或知道是好,而为与实践理性的客观原理相对立的准则所影响而不立刻去做。

有条件的命令宣示只是说一种行动对于某一种**可能的**目的,或者对 263
于某一种现实的目的来说是好的。前者是**盖然性的**,后者是**断然性的**。肯定一种行动本身或客观上是必然的,不问什么目的,就是说,不问它自身以外任何其他目的,这种无条件的命令宣示是一种**必然的**实践原则。

凡是一个有理性的存在者能力所及的,都可设想为有些存在者所能决心要做的,因而决定什么行动是达到某一定可能的目的所必需的那些原理,在数目上是无穷的。

可是有一个东西是我们可以认定的,就是所有有限的有理性的存在者现实上都立定他们的目的,因而有一个目标是可靠地认为不只是他们可能追求的东西,而且是他们由于他们本性的必然性在现实上所**追求**的,
这个目标就是**幸福**。肯定一种行动作为达到幸福的手段的实践必然性这 264
种有条件的命令宣示是**断然的**。我们必不得把幸福认为只是可能的而且 [238]
是盖然性的目的,而是要把它认为是可以有信心验前假定为每一人所追求的,因为它是属于人的本性的。一个人要达到他自己最大安宁的手段之选择,其所用的手腕可以称为明达,这是把这个词用在它比较狭隘的意义上,所以一个只对于一个人选择手段以达到他的幸福而言的命令宣示,即明达的准则,必须是有条件的;它命令做一件事情,不是绝对的,而只作为达到一种目的的手段。

最后,有一种命令的宣示,它是直接命令做一种行动的,并不预先假定作为它的条件有另一目的,是以那行动为手段而达到的,这种命令的宣示就是**无条件的**。它所处理的不是行动的实质和预期所要从它得到的结果,而只是行动的形式和行动本身照着来进行的原理。如果作者的动机是好的,则行动在本质上是好的,不管后果是什么,这种命令的宣示可称为**道德**的命令宣示。

这一切的命令宣示是如何成为可能的呢? 问题不是:一个命令宣示 265
所命令的行动是如何在现实上实现? 而是:我们如何能认为意志是那些命令宣示的每一条所使之不得不遵守的? 关于所用手腕的命令宣示如何

成为可能这问题,无须多述。一个人要达到一个目的,总是尽力想出办法
来达到这个目的。只从意志的动作来看,我们可以说这个命题是分析性
[239] 的。如果某一定的目标是作为我的意志的结果而得到的,就必须把我的
因果作用看为是活动于结果的产生,就是作为使用叫结果从而发生的手
段。所以这命令的宣示不过是说,在这个目的的决意这概念中就直接含
蕴着达到这个目的所必需的种种行动之概念。无疑要有某些综合的命
题,来确定所与的目的所从而可以达到的特殊手段,可是这些命题和意志
的原理或行动无涉,而只是说明在现实上目标是如何可以实现的。

如果给一种特殊目的下定义是容易的,给幸福下定义也同样很容易,
266 那么关于明达的命令之宣示,就会在性质上恰恰和关于所用的手腕的命
令之宣示相同,因而就是分析性的。因为我们就应该能够说,凡是立意要
达到一个目的的人,也立意要用他的力所能及的唯一手段来达到这个目
的。可是很可惜,幸福的概念是这么不明确,结果便是,虽然每个人都想
要得到幸福,但是任何人都不能明确地而前后一致地说明实际上他所想
要而立意的是什么。其实严格地说来,关于明达的命令之宣示不是什么
命令。这种宣示并不是说,行动是客观的或**必然的**,因之不能把它们看为
267 是理性的命令(praecepta)而只是理性的劝导(consilia)。可是关于明达
的命令宣示,如果达到幸福的手段只能是确定知道的,依然是一个分析的
命题。因为在这两种情况中唯一的分别就是,手腕的命令宣示中,目的只
是可能的,而于明达的命令宣示中,它是现实所予的;而既然在这两种情
况中所命令的无非是认为是意志所决定的目的达成之手段,所以发出命
[240] 令说,凡立意要达到那目的的人也应立意要用那手段达到这个命令的宣
示,在两种情况中都是分析性的。所以关于明达的命令宣示如何成为可
能的并不难以理解。

唯一难以解答的问题是,道德的命令宣示是如何成为可能的? 这里的命令宣示不是有条件的,因之我们不能从任何预先假定得出它的客观必然性。我们又始终不得忘记,这种命令的宣示是不能用经验得来的实例来成立的。所以我们必须经过细心的研究来找出,表面上是无条件的命令宣示可不可以只是有条件的命令宣示的伪装。

268 一开始就很明白的一件事,即只有一个无条件的命令宣示才能有实

践规律的庄严,其他的命令宣示虽然无疑是可以称为意志的**原则**,但不得称为规律的。只是作为达到一种随意定出的目的之一个手段才是必需的行动,可以看为本身是偶性的,如果放弃了那个目的,则规定那行动的准则就再没有效力了。一个无条件的命令则不同,它是不容许意志有相反的选择的,所以它带有属于规律本质的必然性。

然而很难看出怎样能够有道德的无条件的命令宣示或规律。这样的一条规律乃是一个先验的综合命题,而我们不能指望要证明在道德的范围内那种命题的可能,是比我们在知识的范围内曾发现的困难更少些。

在企图解决这个问题时,我们首先要追问,只是一个无条件的命令宣示的概念中,是不是会提供我们一个公式,只含有一个命题,而这命题可 [241]
能是一个无条件的命令宣示的。更困难的问题就是,这样一个绝对的命令是怎样可能的,这个问题需要特别研究,须留待最后一节。

如果我拿一个只是有条件的命令宣示的概念来看,我在它使用的条件出现之先,是不能知道它可能包含着的是什么。可是从一个无条件的命令宣示我马上便能知道它所包含着的是什么。离开这条规律来看,这 269
个命令宣示只肯定那准则,即行动的主观原则,必须符合客观的原则或规律。可是这条规律并不含有限制它的条件,因之剩下来的只是这个声明,即这准则应该符合那规律本身的普遍性。这个命令宣示能说是作为必然的而表示的,只是对于规律的符合。

所以只有一个无条件的命令宣示,而这就可以这样表达:**你应该照着这一条准则行动,而且只照着它,是与你行动的同时,愿意它成为一条普遍规律的**。

那么,如果从这一单条的命令宣示,一切义务的命令宣示,都能像是从它们的原则那样得出来,我们就至少能够指出无条件的命令宣示是什么意思,而且是含蕴着它的什么概念,虽然我们不能知道义务的概念本身会不会是空洞的。

我们所谓**大自然**就是制约着事件依次发生的规律之普遍性,所说的**大自然**是在最一般意义上理解的,即事物在其存在为按照普遍规律所决定的限度内的存在。所以义务的普遍命令宣示可以这样申明:**你行动应** [242]
该像是你按着来行动的准则会通过你的意志成为一条大自然的普遍

规律。

272 如果我们注意每次违反义务的时候，在我们里面发生的是什么，我们当发现，我们是不情愿我们的准则将成为一条普遍规律的。事实上，我们发现那是不可能的，而且在我擅自把那作为一个例外来支持我们的自然爱好的时候，或者只这特别一次，实际上我们所愿意的是我们准则的反面。所以，我们如果从同一的观点来看一切情况，即从理性的观念来看，我们会看出这里在我们的意志里面是有矛盾的。矛盾就是，承认某一条原理是客观上必然的或者作为一条普遍规律的，然而主观上不主张它是普遍的而是能有例外的。我们所做的就是，一个时候，我们从完全符合于理性的意志的观点来考虑我们的行动，而另一个时候，则从在自然爱好的影响下之意志的观点来考虑。所以这里没有实在的矛盾，而只是爱好对于理性的命令之一种对立。原则的普遍性改变为约略性，以便理性的实践原则可以和那准则妥协。不但我们自己公平的判断谴责这种限制，而且这就证明我们实际上承认无条件的命令宣示之有效性而只让我们有一
[243] 些例外，以有利于自己而把这些例外作为不关重要或者是对情况不得不让步的。

我们至少学到这点，就是如果义务的观念是有任何意义而规定我们行动的规律的，就必须把它表达为无条件的命令宣示而不是表达为有条件的命令宣示。我们又得到一个清楚而明晰的概念(很重要的事情)，承认了无条件的命令宣示是可能的，含有一切情况下的义务原则之无条件命令宣示所含蕴的是什么。但是我们还没有能够验前证明现实上是有这样的一条命令的宣示；证明有一条实践的规律是以其自己的权威绝对地发出命令，而独立于一切感性的种种冲动的；并且证明义务只是在于服从这个规律。

在企图达到这一点时，最重要的是看到，这条原理的实在性不可能是从人性的特别素质得来的。因为所谓义务是指一种行动在实践上无条件的必然性，因而只有证明义务是适用于一切有理性的存在者，或者应该说是适用于命令宣示能适用的一切有理性的存在者，我们才能证明义务是对于一切人的意志的一条规律。

274 那么问题就是这个：是不是对于一切有理性的存在者都是一条必然

的规律，就是他们必须要问他们能不能愿他们的准则都作为普遍规律，这样来衡量他们行动的价值呢？如果有这样的一条规律，必须可以完全验前地证明它是和一个有理性的存在者之意志的观念结合在一起的。为要证明有这种的联系，不管我们是怎样不情愿，也得要进入形而上学的领域里边去；然而不是进入思辨哲学的领域里边去，而是进人道德的形而上学 [244] 275
的领域里边去。因为我们在这里所处理的是客观实践的规律，因而是意志和它自己的关系，就是据意志纯为理性所确定而言对于自己的关系，这当然是排斥了一切是经验的意志之关系，因为如果理性**完全由它自己**确定关系，它就必然验前地这样做。

我们是设想意志为一种能力，**按照某些规律的观念**而确定自己去行动的。这样的能力只能属于一个有理性的存在者。可是为意志的自确定用为一种客观原则的，就是一个目的，如果这个目的纯为理性所给出，它必定对于所有有理性的存在者都是有效的。另一方面，如果一种行动的结果就是要达到的目的，则只是它的可能性的条件便称为**手段**。欲望的主观原因是自然的爱好，而意志作用的原因是动机；所以有依靠自然爱好的主观目的，和与对每一个有理性的存在者都有其效力的动机相联系的客观目的之分别。抽象于一切主观目的的实践原则是**形式的**；预先假定有主观目的的那些实践原则，因而预先假定有自然爱好的实践原则，是**质料的**。一个有理性的存在者，作为用他的行动来达到的质料目的的那些目的，都只是相对的；因为给这些目的以其价值的不过是它们对于主体的特别感受性的关系。所以它们不能产生适用于一切有理性的存在者而要 276
求每一个意志都要遵守的普遍而必然的原则，或者说实践的规律。所以只有有条件的命令宣示才能以这样的相对目的为根据的。

然而假使有某一东西，其存在本身有绝对的价值，有某一东西，**自身就是目的**，能够做确定的规律的根据；那么在那里面，而且只在那里面，就 [245]
有了一条可能的无条件命令宣示，即实践规律的根据。

可是我说，人，其实每一个有理性的存在者本身，是自身为一个目的**而存在的，不只作为一种手段**为这个或那个意志所利用而存在的，因而其一切行动，无论这些行动是对于自己或对于其他有理性的存在者，都必须总是看为一个目的的。自然的欲望之对象没有是有多于一种有条件的价值的；因为没有自然的欲望与其引起的要求，则它们作为对象的就毫无价值的了。自然的欲望和要求远远不是有绝对价值的东西，人们远远不是单纯为这些东西而追求的，所以凡是有理性的存在者必定是想完全脱离它们的影响的。因之，以人类的行动为手段来得到的每一个对象的价值总是受条件限制的。而甚至其存在是依赖自然，而不是依赖我们的意志的存在者，如果是没有理性的话，则只有手段的相对价值，因之就称为物。反之，有理性的存在者则称为人格，因为他们本性证明他们本身是目的，不是单纯能利用为手段的。一个人既然这样是尊重的对象，他就限制着任性的意志。人不是纯然主观的目的，其存在是为我们作为我们的行动
[246] 的结果而有价值的，而是客观的目的，即其存在本身是一个目的的存在者，没有其他目的能够替代他的。如果一切价值都是受条件限制的话，因而是偶然的，那就完全不可能证明有任何最高的实践原则了。

277 那么，如果是有一条最高实践的原则，一条对于人的意志是无条件的命令宣示的原则，它必定是意志的一条客观的原则，而且必定能够有普遍实践规律的作用的。因为这样的一条原则，必定出于对每一个因为他本身是一个目的的存在者而言，必然是一个目的的东西之观念。它的基础就是这个，即有理性的自然是本身作为一个目的而存在的。人必然是这样来想到他自己的存在，而在这限度内，这就是人类行动的一条主观的原则。可是每一个其他有理性的存在者也是这样想到他自己的存在，而其理由也正是一样；所以这条原则也是客观的，而作为最高的实践根据，从它便能得出意志的一切规律。所以实践的命令宣示将是这样的：你行动时，应该把人性，无论是在你自己身上或者是在另一个人身上，总是作为一个目的，而永远不只作为一种手段来使用。

人性和一切有理性的自然在其本身是一个目的这条原理不是从经验假借过来的。第一是因为由于它的普遍性，它是适用于所有的有理性的存在者，而没有经验是能这么广泛适用的。其次，它不是从主观上看人性，作为人的一种目的，就是说，作为主体自愿地在实际上使之成为他的目的之一个对象，而是作为一个客观的目的，这目的是应该看为一条规律，构成一切主观目的之最高限制性的条件的，因之必定是在纯粹理性里
[247] 面有它的根源的。一切实践的规律的客观根据是在于普遍性的规则和形

式,而普遍性是使这些规律能有规律的作用的,可是这些规律的**主观**根据是在于它们要达到的**目的**。然而根据第二条原理,每一个有理性的存在者,作为在其自身是一个目的来说,乃是一切目的的主体。从这就引申出意志的第三条实践原则,这就是它和普遍实践理性一致的最高条件,就是每一个有理性的存在者作为规定行动的普遍规律的一个意志这个观念。

这个公式含有这种意思,即本身是最高立法者的意志,不可能是为着 280
规律里面有什么利益而动作,虽然无疑一个意志可能从属于规律,而且为利益的关系还可以和规律相连的。

在我们达到这点上,如果上面一切想要找到道德原则的企图都归于失败,这并不像是可奇怪的。我们看到,人是必须遵守义务的规律,但是没有人发现,人所从属的规律的**普遍性**系统,乃是人**加在自己头上**的规
律,而他只有责任来按照他自己的意志而行动,这意志按自然的原意, 281
是规定普遍规律的。只要人是作为只是服从规律的,不管那规律是什么,那么一定认为他是由于某种利益而受着鼓动或者被强迫着而服从规律的;因为这规律既然不是从**他自己**的意志出来,就一定有**外在**于他的意志的某一种东西强迫他遵照着而行动。这个完全必然的结论,就使每一个寻找义务的最高原则的企图,都归于失败了。义务总不是为
人所制定的,它不过是为着某种私人或公共的利益而行动的必然性。 [248]
所以命令的宣示必然总是条件所限制的,而不可能有道德命令的效力。所以我要称道德的原则为意志**自决**的原则,以别于一切其他我称为**他律**的原则。

每一个有理性的存在者,在一切他的意志的准则上,必定把他自己看为是规定判定他自己和他的一切行动所依据的普遍规律的这个概念导致一个同性质而效果很好的概念,那就是**目的王国**的概念。

我所谓**王国**,是指一些不同的有理性的存在者,通过共通的规律而系统地结合起来的意思。然而规律是决定某些目的为普遍的,所以如果抽掉了一切有理性的存在者的个别差异,抽掉了所有是他们私自目的所不同于别的目的的,我们就得出一个观念,那就是一切目的结合成一个体系的完全总体;换言之,我们就能够想到符合于上面用公式表达出来的原则的一个目的王国。

一切有理性的存在者都隶属于这条规律,即每一个这样的存在者都应该把自己和其他的存在者看为绝不是单纯的一种手段,而总是同时作为本身是目的的。这样才发生有理性的存在者通过共通的客观规律而得到的系统结合,这个尽可以称为目的的王国。因为那些规律的目标正是要把一切有理性的存在者,彼此联合为目的与手段。当然这个目的的王国只是一种理想。

282 所以道德乃是一切行动对于规律体系的关系,只有这个规律体系才
[249] 使一个目的的王国成为可能的。这些规律必须属于每一个有理性的存在
者之本性,而且必然是从他自己的意志得出来的。所以意志的原则就是,
没有行动应该出于任何其他的准则而只应该出于和一条普遍规律一致的
准则。这可以用这个公式来表达:应该这样行动,使得意志能把自己看为
在它的准则上是规定着普遍规律的。所以,如果有理性的存在者的准则
按其性质不是和这条客观原则一致的,即不是和规律的普遍体系这原则
一致的,按照那原则的行动之必然性就称为实践的责任或称为义务。义
284 务无疑是不用于目的王国的最高意志的,而只对于那王国每一个成员有
效,而且对所有的成员都是等量有效的。因之自决乃是人和每一个其他
有理性的存在者的道德价值的基础。

上面道德的原则以公式表达出来的三种方式,归根到底,只是同一条规律的不同说法,而每一种说法都是含有其他两种的意思的。

292 那么,一个绝对好的意志,其原则必须看为是一条无条件的命令宣示
293 的意志,对于所有对象还是未确定的,而只含有一般意志作用的形式,即
以意志的自决为基础的形式。每一个有理性的存在者加在自己身上的唯
一规律,而且是不管什么自然的冲动或利益而加在他自己身上的,就是,
每一个好的意志的准则,必须是能够成为一条普遍规律的。

这样一个验前综合的实践命题是怎样有其可能,而且何以它是必然的,这不是道德的形而上学有义务要解决的一个问题。

[250] 我们甚至没有肯定它是真,更没有企图来证明它的真理。为要证明
实践理性能综合地被使用而且证明道德不是徒然脑筋所捏造的,我们必
须进行实践理性这个能力本身的批判。在下一节我们将要提出在实践理
性批判中,为我们当前的目的所需要的几个重点。

第三节　从道德的形而上学过渡到实践理性的批判 294

自由这观念作为意志自决的关键

意志乃是有生命的存在者在其是有理性的范围内的因果作用。自由是那种因果作用,只是就这能看作是充足的而言,无须在它自身之外还有别的原因来确定它的活动的。自然的必然性乃是一切非理性的存在者的性质,须有其自身之外的某种原因来确定它们的活动的。

刚才所下自由的定义是消极的,因之并不告诉我们自由本身是什么;但是它为一个更明确而效果更好的观念作了准备。因果作用这概念附带有为规律(Gesetz)所确定的概念,因为我们是把结果想为原因所规定的,所以自由必不可看作是无规律的,而只是不受自然律的约束而已。一个自由的原因是按照不变的规律的,可是这些规律是自由所特有的;而且事实上离开规律,自由意志是毫无意义的。如我们已经看到,自然的必然规 [251]
律含有充足原因的他律的意思;因为除非原因本身是别的东西确定它要活动,结果是完全不可能的。所以,如果自由不是自决,它是什么呢? 所谓自决,就是作为自己的规律,乃是意志的属性。然而说意志在它的一切活动中对自己都是规律,不过是说它的原则乃是,它依据来行动的准则就 295
是其目标本身等于一条普遍的规律。但是这恰恰是无条件的命令宣示和道德的原则之公式。因之自由意志就等同于符合于道德律的意志。

那么,如果我们从意志自由这预先假定出发,我们就能只从自由这个概念的分析而得出道德和道德的原则。然而道德的原则,即一个绝对好的意志乃是一个意志,其准则总是能理解为本身是一条普遍规律的,这条原则是一个综合的命题。因为我们没有可能从一个绝对好的意志这个概念的分析,得出那准则的这个属性。为要从自由的概念过渡到道德的概念,必须有第三个命题把其他两个命题在一种综合的统一性中联系起来。自由的积极概念产生这第三个命题,而不是自然的概念能产生它的。在自然里面一个东西是因果性地和另外一个东西发生关系的。自由指向的而我们关于它有了一个验前观念的这第三个命题是什么,只有经过初步的研究之后才能弄清楚。

[252] 自由乃是一切有理性的存在者的属性

绝对没有方法能证明人的意志是自由的，除非能说明一切有理性的存在者之意志是自由的。因为道德对于我们来说是一条规律，乃是因为我们是有理性的，所以道德必定对于一切有理性的存在者而言都是有效的。可是道德只是对于一个自由的存在者才是有可能的，因之必须证明
296 自由也是属于一切有理性的存在者之意志的。可是我说，一个**只在自由的观念支配下**而行动的存在者，就其行动而言，必须因着那个缘故看为是自由的。换句话说，纵然不能用思辨理性来证明他的意志是自由的，他必须把和自由不可分割地结合在一起的一切规律看为他自己的规律。而且我还要说，我们必须把自由的观念归之于每一个有意志的有理性的存在者，因为每一个这样的存在者都总是在那观念的支配下而行动的。我们必须把一个有理性的存在者想为是具有实践，即对它的对象有因果作用的意志的。然而不可能设想到理性会有意识地在判断中因外来的影响而有偏见，因为那样的话，主体就会看他的判断是为自然冲动所决定，而不是为理性所决定的了。所以理性必须看他自己是它行动原则的创作者，不受任何外来影响所支配的。所以作为实践理性而言，作为一个有理性的存在者之意志而言，必须看他自己是自由的。换句话来说，一个有理性的存在者的意志，只有在他受自由的观念支配下而行动时，才能是他自己的意志，因而在实践的范围内，必须把这个观念归之于一切有理性的存在者。

[253] 和道德一切观念结合着的重点

最后，我们已能把道德的真正概念归结为自由的观念了。然而这并不证明现实上人是自由的，而只证明，不先假定有自由，我们就不能想象我们自己是有理性的存在者，对于我们的行动是意识到有因果的作用，即
297 想象到自己是禀有意志的。我们又发现，在同一根据上，一切禀有理性与意志的存在者必须在他们自由的观念的支配下决定自己来行动。

从自由的观念这个预先假定又引申出行动的规律这种意识，这规律就是，我们行动的主观原则或准则必须总是有这样的一种性格，就是它们

有客观的或者说普遍的原理的有效性,而且理解为我们自己加在我们的意志之上的普遍规律。但是,有人会问,何以我只作为一个有理性的存在者,会叫自己服从这条原则,何以一切其他的禀有理性的存在者因之又是受同一原则的支配呢?姑且承认我不是被什么利益所迫使来这样做——其实那便会使一个无条件的命令宣示成为不可能的——然而我必定对那原则感有兴趣而要明白我是怎样变为自己受它的支配的。

严格说来,我们看来好像只说明在自由的观念里面,必须预先假定有道德律,以便解释意志自决的这条原理,而没有能够证明道德律本身的实在性或客观性。

必须坦白地承认,这里是有看来不可能逃避的一种循环。我们假定 298
作为充足原因来说,我们是自由的,为着是要解释在自然的王国中我们怎 [254]
样能够受着道德的规律的支配的;而我们又把自己想着是受道德律的支配的,因为我们已经把意志的自由归之于我们自己。意志的自由和意志的自己立法两者都是自决,所以两者是彼此相含蕴的概念;但是正因着那个缘故,不能使用一个来解释或说明其他一个。

一个无条件的命令宣示是如何成为可能的 301

就他是一种理智来说,一个有理性的存在者把自己看为理智的世界之一个成员,而只作为属于这个世界的一种充足原因,他才把自己的因果作用说成是意志。另一方面,他又意识到自己是感官世界的一部分,而从这个关系来说,他的行动像是不过那因果作用在其基础的现象。然而他不能把他的行动作为现象回溯到他的意志的因果作用,因为关于那因果作用,他是一无所知的;这样一来,他就不得不把他的行动看为好像是其他现象所确定的而已,就是为自然欲望和自然爱好所确定的。如果一个人只是理智世界的一个成员的话,他的一切行动就会和意志的自决完全一致;如果他只是感官世界的一部分,那么,他的行动就必须要看作完全受欲望和爱好的自然规律所支配,受自然的他律所支配。前者会以道德的最高原则为依据,而后者则会以幸福的最高原则为依据。但是必须指出,理智世界是感官世界的条件,是感官世界的规律的条件。然而意志既
然完全属于理智世界,所以规定意志直接遵守的规律的,乃是理智世界。 [255]
所以作为一个理智,我是受理智世界规律所支配的,就是说,受理性所支

配，虽然是有这个事实，就是，按我的本性另一方面来说，我是属于感官世界的。然而，既然是受理性所支配，而在自由的观念里面含有理智世界的
302 规律，我是意识到从属于意志的自决的。所以我必须把理智世界的规律看为是命令宣示，而把符合于这个原则的行动看为是义务。

那么，无条件的命令宣示可能性的解释就是，自由的观念使我们成为理智世界的一个成员。如果我不是另一个世界的成员，我的一切行动会自然而然地总是符合于意志的自决。但是由于我看到自己又是感官世界的一个成员，我只能说，我的行动应该符合于意志的自决。所以无条件的这个应该乃是一个验前综合的命题。在我受到感性欲望所影响的意志之上，综合地增加了属于理智世界的我的意志之观念，因而是纯粹的而且自确定的意志。所以作为有理性的意志乃是作为感性的意志的条件。这里所用的方法是类似于范畴从而演绎出来的方法的。因为使一切关于自然的知识成为可能的验前综合的命题，如我们曾看到，是依靠在感官直观之上增加知性的纯粹概念，而这些概念在其本身不过是一般规律的形式。

303 [256]

实践哲学的限度

自由只是理性的一个理念，所以它的客观实在性是有问题的。这样一来，就发生了实践理性的辩证，以之归之于意志的自由好像是和自然的
304 必然性相矛盾的。所以思辨哲学有责任来至少说明当我们称人为自由的时候，我们是在一种意义和关系上把人来思想，而当我们把他看为自然的一部分受自然律支配时，那是在另一种意义和关系上的。但是只是在需要为实践哲学清除道路的限度内，这个责任才是叫思辨哲学担负起来的。

306 在想进入理智的世界时，实践理性并不逾越它原有的界限，像如果它试图利用直观而直接地来认识自己会逾越界限那样。在想进入理智的世界时，理性不过消极地来想象自己，作为不属于感官世界，而没有确定意志之中替自己订出任何规律。只在这一点上它是积极的，那就是在这个思想上，认为自由，虽然是一种消极的确定，可是和一种积极的能力，而且实际上和称为意志的理性之因果作用，结合在一起。换句话来说，意志就是这样的一种能力，行动是使行动的原则符合于一个合理的动机的主要性质，就是符合于这个条件，就是行动的准则应该具有规律的普遍有效性。然而，如果理性要从理智世界得出来意志的一个对象，即一个动机，

它就会逾越它原有的界限,而冒充知道它一无所知的东西。所以[257]一个理智的世界这个概念只是感官世界以外的一种观点。理性在这观点上看到自己不得不站稳脚以便把自己想成是实践的。如果感性的欲望足够来确定人的行动,这个概念就会变为完全不可能的了。这个概念是必要的,因为不然的话,人就不会意识到自己是一个理智,所以就不是一个通过理性而行动,或者说自由操作的有理性的原因。这个思想无疑包含有不同于自然的秩序和规律的一种秩序和规律系统的观念。自然的秩序和规律,关于感官世界的,因之不得不有一个理智世界的概念,这理智世界是包罗作为物自身的有理性的存在者的总体的。然而这并不使我们有权来想到那个世界在其只是形式上的条件之外,就是只能设想到意志的准则作为是符合于普遍规律的。

所以,如果理性企图解释纯粹理性怎样能是实践的,或者等于说解释自由是怎样有其可能的,那么,理性就会完全逾越它原来的界限了。

我们能解释的只是我们能归结为规律,其对象是能在可能的经验中 307
出现的东西。然而自由只是一个观念,其客观的实在性是无法按照自然律出现,因而不能在可能的经验中出现的。它只有理性的预先假定的必然性,这预先假定是一个相信自己能意识到一个意志,即意识到不同于只是欲望的一种能力的存在者所做出的。我们所能做的,最多不过是捍卫自由,捍卫的方法是清除认为自己比我们能认为可能得到的更深邃对于
事物性质的洞见的那些人的反对意见,而因之那些人是宣称自由为不可 [258]
能的。说在其因果作用里面,意志完全和感性世界的一切规律隔离,这无疑是一种矛盾。但是如果我们说,在现象后边还有物自身,这些物自身虽然对我们是隐蔽着的,但却是现象的条件,那么矛盾便消逝了;而且还要说,物自身行动的规律自然不同于它们的现象表现所受支配的规律,矛盾才消逝的。

所以一方面我们固然不能理解道德命令宣示的实践上不受条件限制 311
的必然性,而另一方面我们能理解它的不可理解性,这也是真的;对于追求达到确定人类理性的限度之原理这种哲学,就是我们公公道道能要求的了。

实践理性批判（节选）

[德]康德　著
[加]约翰·华特生　选
韦卓民　译

目　录

第一卷　纯粹实践理性的分析论 …… 284
第一章　纯粹实践理性的原理 …… 284
第二章　纯粹实践理性的对象 …… 295
第三章　纯粹实践理性的动机 …… 298
第二卷　纯粹实践理性的辩证论 …… 301
第一章　泛论 …… 301
第二章　至善 …… 302
一、实践理性的二律背驰 …… 303
二、二律背驰批判的解决 …… 303
四、灵魂不死 …… 304
五、上帝的存在 …… 305
六、纯粹实践理性的一些公准 …… 306
七、实践理性的扩张 …… 308
八、信仰作为纯粹理性的需要 …… 309

19 第一卷　纯粹实践理性的分析论

第一章　纯粹实践理性的原理

一、定义

实践原则这种命题含有意志的一般确定,其下面有种种不同的实践规则。如果主体把条件看为只对他自己一人的意志有效,则这些原则或**准则**就是主观的;如果看为是客观的,对每一个有理性的存在者都有效,则这些原则就是客观的,或称为实践**规律**。

释　　义

一个人可能把受辱必雪作为自己的准则,然而他也看得到这不是一
21 条实践规律,而只是他自己个人的准则。但是如果告诉他,他永远不应该作出骗人的诺言,他便认识到这里的规则只是关于他的意志,而不管他心目中所有的特别目的是不是靠遵守这规则便能达到,这规则同样是有效的。而且如果这条规则在实践上是正确的,它便是一个无条件的命令宣
[262] 示,因而便是一条规律了,因之实践规律只涉及意志,而完全不问在感官世界中通过它的因果作用所得到的后果。

二、定理一

一切实践原则凡是预先假定有一个**对象**或者欲望的质料作为意志的动机的都是经验的,这样的原则不能产生实践规律。

所谓欲望的质料,我是指想要实现的一个对象而言。可是,如果对这

对象的欲望先于实践的规则,而且把这规则作为一条原则的条件,那么我首先就肯定这原则必定是经验的。因为在这种情况之下,意志的动机就是对象的观念,它是这样和主体有着关系,因之欲望的能力是为着它而确定去动作的。但是这就意味着,主体是指望从对象的实现而得到愉快的。 22
所以就必须预先假定这个愉快作为条件,没有这条件,意志就不会被确定去行动的。可是,不可能验前知道一个对象是不是要带来愉快或痛苦,或两者都没有。所以这动机必定完全是经验的,而且以它为根据的质料原则也必定是如此。

其次,完全依赖对于愉快或痛苦的特别感受性的这种主观条件,固然可以对于感受的主体作为一个准则,但是甚至对他来说,也不能是一条规律。所以这样的一条原则永远不能产生一条实践规律。

三、定理二 [263]

一切质料的实践原则本身都为同一个类,而且都能归结为自爱或个人幸福这条一般性原则。

在一个东西存在的观念里面,愉快在其是要确定对于那东西引起的欲望这限度内,是依据主体的感受性的,因为它依赖于所欲望的东西存在。所以愉快属于感官即感情,而不属于知性;因为知性含有观念通过概念对于一个对象的意思,不是由于感情而对于主体的意思。所以愉快是实践的,只是在主体指望在东西的实现中的经验的愉快的感情确定欲望的能力之限度内而言的。然而在一个有理性的存在者方面,终身继续不断的适意感这种意识,就是幸福,而把幸福作为意志的最高动机的原则就是自爱的原则。所以,一切把那从某一个对象的实现而指望获得的愉快 23
或痛苦算是意志的动机的质料原则,都是一模一样的,因为它们都是属于自爱或个人幸福的原则的。

系　论

一切质料的实践规则都认定欲望这低级能力确定意志,如果没有纯是形式的规律足以确定意志,那么就不会有任何欲望的高级能力了。

释　义　一 [264]

有理智的人们居然会想象到,根据有些和愉快感联合的观念是出于**感官**,而又有些是出于**知性**,就会有**低级**与**高级**的欲望能力的实在划分,这是奇怪的一件事。因为不管观念本身是怎样彼此不同,不管它们是出于知性甚至出于理性而不同于感官,作为意志从而确定去行动的实在动机那个愉快感总是一模一样的,不但因为它只能在经验上被认
25 识,而且在任何欲望里所表达的生命力都是一模一样的。所以愉快与愉快之间唯一的分别乃是程度上的分别。不管怎样使用知性与理性来促进个人的幸福,原则所包含的没有其他动机,唯有那些通过欲望的**低级**能力而作用于意志的动机。所以我们就不得不说,要就是完全没有高级的欲望能力,要就是**纯粹理性**本身就是实践的,就是说,独立于一切感情,因之独立于一切苦乐的观念,而纯然以实践规则的形式而能够确定意志的。

释　义　二

27 即使一切有限的理性的存在者都完全同意关于适合引起愉快或痛苦的对象,并且完全同意关于达到这些对象的手段,**自爱的原则**也不能因而就有资格作为一条**实践规律**。因为甚至在这种时候动机也不能变为不是
[265] 主观的和经验的,而且也不能具有每一条规律所含蕴的必然性,即以验前的根据为基础的客观必然性。

四、定理三

28 如果一个有理性的存在者要认为他的准则都是实践的普遍规律,他必须认为它们只是以它们的形式,而不是以它们的质料来确定意志的。

一条实践原理的质料乃是意志的对象。这个对象要就确定意志,要就不确定意志。在前一种情况之下,意志的规则是受一种经验的条件限制的;换句话说,确定意志的观念是依据愉快或痛苦的某一种感情的;因之就不能有什么实践规律可说,可是,如果从规律拿掉一切的质料,就是说,拿掉能够确定意志的每一个对象,剩下来的只是规律系统的形式。所以,要就是一个有理性的存在者不能认为他的主观实践原则或准则是普遍规律;要就是使这些原则成为实践规律,而使它们属于普遍规律系统的只是他的准则的形式。

释　　义

凡有常识的人,都不必要别人告诉他,便立刻知道什么形式的准则适合于作一条普遍规律,什么形式不适宜。譬如说,我的准则是要尽量捞钱。有一个人信任人,临终时叫我保管他的财产,可是没有字券证明我收到这笔款项。我能不能解释我的准则说,如果没有东西证明曾收下存款, 29
每一个人都可以否认收了存款呢? 这样一条原则,一经以规律的形式述 [266]
说出来之后,就变为自相矛盾的,这是立刻就可看清楚的;因为如果这是一条行动的普遍原则的话,没有人会把钱委托给别人。凡是承认为一条实践规律的必须普遍可行的;其实这是一个同一的命题,因而是自明的命题。如果我的意志是受一条实践规律所支配的,我就不能把我的自然爱好——在当前的例子里就是我的贪心——看为和一条普遍实践规律相一致的动机。这样一条原则是那么远不和规律的普遍系统相一致,因之它用一条普遍规律的形式说出来的时候,就毁灭了自己。

五、问题一 30

假定只是普遍规律的形式才是足以确定意志的准则的形式;问题就是,要找出纯为那形式确定的意志的性质必须是什么样的。

规律的纯粹形式,这一点只有理性才能体会,因之它不是感官的对象,也不能属于现象。确定意志的观念,在本质上是不同于自然界中按照因果律依次发生的事件所遵守的原理的,因为这些事件,无不为本身是现象的东西所确定。可是,如果没有别的东西能用为意志的规律,而只有普遍规律的形式可用,那么意志必定是完全独立于在现象互相关系上控制着现象的规律,即自然的因果律。但是独立于自然律的就是在其最严格 [267]
即先验的意义上来理解的自由。所以只有普遍规律的形式才能作为其准则的形式的意志,必定是自由的意志。

六、问题二

假定意志是自由的;问题就是要寻找唯一适合于必然地确定意志的规律。

实践规律的质料，或准则的对象，只能在经验中被给予出来。可是一个自由的意志就必须独立于一切经验的或感性的条件，又必须能够被确定去行动。这样一个意志必须在规律本身里找到它的确定之原理，抽去了规律的一切质料的。但是规律一旦离开了它的质料，所包含的就无非
31 是一般规律形式。所以，规律一般的形式，在其是包含在准则的限度内来说，是唯一能确定自由意志的东西。

释　　义

自由和没有条件限制的规律是相互为标准的。在这里我不去问它们在现实的性质上是否不相同，或者与之相反，一条无条件的规律是不是光只意识到自己的纯粹实践理性，因而就是和自由的积极概念同一的。我的问题乃是，我们关于无条件地实践的东西的**知识**，是从自由的观念出发抑或是从实践规律的观念出发。可是自由的观念不能是第一性的。因为既然我们对于自由的第一个概念是消极的，我们就不能直接地意识到它；它又不能从经验得来，因为经验给我们的只是现象规律的一种知识，或自然界的机构，而自然正和自由相反。所以我们原始地和直接地意识到的乃是**道德律**。我们是从在其形式上想到意志的准则而领会到这条规律的。这样，理性把道德律作为行动的原则提出来，那是没有感性的条件能胜过的。不但如此，而且作为完全独立于一切感性的条件的一条原理提
4注 出来。所以道德律的意识就不得不导致自由的概念。为要避免误解，必须指出，自由乃是道德律存在的理由，而道德律乃是自由被认识之理由。自由的观念的确不是自相矛盾的；但是如果理性不首先给我们以一个道德律的清晰观念，我们就会不感觉到有正当理由来假定有自由这样一种的东西。

32

七、纯粹实践理性的最高规律

要这样行动，使得你的意志的准则能和规律的一个普遍系统完全一致。

释　　义

33 对于这个规律的意识可以称为理性的一个事实。因为，要从理性在

知道这个事实之前所知道的任何材料,例如,自由的意识得出这个事实,是不可能的。它作为独立于任何直观(纯粹的也罢,经验的也罢)的一个验前综合命题硬加在我们头上。如果我们可以预先假定有意志自由,这 [269]
个事实无疑是一个分析命题;可是,有了智力的直观,我们才有充分理由这样预先假定自由是一个积极概念,可惜我们并没有什么根据假定这样一种直观。然而必须认真指出,这个规律是被给与出来的,这意思不是说它能在经验上证实,而指它是纯粹理性的一个事实,这样才能领会到这规律的真正性质。因为有这个事实,理性才宣布自己是规律的本源(sic volo, sic jubeo 原意怎样,就怎样规定下来)。

系　　论

纯粹理性纯是由自身而为实践的,它给人以名为道德律的一条普遍规律。

释　　义

道德的原理规定一条普遍规律,这条规律独立于一切主观的差异,又 34
是决定意志的形式上最高的根据。因此之故,那条原理,对于一切有意志的有理性的存在者来说,乃是一条规律,所以它不局限于人,而是对于一切有理性意志的有限存在者都是有效的,甚至包括那作为最高理智的无限存在者在内。对有限的存在者来说,这条规律是以一个命令宣示的形式出现的;因为一方面我们固然可以预先假定他们有一个纯粹的意志,而另一方面,他们既然有感性的需要和欲望,我们不能预先假定他们同时具有一个圣洁的意志,就是说,不能有那种和道德规律相矛盾的准则的意志。最高的理智则不同。他不能有什么准则不同时又是客观规律,因之 [270]
不得不用来归之于他的圣洁这个概念,就把他属于当然不是在一切实践规律之上,而是把他处于一切限制他的意志的规律之上,因而是在责任和义务之上。然而意志的圣洁,对有限的存在者来说,是一个实践的概念, 35
用来作那必然的理想,让他们不断地渐渐接近的。道德律正确地把这个理想始终摆在那些有限的存在者面前,所以道德律因之称自己为圣洁的。能够保证一个人的准则无限地进展,能够保证这些准则作为不断继续前进的原因之不变动性,这就构成品德;有限的存在者的实践理性所能做到的,最多不过这样。品德,至少作为自然培养起来的能力,是永远不能完成的,因为不能有把握地证明我们是具有它的。如果拿一个人自己对于他的品德的信念作为决定的标准,那就没有什么比这更为不可靠的了。

八、定理四

意志的自决是一切道德规律和符合于道德规律的义务的唯一原则。意志的他律则不同。它不但不能替责任提供什么根据,而且是和责任的原理相矛盾而又和意志的道德相矛盾的。这样,道德的唯一原理是在于独立于道德律的一切质料,即独立于欲望的任何对象,而且是在于意志,通过准则所必须能接受的只是规律的普遍形式而得到的确定。对于一切
[271] 质料的独立是消极意义的**自由**,正如纯粹实践理性的自立法是积极意义的自由一样。因之,道德律不过表达纯粹实践理性的**自决**,即表达自由。自决所以是一切准则的形式上的条件。离开这个条件就不能有意志和最高实践规律的一致。如果立意的质料,那只是和规律联系着的欲望的对象,一旦参入**作为其可能性的条件**的实践规律中来,那就是意志的一种他律了;因为那时意志就必须随从某种自然的冲动或欲望,因而就必须依靠自然律了。明显地在那种情况之下,意志不替自己立法,而只规定随从某些情欲的规律所必采取的合理途径。我们的准则在其自身里面不能含有普遍规律的形式,因之不但不能是责任的根据,而且是和**纯粹**实践理性的原则相矛盾的。所以,纵然出于这些准则的行动和道德律一致,它们还是和一种真正的道德倾向对立的。

释　义

假定我的准则的质料是我自己的幸福。这是每一个有限的存在者所
37 追求的对象,可是只有把他人的幸福也包括在一个人自己的幸福里面,这规定它的规则才能是**客观**实践的规律。可见促进他人幸福这条规律不是这样产生的:假定每个人都选择他自己的幸福对象倒是这样产生的:普遍性形式应该确定意志自爱的准则。有了普遍性形式(它因理性的要求而
[272] 成为这样的条件)就获得规律的客观有效性。真正确定纯粹意志的不是他人获得幸福,而是规律的纯粹形式。纯粹形式把规律的普遍性给予准

则,使它符合于纯粹实践理性,以此限制只是根据欲望的准则。只有靠这个限制,而不是靠增加一种外来的冲动,才能引起有责任来把自爱的准则扩充到包括他人的幸福这个概念。

一、纯粹实践理性诸原理的演绎 45

作为这个分析论的结果,我们弄清楚了,纯粹理性是能实践的,换言之,是能独立于经验的一切东西而确定意志的。固然这不是由推论而得到成立,而是根据事实的。因为理性根据它确定意志去行动的道德的基本原理中那个自决的事实,在现实上证明自己是实践的。我们还弄清楚另外一个东西,那就是这里所讲的事实是和意志的自由之意识不可分割地结合在一起的,其实是与之同一的。因为一个有理性的存在者意识到在他的意志里面,或者说作为他在他自己的自身里面,他在行动范围内是属于事物的一个理智的境界的,虽然他同时也觉知到,就他属于感官的世界来说,他的意志,像其他充足原因一样,必然是受因果律的支配的。

所以,在纯粹实践理性批判的分析部分和纯粹思辨理性批判的分析部分两者之间有很大的对比。在后者里面,构成主要材料,根据它来说明 [273]
验前知识是有可能而且只对于感官对象有可能的,不是基本的原理而是空间与时间的纯粹直观。思辨理性完全有权来否认关于在经验范围之外 46
的对象能够有任何积极的知识,所以它就否定关于物本体的一切知识。与此同时,它至少又说明本体的概念就其是概念来说,不但是可能而且是必要的。例如它证明在消极的意义上,自由这观念,并不和纯粹理论的理性的原理与限制有什么不相容的东西。然而思辨理性并不把本体作为确定的对象向我们揭示出来而扩大我们的知识,而正与此相反,它说明我们对于这些本体的知识是一无所知的。

道德律也不把东西作为本体向我们的意识呈现出来,而只使我掌握一种事实,是全个感性世界所不能解释得清楚,是理论的理性在其最广泛使用的范围内任何东西所不能解释得清楚的。这个事实指向着一个纯是理智的世界,甚至确定它的性格积极到这个程度,使我们对它知道某东西,即知道一条规律。

这条规律给了感官世界,或者更正确地应该说,给了有理性的存在者

之感性自然，一个理智世界的形式，或者说，**超感性**的**自然**的形式丝毫不
干涉到感官世界的机构。可是自然在它最一般的意义上，是事物受规律
的支配而存在的意思。从一般上来看，有理性的存在者的感性的自然乃
[274] 是这样的存在者受经验限制的规律所支配的存在，对于理性说来，这就是
他律。可是有理性的存在者的超感性的自然，是他们受着独立于一切经
验的条件之规律所支配的存在。所以这些规律是属于纯粹理性的**自决**
的。然而规律具备有这种性格，就是关于它们的知识；是被预先假定为事
物存在的条件的。这些规律就是实践的规律。所以有理性的存在者之超
感性的自然恰恰就是他们受着纯粹实践理性的自决支配的自然。但是这
个自决的规律就是道德律，所以道德律就是超感性的自然和纯是理智的
世界的基本规律。这个理智世界的相对物应该存在于感官世界里面而不
干扰到它的规律。只有理性知道这个理智的世界，而可称为原型的世界
(natura archetypa)；感官世界，就它受到能确定意志的理智世界的观念
47 对它所产生的影响来说，可以称为模仿的世界(natura ectypa)。因为事
实上，道德律把我们在观念上输送到自然的一个境界。在那里面，纯粹理
性，如果伴随着有足够的物质力量，会能产生最高度的善，而且确定我们
的意志来给感官世界以有理性的存在者的一个系统的形式。

可是，意志显然本身是自由的，但在自然中，当它在实际上向我们的
经验出现的时候，不是本身能为普遍规律的系统之基础或者甚至和这样
的一个系统相一致的准则所确定的。与此相反，意志的准则是依据私人
的爱好的，无疑这些爱好构成情欲的或物理的规律一个系统，但不能构成
[275] 像我们的意志由纯粹实践规律所确定而使之有可能的那样的一个系统。
然而我们的理性使我们意识到我们一切准则都受它支配的一种规律，正
像自然的一个有秩序的系统必须为我们的意志所产生似的那样。这规律
所以必定是自然的一个系统的观念，它不是在经验中出现，然而通过自由
却是有可能的；这是自然的一个超感性的系统，至少在有关行动上，我们
把客观实在性归之于它，因为我们把它看为是我们作为纯粹有理性的存
在者所应该愿意有的对象。

所以在**支配意志的**自然规律和**受意志支配的**自然规律这两者是有区
48 别的。在一种情况下，对象必定是确定意志的观念的原因；而在另一种情

况下,必须把意志看为对象的原因;换言之,意志的因果作用必须完全为纯粹理性所确定。所以就这后者来说,必须称理性为纯粹实践理性。

关于实践理性最高原理的**说明**且说到这里。那条原理的**演绎**,就是 49
说,它的客观和普遍的有效性的正当理由,和这样的一个验前的综合命题的可能之证明,就不能指望像纯粹理论的知性的原理之演绎那样容易。

道德律的客观实在性,不能由理论的理性诉之于思辨或诉之于经验, 50
而得到成立,而且甚至放弃它对于可证明的确实性的要求,也不能通过经验而得到后验的证明。可是它是有它自己牢固基础的。

道德的原理不可能用那两种方法而得到演绎,但是结果是,演绎的真
正方法正和我们预期的相反。用来作经验在理论上不知道、不能证明的 [276]
一种能力之演绎的原理的,而是思辨理性所不得不承认至少是可能的原
理,恰恰就是道德律。因为道德律本身并不需要什么演绎,可是它证明在 51
承认它是不得不遵守的那些存在者中不但是自由的可能性,而且是自由的现实性。事实上,道德律乃是一个自由原因的规律,因之就是使自然的超感性系统成为可能的一条规律;正像感官世界中事件的形而上学的规律乃是自然的感性系统的因果律一样。所以道德律所作的是思辨哲学所不能作的:它为后者所能作出只是一个消极概念的因果作用,确定了一条规律,而这规律第一次给一个自由原因这个概念以其客观的实在性。

道德律证明它自己的实在性,甚至使思辨理性批判得到满意,其理由乃是,它在可能性得要假定而不能理解的自由原因只是消极的概念之上,增加了一个直接确定意志的理性的积极概念。这样,道德律就能给理性的一些观念以客观的,虽然只是实践的实在性;所以实践理性使观念的使用成为**内在的**,而对思辨理性来说,这些观念的使用原是**超越的**。

在感官世界中存在者的因果作用的确定,由于情况的性质,永远不能
是无条件的。然而每一系列的条件必须有某一东西是无条件的,因之必 [277]
定有一种因果作用是完全自确定的。自由作为绝对自发性的一种能力来说,其可能性不是一种公准,而是纯粹思辨理性的一个分析命题。但是在经验之中,完全不可能找出一种行动的一个显著的实例是符合于自由的观念的。所以思辨理性在自由的原因这**思想**受到抨击时,只能这样加以辩护,就是指出一方面属于感官世界的存在者在另一方面仍然可以作为

52 一个本体看的。所以它就主张说，一个自由的存在者的一切行动，就其作为出现来看，可以是受到物理的条件所限制，然而就其在行动时属于理智的世界来说，在物理上它的因果作用是不受条件的限制的。这种假定中是没有矛盾的。这样一来，结果便是，自由这个概念乃是理性的一种限制性的原理。诚然这样，并不能得到什么知识，是关于以自由的因果作用来肯定的那种对象的性质的，可是阻扰我们承认它的存在的障碍也就除掉了。因为在一方面，有可能在解释世界上的事件之中，因而在解释有理性的存在者的行动之中，可能追踪自然的必然性的机构，一直从受条件限制的回到其条件以至于无穷；而在另一方面，依然保留着思辨理性所剩下的空洞地带，即理智的领域，而把那不受条件限制的转移到这个领域中来。可是这个**思想**是不能**实现**的；换言之，这个思想不能变为关于一个自由行动的存在者的知识，事实上也不能证明关于这样的一个存在者的知识甚
[278] 至是有可能的。然而纯粹实践理性，用一个理智世界中的确定因果律，即道德律，就把思辨理性剩下空洞的地方填满了。在这上面，思辨理性关于洞见没有得着什么，但是关于自由这个盖然性的概念，就这个概念得到无可怀疑的**客观实在性**，纵然只是实践的实在性这方面来说，思辨理性是获得了**确实性**的。我们甚至不能说，因果作用这个概念这样就能扩张到感官世界的限度之外，因为那概念只关于出现才有它的意义与应用的，而且只用来把出现彼此联系起来的。要使因果作用这概念有正当理由应用于出现范围以外，就必须证明理由与结果这个逻辑的关系怎样在一种不是感性的直观那样的方式上可以综合地使用；换言之，就要解释一个**本体的原因**怎样是有其可能的。但是这是做不到的，而且实践理性也没有任何动机想试图这样做。从实践理性来讲，说明人作为一个感性的存在者，其因果作用是能**为纯粹理性所确定**，而且因之纯粹理性就是实践的，那便足够了。

53 二、实践理性的范围和思辨理性的比较

58 除了它对于对象的理论上的关系之外，知性还对于欲望的能力有它的关系，所以它就称为意志。既然在这种关联上称为理性的纯粹理性，只通过规律的观念，就是实践的，那么在它和欲望的关系上，就应该称为纯

粹的意志。纯粹意志的客观实在性,等于说纯粹实践的理性的客观实在 [279]
性,可以说作为一种事实在道德律中在验前出现的;因为我们可以称和它的本性结合在一起的意志之确定为一种事实,而并意味着它是依据经验的原理的。然而意志这概念带有因果作用的概念;所以纯粹意志这个概念是包含有自由因果作用的概念在里面的。所谓自由的因果作用,是指不能为自然律确定,因之不能以经验的直观证明它是实在的这种因果作
用来说的。然而通过纯粹实践规律,它的客观实在性是能在验前得到证 59
明为正当的。可是有自由意志的一个存在者的概念乃是**本体的原因**的概念。很明显,这个概念不是自相矛盾的,只要我们考虑到原因这个概念是完全起源于纯粹知性,而且在范畴的演绎中已经证明它是有客观实在性的了。在起源上它既是不依靠什么感性条件,原因这个概念原本就不局限于出现的,也没有什么东西妨碍它用于是纯粹知性的对象那种东西。可是我们能够把它来应用的,只是在感性直观上面;因之尽管一个本体的原因是能**思想**的,然而对理论的理性来说,它依然还是一个空洞的概念。但是很可不必去追求关于具有**纯粹**意志的这样一个东西的性质的**理论上之知识**;只要能说明有这样的一种东西,而且因之能把因果作用这个概念和自由这个概念结合起来,就够了。我是一定有权利来作出这个结合的,
因为因果作用这个概念不是出于经验,而这里我并不要求什么权利来在 [280]
实践以外把它用在其他方面;换言之,只把它用于能确定它的实在性的道德律那方面。

况且知性的纯粹概念在超感性范围内的客观实在性,一经引进来的 60
时候,就把客观有效性给予一切其他的范畴,虽然只是在这些范畴对道德律有必然的联系而言,因纯粹意志是通过道德律而得到确定的。

第二章　纯粹实践理性的对象 61

要确定一个东西是不是纯粹实践理性的对象,并不需要去问我们能不能在物理上产生它出来。唯一的问题是,如果我们有力量把行动所指向的对象使之发生,我们是不是应该**立意要**这样行动。所以**道德的可能**

性必须是在行动之先，因为要确定行动的是意志的规律，而不是行动的对象。

62 实践理性的唯一对象乃是善与恶。善是欲望的必然对象，而恶是厌恶的必然对象，两者都是依据理性的原理的。

然而愉快与痛苦不能在验前和对象的观念有所联系，所以凡是以愉快感作为他们道德判断的根据的人，必须是把能达到称意的目的的手段称为善的，而把不称意而痛苦的东西之原因称为恶的。从善的这种概念
[281] 引申出来的实践准则就不能把任何本身是善的，而只能把关于别的东西才是善的，作为意志的对象，包含在自己里面。

64 祸与福只是对于我们自己的感情，表示为适意或不适意、愉快或痛苦的名词。我们想望一个对象作为是福，避免一个对象作为是祸，只是由于有关于我的感受性，有关于对象在我们里面所产生的愉快感或苦恼感的。善与恶则不同，善恶总是含蕴着对于意志的关系，这里的意志，是就其为理性的规律把某东西确定为意志的对象而言的。在这方面，意志永远不是直接为对象的观念所确定，而是把一条规则作为其行动的动机的一种能力。所以在正确的意义上说来，善恶不是和人的感觉状态有关，而是和他的行动有关的。如果有什么绝对是善或者绝对是恶的东西，或者有什么是人这样认为的东西，它不能是行动的对象，而只是行动的方式，是意志的准则，因之是行动者本身。

66 那么，如有一条原则，为人认为它本身是能确定意志的，而并不依赖对于欲望任何可能对象的关系，它就是一条验前实践的规律，而纯粹理性就必须被看作本身是实践的。在这种情况之下，规律就直接确定意志，而符合于它的行动就本身是善的。所以一个意志，如果它的准则总是和规律一致的，就是绝对地而且从任何方面来看都是善的，而且是一切善的最高条件。反之，如果有某东西是在意志的准则之先而确定意志的，预先假定有一个对象是宜于产生愉快或痛苦的；因之如果求乐避苦的准则确定
[282] 着我们的行动；那么我们的行动只是相对是善的，只是达到另一个目的的手段，而我们的准则就绝不能是规律，尽管这些准则无疑是理性在实践上的告诫。

68 可是，善与恶的概念，作为意志的验前确定来说，是预先假定有一条

纯粹实践的原则的,因而是纯粹理性的一种因果作用。所以善与恶在一切情况下都是因果作用这独一个范畴的样式。所说的因果作用,是就那 69
范畴通过理性给予自己的自由的规律这个概念而被确定这方面来说的。这样,理性就证明它自己是实践的。但是,虽然一方面行动是在自由的规律支配下,因而只是属于理智的;而另一方面,行动却是在感官世界中的事件,又是在出现的规律支配下的。所以实践的理性,只在其对现象的关系上,能够确定自己。然而它的确定既然必须符合于知性的种种范畴,这些确定就不能在理论上使用,为着要使感性的直观的各种不同因素在验前从属于一个意识,而只是为着验前把各种不同的欲望受到意识的统一性的支配,这是含蕴在实践的理性里面,或者说含蕴在通过道德律而发出它的命令的纯粹意志里面的。

纯粹实践的判断的典型 71

在善与恶的概念之前,意志是没有对象的。但是善恶的概念本身是从属于理性的一条实践的规则,而就纯粹理性来说,这条规则是验前关于它的对象而确定了意志的。然而要决定在一条规则之下的一种行动,在感官世界中对我们来说是不是有其可能,这是实践的判断的事情,而实践 [283]
判断的作用就是把规则中普遍地或者抽象地所说的东西具体地应用于一 73
种行动。可是既没有直观,所以就没有图型,能用来作一种中间词,通过它把自由的规律,因而把无条件的善这个概念,在具体上来应用。因之道德律能应用于自然的对象,只是通过知性而不是通过想象的。然而知性对理性的一个观念不能提供什么图型,而只提供一条规律。可是这规律能具体地在感官的对象中表现出来,因而就能有自然律的形式。这样,它就可用为实践的判断的一种工具,因之就可称为道德律的典型。

从属于纯粹实践理性的规律,判断应用的规则就是这样:问问你自己,能不能凭你自己的意志把你心目中看作是可能的行动,看作好像是要按照自然律而发生的。事实上,这就是每一个人照着来决定一种行动在道德上是善是恶的规则。

所以把感官世界的性质作为理智性质的典型是能够的,只要我只把 74
后者看作是从属于规律的形式而不把我的直观和依靠直观的东西转移到它那里去。因为一切规律在种类上都是规律,无论它们是出自什么根源。

[284] 76

第三章　纯粹实践理性的动机

每一个行动的道德价值所不可少的东西就是，道德律应该直接确定意志。意志和道德**一致**，这还是不够的。如果先要假定有一种感情才能确定意志，那么，意志就不是因为规律而确定，所以行动就不是**道德的**而只是**法律的**了。所谓“动机”这词，我们必须理解为用来确定一个存在者的意志的东西，而这个存在者的理性不是在本性上必然和客观规律相一致的。因之，第一，我们不能谈到关于神圣意志的动机；第二，人类意志的唯一动机，其实每一个有限的有理性的存在者之唯一动机，必然是道德律。所以客观的根源同时总是行动的确定之唯一的而充分的主观根据。在任何其他的假定上，所满足的只是规律的形式而不是规律的精神。

77 一条规律怎能靠其自身而直接确定意志，这个问题对人类理性来说是无法解决的，因为它和自由意志怎样可能这问题是同一的。我们所需要验前证明的，不是道德律本身怎样能提供一种动机，而是它对于人心有什么影响，或者更确切地说，它必定有什么影响，这是就它能提供一种动机来说的。

在一切意志为道德律所确定里面，本质的东西是，作为自由的意志，不但没有感性的欲望和它合作而得到确定，而且甚至应该反对这样的欲
[285] 望，并且限制可能阻挠规律实现的一切自然的爱好。到此为止，道德律的影响只是消极的，而且它作为动机的性格只能在验前为人知道。因为每一种自然爱好和每一种感性的欲望都是根据于感情，而规律的消极影响在反对自然爱好的过程中，其自身也是采取感情的形式的。所以我们在验前知道，道德律阻挠我们一切的爱好来确定意志，必定在我们里面产生一种可以称为痛苦的感情，这个是我们发现的第一个实例，而且大概是唯一的实例，是我们从验前的概念而能知道知识对于愉快感或痛苦感的关系是什么。毫无例外，一切自然爱好都是起于**自重**，其两种形式是**自尊**和**自爱**。自爱乃是自然的而且在道德律之先便属于我们的。纯粹实践理性
78 只使它和规律相一致而限制它。在那时它称为**合理的自爱**。可是纯粹实

践理性是完全毁灭自尊的,因为任何人都没有丝毫权利来自尊,除非是在他的行动符合于道德律那限度内。然而道德律本身是积极的,换言之,它是一种理智的因果作用的形式,即自由的因果作用的形式。由于它反抗自然爱好的主观冲突而又削弱自尊,道德律是为人尊重的对象;由于它完全毁灭自尊,它是人所最尊重的对象。这样它就引起一种积极的感情,不是出于经验,而是在验前被知道的。所以对于道德律的尊重乃是一种出于理智的感情,而且是能完全在验前知道,看到是必然的唯一感情。

所以道德律不但是行动通过纯粹实践理性的形式上的条件;不但是 [286]
确定我们称为善与恶的行动的那些对象的物质的、虽然只是客观的条件; 80
而且它是行动的主观条件或者说动机,因为它对于主体的道德有影响,而在他里面产生一种感情,是有助于规律对于他的意志的影响的。诚然,含蕴在我们一切爱好里面的感性感情乃是尊重的感情的条件,但是确定它的原因,乃是在纯粹实践理性里面的,所以尊重的感情在其起源上不是情欲的而是实践的。对规律的尊重也不是外在于道德的动机,而是道德本身,主观上当作动机看的。作为对于感情的作用,它预先假定它的主体具有感性的性质,因而是有限的。因之我们不能说最高存在者对规律感到尊重,也不能说甚至一个自由的有限存在者失去了感受性之后会有这样的感情;因为在这两种情况下,都没有任何和实践理性相反对的自然冲动。

纯粹实践理性分析论的批判审查 93

在同一行动中,去掉自然的机构和自由之间表面上的矛盾,我们必须 102
记住在纯粹理性批判中所曾说过或含蕴着的,和自由相矛盾的自然必然性,只和受着时间的条件限制的东西之确定相连的。所以它只适用于行
动者在于他的现象方面。关于那些行动,若果其根据是在于属于过去或 [287]
再不是他的力量所能及的,则行动者的确不是自由的。但是他意识到自己也是物自身,而从这观点,他就看到他自己的存在不是受时间的限制,而是只能为起源于理性的规律所确定的。在他的存在中,从这方面来说,没有什么东西可以说是先于他的意志之确定的。在他意识到他的存在是一个理智,是他本体的因果作用的结果这限度内,他把他所做的每一个行动,或者更一般地说,在内部感官的确定的每一种变动,而且实际上这种

变动的整个系列，都看为绝不是确定那因果作用的。从这个观点看来，一个有理性的存在者真正可以说，凡他所做的错事都是可不做的，虽然作为一个现象来说，这件事是充分地被确定了而不可避免地要发生的。因为这件事连同确定它的一切过去的东西，是属于他自己造成的性格之一个继续不断的现象表现。这样把自己看作独立于感性的一个原因；他就把他的存在的整个现象表现的因果作用归于他自己。

104 关于自由和自然机构在属于感官世界的一个存在者里面的结合，还
105 有另一种困难。有人这样说，姑且承认，主体作为一个理智在某一种行动
的履行中是自由的，虽然作为属于感官世界的一个主体，他是受自然的机
[288] 构所限制的，然而上帝——无所不在的原始存在者——是人所承认为存
在的，那就必须把他看为每一个实体存在的原因。所以人的行动必定是由于完全在他自己之外的一种力量所引起的。因为他的行动必须以不同于他自己的最高存在者为标准，而他的存在以及一切算是他的因果作用而来的东西，都必然是依赖这个最高存在者的。

106 这个困难的简短解答并不在远处。在时间中的存在乃是意识的一种
107 纯然感性的方式，只属于作为在世界中的思维存在者，而对于他们自身是
无效的。所以我们必须把思维存在者的创作理解为物自身的创作。在我们谈到能领会的存在或因果作用的感性方式的限度内，创作的观念是毫无意义的，而只能是用来谈本体。谈到感官世界中的存在者是被创造的，乃是把他们作为本体来谈的。那么，说上帝是现象世界的创造者是一种矛盾的说法。如果是说，尽管承认了上帝是行动的存在者在其本体的资格上的存在之原因，而他作为创造者来说，是发生在感官世界中的行动之原因，因之就是现象对象，那也是同等的一种矛盾。那么，让我们假定在时间中的存在，只是对于现象有效，而不是对于物自身有效的。然而如果自由和作为现象看的行动之自然机构不是不相容的，它和履行行动的存
在者是被造物这事实不能是不相容的。因为创造只是和他们作为理智的
[289] 存在有关，而不是和他们的感性存在有关的，因之创造不能看为现象的根
据。如果世界中的存在者是作为物自身在时间中而存在，事情就完全不同，因为那实体的创造者则同时是这个实体的整个机构的创造者了。

第二卷　纯粹实践理性的辩证论 112

第一章　泛　论

不管是从它的思辨用途上看或者是从它的实践用途上看,纯粹理性总是辩证的。在两种情况下,它都是企图要对于作为受条件限制的东西理解其条件的绝对总体,而这样的一个总体只有可能在物自身里面找出来,可是我们关于事物的概念得要和直观发生关系。而对于人来说,这些直观总是感性的,因之对象不能作为物自身而被知道,只能作为出现而被知道。在限制的条件和受条件限制的一系列之中不可能找到无条件的,而从条件总体这个理性的观念应用到出现就引起一种不可免的幻象。这个幻象骗人的性格,事实上不会被观察出来,如果不是当它企图把所谈的原理,即受条件限制的是预先假定有无条件的这条原理加以应用,而由理性所陷入的自相矛盾而自己暴露出来。这样一来,理性就不得不把这个幻象追溯到它的根源,而只有靠纯粹理性整个能力的彻底批判才能完成 [290] 113
这任务。在其辩证论中表现得很清楚的纯粹理性的二律背驰,这样一来,结果反成为人类理性可能陷入的最有益的一种错误。因为它迫使我们到处寻找从我们误入的迷宫逃出的线索,而发现这线索的时候,出乎意料之外,它引导我们达到一个更高而不变的事物之秩序摆在我们面前的地方。我们发现我们已经是存在于这个更高的境界里面,而且要求我们继续在那里面而存在,以最高理性摆在我们身上的某些明确的教训一直引导着我们。

纯粹思辨理性的自然而有的辩证怎样能解释,从完全是自然的幻象而引起的错误怎样可以防止,在《纯粹理性批判》一书中已充分说明过了。

但是理性在其实践用途上陷入同样严重的困难。实践理性企图找到实践上受条件限制的东西之无条件者，而受条件限制的是依赖着自然的需要和爱好的，虽然那无条件的不是设想为确定意志而只作为纯粹实践理性的对象之无条件的总体。这个对象就是至善。

114 关于和至善这个观念的确定联系着的纯粹实践理性的辩证，得要说一句预备的话。道德律本身必定是不能确定纯粹意志的。但是这规律只是形式的，就是说，只规定可以是一条普遍规律的那个准则的形式，因之是抽掉了一切内容，就是抽掉了意志决定的一切对象的，所以虽然至善诚然总是纯粹实践理性的整个对象，即纯粹意志，但是不可看为是确定意志
[291] 的。道德律必须单独地确定纯粹意志，而且它的唯一对象是产生，或者帮忙产生这样的一个意志，因为正如我们在分析论中已经看到，以为称为善
115 的某一个对象，在道德律之先，确定了意志，而且可以从它得出行动的最高原则，这个假定必然引起他律而毁灭道德律。

116

第二章　至　善

至，即最高这个概念，包含着两个不同的观念。如果我们要避免不必要的混乱，就必须仔细地把这两个观念区分开来。所谓至可能是指最高(supremum)说的，也可能是指完全(consummatum)说的。最高是一个条件，它本身不受条件的限制，或者说不隶属于另一东西(originarium)，完全乃是整个而不是同类更大的整个之一部分(perfectissimum)。可是，德行，即配得幸福，如我们在分析论中已经看到，是我们一切能看为值得想望的东西的最高条件，所以就是我们一切幸福的追求的最高条件，所以德行是最高的善，但是完全不是有限的有理性的存在者想要得到全部或完全的善。完全的善包括着幸福，而这不但是以德行为其目的的人之个人偏见，而且甚至把在世界上产生幸福作为本身是一个目的的不偏不倚的理性，其判断也是这样。为着说明这点起见，让我们假定有一个全能的
[292] 有理性的存在者，按照他的全部意志，也不是要他的被创造者不能得到他
117 们本性所要求而是他们服从道德律使他们配得的那种幸福。所以一个可

能的世界的最高的善必然是德行与幸福在同一个人身上的统一,就是幸福恰恰与道德相称。所以这里所谓最高的善就是指整个或完全的善说的。在这个完全的善里面,德行作为一个条件说,总是最高的善,没有什么条件比它更高的;然而幸福无疑总是对享受幸福的人是适意的,可是不是本身是好的,不是在一切方面都是好的;只有在一个人的行为是和道德律相符合这个条件之下才是好的。

一、实践理性的二律背驰 119

对我们来说是实践的最高的善,就是通过我们的意志来实现的最高
的善,在它里面是想象到德行和幸福为必然地统一着的,因之实践的理性
不能把它们分开来而领会的。可是德行与幸福的联系要就是从分析而知
道,要就是从综合而知道。但是上面已经说明它不是从分析而知道的,所
以它必是综合的,而且是用原因与结果的综合方法的。因为我们这里所
谈的是实践的善,就是说,只是由于行动才有其可能的善。所以,要就是
追求幸福的欲望是德行的准则之动机,要就是德行的准则必定是幸福的
充分原因。前者是绝对不可能的;因为,如分析论已经说明,把追求幸福 [293]
的欲望作为意志的动机的那些准则,完全不是道德的,不可能是德行的基
础,后者**也是不可能**的。因为在从意志的确定而来的事件之世界里面,因
果的联系不是按照意志的道德倾向,而是依靠关于自然律的知识,而且依 120
靠为着某些目的而利用它们的物理力量。因之最认真遵守道德的规律也
不能指望能把幸福和德行联系起来而导致最高的善之达到。

二、二律背驰批判的解决

这个二律背驰的解决和纯粹思辨理性二律背驰的解决是同性质的。
两个命题的第一个,即德行是幸福追求的结果,是绝对**错**的,但是只是错
在把德行看作在感官世界里面的因果作用的形式。这样一来,就是假定
一个有理性的存在者只能作为一个感性的存在者而存在,所以这命题**在** 121
条件上是错的。不但我能想到我自己的存在是一个在理智的世界中的本
体,而且在道德律里面,我有了一条纯是理智的原则,能确定我的因果作

用像表现在感官世界里那样。所以在这个观念里没有什么不可能的东西,即一个道德的倾向必然是幸福的原因,固然不是直接如此,而是间接
[294] 地,即通过一个自然界的理智的创造者这个媒介。可是纵然幸福可能这样在感官世界里是德行的结果,然而在只是五官的对象的自然的系统中,德行与幸福的联系只能是偶然的,所以不能照最高的善这个概念所要求的方式来成立的。

纵然实践理性表面上有这个自相矛盾,最高的善必然是道德意志的终究目的和真正的对象。因为最高的善在实践上是可能的,而意志的一些准则在它们内容方面是和这善有关系的,都是有其客观实在性的。这个实在性第一次使人对它怀疑的是关于道德与幸福按照普遍规律的联系;但是这个二律背驰的发生纯是由于错误地认为物自身和出现的关系是相同于出现之间彼此的关系。

128

四、灵魂不死

能够为道德律所确定的意志对象就是在世界上产生最高的善。可是最高的善的最高条件乃是倾向和道德律的完全一致。这样的一致必须是可能的,其可能性不减于意志的对象,因为它是含蕴在促进那个对象的命令里。意志和道德律的完全一致就是圣洁,这是没有一个生存于感官世界里的有理性的存在者,在他的生命中任何时刻所能做到的。然而圣洁是作为实践上所必要而要求的,而它只能在无穷尽地向着和道德律完全
[295] 一致的迈进中找得着。所以纯粹实践理性就迫使我们假定有这样一种向着完善作为我们意志的实在对象的实践前进。

可是,这个无穷尽的前进成为可能,只是当我们假定有理性的存在者之生存是延续到无限的,而且假定他一直是保持他的人格。这就是我们所谓灵魂的不死。所以只有我们预先假定有灵魂之不死,最高的善才是有可能的。这样看来,灵魂不死是不可分离地和道德律结合在一起,它是纯粹实践理性的一条公准,即一个命题,不能在理论上证明,但是是依据具有无条件的有效性的一条验前实践规律的。

129 一个有限的有理性的存在者只能从道德完善低级阶段,无穷尽地进步到高级阶段。不受时间限制的无限存在者,在这个对我们来说是无止

境的系列中,看到和道德律一致的全部。他坚决要求圣洁作为一种义务,以便对每一个人分配他在最高的善之适当的一份;他在理智上对于有理性的一切存在者一次直观中,就有这个圣洁完全摆在他的面前。被造的存在者有指望在最高的善得到一份,只是在于他们意识到曾受得起道德律的考验。如果在过去他们曾经从道德的低级程度进步到高级程度,这样来证明他们决心的力量,那么他们就可以指望在将来,只要在今世活着或者在来世活着,能不断地进步。他们永远不能指望在今生,实际上不能
指望在来生任何可想象的时候,和上帝的意志完全一致,但是他们可以指 130
望在唯有上帝才能测量的无穷尽的生存之时间中有这种一致。

五、上帝的存在 [296]

道德律不但引我们到灵魂不死的基本要求,而且还基本要求上帝的存在。因为它说明幸福是如何可能按着道德的比例的。这是最高的善的第二个要素,而且是基本上要求它,其理由是正如前面的情况一样完全无私欲的。这第二条基本要求,即上帝存在的基本要求,是依据必然要预先假定有一个和所要解释的结果相对称的原因之存在。

幸福乃是生活在世上的一个有理性的存在者的状态,他终身都是经验着他所欲望和所愿意的。所以这是预先假定自然是和他的整个目的一致,而且又和确定他的意志的主要原则一致的。可是道德律既然是自由的存在者的规律,于是就命令我们所从而行动的动机须要完全独立于自然而又独立于自然和我们的欲望之一致的。但是一个有理性的存在者在世上不是世界的原因,也不是自然本身的原因。谈到一个是世界之一部分而且依靠世界的存在者的时候,完全没有理由是道德律要包含着幸福和与幸福成比例的道德两者之间的必然联系。因为这样一个存在者的意
志不是自然的原因,所以他没有能力来使自然和他的行动原则完全一致。 131
可是在纯粹理性的实践问题上,即在最高的善之必然追求上,这样的一种联系还是作为必然的先决条件而要求的。他应该追求促进最高的善,所
以最高的善一定是可能的。所以他就必然把整个自然的原因之存在作为 [297]
先决条件而要求,而这个原因是不同于自然而且是能把幸福与道德在彼此间正确的一致上联系起来。然而这个最高的原因必然是一致的根据,

不只是自然和一个有理性的存在者意志的规律之一致，而且也是自然和这个规律的意识之一致，只要这规律成为了行动者的意志的最高原则。所以那原因必须不只和道德的形式一致，而且是和一个有理性的存在者所决意的道德一致，就是和他的道德性格一致。可见，唯有自然有一个最高原因，其因果作用是和行动者的道德性格一致的，最高的善才能在世上实现。可是，一个能从规律的意识而行动的存在者就是一个有理性的存在者，就是一个**理智**，而那存在者的因果作用，由于它是从规律的意识出来的，就是**意志**。所以在最高的善这个观念里面含蕴着一个存在者，他是自然的最高原因，而且通过他的理智和意志是自然的原因，是自然的创造者，就是**上帝**。所以，如果我们有理由来以**最高的派生的善**为先决条件而要求，就是要求有一个最好的世界，我们也得要以最高的原始的善之现实存在为先决的条件而要求，就是以上帝的存在作为先决的条件而要求。然而促进最高的善是我们的义务，因之我们预先假定这个最高的善之可能性不但是可以容许的，而且是必然和义务这个观念本身结合在一起的。能够证明这种可能性既然是以上帝存在为条件，那么最高的善之预先假定是不可分离地和义务相联系。换言之，主张上帝的存在乃是道德上所必需的。

[298] 138 六、纯粹实践理性的一些公准

纯粹实践理性的公准不是理论上的教条，而是实践上必需的预先假定，这些公准并不扩大我们思辨的知识，而是给一般思辨的理性之观念以客观的实在性，而且使思辨理性有正当的理由来使用一些概念，否则它甚至不敢认为这些概念是有可能的。

这些公准就是**灵魂不死**，**自由**（在其积极的意义上，作为属于理智世界的一个存在者的因果作用），和**上帝的存在**。**第一条**公准是依据这个实践上的必需条件，即生存须有足够长久的继续，以使道德律能有其完全的实现。**第二条**公准是由于这个必需的预先假定，即人的独立于感官世界，以及他能按照一个理智世界的规律，即自由的规律，来确定他的意志。**第三条**是依据必须预先假定有一个最高的自存在的善，即上帝的存在，作为最高的善可以在这样的一个理智世界里实现的条件。

我们对于道德的尊重必然迫使我们追求最高的善之实现,因之必须
预先假定最高的善之实在性。由于实践理性的公准,我们就碰到这些概
念,无疑是思辨理性作为要解决的问题,可是它自己不能解决的。第一个 139
就是灵魂不死的概念。这个概念使思辨理性陷入一些谬误推理之中;因
为它不能找到把一个终究的主体这个心理学概念,变为一种实体的意 [299]
识所需要的永恒性之任何踪迹。实践理性提供出所需要的就是时间的
公准。这时间的持续是足够来在最高的善之中完成道德律的实现的。
第二,它导致一个理智世界的**宇宙论**观念和我们生存在那个世界中的
意识。这个观念就使思辨理性陷入于一种**二律背驰**,为要解决这二律
背驰,思辨理性就不得不退回到一个盖然性的概念,其客观实在性是它
不能证明的。但是实践理性用自由这个公准就说明那观念是有客观实
在性的。最后,实践理性使我们得到最高存在者这个概念。思辨理性
能想到这个概念,但不能说明它是多过一个超验的**理想**。另一方面,实
践理性并说明最高存在者是最高的善在一个理智世界中的最高原则而
且拥有在那个世界中规定道德律的权力,这样便使最高存在者这概念
有其意义。

那么,实际上我们的知识是不是因实践理性而扩大呢?是不是对思
辨理性来说是**超越的**而对实践理性来说就是**内在的**呢?无疑是这样,但
是只对行动说的。实践理性不能给我们以关于我们自己的灵魂,关于理
智世界和关于最高存在者三者本身是什么的理论上之知识。它所能做的
只是在作为我们意志的对象的最高的善这个**实践的概念**中把三者的概念
结合起来,而且是完全在验前通过纯粹理性来把三者结合起来的。做到
这种结合,只是通过道德律的媒介,而且只有关于它为要达到最高的善而 300
命令的东西的。因为我们不能理解自由是如何有其可能的,不能理解如
果一个自由的原因是在理论上而且是**正面**知道的,它是如何向我们表现
的;我们所能说的只是道德律把一个自由的原因作为基本的要求而假定,
是为着道德律起见的。关于其他的观念也可以同样说。没有人类理智指 140
望能理解灵魂不死和上帝的存在是如何有其可能的;可是另一方面,没有
什么诡辩,能指望毁灭甚至最没有思想的人对于它们的信念。

七、实践理性的扩张

141 诚然,自由、灵魂不死和上帝这三个理念不是知识,但是至少它们是
思想,其对象不是没有可能的。它们是必然的实践规律命令我们作为我
们的目标的东西之可能性的必然条件,而在这个意义上它们是有其客观
实在性的。它们表示**它们是有对象的**,虽然我们不能从它们知道它们是
怎样和这些对象有关系。关于它们,我们不能作出任何综合的判断,我们
也不能在理论上确定它们是怎样应用的,因之我们不能说关于它们是有
什么知识的。理性不能在理论上使用它们,这就等于说,思辨理性对它们
是一无所知的。但是虽然实践理性的理念并不扩大我们理论的知识,然
[301] 而在这种意义上,理性本身的范围却扩大了,就是说,利用实践的公准,我
们知道是有和那些理念相应的对象的。以前是盖然性的概念,这样一来,
便获得客观实在性了。我们关于超感性的对象的知识并没有扩张,但是
理性已不得不承认有这样的对象,尽管关于它们不知道什么的确的东西,
所以在这限度内,理论上的理性和我们关于一般超感性的东西的知识是
有了扩张的。甚至理性的范围这一点相对的扩张也是完全由它的纯粹实
践的能力而来的。

143 纵使关于上帝,关于一个理智世界,即上帝的国,和关于灵魂不死的
这些理念,进一步因着从人的性质而借来的述语得到确定,并不就等于我
们陷入神人同形同性论,致使理性的纯粹观念成为**感性的**,或者是等于我
们的观念,因认为有了关于超感性对象的知识,就变为超越的。因为我们
所利用的述语是理智和意志的述语,而我们想到这些述语是彼此有关系
的,只是按着道德律这个观念所要求的。所以我们只是纯然在实践上使
用它们的。凡是在心理学上和这些概念有联系的述语,和从我们观察知
性与意志的两种机能所知道的述语,都一概抽象掉了。例如谈到最高存
在者时,我们不能说,像我们说到人那样,认为他的知性是推论的,因之只
直接和概念有关,而和直观无涉的;认为他的意志始终依赖它所指向的对
[302] 象之存在而得到满足的,等等。那么,抽掉了一切像这些的述语之后,剩
下来的只是属于纯粹理智的述语,即含蕴在只是道德律的思想里面的述
语了。这样,我们固然是有了关于上帝的知识,可是只在实践的关系上。

如果我们试图把我们的知识扩张到一种理论的关系,我们就得到一种不思维而只直观的理智的观念,得到一个意志是指向着它的满足丝毫不依靠其存在的对象的。但是这些都是那种属性,是我们不能形成其概念,叫我们能够关于最高理智有什么知识的;因之我们就知道,这些属性永远不能在关于超感性的存在者的一种**理论**上使用,而必须在其用途上限于道德律的实践。

八、信仰作为纯粹理性的需要

纯粹实践理性的需要,是由于要把最高的善作为意志的对象而尽力
企图来促进它这个义务。所以这个最高的善之可能性得要预先假定下
来,正如它如果要成为可能就不得不有的那些条件,即上帝、自由和灵魂
不死,这三种条件得要预先假定下来一样。促进最高的善这个义务本身
是必然确实的,而且是完全独立于其他的预先假定的。所以义务这个观
念,并不需要从事物内部性质的任何理论,世界史的隐蔽意思,或最高管 149
辖者的存在,而得到它的支持,以说明它是在最绝对的意义上,使我们必
须遵从它,而且我们是应该按照它而行动的。但是道德律对于行动者的
影响,即道德律在行动者里面所产生的倾向去促进我们能在实践上实现 [303]
的最高的善,是至少预先假定最高的善是有其可能的,如果它是没有可能
的话,我们便是企图实现实践上不能实现的,企图实现一个空洞而无对象 151
的观念了。所以确定一个道德的判断的原则,对我们来说,无疑是主观
的;可是就其也是一种手段,是实践上必需的一个对象因之而可以得到促
进的这一点来说,它也是一切具有道德的确定性的信念之基础。所以那
条原则就具有纯粹实践理性的一种信仰或确信的形式。

康德哲学讲解

[加]约翰·华特生　著
韦卓民　译
高新民　整理

目　录

导言……316
历史的回顾……318

纯粹理性批判

序言……338
绪论……348
先验感性论……365
　第一节　空间……369
　第二节　时间……377
　　关于先验感性论的总说……383
先验逻辑……388
　先验分析论……396
　第一卷　概念分析论……396
　　第一章　发现范畴的引线……396
　　第二章　范畴的演绎……405
　第二卷　判断的分析论……426
　　第一章　范畴的图型法……427
　　第二章　纯粹知性的原理……434
　　　一、直观的公理……434
　　　二、观察的预测……436
　　　二、经验的类比……440
　　　　甲、第一类比　实体永恒性的原理……443
　　　　乙、第二类比　因果相继的原理……447
　　　　丙、第三类比　交互性的原理……452
　　　四、一切经验的思维之公准……455
　　　五、泛论判断的各种原理……458
　　第三章　现象与本体的区分……460

先验辩证论 …… 464
第一卷　理念 …… 470
第二卷　纯粹理性的辩证结论 …… 472
第一章　纯粹理性的谬误推理 …… 474
第二章　纯粹理性的二律背驰 …… 480
第三章　纯粹理性的理想 …… 503
本体论的证明 …… 509
宇宙论的证明 …… 512
自然神学的证明 …… 516

道德的形而上学

第一节　从寻常道德的概念过渡到道德的哲学概念 …… 520
第二节　从普通的道德哲学过渡到道德的形而上学 …… 524
第三节　从道德的形而上学过渡到实践理性批判 …… 535

实践理性批判

第一卷　纯粹实践理性的分析论 …… 541
第一章　纯粹实践理性的原理 …… 541
第二章　纯粹实践理性的对象 …… 555
第三章　纯粹实践理性的动机 …… 558
第二卷　纯粹实践理性的辩证论 …… 565
第一章　泛论 …… 565
第二章　至善 …… 566
一、实践理性的二律背驰 …… 567
二、二律背驰的批判解决 …… 567
四、灵魂的不死 …… 568
五、上帝的存在 …… 569
六、纯粹实践理性的一些公准 …… 572
七、实践理性的扩张 …… 573
八、信仰作为纯粹理性的需要 …… 575

判断力批判

导论…… 576
审美判断力批判…… 588
第一部分　分析论…… 588
第一卷　美的分析论…… 588
第二卷　崇高的分析论…… 598
甲、数学上的崇高…… 601
乙、自然在力学上的崇高…… 604
审美判断的演绎…… 607
第二部分　辩证论…… 609
目的论的判断力的批判…… 612
第一节　目的论的判断力的分析论…… 612
第二节　目的论的判断力的辩证论…… 618
关于方法的附录…… 627
译后语…… 632

导　言

本书是连续多年的教学中比较成功的一种试验的结果，主要目的是要提供一种方法，用以防止学生盲目信赖教师权威这一偏向。只是听课，内心却没有和听课相应的反响，对于在哲学中的实在进步，这种习惯是最有害的。人们提出过各种各样避免这个大偏差的方法。许多年前，我对于程度较好的学生最后采用一种方法，就是介绍他们通过我为此选译的原著(曾刊行问世，标题为《康德哲学原著选读》)直接研究批判哲学。像这样，我就能靠得住得到学生的合作，而同时又认为这种方法像是还有另一个优点，就是认定只有用来锻炼心灵的材料是第一流的，才能够激使心灵做有力的反应的。可是这个方法进展较慢，钻研较苦，它的主要短处就是花的时间较多，因而我就想到得要把我对于康德原著翻译的逐段所作出的口头解释拿来出版。这些解释既然是在班上作出而针对我的译文中所发现的种种困难的，也许对于其他的人会有同样的好处。这些解释的价值多半是要看怎样来使用它们的。它们原来不是用来代替康德自己的话语，而是康德话语的注释，虽然读者会发现它们是包含有康德哲学的比较完整的叙述的。《纯粹理性批判》是康德真正困难的唯一著作，所以本书的第二部分，有关于《纯粹理性批判》一书的内容的，就比其他各部分较为详细。其实我对于康德的伦理学和美学各种学说的叙述，只有加以压缩而并没有发挥的。

我希望《判断力批判》一书的补充摘录，连同关于这些摘录的注释，能使学生对于康德的美学学说得到一种牢固的掌握。

凡是熟悉爱特华·凯尔特(Edward Caird)博士关于康德哲学的著作的人，一看就知道我从那本详尽的杰作得过很多的帮助。我从隗馨格尔(Vaihinger)教授非常宝贵的注解所得的帮助也是很多的。

本书“历史回顾”部分，不过是据我理解的从笛卡尔发展到康德的梗概。书中只有这部分是我试图作出像是批评的意见的，而关于康德的部分，我是故意只限于阐述的。然而我希望，如果本书得到相当的好评的话，我将要出版一个续篇，讨论到黑格尔对于康德的评论。

本书栏外所注的页数*是指《选读》一书的英文版页数，除非我是另外引用或概述康德著作而不在《选读》之内的。那时我注的页数便是《纯粹理性批判》一书原第二版的页数，即 Hartenstein 版的页数。指《选读》的时候，页数和段数就一并注出；指另外的引文或概述时，则只注明页数。例如第 47 页的 8a 是指《选读》第 8 页第 1 全段，而第 48 页的 8b 是指同页第 2 全段；第 342 页的 H24 是指《纯粹理性批判》一书 Hartenstein 版的页数，在阐述审美判断力批判的部分中，仅指明原著的分节；至于《审美判断力批判》选录英译，则作为附录附在本书之末**。在本书中，正如在我的《选读》中一样，所用的标题都是康德原用的标题。如果有人想要查对我所说的，参考《选读》就一定能找到原文的页数。

约翰·华特生

1908 年 9 月 4 日，于加拿大

安他利阿省金斯屯市王后学院大学

* 另有一种方括弧内的数字，是本译者为便利读者查对《讲解》原书所加的，读者可根据方括弧内数字，查到本译文在《讲解》原书何处。——译者

** 这一部分，若移在《选读》的后面更便于读者利用，所以，我把它附入《选读》里了。——译者

历史的回顾

一般说来，我们可以说，哲学中每一个新的运动，都是企图解决长期发展过程结果所出现的某一个问题。那问题即便不总是但通常也是因人生中流行的一些似乎不可调解的看法而走到前线的。至少，对于产生批判哲学的时代来说是这样的；因为康德所要处理的特别问题，乃是两个对世界极不同的看法或多或少独立的发展所决定的，这两种看法在其最后的方式上，一方面是莱布尼兹和他的信徒伏尔夫所代表，另一方面是休谟所代表的。莱布尼兹既然是笛卡尔和斯宾诺莎的继承者，而休谟的学说是洛克哲学的逻辑结果，或者说至少是洛克哲学一个主要方面的结果，所以把这两种背道而驰的思想潮流的方法与后果的清楚观念摆在我们心目中，是可以帮助我们体会康德的哲学的。

一切哲学问题可排列为三个项目：(1)对象的性质是什么？(2)主体的性质是什么？(3)包含对象与主体的统一体的性质是什么？自文艺复
[2] 兴和宗教改革以来，近代思想不断研讨这三个问题，在企图解答这些问题的过程中，日益承认康德所说的是真的，就是除上诉于理性的权威之外，上诉于任何其他的权威终究是导致怀疑主义和冷淡主义。人们从中世纪的“独断主义睡眠”中惊醒过来之后，对于带有传统和权威的标志的一切都感到不耐烦乃至鄙视。并不是他们否认过去的信条——接受信条的内容是很容易的——而是他们反抗整个中世纪的这种态度，即盲目地相信从来没有经过自由而公平的批判的种种观念。所以当文艺复兴时期的人们大声疾呼“回到古希腊去”时，他们实在是指“回到古代自由精神那里去”。可是文艺复兴这个运动，系统地表达出来的时候，是朝着两个主要方向的：要就是研究人所栖息的世界，要就是探求生命本身。从近代世界的开端一直到现在，科学和哲学思想的整个过程都是企图找到这些问题的一个合理答案。宗教改革又一次把人类主体和人们设想包含在对象与主体里面的最终统一体，两者之间的关系问题，显著地提出来。我们知道，路德主张，个人在他的宗教意识里面一定不能做传统和权威的奴隶，

而必须只相信他自己的精神所证明的东西。不错，文艺复兴和宗教改革起初的代表人物并不认识到他们摒弃外来的权威所会有的全部意义。例如路德一方面不承认教会的权威而同时另一方面又退回到《圣经》的权威那里去，这样就违反了他自己的原则，就是宗教必须根据一个人自己的直 [3]
接经验。但是我们可以订出这条一般的规则，就是一条原理，一经声明之后，在相当的时间内会得到它的逻辑结果的。所以，文艺复兴和宗教改革的真正精神用公式来表示的方法，没有好过康德描述他自己的时代所用 1a
的话语的。他说："我们的时代是一个批判的时代，任何东西都不能指望能逃避这个批判。当宗教想要躲在神圣的后边，法律想要躲在尊严的后边时，它们恰恰引起人们对它们的怀疑，而失去人们对它们尊敬的地位，因为只有能够经得起理性的自由与公开的检查的东西才博得理性的尊敬。"正如自然科学毫无成见地来进行自然的研究，又正如哲学科学——包括形而上学、伦理学和政治学——必须用同样自由而不偏不倚的方法来研究人类主体，因而现代精神要求作为确定宇宙最终性质的企图的神学在它追求真理的过程中，也应该绝对不受任何的拘束。

笛卡尔，作为近代世界自由精神的第一个代表，在那精神清楚地意识到它自己的限度内，自然就是以反抗不批判地接受传统或习惯的观念为他的哲学的开端。他力争我们必须以怀疑一切可怀疑的东西为追求真理的开始，其实在的意义就是这个。然而笛卡尔和路德一样，对于他自己的原则不是完全忠实的；因为他明白地声称，按教会所规定的宗教真理是必须毫无疑问地接受的，而且对于国家的法律，他也同样认为是一种例外予以袒护。依我们看来，很明显，这些意见的保留，都是和笛卡尔自己的第一原理不一致的。自由的精神必须完全是自由的，不能以毫不怀疑的信仰来接受教会的教义或者接受国家的法律，正如不能承认习惯的道德或 [4]
审美的观念的绝对性一样。除了这些对外来的权威无法予以辩护的让步之外，笛卡尔，至少在他的意图上来讲，是近代世界自由精神的忠实说明者。因之他在追求真理的过程中一开头就像培根那样坚持知识的第一步是使心灵免除一切成见，包括着不只深深留存在形成公式的体系里边的种种观念，而且并包括着全人类共通的那些自然而然的偏见。我们必须以怀疑一切为起点，拒绝接受任何只是习惯上是这样主张的或者是我们在我们自己个人的意识中发现有的那些东西。

当我们检查他的学说的积极方面时，我们发现笛卡尔不知不觉地违反了他自己声明是哲学所必需的原则。他有一种假定——诚然对他说来并不像是一种假定的——终之使他意图解决的问题绝对不能得到圆满的解决。那个假定就是，思维和存在，心灵和物质，是相互排斥的，这个假定无疑是和我们平常的观念一致的，然而和认为包括着那两者而又能说明两者的原理的合理解释是不相容的。物质的本质被设想为广袤的东西，心灵的本质是思维的东西，而任何一个都不能转化为另一个。既然肯定了两个东西是完全不相同的，那就无法使它们归结为一个单条原理的统一，而不自相矛盾。可是笛卡尔极力试图来说明在某种意义上它们是统一的。物质和心灵无疑都是“实体”，而作为实体来说，它们是相互独立的，可是在绝对意义上它们并不是“实体”。每一个物质的东西和每一个思维者都是有限的，而作为有限的来说，它们只是在相对的意义上或者作
[5] 为相互对比来说才是“实体”，而唯有上帝才能无保留地称为“实体”。有限是预先假定有无限的，而只有无限才是绝对独立，即自依存的。

很清楚，如果只有无限才配称为存在者或实体，那么认为一切有限的东西(不管是物质的或者是精神的)是存在或实体性的，这种看法就必须予以否定才不致前后矛盾。如果唯一真正的“实体”乃是无限，那么我们从终究的观点来说，必须认定思维者和广袤者之间的界限已消逝了。这也就是斯宾诺莎把笛卡尔所说的后果推到尽头所得到的结论。如果唯一可称为“实体”的乃是上帝的话，我们就必须从有限的东西拿掉它们像是的“实体性”。因之斯宾诺莎就否认物质和心灵的独立实在性。正如他所论证，只能有一个自完备而自依存的存在者，而只这个存在者才能有正当权利被称为“实体”。而且既然只有一个真正的存在者或实体，我们就再不能谈到思维的存在者和广袤的存在者，而只能谈到思维和广袤，思维和广袤就变为唯一的存在者的“属性”，不但这样，这些“属性”再不能设想为互相限制的；因为如果它们互相限制的话，它们就会和唯一实在的存在者的统一性相抵触。所以每个“属性”必须是无限的。如果有人反对说，两个无限是不可思议的，斯宾诺莎就回答说，如果每个无限都设想为**绝对**无限的，无疑反对的意见是正确的，可是如果每个无限是设想为**在其本类上**

是无限的，那么反对意见就不是正确的了。无限广袤和无限思维并不互相排斥，因为既然它们完全不会接触，它们就不会互相限制或互相干扰。因之必须把无限存在者看为在思维和广袤中都是绝对完整的。然而斯宾诺莎终之不得不承认无限存在者在它的本身里面不是分别为思维的和广袤的两种；换句话说，它在实际上取消了思维和广袤的区别，结果就是无 [6]
限既不能以思维作为特性，也不能以广袤作为特性。这样一来，根据不可避免的逻辑来讲，无限就归结为纯粹存在。而且正像斯宾诺莎所主张的那样，严格说来，只有无限存在，有限的消失了，剩下来没有什么是可知的，甚至是可思维的。

但是，虽然这是斯宾诺莎关于无限的消极概念的逻辑结果，我们也必须承认，他在两点上对哲学多年争论不休的问题作出了宝贵贡献：第一，他明白地划清楚思维和存在的界限；第二，他坚持无限既是思维的又是广袤的。不把物质和心灵严加区别而对立起来，是不能真正地理解无限的。不管无限是什么，它在它里面必须至少包含有思维如同包含有存在一样，而反过来说，我们必须坚持有存在如同坚持有思维一样。诚然，没有思维，存在是消逝的，可是没有存在，思维也同样要消逝；因为思维一定要有对象，然而没有存在，就不能有对象。所以当斯宾诺莎极力主张在无限里面思维和存在是不可分开的时候，他正确地反抗把这两者任何一个取消掉。笛卡尔曾主张上帝是纯然思维的存在者；但是如果是这样的话，那就不难说明上帝是一无所思的了。如果存在归结为广袤的东西，思维只有和广袤对立起来才能保持它的实在性。所以如果否认无限有广袤，也就必须否认它有思维。当然笛卡尔是说，思维是思维着自身的。但是纵然这是不错的，可是并不意味着思维是独立于它对广袤的思维而思维其自身的。思维能把自己思想为非广袤的，它只是和广袤的区分开来，如果取消了广袤的，非广袤的也一并消逝了。然而如果不能以广袤来陈述无限，那必定是因为广袤是一种幻象。取消了这个幻象，同时也就取消了关于 [7]
它的思维。在无限里面的思维，只能思维到实在的东西；所以如果广袤是一种幻象，思维就不能思维广袤；换句话来说，它就完全不能思维。所以在否认上帝是有广袤的时候，笛卡尔是前后不一致的。斯宾诺莎就不同。他对他所相信的抱着充分勇气。既然思维与广袤是不可分开的，就必须两者都拿来陈述无限。思维只能作为思维到广袤而存在,而否认其一就也是否认其他。因之就主张无限在思维上和在广袤上都是无限的。但是既然斯宾诺莎认定思维与广袤是互相排斥的,他就不得不否认无限在它自己里面是包含着两者的分开的了。这样一来就很明显,如果要保存上帝的统一性,就必须打破思维和广袤的对立,打破两者的互相排斥性。如果思维与存在是互相排斥的,两者都是消逝,而剩下来的只有纯粹存在,那就是纯粹的虚无。无疑,斯宾诺莎企图维持无限的统一性,他的方法是声明思维和广袤两者分别都是无限的一种完整的表现,可是这终究是一种手段,用来掩盖所断言无限的统一性和所假定的属性的二元论两者之间的矛盾而已。所以我们可以说,斯宾诺莎是把思维与广袤、心灵与物质的调和留下来作为没有解决的问题的。

斯宾诺莎怎样从有限过渡到无限的呢?他所用的方法其实就是一种抽象的过程。人们通常认为有限的东西自身是实在的。那么,首先,如果我们把有限的东西作为是外在的看,依这个看法,我们就必须认为有着许多互相独立的东西,其中每个都是广袤的,广袤构成一切外在东西的本质
[8] 属性,因为它是这些东西的存在不可缺少的唯一属性。但是广袤不能把一个东西和另一东西区分开来。诚然,人们是假定每个东西都占住一定的空间的,而东西的区别被认为是在于每个东西所占住的空间的多少。可是如果一个外在的东西的本质属性是占住空间,而空间既然是绝对连续的,那么就不能有一个东西从另一东西的分开。所谓空间的"各部分"其实不过是人们任意的限制,这些限制又是预先假定有空间的不断连续的。把空间的"各部分"描写为好像是整体的,乃是想象,而思维所看见的空间是没有所谓"部分"的。所以并不能有分开的或独立的外在东西。其次,同一论证的路线说明观念并不形成独立的东西,而且又说明思维是绝对连续的,是构成一条不断的观念河流的。认为观念是可以分开而本身是完整的,乃是想象。所以广袤和思维都是连续的。可是取消了内在的和外在的有限东西之后,广袤和思维的无限性便成立了。这两者都构成一单个不断的统一体,在这个统一体里面,有限的东西不过是一些限定,为我们所构成而并不表示东西的实在性质。有限不过是无限不从它的总体角度来看,而任意加以限制而已。总而言之,除了无限之外,再没有什

么实在的存在。

那么在斯宾诺莎的哲学里,有限不过是无限对于想象的一种表现。在这种学说里面困难就是,无限作为纯然连续的存在是不能有什么确定的,因而对我们来说就变为一个绝对的空虚。如果广袤的一切确定都是想象的虚构,显然从整体的观点看来,这些确定是没有任何实在性的。不但如此,虽然这些确定都是虚构,它们不是虚无;它们至少有虚构的实在性,因而需要说明。虚构是怎样发生的,如果实在性和它们不相容?如果思维在它的实在性质上是连续的,何以它在表现上又分散为个别的观念呢?表现是有的;如果只实在性才是有的,何以又有表现?斯宾诺莎的出 [9]
发点是寻常有限东西和有限心灵的相互分开。然而像他所主张的那样,分开是抽象的虚构,当我们明白了只有一个连续的广袤,只有一个连续的思维,这虚构便消逝了。可是斯宾诺莎忘记了把他所从而出发的根据重建起来。如果实际上只有一个广袤,一个思维,那么,许许多多的东西和许许多多的心灵就不可理解了。没有实在性的东西,从绝对的观点来看是不存在的;那么何以又认为它是存在的呢?我们可以理解,在一个处在过程中的世界里面,何以会由于我们知识的种种限制而有一些虚构;可是在一个没有过程的世界里,没有任何限制的世界里,虚构是完全不可理解的东西。换句话说按一种把有限从无限排除出来的理论,有限是没有被说明的可能的,能够和有限调和的唯一无限是包含着有限而不毁灭它的无限。斯宾诺莎肯定的无限,是排斥一切确定的,所以就把有限变为一个不能理解的幻象。

使斯宾诺莎的学说难以应付的另一种困难就是,它把人类心灵变为思维的一种模式,却又赋予它以认识自己和认识与它对立的广袤这种力量。可是,如果人类心灵只是由想象而来的一种虚构,这个虚构,这个虚无,怎样能有任何知识呢?斯宾诺莎忘记了实际上没有人类心灵,而只有神的心灵,而且他又忘记了神的心灵里面是没有虚构的。认为神的心灵受到否定的感染——依斯宾诺莎说来,虚构就是否定——是和斯宾诺莎归于神的心灵的无限性相矛盾的。即使承认有人类心灵的话,它又怎样 [10]
有可能来理解神的心灵呢?人类心灵充其量就是唯一的无限思维的一个模式,而作为这样一个模式来说,它是不能和无限思维一样广阔的。有限的一个心灵，就是说局限于一个有限的圈子内的一个心灵，怎样能超出自己的范围而包含着无限，即超出它自己的界限呢？要这样做，它自己必须是无限的。即使我们同意人类心灵能够理解无限的心灵，它又怎样能理解无限的广袤呢？我们假定广袤是在心灵之外的，因而广袤是不能进到心灵里面来的。诚然，如果不认为广袤和思维是相互排斥的，那就能理解思维如何可以把握住广袤；可是，如果两者是绝对对立的，这种把握是不能理解的。如果假定广袤是在心灵之外的，就没有可能来说明广袤怎样进到心灵里边来，声明从上帝的观点来看广袤和思维并不对立，也不能因而逃避这个困难；因为这样一来，两者的对立就一定是一种虚构，像有限的东西和有限的心灵是虚构一样了。然而如果唯一的实在是上帝，又怎样会有这样一种不可理解的虚构呢？

斯宾诺莎的哲学所导致的种种矛盾，说明它假定存在于有限与无限之间的根本对立是不能承认的，不能取消掉有限而不取消无限。所以必须有某种方法来保存两者的存在。同时也得承认斯宾诺莎曾证明把任何单独的实在性归之于有限的本身是不可能的，离开它的必需的补充，有限是不能存在的，而那个补充就是无限。从知识的观点来说，要表明这一点可以这样讲，就是关于有限的知识是包含着关于无限的知识的。然而我
[11] 们必须注意到无限不能只是有限的否定，因为空洞的否定对知识来说是不可能的。斯宾诺莎又证明不能把上帝下定义为纯粹思维而排斥外部的存在，而必须是上帝在他自身里面包含着思维而又包含着广袤。所以任何关于上帝的真正概念必须包括着广袤，正如它包括着思维一样，可是这概念包括两者是通过把它们变为分别的统一的。

从逻辑来讲，斯宾诺莎的哲学是停顿于纯粹思维与纯粹广袤两者之间的不可消灭的对立的。为要把这两个对立物弄在一起，斯宾诺莎的哲学就不得不求助于一个作为媒介的概念。超出思维和广袤的统一体只能是纯粹的存在，而纯粹的存在并不是统一的原理而是统一的否定。斯宾诺莎朝着中介原理方向的第一步，就是通过运动作为广袤的普遍模式这个概念和观念或意识作为思维的普遍模式。变动发生于物质的“模式”或方式就是运动，而变动发生于心灵的“模式”或方式就是意识。这样一来，虽然广袤本身是绝对不可变动的，但是从广袤的各部分相互对待来说，是

可以变动的。可是这些部分只从彼此相对来说才是能变动的，因为无限的广袤是不能有运动的；所以不管在唯一的无限广袤之内有什么运动发生，整个广袤是一直不变的。同样地，不管有什么从一个观念到另一个观念的过渡，作为整体的思维一直是不变的，因为无限的思维是不能有变动的。可见观念的一切变动都是相对的。观念相互之间变动着，但是对于整体不变，整体是不变的。而且广袤之内的运动和意识之内的运动是相应的，因之永远不能有一种运动而没有与之相应的其他一种。所以在运动和观念之间是有着一种完全的一致的。

从斯宾诺莎的哲学这一部分，我们能看到广袤与思维是彼此逐渐接近的。诚然这两者是永远不会绝对合并起来的，因为假定了它们是相互 [12]
排斥的，它们的合并已经成为不可能的了，但是斯宾诺莎半无意中不得不设法来调停这两个对立面。他假定广袤与思维两者都是自身完整的因而不是互相限制的，这个假定只是使两者的分离成为表面上说得通的而已，可是这个假定是不能维持的，因为两个无限的总体是自语相违的。为了得到一个绝对的总体，就必须去掉每个的独立性，而这样一来，就引起这个问题，即怎样说明它们能够形成一单个整体呢？为了用斯宾诺莎的方法来得到它们的综合，我们就必须说，所认定每个的独立性乃是想像力的虚构。空间各部分既是虚构，全部空间也就是虚构。总而言之，全部广袤并不是整体而只是存在的总体的一部分，其他一部分是思维。如果我们把这个观念推到它的逻辑结论，斯宾诺莎的学说就会完全变形。如果全部广袤是一部分而全部思维又是一部分，那么真正的整体必须包含着广袤的一切存在和思维的一切存在了。但是这是不可能的，除非这整体包含着变形了的广袤与思维。把几部分表面上凑合在一起是不能得到真正的整体的。一堆的各部分依然是各部分，因而全部不是整体。那么，广袤与思维怎样才能合并呢？它们不能合并而依然只是广袤，只是思维。广袤必须含有思维，而思维必须含有广袤。换句话来说，广袤必须是思维的一种形式，更确切地说，思维再不能设想为非广袤的，广袤设想为非思维的。其整体必须是广袤与思维的一个有机的统一体，同时是自形相化的而又是自统一的。作为自形相来说，整体是广袤，是自然；作为自统一的来说，它是思维。自形相化而又自统一的整体，只在它自形相化才是自统

[13] 一的这个整体,才是唯一可想象的整体。这样的一个整体就是一个合理的整体,因为整体的本性是要同时既把自己形相化而又把自己统一起来的。由于没有什么东西能在它之外,它便是自确定的,而自确定就是自由的实现。这样一来,表现与实在的对立就打破了;凡是表现的都是存在的,或者说都是唯一无限存在的自形相化。

当然这不是斯宾诺莎所得到的结论。他的哲学所导致的整体并不把广袤和思维变形而把它们留下来作为依然不可克服的对立。所以他称为整体的不是整体,而只是消除了广袤与思维的分别之后所得的抽象。这个并不是无限而是不定。无疑斯宾诺莎是说这个整体是完全确定的;但是我们加上一些新的确定,而这些确定的每一个都设想为排斥其他的,并不能接近一个真正的整体。斯宾诺莎告诉我们说,唯一的实体具有无量数的属性。可是无量数的属性是自语相违。一个加上一个的单位不能得出无限。加上一百万个属性是和只说出一个属性一样在实际上离有机的统一体很远。一堆和一个有机统一体的分别是种类上的分别而不是程度上的分别。斯宾诺莎实在性的概念中的根本缺点乃是他的无限是一大堆的属性而不是一个自确定的统一体。

我们已经看到斯宾诺莎是怎样不自觉地把运动的概念插进来而使广袤与思维互相接近。在广袤的东西里面有一种过程,虽然是不影响到整体的一种过程。并没有什么发展,而只在一个一直不变的整体里面有一种运动,因为一切变动都落到各部分里面去。可是各部分的运动需要解
[14] 释。何以一个不能动的整体的各部分能动呢? 斯宾诺莎没有作出答复而只是说,各部分的运动都是独立的。纵然是这样,还必须承认各部分是互相影响的;不然的话,每部分都会有它自己的运动,因而本身就是一个整体了。可见每部分必须是能发生影响而又受到影响的。换言之,我们以全部的能归之于全部的广袤存在,形成进一步中介观念的就是能的这个概念。可是斯宾诺莎并没有抓住这个概念,至少没有清楚地抓住它,但是这个概念构成他的继承者莱布尼兹的中心原理。所以我们得要考虑莱布尼兹避免斯宾诺莎的缺点到什么程度。

莱布尼兹哲学的重大价值乃是它表现向着一个有机统一体的概念的过渡,而这个有机统一体是要同时公平处理个体的实在性和一单个系统

中一切个体的关系的;它的弱点在于它相对地不能令人满意地掌握住有机统一体这个概念。在其优点上,莱布尼兹是超出了笛卡尔的抽象个体主义和斯宾诺莎的抽象普遍主义;而在其弱点上,他始终不能达到真正超出个体与普遍的对立的一个统一体。

在他的一切存在形式都是自活动的实体,即单子,在这个概念里,莱布尼兹是企图逃避一切有限的存在溶解在一单个存在者里面这种想法,这种想法正是斯宾诺莎哲学的主要方面。斯宾诺莎作为只是一单个实在的"模式"的,作为本身没有实在性的模式的,莱布尼兹就把它们变为以自己为中心的一些个体。这就导致他否认笛卡尔和斯宾诺莎所假定的物质与心灵之间的绝对对立与相互关系。在笛卡尔和斯宾诺莎的哲学里,那 [15]
个对立是和这个假定结合在一起的,就是认为我们领会存在的真正性质,只是在我们把事物的一切可变动的确定放在一边而集中注意在它们的恒久与不变的确定上这个限度之内。这些就是纯粹广袤和纯粹思维,两者毫无共同之处。莱布尼兹就不同。他企图证明纯粹广袤和纯粹思维并不是东西的真正性质;东西的真正性质在于它们个别的能或者说个别的力。所以物质与心灵不是对立和交互关系的,而每一个真正个体都同时既是物质的又是精神的,既是灵魂又是身体;更确切地说,物质与心灵同是能的形式,而在这点上它们是同一的。在他设法把实在、存在这两个对立物,精神的和物质的合并起来的过程中,莱布尼兹显出两种相反的倾向,或者说两个观点,是他始终不能完全调停的。一方面,他主张在每一个真实的存在里都有两个可分辨出来的方面,表达着实在个体的能,纵然在程度上是有限制的。就这点来说,他是朝着一个具体的统一体看的。这样,他像是同时保存着个体的独立的能,而又说明了不同个体中那个能的限制。另一方面,在他力图保存个体的独立性时,他终于把东西的空间与时间一切关系作为非实在的取消了,而又把使存在的不同体系彼此分开的质的差别一律抹杀了。这样一来,对他来说,个体在思维把它把握住像它实在那样,就不是在空间与时间之中,而存在的每一个形式,在其本质上,都是和其他形式在种类上相同的了。所以在这里,就有了在一种新的形式上和笛卡尔与斯宾诺莎所表现的同一的向着抽象的倾向,正如这两个思想家企图除纯粹广袤和纯粹思维两种确定外抽掉一切其他的确定来

[16] 找出东西的本质那样,莱布尼兹想用抽掉广袤和一切区分存在体系的差别那种方法来找出东西的本质,单子在其真正的性质上是无广袤的,在种类上每一个单子和其他每个单子都是相同的,因为一切单子都同样是自活动的,可是设想为独立于广袤的力绝不能表达自己。只有当它在运动的形式上把自己表示出来,力才是真实的,而离开空间与时间的一切关系,运动是无意义的。所以像莱布尼兹那样,把空间与时间说成是"模糊的观念",也就是把力说成是一个模糊的观念了。既然只在它表达于运动的时候,力才是实在的,运动的变为一个模糊的观念就把力的实在表达变成一个虚构,当思维把这个模糊澄清了时,这虚构便消逝了。而且取消了力,单子的个性也随之而取消了。事实上剩下来给我们只有一些空洞的容量或纯粹的抽象。同样地,把实在的存在作为力来下定义就是消除了作为存在各种不同体系的特性的东西。如果矿物、植物、动物和人类在本质上都是同一的,我们就必须否认凡是作为它们特性的东西,而在它们共同具有的东西里面寻找它们真正的性质。但是它们所共同具有的乃是力或能,因而作为动植物特性的生命,作为动物与人类特性的感觉,作为人类特性的自我意识,都必须看为非本质的了。由此可见,错误的抽象方法仍然控制着莱布尼兹的思想,正像它控制了笛卡尔和斯宾诺莎的思想一样。他前进到力或能的观念是超过他们,但是他陷入了这个错误,就是认为否定空间与时间关系的终极真理,就也是否定它们的相对真理,而且认为把实在性和能同一起来就是等于说东西的本质只在于能。这样我们就
[17] 看到,如果将莱布尼兹关于单子实在独立性的概念贯彻到底,就会否定一切实在性而把世界的复杂性变为死板的单调。

然而莱布尼兹是企图恢复事物的联系的。他主张,虽然每个单子是分开的、独立的,它却反映或者说表现着一切其他的东西。因之每个个体都有它自己的内部生命,有它的知觉生命,借之和一切其他东西在观念上联系起来。在他的理论这个方面,莱布尼兹事实上是企图恢复世界的复杂性,这复杂性是他开头所否认的。在一切单子在本质上是同一的这概念上,他把存在的一切体系归结为一些力了;现在他把知觉赋与每一个单子就把存在的一切体系提高到本质上的同一。可是这里他部分地又受到抽象方法的影响;因为像他那样承认了无机物有一种的知觉,因之就没有

取消掉各种知觉之间的差别。矿物的混沌知觉，植物的暗淡知觉，动物的模糊知觉，和人类的清晰知觉，都作为本质上同一的来对待。这样我们在这里又一次有了莱布尼兹方法中根本弱点的一个例子，即质的差别取消掉了而归结为程度上的区别。事实上莱布尼兹假定每个东西成为实在的就必须在本质上和每一个其他的东西是同一的。因之他否认除质的区别外，东西之间有任何区别。可是实在的有机统一体不要求我们肯定一切东西质的同一性，它并不要求因为人类是有知觉的，一切其他的存在也就必须是有知觉的。我们诚然必须认为存在的一切形式都有关系，因而构成一个单一的系统而表达一单个原理的统一性，但这并不是说存在的每 [18]
个形式必须是觉知到那原理的。所以我们不需要说矿物具有知觉，而只需要说矿物在整体的统一性中是在一切东西中所表达的唯一单个原理的一种形式。

莱布尼兹表面上所否认的东西之间质的差别，他事实上在他存在的分等阶梯的学说上是承认的。从矿物一直往上到人类，在知觉的清晰上有着按次序的进展，虽然莱布尼兹说这个进展纯是量的，但当我们仔细审查的时候，究竟它是含有质的分别的。植物没有感觉，动物没有思维，虽然莱布尼兹把这些分别说成只是量的，但是他只把它们变为质的才能分辨存在的各种不同的体系。这一点在他分别开动物只是感觉的而人类是能思维的时候，就特别显而易见了；因为照他说的来看，世界的真正性质只敞开在思维的面前，而感性知觉歪曲世界到这程度，结果它是把实在独立的表现为像是依赖的，把分离的表现为像是连续的。所以很明显，只有思维才能正当地说是表现世界，而知觉只表现一个幻觉的世界是思维已超出了的。这样一来，莱布尼兹说一切存在者反映宇宙这学说，是和他作出的而又是他不得不作出的感性与思维的绝对分别相矛盾的。

当莱布尼兹处理人类的时候，就尤其清楚地看出这种矛盾，因为他认为人部分是感性的，部分是思维的；他虽然一直总是肯定思维不过是清晰的感觉，可是他实际上是使感官与思维产生两种不同的知识的。他告诉我们有事实的真理，又有理性的真理，前者是偶然的，而后者是必然的；一个是充足理由原理或因果作用所控制，另一个是同一性原理所控制的。[19]
这里我们就有了在康德哲学中起着极大作用的思维与知觉的对立，分析与综合的对立的一个形式。依莱布尼兹看来,理性或思维的真理只是由概念的分析而得到的真理。例如当我们分析三角形的概念时,我们便看到它只能有三个角,这三个角的总和必须是两个直角,等等。所以莱布尼兹认为一切自明的真理,像几何的真理那样,都是必然的。它们是必然的,因为它们是包含在我们所分析的思维个别对象里面的。所以思维的功用只是使我们的观念变为完全清晰,而我们这样得着的判断都是必然的判断。在这种情况下,知识必须总是分析,因为不是已经模糊地包含在意识中的东西就总不能叫意识弄清楚。这样一来,就好像我们不能用分析达到这种清晰性时,严格说来也不能有任何知识。然而莱布尼兹并不作出这个结论。他看事实的真理是不必然的,正因为我们不能把分析进行到达到清晰概念的一点。他举出的理由就是我们对于世界的表现都是复杂的、模糊的。当我们肯定一个三角形有三个角时,我们面前摆着整个对象,于是就能够看出主词和述词是绝对同一的;可是当我们处理经验的事实时,我们没有整个世界在我们面前,因而只能分析我们的知识到一定的限度而看出这所与的事件依存另一事件,而这第二个事件又依存第三个事件,等等。所以按因果作用原理,我们永远不能达到一个整体是我们完全分析为它的一切因素的。诚然,如果我们的智力是无限的,那么一切真理对我们来说都会是必然的。但是只对上帝来说才有这种真理。

这里莱布尼兹所处理的问题,在这种或那种形式上从柏拉图的时代
[20] 起就一直是在讨论的。他的“事实的真理”相应于柏拉图的“意见”(δσξα),而他的“理性的真理”相应于柏拉图的“知识”(ἐπιστήμη)。可是我们不能说莱布尼兹把问题提出而没有解决它之外还作了什么。如果知识本身是清晰的意识,那么所谓事实的真理实在就完全不是真理,而这样一来,一切知识都归结为理性的真理了。可是,如莱布尼兹自己所承认,这些理性的真理并不显示现实的东西,而只显示可能的东西。如果真有一个实在的三角形,它就必须具有数学家以之归于它的属性,但是这个观念的分析并不证明实际上有一个实在的三角形存在。要有实在性的知识,我们就因之要依靠经验,而如我们所已经看到,经验不向我们给出实在的东西,因为我们的分析永远是不能完成的。那么,很明显,实在性就在理性和经验两者之外。它就变为一个不可知的境界,是我们永远不能达到

的实在性的一个观念而已。这就是何以莱布尼兹作出结论说，在我们追求原因的过程中，我们陷入一个无限级数里面。我们永远不能达到一个绝对的第一原因，因而就完全超出这系列而在上帝这个观念里寻找世界的解释。这正等于说我们完全不能说明世界而不得不倚靠这一观念，就是世界的真正意义只有上帝才知道——这个结论就导致我们一无所知。莱布尼兹说，“当一种真理不能有最后分析时，而又不能从它自己的理由证实出来，只从神的心灵才得出它的最后理由和确实性，它就不是必然的了”。从这看来就很明显，一切事实的真理都是不可解释的。关于真理的观念像上帝所知道那样的，简直就是我们永远不能有的一种知识的观念。

莱布尼兹企图通过最后原因的概念来胜过理性真理和事实真理之间的对立。我们是发现永远不能在经验中得到清晰性，才不得不把一切对 [21]
象认为是属于上帝的经验的。我们诚然在理性的真理中有清晰性，但是这些真理不能叫我们越出可能性的范围。我们所以像莱布尼兹所坚持那样，就必须把形而上学的必然性和道德的必然性区分开来。例如数学的真理都是在形而上学上必然的；甚至上帝也不能使 2+2=5；但是这些真理只关于可能的东西。事物的现实存在不是形而上学的必然性所决定，因为实在性有许许多多的可能形式，而在这种情况下，必然的东西含有上帝在这些可能性之间的抉择。所以在这里，我们所应用的充足理由原理必须在意义上不同于应用在经验的特殊事实上的充足理由原理。其原理就是上帝必须从无量数的可能世界中选择那最好的一个。这个关于可能的和现实的之间的区别的概念，显然就是把理性真理和事实真理的对立转移到神的心灵那里去，而莱布尼兹仍然肯定这对立对人是有效的。按莱布尼兹所说，对上帝来讲，不能有实在东西的思想和所想的实在性的对比。如果我们能够把一切模糊地包含在我们观念中的东西带到清晰的意识中来，就不会有我们知道的和现实存在的两者之间的对立：可能的和现实的就会一致了。但是这个绝对清晰的意识，恰恰就是神的智力不同于人类智力的一种特性；所以认为在神的智力中能够有可能的和现实的两者之间的对立，就是认为神的智力是和人的智力受到同样限制的拘束。所以对上帝来说，不能有实在的和可能的两者之间的对立；如果没有这种对立，那么无量数可能世界之中的选择这个假定本身就是自语相违。

[22] 实则我们在这里只有贯彻着全部莱布尼兹哲学的矛盾的一个形式，即一切单子绝对独立性和单子依存于上帝这个矛盾。这个矛盾也在莱布尼兹中发现在关于上帝的两个对立的概念。在讨论有限的单子时，他告诉我们说，每个单子的个性是和因之而受到决定的物质、或者说被动力，结合在一起的；其实决定个别单子在存在的阶梯上的地位的是这个被动力的程度。另一方面，莱布尼兹又告诉我们说，上帝是绝对没有任何“物质”或被动性的，因为上帝的主动性是无限的。那么怎样以个性来归之于上帝呢？从这个观点来看，上帝只变成潜在于一切个别单子之中的统一性（或者说和谐）的一个名称而已。另一方面，莱布尼兹坚决主张上帝不但是一个单子或个体，而且是“单子的单子”。这只能意味着一切其他单子只是互相对待时才是个体，而对于上帝，它们不过是唯一单子，即“单子的单子”，表现自己的一些模式。从这个观点来看，莱布尼兹不能逃避斯宾诺莎的绝对实体，即实在性一切有限模式都被卷入的实体。如果像他所说，“只有上帝是原始的统一体，或者说纯然有创作力的实体，一切受造的和派生的单子都是它的产物，都好像时不时产生于神性的不断闪亮的”，我们又怎能再谈到有限的单子的独立性或实体性呢？

不管莱布尼兹的哲学是怎样充满着一些暗示，我们不得不断言它是一个壮烈的失败。想把事物的真实个性和它们在一个有机的统一体里面的种种关系结合起来，把有限的东西和上帝无限的自活动结合起来，这个意图的不能成功，是因为莱布尼兹把他后来想要结合的东西先就分开了。

[23] 可是，如果我们不承认他对于问题实在是什么有了一个清楚的概念，因而为康德和他的观念主义继起人所试图得到更深刻的那种解答准备了道路，那就误解了莱布尼兹。在那时候以前，由于他的门弟子的努力，他的哲学各部分的不足已经弄得更清楚了，但是他的门弟子仍然是抓住他的理论的一方面，而忽视了其他方面的。朝着这方向走出第一步的是伏尔夫。他是短少思辨眼光，但具有思想很大分析清楚力的一个人。对伏尔夫来说，莱布尼兹哲学中重要的就是它断定每一个实在存在的个性。伏尔夫肯定这个个性而同时丢掉作为莱布尼兹特征的理论，就是说每个个体有一个内部生命、在观念上表现着一切其他东西的。这样一来，莱布尼兹企图用来保存事物间关系的结合而达到一个系统的统一那全部想象的

综合却消逝了。按伏尔夫的理论,矿物再不是一种有机体而只是一块死的物质了。动植物甚至人的身体也不过一堆一堆不能自力运动的物质,它们的各部分之间只有机械的关系。伏尔夫所保留莱布尼兹理想方面的唯一痕迹,就是人类意识的能表现的性格。可是甚至在这点上,伏尔夫看灵魂与身体是两个独立的实体,彼此相应,但没有实在的关系;他不像莱布尼兹那样,设想身体为灵魂内部生命的外部表现。这样把世界归结为只是个别东西的集合体之后,伏尔夫自然是回到上帝这观念那里去,把上帝看为把一切东西井井有条地摆在一起的一个纯是外在的存在者,正如建筑工程师处理他用来工作的器材那样。这样,正如各单子的理想方面消逝了那样,在莱布尼兹的上帝概念里面的有价值因素,即上帝是一个显示自己在其他自确定的单子里面而又对那些单子显示自己的一个自确定 [24]
的单子这个观念,也变为没有的了。这样一来,世界的全部生命与统一都变为一种为一个外在的工匠所系统化的无生命的机构。伏尔夫完全和世界归结为一个机械的系统这思想一致,把莱布尼兹的目的论理论变为一种外在的目的论,在这个理论中最后的目的、或者说意图,是设想为不在个体本身里面而在于适应于一定的有限标的这个形式里面。伏尔夫事实上否认存在的一切其他形式有任何内部生命,而只认为人类才有像自活动这种能力的。依伏尔夫的说法,其他存在者都是上帝造来只为满足人类的需要和幸福的。这样就把目的论设想为和有理智的意图同一的;它就不再是像在莱布尼兹那里这样内在于事物的了。这不只是伏尔夫的观点,而且也是十八世纪德国人称为启蒙(Aufklärung)思想一切代表人的观点。

斯宾诺莎看外在目的论是一切坏哲学的源泉。哲学的教训,对他来说,乃是承认永恒者的法律的不可侵犯和这些法律的绝对不管人的感觉。伏尔夫与其门弟子既然把人变成为——实则把个别的人成为——一切东西的中心,所以就以为世界是特意构造来满足人类的需要的。因之对这些人来说,斯宾诺莎是不可理解的。万德尔松不能相信斯宾诺莎的否认最后原因是当真的。“如果斯宾诺莎否认最后原因是当真的,他是说出了任何时候出自人口最大胆的学说了。这种话是没有世人愿意说的,因为我们不能靠神仙食品过日子,而必须吃面包、饮食、睡眠。如果哲学的思

辨导致这种离奇的说法，依我看来，正是其时，哲学家应该熟悉一下他们
[25] 离开了那么远的平凡一般人的看法了。”换句话说，常识证明面包是为着营养人的身体的，因而一切其他需要来产生面包的手段也是这样；所以一个聪明而慈善的上帝使自然适合于人类的需要。

伏尔夫既然设想世界是像一部机器那样，其中一切各部分都是外在地适应于一定的目的的，他就自然要否认有任何干涉事件过程的奇迹。既然世界各部分都是由神安排好的、每部分的变动都是和一切其他部分相和谐的，因之世界每个状态都是出自它前面的状态的。所以上帝会干涉事件的过程，是的确不可能的。如果这样干涉的话，就会推翻事物的整个秩序。其实这种想法是和神圣的建筑师的绝对智慧与他的工作的绝对完善相矛盾的；因为承认有神的干涉，那就一定是因为世界不完善，因而才需要不断地调整。这就是肯定上帝的权力而牺牲上帝的智慧。但是，正如伏尔夫所主张，智慧比权力更是完善。有权力的人无疑是能为所欲为，但是有智慧的人所做的都是有好的理由的。一个完全理智的存在者知道一切，一个完全意志的存在者只想望最好的。如果世界上一切都按照规律而进行，大自然便是上帝的智慧的产物；但是如果发生的事情在事物的本性中没有根据，因之一切都是作为奇迹而发生的，世界就是上帝的权力的产物，而不是他的智慧的产物。从这个观点来看，为了前后一致，就必须否认奇迹、灵感，等等；所以伏尔夫的哲学是和十八世纪的纯粹自然神论相一致的。莱布尼兹把违反理性的东西和在理性范围以外的东西区分开来，企图这样来使自然神论和启示的宗教得到协调；不管他的调解
[26] 是怎样不足，它总含有这个真理，就是世界的纯机械的概念是维持不住的。伏尔夫丢掉莱布尼兹学说的更高方面，因之就把世界归结为死板的结构。

当康德开始讨论哲学的问题时，他发现当时盛行的思想体系是伏尔夫的思想体系。诚然他的老师克努真(Knutzen)曾在较好方向对这个体系有所修改，可是所称为莱布尼兹-伏尔夫哲学的主要命题依然没受到影响。可是，如我们曾看到，伏尔夫不管莱布尼兹所作出的分析判断和综合判断的分别，事实上便主张一切真理都是可以从纯粹概念得出的。他并且按照莱布尼兹的说法，主张直观与思维之间的分别不过是程度上的分

别,即直观不过是模糊的思想。而且他又认为在纯粹概念中有实在的对象被给予出来,然而这是超出寻常感性的经验的:因为伏尔夫是主张有上帝的存在和灵魂不死的。最后,伏尔夫认为世界在其结构上是上帝所已经决定了的,他看上帝是最高的建筑师,把一切东西调整来满足人类需要的。每一个这些命题都是康德觉得要质问的。关于伏尔夫的学说,说实在的判断能根据概念的分析,他提出这个反对,就是说,这种分析永远不能超出概念本身,因之关于实在存在的真正判断是永远不能用这个方法而获得的。如果思维是我们能知道的一切东西的根源,其结论就是我们什么都不能知道。所以康德就问,究竟当莱布尼兹主张因果作用的判断是综合的而不是分析的时,他是不是正确的。可是这个问题成为了极其困难的一个问题。康德始终赞成莱布尼兹而主张只是概念的分析,永远不能产生一个实在的判断的。既然是这样,就好像一切科学的判断都不可能了。如果不能把因果作用的原理应用于实在的事件,就不能有自然 [27]
科学。所以康德的问题就是要说明我们如何能证明一个像因果作用的综合判断——一个不但肯定思维的规律而且肯定事物的规律的一个判断——而不和纯粹思维永远不能超出其自己这原理相矛盾。我们研究他的《纯粹理性批判》一书便知道他如何设法解答这个问题。在研究这本书之前可以指出,答案的一种预备已经是在康德早期的一种论著里了,就是他的《论感觉世界和理智世界的形式与原则》。在这篇论文中,他的结论是否定莱布尼兹与伏尔夫两人说直观只是模糊的思维这个学说。在那篇论文中,康德主张直观是在种类上和思维不同的,由于直观是有关于个体,而思维是有关于普遍的。关于直观的这个新的看法,显然是完全改变了莱布尼兹所想出的问题的。现在我们所要讨论的问题就以这个形式出现:承认了直观是有关于个体的,如何有可能把它作为普遍的判断的根据呢?可是,如康德所指出,直观是处理个体的,因为它是处理空间与时间的对象的。这样的对象是数学所处理的对象,因而如果我们看直观是领会个体的能力,我们就再不能照莱布尼兹的方式看数学的判断纯是从我们的概念的分析而得出的。但是另一方面,如果空间的对象与空间本身、和时间的对象与时间本身一样,都是给予于直观,而不是给予于思维,数学的判断的普遍性和必然性就像有危险了。怎样能从个体的直观得出一

个普遍的判断呢？当康德按他自己所说，被休谟“从独断主义的睡眠唤醒
[28] 过来”时，解决这个问题的困难就越发加强了；因为休谟指出，如果我们是局限于直观，至少是局限于感性的直观，充其量我们在我们的判断中只能肯定当对象在现实上被直观时，什么是对它有效的。这样一来，像康德所看那样，按他的见解，休谟所认为不可侵犯的全部数学就陷入危险了。而且还有，在莱布尼兹－伏尔夫的哲学里，超感性的这些概念——上帝存在、自由和人的永生——是完全根据于纯粹的思维的。康德的异议就是，那么，如果纯粹思维本身既然只是分析的，就永远不能使我们超出我们所从出发的概念，而且另一方面，如果像休谟所争执那样，实在的判断是以感性直观为根据的，是不是就要得出结论说，超感性的一切概念都只是我们自己心灵的一些虚构呢？那么在这里康德就不得不有所选择：要就是承认休谟的怀疑结论，而休谟是否定关于超感性的一切知识的；要就是寻找一个新方法来证实理性有权肯定上帝、自由、灵魂不死这三个重大观念的真实。

那么，我们就看到，在康德之前有两个大运动，其结果是他所熟悉的，而且并可以说，他的哲学就是企图超出一方面伏尔夫遵从着莱布尼兹而表示的，而另一方面休谟遵从着洛克而表示的这两个对立的观点，洛克以公式来表示着常识的一切假定，曾主张所有实在的知识都是在意识的一些单个的而片刻的活动之中给予出来的，因而在获得知识的过程中，心灵是纯然接受的。按照他来说知识有两个来源，即感觉与反思，或者说内部感官与外部感官。思维的主观能动性所引入的一切关系——而对洛克来说，思维总是关系的能力——并不构成而反为摧毁了实在性。可是，如果是前后一致地排斥了思维的一切关系，从一个外面世界的假定或从一个
[29] 内部的自我，在得出实在知识的过程中丝毫不能得到什么帮助。然而洛克竟然利用了这两种假定，而这样就能够说明关于实在性的知识的似真性，虽然这是牺牲了逻辑的前后一致性的。他关于个人感觉对于一个外面世界的关系的这种假定的不合理已为贝克莱所指出，而个人感觉对于一个内部的自我的关系这种假定的不合理又为休谟所指出。因之一切实在性得要在感觉与反思的互不关联的观念中来寻找，或者用休谟的话来说，得要在“感觉的印象”中和“反思的印象”中来寻找。诚然这些印象并

不穷尽意识的现象。印象不只是原来所感觉到的,而还有是再生的,而再生又有两种方式——照其原来的次序或者照一种新的次序。休谟分别称这些为“记忆的观念”和“想象的观念”。按这个理论,印象和观念的区别不能是在于印象对于外面世界的关系或者印象对于内部自我的关系;也不是在于印象或观念内容上的差别;因而休谟认为是在于活泼的多少。印象是较活泼的感觉,而观念是较不活泼的感觉,正如记忆的观念又是比想象的观念较为活泼的一样。不管一个观念是说成有什么实在性,它一定具有是印象的“抄本”这种第二性的意义,因而一切实在性必须归结为“感觉的印象”和“反思的印象”。这样一来,休谟的怀疑主义就在他的手边了。他能承认知识对象中的唯一联系就是感觉彼此相继无约束的次序。所以在一般经验或在数学或自然的真理的领域之中都不能有必然的联系。没有任何在持久与同一的实体这意义上的“对象”,因而也不能有从因果作用来讲的任何对象或事件的必然联系。这样一来,一切实在性 [30]
都归结为照个人所得到的一系列的感觉,而所假定的事物的同一性和因果关系必须解释为只是感觉中相继续的次序里面所观察到的一律而已。既然没有两个感觉能够是彼此同一的——因为没有感觉能够重复的——所以我们称为知识的全部内容,就是在个人意识中渐渐消失的一系列的感觉状态。所以,严格地说来,没有为人知道的对象,也没有持久的自我来知道它;因之对于对象的同一性和必然联系的信念只是一种自然的幻想,产生于习惯的主观必然性和假定的事物客观必然性的混淆。

[31]

纯粹理性批判

序　　言

康德的哲学是一种企图,它想证明:在批判观念论的基础上,有可能使理性和它自己相调协,从而使我们的科学的利害关系和精神的利害关系同时得到满足。他发现:伏尔夫认为理性靠它毫无外助的运动能够决定实在存在的性质。根据伏尔夫这假定,可能同样正当地证明世界有一个开始又没有一个开始,有单纯实体又没有单纯实体,人自由又不自由。这个时候,康德思想上第一次感觉到必须踏上这个"观念的新途径"。他既然深信而且始终深信:理性不能承认一个直截的矛盾。他最后想到的逃避这个矛盾的一条出路当然是诘难导致这样一个不可容忍的结论的整个方法。他提出这些问题:理性只是通过概念这个媒介能够真正和物自身接触吗? 看来是它所陷入的种种矛盾是不是由于企图根据我们的有限经验来决定世界的究竟性质所造成的呢? 理性主张,没有存在的受条件限制的形式,是和真正实在性同一的,这种主张无疑是正确的,但是我们不能把我们知识中一种限制的这个意识,等同于存在的积极理解。所以
[32] 我们必须把我们经验的对象和物自身区分开来。有某些固定的条件,我们必须只按照这些条件才能领会或理解对象,而这些条件又使我们不能把终究的实在性带到我们知识的范围中来。根据这个看法,可以理解想要把我们知识的对象和物自身同一起来这个企图必然是产生矛盾的;然而不能把这矛盾归之于理性的弱点,而只能归之于错误的假定,它错误地认为我们知道的世界是同一于绝对的世界的。休谟不认为我们经验世界中事件有必然联系。他所提出的这个怀疑论论证替康德证实了知识根据纯粹概念是不可能的。康德认为休谟是论证说,理性关于实在的对象不能确定什么,因为它的整个操作是形式上的无疑,原因的概念含有结果的概念,但并不从而得到结论说我们就能肯定现实事件的必然联系。而且既然同样的论证适用于数学的概念,所以休谟的怀疑论就导致对一切科学的否定,不管是数理科学或自然科学。经过长期反思之后,康德就弄清

楚了他可以成立因果作用的原理——并且成立休谟没有详细指出的知性的其他各种原理——应用于经验对象的合理性，而且他成立这点的方式是使理性在它的高级运用上不受它好像一直苦恼着的自相矛盾的负担。一方面证明各科学所使用的知性各原理的用途，而另一方面又证明这些原理应用于超感性的不合理，这个双重功用是康德的主要论点，辩明他自
己的批判方法和独断主义以及怀疑主义的方法相比较时是优越的。 Ai

康德在《纯粹理性批判》第一版的序言中指出独断主义、怀疑论和批判哲学的关系。形而上学的目标是要确定存在的终极性质，而在形而上学的领域里面，理性发现自己面临着一些问题，是它既不能回避而又不能
用一向流行的方法来解决的。这些问题是关于人的自由和永生，世界的 [33]
起源和限度，和上帝的存在。一定有这些问题解答的可能，因为它们发生于理性的本性，要求实在能自为完备而且自行始终一致，然而又没有这样的实在性能到我们知识的范围中来。很容易明白理性是怎样陷入这种困惑的。它自然是从实在能为人所知道这个信念出发，而在处理经验的对象时就毫不犹豫把那些原理(没有这些原理就不能有联系着的系统，也就不能有科学)应用于那些对象。只要它处理的是感官对象，那就一帆风顺，而它对于经验借以得到组织的一些原理的信心就像是完全有它正当
的理由。但是把恰恰同样的原理推广来解释整个世界，解释人生和解释 Aii
上帝而发现所得到的结论是完全相反的，那时，理性对于它自己的力量的这种天真的信念就受到很大的打击。这种从无限制的信念到怀疑的不信任的过渡，在哲学史上有不少例证。起头的时候，形而上学是专横的，它规定它认为是存在的绝对规律的一些原理，而还没有意识到它不久就要陷入的种种矛盾。可是这个独断的时期不可避免地跟着有一个怀疑的时期，当独断的假定认为实在性可以由理性的纯粹观念确定下来发现以矛盾为它的结果时，怀疑论者，至少经验怀疑论者(康德认为休谟属这一类型)就作出结论说，超感性的是想象的一种虚构，而退回到感性经验作为唯一的实在——所谓感性经验不过是指感官的印象通常却不一定是依次
出现的方式。如康德所指出，这种怀疑论实在就是一种独断主义；因为经 [34]
验怀疑论者不满足于只是否定超感性的不能被带到知识范围中来，而且独断地肯定在感官世界以外是没有实在性的。像这样，独断主义和怀疑

论最后是从同样维持不住的假定得到它们的力量的,那种假定认为理性除纯然形式上的功用外,没有其他功用。因为独断主义认为它能够知道超感性的东西,其根据是理性通过纯粹概念就掌握实在性这个观念,而怀疑论则坚持理性像是陷入的种种矛盾,作为它硬把规律加在感官世界之上的要求完全是空洞的一种证据。要能克服独断主义和怀疑论两者相反的缺点,只有靠诘难两者从而出发的假定,而且研究在某些条件之下,理性是不是可以具有人们曾忽视了的一种综合能力。为了答复这个问题,必须把整个理性的能力加以最详细的考查,以便确定各门科学所应用而且合理地应用于经验对象的一些原理,当它们扩充到超感性的东西时,是否产生的只是知识的一种幻象。如果关于人所认为理性的自相矛盾,我们能够追根到一些原理(这些原理原是只对于感官世界才有正当的用途的)的自然的却不合理的使用,也就能证明:正如怀疑论否认人们能说明超感性的对象是存在的那种主张一样,独断主义自认为能够认识超感性的对象的主张,也是维持不住的。

那么,批判哲学就是一种系统的企图,通过考查理性操作的条件,来使理性免除自相矛盾。它不同于独断主义的地方在于它并不假定,我们在日常经验中用来把系统引入我们的观念里面去的方法具有最后的有效
[35] 性,而首先研究那方法能否使我们照实在性的原形,抓住它,并且能做到什么程度。它又不同于怀疑论,那是在于它主张当理性这样考查它自己的产物时,它至少能够确定实在性最后的性质不是什么,所以康德虽然主
7a 张我们寻常感性经验的有限制的性格,但它却不肯定在人类理性本身有任何绝对的界限;正与此相反,他认为理性既然是一个完全的统一体,它必能解答它提出的一切问题。换句话来说,依康德的理论,理性在其最高的活动上,即使它不能积极地确定终究实在性确切的性格,至少能消极地确定实在性不是什么,而因之能排除一切和实在性一般性质不一致的确定。按他的看法,理性本身是没有根本的限制的:我们知识的有限制性格
6a 是发生于我们知觉与思维的两种能力在操作中所受的条件限制。康德把其前一切哲学的缺点归咎于缺乏这样理解的批判哲学。其前的哲学体系里,不是照它们应该做到的那样,一开头就问理性在它的寻常运用中,使
1b 我们和现实的实在性接触到什么程度;这就等于说,那些体系假定了知觉

与思维的绝对有效性；结果，形而上学历史不过记载了新的独断体系的此
伏彼起，而这些体系一经出现又为怀疑论的新的形式所代替。殊不知人
的思想永远不能在形而上学在其极高度所处理的问题还没有解答时而觉
得满意。所以问题就是，用批判的新方法可否得到较好的结果。

为了说明批判方法的性格，康德竭力把它融通于特别各科学的方法。 2a
形而上学一向自认为是超感性东西的科学，但是依康德看来，它的历史已 [36]
经使它失掉信用了。所以依他的想法，想要把真理根据“只是观念”的独
断方法已经被证明是不适当的。他问道，那么如果我们考虑一下尽人都
承认为科学的数学和物理这两门科学实际上所用的方法，我们可不可以
得到形而上学真正方法的一点暗示呢？那么，数学的方法是什么呢？如
康德所指出，它首先无疑只是一些特殊观察的搜集；但是在很早的时期，
可能早在泰勒斯的时候，由于一种灵感，就看出它真正的方法，而从那时
起，它就踏上了“科学的稳当途径”。那么，这个方法是什么？首先，它不
是根据直接感性直观的。单纯由语言上说出一个所予的感性几何图形
(例如一个三角形)的性格，是不能获得数学的普遍判断的。其次，它不是
单单像三角形这样的抽象概念的分析。那么它是什么呢？它是在一个三
角形的概念用来作出一个特殊的图形时，说出包含在那个概念里面的属
性，这样这真正方法包含有概念与直观的结合的某种形式。数学不是根
据只是感性的领会，因为那样就不能合理地作出任何普遍的判断；它也不
是根据于纯粹的概念，因为那样就不能有实在性作为准标。总而言之，用
康德的术语来说，数学是根据图形的，图形不是一个抽象的观念，又不仅
仅是一个感性直观，而是确定感性东西的普遍方法。

同样地，依康德看来，实验物理表示概念和知识的一种结合。即使在 2b
特别的观察或归纳的情况之下，物理的方法也不只是借助于感性知识来
领会特殊的对象。如康德所暗示，任何直观的搜集都不能使伽利略或托
里赛利获得他们的结果。在发现自然的特殊规律时，正如在成立数学的 [7]
结论时那样，心灵必须带来某一个概念，而且可以说重建自然，只有那时，
它才能解释观察的事实。所以物理的方法归根到底是和数学的方法一样
的，只须酌量到在应用时，对象的性格有所不同。

所以数学和物理科学不只是借助于感性经验来领会对象，而包含着 3a

心灵对于对象的确定作出某些贡献。因之我们要问,既然有了这个线索提供出来,我们能不能够构成一个形而上学的真正科学。问题照康德在这里所说明的那样,是要解释我们怎样能有验前的判断,而这些判断却又不是虚构的,而是表达事物实际上性质的。可是从前形而上学的思辨始终忽视了心灵在确定对象中所贡献的因素,而假定知识必须是在于对象的领会,而对象的性质是不依赖领会对象的心灵而得到确定的。既然这个方法一直都是得到惨败的结果,让我们现在按照数学和物理的暗示,试问对象的性质是否在某方式上是依靠认识的主体的心灵的。这个新观点,如果结果是好的话,可以比之于天文学里哥白尼所完成的革命。旧时托莱米派的天文学认为在地球上的不动的观察者证实是太阳在运动,同样,旧的形而上学认为认识的主体在对象面前是被动的。哥白尼把天文学的旧看法倒转过来,证明观察者被运动着的地球带动着,而太阳却是静
[38] 止的,同样,这个新形而上学的看法主张看来是对象的性质,却是由于认识的主体的性格而来的。让我们首先用知觉来试一试这个新方法,就是说对于个别感性对象的直接经验,即不同于关于这些对象作为有联系的系统的知识,来试一试这个新方法。如果在知觉中心灵是像洛克所主张的那样,纯然是被动的,那就很明显,关于对象是没有验前判断的可能的。验前判断有关的不是在某一个时候直接出现的东西,而是始终必须出现的东西。那么,很明显,按照洛克的看法,我们不过是限于个别的判断——例如“现在在我面前的这块石头是暖的”这种判断——一切普遍判断都受到排斥的。可是假使,按照我们哥白尼式的概念,心灵真是依它自己的性质,把关于一切可能的个别对象的性格,确定了某种东西:换言之,假使除非是在我们知觉的各种能力的性质所确定的条件之下,我们就完全不能有任何知识;那么我们就很容易说明怎样会有处理知觉对象的验前判断。如果心灵得要符合于对象:换言之,如果在这个情况之下,知识是在于单纯领会向我们所给与的,那么我们就永远不能超出特殊的知觉,而根据这样知觉的判断,就只是我们曾有过的特殊知觉的概述而已。新的看法没有这种缺点——其实是休谟清楚地指出的缺点——因为如果心灵只能按照属于它的构造本身的形式而知觉,而并不是按照对它给与的形式,那就很明显,我们任何时候都不能有不符合于这个根本条件的知

觉。像康德后来所指出，在他的理论里，空间与时间是和我们知觉能力的存在本身结合在一起的，因而表示对象的性质的判断，就它们空间与时间的性格来说，都是普遍的而且必然的。 [39]

让我们再来考虑一下这个革命的看法将怎样影响思维或知性所使用的概念的性格。照康德所设想，知性的工作不是像他称为知觉的那样，在于个别事物的领会，而是在于事物从而构成对象并且联系成一个系统的种种原理的理解。这里所含的康德思想中知觉与思维的分别，就是相应于我们在他的著作中经验这个名词两种不同的意义的分别。首先，经验可能只是关于空间中占有某一个地位的这个或那个个别东西或时间中某一时间发生的这个或那个事情的知识。其次，经验也可能意味着对象本身的知识，和这些对象联成一个系统的知识，而不只是特殊感性事物的领会①。康德谈到思维或知性的工作时，心中所想的就是指经验的这第二种看法。那么，这个新的看法会怎样影响我们关于在经验系统里面联系在一起的对象的观念呢？这个就是康德在这里所考虑的问题。他的答复就是，正如上面解释个别事物特别的性格为我们知觉能力的结构所确定的那样，我们依照同一个解释的方法，现在就可以说，对象本身和进入经验联系着的系统里的对象，只有在我们假定思维的能力有某种不变的结构时，才是有可能的，而这种结构是借助于确定个别事物并在一些固定的和不变的方式上才把它们联系起来而把我们的经验系统化的。而且康德 [40] 论证说，旧的观点无法解释经验的联系系统，正如它无法解释个别事物的知觉一样。如果思维要符合于对象，那么我们把它们联系起来的种种方式就必须倚靠我们已有经验的量数。例如我们把对象联系起来的主要方式之一就是通过因果作用的概念。但是如果心灵在认识过程中要符合于对象，所假定的因果作用原理就像休谟所曾正确地指明，不过是在我们经验中事实上特殊事件重复发生的方式的叙述而已：这不能是对象必须联系的方式的一种叙述。所以如果因果作用是一个验前的原理，我们必须认定它是属于心灵而不是属于所与的对象的；换句话说，如我们所必须主张，因果作用原理是我们的知性把秩序和系统引入我们特殊经验的世界

① 后文考虑从个别东西与对象联成系统两者对比所发生的困难。

4a 的必然模式;而它能引入这个秩序和系统,正因为因果作用是和我们的思维能力的性格本身结合着的。

康德说,对象必须符合于知识这个假设结果原来就是一个说明知识的事实的假设,或者更确切地说,正如他在这里所说明那样,是说明我们怎样能够有关于经验对象的验前知识,并证明这种知识的有效性。因为虽然他后来把这问题扩充到包括一切知识或经验有可能的问题,可是他第一次提出的问题是关于经验对象怎样能有验前知识的。那么我们就已发现,就感性对象来说,验前知识不但是有可能而且是必然的,因为个别事物在空间与时间中的确定乃是属于我们知觉能力的性质本身的一种确定。我们又发现,关于个别对象本身的有可能,而且关于个别对象联成系统的知识的有可能,是因为有了确定它们而且联系它们的某些根本方式,
[41] 而这些方式也是属于我们心灵的结构的,虽然在这里它们是属于我们有别于知觉能力的思维的结构的。可是我们得到问题解决的性格本身就引起一种新的困难,而这种困难乍看起来,像是不能克服的。形而上学探讨的主要目标不是确定从事于感官对象的知识的性质,而是,如有可能,说明我们怎样能够合理地保持超感性东西的实在性。可是,我们对于经验中的验前判断是怎样成为可能的这个问题的解答乃是这样的:这些判断的有其可能,是因为心灵以形式与系统给与在感性经验所提供给它的知觉或知觉的因素。依这个看法,数学的判断和各门自然科学的判断都没有可能,除非有感性诸因素是给与心灵以便使之成为形式与系统;那就是说,纯粹知觉和纯粹思维单独是不能构成知识的。但是在形而上学企图确定超感性的东西的性质时,这就引起很大的困难了。我们在数理和物理的特别科学中所有的一种知识只是关于感性对象的知识,而像所曾看到的那样,这种知识,除非有感性的材料供给与我们,是完全不能存在的。但是按超感性的定义来看,它是排斥一切感性的东西的。所以就发生这种困难,就是如果像特别科学的性格所含的意思那样,没有感性因素就不可能有知识,那么就不可能有超感性的东西的知识,因为按它的性质来讲,超感性的东西不能有感性的东西在它里面的。既然我们的知识看来是局限于感性的经验的,好像形而上学在其主要目标上,即在其要成立而且确定超感性的东西的性质这点上,就失败了。然而,康德继续主张说,
[42] 初始像是不幸的,实际上却是胜利。如果感性经验的对象是最终极的实

在的话，结论必然就是，超感性的必须消逝了：因为感性的东西的性格本身是这样，它就不但不同于超感性的东西，而且实际上是与它相矛盾的；换句话说，经验的感性世界和自完备或者说无条件的东西的存在是不相容的。另一方面，理性，如莱布尼兹事实上曾指出的那样，是不能以少于无条件的东西为满足的。可是问题的批判解答使之有可能说明我们如何能够有关于感性东西的验前知识，而同时又指出如何可以保存超感性的或者说无条件的东西。如果感官世界不是在绝对性质上的实在而只是实在通过我们知觉和思维能力的媒介而折射出来作为它所表现的，那么在感性世界的性质中没有任何东西能提出来是有资格来推翻超感性的东西的。当然，感性世界所受到的根本限制，或者说它的有条件的性格，是容易说明的。感官对象一切都在空间与时间之中。但空间与时间的本身是这样一种性格，使它们永远不能自完备；因为我们既不能把它们局限于一定的空间与时间，又不能在无数空间或时间结合为一个整体中得到完整。这样，我们考察对象或世界时，很明显是不能在感性的东西中找着无条件的或自完整的东西的。如果我们企图在主体中寻求无条件的东西，结果也是一样。一个不受条件限制的主体是一个绝对自确定的主体。但是既然我们所知道的主体是在时间里面，而在时间里面不能发现不受条件限制的东西，那就很明显，一个不受条件限制的主体是像一个不受条件限制的对象一样是不可知的。最后，我们不能找到无条件的东西作为终极的实在来理解，那是包括着主体与对象的，如果是假定这个实在是在空间与时间里面受到限制的。换句话说，上帝这个观念必然是一个虚构，如果感 [43]
官世界是一个绝对实在的世界的话。另一方面，如果无条件的不受感性东西的一切限制，就没有任何东西妨碍我们来主张超感性的是真正的实在，来设法证明它的存在，可是不是以科学知识为根据，而是以别的东西为根据。别的根据，我们在后面将要看到，对康德来说，就是实践理性或道德的意识。结论就是，批判学说说明怎样能有感性对象的验前知识，而同时为超感性的东西的辩护准备道路。

然而在康德往下说的时候，现象和终极实在的分别像是只产生一个 5a
消极结果。他这样说意味着他好像并不打算帮助我们来确定是不是有任何超感性的实在，如果有的话，它的性质是什么，而只警告我们不要超过感性经验的界限，拒绝为了形而上学的高级问题自寻烦恼。如康德在别处所指出,事实上,这是休谟的结论。休谟主张一切形而上学的思辨都是无用的,这看法目前以不可知论之名而为人所主张。康德坚持批判探讨的结果不但是消极而且又是积极的,由于它为捍卫超感性的实在开辟了道路,而且事实上指出唯一的道路和各科学的稳定性相一致,而能捍卫超感性的实在的。除非我们承认作为系统经验必要条件的知觉与思维的诸形式,当使用于感性经验的界限以外时,对我们说来是没有意义的,那就不能主张人的自由,道德律的绝对性,或上帝的存在。因为我们不能同意于理性可以自相矛盾这个看法:就是说,我们不能同意关于同一对象有两
[44] 个互相矛盾的判断可以同样是真的。然而批判研究知识各种条件的结果说明了因果作用原理,还有其他原理,是适用于一切可能的现象的;换句话说,我们得要接受这个结论,就是说,没有任何事件能不受到其前的事件的限制而发生。但是,如果这是一个正确的原理,那就很清楚,除非它同时又是一个有限制的原理,即只对于存在的某一定形式才有意义而适用的一种原理,我们在任何发现一个事件的时候,就必须应用它。可是我们自己的决意是和外面世界的变化同样是事件,因而我们必须把它们和其他事件一同隶属于同样的因果作用原理。但是在我们把这个原理应用于它们的时候,我们就把我们的行动归结为纯机械的系统的有条件的状态。这样一来,自由,或者说自动,就像消失了。自由是自确定的意思。因果作用含有为别的东西所确定的意思。所以,如果不把现象和物自身区分开来,我们的结论必然是自由乃是幻梦。只要把决意从同一的观点来看,理性不能接受这个矛盾,说某一个决意同时是机械地确定下来而又是自由确定的。那么康德绝对主张矛盾原则,但是他设法调停必然性与自由,其方法就是否认我们用必然性为述语时,必须和用自由为述语时是在同一意义上的。作为现象的我们的意志决定,和作为从终极实在观点看的我们的意志决定,是根本不相同的。从现象的观点来看,一个意志的决定只是一连串的事件中的一个事件,因而必须对它应用因果作用原理;但是从更高的观点来看,一个意志的决定尽可能是一个自由存在者的自动的外部表现。因为因果作用原理是我们用来把个别知觉系统化的,从
[45] 批判的观点来看,它只是思维把秩序引入感性经验去的方式。可是在没有感性材料给与出来的时候,这个原理是毫无意义的,因而在感性经验范围以外,它是不适用的。如果是这样,我们就容易理解怎样是有可能,一

个自由的存在者既然由于情况的性质必须是超出空间与时间之外，他可能是自确定的，然而就他使他的意志决定和其他事件发生于同一的经验系统里面这一点来说，这个自由的存在者的活动的表现只能是这主体自己才知道的。然而我们在维护自由中的主要兴趣是在于它对道德的关系。如果意志的决定只是机械的事情，谈到关于人的道德责任，就会像责成一块石头或一个无理性的动物对它的动作负责任一样没有意义。道德在本质上乃是自由主体的规律。除非我们能保持着自由，我们就必须把道德责任这个观念作为只是一种虚构而抛弃掉。把意志决定的现象方面和它的真正性格这样区别开来，就使我们能够明白，我们怎样既可以绝对公平处理因果作用这条科学的原理而仍然可以有自由和道德的余地。我们并不需要证明我们实际上知道有一个自由的存在者：我们所必须说明的，只是在这样一个存在者的概念中没有什么是自相矛盾的，只要现象的和实在的两者之间的分别是有效的。就理论的（即思辨的）理性来说，我们只到此为止。我们不能主张我们实际上知道有一个自由的存在者，因为我们的知识始终是为我们的知觉与思维的各种形式所限制的：换言之，在我们来说，知识永远不能超出经验的系统。但是虽然这是思辨理性所能达到的极点，但它的积极价值是到了这个程度，它替实践理性留有余地。我们已说明，主张自然是一个机械系统——在自然中包括有我们自 [46]
己的意志决定在其现象方面——然而自由又可以是真的，这并没有什么矛盾。这样我们就替自由的积极确定铺平了道路；可是所说的确定只在实践理性或道德意识的基础上才有可能的。这样就很明显证明我们对于物自身不可避免地一无所知正是一个必然的条件，没有它，自由和道德是不能想象的。康德主张同样论证的路线使我们能够说明人的不朽和上帝的存在也可以加以维护，只要能积极地把它们成立在实践理性的基础上面。所以，正如他的结论那样，必须否定关于上帝、自由和灵魂不死的知识，如果我们是要维护这些观念的实在性；因为，如果我们肯定在这里的知识，我们就得要同时对它们应用知性的种种范畴，而这样一来，就会把超感性的拉到感性的范围里边去了。所以对于超感性的东西，我们是没有知识的；可是如已说明这并不妨碍我们主张这种超感性的对象是存在的。康德称我们获得这些对象存在的保证的形式为**信仰**（Glaube），这是在合理的信念的专门名词意义上的。

绪　论

一、纯粹知识与经验知识的分别

康德在序言中已经概述了哲学批判的方法与结果,用明确的词句指出他的兴趣不只在于感性的东西,也不只在于超感性的东西,而在于一切
[47] 有关人类的知识、行动和信念。然而《纯粹理性批判》一书的特别目标乃是探讨验前知识成为可能所须具备的条件,作为使理性和它自己能一致的手段,而且确定在它有效的理论用途上所局限的界限。该书的绪论,我们现在谈的,是从平常的经验出发,而平常的经验包含有关于特殊事实的知识和这些事实得以联系起来的原理的知识。往下又问到,我们有什么权利假定那些原理能普遍地并且必然地应用于一切经验的对象,这是一个准备阶段,以便批判地估计理性把这些原理应用于经验以外的要求。

7b 按照这个一般的观点,康德开始探讨知识的条件时是说,在时间的次序上,谁也没有任何在经验之先的知识,即先于不知怎样通过感官印象的媒介而来到我们这里的知识。不管我们能不能够用纯粹观念来知道超感性的对象,纯然事实上我们的知识是从不是超感性的而是感性的对象的意识开始的。在这里,康德是采取个别人的观点。个别人是经验的主体。他的经验从感性对象的领会出发,而发展为在某些方式上联系起来的那些对象的意识。他支持知识从感性经验开始这个说法是通过提出这个问题,"除了由于对象对我们的感官起作用之外,还有什么其他方法能激起我们知识能力的活动的呢?"有人问,所谓"对象"(Gegenstände)我们应理解为"物自身"还是"现象"呢? 依我的看法,这个困难的发生,是由于没有注意到康德在这里是尽力避免过早地预先提出他自己的特别学说。他
[48] 说,这是不可置疑的事实:我们没有任何知识是先于感性东西的领会的,而这种领会不但包含我们感觉器官受到外界事物的影响,而且还有在我们的感官有着印象的时候,在我们知识能力里面所引起的某一种活动。这是任何人都可接受的一个看法,不管他怎么解释知识的能力。经验的解释是说像我们在洛克的著作中所见到的,我们关于外界对象的知识是

完全通过“感觉的观念”而得到的。康德不能同意这个学说，像他在后面一段所说明那样；但是他同意洛克讲的，经验包含着感官的印象，知性把它们加以比较、区分和结合，这样，他就能够用一种话语来叙述经验的特性，那是甚至洛克都会能接受的。可是，“激起活动”和“我们感性印象的原料”这些话微妙地暗示了康德马上就要指出的学说，就是经验不能只分析为感官所受的影响，而且是包含有心灵自己所贡献的一种因素的。

所以知识第一个形式是感性对象世界的那意识，我们称为“经验”。8a 在感官受到印象的时候，我们的知识能力就活动起来，其结果便是我们不知怎样就有了关于感性对象和它们相互关系的现实知识。既然发现一切知识都是从经验开始，就很自然同意于洛克而认为除经验之外，知识没有其他的来源了。但是这个结论不是事实所保证的。即使我们的知识是开始于经验，即开始于空间与时间里面个别对象与其相互联系的领会，我们不能假定它不含有一种因素，其起源是不同于感性印象的起源的；因为经验诚然确是关于个别事物与它们的联系，但是不只还可以有一种知识是 [49] 完全不依靠经验的，而且甚至在经验本身里面也可以有一种因素不是给与心灵而是心灵所贡献的。所以在这里康德明白地提出他自己的看法，就是感官印象单靠自己并不构成知识。为要得到任何知识，心灵必须贡献它自己特有的某东西。如果有人问，何以我们寻常认为直观是一种单纯的操作——换句话说，何以我们假定直观是在于对于已经构成而独立于心灵的一个对象的直接领会——答复就是，这两个因素，即感性印象与心灵所提供的因素的密切联合就足够来说明何以只在细心反思到知识之后，我们才能看清楚这个复杂在实际上是存在的。

所以我们在开始我们批判的研究时，首先必须是问，在经验中有没有 8b 一种因素不是从经验得来，而且还要问，我们能不能有一种知识是完全不能通过感性印象的媒介而得来的。这种性格的知识我们称为验前的(a priori)，以分别于称为验后的(a posteriori)，即从感性经验得来的知识。

然而为了防止混乱，我们必须更确切地说明验前知识使用在批判哲 8c 学里的意义。在这名词的通俗意义上，不管怎样得来的一部分知识，能叫我们预测在某些一定的情况下什么事情会发生的，都称为验前的；例如我们说，一个人挖掉屋基，就应验前地知道房子会塌下来。我们并不从这个

相对意义来谈验前知识。据我们的意思，验前是意味着绝对验前的东西，
[50] 就是说，验前知识是为独立于一切感性经验的判断所组成的意思，就是这些判断不以特别的经验知识做它们的先决条件的；例如关于实体性因果作用，交互作用这类判断。所以把相对验前的这种通俗意义上的验前放在一边，我们只谈严格意义上，绝对独立于一切经验的验前。这个验前知识又可再分为(1)纯粹的和(2)混杂的。当完全没有任何特殊的感性因素包含在验前知识的对象里面的时候，验前知识就是纯粹的。例如："三角形有三个角"这个判断是纯粹的验前知识，因为三角形是空间的确定，而空间依康德后面所主张，是直观的一种纯粹形式。另一方面，"每一个变动都有一个原因"这个判断也是验前的，但不是纯粹的未混杂的，因为除非在感性对象的情况下，我们没有变动的知识，而感性对象的知识必然含有感性直观的某因素。可是必须指出，康德把意识的形态(以其在时间里而言)包括在感性的东西领域之内。

二、科学与常识都含有验前知识

9b 我们已看到，《纯粹理性批判》一书须考虑两个主要问题：(1)经验里面有一个验前因素吗？(2)有没有完全超出经验之上的验前知识？不妨先按下后一个问题，因为它的答复是以前一个问题的解答作为先决条件的。然而如果在经验里面有一个验前因素，那就不难看出，不同于验后因素，它只能是它那样。所以，第一，凡是只能作为必然的来想的判断都是
[51] 验前的。甚至关于只是"相对验前"的那些判断，像"挖屋基的人必将使房子塌下来"这个判断，上面所说的也是真的，虽然这个判断是在预先假定有引力的经验规律这条件下才是必然的。然而康德心目中"绝对验前的"判断主要的是这样的判断：或者本身是必然的，例如欧氏几何的定义，或者是由前者派生出来的，例如"一个三角形的三个角等于两直角"这个命题。像这样的必然判断明显地是在性格上不同于经验的判断的。经验能告诉我们一个东西是如何如何，但不能告诉我们它必须如此；所以经验的判断始终是偶然的。第二，验前判断不但是必然的，而且在最严格的意义上是普遍的，因为在一切可能情况下它们都是真的；可是经验的判断，由于是根据个别的直观，永远不能使我们超出实际上所观察到的一定数目的例子。所以验前判断总是同时既是必然的而又是普遍的。它这两个标

志是相互含蕴着的；因为凡是必然的，作为在一切可能情况下都是真的，就必须是普遍真的，而凡是在一切可能情况下普遍真的，必须是必然真的。

那么，有没有这样的验前判断；有没有在严格意义上是必然的而又普 10a
遍的判断呢①？康德的答复就是，在我们常识的知识中和在我们科学的
知识中都可以发现这种判断的例子。例如以科学中一个实例来说，纯粹 [52]
数学中一切命题都显然是验前的，因为这些命题所肯定的不是只在一时或在特别的条件之下才是真的，而是永远和在一切条件下都是真的。再则常识的验前判断的一个例子就是“每一个变动都有一个原因”这个命题。这样的一个判断显然是寻常知识的存在本身不可少的，如果我们否定这个原理，就同时取消了一切这种知识。所以，如果因果作用原理果真像休谟所认定的那样，不过是一种倾向在特殊的连续直观重复之后伪造出一种联系，那么正当认为是那个原理的特征的必然和普遍性都会消逝了。所以休谟的学说就等于否定了一切知识。因为很明显，如果因果作用原理归结为“习惯”，我们就不能有任何在直观的一个有联系的系统这个意义上的“经验”；我们在事实上只有一堆特殊的，因而就是偶性的判断了。康德在这一段里的论证显然是假定的性质的。他还没有想要来证明有确定经验对象的性质的验前判断，而只从实在是有联系着的经验和知识这个假定出发。我们甚至可以说，在他起初的意见里，他并不觉得有必要来证明有各种科学的存在②。他说，数学和物理的存在纯是事实上的。既然这些科学是存在的，我们就得承认它们的存在是含有什么意义的。可是，它们的存在所包含着的意思乃是有确定经验对象的一般性格的验前判断。但是后来当康德开始研究各门特别的科学是怎样有其可能的时候，他就发现必须证明不但如果有各门科学，就有验前的判断，而且是有

① 康德称这些判断为“纯粹验前判断”（reine Urtheile a priori），这里用“纯粹”这词，其意义是“独立于一切经验的东西”，而不是“不和任何经验的东西参杂”的意思。所以这个矛盾只是文字上的，当他作为“纯粹”验前判断的例子举出因果作用原理，而这因果作用原理他在上文(B3)曾说明为不是“纯粹的”。（即指摘录康德原文的《选读》一书栏外标明“3”之处，在第 12 页。下仿此。——译者）

② 参看上文第 36 页。

包含着验前判断的各种科学。迫使他走这一步的原因就是在认定科学所
[53] 使用的判断是绝对的，即适用于一切可能的存在时，结果就是理性陷入自相矛盾里面去。例如当因果作用原理被认为是确定绝对实在的性质的时候，它就和人类更高的利益发生冲突①。既然这样，这些科学证明它们不是绝对的，那就引起一种疑问，能不能把它们看为在任何意义上是必然的而且又是普遍的。当康德开始觉到这个困难的时候，问题对他就变成这个新的形式：即使经验在某种不能否认的意义上是存在的，就是说，是至少含有直视的个别判断的，能不能证明它包含有验前的判断，即普遍的而且必然的判断呢？然而康德这里在书的绪论中所从而出发的是在术语意义更高的经验，即直观的一个有联系的系统，他没有很大困难就说明，如果是有这样一个系统，那就必须有验前的判断；换句话说，一个经验的系统和关于经验对象的验前判断的一个系统，事实上是同一个意思。只要承认了有一个经验的系统，就必须承认使特殊的东西得以联系起来的验前原理。如果没有这样的原理，我们全部知识都会是偶然的、不定的和有限制的，因为我们就永远不能得到一个结论比我们有限数目的观察所保证的更为广泛。这样一来，自然科学的整个基础都会消除了。这样验前原理的否定就必然导致怀疑主义。这不但对于自然科学是如此，甚至数理科学，在那种否定的情况下，也必然屈服于经验怀疑主义的攻击；康德
[54] 认为，这是甚至休谟都会畏缩的一种结论，如果他当时看清楚了他对于因果作用原理的攻击同样有力地适用于数学的原理。而且很明显，常识也不能比科学的少吃亏；因为，拿掉了知识的验前原理之后，理性的整个理论用途都会受到怀疑了。在经验的观察的基础上不能造起稳定的知识大厦，因为经验的观察不能产生必然性和普遍性，而没有它们就不能有“经验的宇宙”。

三、必须有一门科学来决定一切先验知识的可能性原理与范围

11a 承认了特别科学的存在，或者甚至承认了寻常的知识作为经验一个有联系的系统的存在，就不难说明关于经验对象的验前判断是有知识的价值的。但是这并不使我们能够确定我们对于经验以外的对象有没有知

① 参看上文第 31 页，又参看第 44 页。

识;所以需要特别探讨,其目标是要考虑我们有没有适用于终极实在的验前判断,或者这样的判断有没有可能。进行这种探讨的科学就是形而上学,或者说,形而上学的主要目的至少是要确定我们能不能有超感性东西的知识,如果没有的话,我们有没有根据来肯定它的实在性。依康德的想法,形而上学的问题,像他清楚地说出(B7),比经验的验前条件的确定还更加重要;因为它有关那些对象的存在,其实在性或不实在性是要影响到人的一切更高的利益的。上帝的存在、自由的真实性和灵魂的不死是一些问题,其解答是我们整个人生观所最后依靠的。很重要的是要知道康德主要的兴趣乃是在于这个最后的问题,因为有些作者(例如赫胥黎)主 [55]
张批判哲学的整个价值在于把知识局限于经验。这至少不是康德自己的看法。对于他来讲,研究经验的性质只是更高问题解答的初步,而狭义的形而上学是处理这个更高的问题的,虽然在广义上它包括一切验前知识的原理与范围的研究。

正因为那个问题极其重要,我们可能指望人们会竭尽心力首先研究 11b
它所倚靠的实在的或假设的基础。然而事实上,人们一向盲目地假定我们不倚靠任何经验就能验前地确定超感性东西的存在与性质。人们何以被哄进一种虚假的安全状态,是有显而易见的理由的。虽然数学是明显地含有验前的判断,但是它很早就获得可靠的科学的庄严,因之人们就很自然地认为对于和数学所关心的完全不同性质的对象,也能够形成验前的判断。由于这些对象是在经验的范围以外的,经验中没有什么东西叫我们踌躇,而理性的本能是要寻求完整性的,因之就叫我们看不见我们所构造的假设的性格,只要我们小心避免逻辑上直接的矛盾。可是数学的榜样是使人误解的。所没有注意到的一点就是数学使用的验前判断不是脱离直观的;换句话说,这些判断不是根据纯粹概念或思想的,而只因为它们的对象是个别东西的确定,虽然不是在具体科学中所处理的个别东西,它们才是有意义的。数学确是没有感官特殊印象的帮助就向前发展 [56]
的。它的判断是必然的而且是普遍的,因而不须等待感性经验就能预测它。所以很自然忽视这事实,即数学虽然不依靠特殊的感性经验,可是它依靠空间与时间的纯粹形式,没有这些形式就没有感性经验。人们被数学的例子所错引,曾认为在纯粹概念,即柏拉图所称的纯粹理念的基础上,可以构成一种验前的科学。其实巧妙地操纵单纯观念,是不能有所进展的。何以有人认为观念本身就是客观实在性的保证,其唯一的理由就是我们无疑能够得出验前的判断,倘若这些判断不是综合的而是分析的。换句话说,我们用分析的方法能够得到验前的判断,这些判断是以明显的形式来表达模糊地包含在我们已经掌握的概念里面的东西的。我们许多验前的知识是属于这类的性格,因而我们就很容易认为完全不同于这类的判断——不是由于只是分析我们的概念而来的而超出这些概念之外肯定关于客观存在的性质的判断——也是和只是分析我们概念的判断同样地可靠。所以我们得要把分析的判断和综合的判断清楚地区分开来。

四、分析判断和综合判断的分别

13a 我们已看到,照绪论所提出,《纯粹理性批判》一书的问题是说明在确定经验的对象的过程中使用验前判断的种种条件,作为这种判断能不能
[57] 合理地推广到超感性对象这个最后问题的准备。所以康德发现,必须在产生新知识的判断和只是使我们更清楚地意识到我们已经知道的东西的那些判断两者之间分辨开来。每一个判断都是主语和述语之间的某种形式的关系,但是很重要的是确定这个关系的确切性格,因为分析判断和综合判断在内容上的根本分别就在此。必须知道,这个分别和验前判断与验后判断的分别并不是相应的;因为虽然一切验后判断都是综合的,但是并不能就得出结论说,一切验前判断都一定是分析的:与此相反,形而上学的主要问题就是要考虑,怎样能有验前判断然而是综合的。很一般地说,一个分析判断是在述语表达已经(虽然可能模糊地)包含在主语里面的东西;一个综合判断是在已经包含在主语所表达的概念里面的东西上另加某东西的。在肯定的分析判断里,是断定主语和述语的同一性,或者更确切地说,断定它们部分的同一性,因而在主概念上面没有加什么东西,所产生的唯一变动就是那个概念对于含蕴在它里面的逻辑上的种的明白关系。为了得到所要的陈述,并不需要超出主概念之外,因而判断是不依靠感性经验而形成的。通过逻辑的毋矛盾律的应用(毋矛盾律告诉我们任何东西不能具有与之相矛盾的陈述),我们就直接看出述语是包含在主语里面的。一切分析判断既然事实上是依靠抽象思维的运用,所以就是验前的。不止这样,由于它们只说出包含在一个概念的东西,它们关

于实在的性质并没有说什么。“拍格赛斯*是一匹有翼的马”在逻辑意义上是真的，虽然没有什么实在的东西和主词相应。综合判断，不管是验前的或经验的，和分析判断是对立的。在综合判断中，述语不是含蕴在只是 [58]
主概念中的，虽然无疑是和它相联系的，因而思维并不靠毋矛盾律的直接应用而成立述语对于主语的关系。综合判断必须是对于知识有一种实际上增加的表达。在它里面述语是超出主概念之外而获得的。

从上文可见，一切分析判断都是验前的，因而在逻辑上是必然的而且是普遍的。对于从感性经验获得其内容的判断和对于从理性本身获得其内容的判断来讲，这都是真的。例如在“黄金是黄色的金属”这个判断里，关于黄金和关于它的属性的知识都是得自感性经验的，但是在这种知识已得到之后，判断便是验前的了，因为这个判断不过表达包含在“黄金”这个概念的东西。另一方面，“每一个原因都有一个结果”这个判断是分析的，可是它的内容是验前的，因为它不是根据感性经验，而是根据思维本身的性质。

康德在这里举出“物体是有广袤的”这个命题作为分析判断的例子，而把“物体是有重量的”作为综合判断的例子。这两个判断都是根据感性经验的。把“物体是有广袤的”说为一个分析判断，因为“物体”这概念包含有广袤这个概念，虽然“物体”和“广袤”的联系原来是从经验才知道的。“物体是有重量的”称为综合判断，因为，为了得到主体的另一个确定，我们必须到经验那里去。就这样的判断来说，分别不是绝对的，因为如康德自己所说，“物体是有广袤的”原来是从经验得来，因而是综合的；而另一方面，“物体是有重量的”，在它已经成为心的内容一部分的时候，就必须 [59]
看为一个分析判断，因为那时“物体”这个概念就包括着“重量”这个概念作为它自己的一部分。虽然康德是从经验的判断中选出例子来以实例说明这两类判断的分别，但是他的主要兴趣不在于这样的判断，而在于既是验前的又是综合的那些判断。

所以他做好准备，首先就是指出所有经验的判断都显然是综合的。 14a
我们要考虑他一方面对于伏尔夫哲学的关系而另一方面对于洛克的经验

* Pegasus，希腊神话诗神的有翼马。——译者

哲学的关系，才能很好地了解他怎样会把分析判断和综合判断划分开来而把后者归之于经验。如我们已经看到[1]，莱布尼兹把理性的真理和事实的真理区分开来。他看后者是偶然的，因为它根据不完整的知识；前者是必然的，因为它根据同一性原理而靠分析得来的。再则，事实的真理，就其含有事物相互关系的意思来说，他就把它归之于充足理由或因果作用原理。可是，伏尔夫想要把一切真理归结为同一性，因而取消掉理性的真理和事实的真理之间的分别。然而很快就看得清楚，如果一切真理都归结为同一性，而同一性是根据思维的抽象作用的，那就不可能得到表达事物实在性质的判断。概念的分析不能叫我们超出思维而达到实在。休谟发展了洛克的哲学，就叫康德更清楚地明白伏尔夫哲学的根本缺点；因为休谟指出经验的具体事实必须依靠感性直观，而没有可能从纯粹思维获得；可是，另一方面，在直观中所予的东西永远不能达到普遍而又必然
[60] 的真理的地位[2]。康德就是在这点上开始考虑问题的。他认为思维本身纯然是分析性的，它的原理是同一性。但是这就意味着思维不能超出自己而确定知识的具体事实。这样一来，我们就不得不回到感性经验，确实康德在这里认为我们能借助于感性经验得到超出思维的分析的判断。另一方面，他受到休谟的影响，又看到根据感性经验的判断必定是偶然的。这样好像有可能说明我们怎样能有综合判断，然而我们仍然没有说明我们怎样能够有验前的综合判断。不过，很明显，除非我们能够说明事实上有验前的综合判断，我们就不能说明科学，或者经验系统；而且在康德看来更为重要的是：形而上学的最终问题是不能解答的，除非我们能够证明验前的综合判断关于超感性的东西有其可能性。例如上帝的存在，靠概念的分析是不能得到任何实在的证明的，或者像康德后来所说，不能靠对上帝理念的分析而得到任何实在的证明。用这样的方法，我们无疑是能得到像“上帝是万能的”、“上帝是无所不在的”这种判断；但是这些判断只表达包含在我们上帝概念里的东西，因而并不叫我们能超出我们的概念而肯定上帝实际上的存在。像康德在别处所说那样，“存在的”判断，即肯

① 参看上文第 326～327 页。

② 参看上文第 333～334 页。

定和我们的思想相应的一个对象的存在判断,是不能根据纯粹概念或观念的。所以我们得要问,经验的验前综合判断是怎样能够说明的,而照康德起头的想法,我们是有权来认定有这样的判断的——这种研究,是讨论 [61]
我们能不能够在这种判断的基础上合理地主张有关于超感性东西的知识这个问题的必需的准备。 14b

对于这个问题我们立刻就能答复说,验前的综合判断显然是不能得自感性的经验的。但是,如果我们不能在经验中找到对这种判断的支持,那么用什么方法能使它们得到成立呢?虽然从纯粹的思维我们无疑是能得到验前的分析判断,但是除关于我们自己的概念之外,纯粹的思维不能叫我们能肯定任何东西。这样一来,我们就处在两难之间了。我们可以从经验得到综合判断,但这些判断不是验前的;我们能够从思维得出验前的判断,但是这些判断又不是综合的。这样看起来,要结合验前的和综合的好像是不可能的了;然而,除非我们能够证明验前而又综合的判断是有可能的,我们就不能有科学。康德用因果作用原理作为一个实例来说明这点。我们从感性经验知道有某些事件这个事实。这样得到了一个事件的概念之后,我们就能从它得出某些验前的判断,例如"每一个事件之先有另一个事件";但是这些判断虽是验前的,却不是综合的。一个事件的概念怎样分析都不能产生原因这个概念;因为原因所包含的意思不只是一系列的事件,而且是一系列必然互相联系着而不可分割的事件。那么我们怎样从一个概念过渡到另一个概念呢?"每一个事件必须有一个原因"这个判断的真实性是以什么作为根据呢?退回到感性的经验是完全没用的:因为像休谟所曾证明那样,感性的经验永远不能叫我们超出事件的一种实际上的联合这个有限的知识。那么,重大的问题就是要找出我们怎样能够有验前的综合判断。

理性的一切理论科学的原理都是验前的综合判断 [62]

(1)康德在直接处理我们能不能有关于超感性的东西的一种验前的 15a
知识之先,按照在序言中指出的方法,把数学和物理两种科学来检查一番。他坚持所有数学的判断都是综合的。如果有人反驳说,在数学中得到某些结论是靠预先假定有某些判断的真实性的,因而是以分析的方法来看到这些结论是真的,康德的答复就是,既然所预先假定的判断不是分析的而是综合的，那么用来表达结论的判断其实就是综合的。诚然数学家假定，而且他是有权来假定，毋矛盾这条逻辑原理的真实性。这条原理是肯定 A 不能是非 A；但是这条原理永远不能使他增加什么知识。所以，如果像康德所认为那样，数学家增加了知识的总量，那就一定是靠超出他所从而出发的概念而对于这些概念有所增加的。

16a 不但数学的判断是综合的，而且至少纯数学的判断又是验前的，因为它们是普遍而必然的。康德并不在这里试图证明数学的判断是验前的。他认为数学当然是一门科学，而且没有人会争辩。作为一门科学来说，数学是含有验前判断的，其实康德在别处所说的，好像休谟会修改他的全部哲学，如果他看到因果作用原理的否定，从逻辑来讲是导致数学判断的必然性的否定的。他说，休谟没有注意到数学的判断不是分析的，因而不能
[63] 从纯粹概念得出，像他所认为的那样。就休谟来说，康德是误解了，因为休谟在他早年的著述中把数学的判断归结为相对的或者说经验的命题。然而康德的话如果指他所熟悉的休谟后期著述而说，倒是正确的，所以依康德的想法，主要困难不是证明数学判断的验前性格而在成立这些判断的综合性格。因之虽然他在他的研究过程中对于数学判断的普遍性和必然性作出实证，而在绪论中他只诉诸于数学判断那众所周知的性格，这是像他所说，尽人都默认为验前的。

16b 算术是数学的一个分支。按康德的意见，算术是完全根据综合判断的。他认为这些判断都是验前的，就是说，普遍的而且必然的，而他所坚持的乃是它们又是综合的。乍看起来，固然好像 12 这个结果可以纯然由 7+5 这个概念的分析而得到的；但是康德坚持 7+5 这个问题，只有在我们用纯粹直观的时候才能解答的。有了 7 的概念和 5 的概念，我们用分析的方法能够得到 7 个单位和 5 个单位，这无疑是真的；但是要想得到 12 这个结果，如果只有 7 和 5 两个分立概念和要把它们结合起来这个问题，那是不够的，我们必须在实际上把它们结合起来。可是，如他所坚持那样，而这是要有和我们的概念相应的一个纯粹直观才能办到。加法总是预先假定有可直观得到的单位，即空间最单纯的确定；因而我们必须把我们的概念在分立单位的形式上具体化，然后才得到 7+5=12 这个判断。

16c 几何也是一样。几何的命题都是综合的，因为这些命题是超出概念

而达到纯粹直观的。直这个概念并不产生“两点间的直线是最短的”这个判断；而为了得到这个判断，我们必须把线的各部分一个跟着一个地依次 [64]
划出来而同时又把它们结合为整体。可见几何的判断，和算术的判断一样，都既是验前的又是综合的。

(2)像数学一样，物理是根据验前的综合判断的一门科学。康德所举 17a
出的例子是世界上物质的量保持不变，即寻常称为物质的不可毁灭性，和作用与反作用的原理。可以指出这点，这些命题不同于纯数学的命题。它们是属于“混合”验前的判断一类的。它们预先假定有一定的感官质料，而纯数学的判断是根据直观纯粹形式的确定的。像在数学的情况中那样，康德在这里是认定物理为一种科学的，其特出的性质就是它含有直观的有联系的系统，而这些直观乃是关于物体的，即关于空间的对象的。认定了有物理这门科学——这是他还未试图要成立的一个命题——康德指出物质不可毁灭性原理和作用与反作用原理显然在这个意义上是验前的，就是它们不像验后的判断那样限制于直接所直观到的，而表达必然地而且普遍地有效的东西。这些判断也是综合的，因为，如康德所论证，物质的概念本身并不含有多于空间中存在着感性物体的意思。所以虽然靠分析我们能得到“物质占住空间”这个判断，而只有靠超出我们从而出发的物质这个概念，而且加上不可毁灭性或永恒性这个属性才能得到“物质不可毁灭”这个判断，而所加上的属性原来是不在物质这个概念里面的。什么东西叫我们有权利来形成这样一个综合的验前判断，康德在这里并不企图加以解释；他只指出这个判断是不能用分析的方法从物质这个概念得出来的。 [65]

曾有人反对说，康德在这里所引用的原理，不是从纯自然科学来的，乃是从特种的自然科学来的，即从局限于空间的物体的这种自然科学，也就是后来在《基本物理》一书中所处理的那种自然科学来的。如果康德，如反对者所论证，引用实体性的原理和因果作用的原理，而不是引用物质不可毁灭性和作用与反作用的规律，他就会自然地按照逻辑达到他的哲学的发展；因为《纯粹理性批判》是处理前者而不是处理后者的。毫无疑问，作为逻辑的安排来看，所批判的是正确的。但是须记得康德在绪论中的态度就是绝对承认物理科学的规律的人的态度，而且他能满怀信心而诉诸这一般信念，认为物质的不可毁灭性和作用与反作用的规律是必然的,因而就是验前的原理。在这点上便开始讨论一般自然的原理和物理自然的原理的分别,就会不必要地把他的问题的提法弄复杂,而当他引用从牛顿的时候起就为人所认定的力学规律作为普遍的而且必然的那时,他是能够依赖他的读者的同情的。而且在康德引用物理的原理当中也不过有些形式上的不规则;因为,像他后来所主张那样,那些原理是根据知性的验前综合原理的,所以,如他在这里所肯定,那些原理本身也是验前的,而且又是综合的。

17b (3)那么,如果真的是在数学和物理中都有验前综合的判断,那就很
有可能在形而上学里面也可以找出这样的判断来,而所谓形而上学,在这
[66] 里是指实在的或认为的超感性的东西的科学而言的。无疑,像康德曾说过那样,在形而上学和像数学与物理这种科学两者之间,是有根本的差别的;因为这些科学是处理可能经验的对象的,而形而上学按其本性是超出经验之上的。虽然是这样,如果有形而上学这种科学,毫无疑问它必然是验前综合的判断所组成的。显而易见,不管有多少分析的判断,也不能构成一种科学,其要求是要确定实在经验的性质;因为,像我们所曾看到的那样,分析判断是不能使我们超出我们自己的概念的。形而上学企图在我们的验前知识之上增加一整个领域,即超感性的领域,以此来扩大我们的验前知识,因而,如果它是一种科学,它必须是必然为真正的验前综合判断所组成的。既然是处理像世界的起源这样的问题——问到世界是在某一定的时间才开始存在,或者是从永恒以来就存在着的——形而上学是这么明显地要求作为一种验前的科学,完全超出一切可能的经验的限度之外——就是超出不只直观而且超出想象的范围之外——所以它的目标只得是要成立关于超感性的实在的验前综合判断。这样的判断是否有可能,就是我们整个研究的主要目的。

18a 作为我们研究到此为止的结果,我们可以用这个形式来提出纯粹理
性的问题:验前综合的判断是怎样成为可能的? 因为,像我们所曾看到的
18b 那样,任何确定可知的存在的性质的验前知识必须是综合的。对于这个问题的答复将使我们能够明白,理性(即理论的理性)与科学的成立相关到什么程度。可是,处理经验的一些科学是数理科学,它们是确定感性世界的普遍形式的,和物理的科学,它们是确定在感官有联系的对象的系统

基础上的原理的,所以我们就得要处理这两个问题:纯数学是怎样有可能 [67]
的? 纯物理是怎样有可能的? 康德在研究的这个阶段,认定数理科学和物理科学是存在的,而他的问题就是要指出在人类心灵中使这些科学成为可能的,是什么条件。所以我们可以把纯数学怎样有可能和纯物理怎样有可能这两个问题改为这个形式,纯数学是在理论的理性什么条件下有可能的,纯物理是在理论的理性什么条件下有可能的。可是我们谈到形而上学时,就不能采取完全同样的态度;因为这里的问题实在是形而上学究竟是不是一种科学或者只是一大堆未证明的假定。就它过去的历史来说,我们好似要得出结论说,形而上学的科学是不可能的;所以我们不能像在专门的科学那种情况那样,假定形而上学是一种科学而研究它的理论条件。

但是,虽然形而上学还没有证明它列为一种科学的要求,但完全没有 18c
疑问,人们心中有一种很强的倾向,要构成一种形而上学。诚然在此以前,一切想要满足这个倾向的努力都是归于失败的。(1)世界是有过一个绝对的开始,和(2)世界是从无始以来便是存在着的,这两个命题,都同样像是有理地得到了证明的,然而这两个命题是互相矛盾的,而理性永远不能满足于自相矛盾的东西。所以我们不能从只是企图构成一种形而上学的这种倾向就得出结论说一种形而上学的科学是可能的。但是我们至少能这样说:只要问题不过是,按理性的性质,它是不是能够把实在,照它的现实那样,掌握得住,那么我们在我们自己的手中就已经有了一切用以解
答问题的材料。我们必须能够说明理论的理性能或不能知道物自身;换 [68]
句话说,我们必须能够确定关于超感性的东西真正验前综合的判断是不是可能的。所以我们甚至在谈到形而上学的时候,都可以把纯粹理性的问题用这个形式来提出:形而上学的科学是怎样有可能的? 在这个问题上,我们并不假定形而上学是一门科学,而是问,要有形而上学的科学,条件是什么? 这个是批判的观点,不同于独断的观点的。独断主义引起自相矛盾,因为它永远不问知识可能的限度是什么。正如独断形而上学的历史已经有了许多证明那样,自相矛盾的命题乃是理性独断进行的不可避免的结果①。但是在互相矛盾的命题是从处理形而上学问题的某种方

① 参看上文第33页。

法出来的时候,其不可避免的结果便是令人怀疑到理性本身的性质。所以怀疑主义是独断论的一定的结局。因之为了避免这个结果,我们就必须问形而上学的科学是怎样有可能的,如果它是有可能的话。

七、纯粹理性批判的观念与其划分

19a 上面已经说明纯粹理性的问题包含有两个主要的子题:(1)经验的验前综合判断是怎样成为可能的? 和(2)超出经验范围的验前综合的判断是怎样成为可能的? 对于这两个问题的答案就要提供可以称为纯粹理性批判的内容。得要注意,这门科学只处理验前知识的原理而和那些原理的特别应用无关。它称为一种科学,因为它不单单是一堆的命题,而是一个有机的体系,其中所有的部分都是和一单个最高的概念有关的。这个
[69] 体系不是纯粹理性的学说而是它的批判;换句话说,它不是由表达存在的绝对性质的判断的一个整体所组成的。如果人类理性有可能掌握最终的实在或者和它有直接的接触,这样的一个判断的整体才能得到。但是,康德哲学的基础就是知识限于"经验",而经验所包含的不是事物的最后确定,而只是一个系统,表达着我们用我们有限制的直观和思维能力必须确定实在的方式。另一方面,人类的心不能超过经验来得着最后实在的知识,因为从纯粹观念不能直接接近到客观的存在。这种限制的结果就是,理性在其理论方面,不能使我们正面地确定事物最后性质是什么。同时,虽然纯粹理性批判不能产生对于最后实在的理论理解,可是必不可认为它是徒劳无功的;因为弄清楚了我们理性的性质,就能防止我们把对于经验才有意义的验前知识和扩大到经验以外的想象知识混淆起来,而使我们能为实践理性留有余地,靠实践理性就可以得到最后实在的一种正面的确定,虽然不是最后实在的知识。从上面所说的可以得到结论说,"先验的"知识不得和对象在其最后性质上的知识同一起来,而只能和获得经验对象的知识的方式同一起来,而这是就这种知识能验前获得来说的。在康德的哲学里,"先验"这名词,总是谈到我们认识能力的性质里借以使某种验前判断成为可能的一些条件。因之纯粹理性批判的目标是靠纯粹
[70] 理性本身的批判来确定我们得到知识是什么意思,因而就防止我们陷入把各种不同的验前知识混淆起来的错误。

20a 康德说,这种先验批判的结果将要提供"哲学的一个完备的知识体系

计划”。所谓“知识体系计划”，是指从一单个最后原理而得出并且与之相联系的计划而说的。单单指出有某些验前判断是不够的。我们必须把所有的验前判断和某些原理联系起来，而最后又和一单个包含一切的原理联系起来。例如，单单指出有某些数学的判断是验前的而又是综合的，这是不够的。我们还须能够把所有可能的数学判断都归于以我们直观能力的根本性质为根据的一单个原理。同样地，单单指出有纯物理的验前判断，是不够的。我们还须能够把所有包含在物理各门科学的可能判断归于表达着我们思维能力的根本性质的一单个原理。而且直观的原理和思维的原理这两条原理又必须都归于自我意识的唯一最高原理，而那两条原理乃是这最高原理的确定。

所以纯粹理性批判包含在确定先验哲学的原理中所需要的一切，若 20b
是我们把它从那哲学分别开来，只是因为在这批判里面，我们并不陈述那些原理的所有特殊的应用。例如“作用和反作用是相等并且是相反”这条原理不是在纯粹理性批判中成立的一条原理；因为那批判只规定包含在一切可能的经验中的原理，而作用和反作用原理乃是物体的特殊确定。纯粹理性批判所做的，就是说明没有它这个特殊的物理原理就成为不可能的这原理。纯粹理性批判声明“所有实体就它们是能被观察到为并存 [71]
于空间的来说，都是完全地交互作用的”；而作用和反作用原理则超过这普遍原理，因为它引入了力或能的概念。可是对于这条原理，即“交互作用原理”，是这样，一般说来也是这样；因之康德有一专著是处理物理的原理的，作为纯粹理性批判的补充而是在于纯粹理性批判所成立的普遍原理应用于空间的物体的。

在划分这门科学为各部分时，不应引入任何来自经验的东西，不应引 20c
入任何依赖特种感官直观的东西，这是重要的。当然这并不等于说，我们完全丢开感性经验而只应付纯粹观念；因为我们知道康德的原理是，没有感性经验就不能有任何知识：意思是说，我们必须注意知识中的验前因素，不论那个因素是和感性经验有关系或者是要超过它的。所以康德把这门科学从道德的原理分开，因为道德的原理只关于特殊的感觉，即愉快和苦闷的感觉，才有意义。他的这种限制有什么意思，我们在后面将要了解得更清楚。现在只须这样说，在他的学说里，自由和责任只对于像人这样的存在者，部分受到欲望的直接感觉的影响，才有意义。所以责任这个概念，命令我们的行动须纯为理性所决定而完全不受欲望的诱惑；所以理性对欲望的关系纯是消极的。可是，责任对一个纯然理性的存在者是没有意义的，只对同时既有理性又有情欲的存在者才有意义。

20d 这门科学系统的划分，首先是分为原理的学说，和方法的学说相对
[72] 比。原理的学说再分为感性的验前原理和思维的验前原理。这些细分是根据康德始终坚持的直观与思维两者的区别的。事实上，这个区别是批判哲学和莱布尼兹-伏尔夫哲学对比起来的特色，因为在后者中，直观与思维只是程度上不同，因之思维不过是清晰明了的直观而已。康德在这里并不否定直观与思维在其终究的性质上可能是出自一个"共同的根源"，但是他否定在我们的知识的条件下能把直观和思维同一起来，因而他就主张，对我们来说，这两者永远是在种类上一直不相同的，因之把它们同化起来的一切企图只能产生混乱。在我们里面，直观总是关于表现在空间与时间的个体的，而思维总是关于普遍的东西，独立于空间与时间的。因之直观的原理必然不同于思维的原理。直观包含有一种感官的因素，所以它本身包含有一个因素，不是由于心的自发性而来，而纯是心所接受的。批判哲学所处理的不是这个感性因素，而是作为这个感性因素确定于直观对象的条件的验前因素。所以批判的两个划分出来的部分，将要分别处理直观中和思维中分别预先假定的验前因素。前者的研究是康德称为先验感性论的工作，而后者的研究则列入先验逻辑的一项。

先验感性论 [73] 22

一

在先验感性论中康德讨论直观，像是它并不依赖思维的任何活动而就包含有一个对象的意识似的。然而在先验分析论中，当他进而考虑思维里面经验的条件时，他清楚地指出没有思维的活动就不能有真正对象的知识。所以我们必须把感性论中所表现的观点看为在某意义上是临时的，其部分理由就是这个事实，即早在他开始看到知性有它自己的某些是经验不可少的组成形式之先，康德已经形成了他关于空间与时间作为直观的验前形式的看法。可是我们又须把这个预期的程序作为方法上的手段来看。在说明他在寻常想象到知识的方式中要作出一个完全革命的整个学说时，康德觉得须要尽可能从一般关于直观作为给出对个别事物的知识这个看法出发。所以在感性论中，他竭力想要做的就是指出，如果假定直观是领会个别感性事物的一种知识的形式，我们为了说明事实，就必须主张直观含有两个因素——**质料**与**形式**。**质料**是从外边来的，而**形式** [74]
是属于我们直观能力的结构本身的，这个形式是验前的，正因为它是和对象的任何直观不可分开的；这样，它就能使我们说明怎样把某种验前的判断以它为基础。主张直观和概念作用两者之间有着种类上的区别也是康德的目标的一部分。在莱布尼兹的学派里，是主张数学的判断是验前的；可是和这个见解一起又有另一种见解，是康德认为和前一种见解相矛盾的，那就是，直观和概念作用是同类的，其差别只是清楚性与明了性多少的不同。可是康德要证明数学的判断不是从概念的分析而得出的，因为按他的主张，分析法永远不能叫我们超出我们的观念而构成真正可知的对象。所以我们得要否定直观不过是模糊的概念作用这种说法而主张它和概念作用是种类上不同的。依康德看来，这个见解使我们能够理解不但我们怎样能有验前的数学判断，而且这些判断怎样是综合的。总而言之，在感性论中初步的见解，一方面是认定没有思维的活动，知识就在直观中被给出，而另一方面这个见解主要针对两点：(1)说明心有直观的两种验前形式，即空间与时空，而且(2)考虑到这个事实，我们就能说明数学的验前综合的判断。

22a 在感性论的开头几段里，康德处理经验的直观，首先指出它的条件，其次就下它的定义；再次，说明它的对象是什么。(1)经验的直观的条件是感觉，而感觉(a)只是主体的变更，而(b)它是通过对象对于主体的影响而引起的。作为影响的原因的"对象"必然是物自身。所以康德在这里认
[75] 定知识范围以外有对象的存在，而且他说成好像这些对象不知怎样作用于心而引起种种的印象。固然可以说，康德始终不完全丢掉这个看法，即知识中的感性因素在某种方式上是由独立存在着的东西而来的。然而在后文我们将要看到，独立的东西的假定趋向于逐渐把自己提升起来而消失于一种更高的学说。康德所下感性的定义是"接受印象的能量"；依他的看法，它是能有某些"表象"(Vorstellungen)的能量或能力，而把"表象"这词作为理论意识的任何样式这意义来理解。所以这里所说的就等于这个，即感觉是意识的一种样式，由一个独立存在的东西对主体的作用而引起的。(2)经验的直观可能和(a)理智的直观对比，也可能和(b)纯粹的直观对比。在目前的情况下，康德大概是想到后者的。感觉和直观的分别没有很清楚地表达出来。直观说成为直接由于一个对象的意识的一种样式。在我们里面这个对于对象的关系是通过感觉的；换句话说，没有感觉，我们就不能有直观。所以这里"对象"这词必须是意识里的"对象"的意思，而不是物自身的意思。这样一来，我们就已经有了对意识而存在的"对象"和离开意识而存在的"对象"这两者之间的对比，简单地说，我们已经指出了后来特别在现象的对象和物自身之间所划分的分别。(3)"未确定的对象"像是指经验直观的任何对象说的，例如还没有由思维加以确定的房屋、树木、河流。这样的一个对象是一个"出现"，由于(a)它不是和物自身同一的，而(b)它是意识的对象。所以我们就可以说，出现乃是我
[76] 们能意识到的任何感性的对象。

22b 那么在感觉发生的时候，就有经验的直观，而经验直观的任何对象都是出现，然而康德接着指出说，出现包含有两个不同的因素，他称之为质料与形式。当质料说是"相应"于感觉时，很难懂它所指的是什么。合理的见解像是这样。康德已经说过，出现是任何感性的对象，例如这个房

子、这棵树、这条河。这样的一个对象，在它被人直观到时，是在意识里边的。那么，假如主体实际上意识到某一个感性的对象，而我们问，对他说来，有这样的一个对象是含着什么。答案是，本身只是认识的主体的受到影响的一些感觉，已经在某种方式上得到整理与安排；换句话说，我们发现所直观的对象是两个因素的复合体。当我们分析这个复合体时，我们就看到种种感觉离开它们受到整理的方式，就只是主体的受到影响，而在“对象”中它们是作为经过整理而出现的，而且事实上只是像这样出现时，它们才能称为“对象”。所以，由于它们变为有过整理的这事实，感觉里面就发生了一种变化。在内容上，感觉还是和从前一样，可是这个内容现在形成了。可是，由于“质料”与“形式”是互相关联的，我们不能称受到整理之前的“感觉”为对象的“质料”；我们所必须说的，是在对象里面感觉变为“质料”。所以在所直观的对象里，“质料”相应于在这对象之先的纯粹感觉。那么，康德的论点就是，感觉在它受到“形式”的时候，变成所直观的对象里面的一个因素，而且在这个新的关系里，它再不只是感觉，再不是出现的“质料”。无疑在一些段落里康德是说，感觉是“质料”；但是对于一 [77]
个认为感觉在直观里，除在空间与时间中得到处理之外，并不经过任何变化的一个人来说，这是很自然的一种说法。康德所必须指出的意思乃是：当感觉正在向直观过渡时，感觉在直观的复杂整体里变为一个因素。从分析论引入一些段落是令人误解的，因为在分析论中指出在一个对象意识中，既含有直观而又含有概念作用。在感性论中，康德只想说明直观或者说所直观的对象包含着不只感觉，就是说，还包含有直观的形式，因而他在这儿就把直观所含有的另一因素，即思维的形式，留在幕后。当感觉在某些关系上，即在空间与时间的关系上，得到整理时，它们就在所直观的对象里变为一个因素。这些感觉才是受到“形式”的“质料”。作为这个那个的感觉来说，它们在内容上是不同的，或者说是一种“杂多”，而这个“杂多”不是感觉，而是在所直观的对象里看为是一个因素的感觉。康德在这里不是想到排斥单一性的“杂多”而是想到包含着各种所与的差别的“杂多”。另一个因素，即“形式”，是为要有这样一个被直观到的对象而需要的，而且杂多在某些一定关系上得到整理是由于这个因素而来的。那么，康德所说的就是，没有感性的杂多在空间与时间的关系上受到整理，就不能有任何被直观到的对象。在感性论中,质料与形式的分别乃是包含在被直观的对象里面两个因素的分别。这不是物自身的分别,而只是
[78] 主体就其为物自身所影响来说的分别。既然感觉本身不过是这个那个而没有任何关系的,我们只有承认感觉之间的种种关系都是来自另一个因素,即形式,才能说明被直观的对象。

所以康德认定在其自己的性质上,感觉不过是这个那个,从而他就推论说,形式是从某一其他根源而来的。如果我们承认感觉只是物自身在我们里面所激起的这个那个的影响,结论就像是在知觉对象里所发现的秩序必须是从另一个根源而来的。所以,所含蕴着的意思就是,在感觉受到形式整理之先,它们是混乱的一堆,没有秩序,没有联系的。因之康德接着说,现象的"质料"是完全后验地给与我们的,而形式必须是验前存在心里的。说质料是验前给与的,不过等于说感觉是主体为物自身激起的影响。再则,说形式不是感觉,是含有它是验前的意思,因为只有质料才是后验的。在所知觉的对象里面,后验因素和验前因素的分别因之是相应于质料与形式的分别而且是包含在这个分别里面的。当康德说形式必须验前存在心中,我们须要理解他的意思是说,虽然心是有整理感觉的能量,而且能这样来把形式给与感觉,但是只当心作了这个时,才有知觉的。

22c 可是感性的纯粹形式预先和形式上的直观,即和作为一个对象而表现的空间与时间,同一起来,这空间与时间就是纯数学中所处理的。纯粹形式就是在一定关系上整理感觉的能力,而这个能力在实际上关于感觉的运用,就产生感性对象的直观。康德在这里,像他始终在感性论里那样,是认定这些直观都可以没有思维(Verstand)的任何活动而成为可能的。然而像上文已曾说过那样,这是一种临时的假定,后来在分析论中是
[79] 修正了的;因为像康德在分析中所说明那样,没有想像力的综合为思维所指导,就不会有数学所需要的形式上的直观。所以,严格地说来,感性的纯粹形式不是和纯粹直观同一的。

23a 承认了直观的形式与质料的分别,又预先承认了思维的形式与质料的分别,我们就有纯粹理性批判的两部分,即处理感性的验前原理的先验感性论,和从事于纯粹思维的验前原理的先验逻辑。

23b 如果我们看一看直观的任何具体对象,比方说一座房子或一棵树,我

们在它里面就能分辨出分别为知性与直观所贡献的因素。康德在这里指出，在直观里面是有思维所贡献的一个因素的；换句话说，没有知性的活动，我们甚至不能有对于直观的对象的意识。但是虽然他是这样提到知性在直观里面所起的作用，而他在感性论里却接着谈到直观，好像没有思维的运用也能有直观的可能似的。然而在我们把从思维而来的因素摆在一边的时候，我们面前就有了能归之于直观的一切了。但是直观纵然是这样被孤立起来，在它里面还是有上面所已经提到的两个因素，即感觉的质料和给与这个质料的形式。假使我们现在把质料抽象出来，那么在我们思想中就只有形式了。那么，看一看这个抽象过程的结果，我们就发现除在空间与时间中所确定的感觉的种种关系之外，在直观里面的其他一切都可以归之于感觉。所以空间与时间就是感性直观的形式。先验感性论得要考虑这些作为知识的原理。

第一节　空　　间 [80]

二、空间的形而上学阐明 23c

康德在感性论所要解答的问题是关于对象的直观，不是关于对象本身的存在。所以当他说“在外感官上，我们意识到对象是在我们自己的外面的”时，他的所谓“对象”不是物自身，而是所直观的对象，是存在于我们意识里边的或者说对我们的领会来说的对象。如果认为“在我们自己的外面的”在这里是指我们心或意识以外的，那就当然是对于康德的看法的一种完全的误解了，所说的“在我们自己的外面的”不过就是我们直观为有广袤的即在空间的，而“外”感官和“内”感官的分别就是有广袤的或者说空间的被直观的对象和无广袤的与非空间的即只存在于时间的对象的分别。当注意到，康德是把“直观”认为包括着内部的状态或感觉的，而这些都是无广袤的而和有广袤的对象一致是在时间里的。像他所说明那样，在内感官里，我们意识不到我们自己是一个对象，就是说，我们除了在我们向自己出现为在内感官里作为经验到某些转瞬就过去的状态的这个限度内，并不意识到我们自己。在我们直观到自己的限度内，我们是向自己出现为处于意识的某些依次相继的状态的，因而内感官的“形式”就是时间。既然空间与时间这样是分别为外感官和内感官的形式，因之就发生了关于它们的性质的问题。空间与时间是什么？康德提到对这个问题可以作出的各种各样的答复。首先，空间与时间可以被看为“实在的东 [81] 西”，即绝不依靠我们的直观而存在的。这是牛顿所采取的见解，而且事实上是所有物理科学对自然的看法。第二，也可以说，空间与时间是“实在东西的确定”。康德在这里是想到洛克的学说，而且当然也想到常识，说广袤与时间是事物的属性，或者说事物互相区别的属性。第三，空间与时间可能是“实在东西的关系”。这是莱布尼兹—伏尔夫学派所作出的答案。这学派不承认空间与时间除作为一个东西和另一个东西之间的分别一种模糊的领会之外还有任何别的意义。最后，可能认为空间与时间，除了对我们的直观来讲之外，是没有实在的存在的，因为它们只是我们安排我们感性的杂多的“形式”而已。这个就是康德本人的见解，而他立刻就说明他何以认为这是我们直观能力的一切事实的真正解释。

所谓空间的“形而上学说明”，康德是指空间作为验前的性格的一种直接的叙述。他称它为“说明”，可能是因为他在心里想到一种对比，一方面有感性论中的直接证明，说空间是验前的，而另一方面有分析论中的间接证明，说有思维的概念是验前的。后者的证明他称为“演绎”，因之就和

24a “说明”区分开来。

在他的空间形而上学说明中，康德想要说明(1)空间不是一个经验的表象。在他心目中，特别是莱布尼兹学派所主张的学说，虽然他无疑也有意思要排斥洛克的见解。因之伏尔夫告诉我们说，“整个说来，空间是在于因素的相互关系，而这关系是就它为我们模糊地直观到而说的”。这就是上面一段所表示的见解，而在那一段里所提到的学说之一就是说空间与时间只是“事物的关系”。依伏尔夫的这个见解来说，我们是从空间中的对象的直观出发，或者换句话说，我们对于事物相互间现实的关系有一 [82] 种经验，而它的模糊是由于对象表面上的连续，但是其实对象是不连续的实体，是并列的“单子”。空间是思维中这个关系的抽象，所以康德所要说的就是，依这个见解，空间是“一种从外部种种经验得来的经验的概念”，而所从得来的经验是关于各种为它们感性的属性的分别开来的对象，但这些对象在其互相外在这一点上是一致的。他想要驳斥这个学说。所以他得要说明空间不是从给与在感性的直观中，而模糊地领会到的事物现

实关系所得的抽象概念。

可是,一个外部对象的直观包含有(a)感性的主体所受到影响,(b)把这个影响归之于作为主体以外来看的某一东西,而这东西是和其他对象分开,可是又和它们并列的。康德在这里并不是问(i)归之于主体以外某东西的感觉,在内容上是否和在这样归到外边的东西以前一样,而是认为这些感觉是对意识提供事物的感性属性,即事物的颜色、软硬性,等等,至少他对这种看法并不提出疑问。他又认为(ii)某些感觉,即机体觉,是直接归之于"某东西",即直观为一个对象的东西的。他并不问怎样能有感觉的结合为一单个对象的统一体这个意识,而是把这个问题留待在分析论中来处理。因之,他既认定一个"对象"是客观化的感觉的统一体,他就坚持这样的一个对象,除在空间中表现出来这条件外,对于意识的主体来说,是不能存在的。所以预先假定空间作为感性对象的直观的条件。在主体方面,没有把感性的东西作为外在于他自己并且外在于别的对象,却和这些对象并列的,而加以整理的这种能力,就完全不能有任何直观。我 [83]
们不是直观到对象在一个实在的空间里面一个一个地分开,然后用抽象的方法得到空间的概念的,而是因为我们事先有了这个能力来把某些感觉整顿起来,在我们的意识中把对象原来就作为空间的确定,我们才有关于对象的直观。伏尔夫认为,我们直观到实在的因素或者说单子,即并列的一个一个对象,这是站不住脚的,因为直观的每一个对象都是预先假定了空间作为整理感性的东西的固定的方法。换句话说,要等到感觉被整理为属于空间的,感觉才成为对象的直观,而这个把感觉整理为属于空间的能力,必须预先假定为它们受到整理,即表现为在空间里面的条件。

那么,并不是被直观的对象在它们被领会为存在于空间之先就是存在空间里面的,而是作为对意识的主体,作为存在的对象在直观中才开始有它的存在,就是说,感觉是在直观的活动中被整理为属于空间的,而且只有这样它们才成为被直观的对象。如果不管直观,对象是已经在空间中有了关系,那么各种对象或者对象的各部分就会被领会到是有这种关系的,而靠抽象的动作,空间的概念作为在一切东西里面所发现的外在关系就会形成。这样一来,空间就会是一个"经验的概念",就会是从独立于意识而存在的对象被领会的一些关系借来的,因而就不会是验前的。真正的解释乃是，所知道的外部对象是随着它的被表现为在空间里面而开始存在的；除非预先假定有属于空间的确定，就不能有任何外部的对象。因之，康德从空间在逻辑上是在先的，就作出结论说，空间是验前的。如果对象的确定为空间的是任何被直观到的对象的必要条件，空间就不能是验后的，不能在一个一个的感性经验中被领会的，而必须是一切感性经
[84] 验的一个验前的条件。他在下面第(2)段里明白地说明了这个见解。

24b (2)康德在第一个论证里说明空间不是从经验得来，就是说不是验后的；而依他的看法，空间既然不是验后的就必须是验前的，他现在就积极地说空间是“一个必然的验前表象”，从逻辑上讲，是先于一个对象每一个作为外部的可能的表现的，康德论证说，空间是“一个必然的验前表象”，因为我们能够设想在空间里没有感性对象的出现，而不能想到没有空间。这并不意味着空间的不存在是不可设想的，而只是说如果假设空间不存在，就一切表象，一切直观，一切想象都没有可能了。因之空间的表象是任何表象所必需的。空间的必然性作为任何可能表象的不变条件是不言而喻地和感性对象的偶然性与常变性作为对比。从外边来的，即经验上给与的，对于直观的主体说来，是偶然的；因而如果空间是经验上给与的，它就会也是偶然的了。在这里康德是主要想到伏尔夫的学说，而他就论证说，如果空间是在经验的领会中给与的，我们应该能设想到没有它像我们能设想没有任何所与的对象一样。既然我们不能设想到没有它，它就是验前的了。所以，如康德的结论那样，空间不是得自出现的领会，而是出现成为可能的条件，而作为这样的条件，它是一个验前的表象，使出现即被直观的对象成为可能的。所以这两个论证的结果就是，空间乃是所有外部出现的验前条件。

25a 下面跟着一个论点就是空间是一种纯粹的直观；其证明就是，我们只
[85] 能想象到一单个空间；从这就得出结论说，空间作为一种验前的直观，是在一切空间的概念中所预先假定的。截至此为止，康德是论证空间乃是一个验前的“表象”：现在他就详细说明它是那一种的验前表象，肯定它是一个验前的直观(Anschauung)，而不是概念(Begriff)。直观和概念的分别是这样在康德的《逻辑》一书第1页上说的：“所有知识的模式，即所有表象(Vorstellungen)都是有意识地归之于一个对象，要就是直观，要就是

概念。直观是一个个体的表象(repraesentatio singularis 单一的表象),而概念是一个一般的表象(repraesentatio per notas communes 以共同的性质来表示的表象),即一个反思的表象(ccgnitio discursiva 论证的表象)。概念和直观对立;因为它是一个一般的表象,是几个对象共同的东西的表象,因而是就它能包含在不同对象里而言的一个表象。"因之,在《纯粹理性批判》一书(第二版第 377 页)里,他说:"直观直接和对象有关系,而且是个别的(individual),然而概念是间接和对象有关系,是通过一种特征,而这特征可以是几个东西所共同的。"所以当康德说空间是"直观"时,他的意思是说,它是对于一个对象的直接意识,作为在一个个别的意象里的一个直接表象的。

他说,空间"不是一个论证得来或所谓一般的概念"。康德喜欢用"论证来的"这词多于"一般的"这词。在他的《逻辑》一书里说:"谈什么一般的或共通的概念,只是一种同语反复,——这是根据概念划分为一般的,特殊的,和个别的错误的一个缺点:这样的分法不是概念本身,而只是概念的用途。"所以要点就是,空间不是一个概念,不是比较和反思的结果。他所反对的见解是按他理解莱布尼兹而作为莱布尼兹的见解,因而他说空间不是"关于事物的关系的概念"。像他后来(第二版,第 56 页)所说:"如果我们采取这个见解,认为空间与时间是从经验抽象出来的,——虽然分开来说,它们是出现作为并存或相继的关系的模糊观念——我们就 [86]
必须把空间与时间的验前概念看为只是想像力的创造物,其真正的来源必须在经验中来寻找了。"换句话说,莱布尼兹认为空间是得自把个别事物的现实关系中的差别丢掉,而形成它们共同的东西的一个概念,这个概念是"模糊的",因为它保留着个别事物表面上的连续性。康德就不同。他主张空间是一个直观,并不是一个概念。如果莱布尼兹是正确的话,空间就不过是抽象的一种虚构而已。这里不是纯粹直观和纯粹概念的对比;因为虽然后来在分析论中提到那个对比,可是在感性论中所认定的是直观和概念的通常对比,而空间肯定是前者而不是后者。

空间是一个纯粹直观这个论题的证明如下:(a)空间是个别的东西:只有一单个空间,没有几个空间。所以它必须是一个直观而不是一个概念,因为一个概念总是有关于几个对象的,而那几个对象是在它们的性质上有不同的。可能有人反驳说,我们既然谈到几个空间,空间这个表象一定是一个概念,其中含有这些不同的空间所共同的东西。可以这样来问,这些不同的空间不是几个种类的空间或者是空间的各种的实例,正像各种类别的人或各种个别的人是包摄在人这个概念之下那样吗? 康德答应说,不,空间是一个个体,像一个个人,比方苏格拉底一样,而各种空间只是这唯一的空间的各部分而已。一个概念含有某一些抽象的标志或属性,而这些标志或属性总是在许多个别的事物里面。但是空间本身是一个具体的表象,是一个直接的直观,而所谓各个空间是它的部分或确定。各个空间是**在**空间**里面**,而不是**包摄在它的下面**。并没有特别不同的空
[87] 间:每一特别这个或那个空间都是空间。(b) 空间的“部分”不是先于空间的表象作为组成空间的成分的,而是被思想为在一单个无所不包的空间里面的:就是说,空间的各部分不是首先给与出来作为部分,然后放在一起而形成一个整体的。空间是一个统一体,而各个空间是这个统一体的限制,只由唯一普遍空间的确定而发生的。从前所说到在空间里面的事物的东西,现在会来肯定空间,就是说,只有通过空间而且在空间里面,它们才成为可能的。这些“部分”不是**现实上**在空间里面,而是**潜在上**在空间里面:它们不是独立的对象,而是一个对象的依存部分:它们是第二性的,不是第一性的。不是整体通过部分成为可能,而是部分通过整体成为可能。像康德在他的《**反思录**》的一条所说的那样:“我们只有从普遍的空间把某一东西割切出来才能想到各个空间”;他又说,“只有靠**限制**才能分开的,就不是通过**合成**成为可能的:所以空间不是这样成为可能的”。康德在他《逻辑》一书绪论 5 里面把一个概念的“标志”作为“成分”说,就是作为逻辑上的成分说。他这里的论证所以就像是这样.:空间不是一个概念,把逻辑上的成分或 “标志”放在一起而产生的,而是在逻辑上先于它的所有“部分”的一个整体的表象。那么,两个论证就是:(a)空间是一个直观,而不是一个概念,因为一个概念包含许多个体在它下面,而不是在它的里面,像空间的表象那样;(b)空间必然是一个直观,而不是一个概念,因为在一个概念上来说,部分先于整体,而在空间上来说,整体先于部分,而这些部分乃是整体的限制。第一个论证是以概念的逻辑**范围**为它的基础,而第二个论证是以概念的逻辑**含义**或者说**内包**为其基础的。两

个论证都是否认空间是一个概念的。当康德补充说只有承认空间是一个直观时才能说明几何的种种命题，那时候，他就预先谈到本来是应该留待 [88] 先验的说明那部分的了。

(4)在这一段里，康德说出空间作为一个直观的积极性格。他虽没有明说，但是预先假定了空间是无限的，所采取的见解是和论文中的见解一样的。在论文中他明白地说："所谓许多空间只是同一个无限制的空间的一些部分。"空间的连续性也是意在言中的；而且事实上这个是后来明白地说出来了的(见第二版第 211 页)，空间的连续性是和它的各部分由限制而来的思想联系着的。所坚持的主要论点就是：(a)直观总是关于个别的东西的，(b)只有在直观中整体才是先于部分的。所以康德在这里把空间看为本身就是一个直观的对象，而不只是一切外部对象被直观的形式；而他的论点就是，无穷地确定它这个可能性，就是说，不断地增加新的确定，就说明它是一个直观。概念所包含的是有限数目的确定，而空间所包含的是无穷数目的确定。正如我们能够靠一直不断地发现一个感性对象里面的新属性而继续增加我们关于它的知识那样，空间的性格是叫我们永远不能穷尽它的确定的可能性的。那么整个形而上学说明的结论就是，空间乃是一个验前的直观。

三、空间的先验阐明

在康德的哲学问题原来的提法里面，他指出过这个问题可以用这个 26a
形式来提出，验前综合判断是怎样成为可能的？再则，第一个问题可以这样来提出，纯数学是怎样成为可能的？可是，空间的先验说明截至此为止，对于这个问题所作出的答复是，它说明几何作为纯数学的一部分是怎样成为可能的，或者说，它至少说出这个条件，没有它，几何是不可能的。 [89]
所以空间的先验说明就是康德对于数学的验前综合判断是怎样成为可能的这个问题的答复，而是把那个问题局限于几何，而且是丢掉了知性所提供的因素的。他称它为"先验的"说明，因为它是超出空间的表象或者说越过它的范围以外的，而说明某些特别是关于空间的确定的判断，是怎样能有其正当的理由的。为要成功的话，空间的先验说明，首先就必须说明某些现实的综合命题是得自于空间的，而其次，它又必须证明，只有我们承认空间是一个验前直观时，这些命题才能从空间得出来。

26b 关于第一点是很清楚的，如康德告诉我们，实际上几何并不是综合地确定空间的属性，而是验前确定它们的。在这里康德是假定几何作为一门科学而存在着的，这个假定，如我们所已经看到，是他一直在批判的前一部分所主张的。认定了这门科学的存在，就毫无疑问，它是预先假定有空间的表象而且它是从这个表象得出来的。因之，其次，我们就得要问，空间的性格是不是这样，使得几何的验前综合判断能够从它得出来。可是从绪论中所曾说过的看得很明白，几何命题的综合性格，不可能在空间是一个抽象的概念而不是一个直观这种假定上来说明，而且又很清楚，几何命题的验前的性格能够说明，只有在空间本身是验前的条件之下才行；因为所有几何的命题都是普遍的而且是必然的，而这些都是验前判断的特质。事实上在绪论中已经说明，这种判断不可能是从感性的经验得出
26c 来的，因为从这些经验我们永远不能抽出真正的普遍性和必然性。因之很明显，我们只有靠主张空间同时是一个直观而且在逻辑上又是先于对
[90] 象的，即验前的，才能说明我们怎样能在几何里有合理的验前综合判断。但是只有在空间是主体的形式而不是对象的确定这条件下才能说得清楚
27a 这两种特质，因为不然的话，我们就不能在验前说所有外部对象都总是而且必然地被确定是属于空间的。所以我们的结论就是，我们的学说，即空间是直观的验前形式这学说，是唯一能令人满意地说明几何的验前综合判断的学说。

推　论

27b (a)康德在形而上学的说明的绪言中，所提出关于空间的性质的各种理论，现在可以予以答复了。消极方面，空间不是一个实在的东西①，也不是实在东西的属性或关系，如果用“实在”这词，我们是指离开我们的知识或者说独立而存在说的；因为，如上文所说明，空间是直观的一种验前形式这个见解是说明几何命题的唯一见解，而那个见解是和空间是事物的一个现实确定，独立于我们的经验靠以发生的种种条件这个学说，不相一致的。所以康德就排斥了牛顿说空间是一个实在的东西这个学说，排

① 康德在这里没有明白提及这种见解，而是意味着它的，像论时间的与之相应的一段，6(a)所说明。

斥了洛克说空间是实在东西的一种属性这个学说，又排斥了莱布尼兹说它是实在的东西的关系这个学说。

(b)其次，在积极方面，空间是外感官一切出现的形式。它只是我们 27c
直观到外部对象的，就是说，被确定为在空间中的对象的，主观条件，在我们采取这个见解时，就不难理解空间是怎样可以作为我们的直观的一种形式而存在，而且可以确定为先于这个或那个感性对象的现实上被观察到的。 [91]

那么不能说空间是有任何独立实在性的。它的存在只是对于像我们 28a
那样在感性的种种条件之下而认识的那些存在者而言的；因为如果我们假定我们对于外部事物把能有直观的主观条件都拿走了，空间就再没有什么意义了。换句话说，空间乃是一种确定，给与我们的领会的感性质料的，就是说，是心自己所附加的。这并不是等于说，空间只是对感性事物的一种任意的确定。对于所有人来说，或者同时可以对于所有的有感性的存在者来说，空间是一种不变的形式，因而它是对象被直观的一切关系的必然条件；可是这并不叫我们有权利用它来陈述物自身。我们不能推论说，因为空间是我们的直观的一种必然的条件，它就是物自身的一种必然的条件。我们甚至不能说，所有的有限存在者，都必须像我们一样来安排它们的印象。因之，当我们谈到空间的确定是实在的时，我们得要附加地说，这些确定是实在的，意思只是指对象对我们的意识而出现的确定而言的。一方面在我们肯定空间的“经验上的实在性”的时候，就是在我们关于出现主张空间的确定是普遍的、必然的时候，另一方面我们也必须肯定它的“先验的观念性”；换句话说，我们必须否定空间从它对于物自身来看是有任何意义的。

第二节　时　　间

四、时间的形而上学阐明

时间的形而上学说明在性质上是和空间的形而上学说明一样的，如果有什么分别主要都是由于前者的特征而来的。因之时间的形而上学说明可以很简略地来叙说。 [92]

(1)正如上面论证空间不是从外部经验得来的一个经验的概念那样， 29a

现在主张的就是,时间不是从任何的经验得来的一个经验的概念;这个更概括的说法的理由就是时间,如在后面所指出,乃是外部或内部一切现象的形式。认定了关于并存的事物和它们依次发生的变化的知识是可以通过直观来获得的,于是就论证说,只有预先假定有时间,这种的知识才是可能的。因为,除非预先假定有时间,我们就不会意识到任何对象是一起存在着,也不会意识到任何事件是一个跟着一个发生的。所以不能像莱布尼兹学派所主张那样,认为时间是从对于个别事物和事件的同时或依次发生,通过一个抽象的过程而获得的。

(2)时间像空间一样,是一个必然的验前表象,但是有这个差别,就是时间不只是外部直观,而且是所有直观的逻辑上的预先假定。因为,我们是能够设想没有什么所与的对象或事件,但不能设想没有时间而不消灭掉直观的可能性。所以时间是验前的。

30a (3)时间不是一个概念,而是一个直观。因为只有一个时间,而不是有各种的时间。我们无疑是谈到不同的时间,但是这些不同的时间本身不是个别的东西,而只是一个个别时间的组成部分。既然直观总是关于个别东西的,很明显,时间就是一个直观而不是一个概念。康德并附加地说,像"时间没有两个片刻是能并存的"这种综合的命题是能得自时间的表象,如果时间不是一个直观的话;但是像和它相应而关于空间所讲的话那样,这种说法是应该属于先验的说明的。

(4)从时间的特别性格来看,也很明显,时间的表象不是一个概念而
[93] 是一个直观。因为只有在我们限制唯一单个时间时,我们才意识到时间的各个部分。但是只有直观才能产生对于一个个别整体的意识。所以直观必然是我们时间意识的基础。

那么,整个论证的结论就是时间是一个验前的直观。

五、时间的先验阐明

30c 时间的先验说明像空间的先验说明一样,必须说明,第一,有某些验前综合判断实际上是根据时间的表象的;第二,只有我们关于时间的性质采取某一定的见解才能解释得了这些判断。关于第一点,康德只假定像"时间只有一个向量"和"不同的时间不是并存而是一个跟着一个的"这种验前判断,显然是根据时间的表象的。他得要证明的乃是这些是我们直

接作出，而像他们假定那样，是普遍的、必然的判断，只有在认定时间是一个验前直观的假定上，才能说得清楚。然而首先，这些判断是验前的，因而它们必然的或可证明的性格含有时间本身是验前的这个意思；换句话说，像康德的提法那样，时间是“所有出现的必然的验前条件”。他论证说，像他在绪论和在空间的先验说明里那样，这样的命题显然不能是从感性的经验得出来的。这种经验永远不能产生严格的普遍性或可证明的确定性，因为没有经验的判断是能叫我们超出有限数目的实例的。康德在这里又增加一个意见，在空间的先验说明中没有什么与之相应：他说，所提到的那些原理是有规定一切可能经验的规则的力量的，就是说，他不只 [94]
论证这种判断是意味着时间的验前性格，而且他又指出它们是在我们一切关于出现的平常经验中所预先假定的。谈到空间时，他只限于说明几何学需要我们预先假定空间是验前的，而在这里，他是说，不只像“时间只有一个向量”这类科学的判断预先假定时间的验前性格，而且它们是含蕴在无论外感官或内感官的每一个可能经验里面的。他在这里所指出的一点，是他只能在分析论中才能充分地说明的。

康德接着说明某些必然的原理也是综合的，因为时间是一个直观。 31a
像他已经不止一次曾论证过那样，没有综合的判断是能够从只是一个概念的分析而获得的；因之如果时间是一个概念的话，就没有可能来说清楚某些必然原理的综合性格。为了以实例说明他的学说这一方面，康德引用人所熟悉的变动这个观念。他的目的是要说明，除非我们预先假定时间是一个纯粹直观，对于变动的意识就是不可能的了。像他所论证的那样，如果我们拿掉时间的观念，变动就是不可理解的。如果我们以运动作例子，这就格外明显，运动本身就是变动的一种特别形式；因为，随着时间的观念的被拿掉，运动就会有同一个对象同时是在这里而又不在这里的这个矛盾。在我们加上一种限定，说“对象”是指在时间中的东西，那时，这个矛盾就解决了；因为当这个限定加上了之后，矛盾就消失，由于我们现在就能这样说：在 a 的时候，物体在这里，而在 b 的时候，物体就在那里，康德进一步还指出，时间是一个纯粹直观这个学说必须预先假定作为纯物理的基础；因为纯物理是在于有关运动的验前综合判断，而这种判断只在时间是一个验前直观这个假定上才能说明的。

[95]

六、推　　论

31b (a)正如谈到空间那样,康德把关于时间所得到的一些结论应用来驳斥分别为牛顿、洛克和莱布尼兹所主张的三种错误的理论。时间本身不是一个实在的东西;因为,如果它是的话,我们就必须认定它是独立于我们的直观而存在的。可是已经证明它是直观的一种形式,而直观是以关于所直观的对象的意识为准的。时间也不是实在事物的一种属性或一种关系;因为无论它是一种属性或一种关系,它都不会是我们直观的一个必需的条件,因之就没有验前综合判断能够以它为基础的。可是另一方面,肯定时间是直观对我们说来成为可能的唯一条件的这个学说,就能令人理解我们是怎样能够从它得出同时是验前的而又是综合的判断:验前的,因为判断是直观的纯粹形式的确定;而综合的,因为判断表示所有直观的普遍条件的性格。

32a (b)那么,时间是直观的一种形式。然而必须注意到,直接上讲,它只是内感官的一种形式。按它的性质来说,它并不表示有形状、位置等的外部出现的特性,而只表示主体的状态的相互关系。因为这个缘故,本身原是一个逐渐消失的系列,而表现时却用一条向着无限进展的线。这个在其本身就指出时间不是一个概念而是一个直观,在这里揭示的观念在**观念论的驳斥**一章里就加以进一步的发挥,而在那里所论证的就是说,如果不是我们能够把对象在空间里面的持久性和主体的状态的消失性对比起来,我们就永远不会意识到时间。

32b (c)时间是所有出现的形式上的验前条件,而空间只是外部出现的纯粹形式。因为外部出现诚然并不在意识以外,而康德在这里却断言它们
[96] 还得要作为意识的模式而出现,就是说以时间的形式而出现。这样一来,时间就不同于空间。它既是内部出现的一种条件,而又是外部出现的一种条件。康德是这样想的,外部出现的内容含有空间的形式;但是作为一个表象,既然那个内容必须在心中出现,它就归入时间的形式。所以关于外部出现作为在时间里面的意识不是直接的,而是间接的。这就说明何以在前一段里是说时间“不能是外部出现本身的一种确定”。

33a 像谈到空间一样,康德指出,时间既然只是我们的直观的形式,就不能以它来陈述物自身。既然它的存在是对于除了在感性的条件之外不会

有知识的存在者来说的，把它拿掉，知识对于这些存在者来说也就变为不可能的了。这并不是因之就可以说时间是一个任意的确定；它是人类知识的普遍而必需的条件，而且在那意义上它是客观的。所以，虽然不容许无条件地说所有事物都在时间里面，但是说所有能知道的东西都是在时间里面，是完全正确的。

时间作为我们直观的必要条件，在经验上是实在的。没有在时间里 34a
面整理感性东西的能力，我们就不能有经验，但是正因为时间是经验的主观条件，就不能用它作为一种确定来陈述物自身。所以，虽然我们肯定时间"在经验上的实在性"，但是我们也必须主张它的"先验的观念性"，这就是说它既不是一种实在的东西，又不是实在东西的一种属性或关系，而只是对象在我们经验的必需条件下向我们出现的方式。

七、解释的几句话

时间的批判见解，当它第一次为康德在他的《论文》这部早期作品提 34b
出时，立刻就受到兰柏尔特(Lambert)、万德尔松和叔尔兹遮(Schurtz)的 [97]
反对。康德在这里是指这些作家的主要反对意见而说的，尤其是指兰柏尔特所提的反对意见的形式，而且事实上是用兰本人的词句。反对的意见就是：不管是否承认外部的变动，至少须承认我们在自己的心理状态中是直接意识到变动的。其实否认这些变动就是毁灭掉一切的意识。可是不预先假定有时间，我们就不能在我们自己的心理状态中意识到变动。所以我们意识的实在性是包含着时间的观念的。所以时间是实在的。

康德答复这个反对意见的方法是指出这个反对意见是根据对批判理 35a
论的一种误解。这个作家是认为肯定时间的先验观念性，即否定它对于物自身的适用，就等于否定时间在任何意义上是实在的。但是，康德说，我并不否定时间就它是我们意识的一种形式而言是有实在性的。它是内部直观的实在形式。时间是心整理它的观念的模式，而这个整理观念的作用毫无疑问是实在的。可是它的作为一种作用的主观实在性并不使其客观实在性成立。恰恰相反，如感性论的整个论证所证明，如果我们是要依时间的性质来说明它是验前综合判断的条件，它就不能是物自身的一种确定。所以我们要肯定时间在经验上的实在性，即它作为对我们来说的一切经验的条件，而我们也要同样强调地否定它对于物自身的适用。

所以我们不能说物自身经过什么变化。如康德在后面所指出,不能从这
就得出结论说,物因之就是不能变的。其实可变和不可变这两个术语都
不适用于物自身,因为除了作为时间中的物的确定之外,可变性和永恒性
[98] 都是没有意义的。可以附加地说,在接着下一段(在《选读》中未列入)中,
康德提到兰柏尔特所提出的反对意见的根源。兰柏尔特采取通常的见
解,认为我们直接地意识到的只是我们自己的观念,而间接意识到空间中
的物,并且认为物是处于意识之外的,兰氏就自然认为在我们自己的状态
里面的变化和在外边世界中的变化是不同立场的。但是,如康德后来在
他的观念论的驳斥一章中所指出,我们并不是先就意识到我们自己心中
的观念,然后才推论到在我们心外和这些观念相适应的对象的存在。恰
恰相反,只有和空间中的物的意识对比起来,我们才意识到我们自己的观
念:因为拿我们的状态本身来说,它们只形成一个系列,而需要有永恒不
变的东西这个意识,才使我们有作为瞬息即逝的我们的状态的意识。批
判的见解取消了我们心中的观念和处在我们心外的对象两者之间的对
立。"外部"对象是在空间确定的对象,而这些对象只对意识才存在,因为
它们是空间的形式这个条件所限制的。所以在我们作为在时间中的观念
和作为在空间中的对象,两者之间是没有根本上的区别的。我们直接意
识到外部的事物,正如我们意识到我们自己的状态一样,而我们一经看到
了这点,也就看到兰柏尔特的反对意见的整个根据都消失了。

35b 康德接着述说感性论的总结果。在第二节的开始(《选读》第 23 页),
他复述关于空间与时间可以主张的各种可能的见解;现在他复述在那里
所提出的问题的答复,指出空间与时间,作为验前直观,是知识的两个来
源,从而可以得出各种各样的验前综合判断。这样的判断很明显地在纯
[99] 数学,或者更确切地说在纯几何中表现出来,而几何乃是空间和空间关系
的科学。可是康德立刻就从纯数学过渡到应用数学。时间与空间不但是
几何的条件,而且是数学应用到具体感性经验的条件,并且要注意到,正
因为它们是感性的验前条件,它们就不能叫我们能够建立关于物自身的
任何验前综合判断,而必然是局限于现象的范围的。然而这并不削弱纯
数学和应用数学的稳定性与确实性,因为数理科学所使用的全部判断只
是关于经验的现实对象或可能对象。因为局限于现象并不影响这个事

实，即在现象的范围里它们仍是必然的而又普遍的确定。它们是必然的而又是普遍的确定，因为它们是不可分割地和我们直观的形式相结合的。

可能要问，空间与时间是不是验前感性的唯一原理呢？在一种意义上来说，对这个问题是没有答案的；就是说，我们不能从任何比空间与时间更一般的原理得出空间与时间来。正如康德后来论证说，我们不能说明何以只有那么多的思维的纯粹概念而不能有更多的。他同样主张不能举出什么理由说明何以空间与时间是直观的唯一纯粹形式。另一方面，我们从我们经验的性质本身就能说明没有其他的感性验前原理。有一个时候康德觉得怀疑纯运动，即他称为动学(Phoronomy)，就是近来称为运动学的(Kinematics)一个基础的应不应该包括在感性的验前原理之内。但是虽然，如他在这里所指出的那样，运动是空间与时间的综合，却不能把它作为直观的一种纯粹形式来看，因为除了关于运动的对象的感性观察之外，它是毫无意义的。因为运动是预先假定有经验材料的知识的。可能有人反对说，纯粹运动并不包含有任何感性的因素，所以看来它就是一种验前原理。康德的答复是，"纯运动"是没有空间各部分的运动这意义上的运动。事实上，除物体之外，没有东西是动的。例如数学家谈到一点的运动时，他是想到一条线的产生的：这不是一个对象的运动，而只是观念上主体的运动。所以运动本身总是感性对象在空间里面的转移，因之它不是感性的验前原理之一。变动不能列为先验感性论的所与，这就更为明显了。变动必然是包含有感性的经验的，不管它是采取对象的属性的变化——例如化学变化这种情况——或者是采取我们自己意识状态的依次相继续；因为在这两种情况下都是含有经验的因素的。所以结论就是，既然运动和变动——这两者次于空间与时间是最明显可以要求列为感性的验前原理的——必须从先验感性论中排除出来。除空间与时间之外，就没有其他因素是能作为感性的纯粹形式看的了。

36a [100]

关于先验感性论的总说

康德在这里提到一种分别，是洛克已经叫人熟悉了的。依洛克的说法，在事物的第一性性质和第二性性质之间有一种基本上的分别；前者是外部对象的现实确定，而后者不过是主观的，而且依存于直观者的五官的。第一性性质是和广袤体即物质相结合的性质；第二性性质是感性的 36b

性质,如颜色、味道、嗅觉等。可是康德在这一段里的目的,是要把洛克的
[101] 学说,其中有物自身和物的对于主体的对比,和他自己以物自身与现象的对立为基础的学说区分开来。康德是愿意接受第一性和第二性的性质的分别的,如果这分别是解释为和他的特别理论相一致的话;但是他不能接受洛克对这分别的看法。洛克称为实在的对象,即康德话语中的物自身,只是一种现象;而在那限度内,它的属性就相当于洛克以之和实在的对象即物自身的属性相对比的第二性性质了。换句话说,经验上的物本身和它的表现两者之间的分别是现象之间的分别而不是现象与物自身的分别。康德指出洛克称为实在的对象的性格如下。(a)它必须显出经验的一个对象的直观所不可少而必需的东西;(b)它必须含有对每一个人都是有效的东西;(c)它必须是和一般的感性有关系的;(d)不管从什么观点来知觉到它,它必须是具有同一的性格的。可是表象则和这正好相反。(α)表象不是本质的,而只偶然附属于对象的直观;(β)它只对某些人而特别是对变态的人(例如对于害黄疸病的人)才有效;(γ)它只在关于特定的感官才是如此的;(δ)只从某一观点或者当一个感官有特殊的组织时,它才被观察到。康德提出虹作为这分别的一例。从寻常的观点来看,雨,即圆的物质小点,是作为实在的对象看,而虹则看为出现。可是这个分别是完全不同于现象和物自身的分别的;因为虹诚然不过是经验上的一个出现,就是说,只从某一定的观点和在某些特别的条件下才能观察得到的,
[102] 但是在名词的批判意义上,它并不比雨点更为是出现(Erscheinung)。那么第一性和第二性的性质之间的分别是完全不同于现象和物自身的分别的。前者是出现之间的分别;后者是现象和物自身的分别。

37a (2)康德引用自然神学中流行的某些见解来证实空间与时间的批判看法。我们必须把他在这里所说的,看为是有助于证明空间与时间是验前直观的。其论证的性格是对人而不是对事的论证(argumentum ad hominem);换言之,这个论证只是对于同意自然神学的主要立场的人才是有效的。那么我们如何设想上帝在其存在上与在其知识上是和空间与时间有关系的呢? 这个问题在莱布尼兹和克拉克(Clarke)的争论中是尖锐地辩论过的,而从我们所知道关于康德思想的发展来看,很有可能康德是由于反思到问题中所包含的种种困难而部分地得到他的这个哲学学说

的。这里提到作为自然神学中所主张的有三个论点。(i)**对我们来说**,上帝不能是直观的对象;换句话说,上帝既然不是一个感性的对象,或者说出现,我们关于上帝的知识就不能通过感性直观而获得。(ii)**对他自己**来说,上帝也不是一个感性直观的对象;换句话说,上帝对于他自己所有的直观不能像我们对于我们自己所有的知识那样总是限制于内感官的条件,就是说,上帝不是在状态的依次连续中认识他自己,这就等于说,他不是在时间的形式上认识他自己的。(iii)上帝关于事物的知识必然是直观性的而不是推理性的,因为我们必须认定他的知识是绝对尽善尽美的。可是,思维靠自己永远不能理解实在,因为关于物自身的实在知识不能从概念的任何分析中得来,而思维的动作总是用概念来进行的。受着概念 [103]
的这个限制就没有可能叫思维得到关于对象的直接认识。因之为了得到任何实在的知识,我们总得要突破这个限制。正如康德所指出,必须有某种东西成为思维与对象之间的联系环节。另一方面,既然上帝的知识不能是属于思维一类的,这知识也不能属于直观的一类,因为直观是对于我们来说才存在的。事实上,他的知识必须在这个意义上是直观性的,就是它必须是对于实在存在的沉思或理解,而不能是在空间与时间的形式上的直观。因之自然神学家慎重指出,上帝的直观必然不受空间与时间的限制。自然神学家这样做,是因为否则上帝的知识就会是限于某一定时间存在的东西,限于某一定地点可见的东西的了。如果我们同意自然神学的这些意见的发表,尤其是如果我们承认空间与时间不是实在东西的限制,对于空间与时间的性质除了它们是我们直观的形式之外,还有什么别的理论可能提出呢? 如果它们是物自身现实的形式,它们就必然也是上帝的存在的限制;因为,如康德所论证,在那情况下,我们必须把它们看为与存在原来的样子绝对不可分开的,因而是与上帝的知识和上帝的存在绝对不可分开的。然而当我们承认了批判的见解时,认为空间与时间是我们直观的主观形式,那么困难就消失了。感性直观,照它存在于我们里面那样,是依存于对象的存在的,因而只有我们直观的意识被对象的存在所影响时,它才是可能的。事实上所有有限或依存的存在者的特征就是在其知识和存在上,它们都是依靠和它们不同的东西的。没有这种限 [104]
制的唯一的一种直观就必然是原始的直观;换句话说,它必须是不依靠和

38a 直观分开的一个对象的存在，而其中的对象是起源于直观的。这一点在下一段再行加以说明。

可以提出这个问题，空间与时间是否只是人类直观的形式，或者也是所有有限的存在者的直观的形式。康德提到这点，因为它已经为万德尔松所提出了。他的答复乃是，虽然我们没有积极的方法来确定是否一切有限的存在者都按照空间与时间的条件来直观，但是没有什么东西妨碍我们来认定事情可能是这样的。无论如何，一切有限的存在者在其直观上必须依靠不是起源于直观的对象，而且假使是除了我们的直观的形式之外还有其他的形式，这些形式至少不能是物自身的形式。每一个有限的存在者的直观必然是受限制的，由于它存在的形式都是感性的形式，而感性总是接受的。我们可以这样表达这一点，即感性直观总是派生的，和必然是原始的神的或知性的直观是成对比的。意思是说，知性的知觉不依靠、或得自于与它分别存在的对象，而其性格乃是，所直观的对象是起源于直观的活动之中或在这活动中被创造出来的。因之，如果我们说上帝的知识的形式是知性直观的形式，我们就必须同时说知识的对象是从上帝自身流露出来的。康德的要点就是，只有当我们把上帝的知识在原则上和我们的知识分别开来，上帝才成为可能。上帝这个观念本身就包含有这个意思，就是他知道一切实在，而且在其存在上，他是绝对自依存的。所以论证的就是，这样的知识和这样的存在，只有假定有一个存在
[105] 者，对他来说，认识同时也就是创造，才是可以设想的。知性的直观和感性的直观的基本分别就是，在前者之中，所直观的是直观的主体所创作的，而在后者之中，所直观的是离开直观的主体而存在，而在某方式上为他所领会的。在后面各段中都提到知性直观和感性直观的这种分别。

先验感性论的结论

39a 康德现在回头提到绪论中第 6 节(《选读》第 18 页)的问题。在那里先验哲学的问题声明的是：验前综合判断是怎样成为可能的？在先验感性论中，作为讨论的结果，这问题已经部分得到解答。现在我们已经得到使我们能够解答它的因素之一，即数学的验前综合判断是怎样成为可能的条件。问题是要说明，我们怎样能有验前判断，其中的陈述归之于主体而在分析上不是包含在那个主体的概念之中的，或者我们也可以这样说，

要找出使我们能够合理地把陈述和主体结合起来的 X 即中词是什么，而那陈述是包含有一个超出主体的确定的。我们已发现这个 X 是直观的纯粹形式，即空间与时间。我们现在能够替所有数学的判断的验前综合性格说明理由了。但是须要注意，这种判断按其性质是有限制的范围的。由于它们是以直观为根据的，它们除了关于我们感性经验的对象之外是毫无意义的；换句话说，我们不得认为我们有理由把数学应用到一切可能的对象，而且只能应用于经验的一切可能的对象。

[106]

先验逻辑

一、普通逻辑

40 当康德从先验感性论过渡到先验逻辑时，他觉得有必要来把前者所得到的结论加以修改和补充。哲学的问题，像他在绪论第 6 节所说的那样，是要解答这个问题：验前综合判断是怎样成为可能的？他曾指出，这个问题分为两个：(1)纯数学是怎样成为可能的？和(2)纯物理学是怎样成为可能的？先验感性论是旨在作为第一个问题的答案。事实上它所处理的，多少是更广泛的问题；因为在主张空间与时间是直观的验前形式时，康德终于指出空间与时间作为直观的验前形式，也就是一切感性直观的条件而不只是一切纯粹直观的条件。当他现在过渡到工作的第二部分时，这样扩大了的问题便是他真正从事来解决的一个问题了。先验逻辑，或者更确切地说，先验逻辑的第一部分，即先验分析论，应该是纯物理学是怎样成为可能的这问题的答案。就是说，按照康德对这问题第一次的提法，答案应限于说明构成纯物理学的内容的验前综合判断的理由。然而康德觉得对一个问题的答案实则包含有对其他一个问题的答案，而且
[107] 事实上这两个问题，应该是不能分开的。因为，如他现在接着论证下去那样，概念的验前形式，在其应用上，是限于感性经验的对象的，正如直观的验前形式那样，而另一方面，在其应用于这样的感性对象时，它们是有客观实在性的。那么，康德在先验逻辑里实在从事来解决的问题乃是要说明思维中一切可能经验的验前条件，从而指出这些概念可能应用的限度。

40a 康德在绪论第 7 节(《选读》第 20 页)里面指出人类知识有两个主干，即感性与知性。这两个主干可能是从一个共同的根发生的，但这根不是我们所知道的。从一个主干就有对象的给出，而用另一个主干，对象就被思维。在先验逻辑的起头，他用另一方式来重述这个分别。他说我们获得知识是来自两个最后的源泉。第一是直观，在感性论中已经讨论过了，而第二个是思维，即知性，是现在要处理的。按康德这里所说的，好像感性本身就足以给我们以个别对象的知识，而且好像思维从这些所与的对

象出发，就去思想它们。可是，如我们在现在开始的研究的进程中所发现的那样，先验感性论对于纯数学怎样成为可能的这个问题还没有作出圆满的答复，因而它根据来进行的认为我们不须运用思维就有了关于个别对象的直观这个假定就被证明为不是事实的充分说明。康德在这里部分地表示出这一点。他说直观和概念是“参加到我们所有知识的两个要素”，因为知识的“要素”分开来是不能作为等于知识的类别看的，事实上在先验感性论里面曾有两个假定是康德所要改正的。(1)他曾谈到空间 [108]
与时间，好像它们是纯粹的直观似的，而他的论证只证明它们是直观的纯粹形式。直观的纯粹形式不过是把感性印象在一定的方式上加以调整的一种能力，而这个能力只在它现实化或受到确定时，才对我们产生关于对象的知识。除非在对象里面有某种统一性，直观的纯粹形式，纵然和感官的种种印象结合起来，也不会产生关于对象的知识。但是就其对知识而存在来说，统一性是包含有把感性因素联合为一个整体的能力的。现在假定要联合起来的因素是空间或时间的一些确定：在那时候，我们所要处理的就会是康德所称为纯粹的直观。但是并没有这一类的关于对象的意识，除非是有它的各部分的统一或结合。在感性论中康德所说的，好像除空间的纯粹形式外，不需要什么东西来说明，比如关于一条线的知识；然而实际上，空间的纯粹形式，只有在它按这个特定的方式确定下来时，才变为一条线的。换言之，事实上或想象上必须把这条线产生出来即划出来。可是，如康德在讨论过程中所指明，这条线各部分的依次产生并不产生一条线的意识，除非是心把各部分抓在一起而结合为一个整体。可是直观是不能进行结合的。结合或者说综合，是知性的工作——在这个情况下是知性在一种无意识或者说非反思的方式上活动的工作。在知性这样活动时，康德称之为创造的想像力。但是创造的想像力实在就是思维直接关于感性东西而活动着。恐怕在第二版第161页的注里是把康德的这个见解说得最清楚的：

空间作为一个对象(如它在几何里面是而且必然是)来看所包含的是 [109]
比只是直观的形式更多，那就是杂多的综合，在感性的形式上，出现为一个直观性的表象。因之，虽然直观的形式只给与杂多出来，而有形式的直观是包含着杂多的统一的意识的。在感性论里，只把这个统一性归于感性，可是只是为了要指出它是先于一切概念的作用，虽然它是预先假定有不属于感官的综合的——然而这个综合乃是只有凭借它，一切空间与时间的概念才变为可能的。因为既然只有通过知性借以确定感性的这个综合，空间与时间才作为直观而出现，这个验前直观的统一性就是属于空间与时间而不是属于知性的概念作用的。

那么，空间与时间，当它们作为直观看时，是含有知性直接作用于感官的。这是这么明显，我们因之要改正感性论的见解而甚至否定能有任何关于数学对象的知识，除非有知性的自发活动，虽然那个活动只在一种直接或者说非反思的方式上表现出来。所以，思维在一种直接对感官的作用这形式上是甚至在直观里边都要预先假定的。然而它的作用的结果只是产生一个直观性的意象。在严格的意义上来讲，到这里为止，还没有对象的**知识**，就是说还没有直观的连续的系统。因之(2)还需要思维另一作用来说明经验。在思维活动的这种更高级的形式之先，只有一连串意象的相续意识，须要把这些意象区别开来而归到对象去，以便产生理性的经验。自我作为和对象相对立的常住统一体这个意识，是通过这种活动才变为人所知道的。在知性这个活动之先，我们最多只能说明伴随意识每个模式的自我意识，而不能说明作为自我活动的普遍形式这个自我意识。

[110] 40b 逐渐引导至他自己的知识论时，康德是从直观与思维的通常对立出发的，但是他心目中的这两者之间的新的分别是他第一次以一种确定的形式提出来的。感性，无论我们对它是作何看法，是属于心的感受方面的；换言之，感官的印象不是心所产生，而是心为物自身所影响的方式。思维则不同。不管它是思维用抽象概念而活动的分析活动，或者是把直观的因素结合为统一体的综合活动，它总是一种自发性。可是，我们的构成既然是如此，对于物自身来说必然是感受的，因之我们的思维，纵然它是自发的，却永远不能产生实在的对象，而只能把属于我们能得到的唯一出现的知识构成实在的对象。所以随便在它两种模式的任何一种上，思维显然必须是对于所与的感性质料所应用的一种形式。如果没有感性杂多给与出来，不管是作为感官的特殊印象或者是作为纯粹空间或时间确定的形式，它都是不能自己构成一种实在的客观知识的。因之康德声明

"思维没有内容便是空洞的"。所以首先这个就是说，运用一般或抽象概念的思维分析判断，只有在关系到个别对象的直观时，才是有意义的。例如，如果我说，"人必有死"，构成判断的主体的人这个概念，是预先假定有而且是谈到我过去曾有过或者可能得到感性经验的个别人，从而以概括方法而形成人这个概念的。这里在判断中"有死"的这个陈述是已经包含在人这个概念里面的，而主体既然是以直观为基础而且是预先假定有它，我们就必须说，思维本身在这情况下是空洞的或者说形式的。然而康德无疑在他心目中还有着思维活动的更高的种种形式，在其中心灵不只是 [111]
形成表达在这以前所曾经验过的东西的判断，而且带来属于心灵自己素质的某些纯粹的概念，或者说范畴，以确定对象。这里又是思维没有直观所提供的"内容"便是"空洞的"，因为虽然思维是已经在想象的形式上盲目地在活动着，把感性的杂多结合为统一体，但是思维这个活动模式，并不产出构成单个经验的系统的对象知识。所以只有在有了直观的意象对思维提供出来时，然后思维把它确定为经验的对象，纯粹概念才有其意义与应用。"思维没有内容是空洞的"还有另一种意义。正因为知性在其活动的更高形式上，是在确定直观而构成对象，而这直观不是它构成的，因之在没有这样的直观性的意象对心灵显出的时候，思维就不能构成为人所知道的对象。所以，从康德在后边处理这问题的方法看起来，他这里心目中所有的理性的理念，按其性格，是谈到一些不可能纳入经验的范围中的理想对象，因为按照它们的性质，是不含有任何感性的因素的。那么，暂且不谈理性的理念，而知识只能从思维与直观的联合作用才发生的。可是在感性论中，把感性孤立起来，以便我们可以研究直观的验前形式；我们现在也同样地要把知性孤立起来，以便研究它的验前形式，如果是有这样的形式的话。

虽然康德在看待逻辑方法上起了革命的作用，可是他一直还没有摆 41a
脱这个成见，认为普通逻辑，即三段论式逻辑，是真正思维的方法的基础， [112]
只要思维是用于日常的活动上的。因之，虽然在紧接的下一段里他便接着谈到先验逻辑，但是他并没有把传统的逻辑摆在一边。这个传统的，或者说普通的逻辑，要么就是纯粹的，要么就是应用的；但是康德既然是要找出思维的纯粹构成性的形式，所以他就只讨论纯粹的普通逻辑。这种纯粹的普通逻辑,即形式逻辑,或者称为三段论式逻辑(不管是用哪个名词),是有两种特征的:(1)它抽掉思维的一切内容而只处理思维的纯粹形式,(2)它没有经验性的原理,更详细地来说,它不从心理学借来什么东西。(1)论到前一点,它区分有(a)概念,(b)判断和(c)推理。一个**概念**是作为一个抽象的或一般的观念来看,由比较一些在直观中给与出来的特殊实例而形成的。像在感性论所曾指出过那样,这样的一个概念包含着有限数目的标志,构成逻辑家所称为名词的“深度”、“含义”或“内涵”。形式逻辑声明概念一般性的广狭是以它所含的标志数目的多少为转移的。例如“英国人”这个名词的深度或内涵大于“人”这个概念的深度或内涵,因为它含有更多的标志,即人类共通的标志连带英国人特有的标志。形式逻辑又谈到概念的“广度”,这就是指概念适用的个体数目的多少而言的;而且形式逻辑认为广度是和深度成反比例的。例如“人”这名词在广度上大于“英国人”这个名词,因为它包括所有的人,而不是有限数目的人。但是,如我们刚才所见到,“人”这个名词在深度上小于“英国人”这个名词,因为它含有较少的标志或属性。概念这个特性就是它的**形式**所指
[113] 的意思。不管概念是什么,它必然显出有广度与深度,而深度和广度必然是相互成反比例的。谈到判断这个思维的第二种形式,两个概念,即直观和概念发生相互的关系,用一个来陈述另一个,即用它来肯定或否定另一个。例如可以有“人是动物”这种判断,或“人不是植物”这种否定的判断。这两种判断是称为肯定判断和否定判断的类型,而且形式逻辑声明任何一个判断不是肯定的就是否定的。所以无论判断中的特殊主体或述项是什么,任何判断必须依照不是肯定就是否定的这条规则。然后思维的第三种即最后的一种形式就是**推理**,用专用述语的形式来表达推理时,那就是**三段论式**。在每一个三段论式里,有两个称为“端”的概念,通过称为“中词”的第三个名词的媒介而联结起来。例如我们可以形成下面的三段论式:

人皆有死。

苏格拉底是人。

所以,苏格拉底有死。

这里两端是“苏格拉底”和“有死”。这两个就是要联结起来的概念。中词

是“人”,即通过它而两端得到联结的媒介。再则看看包含在这三段论式的判断,一共有三个。开头两个称为前提,最后一个称为结论;结论是从前提得出,含义上是已经包含在前提里面的。那么,既然任何一个三段论式都是通过中词而联结两个端词,而且有两个前提和一个结论,三段论式不管有什么内容,都一定依照这个普遍的式样。那么,这个普遍的式样就 [114]
是三段论式的**形式**。(2)谈到普通逻辑的第二个特征,既然它是“纯粹的”,即只处理思维的“形式”的,它就没有经验性的原理。有时在逻辑的著作里插入关于思维对于知识各种其他能力的讨论。依康德的见解,这种讨论不属于逻辑本身而是属于心理学的。从心理学原理的考虑不能知道什么,因为逻辑是一门可以证明的科学,而作为这样的一门科学来看,它的原理是完全在验前确定的。

二、先验逻辑

康德在上面一段里,引入提到普通的或者说形式逻辑的话,是为了理 42a
解先验逻辑预备道路的,而正当地说来,纯粹理性批判是只和先验逻辑有关的,把这两种逻辑作比较时,发现它们在处理思维的形式这一点上是一致的,因而它们在处理验前的东西这一点上是一致的。可是,形式逻辑关于对象的性质并不确定什么,因为它是完全抽掉了一切的内容的,但是先验逻辑,如果它存在的话,并不抽掉知识的**一切**内容,而只抽掉它的**经验性**内容。在先验感性论中考虑直观的性格时,我们发现有纯粹的直观,或者更确切地说,发现直观的纯粹形式,那是关于对象的直观必需的条件。我们又发现除直观的纯粹形式(即空间与时间)之外,还有经验上的直观,那是含有一种感性的因素的。那么,我们可以指望在先验逻辑里面也会有与之类似的关于对象的纯粹思维与经验思维的分别。关于对象的纯粹思维,如果它存在的话,是在于思维的形式,而这种形式是属于我们智力 [115]
的性格的,正如空间与时间这种纯粹形式属于我们感性的构造本身那样。而且像感性的形式是直观的验前条件那样,思维的形式也就是我们关于对象的一切经验的验前条件。那么处理思维验前条件的逻辑就不会抽掉知识的一切内容,而只抽掉它的经验内容。这种逻辑不同于形式逻辑,由于它是这样含有判断的,即它解释验前综合判断的可能性,这样就间接说明经验的一切综合判断的可能性,而形式逻辑只告诉我们验前分析判断的条件。

42b 那么,假使哲学有个真正的分支,称为先验逻辑,而它的问题将会是要说明思维的纯粹形式,或者说——思维既是一种自发性——纯粹思维的功用是怎样适合来说明验前判断。如果有思维的这种纯粹形式的话,我们就能够说明经验的验前综合判断。可是,由于经验总是含有一种感受性的因素,我们就认为思维的纯粹形式当然只关于感性经验的现实或可能对象,才是有客观的意义的。在感性经验的范围以外,这些思维的形式,即康德后来称之为理念的,并不叫我们能够确定我们对于对象的观念:因为虽然它们给了我们一个超感性经验的实在的这个概念,但是它们并不提供感官的补充因素,而没有这个因素,关于对象的知识是没有可能的。思维的纯粹形式,即范畴,作为感性对象的经验的条件来看,是康德
[116] 看为**知性的函项**的;而作为想要推广到经验以外,是称为**理性的理念**的。在划出知性与理性的这个分别时,康德的意思不是意味着有两种的思维或者有思维的两种能力,而只是说同一的功能有两种应用的方式。知性与理性是同一个智力的名称;其分别只是,知性是智力的作为构成对象看,而其感性的因素是由直观提供出来的,而理性是同一智力,在这样的感性的因素没有向它提供出来的时候。

三、普通逻辑的划分为分析论与辩证论

43a 普通逻辑,即形式逻辑有两个部分,即分析论与辩证论。第一部分只包含判断和三段论式形式上有效性的规则,特别指出那些有效的推理形式,即在其内容是真实的条件下而有效的那些推理形式。按照它的一般性格来说,形式逻辑并不企图来确定内容是否真实,而只立定规则,使我们只从思维形式的考查而确定它在逻辑上是否有效。但是虽然这是形式逻辑的唯一合法用途,而它的结果是这么不能否认的,结果就有一种很强的诱惑,想把它扩充到它的合法范围以外去;换句话说,认为逻辑的有效性等同于客观的真实性。于是我们就发现亚里士多德与其经院派的信徒论证说圆是最完善的几何形,而借助于自然总是以完善为其目的这条原理,就进而主张行星的轨道是圆的。这里就是原本不过是判断的一条规准,而非法地作为客观真实性的工具来使用,而辩证论这个名称是给与形

式逻辑的这种滥用的。

四、先验逻辑的划分为分析论与辩证论 [117]

先验逻辑中有一种分别是和形式逻辑所作出的分别相类似的，即分 43b
析论与辩证论的分别。先验逻辑完全以知性作为它所注意的对象，正如先验感性论集中其注意力于感性一样。因之前者是有关于知识的纯粹因素，即知性的纯粹验前形式，而假定是有这样的形式的。康德说，"说明知识中属于知性的纯粹因素和没有它就没有任何对象能被思维的原理的那部分的先验逻辑就是先验分析论"。这里所谈到的分别就是纯粹概念亦即理念和知识的纯粹原理的分别，后者所指的是纯粹概念即理念在感性的东西的构成或控制中的应用。那么这个纯粹因素同时包括着知性的纯粹概念即范畴和理性的纯粹理念，而所谈到的原理要就是康德后来称为纯粹知性的原理，要就是理性的限制性原理。纯粹知性的原理揭示经验的感性对象构成的普遍的必然的方式，而理性的原理只对我们说明经验对象受到控制的方式。这样我们就得到一种逻辑的概念，它是讨论智力的纯粹概念和理念并且讨论这些概念和理念在经验的构成与控制中的应用的。这种逻辑不像纯是形式的逻辑，它是真实性的逻辑，意思说，它告诉我们什么是我们能得到关于对象的经验，即关于经验的联系系统的唯
一必需的条件。可是，正如我们发现在形式逻辑中有一种倾向，要把思维 [118]
的纯粹形式用为真理的工具那样，这里也是有一种不可避免的倾向，认为纯粹概念或者说理念，可以为智力用来确定对象，纵然没有什么感性要素是向它提供出来的。这样一来，谈到理性的理念时，只是用来批判知性在其经验上使用的东西，就被人认定是一种工具，可以普遍地而毫无限制地来使用的了。换句话说，因为从知性的纯粹概念和所与的感性要素相结合，验前综合判断就成为可能，于是就有人认为，纯粹理念，光靠自己而不需有任何感性的要素，就能给我们以关于非感性的实在东西的知识。所以先验逻辑的第二部分，即辩证论，其目的并不是要产生这样的幻觉，而恰恰相反，是要暴露理性毫无根据的主张，这种主张是企图通过纯先验的原理，即通过知性的纯粹概念的推广到感性经验的范围以外，来发现并扩充知识的。

[119]

先验分析论

第一卷　概念分析论

第一章　发现范畴的引线

46a 作为先验逻辑的第一部分的分析论，其目的必然是要说明有纯粹的验前概念的存在，而且是有以这些验前概念为根据的纯粹的验前判断，确定一切感性经验成为可能所要具备的条件的，所以先验分析论的第一个问题自然就是要发现知性的纯粹概念，说明它们是思维的纯粹形式，而且显明它们就是某些验前综合判断的必需的与普遍的条件。

46b 可是，如果我们想要真正说明知性的验前形式，就必须能够抓住所有的纯粹概念，而这就意味着我们必须有某一定的计划，或者说某一定的原则，来寻找它们。康德在查明了空间与时间是直观的验前形式之后，就不得不接受这个问题来说明像“所有的事情必须有其原因的”这种普遍的而必然的判断。他不得不面对这个问题，因为休谟曾根据因果的原理是从经验得来的概括这个假定而指出这个原理不可能是普遍而又必然的。康[120]德，像他自己告诉我们那样，进而提出这个问题：是否在因果原理之外还有其他的原理是有同样的普遍而必然的这种性格的。这样一来，他就概括化了休谟的问题，而首先研究有多少个验前原理。在这个困难之中，他记得亚里士多德曾有了一种范畴表，即心作出判断时所用的某些普遍的方式，因而他就进行追问，以检查亚里士多德所列举的范畴这种方法，能否更清楚地看出发现知性的纯粹概念这个问题。可是，亚里士多德的范畴是实体，质，量，关系，位置，时间，姿势，情形，主动，被动。然而表面上很明显，位置、时间和姿势并不是范畴，这就是按康德的术语来说，即它们不是思维的纯粹形式，而像感性论所指出，只是直观的形式。因之这三者必须立刻摆在一边。而且主动和被动也不是概念作用的纯粹形式，而显然是因果原理的特别应用。再则情形与其说是一种范畴，毋宁说是思维一切形式的特性。剩下来是实体、量、质与关系。显然必须加上因果作用,这是休谟格外提出的一个特别的概念。如果把这些范畴按它们逻辑复杂性的次序排列出来,很清楚,实体必须列在量,质和关系之后,而且必须和因果作用联系起来。这就给了康德以其出发点,因而他就从量、质与关系开始,而加上交互性这个范畴。进一步反思之后,他又加上一个第四项,即样式。为要了解他结果何以加上样式一项,而且把范畴照着它们出现的次序安排,我们就必须记得,在他否认了亚里斯多德的范畴表之后,[121]
他转到形式逻辑来找启发,原因是,就形式逻辑是分析的或者说纯是形式的这一点来说,它是显示思维全部活动基础上的原则的。所以由于接受了形式逻辑的结论,康德最后才决定作出他提出的范畴表,而像他所主张的那样,这个范畴表是从一个确定的原理得出来的,那原理就是,所有的思维,无论是分析的或综合的,都一律是判断,就是说,它是靠思维的自发活动而带来统一性的某种形式。

第一节　知性的逻辑运用

那么,思维就其运用于分析判断的形成上而言,究竟有什么性格呢? 46c
我们在上面已经看到,从消极上说,知性是知识的一种非感性的能力;这就是说,它是不提供实在的任何确定要素的一种能力。从积极上说,知性不同于感性,就是它是一种自发能力。而且知性的这种自发能力既然不是感受性的,就只能是在某方式上作用于直观所提供的材料。换句话说,知性总是用概念来活动的。可是,概念的性格就是它预先假定有直观,因而知性总是知识的一种间接的或者说中介的过程。它的作用范围,直接的不是对象,而只是有关于直观的概念,而思维的唯一功用就是把概念互相联系起来,也可以把一个直观和一个概念联系起来。知性运用概念的方式就是用概念来作出判断,因而我们可以正当地说,一切思维都是判断。而且既然判断所用的材料是概念,所以判断总是关于对象的间接知识。

第二节　九、知性在判断中的逻辑作用 [122]

知性的根本活动在于判断。所以如果我们注意判断的动作,而且单 48a
从它本身来想,我们将发现,判断就其是分析的判断来说,是有那些不同的各种作用。既然这些作用已经为形式逻辑所说明,我们就可以采用它的结果,而从这些结果出发,在我们的工作中进而从它们得出包含在综合判断里面的判断的种种作用。康德在这里的原理就是,知性作为判断的能力一定有某种固定的结构,而且正如我们不管空间与时间的形式就不能有任何直观那样,我们不管知性的基本形式,也就不能有关于对象的思维。所以在形式的判断的各种作用里,我们将能够看出综合判断的各种作用。其不同的地方不是在于知性起作用的方式,而是在于知性所使用材料的类别。论到分析判断时,材料是抽象的概念,而论到综合判断,材料是感性因素;但是思维对这种各别不同材料而起作用的方式必然是一样的,因为知性不能丢掉它的基本结构。

所以这里就是判断的各种作用:(1)形式逻辑家划分判断为全称的与特称的。例如"凡人皆有死"是一个全称判断,就是说主体的量是作为普遍或整体看的,而"有死"这个述项是肯定为对于那个整体的每一个成员来说的。又如"有些人是有智慧的"是一个特称判断,因为"有些人"这个主体不是和"人"的整个类同广阔的。在判断的全称与特称这两种形式之
[123] 上,康德还增加了单称判断。形式逻辑不管这个分别,而主张像"苏格拉底是一个人"这样的一个判断,在形式上并不是不同于全称判断;因为,虽然这个判断是指一单个人而说的,但是那个个人是作为整个或在普遍上理解的。那么,何以康德增加了判断这个形式呢?他说他的理由就是,虽然在形式逻辑里没有任何根据把单称判断从全称判断区分开来,但是当我们看一看思维应用于关于实在构成性的判断的时候,就必须作出这个分别,而且要把单称判断规定自为一种形式。这不过是说,康德不能从分析判断的抽象形式得出他的一切范畴,而不得不预先想到先验逻辑的需要而修改形式逻辑。(2)质。论到质也可适用同样的说法。形式逻辑关于质区分判断为肯定的与否定的。诚然如康德所说(见《选读》第53页),在形式逻辑里面,一切的验前划分必然是按二分法的。他增加了不定的判断一项,其理由正如他决定加上单称判断一项一样:这是预期到他后来从它得出限制性这个范畴所需要的。不定的判断可以用这个命题来作例证,如"灵魂不是有死的",这又可以用肯定的形式表达如"灵魂是不死的"。这里不但否定灵魂属于"有死的东西"一类,而且肯定它是属于"不死的东西"一类。那么一个不定的判断的特征就是它同时从一类排除出

来,因而就归到与之相反的一类。(3)关系。形式逻辑区分出断然判断、假言判断和选言判断这三种;这样一来,康德在这里,手边就有了现成所需要来作为与之相适应的三种范畴的基础了。(4)样式。论到样式也可适用同样的说法,划分判断为或然的、实然的与必然的。 [124]

第三节　十、知性的纯粹概念即范畴

形式逻辑抽掉了所有的内容,因为它是纯然处理分析思维的形式的。 49a
先验逻辑抽掉一切的经验的内容,可是不抽掉纯粹直观的内容。这个内容,如在先验感性论里所已经说明,是为空间与时间的种种确定所组成的;而康德在这里像是说,这样的确定向思维表现出来,然后思维才进而把它们带到概念来的,因为他谈到先验逻辑是有"验前感性的一个复杂体摆在它面前的"。然而得要补充地说,思维在这些空间与时间的确定在某一种方式上已得到联系而为它准备好之前,是不能直接对这些确定起作用的。诚然康德在先验感性论里曾说到好像除考虑空间与时间是一切的直观,或者说是一切感性经验的验前形式之外,更没有什么是需要来说明数学的验前综合判断的:那就是说,他在那里曾说过好像存在于空间与时间的个别对象是单只通过直观而显示出来的。但是他现在想要建立的学说乃是,个别对象的直观包含有某一方式的综合;就是说,它包含有心的自发活动。因之他在这里告诉我们,"纯直观的复杂内容,必须首先加以考察,纳入思维中来加以结合,然后才能有任何的知识"。可是,这只能意味着,甚至关于个别对象的想象,或者说空间与时间的特别确定都是含有思维的自发的。事实上,康德在这里是暗示着他在紧接着的后文里所明白说出来的,就是想象的综合是预先假定为明显的思维运用它的纯粹概 [125]
念即范畴时作为基础的。这个学说后来发展为一种复杂的理论,称为"知性的图型法"。 49b

那么,综合是任何知识的不可或缺的条件,不管那知识是关于所谓感性对象或是关于纯粹直观。如果我们是在处理纯粹直观,那个综合便称为纯粹的,如果我们是在处理感性对象,那个综合便称为经验的。康德还指出思维的分析活动不能是第一性的,因为没有可能把概念分析为它的因素,除非这些因素事先已曾得到结合。如果在我们的意识里面有一确定的内容,那种内容固然是可以在一种粗糙而含糊的方式上对我们存在着,因而是有待于分析的;但是,另一方面,除非事先已经把种种因素放在一起,而这当然意味着必须总是有综合在分析之先,否则就不会有任何的内容。那么,如果我们想要发现知识的真正秘密,我们就必须注意综合。

50a 综合活动的第一个形式是通过想象,这就是康德后来所称的知性对
感性的影响。他所谈的不是再生的想象,而是创造的想象。在这里思维
盲目地无意识地动作,把感性的因素结合成为一个统一体,不管那些因素
是经验的或是纯粹的。只有在这个初步的综合已经完成之时,知性才能
[126] 在知识对象的构成中对它的纯粹概念起作用;因而想象的综合,用康德的
话来讲,得要"带到概念来",就是说,得要变为预先假定有纯粹知性概念
50b 的直观的意象的明显确定,这就是经验的系统的条件。如果我们看一看
思维的纯粹综合在其最一般的方面,我们就能看到它是以知性的纯粹概
念为基础的。例如,如果我们是用直观的纯粹因素来进行操作,而那些因
素是已经为想像力综合所确定的,所用的方式是算术用那些因素来操作
那样的,那就很明显,我们必须预先假定有某一种概念作为对知性所提供
的具体因素活动的形式。算术是根据某一个概念的——通常是根据十进
法的概念——但是不管这概念是什么,不可能构成一种算术学而不以某
种概念为数目的纯粹要素的准据。那么,在这里我们就有了思维在创造
的想象中,对提供给它的材料进行活动的方式的一个例子了。

先验逻辑得要说明想像力的纯粹综合是怎样"带到概念去"的。康德指出有三种因素的使用。(1)有纯粹直观的复杂内容,我们现在必须把它看为一种无联系的杂多,或者只是多数,本身甚至不是直观或想象的对象;(2)想像力所提供的因素,它是把从前是纯粹直观的无联系杂多的东西统一为一个看见的东西的;(3)知性所提供的因素,即把想像力的盲目的或无意识的统一体变为知性的明显的统一体。

51a 现在康德得要说明从分析判断的纯粹形式的考查可以合理地得出知
性的纯粹概念。那么,分析判断的性格是什么呢? 它用一般性的概念来
操作,而在一个判断或一个三段论式中使它们互相发生关系。康德在这
[127] 里所想到的是两个概念,或者也可以是一个直观和一个概念的联系,像在
分析判断中所表示的那样。这种判断的述项是得自主体的分析的,因为

分析判断永远不在已知的上面增加什么,而只把不言中含蕴在所与的一个概念里面的东西明显地说出来。例如,分析判断先把含蕴在一个概念里的某一属性分开出来,然后用它来叙说那个概念。那么在这里,知性,纵然它原是分析的,但无疑是把两个可区分开来的因素联系起来或结合起来。可是知性必然有某一种固定的结构。如果是这样的话,知性活动的同样模式也是包含在那前一种综合里的,而如我们所已经看到的,这种综合是一切的分析所作为先决条件的。在用抽象概念来活动之中,像知性在分析判断的形成里面所做的那样,心灵必需使用某些统一性的原理,而那些同样的原理也就是它在直观的对象得到形成所依据的直观因素的综合中所使用的。所以在直观对象确定中使用的思维动作也就是在验前综合知识的构成中所使用的同样动作。所以作为统一性的作用的知性纯粹概念是适合于验前来确定对象的性格,这是由于这些概念就是和知性的结构本身不可分开的统一性的必然的作用。

贯彻着这条原理,康德就发现知性纯粹概念的数目恰恰等于分析判
断中思维作用的数目。如果那些作用是构成知性的本质的,事情必须是 51b
这样;因为,如我们所已看到,思维在本质上就是判断,而虽然在分析判断
的情况下,我们是用抽象的概念来操作,然而我们必须利用那些作用,没 [128]
有它们,我们是完全不能作出任何判断的。假定形式逻辑正确地详细说明了在分析判断中使用知性的各种方式,我们就将能够从已经作出的判断表(见《选读》第 48 页) 得出纯粹概念,或者说范畴的全部了。

范 畴 表

(1)那么,形式逻辑在量的项目下列出全称的、特称的和单称的判断。 51c
(a)在如"人皆有死"这样一个判断里,其量是全称的,因为"有死"这个述项是对"人"的一类中每个成员所肯定的。和所有的个体包摄在一个概念之下相应的范畴必然就是总体性。这个普遍无疑不是一个抽象的概念,而是直观的一些因素的结合,然而思维的作用基本上是一样的。(b)特称判断,如"有些人是有智慧的",把抽象的概念分割为它的逻辑各部分,而与之相应的范畴,因之就是一些作为分开的或者说杂多的看的,分开的直观因素,那么这个范畴就是多数性。(c)在单称判断里,如"苏格拉底是一个人",我们所处理的不是一个一般的或抽象的概念,而是一个个体。在

分析判断中,不分单称与全称判断,因为述项都是用来肯定主体而没有限制的。可是康德主张在单称判断里统一性的作用作为先决条件,必须在我们处理综合判断时明白地表示出来,因为我们得要看到好比对象正在形成似的。在这里,在这种形式的判断中所含着的思维作用乃是单一性。
[129] 康德把范畴的次序倒过来看——大概是为了他后面所说,在每项中第三个范畴都是从第二个范畴和第一个的结合而产生的——他就列举量的范畴为单一性,多数性,总体性。

(2)在分析判断中,质有三种形式——肯定的,否定的,不定的判断。(a)那么,在思维是综合性的时候,因而就是把直观因素构成对象。看来很清楚,在肯定判断中所预先假定的作用乃是把直观对象确定为一个实在的东西。(b)同样地,否定判断,在它从综合的观点来解释时,必然产生非实在性,即否定性这个范畴。当注意到,否定性不只是实在性的不存在,而是某一所与的或限定的实在性的否定。(c)最后还有不定判断,这是把一个概念从一个范围排除出来而纳入另一个范围而产生限制性这范畴的,恰恰就是实在性和否定性的综合。

(3)关系。——(a)一个断言判断是直接地或者说无限制地作出肯定的。可是,当我们在处理经验的现实对象时,简单或无条件的断定必然是在于把一些属性归于一个实体;因之我们就有依附性与存在性。(b)假言判断采取这个形式:"如果A是B,则C是D":它不是没有限制而肯定,而只是有条件肯定的:它并非说C是D,而只是说如果A是B,则C是D。所以,当我们在处理经验的现实对象时,条件性,即一个因素依赖另一因素的性质,必须采取实在的依赖即条件性的形式,而实在的依赖性即条件性就是原因与结果的关系。(c)在采取"A要就是B要就是C"这个形式的选言判断里面,我们有概念的全部而带有从属的一些概念,这些从属概
[130] 念的总数就构成全部。因为在"A要就是B,要就是C"这个选言判断里面,B和C必须穷尽一切的可能性——否则这选言判断就不会是有效的。当两个一起构成一个总体的概念的交互排除性这原理应用于经验的实在对象时,我们就必然有实在实体的相互排除而又有它们的关系,而这就是交互性即相互为因果作用这个范畴。

(4)样式。——(a)样式性判断第一个形式就是可能的判断。在这种

判断里面所说的不是“某东西是”，而是“某东西可能是或不是”。例如，我们可能有“世界可能被创造的或可能不是的”这个判断。那么，当这条原理应用于经验的可能对象时，我们就得到**可能性**与**不可能性**这个范畴。(b)断然判断是断言观念无任何限制的联系的。所以思维在综合判断里的作用就是理解经验的一个实在对象是存在或不存在的，即理解它是经验的一个现实对象或者是没有现实性的对象。那么，这个范畴就是**存在性**或**非存在性**。(c)最后，断言判断是断言两个概念的绝对必然联系的，就是说，它的原理乃是，两个所与的概念一定必然被思想为两相关联的。在我们把这条原理应用于经验的对象时，我们就得到**必然性**与**偶然性**这两个范畴，而所谓**必然性**是指经验的一个对象的必然性，而所谓**偶然性**是指这样的必然的否定而言的。 52a

跟着普通逻辑表列出来的判断各种形式的导引线，我们这样就能够发现知性的纯粹概念，而且把它们全部发现出来。这些纯粹概念就是构成知性的性质的统一性各种作用；所以没有它们就不能获得关于经验对 [131]
象的知识；而我们可以完全信任我们这样得出这些概念是有效的，因为这个概念表不是从经验中得出，而是从一条简单的原理，即判断的能力得出来的。

十一

(1)在我们看看范畴表时，第一件引起我们注意的东西，就是这些范 52b
畴自然地分为两组，我们可以把这两组分别为**数学的**范畴和**力学的**范畴。前者是关于“直观的对象”的，那就是说，它们把种种因素综合为个别的整体而表达经验的一个对象的第一种结构。例如以量的各范畴来说，即单一性、多数性和总体性。在想像力的综合，把它们已经准备好来包摄在范畴之下的时候，通过思维综合活动，本身原只是杂多的直观因素，就在这些范畴之一下边被结合起来。然而结果乃是关于单个对象的意识。例如从纯粹直观拿一个实例来说，单一性范畴确定直观的种种因素为单一的，多数性范畴确定它们为杂多的，而总体性范畴则确定它们为一个整体。严格地说，如康德紧接着便指出，只有总体性这个范畴是构成经验的对象的，其余两个范畴多多少少是这个复杂范畴的两个从属方面。例如在一条线段能为思维的一个对象之先，这线的直观诸因素，或者说部分，必须依次被给与出来,想像力把它们表现为一个整体,而思维就把它们结合成为一单条线的意识。这就说明康德说数学的范畴是"有关直观对象"的,他是指着什么说的。他的意思就是,这些概念并不处理经验对象的相互
[132] 关系或联系,而是处理作为本身或分开来看的经验对象。另一方面,力学的范畴是处理对象的关系或联系,而不是作为单个的。它们的第一组——摆在**关系**这个项目之下的那些范畴——是从事直观对象的彼此交互依赖的,而其在这里所使用主要的范畴乃是**交互作用**这个范畴。力学的范畴其他一类——摆在**样式**项目之下的那些范畴——所从事的不是诸对象就其交互依赖而言的现实关系,而是对象和认识它们的主体的关系。这就是康德说第二组的范畴是"关于那些对象的存在,作为相互有关或和知性有关的"这话的意思。关系的诸范畴是处理对象相互有关的那些范畴,而样式诸范畴是处理对象对于知性的关系的那些范畴。(2)再看看我们的范畴表,每类里面的数目都是三,这是富于暗示力的。形式逻辑所作的概念划分自然是按二分法进行的,那么何以我们发现范畴是按不同的原则而划分呢? 其答案必须是知性的作用应用于直观的现实因素就引入一种修改,由于知性不仅仅分析一个概念而在一个判断是把它表达出来,而是把种种因素结合为一个新的整体。我们并得要注意到,每一类的范畴不是在互相排斥的方式上有关系的。在所有的情况下,第三个范畴都是其他两个范畴的综合。例如像康德所指出,**总体性**只是**多数性**的作为**单一性**看,**制限性**就是**实在性**和**否定性**的结合,**交互性**是**因果作用**,其中
[133] 两个**实体**彼此互相确定,而**必然性**就不过是**可能性**所给与的**存在**。康德这个富于暗示性的说法,他自己并没有进一步加以发展,但是为他第一代继承者费希特所继续而为黑格尔更系统地有所发展。其实,在这里我们就有了在黑格尔逻辑全部的基础上的原理的幼芽,加上这个差别,就是黑格尔不但在每一类的范畴里发现三个一副的这个原理,即概念的相反相成的表现,而且他变为从最简单的范畴借以演进到最复杂的范畴的活生生的原理。这样一来,康德关于思维的种种作用的一种完备而有系统的说明,就为黑格尔在一个更首尾一致而彻底的方式上,试图来实现出来。

第二章　范畴的演绎

十三、先验演绎的原理

康德是以概念分析论的第一章结束他后来称为(见《选读》第 26 节， 53a
第 78 页)范畴的“形而上学的演绎”的，换句话说，他通过思维的逻辑作用的考查曾说明有综合的某些验前形式是属于知性的结构本身的。他现在得要作出和空间与时间的先验说明相应的“先验”演绎，正如范畴的形而上学说明相应于空间与时间形式的形而上学说明那样。他采用“演绎”这名词而不是采用“说明”这名词，大概是因为知性的纯粹概念得要从思维的逻辑作用得出来，而且因为，在得出来了之后，它们对于经验的应用是要说明正当理由，或者说说明是合理的。

法律上素来有事实问题和权利问题的分别。例如按事实，一个人可 [134]
能是占有一块土地，但这不等于他对土地有合法的权利。而可以说明，把这个分别用于知识的问题上，事实上我们确是在经验的对象的确定中，应用着某些知性的原理，可是我们不能立刻从这个事实而达到结论说那些原理的应用是合理的。从因果律可以容易地得到这样原理在实际上使用的一些例子。对于冷与热、日蚀和数不尽的其他对象，我们都有一个原因。我们有权来使用这样原理的经验上的解释，不过是在我们的经验上确是显出一些联系来。其实，这就是洛克的学说。可是如休谟清楚地指出，这永远不保证我们得出结论说这样应用的原理是必然的而且是普遍的。所以我们必须能够说明知性的概念不但是在事实上使用来确定我们的经验，而且我们是有权来这样使用它们的。

其实，作出空间与时间的先验说明是没有困难的，因为很容易说明， 54a
除非我们预先假定空间与时间作为直观的验前条件，我们是不能有任何直观的。既然只是靠感官这些形式的应用，我们才能意识到甚至具体的感性东西，我们就能够证明空间与时间是纯粹直观，而从这个结论就没有困难推进到另一个结论，说空间与时间乃是我们对感性事物的经验的可能性的条件。既成立了这个结局之后，我们又能够进一步说明直观的验前综合判断是怎样成为可能的了。

但是谈到知性的纯粹概念就不能用成立直观形式的验前和先验性格 [135]

54b 的这个简单方法，因为完全可以想象，即使对象不是为知性的概念所确定，那些对象仍然可以向我们出现。我们不能说，至少是最初不能说，不使用思维的范畴就不可能有感性的经验。所以这里就很难来说明，或者举出其正当的理由，如何能主张根据思维的验前作用是有知性的普遍而且必然的原理的；因为在任何情况下，思维都是自发的活动，而分析判断有其存在这一事实本身，就说明我们是可以思维而不因之而确定对象的。所以问题就是要解释思维的自发活动怎样仍然是有客观的有效性的。一方面好像我们并不依靠思维的活动而有着关于对象的经验，而另一方面，又同样地好像很清楚，我们不能从这样的经验得出普遍而又必然的原理。所以困难就是要说明这些表面上互相矛盾的说法是可以调停的。能否同时说明在某种意义上，先于知性的活动就有了关于对象的经验，而对象又是必然为知性的活动所限制的呢？譬如以原因这个概念为例。这样的一个概念不是只以分析为根据的，如果是的话，我们就会在原因这个概念里面发现其结果的观念了；但是原因 A 是不同于结果 B 的，因而在一个分析判断里不能从 A 得出 B 来。可见，凡是我们有一个综合的判断时，就发生困难，如何解释我们有什么权利超出我们从而出发的概念而把原来
[136] 不包含在它里面的东西增加上去。何以我们原因的概念能应用于对象的确定？什么东西使我们有权来肯定，没有那个概念经验就成为不可能的呢？何以不可能，这个概念只是我们心中的一个观念，没有任何经验的对象是和它相应的呢？

55a 要说因果作用的原理可以用经验的归纳来证明，这并不是对这个困难的解答。我们在确定经验的对象时，不断地使用像因果作用这种原理，这无疑是完全正确的；可是如果这是这种原理的唯一根据，我们就永远不能说明这些原理是普通而且必然的，因而永远不能说明它们所预先假定的思维形式是经验的验前条件。

55b 那么，我们就得要作出知性的一切验前概念的一种先验演绎，而显然我们在那演绎中所必须作为指导的原理，就是那些概念是一切可能经验的验前条件。正如在先验感性论中已经证明，只有空间与时间是直观的验前形式时，数学的验前综合判断才能够得到解释那样，我们照样必须要能说明思维的纯粹概念乃是一切可能经验的验前条件。如果我们能够证

明这个,就毫无困难来说明知性的原理,或者说我们关于经验的对象所作出的普遍判断,是普遍的而且又是必然的了。可是说明它们的正当理由,除此别无可能的方法。

第二节　经验的验前条件

康德在《纯粹理性批判》第一版中,曾作出他在序言中称为的“主观演 56a
绎”,意思是指从包含在经验对象的结构里面的思维活动观点来看的、一
种关于范畴的正当理由的说明。这个主观演绎,如他在这里所指出,是可 [137]
以省去的,由于范畴的先验演绎的主要目的,乃是说明这些范畴是客观性
(即经验的一个系统)的普遍而必要的条件的。然而加上作出一个主观的
演绎是极为有利的:(1)因为只有在综合的某些准备形式已在活动之后,
知性本身才开始起作用,而且(2)因为虽然在某种意义上,对象在其活动
之先是被直观到的,但是很难说明知性是实在对象的知识的一种条件。

那么,得要解释的是心的现实上系统地把经验的所有一切对象联系 56b
成为一个整体。所以意识必须本身是一个统一体。如果我们认为它是打散为许多各别独立的状态,那么我们显然就永远没有知识,假使知识是在直观的联系着的系统来了解的话。一个对象的直观是意味着各种各样的因素出现于意识,而作为一单个整体或总体看的。这可以称为**概观**(synopsis);但是很明显,既然没有各别的因素能出现于心灵,除非它们已经为心灵所区分开来而又结合在一起,所以概观必须包含着综合的某种形式。为了解释直观的对象,只以感性为准据是不够的,虽然在先验感性论中康德像是把这看为足够的:因为感性纯是感受的,而作为感受的来说,它是只能产生一种无联系的杂多的。感受性必须和综合的自发性相结合,而这个综合又有三个形式或对象:领会的综合、再生的综合和被认识的综合。

一、直观中领会的综合 [138]

我们意识的全部内容都归入时间的形式,这形式乃是感性的普遍形 57a
式。应当注意到时间乃是外部对象的形式而又是感觉的外部系列的形式。不但这样,它又是特别在感性对象里面而且又是在空间与时间作为我们意识的确定对象里面所预先假定的形式。并且时间既然是意识的普

遍形式，就很明显，除非我们的知识或经验的每一部分都和唯一的时间发生关系，关于对象的意识是没有的。这种讲法的重要性在于这个事实，就是它确定下来关于现象区别于物自身的知识的条件；因为我们所要说明的不是物自身的存在与性格，而是对象在其出现在我们意识之中的存在与性格。当我们考虑到在综合的各方面所包含的是什么的时候，必须把这个总的讲法记在心中。

57b 那么，时间作为我们意识的普遍形式，是在一切对象的直观中所预先假定的。无论什么其他要素包含在一个对象之中，无论它的感性差别是什么，总是含有一个东西，即它出现在我们的意识里是归于时间的形式的。这是重要的，因为它告诉我们辨别包含在关于一个对象的直观里的各种要素的条件是什么。每一个印象一发生便消逝的，因而如果我们假设意识是化为一些分开的或者说无联系的印象，对于这些作为分开而无联系的印象是没有任何意识的。限制于一单个片刻的印象的意识是不能把那个印象从其跟在后面各瞬息的意识分辨开来的；所以直观不只意味
[139] 着依次而来的印象，而且意味着关于这些一个跟着一个，或者说依次相继的印象的意识。不但这样，不只这个依次相继的意识是一个印象辨别于另一个印象时所必需的，而且各种各样的印象显然必须结合在各种各样依次相继的东西联合为一单个对象的统一体之中。所以心灵必须把各种的印象当它们发生时就抓住，而这就是正当地称为**领会的综合**的。它是“领会”，因为对于构成一个个别对象的杂多的种种因素有一个直接的意识；而它是“综合”，因为这个杂多在意识的唯一对象中是联合的。

57a 关于感性杂多综合的必要性所说的，对于直观的纯粹因素，就是说，对于空间与时间的杂多，也同样地可以这样说。这里也是预先假定有各因素依次相继这种意识的，就是说，甚至在空间的确定情况下——例如一条线或一个三角形或一个圆的情况下——时间，作为内感官的形式，在对象的意识中是一个因素，而纯粹直观的杂多必须结合在一单个对象——线，三角形，圆——的统一里的；因之在这里我们也有领会的综合，不同于感性对象情况下的综合，只是在于它是一个纯粹综合这个事实。

二、想象中再生的综合

58a 我们从普通的心理学知道，常常联合在一起的观念是倾向于互相再

生的，于是直观中没有对象的出现，而在从前有过的因素或观念在意识中却复现出来。可是，如果观念的这个联合纯是一种任意的或主观的过程，[140]那就显然是不能帮助我们来确定对象的。我们意识的形式，不管在这形式上出现的特别观念是什么，如我们已曾看到，总是依次相继；但是只以观念联合的经验规律来说，刚止根据观念在事实上是联合的，我们不能把一个实在的客观的相继从一个任意的或主观的相继分辨开来；因为所有观念都是联合着的。最荒唐的幻想是如此，我们所看为是客观的观念联系也是如此。那么很清楚，在构成关于一个实在对象的意识的因素联合里面，就必须在刚止联合之外还有别的什么东西；换句话说，这些因素本身必须在再生的想象中不知怎样联系起来，结果是叫我们能把它们归之于经验的实在对象，或者把它们看为是表示这种对象的。所以无论包含在关于一个对象的意识里面的特别感性因素的性格是什么，这些因素不能是以纯然任意的方式联系起来的，而必须是在一种规则的基础上，不知道是怎样联系起来的。不是这样的话，经验的想象就不会这样活动起来而给我们关于对象或事实的意识，而没有这种意识，我们是没有虚构的意识的。

那么，在再生想象里预先假定的这条规则的性格是什么呢？显然必 58b
须是包含在再生想象本身的性质里面的；换句话说，再生一定是根据想象能力的某种固定的结构，因而在其活动中，它必然是在有任何必然而综合的统一经验之先的一种条件。让我们清楚地记在心里，在解释经验时，我们不能退回到这种假定：认为物自身有某种确定的性质，而知识就是在于 [141]
我们关于对象的意识和对象原是什么，这两者之间的相应。因为物自身不管是什么，在它们不知怎样和我们的心灵发生关系之先，对我们来说，它们不算是什么的。而物自身能和我们的心灵发生关系的唯一方式就是通过感官的印象，而感官的印象是我们里面的主观状态，而不是物自身的确定。所以我们得要解释关于对象的意识而不越出意识的范围，而我们能这样做的唯一方法，就是说明，虽然我们所有的观念都是在时间依次相继的这种形式上来到我们心里，但是在我们的印象在想象中再生时所依照的方式里面，是有某一定的次序或规则的，而关于这规则的意识是我们的印象归到对象的必需条件。那么，我得要说明的，就是除非我们的想像力的性格是把一种固定的规则或次序加在我们心上，我们是不能有任何对象的意象，甚至一个纯粹对象，即空间与时间的确定的、意象的。如果想象在知性应用于直观的再生因素时，确实是知性的盲目或无意识的活动，那么我们就能解释我们是怎样来谈经验的对象的了。换句话说，康德想要说明客观性的意识，而其方法是通过说明在最后的分析上，它是意味着在直观因素再生中的固定规则的意识。例如拿再生的情况来看，这里我们所有的，是直观的一个纯粹对象，譬如一条线。关于一条线的意识，当然是预先假定对于构成线的部分或因素是有一种直接的领会的。但这是不够的：即使假定心灵在一个统一体中抓住了那些因素，我们还没有对于一条线的意识；因为一条线不只是现在在我面前的这个特殊的意象，而
[142] 是显示出任何一条线要被产生出来的普遍方式的一个意象。所以我们不只是要有在我们把线划出来时的各部分或因素，而且还要能够再生这些因素而把它们固定在意识面前。这就是要对我们有一条线的意识的必需条件。如果在新的因素出现于我们的想象中时，在前的因素在我们的意识中完全消失掉，显然我们就永远不会有一单个对象，即线的意识。所以这些因素再生的方式必须是依照一条普遍规则的；否则直观因素的任何结合都会能产生一条线来了。可见，想像力虽然是盲目地或者说无意识地活动着，但它必须依照后来才为知性带到明显的意识上来的规则的。

59a 那么，再生的综合是在领会的综合中所预先假定或包含着的，而我们曾看到领会的综合，即关于某些因素的作为互相区分开来然而又依次相继的这种意识，和这些因素结合为一个整体的意识，是对象意识的必需条件。因之我们就发现了有想象的先验能力，正如有知性的先验能力一样；换句话说，想像力依据来盲目地活动的普遍规则乃是对象的意识成为可能，而只有这样才成为可能的必需条件。想像力诚然不是对象明显依照普遍规则的概念作用，但是我们必须认为想像力活动的方式是这样，因而当知性明显地把直观包摄于范畴时，它只是清楚而有意识地作出想像力已经盲目而无意识地作过了的事。

[143]
三、概念中认识的综合

60a 康德曾论证说，为了对象的意识所需要的不只是领会，而且还有再生：那就是说，不只是要有感官的因素分开地为心灵所抓住，而且这些因

素要被再生出来并且是照其原来的次序再生出来。因之这个复杂过程的知觉对于任何意象的构成是需要的。但是在我们能够解释对象本身的意识之先，还需要另外某一东西。所说的新因素就是康德称为“认识的综合”的。所需要的不只直观的因素要照其原来的次序再生出来，这次序必须符合知性的规则的，而且这样再生出来的东西还得要被认识为与原来的东西同一的。离开了这种认识，我们就不能有对象的意识，那就是说不能有直观遵照知性的规则的意识。没有认识中意识的同一性，就不会有我们知识中的统一性，因而就不可能使我们意识到各种各样的确定是构成一个整体的统一的。

例如假定我们是在处理直观的纯粹单位，像数目那样的：必须领会这些单位，而这些单位又必须按照一条规定被再生出来；但是，除非我们能够认识这样再生出来的单位是和原来领会的单位同一的，我们就不会意识到它们形成一个总数。只有不但有单位的综合，而且又有这样综合的意识时，我们才得到一个总数的概念。那么就知识来说，在再生的综合里面所预先假定的规则就必须在意识之先，换句话说，在构成对象的过程中我们必须是意识到思维的统一性的。

那么**对象**是指什么说的呢？我们曾看到，经验总是包含着感官的印 [144] 60b
象的，而这些印象，在其归之于对象时，就构成经验。可是印象所指的对象不能是处在意识以外的对象，因为这种对象对我们的知识来说是毫无意义的。那么，在我们谈到一个对象和我们的知识相应时，我们的意思是什么呢？在这里我们好像是把对象和我们的意识对立起来，像是前者独立于后者而存在似的。可是，如果知识永远不超出意识之外，显然这样的见解是站不住脚的。那么，我们的问题就是，就意识来说，对象是什么？我们以之和我们关于对象的意识相对立而又是在意识里面的那个东西是什么呢？

在意识里面的一个对象，作为从物自身区别开来的，其性格必须不是 60c
得自任何处在意识范围以外的东西而是得自在意识本身里面的某东西的。可是，我们知道，心灵并不发生感官的因素，因而我们必须在心灵所用于感官因素的形式中来寻找客观性的解释。我们又曾看到，关于对象的意识不能只从直观的形式得到解释，甚至在它和感官因素结合起来的时候。所以客观性的根源必须是在某方式上在于知性和直观杂多的关系上的形式。因之康德说“对象所要求的统一性只能是意识在其各种各样的确定的综合的形式上的统一性”。在我们说我们知道一个对象时,意思是说知性已将直观的各种各样的确定结合为统一体了。换句话说,一个对象是预先假定有杂多的包摄在一条规则之下,而对象的意识是在于包
[145] 含在这规则里面的综合统一体的意识的。在我们谈到一个对象时,我们实际上是含有规则的普遍性,而规则的普遍性是含有知性的综合的。

61a 所以知识,在关于一个对象的知识这个意义上,没有概念,是不可能的。无疑所用的概念可能是不明确而模糊的,但是一定总有概念在那里的,因为没有概念就不能有一个对象的意识。例如,如果我们意识到任何一个外部的东西或物体,“物体”这个概念是预先假定了的,作为每一个个别感性的外部东西所必须依照的规则。而且客观性既然在某种意义上包含有在一个个别对象里面的直观因素的必然联系,或者在经验系统中对象的相互必然联系,所以在我们对象的知识基础上,或者等于说,在我们自然的体系的知识基础上,一定有一种先验的条件。这个先验的系统,或者说一切客观性的根据,必须是绝对普遍的,就是说,必须是经验的每一个可能对象的必需条件,而且如果我们找出客观性的这样一个条件,我们就答复了构成对象的某一个等于X的东西是指着什么说的这问题了。

61b 一切客观性的这个绝对原始或者说第一性的条件不过是先验统觉。“统觉”这个名词是莱布尼兹用来和直观对比的,后者是对象的不带反思的意识,而前者是自我作为不同于对象而与对象有关系的意识。康德采用这些名词而给它们以他自己体系特有的意义。依他来说,统觉是和自我意识同一意义的。那么自我意识中所含蕴的是什么呢? 自我意识的同一性显然就是自我作为在其各种各样的确定的统一体的意识的必需条件。可是不能有自我的意识,除非我们预先假定在其本质里面自我实际
[146] 上是一个统一体。不能只是说在我们意识的每一个单一的样式里,我们都含有意识到自我的意思,而就能说明统觉或自我意识的先验统一性,因为刚只以作为事实讲的经验为准据,是不能证明任何绝对普遍而必然的原理的。所以要寻找自我意识的解释,我们不是靠作为事实的经验为准据,而必须说明自我意识乃是一切可能经验的必需条件。

自我意识的先验的或者说原始的统一性显然就是我们经验的统一性的条件；因为除非我们经验的各种各样的因素能够在一单个自我的统一里面联系在一起，是不能在我们的经验中有统一的。另一方面，除了和经验的对象有着关系之外，又没有自我的统一这个意识，这是事实。但是，如我们所已经看到，客观性是意味着思维把直观的因素综合起来，而没有在其各种形式上的综合，就不能有自我作为一个统一体的意识，换句话说，我们是在从对象意识的回溯过程中逐渐意识到自我的作为一个统一体的。另一方面，我们只有靠预先假定自我的原始统一性，才能解释我们经验的统一性；可是，另一方面，只有在我们实际上通过知性所经验的综合统一这个过程来确定对象，我们才逐渐意识到自我的统一性。 62a

那么，自我意识的先验统一性就是一切客观性的最高条件。只有在它里面而且通过它，我们才能说明经验的系统统一性，换句话说，一切属于知性的结构的综合形式必须是这个第一性的综合统一性的应用或样式。可是，知性的样式正是范畴；因之范畴是从属于统觉的原始统一性的。在一切知识中都是预先假定有自我的同一性作为它的绝对条件，而自我的同一性的意识因之也就证明是包含在对象的意识里面的了。范畴不过是必需的规则，在心灵不但准据杂多而构成对象而且成为意识到它在这样的构成过程中所使用的规则时，到明显的意识上来的。所以在心灵成为意识到自我在它借以确定种种对象的一切样式里的同一性时，想像力的盲目活动就“被带到概念上来”了。那么，范畴客观性的证明就是，它们是综合的样式，知性借以在统觉的综合统一这最高的条件下，构成经验的各单个对象和经验的系统统一体的。正如在感性论中，解释直观是由直观的纯粹形式，即空间与时间，所使之成为可能的那样，分析论成立经验系统的可能性，是由于说明知性的纯粹概念都是知识的唯一验前形式，即自我意识的各种形式。 62b [147]

十五、任何结合的可能性

我们现在进而考虑的“客观”演绎，乃是康德在《纯粹理性批判》第二版中，叙说范畴的先验演绎所用的形式。他一开始这演绎时就指出我们不能从单纯直观而解释得清楚对象的意识的；因为意识所包含的不但是感官的种种印象，而且包含着的是多于空间与时间的纯粹形式。客观性 63a

是意味着直观杂多的统一性这个意识，因而就意味着结合(conjunctio)。[148] 可是结合乃是意识的一种自发动作，而作为自发动作来看，它是知性或思维不同于感官的特质。所以在对象的意识中是预先假定有知性的动作的，不管这对象是空间与时间本身的一种确定或者是在空间与时间里的一个感性对象的确定。结合的这个动作称为“综合”，而它既然全是从主体的自发性而来，它便是对象意识中唯一的因素不能归之于直观的。不管因素结合为一个整体的方式是什么，动作的性格基本上必须是一样的；所以，虽然知性无疑地在某些情况下，是以所与的概念的分析这种方法来动作，然而这分析是预先假定有综合的；因为除非知性先就已经把包含在概念里的种种因素结合起来，就没有什么东西可以分析。因之，知性的综合或者说结合活动，乃是任何对象的意识所绝对不可少的了。

64a 必不可把这里所谈到的结合看作思维对于所与的因素起作用的结果。如果只说事实上知性总是把给与它的因素结合起来，这是不够的，因为这只说明知性有结合的能力。如果我们是要解释清楚对象的意识，而且说明在它里面包含有某些验前综合判断，我们必须还能够说明知性的综合活动是和知性的本质联结在一起的。换句话说，综合并非把什么直观所给与的因素结合起来的任意动作，而是预先假定作为必需的条件，没有它则不能有这种因素的区分，也不能有它们的结合。而且在对象的意识中这样预先假定着的统一不得和单一性这个范畴相混淆。单一性这个
[149] 范畴只是知性的普遍结合活动起作用的特别方式。这里所谈及的统一是那个基本的统一，没有它就不能有客观的综合的。其实我们得要在包含在知性的逻辑使用上的判断里面，来寻找各种各样的概念的统一性的最后根据。那么，这统一性是什么呢？

十六、统觉的原始综合统一性

65a 这统一性就是包含在自我意识里面的东西。我们有理由来说，凡是不能结合在一单个自我的统一性之下的东西都不能进入经验中来。所以康德说，我们不但是必须意识到各种各样的确定，而且还必须能够跟着这些确定而有“我想着这些确定”这个意识。无疑是可以想象到会有一种感性的意识是没有“我想”这个意识伴随着的；但是如果我们果能称它为“意识”的话，至少它也不能在任何意义上称为对象的意识。那么，直观的一

切杂多的确定，一定是必然与意识到它的主体里面的“我思”有关系的。“我思”不能是给与于主体，而必然是从主体的自发活动出来的。它称为**纯粹**统觉或纯粹自我意识，因为它是在任何意识的方式里必然被预先假定的普遍形式。所以它和经验的意识区别开来，由于后者是包含有对于感官或感情的特殊关系的。它又称为**原始**统觉，因为它是第一性的条件，没有它就不能有任何自我意识，因而就没有任何在我们经验里的统一。而且这个“我思”是在意识的每一个形式里占有明显地或不言中地被预先假定这个地位的。所以，既然这“我思”是这样绝对验前的，它就正当地称 [150]
为自我意识的**先验统一性**；因为先验统一性就是没有它就没有验前综合判断之可能的那个统一性。所以我们得要说，自我意识的绝对统一性是一切客观性的最高条件。这个统一性的存在不是在一切情况下都作为意识的明显对象，这无疑是事实；事实上，在想像力用来为知性的明显工作准备其直观这初步活动里，是没有明确的自我作为一个统一体这个意识的；但是除非这个初步工作包含有自我意识的统一性的活动。就不可能在我们经验里有任何统一性。

那么，我们一切的观念必须和关于它们的自我意识的可能性相一致。 66a
凡是不能统属于自我意识的统一之下的东西都不能入到我们的心中来，因而对我们来说，就没有任何东西能作为知识的对象而存在。所以我们能够把对象的意识绝对为自我意识所限制规定为一种验前的条件。那么包含在这个统一性里的是什么呢？在自我和直观的种种因素与这些因素借以统属于自我意识的统一之下的综合分开的时候，是没有关于自我的统一性的直接意识的。统觉的同一性，只有通过杂多借以结合为统一的综合活动，而且事实上只有在心灵变为意识到它自己的活动是在这个综合里面起作用的时候，才是达到的。经验上的意识本身不是一个统一体，而只在感官各种要素为知性结合起来这限度内才变为一个统一体的；而且只有在心灵变为意识到它自己在思想到直观的种种因素或者在把它们结合起来的时候，在知性的这个活动中所预先假定的自我意识才是得到的。在把种种直观弄到一起以便把它们结合为一个系统的统一这个过程中，我们就变为意识到对象的一单个世界。统觉的分析性统一，例如表达 [151]
于“我是我”这个判断里那样的，是预先假定有综合的统一的。就是说，按康德的见解，虽然我们靠“我”这个观念的分析，能够得到“我是我”这个判断，但是，如果知性不对于直观的杂多运用它的活动，而且如果主体不是这样变为意识到表达于知性的综合里的自我的这个统一性，上面的这个判断就会永远不能得到的。直观各种各样的确定的综合统一，就是作为思维每一个动作的必需条件的自我统一的意识的根据；而结合既然是知性的工作，在一切结合中预先假定的统觉的统一性，就是关于对象的所有知识的条件了。

67a 如我们所已经看到，统觉的统一性，从它本身来看，是一个分析命题；就是说，自我的纯粹意识排除一切的确定，因而自我必然总是和自己同一的。但是统觉的这个分析的统一性是预先假定有综合的统一性的，因为只有和各种各样的确定的综合有关系时，自我意识才发生。这个特性是由于我们的智力的性格。我们的智力的构成是这样，结果就是，虽然能够而且事实上必须把向它呈现的种种因素结合起来，但是它不能产出那些因素本身。所以康德又一次把我们的知性和一种知觉性的知性来对比。后者不但会把给与于它的因素结合起来，而且会产出所领会的因素，因之在意识到自我时，同时也意识到对象。可是，这个不是我们智力的性格；因为，虽然自我的意识作为一个统一体是在对象的统一这个意识中所预先假定的，归根到底也是那些对象的整个世界的统一这个意识中所预先假定的，但是我们的知性，除了在对于直观中向它给与出来的东西的关系

[152] 上，是不能起作用的。我们能说的是，既然统觉的原始综合的统一性是我们关于对象的经验的最高条件，我们除了在这个综合的统一条件下，是不能有任何的经验的。

十七、统觉的综合统一性乃是知性的最高原理

68a 在先验感性论中我们发现，没有关于任何感性对象的直观不预先假定空间与时间的纯粹形式作为这样直观的条件的；现在我们又发现了对象的知识在其加入经验的系统里面时所包含的对象那个意识的最高条件，正如一切的感性对象必须从属于直观的纯粹形式，同样地我们不能有关于任何对象的系统的知识，除非是直观所提供的各种因素是结合在一个意识的统一里面。所以统觉的综合统一性就是一切经验的最高条件。

68b 知性不同于直观，可以说是知识的能力。所谓“知识”是指关于一个

对象某些确定的意识来说的:所谓“对象”并非指什么物自身,而是指包含在直观因素的结合为一个整体这个里面的统一体而言的。可是,凡是确定的这种统一体都意味着知性的综合,而知性的综合又预先假定有自我意识的综合统一;因之自我意识的综合统一乃是对象意识的第一性条件。

康德所谓“统觉的原始综合统一性”是指思维主体的同一性的意识而 69a
言的,而这个意识只是通过知性的综合和那综合的作为包含有思维主体 [153]
的统一性这个意识,才得到的。没有这个统觉的统一性,就不能有知性的综合活动,而没有知性的综合活动,就不能有经验对象的意识;因为为了解释清楚这样对象的意识,只指出有对象的条件的直观的纯粹形式,是不够的,因为客观性成为可能,只是在直观因素在一个综合动作里被结合起来而且只是在有着结合动作的同一性这意识的限度内的。像这样,自我的同一性这个意识,在对象借以得到构成的综合各种形式里,同时也是这样的对象的意识,所以离开自我意识的综合统一性对我们来说,就没有任何经验的对象,由于没有直观因素的综合。

但是,虽然意识的综合统一性是在一切思维中所预先假定的,而意识 69b
的统一性,如康德重复地说,在其自身是一个分析命题,可以表达为“我＝我”这个公式。无疑地,直观的一切因素都必然是能够被联合在一个意识里或者归之于一个自我,而只有这样被联合起来,才有自我的意识的;但是我这样变为意识到的“我”,在其自身是一个纯粹的统一体或同一体,在其自身是不含有差别的。就是因为这个缘故,自我意识的成为可能,只有通过思维的综合活动,这个活动是由于必需把直观的种种因素结合在心能抓住的一个统一体里而被引出来的。我们可以说,虽然自我是一个纯粹的统一体,但是自我的意识成为可能,只是在种种差别向它提供出来,使它运用它的综合功能的时候。

虽然在我们里面自我意识是这样为知性的综合活动所限制,康德又 70a
一次告诉我们,我们没有理由来说,凡是可能的知性都必然是和我们的同 [154]
一性格的。因为自我作为一个统一体的纯粹意识,并不提供任何能够作我们意识的对象的确定,我们只有通过知性的综合然后能够得到自我意识。何以我们只通过知性借以把直观的要素结合为统一体的动作才变为意识到自我,其理由就是我们的自我意识从它自己不能创作什么东西。

如果我们的知性的性格是这样的而能创作任何作为对象而来到它面前的东西,我们就会有一种直接的自我意识,就是说,不必以知性的综合为媒介的一种自我意识。可是我们的知性不是这种性格的。如康德先前曾说过,我们的智力不是知觉性的:它总是预先假定一个所与的杂多和一个综合的动作的,而事实上我们不可能形成能从它自己创作出来为它的对象的确定的这种知性的任何一种观念,我们甚至也不能形成独立于空间与时间的知性的任何一种观念,由于我们无论何时所经验的对象的唯一可能的确定都是以空间与时间的形式出现的确定。

十八、自我意识的客观统一性

70b 自我意识的综合统一性是对象的意识的最高条件。所谓"对象"所指的不是直观的各种各样可变动的因素,甚至不是指直观的种种形式的不变要素,而是指那些要素被我们的知性把它们结合起来的固定方式。如康德已曾指出(69a),没有意识的综合统一性,就没有任何对象,即没有经
[155] 验的对象。因之我们必须把意识的"客观"统一性和"主观"统一性分别开来。前者是和直观要素在其特别性格上的确定无关的。这些要素将是什么,它们是要作为同时或依次相继出现,是不能在验前确定的。通过知性的活动而归之于一个对象的感官因素,不但可以因不同的人而有所不同,而且甚至对于同一个人来说,在不同的时候,也可能变动的。但是不管在这些感性要素里有什么变动,思维按知性的规则把它们结合起来的种种方式是不能变动的:这些方式是永恒不变的。那么,能在验前确定的,就是直观的要素在提供到心灵来,必须按照自我意识的统一性,被结合起来的普遍而必然的种种条件。所以我们能够在验前说,除非直观的要素是这样呈现出来,使它们能够在一个自我意识中被结合起来,就不能有对象的意识,因而也不能有对象的一个世界的意识。

十九、一切判断的逻辑形式在于判断所包含的统觉的客观统一性

71a 关于这点,康德提到判断的通常的定义,那定义是把判断作为"两个概念的关系的意识"来讲的。他说,这个定义是不令人满意的;因为不只不是每一个判断都是概念的关系——在假言判断和选言判断的情况下,

这个定义是不适当的,因为在这些判断那里,所发生关系的不是概念而是判断——而且最重要的是,这个定义没有说出来关系是在于哪里。可是在我们更仔细地研究一个判断里主体与述项之间所存在的是什么关系, [156]
我们就发现判断只是观念统属于统觉的客观统一性的方式;换句话说,判断就是直观要素在一个自我意识里被结合起来的方式。这是判断的联系词所表示的,这判断是要表达现实对象的性质,而不只是个人心中观念的主观联合的。一个判断不只仅仅肯定某些观念是在心里,而且肯定观念是这样联系着,使我们有对于对象的意识的。可是,客观性的最高条件,如我们所曾看到的那样,是自我意识在结合所与的因素中的必需条件,不管所结合的因素是纯粹的或者是经验的,就是说,不管我们所处理的是空间与时间的确定,如在数学的科学里,或者是特殊的感性对象,都是如此的。例如拿"物体是有重量的"这个判断来看。这里经验或者说感性的要素是给与于心的,而是这样被给与出来,使得它们不一定是互相联系的。康德说,从直观的观点来说,我们只能说:"在我提起这个物体时,我有重的感觉。"他在这里说的好像在直观中已经有了一个判断;然而严格地说来,直观甚至还不是心中的两个观念联合的这个意识,由于没有知性的结合活动就没有对于对象的意识,因而就没有判断。康德所想要强调的乃是,虽然提供给心的经验的要素可以以任何的次序发生,然而在这些要素按知性的规则结合起来的时候,其次序是绝对固定的。所以,"这个物体是有重量的"这个判断,是预先假定经验的要素已转变为关于具有某一定性格的一个对象的意识了。那么,如我们所必须作出结论那样,每一个判断都是表达或者意味着知性的一种综合活动的,因而都是表达或者意味着统觉的客观统一性的。 [157]

二十、一切感性都从属于范畴作为它们的各种确定一起在一个意识里面的唯一条件

康德现在把他所曾作出关于先验的演绎的论证总结起来。我们所曾 72a
看到的,首先就是,感性直观的各因素必须按照统觉的原始综合统一性,否则不能有直观的统一性,就是说,没有一个对象的意识(十七)。但是直观要素借以成为从属于统觉的统一性的知性动作就是判断(十九),那么,

直观的各要素在某些普遍方式上得到确定是通过判断的各种各样形式或作用的。可是,范畴在其应用于直观各要素时,恰恰就是判断的那些作用(十三)。所以直观的要素必须从属于范畴。

二十二、范畴在知识中除了对经验对象之外没有其他的应用

73a 康德说:"思想一个对象与认识一个对象不是同一回事。"在知识里面有两种要素:第一,概念或范畴;第二,直观因素。范畴的作用是要把它们统一起来的。所以如果对于心没有给出直观的要素相应于概念的,就是说,其性格是能使思维把它们结合起来的,我们就永远不能超出关于一个对象的思想,由于没有明确的要素来被结合为统一而这样来构成一个对
[158] 象。然而感性论已曾说明在我们里面,直观始终是感性的;因之,对于一个对象的思想,只有在给与我们的要素在其性格上是感性的这个条件上,才能变为关于一个对象的知识的。但是对我们来说,感性直观要就是空间与时间的纯粹直观,要就是出现于空间与时间的特殊对象。然而为了获得关于对象的知识,直观的纯粹要素——即空间与时间的确定——为知性所结合是不够的;因为,虽然这样我们有了关于一单个对象的意识,但是这只是一个可能对象的意识,因为空间与时间不过是感性对象被直观的形式,而这些形式离开按照它们而得到确定的感性对象,在其本身是毫无意义的。由此可见纯粹概念或者说范畴,只有在感性要素按照空间与时间的形式对我们给与出来,才能产生关于对象的知识的。所以范畴只能适用于经验的感性对象;换句话说,它们只是经验知识可能性韵条件。

二　十　三

74a 上面所说的叙明关于对象的知识成为可能的条件,正如感性论指出直观的条件一样。那么,如果范畴果真只能适用于出现在空间与时间的感性对象,当然结论就是,在感性经验的范围外,它们是不适用的。知性的纯粹概念完全的确是只在这样不同于直观的形式,即它们不能够应用于直观的任何可能对象,但只是以这对象是感性的为条件。可是这丝毫
[159] 不能使我们推广我们知识的范围;因为如我们所曾看到,知性的纯粹概念

的应用只是在感性要素是给与我们的时候，而以我们而论，除了为空间与时间所限制的那些要素之外，没有其他感性要素是给出的。那么在它们本身，范畴只是思维的形式，或者说综合的作用，没有客观实在性的，而只是在某些一定固定方式上把所与的感性要素结合起来的能力而已。

当然我们可能思想到，或者设想，一个非感性性格的对象，而对于这 75a
个对象，我们能够使用包含在否定感性直观中的一切述语。例如我们能够说它不是延扩的，它是没有久暂的，它是不会变动的。但是这种只是消极的述语并不使我们说明所想象的对象的性质，使得把它变为知识的一个对象。这样的一个对象，对我们来说，是不能有积极的意义的；不但如此，这样的一个对象甚至不能说是能够存在的；因为既没有任何直观的具体要素，它不过是一个可能对象的观念，而这对象可能不是现实的。那么，我们必须注意到，我们用于构成经验的对象的种种范畴，例如**实体**或**原因**，其中没有一个，除了在感性经验的限度内，是有任何意义的。比方我们能想到一个超感性或毫无拘束的主体；但是这样一个主体，我们不能描写为一个实体，又不能确定它是按原因与结果的方式而变化的一个对象。总而言之，在我们离开感性经验的范围时，我们不能只靠知性的运用，或者更确切地说，靠思维在任何形式上的运用来对关于对象的存在或其性质作出什么决定。

二十四、范畴对于感官对象的应用

知性能够把它的纯粹概念应用于直观的任何对象，只要这对象是感 76a
性的，这一事实本身就说明范畴本身只是思维的形式，换句话说，它们绝 [160]
不会确定对象的特别性格。所以一个对象的一切具体要素都是所与的。但是这些所与的要素的综合是服从于统觉的统一性的，而只在这样的统一是可能的这个限度内，我们才有任何验前知识，换句话说，我们的知识不是物自身的知识，而只是和自我意识的统一性相容的感性对象有联系的系统的意识。所以我们能够用一切在统觉的必然统一性里所预先假定的东西来陈述经验，虽然我们是不能把我们经验的系统和事物的最后性质同一起来的。知性的综合是先验的，因为它是一切客观性的必需条件，即我们关于感性对象所能够作出的验前综合判断的必需条件；但是它又是纯然理性的，因为，如康德所重复指出，知性是不能产生任何具体的要素的。那么,知性就是确定感性对象的一种自发能力。可是,一切感性对象的普遍形式是时间,而时间是内部感官的形式,而且意识的所有确定,甚至含有空间广袤的那些确定,都必须出现于内部感官之内的。所以知性是直接和内部感官有关系的;那就是说,知性对直观的要素发生作用,只要这些要素是按照时间的条件得到确定的。而且既然时间是一切感性对象的形式,范畴按照时间的形式把感官的要素结合起来的时候,就确定直观的一切对象,不管这些对象是外部的或内部的,即不管它们是在空间里的或者只是在时间里的事情。然而它所这样确定的对象只是现象,是有别于物自身的。

77a 知性对于内部感官的直接作用就是康德称为**形象综合**(figurai
[161] synthesis),或者称为想像力的先验综合,他是把这种综合区别于知性综合(intellectual synthesis),或知性本身的综合的。这两种综合形式的不同是什么呢? 前者,即形象综合,乃是直观各种各样因素的结合把感性的东西在其对时间的关系上呈现出来的那种形式。换句话说,形象综合是感官要素对时间关系上借以结合起来的过程。这样综合的各种形式自然是按知性的各种不同作用的。但是形象综合不是一种有关于知性的纯粹概念的感官要素明显的确定。“把直观带到概念来”的乃是知性综合,而想像力的综合只为纯粹知性的作用准备材料的,但是它准备材料的方式,必须在知性有意识地发生作用时,才和知性一致的。那么,形象综合是感官要素结合为意象的意识,而知性综合乃是这种意象为范畴在普遍和必然的方式结合起来的明显意识。

77b 所以形象综合可以称为想像力的先验综合。康德把它归之于想像力,因为想像力是在感官不是直接受到影响时把这个或那个对象呈现于心灵的能力。可是,我们感性的条件总是要和知觉的条件相一致,而在当前的问题上这就意味着它必须和时间的条件相一致,因为时间是一切直观的普遍形式。另一方面,想像力不像感觉那样只纯是接受性的;恰恰与之相反,本质上它是属于心灵的自发活动的;至少就想像力是创作的或纯
[162] 粹的而言,情况是这样的。既然如此,想像力虽然并不创作那些加入一个意象的要素,但的确是对那些要素提供其形式的;就是说,想像力把一个意象的要素结合为一个整体,是有某些固定的方式的。所以它是一种纯

粹的或者说验前的形式，像直观的纯粹形式一样。然而我们必不可以认为想像力的综合是本质上不同于知性的综合的。恰恰与此相反，想像力的综合，就是知性的无意识的或者说盲目的活动，这是就知性直接对给与于心灵的感性要素起作用来说的。综合这两种形式之间的分别就是创作想像力以意象的方式来确定对象，而知性综合确定对象是把对象归属于知性的必然规则的。必须把创作想像力和再生想像力仔细地区分开来。后者只是在个人意识中任意的观念联合而不一定含有对象的意识的，虽然我们必须注意到，甚至再生想像力也得要和知识的条件相一致，而不致和知识的可能性相矛盾。

二十六、范畴在经验中使用时的先验演绎

在分析论第一章，特别是在第三节十中已经作出过形而上学的演绎，78a
虽然不是用那个名称的。其大意就是，范畴都是得自思维的普遍逻辑作用，而既然它们是含蕴在这些逻辑作用所显示的知性的动作本身，它们必然是验前的概念。先验演绎接着来论证。从这些验前概念的性质我们就能理解关于一般的对象的验前综合判断是如何应该以这些验前概念为根据的。但是，虽然康德已附带地谈过这点，他现在才继续明白地叙说，范 [163]
畴不但是关于纯粹直观，即空间与时间的确定的验前综合判断的条件，而且又是一切验前综合判断的条件，因而甚至是关于直接和我们这个或那个感官有关系的对象判断的条件。因之所得要解释清楚的就是，如何能有感官对象的验前知识，因为从它们的性质来看，这些对象像是不能有验前的确定的。

首先要注意的一件事就是一个感性对象或一个感性事件的知识含有 79a
领会的综合，即经验直观种种可分辨开来的要素放在一起，而且没有这些要素的这样的综合或结合成为一个统一体，就不会有关于感性对象的任何经验的。

可是，在空间与时间中我们就有了内外直观的验前形式，而且内部直 79b
观的综合自然一定要和空间与时间的性质相一致，因为不然的话，就不能有任何的领会。但是空间与时间不只是我们关于感性事物领会的条件，而它们本身也是可确定的，因之是一定的意识的可能对象。从它们的作为验前的性格来看，空间与时间的一切确定都是隐藏在这些形式里面的，

因而一切这些确定都是验前的。可是我们得要注意到，在一个确定的对象的知识里面所预先假定的综合不是在这些直观本身里给与出来，不是包含在纯粹直观的各别要素里的，而只通过综合的活动才成为可能的。从这就可得出结论说，凡是被直观为在空间与时间里的，必须要受到综合
[164] 的支配。而这个综合的统一只能是直观的要素的结合，这结合是按照范畴进行的，因为范畴正是知性关于直观的要素运用的基本形式。因之一切综合，以至所结合的因素是给与我们的感官的，都必须从属于范畴；换句话说，范畴乃是我们关于感性对象的认知的可能性的条件。

80a 拿一座**房屋**的直观作为例子吧。颜色、重量，等等这些不同的感性要素或者说印象，都包含在房屋的直观里的，都必须从属于空间的形式，而且必须和时间的形式相一致。所以为了有房屋的直观，感性要素必须按照空间与时间的性格被结合起来；换句话说，房屋的形状必须划成或表现为一个意象。所以在这里我们有了各种各样的感性要素，在想像力把它们结合起来的时候，就给我们房屋的意象。可是想像力的综合本身不是任意的：它必须要和量的范畴相一致；换句话说，感性要素的结合必须不只依照空间的性质，而且要依照量的范畴。这个的意思就是说，我们必须有同种的单位的综合。如果我们把注意力集中于综合纯粹活动本身而丢掉空间的形式，我们就有了量的纯粹概念或者说量的范畴，而领会的综合所必须与之一致的就是这个纯粹概念或范畴。

80b 那么，范畴是对现象规定验前规律的，或者换句话说，范畴在经验的可能对象的总体里形成其联系的要素。可是，既然范畴不是得自经验，因
[165] 而不能说是依靠经验，这个问题就发生，我们怎有可能来说经验或大自然必须适合它们呢？换句话说，怎能主张，按其本性不是出于知性的一切感性对象却不得不和知性相一致呢？我们怎能说明，并不是发现自然在某种方式上结合着的，而自然作为所知对象的一个系统，只在知性的结合中而且通过这结合才开始存在的呢？

80c 现在要作出这答案并不困难。在先验感性论里我们曾看到，我们所意识到的一切对象都必须符合于直观的形式。同样地如我们现在所看到，一切对象必然是要和知性与验前的形式相一致，因为不然的话，对我们来说，就不能有对象的任何系统。物自身，如果我们能知道它们的话，

无疑是完全不依靠我们的知识而在它们的性格上被确定的；然而现象不是物自身，而是照我们的意识所知道它们的对象，而这样的对象不可能是和物自身同一的。而且现象显然必须受到我们能领会它们的条件的支配的。想像力把感性直观的各种要素联系起来，而想象本身依靠知性来获得它用直观要素的综合来盲目产生的统一，正如它依靠感性要素来获得它的具体质料一样。像我们在上面所看到那样，没有什么东西能作我们的经验对象，除非先是通过领会的综合被抓住了而结合起来，而这个综合本身是预先假定有范畴的先验综合的。结果就是，没有按照空间与时间的条件把范畴应用到直观的要素，对我们来说，就不能有自然的系统这种知识的。然而纯粹知性只在自然的一般性格上确定自然，就是说，它确定 [166]
一切对象无例外地必须服从的条件。另一方面，关于自然的特别规律，虽然这些也必须和范畴一致，或者用别的话来说，必须和自然的系统不冲突，它们是不能单从范畴来得到解释的。像我们在后面将要看到那样，这些规律是按着最后原因的纯粹观念从判断的作用而得来的。到那时候以前，我们所得要注意到的是，自然的特殊规律，如化学与物理的特殊规律，虽然这些也要和范畴所规定的普遍规律相一致，却只由经验的特别考查才能获得的。

二十七、范畴演绎的结果

没有范畴，就没有对象能被思维，没有范畴适用的知觉杂多，就没有 82a
对象能为人所知道。所以我们所有的知识都是关于对象的，而这些对象，就其性格来讲，都是感性的；换句话说，这些对象都是经验的对象。因之除了关于经验的对象就不能有任何验前知识。

那么，知识只适用于经验的对象。可是从这不能得出结论说，所有知 82b
识都是得自经验，都是得自感性直观。纯粹直观也参加到可知对象的结构里面，而同样地，纯粹概念是我们称为经验的事物有系统的联系的条件，两者都是属于心的结构的而且是验前的。只有两种方法，使我们能说明经验的感性材料和我们关于对象所形成的概念何以是协调的：我们要就是说(1)概念遵从经验的感性材料，要就是说(2)概念是任何经验的必需条件。前一假定是和范畴的性质不一致的，更不去谈直观的纯粹形式 [167]
了；因为范畴在其自己的性质上，作为综合的验前形式，不是依靠感性直观而恰恰与此相反,是有更大得多的范围的。想从经验来得出它们就是一种暧昧的概括(generatio equivoca),或者说,任意的产生;换句话说,它就会和"没有概念,直观便是盲目的"这条原理相矛盾。我们没有可能从感性经验得出验前综合判断,因为从这样的经验我们所能知道的最多是感性对象通常出现的方式。康德也拒绝承认知识的预先形成(preformation)观,就是说,他否定如莱布尼兹所主张的,说感性对象是和概念同一基本性质的。并不是直观只在更大的模糊性上不同于概念,这差别是种类上的。因之我们必须毋宁采取可以称为纯粹理性的新生论(epigenesis)这个理论——这个理论就是,虽然知识含有感性直观的因素,范畴应用于这些因素,不只是直观的扩大或清晰化,而是加入了必然的而且普遍的联系这个新的因素。那么,范畴作为出自知性来说,是一切经验的必需条件。

演绎的简短叙说

82c 我们现在可以简短地扼要地讲讲全部的演绎。范畴,或者说知性的纯粹概念,是一切验前综合判断的必需条件,而且没有它们就没有经验的可能的。它们是空间与时间中的出现借以得到确定的原理,就是说,通过它们,感官的杂多得以构成为我们称为经验的对象有联系的系统的原理。
[168] 对象的这个系统的联系,归根到底是依赖统觉的原始综合的统一性的,而这个统一性是包含在知性的一切综合的活动里的,这是就那个活动的应用于空间与时间中的对象的结构而言的。

第二卷　判断的分析论

先验判断

83a 依照形式逻辑的类比,康德在处理了知性的概念之后,就接着处理知性的判断。如果我们称知性为规则的能力,即生出综合的纯粹形式的能力,那么判断便是归摄于规则的能力了。换句话说,就是决定某特殊一类的感性对象须要归之于那条规则的能力。例如,因果作用的范畴,是事件在一固定或必然的方式上得到联系所依照的综合统一的样式或形式,而先验判断则必须告诉我们事件能归属于因果作用的范畴或规则所应有的条件是什么。先验逻辑的不同于形式逻辑就是在这方面;因为后者,既然是抽掉了一切内容，就不能告诉我们任何一个特别的对象是应该怎样得到确定的；换句话说，形式逻辑把一切内容都作为恰恰在同一样的水平来处理的，而先验逻辑就必须能够指出我们能作出客观的判断所要依从的种种条件，因而它必须能够在验前表明每一条规则或每一个范畴可以适用的情况。这个除数学之外比一切其他科学都更大的优越性是从范畴对于对象的关系是完全在验前这一事实而来的。

判断的先验学说是两个部分组成的。其第一部分指出没有它，范畴 84a
就不能使用的感性条件。这个称为知性的图型法。如我们马上就要看到
的，康德的意思是，既然范畴本身是纯粹概念，因而是不依赖它们所应用 [169]
到的特殊对象的，单从它们自己来讲，是不能得出任何知识的，因为我们的知识一切都限于感性直观的对象的。因之范畴既必须和直观的感性质料有关系，又须和直观的纯粹形式有关系，尤其是和时间的纯粹形式有关系，因为时间的纯粹形式乃是一切直观的普遍形式。那么，康德所谈到的感性条件，就是关于时间的感性东西；换句话说，就是想像力把感性的东西使之和范畴发生关系所用的形式。判断的先验学说第二部分，是处理在范畴按照所规定的条件而使用时在验前引出的基本命题的。

第一章　范畴的图型法

依照他一向的方法，康德在企图指出范畴可以应用于对象所须具备 84b
的感性条件时，是从概念的通常逻辑见解开始的。人们主张，一个经验的概念是由抽象的过程从一些特殊的直观而得出来的。概念是思维的抓住各种各样的直观所共通的各点。很明显，在这种的概念里面有着在直观中要发现的和概念同质的东西；换句话说，既然概念是由抽象的过程从直观得出来的，就没有什么困难来用反转来的过程，把从特殊的事物已经抽出来的种种特征加以恢复而又归之于特殊的事物。例如，一个盘子的概念在它里面包含有圆这个标志，而这个标志既然是由一些盘子的比较而抽掉了它们的差别才获得的，就很容易作出“一个盘子是圆的”这个判断，
因为这判断是已经先行假定于这概念借以得到形成的抽象的过程里 [170]
面的。

可是，一个纯粹概念，或者说一个范畴，和直观是绝对没有共同之处 84c

的。如果我们拿比方原因这范畴为例，我们就发现，单从它本身来看，它只是一个条件和受限制的或者说依靠它的这两者之间的关系这个概念而已。所以发生的问题就是，既然一个感性对象和一个纯粹概念或范畴毫无共通之处，怎有可能合法地把前者从属于后者呢？我们有什么权利能有正当的理由来应用范畴于一个感官对象的确定呢？答复这个问题的必需性就迫使我们有了判断的先验学说。我们必须说明知性的纯粹概念怎样可以用于感官对象现实上的确定，虽然感官对象和那些概念是毫无共同之处的。

85a 显然必须有某东西介乎纯粹概念和可能对象之间，有某东西一方面和范畴同质而另一方面又和感官的对象同质。而且这个中介的观念必须是纯粹的，因为我们得要解释清楚的是关于感官的对象怎样能有验前综合判断。所以这中介的要素必须同时是知性的而又是感性的，由于它是要把属于知性的纯粹概念和属于感性的直观对象联系起来的。康德称所谈的观念为**先验的图型**。

85b 范畴乃是在任何我们能意识为不同的一些要素之中产生综合统一的纯粹形式。那么问题就是怎样能使知性的纯粹概念活动起来而引入统一性到直观的因素里面去，而且引入的方式是能使我们有权来作出普遍而
[171] 必然的判断的。我们知道时间是内部感官一切确定形式上的条件，因而间接地是我们一切观念形式上的条件，因为我们一切观念，甚至涉及空间的那些观念，都必须以时间的形式在我们的意识中出现的。这样一来，时间是验前条件，没有它，我们对于对象是完全不能有任何意识的。如果我们发现关于时间结合感官要素的一种普遍而必然的方式，我们就找出了范畴应用于感官对象的方式；因为确定感性的东西关于时间的这个普遍方式同范畴的同质是到了这程度，因之它成为普遍的，所以它也就是依据一条验前的规则的了。另一方面，时间的先验确定在这个限度内是和感官对象同质的，因之没有时间就完全不能有关于这样对象的意识。这样我们就能理解，如果有一种普遍而必然的方式使感官要素和时间发生关系，范畴是怎样可以应用于现象的，诚然不是直接地应用，而是用先验图型作为中介而且通过它的。

86a 图型是想像力的产物，可是是一种特别的产物，因为想像力所产生的

对象不是个别的而是普遍的，或者更确切说，不是一个个别对象的产生，而是产生一个个别对象的某种普通的方法。如果我们把五个点一个跟着一个地摆下来，然后把它们结合起来，在我们面前就是一个象，即一个单一的或者说个别的对象。一个数的图型则不同，它是我们用来产生5或任何其他数目的方法；换句话说，图型是依次把单位按照一个概念结合为一个整体的观念。显然象与图型之间是有差别的：因为图型能够叫我们实现概念，但是在有些情况下是很难指出象是达到概念的要求的。如果我有1000这个概念，把它图型化并不困难，但很难说明一个跟着一个摆下来的1000点的象是和这概念同一的。那么，一个概念的图型乃是一个 [172]
概念借以用一个象在时间的形式上而呈现出来的想象的普遍过程。

在我们纯粹感性概念基础上的是图型而不是象；换句话说，数学各科 86b
是用图型而不是用象来进行工作的。在几何里所规定关于三角形的判断是应用于任何的三角形的——直角三角形、钝角三角形或锐角三角形。如果我们认为数学家是在处理象的话，显然数学的判断作为特色的普遍性是不能解释得清楚的。其实，贝克莱是曾指出过这个困难的。他否定我们能形成任何既不是直角，又不是钝角，又不是锐角的三角形的观念，因而他就主张数学家是用"代表"任何三角形的象来进行工作的。康德不言中认为贝克莱的见解没有解释清楚几何判断的普遍性和必然性，因为这样的判断是不能由特殊例子的归纳而能得到的。另一方面，康德指出数学家所处理的是形成三角形的普遍过程，从而认为他能够说明几何判断是怎样能为普遍而必然的。虽然图型是想像力的产物，但是它只是作为想像力按照着来进行工作的一条规则而存在的。这点至少在几何的情况下是明显的。然而图型法，并不限于纯粹直观，而且也适用于具体感性事物的意识情况的。事实上在这里思维用以进行工作的象，在使用于一个一般的概念时，更加是明显地不能达到概念的要求。每一个感性直观对象都是特定的或者说个体化的，事实上含有某点它所特有的东西的，而在这方面它是不同于几何的纯粹图形的，或者是不同于数目的纯粹要素的，因为这些图形或因素总是恰恰一样的。因之在和感官特别的对象有 [173]
关的判断情况下，图型就越发是必然的了。这里思维进行工作是用一个经验的图型，一个特殊种类的个别对象的一种并合图或略图，比方一只狗，一匹马或一座房子。概念图型化这个想象的过程不能再加以解释，可是我们至少可以说，象是创作想像力经验能力的产物，而图型是纯粹验前想像力的产物，而且事实上，图型可以称为某一类别一切的象可能性的一般观念。这个说法适用于一般的图型，但是我们得要注意一个范畴或者说知性纯粹概念的图型是完全不能以一个象来出现的。其理由是因为它是不含有任何感性要素的纯粹概念的图型。它只是想像力按照表达于这范畴的统一状态的规则的纯粹综合。那么，图型的这个形式是想像力的验前产物，就是说，它是验前综合判断的验前条件。图型是内部感官的一种确定；换句话说，它使感性的东西和时间发生关系，而时间就是内部感官的形式，而且事实上是一切感官直观的一般形式。感性东西对于时间的这个确定是知识的必需条件，因为除了这个过程，范畴就没有它们能被应用的东西了。而且由于范畴的应用于感性的东西是我们里面自我意识的条件，所以没有图型就不会有统觉的统一。所以康德争论说，自我意识可能性能够说明的唯一方法，就是要假定我们预先假定了想像力的这个先验过程，作为把感官各因素，按照纯粹概念，即范畴，通过在某些普遍的方式上使它们和时间发生关系而结合起来。

[174] 88a 在我们所处理的是所谓"外部的"对象时，其纯粹象必须是空间的某一个确定，因为空间是外部感官的形式。再则感官的一切对象，内感官和外感官一样，其纯粹的象是时间，就是说，时间的确定作为含有依次相继的各个片时，乃是感官一切对象的象。然而量作为知性的一个概念，乃是杂多的任何统一的一般观念。得要注意，康德在讨论图型法时并不都是为每一个范畴作出一个图型的。谈到量与质的时候，在每一项之下，其图型是相应于从属的第一个范畴的，就是说，相应于量的范畴之整体和相应于质的范畴之限制。更确切地说，它是整体的范畴的图型。数在这里不是指算术意义上的数说的，而是指一个依次相继续的综合过程中把一个同质单位加在另一个同质单位之上的这个普遍性过程，无论所加的单位是算术意义上的数量或几何的对象。那么，数的图型只是结合纯粹直观的要素成为统一这个普遍性的过程，只要这些要素是同质的，而这个过程含有在结合同质单位成为整体的动作中依次相继续的时间片刻的产生。

88b 从质的纯粹范畴观点来看，实在性这范畴是纯然正面或肯定存在的概念，而否定性这范畴是纯然否定的存在或正面存在的否定的概念这一个概念。所以这两个范畴，作为范畴来说，是互相排斥的，因为思维的原理本身就是毋矛盾的原理。质的第三个范畴，即限制性，不同于其他两个范畴，由于它是含有这两个的结合的。严格说来，如康德自己实际上所承 [175]
认的，限制性这个范畴不能得自分析判断。所以我们必须看它为存在与非存在的综合的纯粹形式。图型原本是应用于限制性这个范畴的。康德诚然谈到实在性这个范畴是“相应于任何感觉，因而是那种事物，它的观念本身就是它在时间中有其存在”。但是，严格地说来，这范畴，作为一个纯粹概念来说，不能下定义为确定于与时间的关系，因为每一个纯粹概念本身都是有比应用于在时间中出现的事物更广泛的应用范围。限制性的图型是程度，或者说在经验的对象中与感觉相应的东西；换句话说，没有可能关于任何实在对象有什么知识，除非是包含有感觉所提供的质料。所以程度这个图型是感觉多少的确定。因为感觉的性格是这个，就是它不是一个延扩的大小；就是说，必须设想每一个感觉是只占住时间的一单个片刻的。因之感觉的量不是延扩的量，而量的唯一其他的形式就是强度的量，这样在感觉中所含的实在性之种类就是程度或强度大小。每一个感觉以其量的或多或少来充塞所与的片刻时间，或者用别的话来说，它或多或少地完全占住内部感官。因之，一个感觉的程度或强度大小永远不能是零，也不能是无限，就是感觉必须总是在某程度上占住时间所与的片刻，虽然它永远不能绝对完全地占住它。那么，在这种情况下，所说的图型就是时间的一片刻为某确定的或有限程度上的感觉占住的这个观念。

实体这个范畴，或者说纯粹概念，在其绝对一般性上来理解，乃是这 89a
一种东西的概念，它总是主体而永远不作述项的；因而它是任何一个实在的观念，不能用来陈述另一个东西的。但是既然对知识来说，每一个范畴 [176]
必须图型化，就是在某方式上和时间发生关系，所以实体的图型只能是做我们经验的对象的主体和述项的这样一个观念；就是，它必须是在时间里面互相对待而存在的主体与述项的一个观念。可是和一个主体的纯粹概念相应的东西，在它在时间中被确定为一个对象时，就是实体，就是说，通过时间而不在时间中受到变化的东西的永恒性或持久性。那么，实体的图型就是一个永恒东西对其变动的质或活动的关系。

89b 原因这个范畴是根据与后果,或条件与受条件限制的东西的概念;换句话说,就是一个东西对另一个东西的逻辑依存。这可以表达为这个公式,"如果有A,也就有B"。但是这个纯粹概念只能在知识对象的确定图型化时而适用,而且像在其他情况下一样,这个图型必须含有感性的东西在某方式上对时间的关系的。这图型这里采取的特别形式是在时间中有次序的依次相继;因之在我们经验中所知的原因与结果必然是含有现象在时间中的有规律或有次序的依次相继续。换句话说,原因总是在先,而结果总是在后;而且前项与后项是这样关联着,没有前者就不能有后者的。

89c 交互性这个纯粹范畴是一个逻辑划分各支相互关系的概念,这些支是这样关联着,结果是它们共同确定概念或类的整个范围。交互性这图型所以必须包含有时间在里面,由于知识只关于能在时间中出现的东西才成为可能的。而且我们发现这里所说的图型是并存的对象的交相关系。

[177] 89d 现在进而谈到样式的范畴,而我们首先是有可能性与不可能性的范畴。可能性这个范畴只是不含有矛盾的东西,与含有有矛盾的东西对比的一个概念。例如我们不能设想一个对象是为相矛盾的述语所确定的:它不能是什么而同时又不是这个什么:它不能具有两种互相排斥的性质。以时间的话语来表达,这范畴成为可能性的图型。在这里我们在同一个对象里能有相反的或矛盾的性质,可是不能在同一个时间有这种性质。所以可能性的图型是和时间一般条件相容的东西的观念,而不可能性的图型是和时间一般条件不相容的东西的观念。现实性的概念只是某确定实在的存在或不存在的想法。现实性的图型则不同。它是在某所与时间上存在着的一个确定东西的观念,而不存在性的图型是在某所与时间上一个确定东西的非现实性的观念。最后,必然性这个范畴是不得不存在的东西的概念,而偶然性这个范畴是不一定要存在的东西的概念。必然性的图型又是一个对象在时间中始终存在的观念,而偶然性的图型是一个昙花一现或者说不是在时间中始终存在的对象的存在的观念。

90a 把图型作为和范畴相应详细的处理已说明在每一种情况之下图型都

是与时间有关的。量的图型是一个对象在时间中为依次相继的综合所产生的意识,这个综合同时也是时间本身的产生;质的图型是充塞某一所与时间片刻的感觉之综合;关系的图型是不同直观互相在一切时间上或者按照为时间确定的一条规则而有的关系。最后,样式的图型,在其三种的 [178]
形式上,都是对象对于时间本身的关系之观念,不管那关系是对于一般时间的,对于特定时间的,或对于一切时间的。所以各个图型都是范畴在其对于直观的感性因素的关系上而以时间为依据得到确定的方式。我们可以简短地说,经验所显示的是时间的系列,时间的内容,时间的次序,或时间的掌握。

那么,知性的图型法不过是一种方式,直观的各种确定由之而通过想 90b
像力的先验综合得以在内部感官里统一起来,而这样得到适合来被接受入统觉的统一里面去。只是通过图型,然后范畴才有其意义的,那就是说,然后才被使用在对象实际上的确定的。范畴的这个图型化对于我们的知识是不可少的这事实,说明归根到底,就我们的知识来说,范畴是限于可能经验的对象的。范畴是思维靠它纯粹的自发性,按照综合的普遍规则,把直观的种种因素结合起来的一些方式,因而只有借助于范畴我们才能有经验的一个系统,换句话说,经验的系统是和我们的知识总体同幅度的。 91a

然而范畴既然要适用于经验的对象则只有用图型而且通过图型,所 91b
以它们的使用并不是在其充分的意义上,而在实际使用上是必然限制于感性的对象的。范畴被使用的条件不是知性在其纯粹活动上的条件,而是以知性对于感性的关系为转移的。诚然,图型必须和范畴相一致,但是另一方面,又意味着范畴的局限性,其结果就是我们所知的对象不是物自身而是现象。如果范畴本身的应用幅度广于感性经验的对象,自然就要问,何以我们不能利用它们来确定物自身的存在。范畴是综合的形式,而 [179]
这些形式不是绝对限于给与我们的感性东西,这无疑是真的;可是就知识的推广来说,这个可能的推广对于我们是无价值的,因为我们除了在空间与时间的条件下向我们表现的那些因素之外,没有其他因素是我们对之能使用范畴的。例如,实体这个范畴,在绝对上来理解,是指只能设想为主体,永远不作为述项的东西;但是只在我们的感性受到刺激这限度内,我们才能得到和这个概念相应的对象,因而也只有在实体这个范畴被图型化为与变化的东西对比的永恒东西,我们才能那样做。那么,结论就是,范畴乃是知性的作用。它们使我们能够构成对象,只限于它们是和感性发生关系,而这个关系是必然把它们局限于感性经验的对象的。

第二章　纯粹知性的原理

92a 康德在规定了范畴能适用于经验的对象之条件后,就进而叙明预先假定于经验的验前综合判断中的普遍命题或判断是什么。那么,他所要做的,是作出一个明白的叙述,关于在知性通过图型而进行的综合这个意识中,所包含着的是什么。他把知性的基本判断,或者说基本原理,分类为(1)直观的公理,(2)观察的预测,(3)经验的类比和(4)经验思维的公准;后来他把它们划分为两类,称为**数学的**范畴与**力学的**范畴。康德尽可
[180] 以称他数学原理的讨论为数学的超验演绎,由于他想要证明的是数学包含有先验综合的判断,而这些判断是适用于经验的一切可能的对象的。其实我们可以说,他的目的是要作出纯粹数学与应用数学的一种演绎或辩解。

一、直观的公理

92b 这些公理的原理就是:一切直观都是延扩的量。

92c 一个延扩的量是一个量,在其里面我们只有通过在整体之先给与出来的各部分的结合才开始意识到其整体的。一条线的表象,不管这线是如何短小,不先在思维中把它划出来,不从某一点把它的各部分,一个跟着一个地产生出来,而又把这样依次相继产生的各部分结合起来成为一条线的统一体,我们是不能得到的。我们能意识到一部分的时间亦复如是,不管那部分是小到什么程度,只有在一瞬息到一瞬息地相继产生,而这样产生出来的各部分结合成为一单个整体,我们才意识到时间的一部分。康德在这里所指出的是,只有在我们使数的图型活动起来,才对直观的一个纯粹对象有其意识,不管这对象是外部的或者是内部的。没有直观对象不包含有空间或时间或同时包含有空间与时间的,而且由于包含在这对象里面的纯粹因素的获得只有靠部分和部分的依次相继综合,所以很明显,除非那对象是一个延扩的量,我们完全对它不能有什么知识

的。这当然不等于说没有不是量的对象，而只是说除了是延扩的量的那
些对象之外，我们没有关于对象的知识。须注意康德的所谓延扩的量，不 [181]
单是指外部对象说的，不单是指呈现在空间的对象说的，因为只发生于时间里面一连串的事件也得要想象为延扩的量。

几何学是确定空间图形的属性的，它显然预先假定了纯粹直观作为 93a
数量的图型化的；换句话说，它预先假定了空间各因素的依次相继综合和这样综合的意识。几何的普遍而必然的判断——康德称为几何的公理——是依据纯粹知觉因素结合为一单个整体这个过程的。例如，直线定义为两点之间最短的距离是一个普遍而必然的判断，依据这条线同质因素的依次相继综合的。所以几何的一切普遍而必然的判断都同时是综合的。

算术这门数学就有点不同。这里的命题虽然是验前的而且综合的， 93b
但不是普遍的，就是说，这种判断的主体不是全称而是单称的。7+5=12确实是一个综合的判断，而不是一个分析的判断。它不同于“等量加等量其和亦等”这样一个判断，因为在这里等量这个概念本身——所产生的量这个概念本身——是包含有它们是相等的这个判断的。另一方面，算术的判断必然含有一个综合过程，由于每个单位必须一个跟着一个地产生出来而又结合为其整体。所以在这样的算术判断和几何的普遍性命题之间有了分别。例如一个三角形共含两直角这个判断是适用于每一个可能的三角形的，就是说，判断的主体是全称的，而7+5=12这个判断的主体却是单称的。所以我们可以说，虽然算术和几何两者都含有验前综合判
断，可是前者不同于后者，因为所含的是单称的而不是全称的判断。 [182]

从“一切直观都是延扩的量”这条原理的证明或演绎得出一个很重要 94a
的后果。因为不但纯粹数学的一切判断都是普遍而必然的，这是真的，而且应用数学的判断是属于同样的性格，这也是真的。凡是对于空间与时间作为纯粹概念说是真的，依情况的性质，对于空间与时间中的现象也同样是真的。几何是适用于外部直观的一切对象的，就是说，适用于作为在空间里向我们出现的一切对象的。算术是适用于任何直观的对象的，不管这些对象是同时在空间与时间里或者只在时间里；而数学的应用于经验的一切可能对象的正当理由就是那些对象不是物自身而是现象。除了

确定为属于空间与时间的对象之外,我们不能有任何经验;因之凡是数学关于纯粹直观所说的东西都是适用于这些对象的。认为感官的对象有可能免受数学原理的限制,这个观念是依据以那些对象为物自身这个错误的想法的。所以我们不可能否认每一个在空间与时间的对象必然是无穷可分的。认为有些感性的东西是不可分的原子这样一种理论是和我们经验的条件相矛盾的;因为不是无穷可分的就不能是延扩的,由于凡是延扩的必然是具有空间的一般性格的。如果现象是物自身的话,数学的判断无疑是不能证明为适用于它们的;但是根据这样一种假定,我们关于对象就绝对不能说什么,由于我们关于它们的知识是要完全依赖它们对于我
[183] 们的作用的。那么,只是因为我们能够知道的对象都是现象,我们才能证明数学的验前综合判断是正当的,而且同时说明它们必然是适用于经验的一切可能的对象的。

二、观察的预测

96a 观察预测的原理是:在一切出现中,感觉的对象这实在的东西都是有强弱的量,即有等级的。

96b 康德在称为"直观的公理"这个纯粹知性的第一条原理中已曾指出我们关于任何对象能有意识的种种条件,不管所说的对象是空间与时间的确定或者是一个具体的感性事物的确定。无论我们直观的是什么必须作为一个延扩的量而被直观的。现在康德接着来说明,我们无论什么时候直观到一个感性对象,必须确定它是具有强弱的量,是有等级的:这就是等于说,我们只在应用等级的图型而且通过这图型才能有关于这样的对象的知识。这里的问题是,是否有某东西是我们关于每一个可能的感觉能验前地确定的。我们当然不可能验前确定那特殊的感觉是什么。我们永远不能预测一个对象是红色的或者是其他颜色的,是硬的或者是软的,等等。只有通过经验我们才知道某一所与的对象的这一类的确定。可是康德坚持地说,无论对象在其感性内容上是如何不同——无论它是红是蓝,是硬是软——我们都能验前地断言这个命题,即它一定有强弱的量,有等级的。所以我们可以称这里所包含的原理为感性直观,或者说观察的"预测"——不是因为我们能预测其感性的内容,而是因为我们能预测
[184] 对象中确定其内容是一种强弱的量的这个因素。

可是，我们在考虑知性的第一条原理时曾看到，各感觉必须在一种依次相继的综合中得到结合，然后我们才可以意识到一个对象。但是除了领会的这个依次相继的综合之外，在关于一个感性事物的意识中还含有它的确定不只为一个延扩的量，而且是具有强弱的量或者说等级的。康德不是把等级的意识和各种感觉的结合联系着而是和一单个感觉的确定联系着的，就是说，和占住时间一单个的瞬息的感觉联系着的。我们并不是把不同的感觉依次地放在一起而获得关于一个事物的感性属性的特定性格的意识的，而是占住一所与的片时的一单个感觉本身被给与出来作为一个整体或者说统一体，而这样的感觉，或其划分为观念上的各部分，也不产生延扩量而是产生强弱量的意识的。除非是有感觉的一个因素给与我们，我们是永远没有任何感性对象的意识的；因而没有感觉，就不能有任何关于感性对象的意识。所以我们可以说，和感觉不存在相应的就是所与的时间的片刻的空虚。另一方面，在我们意识到时间所与的一片刻是为感觉所占住的时候，那片刻总不是绝对被占住，就是说，它只在零点与无限之间某程度上为感觉所占住。以实在性的纯粹概念来讲，它必须设想为绝对是肯定的，或者说排除一切否定的东西，而否定性的范畴就是排除一切肯定的东西。可是在这种意义上的实在性也好，否定性也好，我们在现实上是没有经验的。我们所经验的是关于一个对象的意识，这是在零点与无限之间的某程度有一定等级的，就是在绝对肯定和绝对否定之间有一定的等级，这就等于说是和限制性这个范畴相应的东西。所 [185] 以在我们有一个感性对象的意识时，就是在我们的意识是关于一个现象而不是关于一个物自身时，我们是意识到它有某一定的强弱量，即等级的。必不可认为感觉本身向我们显示对象的质。关于一个对象的质这种知识是意味着感觉从而通过等级的图型而得到确定的这个过程，就是说，从而得到确定为有在零与无限之间某程度上的强弱量的过程。那么，一个对象的质，只是通过我们用来对我们自己表现感性事物的质作为和一个感觉相应的这个综合，才被人知道的。 96c

强弱量的特质就是我们从统一开始，而确定它的方法是把这统一分散为可称为内部各部分的东西。因为在这个过程中，我们只能把感觉归之于对象的质，对象的图型化作为等级所以就是关于作为有某一定的质 97a

的对象的知识所必需的了;而且因为我们除了应用等级的图型之外,别无其他任何方法来知道任何感性对象,所以我们能普遍地说,凡是在一个出现里面的实在的东西,都有强弱量,即等级的。在力学范围里,等级以运动量这形式出现;但是这个是等级的观念的特别应用,而这是预先假定了因果作用的范畴,因而不能正当地加以处理,要等到确定了我们对事物的因果联系的知识是要有什么条件之后才可以的。

96b 那么我们看清楚了感性对象的意识必然是意味着这些对象(只要是谈到它们的属性)是确定为具有某一定的等级的。例如我们不能意识到一个红色的对象而不确定它是具有红色的一定等级的,这等级是在零度与无限之间的某程度上的;换句话说,一个事物的质的强弱量,即等级,永
[186] 远不是尽可能小的,而按其性质来看,是无穷可分的;而一直在我们意识到等级时,都是同样可以说的。

97c 现在康德就关于纯粹知性头两条原理作出一种总述。量可以从它的连续性这个观点来看。例如空间与时间作为直观对象来看是连续量(quanta continua),就是说,它们不是互相分开的不连续的部分。如康德在感性论中所指出,我们称为部分的空间或片刻的时间的,只是在空间与时间的界限;因为这些都是个别的整体,因而所谓"部分"并非分离的东西而是一个空间或时间里面的界限或确定。在我们谈到空间里的地位时,我们的意思并不是说这些地位是分离的东西,可以在空间或时间之先而被直观到的,是由之而组成空间或时间的。每一个量的性格都是这样,决定它是连续的,或者说是想像力综合的产物。从这个观点来看,一切的量都可以称为是流动的,来表示它们意味着那些被结合为整体的所谓"部分"的不断在产生着。

98a 量是连续的这个确定适用于一切出现,不管我们看它们为延扩的量或者为强弱的量,因为对于量这两种形式随便哪一种,连续性都是适用的。另一方面,在量确定为分离的,像在数的情况那样,量的不断产生或生出是设想为受到打断之后再行开始,因之我们就有了可分辨的单位这个意识,这些单位是结合为一个整体而不取消其单位的分别的。

98b 所以一切出现都是不只确定为延扩而强弱的量,而且又确定为连续
[187] 量的。既然如此,就容易说明事物中的一切变化必须是连续的。然而在

这里我们还不能开始证明这点，因为只有在特殊的经验中而且通过它，我们才能认识变化的。所以在确定纯粹知性的原理之中，我们只能指出，不管感性变化采取什么形式，这些变化必然是连续不断的。我们得要注意，在任何情况下，知识既含有一个验前的因素，却又含有一个特殊的感性因素，而且虽然我们能断言一切可能经验的普遍条件是什么，但不能预测可能经验的对象的特殊或具体的性格是什么。可能有人认为我们有权来从纯物理接受它所证明的种种原理，但是须记得先验哲学不能接受它自己没有演绎出来的任何东西。所以纯物理的原理须得自纯粹知性的原理，而不是倒转过来。

然而容易说明，观察预测这条原理虽然不使我们有权来构成力学的 99a
特别科学，但是它在指出感性对象经验成为可能的普遍条件这一点上，是有很大的价值的。这样作法，它就能叫我们防止如果没有这条原理就会在某些情况下没有感性的直观还去作出错误的推理这种毛病。

不能影响我们的感官的感性对象是不能被直观到的。可是我们不能 99b
就推论说，在我们的感官不受到影响时，在对象中也就没有和一种可能的感觉相应的东西。我们的感官不总是足够精细来直接受到对象的影响，因而我们不能说，没有这样的影响，也就没有对象的存在。我们有权来说的是，如果感官是足够精细的话，没有知识或经验的对象有可能存在而不
能影响感觉的。很明显，我们没有可能来从经验证明空间或时间的任何 [188]
部分是绝对空虚的。所以康德反对数学物理家竭力主张空间的一部分是可以在零点到无限之间的任何程度上被填塞的，换句话说，空间的填塞或占住，按他的见解并不一定是说空间的每一部分都是在同一的程度上为实在所填满；因为等级的性格正是它或多或少地占住时间的一个片刻，因之空间的任何一个所与部分可以为零与无限之间各种的强弱量所占住。我们尽可主张空间是为不同等级的实在所充塞，简短地说，强弱量不一定是和延扩量相应的。

感觉在质一方面的内容是永远在改变着的，而且它既然是以主体的 100a
受纳性为转移，它就不能在验前被知道。然而我们能断言这个验前命题，无论感觉在质上怎样改变，但那个质是必须有某一定的等级的。然而并不是强弱量一定要和延扩量相应，科学人通常的见解是，感觉的等级越

高，则所占住的空间越大。例如看来我们可能有同样多的空间为不同等级的光所占住，而提出的解释就是，在一种情况下物质的微点所散布的空间大于其他的情况下的空间，而估量到这个事实时，我们就发现其延扩量是恰恰和其强弱量相应的了。康德不同意这个学说，而同时主张强弱量与延扩量之间不是有必然的联系的，而且没有什么东西来说明，同样的强弱量不可以占住更大的空间，或者反之，更大的强弱量不可能存在于较小
[189] 量的空间。然而主要一点就是，我们不能意识到一种质的等级，除非是在我们对于作为占住一单个片刻时间看的感觉因素综合过程的产生这意识的限度之内。

三、经验的类比

经验的类比的原理是：只是通过感官直观的一种必然联系的意识，经验才有可能的。

101b 关于对象的知识只有通过感官因素对于时间的确定才成为可能的，换句话说，只有通过图型的应用，这才成为可能。然而关系的图型各别为在时间中的持续性，在时间中的固定次序，和在时间中的交互存在。当康德谈到时间的形相为持续性、相继性和并存性时，他所指的就是这些图型。他应该更确定地说，直观对象的能和时间发生关系有三种形相。依康德来说，这三条规则表达现象在经验的系统中得以联系在一起的所有方式，而这里所要考虑的整个问题，就是它们如何影响这个联系。

101c 在范畴的演绎中已证明过，表明思维自发活动的综合的各种形式必然是能使我们对于自我的同一性有其意识的。所以我们有权用一切必然包含在自我意识的统一性中的东西来肯定客观世界。没有自我意识的必然的统一性，就不能有经验的联系系统，因而我们就有权来把一切含蕴在统觉的统一性中的东西规定为这样一个系统的条件。我们知道，原始统觉是和内部感官有关系的，由于时间是任何一切出现的普遍直观上的条
[190] 件；因而只有在直观的种种因素开始和时间发生关系的限度内，自我意识才成为可能的。那么，要通过杂多对于时间的综合，自我同一性的意识才发生的，因之我们就有权来说，凡不是预先假定感官直观的因素借以统属于统觉的先验统一性的综合活动的东西，都不能进入我们的知识中来。其实，经验的类比，只是主体在他意识到对象作为属于经验一单个系统而

且通过这个意识而开始意识到他自己的同一性的三种方式的表达。

经验的这些类比和上面已经考虑过的两条原理，两者之间有着一种 102a
分别，而后面的两条原理是康德称为数学的原理的。他说，经验的类比是有关于感官对象的存在与其互相关系的，而数学的原理则只确定对象为直观的。换言之，数学的原理是表达个别直观得以构成所凭借的综合统一力的方式的。其第一条原理规定每一个可能直观形式上的条件，指出我们对对象完全不能有任何意识，除非是在我们靠确定直观的纯粹形式为一个延扩量而确定对象的意识这个限度内。第二条原理指出在谈到对象的感性的种种质时，每一个可能直观的实在组成部分是什么。所以这些原理显然是确定一个对象的性格本身的，就是说，它们指出没有它们我们就不能有单个对象的那些条件是什么。但是经验的类比并不告诉我们进入单个对象或者说构成它们为单个对象的因素是什么。我们能够验前
断定每一个感性对象都有某一定的延扩量和某一定的强弱量，因为这些 [191]
确定是属于对象构成本身的，没有这些就免全不会有对象的。可是在我们断言一个感性对象的存在时，我们并不以同样的方式来断言它的标志或属性。其实关于对象所断言的存在总是谈到它们在经验的有联系的系统中存在的种种条件，因而这些类比是完全和对象的关系或联系有关的。

康德表达数学原理与经验类比之间的分别是说前者是组成的而后者 102b
是限定的。前两条原理是组成的，意思是说，当我们有了三个项给与出来时，我们就能构成其第四个项，像我们从月亮的强弱量拿二十万来乘，就构成太阳的强弱量那样。但是经验的类比不能这样叫我们能提出第四个项作为一个明确或具体的对象。例如原因与结果这原理是完全一般性的原理，说明事件在一种客观次序或秩序发生的普遍条件。这条原理，在其是包含有知性的图型化的限度内，是说，凡是有一种固定的或客观的相继的地方，那里就一定有含蕴在因果作用原理中的联系。在我们有了一个现象，比方一块石头渐渐变暖时，我们不能马上从这现象过渡到验前确定石头里面热的特殊原因是什么。康德是为了这个缘故说成现在讨论的这三条原理为“类比”的。它们不是公理或预测，因为它们不能叫我们在关于对象的具体性格上确定任何东西，而只规定它们的关系或联系的条件。

那么，经验的类比不像数学的原理，是不能叫我们在关于对象的特别 103a

[192] 性格上确定任何东西的。需要指出，关于经验思维的公准，即构成力学范畴的第二类的，也可以同样地说。和经验的类比一样，这些公准完全是关于对象的关系或联系的。它们不同于经验的类比之处就是，它们不是确定对象的相互联系，而只确定它们和认识主体的联系或关系。和经验的类比一样，它们在性格上是完全一般性的，换句话说，它们关于个别对象的具体内容不确定什么。很明显，从数学的原理过渡到经验的类比，又从经验的类比过渡到经验思维的公准，康德是有规律地在其确定经验作为一个整体中前进着的。一开始在第一条原理中，他是谈对象纯在形式上的确定，指出它被确定为有可能的直观上的种种条件。在第二条原理中，他接着指出对象不但须结合起来以便出现为延扩量，而且又须被确定为有强弱量即等级的。这样叙明了可能的个别对象的种种条件之后，他在经验的类比中紧接着就告诉我们这样联系起来在一单个经验的系统中的对象是需要什么条件的。从经验的类比看来，康德认为我们的经验或知识的整个性格就已经被确定了，这是谈到对象的。但是在经验思维的公准里，他进而考虑已是被看为完全确定了的经验这些对象是如何与认识的主体发生关系的。数学的原理和力学的原理之间所划出的主要分别就
[193] 是前者是**组成的**，而后者是**限定的**。“限定的”这词的这个用法，必须和后来关于理念的应用于对象而引入的另一用法好好地区别开来。在后面的联系上“限定的”这词的意思是说，有一些无条件的东西的理念，它们并不给我们关于实在对象的知识，而只使我们能把我们的知识变成为一个主观的统一体。可是在当前的联系上，“限定的”这词是指这个事实而言的，就是力学的范畴是有关于一些一般性的规则，即拉丁文所谓 regulae，这些规则是对象在其被联系在一起成为经验的一单个系统时所要从属的，也就是它们在种种普遍的方式上和认识主体发生关系时所要从属的。

102b 康德在证明经验的类比这个过程中，觉得有特别的困难，因为看来好像毋须有什么范畴的应用，特别是毋须有关系一项的任何范畴也可以有关于对象的经验，可是，如果实际上我们没有范畴也是有经验的，那么怎能说明范畴是经验所不可少的呢？这个困难对我们是有着特别的威力的，因为哲学不能使用数学中合法的方法。数学的判断是根据直接直观的，因为数学是用在验前作出它的对象的图来实**证**它的原理的真实性

的——数学有权来依照这个方法，因为它是处理空间与时间的纯粹直观的。哲学则不同。它不能论证说知性的纯粹概念可以在经验中表现出来，因为无论有多少特殊的经验都不能成立一条普遍原理的。

康德对这个问题的解答是，虽然知性的原理不能直接以特殊的经验 105a
为根据，但是在某种意义上，特殊的经验是以这些原理为根据的。原理的客观性格无疑是不能靠说明我们实际上是在关于对象的通常经验中使用它而得到证明，但是我们可以说明没有它就不能有任何对象的经验，那就证明它了。康德承认我们能够有特殊的经验而不依赖这些经验所借以被 [194]
判定为一条普遍原理的实例的过程，这就多多少少削弱了他的学说的力量，因为他像要否定的不过是从无论多少这样的经验都不能得出普遍而必然的原理。可是，如目前的讨论所说明，他实在的意思，并不是说我们不应用普遍的原理也能够有特殊的经验，而只是说，没有**有意识地使用**这样的原理，也能够有特殊的经验。在我们的寻常的经验中，我们观察到一种变化的发生时，我们并不想到这变化是含有因果作用的原理的，可是不言中我们是认定那原理的，而且除非我们是默认这原理，我们是不能有变化这个经验的。所以在哲学中证明的方法不是把某些原理奠基在所与的特殊之归纳上，而是要说明没有在特殊的实例中明显地或不明显地应用那些原理，就完全不能有关于对象的经验。我们的出发点既不是实际材料，也不是假定为真的概念，而论证说，没有某些概念，就没有材料，而没有某些材料，也就没有好效果的概念。

这种用说明一条原理是一个条件，没有它就不能有经验的证明原理 106a
的方法，不是**武断的**，就是说，它不是从没有证明的材料出发或者是从先见出发的，而是最严格意义上**有系统的**。这必然是这样的，因为如我所已见到，一切可能经验的最高原理是自我意识的统一性，这统一性的有其可能，只是因为范畴本身是从属于自我意识的统一性的一个系统，从而就得出结论说，虽然经验只是关于现象的，但是它必然是关于知性的普遍而必然的原理所使之互相联系起来的现象的。

甲、第一类比　实体永恒性的原理 [195]

在出现一切变化中实体是永恒的，而且其量在自然中不增加也不 106b
减少。

在讨论这条原理时，康德要说明实体，即实在对象就其在我们经验范围内来说，必然是永恒的，就是说在量上不变的。所以事实上他是想要成立在一切物理科学基础上的原理之一，即物质的不可毁灭性。诚然，像他这里所说的，这条原理不是局限于空间的对象的，可是事实上，如康德后来指出(《选读》第127页)，我们能知道的唯一永恒的东西就是空间中的永恒东西，就是物质。

106c 在我们领会直观的各种因素时，如所论证的那样，总是观念的依次相继续，因而是不断从一个状态过渡到另一个状态。如果我们一切的意识的形式都是这样，只提到我们的意识总是依时间的形式出现，那就很明显不能分辨并存的东西和事件实际上的依次相继续，因为显然这对于并存的东西和事件实际上的依次相继续是同时可应用的。所以我们得要问，什么东西使我们有权来辨别客观的次序或者说变化和只是印象的次序，而且什么东西使我们有权来辨别永恒的、变化的与并存的。答案是，在我们有意识的经验里一定有某东西使我们能辨别变化的和并存的，而这又意味着一定有某东西是永恒的。所以康德把永恒的东西这个观念看为我
[196] 们关于同时与相继的知识这种经验中的基本先决条件。构成他称为时间本身的经验意识的基质(Subotratum)的，就是这个永恒的东西；那就是说持续的东西，不管在所与的对象发生什么变化。我们不可能以之归于时间就解释得了关于永恒东西的意识，正如我们不能把关于并存这个意识解释为时间的一种样式一样；因为凡是永恒的，本质上是有关于变化的，而在只是时间瞬息的依次相继里面，并没有变化的意识的。只是在我们领会到感性的因素即物质这限度内，而把它和时间发生关系，我们才有在时间里面的变化这个意识。简单地说，没有时间的变化这样的东西，而只有现象在时间里的变化。如果有人主张说，既然时间是一种纯粹的依次相继，因而是一部分跟着一部分地发生的，我们就能意识到时间作为一种依次相继，那我们就必须答应说，这样的意识是没有的，除非是有关于而且对比于不是依次相继的东西；因之我们就得要认为这个一部分跟着一部分产生的时间，是存在于不产生而是永恒的时间里的了。这就清楚地说明变化的这个意识，本质上是和永恒的这个意识有关系的。在意识的只是状态的相继里面，如果把它只作为相继来看，是不能有变化这个意识

的，因为在这样的相继里面，不断地有生亦有灭。既然时间本身不能被直观到，我们显然就没有对象的意识，因而就没有自我的统一性这个意识，除非我们是有关于现象一切在时间中的确定的永恒基质的意识。那么，如我们所曾看到那样，含蕴在一切对象的意识里的综合统一，必然是意味着对象本身在变化中是永恒的了。结论就是，在我们经验里所知的一切 [197]
对象是出现为经过变化的永恒东西，而这个永恒的东西就构成我们所说的实在对象。

很要紧要看到，构成一个对象的实在性的"永恒东西"，不是离开它的 108a
偶性而有其存在的什么东西。实体的确定不是"偶性"，所谓偶性就是没有它，这对象仍然是那样的而不受影响，实体的确定只是实体存在的方式，或者说它们是对象的主要性格的积极确定，不是消极上和这对象有关系的。诚然我们有时说话，好像一个对象存在的样式是只它所具有的而不是它的存在所不可少的，那就是偶性。可是这种说法，虽然在某些情况下是很自然的，但严格上却不是正确的，而且易引起一种错误的思想，以为实体脱离它的偶性还能存在而不变其性质。康德发现实体这种表面上不依赖其偶性的这样看法，其理由在于我们知性的性格；因为知性，如他始终主张那样，本身是纯粹的同一性，因而在它以某东西来陈述一个主体时，它是根据这条原理，就是凡用来陈述的都是按照纯粹同一性的方式依附于主体的。因之思维自然就把实体，即实在的东西，从可变化的东西分开，而且把它设想为永恒的东西，就是说同一的、不可变的东西。另一方面，思维在其用于它借以确定对象的综合活动限度内，并不根据抽象同一性这条原理而进行的，正与此相反，它本质上是在于种种差异的结合为一个统一体。我们能说的最多就是，知性在用实体这范畴来活动时，严格地说，不是用关系这个范畴，而更确切地说，是用作为关系的条件这个东西来活动的。换句话说，实体这个概念是这样一个概念，它作为永恒的东 [198]
西，乃是一切客观的变化和一切实在的并存的必然预先假定。

那么，既然永恒的这个概念是我们关于可变的和并存的这种知识的 108b
条件，那就显然我们不能有变化的经验，除非是在我们感性经验的变动不居的因素以永恒的为其准标这个限度内。必不可把变动和只是变更混为一谈，即不可和各个确定的生灭混为一谈。把变更和变动同一起来，就是把一个只是渐渐消逝的系列和这样一个系列的意识同一起来——这个同一是不合法的,因为只有事件的只是这个相继和永恒的对比起来,我们才能意识到这样一个系列的。所以我们能够说,“除永恒的之外,没有变动的东西”,因为永恒的东西的确定,在其离开了永恒的东西时,就变为一系列只是分离的东西了。

109a 从所说的就可得出结论说,不能有关于一个实在对象绝对开始或绝对停止的经验或观察。这样的经验会意味着对象是绝对和我们意识到的一切其他对象分开的。如果我们认为有什么东西绝对地开始而有,我们就须认为有一个时间是那东西不存在的时候,但是在我们这样设想前于某所与的时间的那个绝对空洞的时间里面,没有什么东西能叫我们确定在一个所与时间里有什么东西开始,因为没有什么东西是和它对比的。不能有空洞时间的意识的,因为我们一切经验都是和时间有关系的东西的经验,而时间本身不是经验的可能对象。因之,凡是我们经验到任何东西的时候,这经验必须是关于在已是存在着的或者是永恒的东西里面的
[199] 某种变动。同样地,我们不能有存在的绝对停止的经验,这种经验是会意味着我们有关于绝对空洞时间的经验的。

109b 我们经验的现实对象,必然是设想为一些实体的,即一些东西,在其一切变化中,依然维持其自始至终的同一性的。如果我们认为实体能生能灭,我们就毁灭了我们经验的任何统一性的唯一条件。因为我们经验的统一性必须含蕴着不管出现于我们的意识的是什么变化,我们都能够在自我意识的统一性这最高条件下,把它们一起联系在一个时间的统一性里面。第一次开始存在的一个实体却不能和我们经验的种种对象得到联系的,因而就不能从属于一单个时间的统一性,这样也不能从属于自我意识的最高统一性。事实上按这个假定我们就不得不认为有时间的两个分开而不同的系列,由于我们完全不能对于对象有什么意识而不把它们和时间发生关系。可是这样把我们经验的连续性分裂开来是不合理的,因为只能有一个时间。所以凡我们知道的东西都必须和这个唯一单个时间有关系的。

110a 那么,除了在变化过程中确定为永恒的对象的经验之外,没有任何其他经验。然而谈到外部的东西时,即谈到空间中的东西时,上面所说的永

恒性必然是指这种东西量的不变说的：因之实体的永恒性这条原理是在纯粹物理基础上的基本命题之一——就是物质的实体，或者说物质的量，既不增加亦不减少这个命题。

乙、第二类比　因果相继的原理 [200]

一切变动都是遵照因果联系的规律而发生的。 110b

康德对因果作用的原理特别加以注意。部分理由无疑是，因为他第 110c
一次被休谟从他的独断的酣睡中唤醒是和这条原理有关系的。他在别的地方告诉我们，他概括了休谟的问题，为要找出除了因果作用之外，是否还有其他判断会受到同样的反对。休谟假定在直接的知觉里面我们认识到永恒的对象，即纵然没有直观，它们却继续存在着的对象，就叫他将因果作用归结为“习惯”这种看法好像是讲得过去。康德在这里指出，在实体的原理里面，已曾说明没有什么像绝对变动这种东西，而只有已经是存在着的实体的状态中的一种变更而已。因之，在他接着来讨论因果作用这条原理时，他就预先假定他已经是成立了永恒的东西作为关于对象的一切知识的意识的必要性。再则，不只在因果作用原理中是预先假定了实体性的原理，而且我们又必须解释清楚我们是如何会有关于并存的对象的经验的。那么，感官直观的种种因素统属于经验的统一性有三种方式；换言之，我们得要说明(1)事物的永恒性，(2)事物的变动和(3)事物的并存。休谟企图用我们意识中直观或观念的重复成为和事件必然的联系这个命题同一起来这个说法，来说明事物的变动。这个解释似乎是说得过去，其原因是由于把主观状态的相继和事件的相继混为一谈。其实休谟是把它们同一起来的。可是，康德在讨论因果作用这条原理时，首先指 [201]
出，在这个问题普遍化时，我们就看到休谟的解释是完全不够的。我们可能把观念的主观次序作为准标而像是说明得了事件的客观次序，可是这是把我们的注意力纯然局限于客观的次序的。然而我们从观念的同一个次序，如何有可能得出对象完全不同的确定，即永恒性、相继性和并存性呢？他论证说，我们意识的形式总是一种依次相继的领会，因之如果我们能从它得出我们关于对象的意识，我们就应该除了对象或事件作为相继的这种知识之外，别无其他的知识了。那么显然除了休谟所提出的解释之外，必须有某种其他对于因果作用的解释要作出来。休谟说，如果是有因果作用的原理，就必然有事件的必然联系，这固然是完全正确的；他又说，关于这样事件的知识，必须要说明在某种方式上是包含在我们观念的依次相继里面的，这又是正确的。可是，我们不超出意识的范围，如何能得出关于客观相继的意识呢？只注意于观念的次序，像休谟那样，是不够的；因为，虽然我们是可以称任何一个观念为意识的对象，而那并不能解释得明白，在我们把只是一连串发生于我们想象中幻想和依次相继的实在的或客观的事件对比时，我们的意思是什么。在我们只是把注意力局限于意识中状态的相继时，是无法分辨一个客观的相继和一个任意的相继的。如果我们经验的对象是物自身的话，显然我们是永远完全不能以
[202] 客观相继来谈到什么东西的；因为在认现象为物自身的这个假定上，我们如果关于现象果能有什么知识，也只能通过在我们意识中发生的情感而有知识。可是，如果假定我们是限制于我们意识的直接状态，则显然在我们心中有观念的相继这个意识，也并不证明在实在对象中是有任何的相继的。物的在其自身是什么，我们是无法知道的，因为我们不能超出我们的意识来领会物的在其自身是什么。那么，不离开意识的范围，我们如何去说明一个客观相继这种经验呢？为什么缘故，虽然我们的意识形式总是依次相继的，而我们却不是在一切情况下都以客观相继来陈述事物？在我们看见一座房子时，无疑就我们的领会来说，房子可见的各部分是以我们观念的一种相继的形式向我们出现的；但没有人会认为房子的各部分是相继的。那么，虽然在这个情况下，事实上我们的观念是相继的，而我们却不说是客观上相继的呢？我们要记得，从先验的观点来看，即从现实经验可能性的观点来看，房子不是意识以外一个东西的本身，而是一个现象，离开意识就没有存在的。康德并不否定有一个对象和这房子相应，但肯定我们所要说明的乃是作为一个现象的房子，就是说，我们得要说明的乃是我们关于房子的*经验*。那么所说的在现象中各种确定的联系是指什么说的呢？我们把现象从我们观念的相继分别开来，然而现象不过是我们观念的复杂体或结合体。这个分别的根据是什么呢？既然真实性是在于知识和它的对象的一致，而且既然这里对象，就其感性的因素来说，是给与我们的，唯一的问题必然是，在我们的知识的性格中有什么东西是
[203] 把所与的感性因素变为一个对象这个意识的？其解释必须得自知性把所

与的感官的“质料”结合起来的方式，换句话说，我们得要在知性的综合活动中来寻找客观性的解释，这综合活动是提供直观的各种因素的经验必须遵照的某规则的。所以我们说客观性必须只是指领会的这个必需的规则的意识而言的。

如我们已经看到，没有关于第一次开始有存在的这种对象的意识；换 112a
句话说，在处理因果作用这问题时，我们必须承认它是预先假定实在对象的永恒性的。那么，每一个事件的领会都是紧跟着前一个领会的某东西的领会。然而这并不叫我们能分辨永恒性、客观相继和并存。可是，在我们观察到在某些情况下，在我们的观念的次序中有一个特质是不发现于其他的情况的。那时，我们就得着了线索来分辨事件的一个客观的相继和观念的一个任意的相继了。除非在我们的直观中有固定的次序，是A必然在前而B在后跟着的这种次序，我们是永远不以客观的次序来说什么事物的。例如，在我们看见一艘船顺流下驶，我们直观的次序是固定的，我们不能先看见船在下游然后才看见它在上游的，而必是按一定的次序看见它的，循序过渡是按规则的。那么，这里我们的领会是为所领会的事件的性格所固定的，而在房子的情况下，领会就不是固定的而是任意的。康德这样说并不意味着房子不包含有知性的规则，因为他已曾说明
(《选读》第80页)对于房子的直观是含有量这个范畴的。他所坚持的是， [204]
出现在我们经验中作为事件的实在相继，或者说作为一种客观次序的客观性的特别形式的，只能得自使直观要素发生关系的一种特别方式——所以是必须处在知性的性质里面而又必须是在于直观种种要素的所借以统属于自我意识的统一性的图型的一种方式。

那么，这里我们观念的特别相继，只能以现象的客观相继来解释；换 113a
句话说，我们的观念是按一定的次序发生的，这个次序是不变的，因为所知的对象是含有这样的不变性的。只有这样看事情，我们才能解释得清楚我们是如何把一类的现象从另一类分辨开来，即在有些情况下是以实体来说一个东西，另一些情况下是以因果作用来说的，而又在另一些情况下是以交互性来说的。所说的客观次序只是指我们的直观符合于一种固定的规则，在这个情况下，规则就是相继的不变次序。凡是在我们的直观里有不变的次序的时候，我们就有权来用客观的先后来说事物。

114a 那么，这条规则意味着事件不能随便按一种次序发生而只能按某一种次序发生。可以说这次序是相应于时间本身的一片刻跟着一片刻的必然相继的，但是严格说来，康德应该说，确定时间于时刻的必然次序的东西，乃是我们按照着来在这样的次序上结合某些确定的必然性，就是不变的一种次序。得要注意，虽然在一切客观先后的情况下都含有因果作用的原理，但是康德的意思不是说在这样的先后次序本身里是明白地领会到其原因的；他的意思是说，凡是有客观的相继时，我们必然预先假定所与的变动有某一原因，没有这原因，这变动也不能有的。

115a 上面所作出的因果作用原理的演绎，使我们能看到休谟学说的不足
[205] 以说明问题。依他的见解，因果作用这个概念，只是从许多观察得出的概括，就是说，他认为我们有了重复的经验，某些事件在时间上是跟着某些先行的事件的，而把这些经验加以相互比较，我们就形成原因的一般性的观念。依这个解释，我们永远不会达到纯粹的普遍性和必然性，至多是达到概括性。然而其实因果作用原理是一条验前的原理，不能得自经验的，而对于经验的构成却是绝对不可少的。如果承认思维在其本身是分析的，就必须注意思维的分析判断是预先假定了综合判断的。我们不是靠起初从经验的归纳而得到的所与概念，只加以分析而获得因果作用这条原理的；我们所以有因果作用的概念或原理拿来分析，只是因为在我们实际的经验里面，思维的综合活动已在图型的形式上有了运用，而这个图型是相应于所知的世界里变动的实际上的确定中这个因果作用的范畴的。所以原因这个概念的清楚分析不是因果作用原理的基础，而只是思维对于那条原理是什么的直接的，或者说明白的理解而已。我们首先是在现象即经验的对象的构成中使用这条原理，然后对于这样应用的原理中所含着的是什么加以反思之后，才把它以判断的一条原理的明白形式叙述出来。但是如果这样的原理不是在验前已经在我们经验的基础上，它永远不能明显地来到我们心的面前的。

115b 在当前所说的情况下，知性在构成对象中运用其综合活动的特别形式，乃是把事件在时间中确定于一种固定的或者说一种不变的次序。就是因为知性这样把直观的种种因素确定于一种不能倒置的次序，我们才
[206] 能把事件的时间相互关系固定下来；因为时间本身不是直观的对象，因而

我们不能只以时间为准标而确定事件的次序;正与之相反,时间本身获得次序只是由于我们意识到现象是按一种固定的次序一个跟着一个的。所以甚至在一个事件在前而另一个事件随后这个意识中,也是预先假定了事件的按次序相继这个经验的。而且既然事件必须和时间的普遍条件一致,所以可能直观的系列必须出现于和时间的片刻的系列相同的次序。所以因果作用的原理,或者说表达一切在时间中的变动和因果作用规律相一致的原理,是我们经验里面现象的联系的必需条件。

既然时间的次序是确定于现象就其含有知性的综合活动而言的次 116a
序,所以,除非我们事先已经在一种固定的方式上确定了现象的变化,我们是完全不能意识到一个事件的。无疑,在我们抽掉了我们经验的一切特殊事实,而只注意时间的片刻跟着片刻,我们在心的面前是有着一种单纯时间系列的意识的。但是事件只作为次序的这种抽象的见解,只说出在经验的可能性里面所包含的是什么,因为实际上在经验里除了只是时间的形式以外,那是适用于一切现象的,我们还有一种确定的感性因素,这是和时间发生关系的。那么,使我们能够认识时间中的事件或相继的,就是现象,就其变动而言,在一个固定的方式上借以得到确定的规则,而这特殊的规则就是,在先行的东西里就发现一个事件总是,或者必然,随着所服从的条件而来。

我们现在就可以总结因果作用原理的证明或演绎了。关于对象的经 116b
验总是含有直观各种确定,或者说要素,为想像力所给与的综合。可是只 [207]
说我们的意识的形式总是时间中一种相继的形式,是不可能解释得清楚关于客观或实在相继的知识的;正因为我们一切的观念都真是一个跟着一个的,我们就不能只靠以这个事实为准标来说明何以在有些情况下我们以永恒性来说事物,在另一些情况下是以相继来说,而又在另一些情况下,则以并存来说。所以说明实在事件的确定为相继的,不只是领会的综合包含着观念的一种相继这个事实,而是因为我们某些观念是依照一个固定的次序,而这个次序是替我们确定了的。所以如果我们是要知道事件实际的一种相继,在我们的经验中必须有次序的这种固定性,没有它我们就完全会永远不意识到客观的相继的。因为纵然我们假定我们有可能具有只是一系列的观念,而且我们又能意识到这些观念是一个系列,我们仍然至多只能肯定在我们心里头有某一系列的观念。以它自身来说，在一系列的观念里面没有什么东西能使我们分辨什么只是想像力的作用，什么是关于客观对象的知识，分辨什么是梦幻，什么是醒来的实在。所以在只是观念的系列这个意识之上还必须增加这些观念在时间中按一个固定的次序而来的这个现实的经验——例如这样的一个次序，有了A，则B一定跟着在后面的。但是这正是因果作用原理应用于感性经验的对象。因为，虽然因果作用这个纯粹概念只是一个事物依赖另一个事物的思想，但是只有在这个纯粹概念图型化为时间中的一个固定的次序时，就是只有在直观的种种要素确定于一个固定的次序时，我们对于因果关系才有现实的知识的。那么，因果作用这条原理必然是适用于经验的一切可能
[208] 对象的，因为离开了事件作为按照一个固定的或者说不变的次序而来的这个经验，我们对于实在的事件是不能有任何的经验的。

丙、第三类比　交互性的原理

118a 一切实体，在其能被观察为在空间中并存的限度内，都是处在完全相互作用之中的。

这第三类比不同于其他两个，是在于增加了空间的限制，而且值得注意，这个限制是在《纯粹理性批判》一书第二版中才第一次出现的。这个限制是和增加在判断原理之上的泛论相一致的（《选读》第126～128页）。在那泛论中，康德指出，判断的一切原理包含着不只和直观，并且和外部的直观的一种关系。在讨论图型时，康德把知性的综合描写为总是关于时间而被确定的。可是在《纯粹理性批判》一书第一版刊出和第二版刊出的两个时间之间，他像是越来越感觉到范畴的得到图型化，不只是要以时间为准标，而且还要以空间为准标，结果便是，严格地说来，除了关于空间中的对象之外，我们没有关于实体或并存的经验。可是，只在第三类比中他才明显地引入这个限制的。

118b 康德一开头是指出并存区别于永恒性和客观相继的经验上的标准。在我们说事物是并存的，我们的意思是说，它们是在同一的时间在同一的空间中存在着的。但是，时间既然是我们一切意识的共同形式，在我们的观念的相继的性格中一定有某一东西是说明我们在发生于一单个实体的
[209] 一些变化——换言之，客观的相继——和我们在不同的实体中观察到其

彼此对待的变化，这两类变化之间的分别的。事实上，在我们的观念的次序是可以倒转的时候，我们就以并存来说实体，在其次序是固定的时候，我们就以客观相继来说实体。如果实际上一些确定是依照时间的，我们的观念的次序就会是固定的，从A开始，按规则地通过B，C，D，E而一直到F。因之这至少是明显的，对象的并存这个意识不能得自只是我们的观念是相继发生的这个事实。

所以我们不能只是从我们观念的主观相继而解释得清楚对象的并 118c
存。然而我们曾说明过，对象的经验是预先假定有持续的东西或实体的，而且又曾说明过，这些实体是经过按一种固定的次序而发生的某些变化的。但是，即使假定我们能够观察到分开的实体连同它们的变化：换言之，假定经验是为实体和因果作用这两条原理所确定，这仍然不能解释得清楚我们怎样得到并存的对象这种经验。我们不能从实体分离的状态这种经验而得出并存的状态，这是明显的。因为假定我们能观察到一单个实体，然后过渡到另一个实体的观察，那就很明显，既然这里我们的经验是一种相继的形式，我们就不能说相继被观察到的两个实体是并存的。那么，分离的实体的直观以其直观的本身来说，并不包含有那些实体是在同一个空间的意思；换言之，不包含有它们是并存的意思。

所以，在我们关于并存的对象这个经验里面所包含着的，必不只是它 119a
们存在于同一空间这个事实。唯一令人满意的解释说明并存这个经验的，就是指出这两个实体的随便哪一个，除了和其他一个有着关系之外，都是不能像它实在那样的这种解释；换句话说，一定要有这两个实体之间的某种因果的联系。一定有一种原因或者对这些实体本身或者对它们变 [210]
化的状态起着作用。可是，由于实体本身并没有存在的起头，却反之而是永恒的，所以显然因果作用只能和实体的状态有关，而不是和实体本身有关的。那么，关于不同的实体中的交互变动的知识是预先假定了这些变动不是独立的，而正与此相反，乃是相互含蕴着的：那就是说，每个实体对于另一个实体的变动来说，都必须是一个原因，而它本身又是一个结果，固然不是作为实体而为结果，乃是就它自己的状态来说的。我们在事实上关于作为并存的对象有经验，只限于我们能确定它们就它们互相遭受的变动而言是交互依赖的这一点的。既然我们一定要看为必须经验到一切要预先假定的东西，才能说明它的统一性，而且既然我们除了通过知性的综合之外就不能有直观的统一或系统，而这个统一或系统是对象借以被确定为交互为因果的，所以我们就有理由说，经验的一切对象都是处于交互作用的彻底交互性里的。

119b 当我们说现象是处于交互作用的交互性里时，意思就不只是说它们是并存的，或者说是在地位上的交互性里的，而是说它们以交互为因果这原理而有关系的，或者说是在力学的交互性里的。如果我们看看我们的经验，便容易看出，只有当不同的东西是相互有着因果的影响时，我们才以并存归之于它们的。只由地球的观察而过渡到月球的观察，而又由月球的观察过渡到地球的观察，我们不会得到月球和地球是并存的这个知识。我们经验到它们的并存，是因为它们为我们与月球之间起作用的光
[211] 亮在力学上所联系着。如果不是经验的一切对象都在力学的交互性方式上联系在一起，我们也不能在对象的位置上观察到什么变动，这就等于说，在经验上观察到对象对于我们自己来说有什么变动。所以，没有这样的交互性，就只能有一些不相联系的观察；因之这条交互性的原理是我们经验的系统的统一性的必需条件。显然只是相类似的观念相继的发生这个意识是永远不会产生对象并存的意识的。按其性质，我们的经验是现象的因果系统。这并不叫我们有理由来说空间是绝对充满了的，可是叫我们有理由来说，我们不能经验到一个空洞的空间。这样演绎出的交互性原理，像其他原理一样，是预先假定有统觉的统一性的。在目前所谈的问题上，这个统一性所采取的形式就是，我们意识到对象是并存的，只是在知性已经把它们通过交互性的原理结合起来，而且在把它们构成为一单个系统时，就已经使它们和统觉的单一统一性发生关系了。我们得要解释的不是对象或物自身的独立存在，而是我们表现着对象为并存于空间的这种知识；而且，如我们所已看到，我们的经验的这种客观统一性只有在它有其客观根据的限度内，才成为可能的；那就是说，我们不能从我们自己的主观观念得出现象在实际上的并存，而与此相反，我们只有通过说明知性在经验系统的结构里面的综合，才能解释得清楚我们的自我意识的统一性是我们经验的统一性的必需条件的。我们现在已经成立了包含在我们作为现象系统的经验里面的三种力学的关系。纯粹物理的基本

原理是以这三种关系为基础的。所以,如康德在《基本物理》一书所指出,
实体的永恒性是物质不可毁灭性原理的基础,因果作用原理是力的持久 〔211〕
性的基础,交互作用性原理是作用与反作用的基础。

我们可以简短地总结我们整个研究的结果如下。头两条原理确定个 121a
别直观内容的性格,而经验的类比则确定判断相互在时间里面的关系的性格。既然对时间可能的关系是持续、相继与并存,所以这些类比是确定现象就其是一直在时间中持续或者说持久,或者是就其在时间中依照固定的次序显出变化,或者是就其在时间中有并存的这种相互关系来说的。这些原理所引入的统一性是根据知性活动的规则的,这种知性的活动是指它运用来把对它在感性直观中所给与出来的东西结合成为一个系统的统一体而言的。

我们已经分辨了"自然"这个名词的两种意义(《选读》第 80～81 页)。 121b
"自然"这个名词的意思是指一切现象的总和(natura materialiter spectata 从内容看的自然)或者是指这些现象因而得到联系的必然规律的系统(natura formaliter spectata 从形式看的自然)。那么,经验的类比显然是确定在这第二种意义上的自然的规则或规律。那么,没有这些原理,就不能有任何"自然",没有任何现象的系统。这是重要的一点,因为它叫我们能够确定在特殊科学中所必须预先假定的基本原理。这些科学所发现的经验上的规律——力学、物理、化学等的规律——必须隶属于经验的类比,因为经验的类比是第一性的规律,没有它们,就完全没有经验的可能。各门科学的特殊规律因之就可以看为是经验的类比的应用或说
明,而这些规律必然是现象的规律,因为除了经验的类比是预先假定为统 [213]
觉的统一性,因而也就是经验的统一性的必需条件之外,完全没有知识是可能的。把这三种类比总的来看,我们可以说,一切现象都必然地属于自然的一个单一系统,因为离开了统觉的验前统一性,而这个统一性又是预先假定有这些原理的,就不能有经验的统一性,因而就不能在经验中有对象的确定。

四、一切经验的思维之公准

用经验的类比,康德就已经最后确定了我们关于对象的经验的一切 122a
普遍条件了。他现在就接着来考虑进行认识的主体领会客观世界所服从

的一些条件。这些条件表达于经验思维的公准，这些公准并不确定对象的组成，而只指出我们关于对象能有经验的条件。一般地，我们可以说，这三条公准是肯定了我们不能知道一个对象，除非它是按照**可能性**的图型，除非它是按照**现实性**的图型，我们就不能知道一个所与的对象，除非它是按照**必然性**的图型，我们就不能知道一个必然的对象。所以这些原理可以说是概括了而且以简洁的形式表达出来了我们知识的一切条件。

122b 样式的范畴并不确定经验的对象，像量与质的范畴那样，也不确定这
种对象的互相关系，像关系的范畴那样，而只叙说在经验系统中已经构成
[214] 而联系起来的对象对于认识对象的主体的关系。所以我们可以假定我们知道经验的对象成为可能的一切条件，而还可以问我们是在什么条件之下把可能性、现实性和必然性来陈述这种对象的。经验思维的公准就是这个问题的答复。

123a (1)第一条公准要求所要知道的对象必须和一切经验形式上的条件相一致。可是经验形式上的条件就是直观的形式，即空间与时间，和思维的形式，即范畴。那么，正如我们有权来说那样，凡是不和空间与时间的条件相一致，不和上面所规定的知性原理，包括经验的类比在内相一致的对象是不能被知道的。很自然地认为一个对象的可能性是可以只从它的可想象性而证明的。但是我们研究的全部经过已证明了，只从一个概念是不能确定关于知识的可能性的任何东西的。例如我们可以想到一个为两条直线所包围住的图形，因为两条直线这个概念和这样两条线的交叉这个概念，并不含有图形的否定，就是说，我们能想到任何在其本身不是绝对相互矛盾的因素；但是我们从这便得出结论说，这样想到的对象就是经验的可能对象，因为凡是不和经验的必需条件相一致的东西，都不能是经验的对象的。

123b 乍看起来，像是可认为确实的，凡是可以想象的都至少是可能的。事
实上这就是笛卡尔、斯宾诺莎和莱布尼兹所假定的学说。他们认为凡能
被想象到的，当然是可以存在的。其实莱布尼兹并进一步主张，如果可想
象的东西同时又不和其他可想象的东西相冲突，它便是现实的了。例如，
一个无限的存在者这个概念是一个可能的概念，而既然没有什么东西和
[215] 它矛盾，莱布尼兹就主张这样一个存在者是存在的。笛卡尔和莱布尼兹

所提出关于上帝存在的本体论论证，事实上就是以这条原理为根据的，凡是可想象的都是可能的，如果没有其他是可想象的，则这可想象的便是现实的了。

如果我们拿一个特殊的概念，如三角形这样一个概念，看来好像我们 124a
可以肯定和它相应的对象是可能的。无疑我们的确是能够在验前作出和这概念相应的对象的一个图；但是我们必须注意到，只靠说明我们能在验前作出三个三角形的图，并不证明一个三角形的对象的可能性。只有它和直观与思维的必需条件相一致，一个三角形的对象才成为可能；换句话说，三角形的对象可能性的证明，意味着有感性经验而且包含在这个感性经验里面的种种因素，是思维所结合为在直观的条件之下的一个对象的统一体。我们的确是能够在特殊的经验之先描绘事物的可能性，但是我们的能够这样做，只是因为我们能在验前规定任何经验成为可能的条件。因之所谓可能性，不是只理解为可想象性，而是理解为实在对象的经验的可能性。

(2)第一条公准只叙明一个对象的消极条件，没有这些条件我们就不 124b
能有任何经验。如果所想象的对象确是不和我们经验形式上的种种条件相矛盾，我们是能肯定这种对象为可能的。但是在一个对象的现实经验中，所需要的就比这更多。这样的对象不只必须和经验形式上的条件相一致，而且它必须是感性直观的一个现实对象。对于感性的东西这个关
系，就是把现实性的公准和可能性的公准区分开来的东西。因为现实的 [216]
直观总是和一定的时刻有关系的，因之除了在某一定的时刻出现于我们面前的东西之外，我们不认识到任何是现实的东西，或者更一般地说，不认识到在一定时刻所经验的东西。可能有人反对说，如果我们把知识局限于实际上直观到的东西，我们经验的幅度便是很狭窄了，而且物理科学在许多情况下是肯定不被直观到的对象的现实存在的。例如，一种充满着空间的以太这个学说，看来就像和除了是与直观有关系的之外，不能肯定什么是现实的这条原理不相容的。康德答复这种反对的意见时说明，这条公准不是要求我们能直接直观到肯定为现实的对象：它所要求的不过是对象应该直接为我们所直观，或者应该合法地从我们直接的直观推论出来。我们可以说，凡是不能为感官所直观的对象都不是现实的，但是我们必须解释这个的意思是说，不是我们只能肯定我们实际上直观到的

东西的存在，而是只能肯定可以证明为能够被直观到的东西的存在，只要我们的五官是足够精确的。那么，这条公准使我们有权来说，凡是在我们直接直观对象是在我们的经验之中而且形成我们经验的内容的一部分时，或者在我们由于我们实际上确有的直观而合法地推论出来我们是有权来肯定这样的对象的存在时，我们就关于现实的对象有了经验或知识了。

215a （3）第三条公准，像其他两条一样，是说明经验的对象对有认识的主体的关系的。康德指出，一个对象的必然性是不能以纯思维而得到成立的。逻辑的必然性乃是受条件限制的东西含蕴着一个条件的这个概念。但是从这种必然性的纯粹的或者说逻辑的概念，不能对关于被知道的对
[217] 象作出任何确定。所以这条公准是关于康德称为物质的必然性的，那就是说，它是关于具体的感性事物即现象的必然性的。可是，感官对象的存在，就其含有一个特别的感性因素来说，是不能在验前予以确定的；因为验前的东西总是关于各种各样的感性对象能被知道所具备的直观或思维的形式的。那么在什么意义上我们能说这条公准是知性的一条验前的原理呢？只在这意义上，就是说，在一定的感性对象是被给与出来的时候，或者更确切地说，在这样的对象里面所预先假定的感性质料是被给与出来的时候，我们就能验前地规定这条原理，即这样的对象必须进入我们经验的单一个前后关系里来，才可以被人知道的；换句话说，它们必须以必然联系的方式有着关系。而且显然我们不能说，现象界的对象或实体在其本身是被知道为必然的，因为，如上面已经说过，我们能够直观的实体，都是限于含有能变的感性质料那些实体的。所以必然性作为一条公准来说，必须是有关于现象而不能是有关于现象的作为实体的；换句话说，这里的必然性是指现象变化状态的必然联系说的；那就是说，它是指因果作用方式上的必然联系说的。

五、泛论判断的各种原理

126a 康德关于判断的各种原理提出一个总的意见，这是如上面已曾提过的，在《纯粹理性批判》一书第二版中加入的。和这一起还有另一种增加，称为观念论的驳斥，这又是结合着头两条公准而提出的。在《纯粹理性批判》两版刊出的时期当中，有人指责康德把经验的实在性变为可疑的或不
[218] 可能的，由于人家认为他的理论是把对象变为只是个别主体的状态的。

这两段文字的增加,原是为了应付这种反对的意见,而且又是因为这个反对的意见使康德自己更清楚地知道知性的原理是只能适用于外部的现象的。在观念论的驳斥里,他把所谓"观念论"(第二版第274~278页)分为两种形式,即疑问的形式和独断的形式。前者是笛卡尔的观念论。依康德所描写,笛卡尔是主张我们只直接意识到我们自己心中的观念而从这些观念推论出外部对象的存在的。其次,独断的观念论是贝克莱所提出的学说。在其主张我们直接只意识到我们自己的观念或直观这一点上,是和笛卡尔的学说一致的,但与之不同的,是在于否认意识以外有任何对象。康德主张他自己的学说根本上是和两者都不相同的。笛卡尔和贝克莱都一样地认为我们直接地只意识到我们自己的状态,即只意识到观念的相继续。但是,依康德的论证,把知识归结为只是观念的相继续,是使一切知识变为不可能的。所以疑问的观念论和独断的观念论都是不能辩护的。他所坚持的就是,如果我们能说外部对象和内部状态这两类对象之中,有一类是先于其他一类被知道的,我们在先的意识是关于外部对象而不是关于内部状态的。可是,外部对象不是像笛卡尔和贝克莱所认为,是存在于知识以外而不过是在空间被确定的现象,和只是我们观念的仅仅在时间中的相继续是对比上有区别的。所以我们得要主张我们经验的对象——就是判断的原理所能确定的对象——不只是我们观念的相继续而是空间的现象,就是我们平常称为物质的东西。

经验或者说知识的限于外部的或者说空间的现象,结合着经验的类 126b
比,可以最容易看出来。首先拿实体的类比来看。我们曾看到,我们能够 [219]
知道实在的对象,只是在我们确定它们为永恒的而且把它们和我们在时间中发生的意识状态相对比这个限度之内的。我们现在得要指出,只有和外部的现象发生关系时,我们才有关于任何永恒的东西的经验的;因为,以其本身来说,我们意识的状态,就其只是在时间之中来说,并不向我们表现什么永恒的东西,而恰恰相反,是在不断的流动中的。第二,只是在变动发生于一个外部的对象或物质的东西这限度内,我们才能有客观的变化这种知识的;因为只有通过我们关于运动或者说地位的变动,我们才有变动的直接知识,而间接地得到我们自己观念的相继续这种知识。例如我们总是以天体或某一其他的外部运动为准标来确定变动的速度,而且甚至我们自己观念相继的速度也是用同样的方法来衡量的。其实,我们不可能有变动的知识——抽象地来理解,变动是含有矛盾的述语的结合的——除非我们对于运动或地位变动有经验。脱离了这样的运动,我们就得要认为同一对象显出在自己里面互相矛盾的属性。利用运动的经验,我们在另一方面就能够明白一个对象如何可以有不同的,甚至互相矛盾的属性,由于它能够占住不同的地方,或者说空间的不同位置。第三,交互性原理,除了作为空间中关于它们变动的状态彼此互相影响的并存的对象的确定外,对我们来说,是没有意义的。事实上,如我们在这条原理的证明中所已曾看到的那样,不预先假定对象系统中的对象是彼此相互影响的,就完全不可能说明我们关于这个系统的知识,而且除了这些
[220] 对象是并存于空间之外,这样的知识是不可想象的。所以我们看得清楚,经验的类比都是预先假定了外部现象即空间中的事物的知识的。然而必不可认为只有经验的类比是从属于这个条件的。恰恰相反,我们借以确定对象的延扩量和强弱量的数学判断,都同等地限制于外部的即空间的事物的。

128a 那么,我们对于知性原理全部研究的结果就是这样的。这些原理正是规定我们能有任何经验所需要的条件的验前原理。所以除了关于经验的对象的那些判断之外,没有任何其他的验前综合判断。其实这样的判断是在经验的性格中所预先假定了的。

第三章 现象与本体的区分

129a 康德现在说明了我们现实的知识,或者说经验的条件是什么之后,就已经完成了他的计划的第一部分。然而这个研究原来只是作为主要问题解决的必要准备。这问题就是我们是否有正当理由来相信上帝、自由和灵魂不死。研究的这个第一部分的结果,是要说明,虽然我们能够说明构成我们关于自然的通常见解的实质和形成各科学的基础的验前综合判断的正当理由,但是我们没有权来说,我们除了出现于空间与时间的种种形式的对象之外,能够有关于任何其他对象的知识。知性的原理在其应用于感性现象上是普遍的而且必然的,但是以其本身来说,是丝毫不能叫我
[221] 们去确定什么关于事物的终究性质的。我们经验的统一性,或者说我们经验的系统,是感性对象的一个系统,这个系统是依靠在空间与时间的条件下而活动的知性综合活动的,因而我们能够毫无保留地说,没有这种综

合的活动,就没有现象的可能。可是这并不意味着我们只靠知性就能确定实在:与此相反,虽然知性确是能够适用于感性现象的范围以外,但是这并不使我们能够只靠知性的运用就得到实在推广到那范围之外,因为,除非是有某种物质因素给与知性,知性的结果是空洞的。

在范畴的演绎中已证明过,纯粹概念能以这样的一种方式来确定直 129b
观的种种要素,因而产生关于经验对象的验前综合判断。但是范畴的这个先验的演绎并不是说我们能够只以范畴为任何验前综合判断的基础。与此相反,这个演绎的整个性格是这样,因之说明从纯粹范畴不能确定任何东西作为知识的一个对象,所以纯粹范畴没有超验的用途而只有经验的用途;换句话说,它们不是使我们能够确定物自身的性质,而只确定一种可能经验的对象。除了直观的要素是给与我们而且是能从属于知性的规则的这个限度内的之外,没有其他知识对我们来说是可能的;凡是没有这种因素给与我们的时候,概念不过是一个逻辑函数,就是说,它只是我们的能力来结合感官的要素的,其条件,是这样的要素是给与了我们的。诚然我们能在验前确定纯粹直观的对象,由于空间与时间是纯粹的直观;但是甚至这也不叫我们能确定现实的对象,因为空间与时间的确定只是
直观形式的确定,而不是具体事物的确定。那么,离开了感性质料的现实 [222]
呈现,范畴连带知性的原理都不过是想象或知性的活动,不叫我们能够关于实在的对象有任何的知识的。

很容易说明范畴的这样限制于感性直观的对象是适用于每一个范畴 130a
的。不加以图型化就不可能替随便哪一个范畴,或随便哪一条知性原理,作出一个实在的定义。例如,像我们所曾看到那样,实体这个范畴或原理,就其本身来说,只是永远是主体而绝不会是作为述项的东西的一个概念;但是,除了一个向我们表现为和它的常变的偶性相对比而在时间中是永恒不变的对象之外,我们是不可能有任何对象的知识符合于这个定义
的。那么,在每一个情况之下,范畴都是局限于现象的。所以没有可能的 130b
方式来说明范畴能在超验上拿来使用,或者说拿来用于对象如其本身那样的确定。范畴永远不适用于物自身,而只在和经验的对象的关系上有其意义。

那么,在先验分析论里面,我们研究知性性质的结果,就是说明在其 131a
本身,知性只能规定经验成为可能所必须依照的普遍的而且必然的规则。

从这就得出结论说,知性不可能超出感性的界限。所以我们无理由来说这是成立了作为终究的或实在的存在的科学的一种本体论,就是说,一种形而上学:我们所能做得的是提出现象的验前的系统知识,换句话说,我们必须以纯粹知性的一种分析论来代替本体论。

[223] 131b 另一方面,必须注意到,范畴和知性的原理是我们知识的必需条件。直观本身只能给我们以感官的因素,这些因素依靠关于直观形式的范畴的应用,叫我们能够把感官对象构成经验的一个系统。知性的可能幅度是远远地广于它实际上的应用的。范畴在其实际的用途上诚然不过是我们实现通过直观而向我们出现的感官因素的综合的形式,可是以其本身来说,它们是不受这个限制的。但是,虽然它们是能这样适用于感性的界限以外,然而这并不叫我们能把我们的知识推广到现象之外,因为范畴永远不能得到应用,除非是有某确定的因素给与了我们。

132a 然而范畴在经验的范围之外,却有一种盖然性的推广。在它们照它们的本身来看时,它们给我们以非感性的对象的观念。这个事实,就意味着我们在把它们的实际应用限于现象时,我们同时也提出超出现象的东西这个概念,提出一个本体这个概念。所谓“本体”是理解为不是感官对象的一个对象的观念。在这个概念中没有什么自相矛盾的东西,因为我们没有理由来认定直观唯一可能的方式是和我们直观的方式同一个样子的。我们的直观总是含有感受性或者说接受性的;可是,如我们从前所看到,在一个能创始所直观到的对象这样的有理智的存在者的观念里面,没有什么东西是不可能的。本体的这个概念,其价值不是正面的,就是它并不叫我们有权来说像我们所想到的这样一个现实对象是存在的。毋宁说它的价值是反面的,因为它的主要用途是防止我们认为经验的对象就是
[224] 物自身。可是我们终之是不能关于绝对是非感性的一个对象形成任何明确的观念的:我们直接从本体的概念得到的只是防止我们断言现象为物自身,而这样就在现象范围以外留有余地。如果除知性的运用外有其他某种方法,就可以把这余地充实起来。所以我们的知性把处在现象之外的一个范围的可能性摆在我们面前,可是它并不叫我们有权来肯定和我们的观念相应的对象的存在。如康德所告诉我们,“本体这个概念只是一个**限度**的概念”;就是说,和这概念相应的没有什么积极性的东西,由于我们只是这样得到这概念的,就是它和我们经验的对象不是同一的。所以

本体这个观念的作用是一种制止物，防止感性自以为是和实在性同其广阔的。然而本体这个观念不只是一个任意的虚构；如果是的话，知识日益增加就会消灭它的；它是和我们的理智在于感官对象关系上的活动不可分割地结合在一起的一个观念。

我们没有权说有两种的实在，即现象和本体，或者说感性的世界和理 133a
性的世界。对象的这种积极的划分就会把现象变为物自身或者说实在，而且又会肯定本体的现实存在。现象，即我们称为感性世界的，不是物自身，而只是我们在直观的关系上通过我们知性的运用，构成对象一个系统的方式。这些对象所以就不是实在或物自身，因为它们离开我们知识的形式就没有存在的。我们有足够的理由把感性的世界和理性的世界区分
开来；那就是说，我们可以把用在感性对象的确定上的知性和纯然以它自 [225]
己的形式来活动的知性，这两者区别开来。但是虽然我们能够这样分辨开知性的两种不同的应用，然而不能肯定对于这两种的应用都有清楚的一类对象与之相应。可是，在我们用纯粹概念或者说范畴来活动时，把这些概念从感性的全部质料分开，在我们心面前的就只有对象的可能性而没有其他。按其性质，我们本不能知道这些对象的，因为如我们已曾看到，知识永远不只通过纯思维的活动而到我们这里来的；事实上，思维本身纯是分析性的，实际上和同一性原理相一致的，而只与感性的质料有关系才变为综合性的。可是，虽然我们在实在的对象的确定上使用纯粹概念——或者说“理念”，像康德后来称它们那样——现象和本体的区分是极其重要的；因为这种区分意味着我们称为知识的，究竟只是我们确定有关于我们感性经验的对象的方式。一个本体的概念不得理解为肯定与之相应的实在对象的存在，它甚至并不使我们有权来说有一个与那个对象相应而领会它的现实理智。我们知道，除了在有感性质料提供给它的时候，我们的知性纯是形式上的或者说空洞的。对比起来，这就给我们这个观念，有一种知性会不是通过本身是空洞的概念而活动，而是通过同时提供着明确的对象这种概念而活动的；换句话说，有一种知性是直观性的或者说非肉欲性的。可是，纵然我们能这样提出一种直观性的知性这个观
念，作为唯一能被认为可理解绝对的实在的一种理智，然而那并不叫我们 [226]
有权来肯定确有这样的一个知性，因为我们不能使我们自己理解如何会

有一种理智,它是在直观中思维着而在思维中又直观着的。然而一个本体的这个观念,和与之相应的直观性的知性,使我们能够看出我们所知的对象的界限,而又看出我们能力的界限。还要注意到,与其说感性限制着知性,毋宁说知性限制着感性。在感性本身是没有什么东西显出它的必然限制的:只因为我们的理智不得到无条件的东西就不能满足,我们才拒绝把现象和物自身同一起来。可是虽然这样限制着感性的是我们的理智,我们还得要补充地说,我们理智的可能扩充并不叫我们能够扩大我们的知识,而只提出如果我们的理智不受一切限制我们可以知道的可能对象这个观念。

134a 我们已经能够确定纯粹知性的原理,即没有它们就没有经验对象知识的可能的普遍规则。如我们所曾看到,这些原理就是知性的纯粹概念,即范畴,被用来构成及联系起来感性对象的方式。可是,既然纯粹概念,即范畴,不能用于确定物自身,所以我们就不能有任何理性的原理;就是说,我们不能有任何原理是通过纯粹概念或理念来确定物自身的性格与存在的。那么,无条件的这个理念不过是现象世界外的一个观点,是我们在心中提出来的,而其重要性是在于它为理智的对象留有余地,以便除理论的理性运用外,有其他方法能说明这些对象是实在的。换句话说,康德指出,本体这个概念,由于它对我们说明现象不是物自身,而且为着无条件的东西的成立留有余地,就为实践理性或道德意识的运用准备了道路。

[227] 先验辩证论

导　言

一、先验的幻象

135 当康德过渡到辩证论时,他便开始讨论一个新的问题了。关于对象的经验成为可能所要在直观与思维中具备的条件已经提出来了,可是还剩下一个问题要解决的。因为先验分析论的结果是要说明,虽然对象是为知性的原理所构成而且联系起来,但是这样我们还没有得到心终究所要求的,即一个完全统一的知识。理性所要求的是一个不只是一系列转瞬即逝的状态这样的主体。它也不能满足于只是一些对象在一个经验的脉络里的互相联系,而必须寻找种种对象的无条件的统一。在经验里边,我们是以每一个事件归之于一个原因的,可是这个原因本身又是一个事件,这样一来,我们就不能达到一个最初的原理,因之我们就不能获得任何终极的解释。最后,虽然我们已经发现经验的世界是相互联系对象的系统,但心灵依然要求要有世界和理智的完全统一。理性要求的是统一、整体、完整或者说无条件的。可是我们拥有的唯一概念或原理,可借以来把主体的特质说成是一个统一体,把世界的特质说成是一个完整的整体, [228]
把理智和可理解的世界的统一的特质呈现出来的,就是知性的范畴与原理。然而,在我们千方百计利用这些范畴与原理来把实在在它的完整性上确定下来的时候,我们就陷入自相矛盾里面去了,而这样就怀疑到甚至我们通过那些原理而已经获得的关于对象的知识。因之我们就知道,我们实际上拥有关于对象的知识,不能和事物的最终性质同一起来。我们就渐渐意识到在知性的原理使用上的限度,而在这种意识中是含蕴着与之相关联的一个观念,就是关于那些限度以外的实在的观念。辩证论的整个问题就是要追究理性在它企图利用纯粹概念来确定最后实在的过程中以正当的理由能达到什么程度。康德研究的结果就是,纯粹理性不能把事物如它们本来绝对是那样的确定下来,由于这个理性除了通过知性的范畴和原理以外,别无其他方法。这样一来,在确定最后的实在的努力中就发生一种幻象是辩证论所要揭露的。

康德叫这种幻象为“先验幻象”,因为它是和想要从纯粹概念而得到 135a
关于最终实在的知识的这个企图相联系的一种幻象。当然必须把先验幻象和经验中的形形色色的幻象区别开来。后者是关于经验圈子以内的对象的,它们不过是从想象的使人迷惑的影响而发生的。先验幻象则不同。它是从现象和物自身的混淆而发生的。在人类心中有一种不可避免的倾向,认为经验借以得到构成的一切原理必定可以适用于经验以外。在知性的原理合法地使用于关于感性对象而作出判断时,它们就可以称为“内在的”原理;另一方面,在它们使用于经验的限度以外的时候,就称为“超 [229]
验的”。原理的适当先验用途乃是我们借助于它们来,因着关于感性东西心的构造就能够确定经验的现实对象。可是，如果我们认为知性的范畴能确定物自身，我们便错用了这些范畴，或者说我们在超验上而不是在内在上使用它们。范畴的超验用法是说，不但是在批判之先它们的不小心的使用，而是武断地认定最终实在能靠纯粹概念而得到确定的。如果纯粹理性批判说明原理的超验用法是不合法的，它就同时也说明知性的原理只能在内在上适用。简单地说，原理是内在的这个说法，包含着它们不能在超验上使用的这个说法。

136a 必须又把先验幻象和逻辑的幻象区分开来。后者的发生只是从违反形式逻辑的原理，例如企图没有中词的周延便作出结论。这样的一个幻象或谬论是容易揭露的，因为我们只要指出有三段论式的一条规律受到了破坏。先验幻象就不同，它是这样和我们知识的基本能力结合着，因之纵然在它的根源已曾看出之后，依然还有陷入这种错误的倾向的。其理由就是，依我们看来，知性的原理像是确定对象的原理，而且事实上我们能够获得的唯一知识是通过这种原理的应用的。所以就很自然地把我们关于它们毫无所知的原理和我们相信能确定物自身的原理混为一谈。

[230] 137a 先验辩证论的目的就是要揭露发生于认为知性的原理适合于确定最后实在的这种幻象。但是既然这种幻象是和理性追求有完整知识的要求相结合，而且既然我们能有的唯一知识是通过知性的原理的，我们就永远要防备这个幻象。即使在我们觉知到陷入这种幻象的倾向，而想要获得知识的完整这个冲动是这么强大，我们就一而再地陷入这同样的幻象里面去。

二、纯粹理性是先验幻象的所在处

137b 在先验分析论中已曾指出知性是规则的机能；换句话说，知性确定对象是在它们相互关系的上面，但是并不完全地确定这些对象。另一方面，理性不能满足于少于完全的确定，因之就把它说为原理的机能，或者说为第一原理的机能。

137c 我们必须注意到，**原理**这个名词用在辩证论里面和它用在形式逻辑里面的时候，是有不同的意义的。在形式逻辑里面，任何一个一般性的命题，例如“人是有死的”，都可以作为原理来使用。在形式逻辑里，推理不过是通过中词而推论的过程，所以它就包含有(1)一条知性所领会的一般性规则,在形式逻辑中称为原则。在三段论式里面有(2)某一个概念包摄在这原理的条件之下。例如,承认了“凡人都是会死的”,我们就能把任何一个人,比如“苏格拉底”,包摄在这条原理之下。那么,(3)就有这个概念为一条规则的述项所确定,像在我们说苏格拉底是“会死的”那样。在这种情况下,所谓原理的意思不过是说它是在结论中预先假定了的一个一般性的命题。

可是在名词的严格意义上,一条原理乃是一条终极的命题,它并不依 [231]
赖任何其他命题而一切其他命题都依赖它的。这样的原理必能叫我们从 137d
纯粹概念过渡到实在去的;因为,如我们所知道,包含有一种感性成分的一切对象必定是对于心给出来的。原理则不同。原理必须能使我们不依赖任何给予心的东西而确定实在的。如我们关于所谓“知性一切原理”的研究所曾说明那样,从知性纯粹概念过渡到实在是不可能的,由于那些纯粹概念,除非是在有感性成分给予它们的时候,是毫无意义的。那么,知性从它的种种概念不能使我们能够达到一种综合的知识。可是理性正是在寻找我们能借以来可以从纯粹概念过渡到绝对实在的种种原理。

知性乃是把种种现象归结为规则的统一性的那种机能;就是说,它把 138a
直观的种种特殊因素相互联系起来,叫它们都进入一个经验的统一里边去。但是,正因为知性只能在一些感性因素是给予它的时候才能动作,所以经验的统一是永远不绝对地完整的。然而理性要求绝对的完整性,而既然这关于感官对象不能得到,它就追求完全不依赖感性的东西而得到统一。所以理性是用知性的规则来工作,而在把这规则脱离了它对于感性事物的使用时,就设立一个不依赖感性东西的整体的观念。例如,知性按照一条规则,这条规则在它的抽象的或者说逻辑的形式上是条件和受条件限制的东西的关系,把事件联系起来,而理性追求一个在其他方式上不受条件限制的条件;就是说,理性追求在条件方面的完整性,就是追求无条件的东西。那么,理性是完全不依赖经验的,或者说它是用纯粹概念 [232]
来操作的,追求把知识绝对地统一起来的。这样,理性的统一性是在种类上不同于知性给与现象的统一性的;因为前者追求绝对的完整性,而后者是始终不超出相对完整性的限度的。

那么,纯粹理性不能满足于少过无条件的东西。但是理性有没有可 138b

能启示相应于它的要求的实在对象呢？我们已经发现，经验总是包含有一种感性的质料，而且只关于这质料，知性才提供验前的综合原理的。这样我们就能说明数学和物理，或者更确切地说，一般经验的验前综合原理。现在第三个问题的答案就使我们碰到困难了，就是说，有没有物自身的验前原理呢？换句话来讲，纯粹理性能否叫我们有权来关于绝对无条件的种种对象肯定一种知识呢？而且如果能的话，所成立的一些原理是什么？

138c 正如知性的范畴是由考查判断的各种形式而得到发现那样，因之我们可以指望靠三段论式中形式过程的考察来发现理性的种种观念。

138d 首先，在三段论式的形式过程中，理性并不直接处理直观的对象，而是处理包含着已经从直观得来的概念的一些判断的。所以在理性的情况下，对于直观的关系是间接的。三段论式的过程总是把某一个概念带到一条规则的条件之下，而理性是用这个规则来直接操作的。在我们考虑纯粹理性对于知性的关系时，也是同样如此，因为知性只处理直观的要素，利用它的规则来把这些要素确定于对象。所以纯粹理性不是直接和
[233] 感官的直观发生关系，而预先假定有知性的工作的。理性的目的是要把知性的规则从属于原理而给知性的工作以完全的统一性或普遍性的。在它的本身，知性始终不能超出经验各部分的统一或联系，因之它不能达到绝对的完整性。揭露知性在操作中的限制而把绝对完整性这个理想摆在心的面前的乃是理性；换句话说，理性假定经验的对象为知性所构成而联系起来，于是就问，对象借以得到这样被构成而联系起来的一些规则是否给出最终实在所必需的那个完整性。所以理性同时是预先假定知性而又揭示它的限度的。

139a 第二，理性在它的逻辑用途上的一般过程是要寻找结论所依赖的前提，或者说在结论中预先假定的前提。但是理性可能进而去寻找这样获得的条件的条件。例如，如果我们拿“人是会死的，苏格拉底是人；所以苏格拉底是会死的”这个三段论式来看，这个三段论式的过程乃是把苏格拉底这个概念从属于人这个概念，因之在苏格拉底属于人这一类的条件之下，结论便是真的。可是，这个三段论式的大前提又可作为另一个三段论式的结论，即“动物是会死的；人是动物；所以人是会死的”。在这里“人是

会死的”这个结论是依赖“人是动物”这个条件的。其次，把这个三段论式的大前提作为另一个三段论式的结论，我们就有“生物是会死的；动物是生物；所以动物是会死的”。而这里“动物是会死的”这个结论是依赖*动物*属于*生物*这一类的。那么，用一连串的先行三段论式，我们就可继续寻找新的大前提。在这个过程中，很明显，理性是按这条原理进行的，即只有在一个大前提是最终的已经发现时，它才能得到最后的满足。如果可以把在纯粹逻辑用途上的理性作为先验用途上的理性的线索，那就很明显，[234]
理性的特别原理是无条件的东西的追求，或者说知识中绝对完整性的追求。

所以这条逻辑的准则所假定的乃是，在条件给出时，理性就能够过渡 139b
到无条件的东西，换句话说，如果理性能够使我们达到关于实在在其完整性上的知识，那必定是因为它能从经验所显示的有条件的东西过渡到无条件的而不必再到经验去。显然这是必然的；因为，如我们整个研究的过程所已经说明，在经验中是没有绝对完整性的；那么，理性的确定实在对象，其成功是以纯粹思维从有条件的过渡到无条件的是否合法为转移。

然而，如果理性树立一个对象是超出经验的限度以外的，而且因之它 139c
又不能从经验得到任何帮助，那么，显然它只能利用一种验前的综合，即依靠从一个纯粹概念得出实在的这个方法来确定实在了。那么，从有条件的到无条件的过渡是依靠一个验前综合的可能性的。有条件地包含着一个条件这个相联系的概念，这当然是真的；可是理性所要求的不只是一个所与的有条件的东西的条件，而是一切条件的总体，即无条件的，而无条件的不能从经验得出来。所以理性的原理作为其他种种综合命题的来源的，必须是在超出一切经验范围这意义上的超验的原理，所以它总是和内在的知性原理对立的。所以我们得要问理性有没有可能来成立和它的原理相应的对象的存在；如果那是不可能，它关于经验有什么价值。因为很可能，虽然我们关于和理性的理念相应的对象不能有任何知识，但在指 [235]
导知性在其扩大关于感性对象的知识的过程中，那些理念可能是很有价值的；换句话说，理性的价值尽可能只是把完整性的理想摆在心的面前，那么虽然永远不能实现这个理想，然而在追求知识上它可能作为一个强有力的刺激而起作用。

第一卷 理 念

第二节 先验理念

140a 那么理性的理念是什么呢？在先验分析论中，我们是能从判断的各种形式的考虑而得出范畴，即知性的纯粹概念。因为，知性既然必须总是以同样的方式来动作，不管它是像在分析判断里那样处理抽象的概念，或者是像在综合判断里那样处理直观的因素，思维形式在前一种用途上的考虑能使我们看到包含在后一种用途上的是什么组成的概念。既然思维不只存在于判断的形式里面，而且也存在于推理的形式即三段论式里面，我们就可指望用同样的方法从它在三段论式里面的作用的分析，得出理性的纯粹作用。如我们所已曾看到，理性并不直接用直观来操作的；而在这些规则和它们对于感性对象的使用分开而用在综合上，我们就有理性的某些纯粹作用，是我们可以称为先验理念而使之和其他概念区别开来的。即使这些理念不叫我们能够确定客观实在，然而它们还可以作为制约的原理或者作为在经验范围内的理想而有价值。

141a 理性在条件方面要求绝对的完整性；换句话说，它不能满足于发现一
[236] 个所与的有条件的东西的条件而又发现这个条件的条件，而只能满足于一切条件的完全总体这个观念。只有在我们发现无条件的，就是说，只有在我们得到本身不受条件限制的东西的时候，才是寻到上述的一切条件的总体。无条件的和一切条件的总体这两个概念是相互含蕴着的，正如在知性范围里，必然性和普遍性是发现为互相联系的那样。那么，理性的理念可以下定义为一切有条件的东西的完全综合的根据或基础那个无条件的东西的一个概念。

141b 三段论式有三种形式，即直言的、假言的和选言的。因之必定有三个与之相应的理念。我们曾看到理性在它的形式用途上提出规则的条件按照着来证明一个所与的主体是有某一个述项的。但是理性也显出这个倾向，以一连串的先行三段论式一直后溯，到它达到再不能超过的一个三段论式为止。然而直言三段论式是表达主体和述项的关系的，而理性既然甚至在它的形式用途上是寻找一个主体，它本身是不能从属于任何更高

的概念的，那么理性相应先验用途必然是树立一个绝对的或者说无条件
的主体这个理念。因之理性的第一个理念就是一个无条件的主体这个观
念。其次在假言三段论式里，理性在其逻辑的用途上企图要表达一切条
件和无条件的两者之间的关系。既然理性在它的先验用途上总是寻求完
整性的，它就树立条件的一个完整的系列这个观念，即无条件的东西这个
观念，作为这系列各项综合的根据。最后，理性在它的第三种形式里面，
即在选言三段论式里面，把一个整体的各肢区别开来，而所根据的原理就
是，在任何情况下，这些肢是完全穷其整体的范围的，当这条原理作先验
的使用时，在认为确定实在之中，就引起一个实在系统的可分辨的各肢中 [237]
的存在绝对总体或一个绝对统一体这个理念。所以这些就是理性的三个
理念的特别方式；或者简短地说，思维**主体**的理念，**世界**作为整体看的理
念，和**上帝**的理念。

先验理念有下列的特征：首先，它们不是对象的现实确定而只是一切 141c
条件的绝对总体所确定的对象的盖然性概念；那就是说，它们从经验中所
与的有条件的东西这事实出发，而认为理性于绝对完整性的要求是必然
和最后实在相应的。第二，这些观念不是偶然的，而是不可避免的。它们
发生于理性本身的性质，这性质不能满足于少过绝对完整性的任何东西，
然而另一方面我们的知识的条件是不能使这要求得到满足的。所以，第
三，这些理念是先验的，理由是，在认定它们自己的要求的绝对性时，它们
必然地超出一切可能经验的范围，而树立一个对象的观念，那按其性质来
说，不可能在经验中证实的。

纵然它们是超验的，然而理性的理念在两种方式上是极其有价值的。 141d
首先，它们一直把完整的知识这个理想摆在人心的面前并就作为知性在
推广经验的过程中的一个指导；其次，它们说明经验的对象不能和物自身
同一起来，因而没有什么东西妨碍我们认为可能有些实在是不能压缩在
经验限度之内的，例如，不受任何条件限制的主体这个理念——换言之，
绝对创作它自己的行动的一个主体这个概念——不是和事物最后性质不 [238]
相容的；而既然理性树立起这个理念，而且甚至要求它作为它自己的满足
的条件，只要有利于它的证据能从某些其他来源得来，这样一个主体的存
在的证实是有可能的了。康德在这里当然是想到这个见解，就是他最后

提出的实践理性的见解，或者说道德的意识，作为自由的根据。同样地，上帝这个观念，虽然理论的理性不能证明上帝的存在，是为他的存在根据道德意识的要求而得到的最后证明准备了道路的。

第三节　先验理念的系统

142a 先验理念分列为三个项目，相应于我们的观念对于存在的三个最一般的关系。在它们的总体上，我们的观念是涉及主体，或涉及对象，或涉及两者的统一的。因之我们就有三个理念：首先，思维的主体的无条件统一体；第二，现象的一切条件综合的无条件统一体；第三，思维一切对象的条件的无条件统一体。

142b 很明显，理性的目标是要发现无条件的。它从所与的有条件的东西出发，并不必须在有条件的这方面寻找完整性。换言之，理性是回溯的：它从经验中一点回溯，而它唯一的目的是要发现完整的一切条件，没有这些条件当前的事实是不可能的。另一方面，知性在条件方面处理受条件限制的东西。例如知性从原因过渡到结果，而从这个结果又到另一个结果；而理性从结果出发，回溯到原因和条件的总体。

143a 正如康德在讨论范畴时叫人注意头两个范畴和第三个的关系，主张
[239] 第三个范畴是其他两个的综合，他在理性的三个理念中发现同样的一种运动。这些理念不是无联络的，而是自然地形成一个完整系统的。这个系统的基础就是，既然知识必然包含着主体和对象的关系，而且这两者不能是绝对相互独立的，那么理性的理想要寻找完整性，自然是从主体开始，进到对象或世界那里去，然后寻找一个包括两者的概念。可是在康德那里，这个暗示，像在范畴情况下的暗示一样，没有得到进一步的发展。

第二卷　纯粹理性的辩证结论

143b 可以说先验理念的对象不是一个概念，因为它并不含有什么积极的确定，或者说在它的性格上只是否定的。理念是发生于要得到完整性的不可避免的要求，而提供我们以一个明确概念或规则的，既然只是知性，那么积极地替相应于无条件的东西的那个对象来下定义是不可能的。如我们已曾见到，只有对于感性东西的关系上，知性的种种规则才有意义，

就是说范畴必须首先图型化，它才开始有着知识的积极对象的意义。可是从情况的性质看来，理性的理念是不能图型化的，由于它们是关于完全超出感性经验的范围以外的东西的。所以毋宁说，虽然我们对于理性的理念作为知识的可能对象有一个消极的概念，而对于与之相应的实在对象是一无所知的。

我们实际上是有这些理念，而且它们是不可避免地发生于从我们知 143c
道的东西所得出的推论之中，这是明显的。推论到这些理念是开始于知 [240]
性的概念，而从它们就回到需要来完成它们的观念那里去。这个过程不是偶然的，而是和理性的本来性格结合在一起的；因而虽然在认为有对象和这些观念相应的时候，一种幻象就发生，而这个幻象可以称为合理的，因为它不是由于理性的任何任意的使用，而是从理性自身的本性出来的。结果就是，既然我们不可避免地认为有对象相应于我们的理念，就得要不断地提防这样发生的幻象。

有三种辩证推理，是和理性的三个理念相应的。在第一种推理中，我 144a
们的推论是从作为简单的自我这个意识，即从自我意识的先验统一，到一个相应于这个统一的主体的独立存在。换句话来说，我们的出发是从作为简单的、在一切经验所预先假定的自我的知识开始，而因为理性要求一个无条件限制的主体，我们就推论到一个无条件限制的主体即实体的实在存在，虽然从情况的性质说来，我们对于这样的一个实体是没有可能的知识的。在这里，推理是根据一个模棱两可的中词的。“主体”这个名词的意思可能是指自我的纯粹统一，也可以指独立存在的一个实在主体。这种辩证的幻象称为**谬误推理**。第二种辩证推理是从关于一个在经验中所与的有条件的对象推论，回到在一系列的条件中给与出来的一个绝对总体的存在。比如从关于时间中一个所与的事件的知识出发，我们就推论说那个事件预先假定有一个绝对完整的系列的事件。在我们开始考查这个理念时，我们就发现这两个结论中随便哪一个都可由证明它的反面
的不可能而一样地得到成立。因之理性在这种情况下就陷入矛盾。这类 [241]
的辩证推理称为**二律背驰**。最后，理性的要求完整性或统一性，不但是在一个对象的情况下，而是关于一切对象的作为一个整体。所以，理性企图要得到无条件的东西是和主体与对象的绝对综合统一相一致的。这类的

辩证推理康德称为纯粹理性的**理想**。

第一章 纯粹理性的谬误推理

145a 一个逻辑的谬误推理只是在于形式逻辑的一条规则的违反。其中就有含糊中词的谬误,在这种谬误里面把中词用在两个意义上就得出一个似是而非的结论。这样的一种推理当然并不是推理,因为从四个不同而分开的名词是不能得出任何结论的。先验谬误推理不是属于这种形式上一类的。然而像康德后来所述说它那样(《选读》第 152 页),它也可述说为一个三段论式的形式以揭露它的无效的。在先验谬误推理中,一个含糊的中词就是“主体”这个名词。在一个前提里它是作为不过是意识的形式上统一体讲的,而在另一个前提里它是作为实在实体讲的。但是虽然这个先验谬误推理包含有一种形式上的无效性,而它的根源却在理性本身,理性不可避免地把它自己对于一个绝对完整的主体和相应于那个理念的实在对象混淆起来。

145b 在讨论范畴的过程中,曾发现一切范畴都预先假定有自我意识的统一性的。既然理性第一个理念是有关于自我的,我们就得要把自我意识的纯粹统一体和各范畴并列起来。这个统一体是一切经验中所预先假定的。它不是一个特别的概念,像实体或原因或任何其他一个范畴那样,而是在一切意识的经验里面的意识统一体的完全一般性的观念。另一方
[242] 面,自我的意识,就它作为经验的对象来讲,包含有内感官的一种确定,因而它对自己是以观念的相继续出现的,而一切其他对象都作为空间的东西向它出现。那么我们就在主体和对象之间,即在灵魂和身体之间,有了一种区别。理性的心理学的对象就是自我或者说灵魂。现象的自我,即在时间里面向我们出现的自我,就是经验的心理学的对象;但是,果我们把主体的变动不居的状态中的一切差异都抽掉,而集中注意在这些变动不居的状态里面的主体的统一性,看来就好像我们会得到一种理性的心理学,即一种心理学,它从经验毫无什么假借,而仅只以主体作为一个纯粹统一体的性质为基础的。

146a 那么,理性心理学企图根据“我思”这单个命题来构成灵魂的一种学说。如果它要做一种理性的学说,它就必须排除一切经验的因素,因为不

然的话，它就会只是一种经验的心理学了。那么，我们的问题就是要研究
有没有综合的验前判断是能以这"我思"为基础的。乍看起来，企图构成
这样的一种心理学并不像是什么不合理的东西。离开自我意识的连续统
一，无论什么经验，观念结合为对象的一个系统，都是不可能的。所以很
自然认为思维的主体是完全独立于经验，而纯靠它作为自意识的东西的
考虑就能确定它的性质。说"我思"这个命题所表达的不过是自我的意
识，这对于这样提议的心理学并非什么有效的反对意见。因为理性心理
学家，不像笛卡尔那样，从经验的一个事实，即从他对于他自己作为内感
官的对象的意识这个事实出发的；他所主张的乃是，每一个思维的存在 147a
者，不管在他的意识中有什么差别，都必然是意识的。这样一门科学，只
要它是可能的，所应用于思维主体的，显然必定不是别的述项而只是先验
的或纯粹的概念。因为如果加入任何经验的因素，这门科学就会不再是 [243]
理性的了。

在我的确定为一个思维的存在者里面，范畴又一次是引导线。既然 147b
这个我是想象为一个主体或实体的，它首先就从属于**实体**这个范畴，然后
就从属于**质**、**量**和**关系**等范畴。像这样有四个命题是认为以纯粹的我为
基础的：即(1)灵魂是一个**实体**；(2)它是**单纯的**；(3)它是一个**统一体**；(4)
它是和空间里面的可能对象有**关系**的。

其实理性心理学是基于一种幻象，或者说陷入四种谬误推理，相应于 147c
这四个命题的。它所作出的推论都是基于这个假定，认为把纯粹的概念或说范畴应用在它上面，思维主体就能得到确定为一个对象了。这些范畴所能应用到的不过是我这个单纯观念，而不是别的，但这个我的观念是空洞的、毫无内容的，因而不能更有确定性。这个我在它的本身是什么，我们不可能知道，因为它总不离开它借以确定对象的思想而被给与出来，而没有这些思想，它就不可想象的。如果我们问这个我是什么，我们只能说，它是获得关于对象的知识所通过的一切观念的一般性形式；而把经验的这个一般性形式作为一个对象是能不依靠经验而存在并且能为人知道的，这只是思维的混乱即谬误推理。

那么，从"我思"这个命题我们不能打算能得出任何实在的验前综合 148a
判断，因为这样的判断必须完全基于一个纯粹的概念，或者更一般地说，

必须基于只是自我意识的形式。如我们已曾发现,只在和感性的东西有关系时,知识才是可能的;在从经验而来的一切帮助都被摈弃了的时候,我们没有多大信心以纯粹理念为基础来确定实在的这个企图会成功。

[244] 理性心理学家当然有权来说,每一个思维的存在者必然是自意识的,
148b 因为我们有正当理由来以那来陈述一个思维的存在者,如果没有那,它是不能被想象的,而不是一个自我的思维的存在者是不可想象的。可是这并不保证这个假定认为自我意识不依靠任何经验而有可能,知识的条件是这样的,只靠思维不能知道任何实在的对象。只有以一切思维的种种条件为准标而确定一个所与的直观,知识才是可能的。所以如果我要知道我自己作为一个对象,必须有关于我自己的直观,而这个直观必须以自我意识的统一性为准标而得到确定,然后才能有关于我自己的任何知识。这样一来,就很明显,我自己作为进行确定的主体的意识并不产生我自己作为一个对象的意识。因之我们可以事前认为确实的,理性心理学想在一个纯粹的自我的理念这基础上建立一门科学这种企图必然以失败为结束的。既然这纯粹的我,在它里边没有什么区别,而在这种情况下,没有直观的杂多是范畴能适用的,那么理性心理学家就必须违法地从经验借得杂多过来、使得他的争点,说思维的主体是知识的一个现实的对象,有它的似真性。

149a (1)当理性心理学主张在思维的每一个动作里边有一个自我是进行确定的主体,是思维的主体时,他是十分正确的。但是关于自我作为思维的主体的意识不是自我作为一个能得到确定作为实体的意识。在一切关于对象的确定之中都包含有自我的意识这事实并不证明在这主体的持久性的基础上有一单个持久的而不可毁灭的实体。很可以想象,在自我的
[245] 意识里边有着统一而实体是变动的,因而前者并不含蕴着后者。自我意识的统一性只说明只要有对象的意识,就有自我的意识:它永远不能保证有一个永恒的而不可毁灭的思维实体这种推论。

149b (2)当理性心理学肯定在思维的每一个动作里面,主体是意识到它自身的统一性时,它是正确的。但是自我意识的统一性并不证明存在有一个是单纯的独立实体。我们离开直观的一个杂多是不能有关于实体的知识的;而既然我们除了是感性的杂多之外,没有直观的杂多,那么很明显,

我们没有什么根据来肯定灵魂是一个单纯的实体。思维永远不提供直观的任何杂多,而在我们说我在思维时是单纯的,我们在这里既然是完全谈到思维作为和直观区分开来的,那么就很明显,我在思维中的统一性并不告诉我们关于一个单纯的实体的什么东西。理性心理学家把我的逻辑统一性——这最单纯的观念,和一个实体的客观统一性——这不在思维里边给与出来而又不能合法地从只是自我意识的统一性推论出来的,混淆起来了。

(3)理性心理学正确地主张我在我一切思维中都是意识到我自己是 150a
同一的。诚然这个是一个分析命题。但是从这个思维主体中的同一性,我们关于认为在思维基础上的一个实体的同一性不能推论出什么来。我们可以借以得到关于这样的一个实体或人格的知识的唯一方法就是靠它在直观中的出现,而这样的一种出现,显然不包含在只是这主体在它一切确定里面都是和它自己同一的这种意识之中。

理性心理学说,我意识到我自己不同于我自己的身体,这毫无疑问是 150b
正确的。但是从这不能得出结论说,我能够存在,而且能够意识到我自己
是独立于一切外部的对象,包括我自己的身体,而存在的。正与此相反, [246]
主体和对象之间的区别是包含有这两者的关系的一种区别。外部事物不是在意识之外而是在它里边的,它们只靠它们同是在空间而又在时间才区别于内部的东西,而我意识到我自己在明确的状态里,只是在时间里面的。

其实理性心理学基本上是和已经成立的知识原理相矛盾的。它按照 151a
这个预先假定而进行,就是假定着我们能不靠感性经验,或者说绝对验前地,说明一切思维的存在者都是单纯的实体。可是,如果这种性格的综合的验前判断能够根据最简单的概念,“我思”这概念,而不靠经验的帮助,显然就没有什么理由说何以我们不能用同样方法来构成一整个实在东西的武断系统。很明显,理性心理学所争持的,说每一个思维的存在者必然是一个思维的实体,是一个验前综合判断,首先因为它把自我存在的特别方式加在自我的概念之上,而第二,因为又加上了“单纯性”这个新的述项,这是完全不能得自经验的。如果承认了理性心理学这条命题,就是说每一个思维的存在者由于它的思维就是一个单纯的实体,那么知识批判

的全部工作都是枉然的,而我们就回到老一套的独断论那里去了。

152a 然而恢复独断主义的危险纯是想象的。理性心理学要求列为一门实在的科学只是基于一种误解的。正式地列出认为证明主体的独立存在的三段论式就可以很容易地说明这点了。这个三段论式是这样的:

[247] 只能作为主体而被思维的东西必须存在为主体,因而就是实体。

一个思维的存在者从它的本性看来只能作为主体才能被思维。

所以,一个思维的存在者只能作为主体,即作为实体,而存在。

152b 其实这是一个谬误推理,是词藻诡辩这种逻辑谬论的一个例子;换言之,它的中词是用在两个不同的意义上的,因为在大前提里它是理解为包括着一个纯粹思维的主体而又包括着一个独立的主体或实体,而在小前提里它只是指一个纯粹思维主体说的。所假定的是,因为思维主体必然作为主体而被思维,所以它必须作为主体或实体而存在。可是,虽然自我只能作主体,而绝不会作对象而被思维,但并不能就得出结论说,它能独立于一切对象,即作为一个实体而存在。

152c 一经我们记得关于知识的条件所曾成立的是什么,包含在理性心理学的这个论证里面的谬误推理就变为很明显的了。总是主体而绝不会是对象的东西的纯然一个概念,并不证明主体离开对象的独立存在。除非有某种方法是我们借以和所知道的东西相接触,没有东西能为我们知道的。我们不可能和一种实在接触,如果它是假定为独立于一切落在我们经验范围里的东西而存在的。如果理性心理学的意思是说,自我是作为一个我们能经验到的实体而存在的,答案便是,这样的一个实体不可能为我们知道,除非它是在一种恒久的直观里向我们出现。可是在内部直观里,没有恒久的东西。所以只要我们把我们自己局限于只是思维,我们
[248] 就不能超出在直观因素的关系上出现的自我的意识。而且像我们不能证明自我作为一个实体而有独立的存在那样,我们也不能成立它的单纯性。所以剩下来的只是自我在它一切思维中的统一性这个纯粹意识,而这样的一个统一性,关于与之相应的一个自我的存在,是不证明什么的。

153a 那么,理性心理学不是成立灵魂作为一个实体的实在性的一门科学或一种学说。它对我们关于自我的知识并没有增加,因为它不能超出它

从而出发的“我思”。然而理性心理学的批判考查作为一种锻炼是有价值的,因为它防止我们把关于自我的两种相反的独断见解的任何一种提出来作为最后的。因为既然关于自我或灵魂的终究性质不能证明什么,那么,唯物主义者对于灵魂的人格或独立实在性的否认就和把灵魂要看待为好像它对于身体或者对于任何外部实在毫无关系似的神秘心灵论是同样地应受到反对的了。这样一来,以灵魂的存在来讲,我们知道了思辨理性的限度,而从我们批判的结果得来的实践教训就是,我们不应浪费时间在无结果的关于灵魂终究性质的种种思辨上,而严守着经验的领域,并且把我们的自我知识应用于有效的实践目标。

只有否认理性心理学的要求列为一门科学,除此别无选择,因为我们 154a
明白了那种要求是基于一种误解的。如康德那样说,“意识的统一性是各范畴的最高统一性,竟然和主体作为对象的直观混为一谈,因而就认为实体这个范畴可以合法地应用于思维的主体”。以实体的范畴,或者以任何其他范畴,来确定思维的主体是完全难以承认的。思维的主体无疑是知道范畴的。思维主体觉知到一切思维得到成立的综合的种种作用,而离 [249]
开主体自己的统一性的意识,既然这些作用都不可能,并且范畴又是用来确定直观的杂多的,那么思维主体是通过自己来知道一切对象的,可是它不是通过范畴来知道它自己。因为范畴只在对于一个所与的杂多的关系上才有客观的意义的。只是在知道对象时,主体才变为意识到它自己是一切对象有关系的统一体。所以通过范畴关于对象的知识,不是它自己作为范畴可以应用在它上面的一个对象的知识。因为我们必须记得,对象对于主体的存在,只是作为主体在直观的杂多的确定上主体的综合活动的产物。主体作为时间观念的根据不能用时间的观念来确定它自己的存在。所以它就没有杂多是范畴能适用的。

现在,理性心理学辩证幻象的来源是真相大白了。理性的理念,一个 154b
纯理智的理念,和一个思维存在者的完全未确定的概念混淆起来,而且认为对于前者是真的,对于后者也是真的。为了自己要弄清楚一种终极的经验的可能性,我就抽掉一切可能的经验而集中注意在自我。然后我就错误地假定我能够离开经验和它的种种条件而意识到我自己的存在。这样我就把我的经验上有条件的存在的可能抽象,自我意识的只是可能性,和我的思维自我的想象性的存在混淆起来。因之我便开始相信我对于我里面的实体作为先验的主体有了知识，而事实上，我在思维中所有的，只是预先假定作为只是我的经验的形式的意识的统一体。

B711 但是，纵然关于一个纯理智不能有任何知识，然而这样一个理智的观
[250] 念，不是甚至对于理论的理性毫无价值的，但是它只有一种制约性的价值。它提供我们以一种理想，使我们作为准标来设法确定现象上的自我。康德说，灵魂的实体性、单纯性、自同一性和独立性都只是要看为这个制约性原理的一个图型，而不是作为灵魂的属性的实在根据的。这些属性可能是基于完全其他的根据，是我们不知道的，而我们也不能在任何适当的意义上利用这些假设的述项来知道灵魂，纵然承认它们是适用于灵魂的，因为它们所构成的只是一个观念而不能在具体上呈现出来的。从这样的一个心理学的理念只有得到好处，如果我们仔细留心到它只是一个理念，就是说，它的唯一价值乃是把我们灵魂的现象靠理性的运用而归结为系统。这个理念还能用来指出自我作为内感官的对象不过是一个现象。所以认为自我在其实在的性质上是独立的、自确定的，这种假定里面并没有什么不合理的东西，而这样就为对于自由和灵魂不朽的那种合理的信念留有余地，自由和灵魂不朽是康德后来企图以道德的意识作根据的。

第二章　纯粹理性的二律背驰

155a 在理性心理学问题上辩证的论证采取谬误推理的形式，因为这里的无条件的东西是一个自完整的主体这个理念。谈到理性的宇宙论时，幻象就采取一种不同的形式，康德称它为二律背驰。在这里的无条件的东西是世界作为一切现象，即同一个时间与空间的一切对象的一个完全总体的理念。如我们曾见到，经验的世界里面没有一单个对象是以它自己而为人知道，而只在它和其他的现象的关系中才为人所领会的。可是在
[251] 经验中，现象的确定永远是不完整的，而是构成一个无底止的系列的。但是理性以其本性不能满足于任何少于完整性的东西，因而它的种种要求显然是和经验的一些条件不相容的。那么，二律背驰就发生于知性与理性之间的这个冲突；因为，我们虽然只靠通过知性的综合而确定直观的因

素就能得到关于现象的知识,但理性不满足于这种相对的确定,因而便引起冲突。这个冲突不是由于只是一种逻辑上的忽略的:它是从我们理智的不可避免的性格里产生出来的结果,由于理智和它活动所受到的经验条件限制是对立的。在世界的理念的情况下,特点乃是理性的问题采取反论题或二难推理的形式。然而当人心有两个相互排斥的选择在它面前,按排中律它不能承认其中之一个而不摈弃其他一个。另一方面,按照那排中律两个选择题之任何一个都可以得到成立的,如果我们采取这条原则,说一个错误的原则的反面必定是正确的。然而在这里,我们发现两个对立面都可按归谬法(reductic ad absurdum)用同等的说服力得到证明。我们所要研究的就是世界作为一个总体的观念中这个特质的根源。 155b
我们的对象是关于现象综合的先验理念。世界作为一个整体的概念,预先假定无条件的东西这个理念,而这无条件的东西在它对于现象的关系上包含有现象的一个完整的综合这个理念。因之在当前的问题上,理性的各理念可以称为宇宙的概念。正如我们已曾考虑过理性心理学的要求那样,我们现在也得要考虑理性宇宙论的种种要求。

第一节　宇宙论理念的系统 [252]

联系到宇宙论理念,得要注意到两个事情。首先,这些理念并不叫我 156a
们能够扩张我们的知识,因为不同于知性的范畴,它们不是对于感性经验而为构成性的;换句话说,理性的理念只是知性的某些概念脱离了对于可能经验的限制而被看为是绝对的。所以理性完全抽掉了经验的感性条件,企图以完整性给与经验的综合,所用的方法是把它一直推到无条件的东西那里去。这样做的时候,它的原理就是,如果承认了有条件的东西,我们必须预先假定一切条件的总体,以便说明这有条件的,因而有条件的是预先假定有那无条件的。须要注意的第二件事情就是,这里适当的不是知性的每一个范畴,而只是那些范畴,在它们应用于直观的各因素时,是引起一系列一个从属于一个的条件的。所以在每个情况下,这些理念都从有条件的出发,而回溯到条件的总体,去寻找完整性。

把那些不包含有一个从属一个的一系列条件的范畴除开之外,我们 157a
就发现还剩下四个宇宙论的观念,它们表示要求关于量、质、关系和样式的无条件的东西。这一切观念都含有在现象综合中的一个系列。(1)首先,既然现象总是延扩的量,不管它们是存在于空间与时间,或只存在于时间,我们就很自然地有一个关于现象合成的绝对完整性的理念;因为一切现象,作为在时间与空间里,对知识来说,是构成一个系列的。那就显
[253] 然不能知道什么而没有一个现象和另一个现象关系着的这种意识。理性要求在时间里面现象的综合有一个总体。同样地,如果我们看看空间里面的对象,我们就发现一个现象的得到确定是靠它对另一个现象的关系的,而且在我们的知识里,这个过程意味着在空间中的对象是以系列的形式得到确定的。可见第一个宇宙论理念要求时间与空间中的现象有一个无条件的综合。(2)第二个理念是关于物质即外部直观的对象的,而这种对象,如我们在知性第一条原理中所已看到,总是一定有强弱的质或等级的;换句话说,没有发现任何绝对单纯的经验对象。既然每一个现象都是部分所组成,而这些部分是它作为整体而存在的条件,那么我们不能完成我们对它的知识,除非我们把它分割为它的最终部分而且枚举这些部分的全数。这样我们就有了一个所与的现象整体在分割中绝对完整性的理念。(3)第三个理念,那是和范畴表中关系这总名目相联系的,它处理现象相互因果关系中综合的总体。一切现象作为时间中的对象,都是确定为原因的结果,而因为这些原因本身又是结果,预先假定有其他原因的,理性就要求有一切原因的总体。这样我们就有了关于一个现象的起因的绝对完整性的理念。(4)现象在其本身都是偶然的,或者说只是假设上是必然的,就是说,在它依存的另一东西的存在这条件下是必然的。理性,它总是要求绝对完整性的,在这情况下,要求关于现象依存上的绝对完整性。

第二节　纯粹理性的背驰

157b 我们可以用**背驰**这名词来表达两个命题的冲突,这两个命题看来都
[254] 像是真的,而两者都能提出同样有效的要求取得承认的。这样理解,背驰并不是这个独断的说法,认为两个命题之间是有不能解决的矛盾的:这个冲突的根源是在于把理性应用于经验以外的对象而不是用于完全在经验范围以内。在我们的结论是根据纯粹理念的时候,所得出的结果是我们既不能成立,也不能推翻的。分开来看,它们在逻辑上有效,可是互相冲突,其原因是在于理性的本性。理性的本性,如我们已看到,是不能满足于不达到无条件的标准的任何东西的。

各种二律背驰是依照上面的先验理念的次序的。 158a

纯粹理性的二律背驰

先验理念的第一个冲突

正　题

世界有时间上的开始,而且是包含在空间的限界里面的。

证　明

假定它的反面,即世界没有时间上的开始。那么,在任何一个时候,总是有一个无穷系列的事物状态过去了而到了终结。可是一个无穷系列按其性质,是永远不能到终结的。所以只有一个有限的系列才能过去,这就等于说世界有时间上的开始。

关于第二点,也假定其反面,即世界在空间没有限界。那么,世界必须是并存事物的一个无限整体。可是一个延扩的量只能以它的部分相继综合而出现,而论到一个无穷的量,这个综合必然占住一个无穷时间,或者换句话说,一个无穷系列的顷刻必须已曾过去而到了终止,可是这是不可能的,如我们已经看到那样。所以世界不能在空间无穷地展开,而那反面的命题就必然是真的,即世界是包含在空间的限界里面的。

反　题

世界没有时间上的开始,在空间没有限界,而就时间与空间来说,都是无限的。

证　明

假定其反面,即世界有时间上的开始。那么,必须曾有过一个时间,还没有世界,那就是一个绝对空洞时间。可是在一个绝对空洞的时间里,
没有东西来说明任何东西的开始存在。所以不能有一个绝对空洞的时 [255]
间,就是说世界必须总是存在的。这样就证明世界没有时间上的开始。 159a

关于第二点,假定其反面,即世界在空间有限制,就是说,世界以外有空洞的空间展开。那么世界必然和这个空洞的空间有关系。可是世界对于空洞的空间这样的一个关系是不可能的,因为这会是世界对于没有对象的关系。所以我们必须认定世界以外有什么空洞的空间,就是说,我们必须肯定世界在它的延扩上是无穷的。

160a
先验理念的第二个冲突

正　　题

世界里每一个合成的实体都是由单一的各部分构成，而除单一的或由单一的组成的东西之外，没有其他的东西存在。

[256]
证　　明

假定其反面，即合成或连续的种种实体不是由单一的各部分构成的。然而按它的本性来说，合成是一种偶然的关系，因而可以设想没有它而不毁灭实体的。但是如果我们在思想里除去了一切合成，实体要就必须是单一的实体，要就不是什么东西。然而已曾假定没有单一的实体，因而就完全没有什么东西。既然假设实存在，我们就必须否定这个命题，说实体不是由单一的各部分构成，就是说，我们必须肯定这论题，说每个实体都是由单一的各部分构成的。

反　　题

世界里没有合成的东西是由单一的各部分构成的，在世界任何地方，也没有任何单一的东西存在。

证　　明

假定其反面，即一个合成的东西或实体是由单一的各部分构成的。可是可以论证说，没有在空间的对象是可能由单一的各部分构成的，因为既然存在于空间，一个对象必然是和空间本身有同样的特征。然而空间不是由单一的各部分构成的，而是各空间所组成。所以，既然我们不能在空间除掉合成，我们就必须主张每一个实体在的、占住空间的东西都是合成的。

161a 或者可以说，内部现象是可以由单一各部分构成的，因为它们不是在空间里而只在时间里的。可是很容易答复这个反对意见，因为没有直观的对象，无论是外部的或内部的，是不包含有一个杂多而能向我们出现的。所以在世界任何地方，没有存在着任何东西是绝对单一的。

[257]
先验理念的第三个冲突

正　　题

按照自然律的因果作用，不是世界一切出现都能从而得出唯一的因果作用。为要解释那些出现,必须假定还有一种自由的因果作用。

证　　明

假定其反面,即只有按照自然律的一种因果作用,那么任何发生的东西都意味着一个先行状态是它的条件;因为否则结果便是一直存在着的。而这个原因既然本身又是一个变动,它就需要有前一个变动来说明它,而这样一直没有底止。可是,如果一切变动必须按照自然律,那么就永远没有一个完整的原因,而只有一个有条件的原因。所以如果假定每个结果必须有一个原因这条规律的真理,我们就不得不认为除了按照自然律的原因之外还有另一种原因,就是说,必须有一个绝对自发的或者说自由的 [258]
原因。

反　　题 162a

自由是没有的,世界里一切发生的东西完全是按照自然律而发生的。

证　　明

假定其反面,即有一个绝对自发的或者说自由的原因。那么,不但这个原因必须开始一系列的原因与结果,而且它必须决定它自己来开始那个系列;就是说,它的动作必须是发生而没有任何先行的东西决定它按照固定的规律而动作的。但是开始的动作是预先假定有一种状态是原因还没有开始动作的。而这个状态和那原因的前面状态是不能有任何因果联系的。所以先验自由和因果律是矛盾的,而因果律是经验的统一性所必需的;它只是一个理念,不能证实的,因而必须予以否定的。那就是,绝对自发的或者说自由的原因是没有的,而所发生的任何东西都是完全按照自然律的。

先验理念的第四个冲突 165a

正　　题

有个绝对必然的存在,是属于这个世界,或者作为它的一部分,或者作为它的原因的。

证　　明

既然经验的世界是在时间中的世界,它就含有一系列的变动,每一变动必然依赖它前面的一个条件。可是有条件的为了它的存在预先假定有一完整系列的条件,以完全无条件的或绝对必然的为其结束。而且这个必然存在必须是在感性世界之中;因为一系列的变动的起头必须是确定于时间上先行的东西,或曾在这系列前一个时间已存在的东西。换句话说,偶然的东西意味着存在于经验里边的一个必然存在,就是包含在世界里面的一个必然存在。

反　题

在世界之中或在世界之外,都没有一个绝对必然的存在,作为世界的原因的。

证　明

假定其反面,即世界本身是一个必然的存在,或者一个必然的存在是存在在世界里面。那么,或者必须有一个绝对必然的开头在它的变动的系列里面,就是一个无原因的起头;或者这无穷系列的变动,整个来说,必须是绝对必然的,而它的各部分是偶然的,但是前一个假定和时间上一切
[259] 确定的出现规律相矛盾,而后一个假定是自相矛盾的,因为如果一个系列中没有一项是必然存在的,整个系列不能是必然的。因之世界上没有地方有一个绝对必然的存在。

再假定世界以外有一个必然的存在作为世界的原因。那么,这个存在作为一系列出现里的最高一项,开始这系列,因而它的因果作用必然是在时间里边。可是,如果它的动作落在时间里边,它就是在经验的范围之内。所以在世界的外边没有一个必然的存在是存在着的。

把这两个论证的结果放在一起的时候,我们就得到这个总的结论说,在世界之中或者作为一个原因在世界之外,都没有一个绝对必然的存在。

166 第四节　纯粹理性的种种问题需要解决的必然性

166a 二律背驰这个事实所提出的种种问题必然是有解答的。因为不能承认纯粹理性对它自己提出的任何问题是纯粹理性不能解答的。在我们处
[260] 理出现的时候,而出现必然包含有一种因素不是心所提供出来而是给与心的,那就尽可以提出一些问题由于材料不充分是不能解答的。但是在先验哲学里,如康德所论证,"使我们能够提问题的概念必然也给我们以答复问题的方法,因为它所谈及的对象除在这概念里面是没有存在的"。我们有的唯一根据,来说相应于理念的一个对象是存在的,就是理性给我们这理念,因而靠这个理念的一种考察,我们一定能够明白在它里面包含

着的是什么。在这个问题上,我们不能叫人注意到我们理智的限制作为一种理由来说,问题是不可理解的,因为问题的解决无须我们超出这个理念本身。

可是只关于宇宙论理念,这种要得到解决的绝对要求才适用。谈到理性心理学问题是我们有没有权利来从纯粹自我意识推论到一个独立的灵魂或实体的存在;而谈到理性神学,如我们将要看到,问题是我们有没有权利来关于一个是一切事物的绝对必然的原因的存在者的存在作出结论。所以在这两个情况下,我们关于对象都没有任何知识,因为知识必然是局限于经验的限度之内的。可是谈到宇宙论观念,就没有什么关于知识以外的世界存在问题;其整个问题是经验中的世界是不是相应于理性所要求的那个无条件的东西的理念。这个问题上的各理念是相对的,可是不是对于物自身而只是对于经验的对象;而这些对象既然是已知的,唯一问题就是经验的综合相应于理念是到什么程度。所以在这里,理性必能解答它自己的问题的。 167a

第七节　宇宙论问题的批判解答 [261]

纯粹理性的二律背驰是基于这个辩证的论证的:"如果有条件的是所与的,则一切条件的整个系列便是所与的。可是感官的对象是作为有条件的给与出来的。所以感官对象的一切条件的整个系列是所与的。"如康德立刻说明那样,这个论证是辩证的,因为"有条件的"这个名词是在两个不同意义上来理解的。在大前提中,它是指有条件的这个概念,而在小前提中,有条件的这个名词只用于在经验中所与的,因而就包含有直观的因素。然而在后一种意义上的有条件的,并不直接含蕴着那无条件的。就是说,我们不能直接地从有条件的东西的经验推论到无条件的东西的经验。所以它的结论是无效的,因为它假定无条件的东西是能被经验的。这样纯然逻辑的一条原理,或者说思维中的观念联系,就变为一条物质的原理。 168a

很容易指出这论证的诡辩性。首先很明显,如果有条件的出现在经验里面,理性要求它的条件一系列的回溯,因而就要求有无条件的。因为有条件的这个概念就含蕴着一个条件,而到终极是无条件的。所以必须承认,从经验中呈现出来的有条件的东西出发,我们是有权利来追求一切条件的总体的。可是并不能得出结论说,我们能得到无条件的现实经验。 168a

169a 第二,二律背驰是基于现象和物自身的混淆的。这无疑是真的,就是如果这有条件的东西和它的一切条件都是物自身,我们就有权来说,如果
[262] 有条件的是给与出来了,那无条件的就必须是给与出来的。因为任何绝对实在的东西必须是一个整体,不管那个整体是有限的或无限的。然而事实上,对于物自身我们一无所知,所知的只是现象;因而我们有权来说的只是,离开在前面的经验条件,关于有条件的东西的经验是不可能的:我们不能从一个所与的条件的必要性过渡到一切条件的总体的经验。现象总是预先假定有空间与时间上的经验综合,因而这个综合只存在于回溯而完全不能离开它而存在。理性确实要求这个回溯要无底止地进行,因为它要求完整性。可是另一方面很明显,绝不能靠一种经验的综合而满足理性对完整性的要求的,因为按其性质,这个经验的综合是无底止的。

169b 我们因之就明白,这些二律背驰的正题和反题都是基于一个幻象。在大前提里,有条件地理解为一个纯粹概念或观念,而在小前提里,它是理解为经验的一个对象。所以从逻辑上讲,我们在这里有了词藻的诡辩(sophisma figurae dictionis)即含糊的中词这种谬论。我们必不得认为这个谬论只是一种逻辑上的诡计;因为幻象在这种情况下是不可避免的。在现象和物自身区别开来之先,我们很自然地认为我们是在处理物自身,而如我们已曾看到,根据那种成见,凡是有作为有条件的被给与出来的东西,就预先假定有无条件的。理性在这里的动作,是按它的设定基本要项,即在得到一个最终的概念之先,思维是不能满足的,而且很自然地就认为,有条件的东西是独立于时间上任何相继续的过程而和它的条件联系着的;而在小前提里,也一样地很自然地把现象作为物自身看,正如在
[263] 大前提中把有条件的东西理解为一个纯概念那样。然而这样做时,我们就陷入已经指出的现象和物自身之间的混淆。因为在大前提中所表达的那有条件的和一切条件的一个总体的综合,由于它是一条纯然形式的或者说逻辑的原理,是独立于时间的,而在小前提中所提到的有条件的是关于时间里面的现象的。显然我们不能合法地从一个纯然逻辑的综合过渡到一个经验的综合。所以为要解决这种二律背驰,我们只须指明它是基于一种这两个完全不同的综合形式的混淆。

171a 拿第一个二律背驰为例。在那里,正题论证说世界在延扩上是有限

的，而反题论证说它是无限的。如果我们假定世界，或者说整个系列的出现，是一个物自身的话，就必须承认这两个命题的一个必须是真的，因为那时世界作为有限或无限都得要是完整的，所以根据那个假定，这个二律背驰是不能解决的，而理性就陷入自相矛盾。其解决乃是，世界不是一个物自身，因而离开它在其里面为人知道的观念的回溯系列，就没有存在。所以我们毋须说世界在延扩上是有限或无限，因为还有第三个选择，即世界非有限，也非无限，而是无限地可延扩；换言之，对于经验的有条件的东西来说，条件的可能确定是没有限度的。如果在回溯过程中，我们拿随意哪一点，我们就发现它是有限的；可是，另一方面，没有哪一点在它上面回溯是到了一个绝对终结的。

上面关于第一个二律背驰所说的也适用于其他二律背驰而有同样的 171b
真理，只要它们处理的只是在回溯系列本身中存在的一系列条件。在第二个二律背驰中，一方面论证说，世界上没有任何东西是单一的各部分所构成的，而另一方面又论证说，世界上每一个东西必须是单一的各部分所构成的，这里所假定的是我们在处理着物自身。但是，当我们看到所谈的 [264]
种种实体是经验的对象，它就变为很明显，不能说包含在综合里面的回溯是有限或无限的，因为回溯能无底止地进行。换句话说，世界不是无限地分割开来，或有限地分割开来，而是无限地可分割。原因和结果的系列也是一样，因为这里，虽然理性要求从有条件的东西的回溯，但是经验的现实过程，靠总结一个有限的系列或一个无限的系列，都永远不能导致绝对的完整性。同样地，从有条件的存在前进而寻找一个无条件的、必然的存在这个综合，永远不能得到完结，这是由于我们经验的性格是包含有一个相继续的综合的。

在我们看到纯粹理性在它的宇宙论观念中的二律背驰包含有绝对总 172a
体观念用于物自身和在一系列的现象中寻找完整性的必然性两者之间的混淆时，这二律背驰便消逝了。同时，作为在先验感性论中所得到的结论，即空间与时间在先验上是理想而只在经验上是实在的这个结论的证实，它是有间接的价值的。如果关于这个结论的真理会有什么怀疑的话，根据纯粹理性二律背驰的证明，这种疑惑也可以休止了。这个新的证明是这样："如果世界是自存在的整体，它要就是有限的，要就是无限的。可是它既非有限,也非无限(如反题和正题的分别证明)。所以世界(一切出现的总和)不是一个自存在的整体。"这里是把幻象清楚地摆出来了,因为大前提显然是有"世界像它在它的自身那样"这个意思的,而小前提则证明按这个假定,我们就必须接受两种选择之一。既然两者都不是真的,就
[265] 不得不得到这个结论,就是世界并非一个自在的物,而不过是一切出现的总和。可是,出现除了在我们的经验里面,是没有存在的,而我们所说的先验理想性是指这个说的。

第八节　宇宙论的理念中纯粹理性的限定性原理

173a 宇宙论总体的原理要求我们关于感官的对象在条件的系列中要寻找完整性。按事情的性质,这样的完整性是不能找得到的。然而在它自己的意义上,这条原理是真的,因为如理性所要求那样,我们永远不能满足于达不到一切条件的绝对总体的任何东西。感性对象,由于它们是在空间与时间的这个事实,永远不能把无条件的东西对我们呈现的。所以理性的原理只是要求回溯的一条规则,而所与的出现的一系列的条件不容许我们假定我们已经达到绝对无条件的任何东西。不像说出经验有可能的条件的判断的原理那样,这条规则并不告诉我们可能的经验有什么条件。它也不是一条组织性原理,可以用在经验以外的;因为那样一来,它就会确定物自身了。所以它是一条理性的限定性原理,意思就是,它既非能组成经验的对象的,又非能组成物自身的,而只是一条原理,防止我们假定在条件系列中的完整性。称它为"限定的",我们就叫人注意从以客观实在性归之于只可用来作一条规则的一个观念这种混乱。

[266] 第九节　理性的限定性原理在经验上的用途

174a 我们曾看到,纯粹概念不能有先验的用途,不管这些概念是属于知性或属于理性。换一句话来讲,没有一个概念靠它本身是组织性的。因为知性的概念只在感性对象的关系上才变为组织性的,而理性的概念,即理念,则决不是组织性的,无论我们是想把它们用于现象或者用于物自身。既然从事情的性质看到,永远不能找得到条件系列中的绝对完整性,那么问到系列是有限或无限,那是毫无意义的。它显然非此亦非彼,因为理性要求的是我们应该寻找一切条件的总体,而经验的性质是这样,一切条件

的总体不是经验的可能对象。

那么,已经证明理性的原理只是一条规则,是用来扩充和延续可能的经验的。如果我们不断地把这个放在我们的面前,冲突便消逝了;因为批判的解答显出了矛盾从而发生的幻象,而又使我们能够看到理性不是自相矛盾而是一致的。

一、第一种二律背驰的解决

在我们明白了唯一的问题就是有一个回溯到无限或只是一个能够无 175a
限地连续的回溯的时候,那就很容易看出第一个宇宙论问题的解决了。

一切条件的系列中一个总体这个观念,只是还没有实现的一个可能 176a
的回溯的观念。世界作为一个整体不是作为经验的一个对象而存在的。[267]
因之我们不能从世界的量而得到关于回溯的量,即关于出现的量的结论;其实关于世界的量这个概念,只能由确定出现的量是什么而发现。从经验是处理空间与时间的事物的这个性格来看,回溯在量的方面是没有限度的,因而我们就不能说回溯进行到无穷。要说回溯进行到无穷就会是说我们已经完成了一个无穷的系列,而这系列没有最终的限度,正是量应用在数目上的性格。所以对于第一个二律背驰的第一个而又是消极的答案就是世界在时间上没有第一次的起头,而在空间上没有极端的限度。

这就直接得出积极的答案来了,即在出现的系列中,回溯是无限定地 176b
(in indefinitum)进行的。感官的世界没有绝对的量,就是说,它的量不是有限的,也不是无限的。凡开端都是在时间里,因而就预先假定有一个在先的时间,而凡是延扩的即在空间的东西每一个限度都是预先假定在所与的空间以外还有的空间的。但如我们所知道,空间与时间不是物自身的确定,而只是出现的确定。所以,虽然世界上的事物是有条件地受到限制,但是我们不能说世界本身是有条件地或无条件地受到限制;那就是我们不能说它的量是有限的或无限的。而且既然一方面,世界不能在经验上对我们出现为完整的,而在另一方面,作为有条件限制而给与我们的东西的一切条件的系列又不能作为完整的给与出来,所以量这个概念,不过是包含在出现的不断确定中的这个过程的概念而已。这个回溯不是进行到无限,而只是能够无限定地进行。而且经验的量既然不存在于这回溯本身以外,说世界在量上是有限或无限都是毫无意义的。

[268] 二、第二个二律背驰的解决

177a 第二个二律背驰的解决是属于同样的性格的。如果我们从直观的一个整体出发,我们可以进行确定它存在的条件,就是说,我们能把它分割为各部分。凡是延扩的,即在空间的,都属于这个性格的。这样分割为各部分就包含有条件的系列里面的一个回溯;因为在我们的分割过程中,我们必须回溯地进行的,就是首先分为两半,然后再分,一直前进。如果包含在分割过程中的各部分本身是可分割的,分割的过程就必须无止境地进行。康德坚持在这个情况下的回溯不能只是无限定的回溯,因为整体是已经给与出来的,因而在它里边必然包含有一切的部分。同时我们得要注意,在我们的知识里面各部分只存在于回溯之中;而既然这个回溯没有限度,我们就没有权来说,因为整体是无穷可分割的,它就包含有无穷数目的部分。在这个情况下,如在前一个情况下一样,回溯是这样的,它是永远不能完成的,因而就没有可能叫我们达到或者一个有数目的部分或一个无限数目的部分。

178a 很容易把这条原理应用到空间上面。在它的限度内直观到的每一个空间都是一个整体,而从事情的性质看来,分割是能进行到无限的,每个称为空间的"部分"本身又是一个空间。所以空间是无限地可分割的。

178b 直接跟着就有这原理的应用于外部对象即物体。因为既然每一个物体确定为外部的是由于它是空间的这个事实,所以适用于空间的同一原理也适用于物体。所以每个物体都是无限地可分割的,可是并不由无限数目的部分而构成,也不由有限数目的部分而构成。

[269] 从数学的二律背驰过渡到力学的二律背驰

179a 在头两个二律背驰的解决中我们曾假定那些条件和受条件限制的东西都是在空间与时间里面的。这个假定,那总是常识所作的,不可避免地引起二律背驰;因为它含蕴着这个意思,即任何事件在时间中作为有条件的东西给与出来的时候,它的条件必然是时间中的另一个事件;而当任何对象在空间给与出来的时候,它的条件必然也是在空间中的。这样,受条件限制的东西和条件都假定为包含在同一的系列里,或者说是同类的,即在类别上相同的。如我们所曾看到,在这些都是在空间与时间里面这个

假定上，是不可能完结一切条件的系列的；而且如果我们假定在空间与时间的一切条件是完结了的，或者换句话说，我们已经达到无条件的东西，我们就陷入认为有可能达到系列的一个绝对第一项的这种错误。结果就是，和空间与时间里面的对象有关联而发生的二律背驰，只能靠承认理性的理念不可能和知性的产物重合，才能得到解决。因为，如果我们说在空间或时间里有条件的一个有限的系列，我们就发现这个系列对知性是太短了。知性是要求时间里每一个事件和空间里每一个对象，都要以一个先行的事件或一个新的空间为准标而得到解释的。所以在这个情况下，理性把系列弄得对知性来说是太短了。另一方面，如果理性主张有一个无限的系列，那么，既然知性不可能达到这样的一个系列，理性就把这系列弄得对知性来说是太长了。这样在两种情况下，知性都不能和理性一致。

在我们进而考虑第三个和第四个二律背驰的时候，我们发现再不能 179b
假定一切条件的总体必然是要和受条件限制的东西属于同一的范围的 [270]
了。头两个二律背驰，按照在范畴的问题上所已经作出的区别，可称为数学的，而后两个是使用出现的一种力学的关系。换一种话语来说，头两个二律背驰所处理的完全是系列的大小，而后两个二律背驰所处理的是系列对于产生它的东西的依存性，或者说受条件限制的存在对于无条件的或必然的存在的依存性。那么，在我们反思到数学的范畴和力学的范畴两者之间的区别时，就想及这个可能性，即在这两种情况之下可能有不同解决的方式。在前一种情况下，正题与反题都是错的，因为一个有限的系列和一个无限的系列都不能证明是经验的一个可能对象。可是，在力学的二律背驰里面，理性自己提出现象和物自身两者之间的一种区别，因而尽可能正题与反题都是对的，因为当我们在处理现象时，一个题可能是对，而当我们在处理物自身时，其他一题可能是对。可见在它们正当地划清界限时，两题或者都可以证明有合理的要求的。而这是数学的二律背驰情况下没有可能的事情。

无疑甚至在力学的理念里边，同样的原理也适用，只要我们所处理的 180a
只是系列大小的问题。就是说，第三个和第四个二律背驰，像头两个一样，是预先假定有一种回溯的系列，而关于这个系列我们必然是说它对于知性要就是太长,要就是太短。可是,另一方面,在第三个和第四个二律背驰的情况下,所使用的知性的概念不必然是局限于这个回溯系列的。那就是,这无条件的东西,不管是作为一个无条件的原因或者一个无条件的存在,可能和那受条件限制的东西不是同质的。因为可能有一个非现
〔271〕象的原因,和一个非现象的存在,是现象的总体和它在依存的方式上有关系的。这个解决的新方式显然是可能的。

180b 从现象系列的只是大小这观点来看,我们不能容许认为有任何条件不是感性的;但是在条件的力学的系列里面,没有什么东西使我们不能预先假定有一个不同质的条件,就是说,一个处在现象系列以外的条件。这样一个条件,既是非现象的,就纯是知性的了,理性所要求的就是不应在我们的判断里面有矛盾。可是主张在现象范围以内不能发现系列的任何无条件的一项,然而这样的一项可能是在现象的外边,这是没有矛盾的。根据这个假定,知性和理性都能获得满意了;因为知性不会碰着条件的系列突然中断而反乎它的要求,那要求是,凡有作为受条件的限制的东西被给与出来,在同一个系列里边就应该有一个条件,而理性在承认一个存在于现象范围以外的无条件的东西之可能时也会获得满意。

181a 同意了可以有现象的一个非感性的条件,一个完全处在感性条件的系列以外的条件,我们就得到一个结论,不同于在数学的二律背驰情况下我们所碰见的结论了。在数学的二律背驰里面是无法逃避正题和反题都是错的这个结论。可是,从现象的观点来看,无疑力学的系列是必须以同样的方式来解决,而我们的新见解指出一个非现象的而在经验上是无条件的条件之可能性,这样就同时给知性和理性以满意。我们再不试图用
〔272〕总结现象的系列这个不可能的方法来发现无条件的东西了。我们现在看到,在这两个命题得到正当的了解时,它们可同时是真的。在前一种情况下,这个解决的方法是不可能的,因为那里,整个问题是我们能否在现象的系列中发现一个无条件的一项,而认为这一项是非现象的,当然就是矛盾的。

三、第三个二律背驰的解决

182a 只有两种因果作用是可以想象的,即自然的因果作用和自由的因果作用。所谓自然的因果作用是指状态的这样的一种相互联系,其中的一

个状态必然地预先假定别的一个状态，或者说按照一条不可违犯的规则而跟着发生的。这种的因果作用是关于现象的，关于在时间中发生的事件的；而另一个状态所依赖的状态既然本身得要开始有它的存在，因为不然的话，它的结果就不会第一次发生，那么就很明显，每一个原因都预先假定有另一个原因，因而这样，一个绝对的或者说无条件的原因就是不可 182b
能的了。其次，自由，以它是想象为关于现象的因果作用的一个形式来说，乃是自发地使一个状态发生的力量。这个状态当然必须是在时间里面的：可是因果作用如果是自由的，就不存在于时间，因而就不从属于作为它的条件的另一个原因。这样理解的自由显然是一个先验的观念，就是说，它是绝对验前的。因为，首先，它不含有从经验得来的任何因素；其次，它不能作为一个对象出现，就是说，不能在我们作为对象的现象而在经验的这种意义上作为对象而出现。“凡是发生的东西必须有一个原因”：这个是一切可能经验的原理，没有经验的扩张能使我们碰到任何原因，它本身不是结果的，只要我们不超出经验的范围。然而理性看出在因果作用的方式上不可能满足它自己追求完整性的需要，就树立一个非现象的原因，即自发的原因，一个除了由自己外，不为任何东西确定去动作 〔273〕
的一个原因。

可是，如果认为现象就是物自身这个通常的假定是真的话，那就没有 183a
可能来解决这二律背驰了；因为这样一来，不可能找到一个原因是不和它的结果属于同一个系列的。在这个二律背驰中，像在其他的二律背驰中一样，我们得要说，没有无条件的原因可能存在而是有限或无限的，换句话来说，我们应要把理性所要求和知性所提供的东西两者之间的对立，看为是不能解决的。但是这个二律背驰的特点就是，它的问题不是关于总结一个系列的可能性，而是关于一个原因对于它的结果的力学的影响这个问题。所以在这里，我们可以放开系列的有限性或无限性，而把我们的注意力只向着受条件限制的东西和条件的力学的关系。唯一的问题就是，我们能不能毫无保留地承认每一个事件按照一种不可违犯的规则跟着另一个事件，而又同时主张一切事件都是从一个自由的即自发的原因而来的。如果有可能来说明自然的和自由的因果作用同时能合法地得到维持（自然还是在不同的意义上），那么我们就有了问题的解决，不是由同时否定正题与反题,而是由在它们自己的意义上同时接受它们。以现象来说,并不得企图取消自然因果作用的规律;因为,这样做,就会破坏我们在分析论中花了那么多的气力来证明的。问题就是:尽量承认了自然的因果作用的原理时,我们能否还防护自由的实在性呢?取消了现象是物
〔274〕自身这个错误的假定是多么重要,这就明显了。如果那个假定是真实的,自由的问题就会绝对不能解决了;因为在现象的境界里边,没有绝对自由的原因是有可能找得到的。但是,如果清楚地看到现象只是现象而不是物自身,换句话说,如果它们无非是我们意识的对象,按照我们知性的安排原理确定下来的:那么我们就能明白,这些现象作为一个整体,是怎样可以在本身不是现象的东西里面有它们最后的来源的。这个知性的原因,由于完全不受现象的限制,是和一个自由的或者说自发的因果作用这个观念相容的,然而它的结果仍然可以在现象界中出现的。那么,用这个解决的方法,我们就能理解现象的整个系列,是怎样可以从一个绝对自由的原因发生出来,然而每一个结果,作为一个现象,仍然出现作为按照自然的、必然的规律,紧跟着一个现象的原因的。

因果作用通过自由的可能性

184a 问题就是:既然承认了没有事件是不受不可违犯的因果律制约着的,我们能否仍然主张每一个事件是从一个自由的原因出来的呢?或者我们必须主张自然的因果作用和自由是互相排斥的呢?

185a 如我们已曾看到,在现象的境界里面,自由的原因是没有的,就是说,在事件的系列中不能找得到任何东西作为一个事件而不是依赖一个在前的事件的。因为以它是现象界的一个因素来说,每一个原因本身都是一个事件;因而企图借着主张某些事件是不受自然因果律的限制而维护自由,那是无益的;换句话来说,我们必须否认在现象的范围内有任何自决定的原因。

185b 然而承认了每一个现象性的结果都是一个现象之后,我们是不是一
〔275〕定要说每一个原因的因果作用都是经验性的呢?可不可以是这样,虽然每一个现象性的结果必须作为一个现象为经验性的因果律所决定,然而这个经验性的因果作用本身是一个知性的原因的结果呢?换句话说,有没有可能是这样,经验性的因果作用是从一个生出现象的原因出来,而这

个原因作为生出现象的却不是现象性的而是知性的，然而与此同时，这个因果作用对我们出现只是作为自然的因果作用的链条里一个环节呢？

在经验的性质里面有没有什么东西来证实问题的这个解决呢？谈到 185c
人的时候，我们确是有一个存在者，他在他的性质的一方面是属于感官的世界的；而只要从这方面来看他，他是和经验的其他对象一样受到自然的因果律所支配的。和那些对象一样，人必须有一个经验性的性格，而这个性格是什么，我们从他的种种能力的运用而发生的一切结果就知道了。谈到无机的东西时，而且在谈到甚至动物的时候，我们并不发现任何东西迫使我们来认为，它们除了受到自然的因果律所支配之外，是有自动性或自由的。可是谈到人时，我们就得要承认一种显著的区别。他无疑只是靠着把思维的形式应用于通过感受性而得来的直观要素，才获得关于其他对象的知识，而且甚至关于他自己作为一个对象的知识；但是在自我意识的分析判断里面，他又是意识到他自己是和其他对象对比起来的，而且和他自己作为一个对象对比起来，而自我意识的分析判断，虽然只是从综合判断的回头而发生，但不能与之同一的。即使知性，虽然除了和感官的质料的关系上不能实在利用它的概念，但是在其本质上是不同于感受性的；而理性则显然而且突出地是一种完全不依赖感性的条件而起作用的 〔276〕
机能。然而经验对象的基本性格，叫理性的要求，要有一个相应于包含在统觉的分析判断里的东西的统一性，以知识来得到满足。这样，由于知识的本质上有限制的性格的这种意识，以对比的方式，就引起理性生活一种可能的发展这个观念，这个发展是不受经验的束缚所限制的。这样一来，如康德所想，理性在它理论用途上的限制这个意识就指向于它自己以外而到一种功用，在这里面它是不受限制的。但是理性的唯一其他用途就是实践上的用途。在这用途上，对象不是和自我相对立的东西，甚至不是和自我作为一个现象相对立的东西，而是作为一个主体的自我，这是作为一个理想而被树立起来的，以所知的世界看为是借以实现这个理想的手段。

有什么东西来说明这个完全实现的自我的理想是不只一个虚构呢？ 186a
康德的答复就是，我们至少认为理性有因果作用，因为我们以命令的宣告加于我们自己，这就意味着我们相信我们自己有自决定的某些能力。在无生命的东西或下等动物的情况下，谈到责任，虽然是毫无意义的，因为无生命的东西和下等动物都是没有意志的。知性规定了制约现象的规则，而由于一切现象都是在时间里面，问题只是事件的必然联系，即现在、过去和将来的事件的必然联系。所以问到自然**应该**做什么，是毫无意义
187a 的。关于自然的唯一问题乃是**事实上**怎样，正如谈到三角形时，唯一的问题就是，它的现实属性是什么。**应该**是完全独立于感性的条件而表达根据于一个纯粹概念即理念的一种可能活动的。应该要做的一个动作，诚然是必须在自然的条件下才有可能的。但是应该做的事情绝不是这些条
〔277〕件所决定的。意志，换言之，决定这应该的，必然是独立于一切感性的欲望而作出决定的，虽然不错，这样决定下来的东西，是作为在现象界里面的一种结果而表达出来的。不管自然的欲望是多少，或多么强烈，都绝不能引起一个**应该**，因为在自然欲望的情况下，次序的先后纯是按照自然律的。所以任何决定于这样的欲望的意志是受条件限制的，或者说和任何其他的先后次序呈现完全同样的特征的。所以从这样的欲望出来的意志就永远不是在**应该**的意义上必然的。与此相反，理性拒绝为这样的欲望所影响，而要求按照它自己的观念，即道德律的观念。理性能制止这样的一种意志，不能批准它——在自然的欲望反对理性时，就制止它，和理性一致时就批准它——无论如何，理性是要求意志应该不为欲望所决定而为道德律所决定。这样，理性向心灵提示事物的一个观念，是和现象界的观念相对立的；虽然这个新的安排必须和自然的安排不冲突，但理性是它自己构成的理想秩序所指导的；而这样它就拒绝承认一切动作是在自然的因果作用的意义作为必然的，而与此相反，它主张一切动作都应该遵照它自己的观念的。所以很明显，理性是假定它在它自己里面有不依赖任何自然的欲望而开始动作的权力；因为不在任何其他的假定上它是能指望影响经验的。

187b 那么，假定理性有可能作为现象界里面变动的一个原因。即在这种假定上，理性也必须在现象界中表示它自己；换句话来说，理性的活动必须按照不可违犯的自然因果律。每一个原因都表达现象中的一种固定的
〔278〕或者说不能改变的秩序，而由于我们必须把原因这个概念应用于我们自己的欲望和意志，只要这些是现象，那么，就很明显，在这里也有原因与结

果的不可违犯的联系。所谓经验上的性格就是指我们欲望和意志的先后次序中的这个固定性或一律性。不管在以原因和结果的方式联系着的特殊欲望和意志之中有什么的变动，总是维系着不可违犯的规律这条原理的；结果就是。经验上的性格不可变，纵然按经验性条件的变动，结果是在可变的形式上出现的。

那么，每一个人的意志都有一个经验上的性格，按我们所已经作出的 188a
假定来说，这个性格是自由因果性的外部表现。在我们把我们的注意力固定在经验上的性格时，我们看欲望和意志就必须和看其他的现象恰恰一样。唯一的问题在这情况下就是，从这些意志能推论出什么欲望和动机来。唯一可以答复这个问题的方法就是靠追踪行动和某些欲望的联系。我们必须应用自然的因果作用的普遍规则，而这就是唯一可能的方法，借以确定人的行动，只要这些行动只是作为时间里面的事件看的。所以如果我们关于欲望方面的一切条件有了完全的认识，我们就应该能够知道在每一个场合中一个人是会怎样行动的，而这样就说明他的行动是必然按照所与的条件而跟着来的。如果人是这样和其他东西同是必然性的存在，只要我们把他从现象的观点来看待，那就很明白，从他的经验上的性格来考虑，是不能证明有自由的。我们既然有可能在自然的因果作用的链条中找到任何缺口，就没有理由来肯定人是自由的，只要我们保持着现象的观念，或者把人看为一个纯然自然的存在。但是，或者有可能来 189a
说明含蕴在人的经验上的性格里面的不可违反性和自由不是不相容的，〔279〕
如果有根据来认为从属于自然的因果律的同样动作也可以还是从理性出来的——当然不是思辨的理性，或者说知性（这就是和思辨的理性同样的东西），而是就它是开始**应该**这个观念而规定行动的规律的理性。从道德的责任观点来看，按照自然律发生的东西，仍然是可以肯定为和理性的规律相对立的。在所与的条件下，某一定的结果作为动作是必须跟着来的，这无疑是真实的，但是这并不一定和这些条件是为纯粹理性所引起是不相容的。至少有一些情况，是我们发现，或者说是我们相信我们发现理性的观念确定了人的行动；而如果这是确实的，那么经验性的规律只是实在原因的活动方式的外部表达，而且是在它的结果在我们知识和经验的条件下向我们出现这个限度来说的。

189b 假定了理性在现实上关于现象是一种原因，那么，是否有可能同时主张，种种行动作为现象，是按自然的因果律决定的呢？换句话说，有没有可能那经验上的性格乃是理性的性格的外部表达？我们关于理性的性格没有任何直接的知识，因为我们的知识必然是为时间所限制，而我们已曾认定理性的性格是在时间之外的。所以我们象征或表示理性的性格必然是把现象的依存于它，表现为正好像它和现象之间的关系是前因与后果的关系似的。这个理性的性格的表达，是在我们意识的时间上的一种变更的形式上向我们出现的，而作为这样的东西，那结果当然对我们出现是好像它为也在时间上的一个先行事件所决定的。可是在理性的性格里面
〔280〕的理性的因果性，如我们得要记住，严格地说来，不是时间上的；因而它就不受自然的因果律所控制，或者用别的话来说，它是自由的。那么我们得要这样来在心里想象这事情：正如在现象的范围里原因是先行的事件，这事件是一个结果的条件，而理性是一个不是先行的原因，因为它不是在时间里面的，而是现象的条件那个东西。因为既然包含在理性的运用里的条件不是感性的，就不能说它开始有的。那么这样我们就能够懂得怎样可以有一个自由的原因，而在现象的境界里边，自然的因果律仍然是不可违犯的。

190a 必须注意，到此为止，并没有尝试来证明自由是一个现实事实，而实际上在理论的理性基础上这种证明是不可能的；因为如我们已经看到，关于一个自由的原因是不能有知识的，因为我们知识的种种条件是这样，结果就是，只有在经验的前后关系中出现的对象，即只有现象，才能被人知道的。理论的理性只把我们知识的限度向我们指示出来而树立了完整知识必然是绝对的或者说无条件的这个观念；而在目前问题上理性陷入的二律背驰，是发生于一个无条件的原因这个观念和在知识里边能出现的唯一有条件的原因这两者之间的冲突的。但是，如果我们承认了我们的学说，肯定我们的知识不是关于物自身而只关于现象的，那么，虽然我们没有证明一个自由原因的存在，然而我们已经说明在这样的一个原因的观念里，没有什么东西是矛盾的。

四、第四个二律背驰的解决

191a 在第三个二律背驰里，我们只处理关于所与的事件和它们的先行条

件的特别联系这个问题。第四个二律背驰则不然。这里的 问题不是一 〔281〕
个特别的事件对于另一事件的因果性依存,而是关于作为偶然性的一切
事件,是否预先假定有一个必然的存在者这个比较更一般性的问题。所
以问题不是有没有一种无条件的因果性,而是有没有一个无条件的存在。

在现象界里边我们不能找到任何必然性的存在者,这是明显的。从 191b
事情的性质来看,每一个现象性的对象都是可变的,而变动,如我们所知,
必然预先假定有一个先行的条件,没有它,变动就不能发生的,因为不然
的话,没有原因就有东西开始发生了。既然这是在现象的范围内普遍适
用的,就不能找到什么现象性的对象,它的本身是必然的。在现象的情况
下,必然性的意思只是指一个所与的变动的必然的存在,只要有某一种条
件在它前面。绝对必然的存在则不然。它是指本身就是必然的东西,完
全不管它依存什么另外的东西的。如果除了现象就没有存在的话,那就
很明显,我们甚至不能主张一个绝对必然的存在者的可能性;因为现象既
是有条件的,总是包含有种种的条件,其本身也是现象,因而必然是偶性
的存在而不是必然的存在。但是我们得要记得关于数学的二律背驰和力 192a
学的二律背驰这种区别所曾指出的东西。在数学的二律背驰里,我们只
关心一个系列靠合成和靠分割的完整性,因而条件像那受条件限制的一
样,总是必须属于现象的。另一方面,在力学的二律背驰里,问题就不是
系列合成或分割的完整性,那么条件就不一定和受条件限制的属于同样
的范围。正如在第三个二律背驰里,可能有一个无条件的非现象性的原
因,同样我们也可以认为一个无条件或非现象性的存在是可能的。这里, 〔182〕
像在第三个二律背驰里那样,准备有一条逃避的道路,那是靠区分现象作
为偶性的和一个非现象性的存在者作为必然的。在不同的意义上来理解
时,第四个二律背驰的正题和反题因之就都可同时是真的了。一切现象
尽可是偶性的,因而只有一个在经验上的有条件的存在,然而还可以有整
个系列的一个条件,它不是受条件限制的,就是说,一个绝对必然的存在
者。这样的一个存在者必然是在整个经验的系列之外,因而不能说在任
何意义上它是存在于现象界里的。而这必然是同样地关于系列的每一个
项,我们就不能看任何一项是经验上无条件的,我们也不能承认可以有对
于一个现象依存另一现象有任何的干涉。在想象一个无条件的存在的方

式和我们表现一个无条件的自由原因的方式,比较起来,两种方式之间是有区别的。谈到自由原因时,对于某一个事件有一种特别的关系,这事件原是另一事件经验上的条件,而所主张的只是这个自由原因的因果作用不是经验的而是理性的。目前的情况就不是这样。一个必然的存在者,如果它是存在的话,它的存在必然是完全不依赖系列的所有各项,因而必须纯是知性的。在我们谈到存在时,这是必然的,因为不然的话,那存在者就不是脱离一切偶然性和依存性的了。

193a 在目前的问题上,理性的限定性原理可以这样述说,只要在处理经验的对象时,我们必须设法以原是它们的条件的东西为准标而找出它们种
〔283〕种属性的解释。所以我们永远不能到达一点而能够说,在寻找现象的条件中已不能再前进了。不但这样,而且我们决不能假定在条件的必然的系列中是有一个缺口的;就是说我们决不能以一个非现象性的条件为经验的一种特殊方式的准标,或者把存在的一种特殊方式作为自依存的来看待。可是,虽然这是真实,在认为现象的整个系列依赖一个必然的存在者,而这存在者作为不受任何经验的条件限制,本身是一切现象的可能性的条件的这种假定里面没有任何不可能的东西,这个必然的存在者纯是知性的,就是说,它永远不能是经验的一个对象,而只是理论的理性所要求作为在我们假定现象为物自身时所发生的矛盾的一种可能的解释而已。

关于纯粹理性全部二律背驰的结束语

193b 我们的观念是宇宙论的,只要它们只是有关于经验的可能对象,而这些可能的对象是我们按照理性要求有无条件的东西这种需要而设法使之完整的。既然这些观念是有关于经验的对象的,它们就是先验的;但是在我们研究的过程中我们曾弄清楚,理性所要求的无条件的东西是不能在经验的范围内找得到的。这样,各宇宙论观念究竟只是限定性的一些原理,就是说,在我们的经验里面把一个完整性的理想树立在我们面前的原理,而这理想是永远不能实现的。这样一来,我就不得不完全超出经验的限度来寻找那无条件的。无条件的东西这个观念现在就把自己从经验完全分开而树立起超感性对象这个观念,是在经验中不能找到任何东西来支持它的。所以在这里,我们有了一些观念,它们是自认为绝对自支持

的，或者向我们提出一些对象，按其性质来讲，是不能在现象的境界里面出现的。特别是和第四个二律背驰的宇宙论理念迫使我们走这一步。在经验里边我们找不到绝对必然的对象，而既然理性不能满足于一个无穷 〔284〕
系列的依存的或受条件限制的种种经验，我们很自然地企图在一个纯理性的对象里来发现理性所要求的必然的存在。所以必须注意的问题乃是要确定，包含在一个绝对必然的存在者这个概念里的是什么，而且要决定在纯粹思维的基础上能建立这样的一个存在者的存在是到什么程度。

第三章　纯粹理性的理想 195

第一节　理想的一般

在先验分析论中已经说明靠知性的一个纯粹概念不能知道对象，而 195a
知识或经验必然地包含有感性的一种因素；换句话说，知性的纯粹概念必须图型化。另一方面，在感官的因素出现了，知性就能把它们带到纯粹概念或者说范畴之下而这样来具体地把它们提出来，就是在确定的形式上把它们提出来；事实上经验的一个概念只是知性的一个概念通过它对于感性东西的关系而确定的。其次，在先验辩证论里我们曾看到理念不像知性的范畴，是不能在感官的世界中找到任何与之相应的东西的；因而理性的理念是完全不能具体地出现的。这些理念不过是限定性的原理，树 〔285〕
立起一个系统的统一性，一个永远不能在经验里面得到完全实现的观念，然而它是有极大价值的，因为它防止心灵停顿于还没达到完全统一性的任何东西。

在理性在它的必然过程中已经把我们带到完全在经验的外边去时， 195b
很明显我们和客观实在性的距离，比宇宙论的理念那种情况还远得多；因为在这里，理性树立起可以称为一个理想的东西，即一个观念，它不是在于经验对象的完整，而是在我们心面前摆着一个对象是超出经验的一切限度的，因为它是在它自身里绝对完整的。所以理性的理想是一个个别实在性的理想，纯然由理念本身所决定的。现在理性所要求的，不只是经验的一个完整系统，而是统摄在一单个个体的实在里面的实在的一个总体。

这个绝对完全个体的理想，它是由纯然验前的规则来决定的，乃是我 195c

们立刻要发现那样,不可能多于一个理想的。既然它和知识对我们来说成为可能的一切条件分开,它便是不可知的,换句话说,是不能用理论的理性来使之成立的。这样它真正地是一个超验的概念。

第二节　先验的理想

196a 如果我们要知道一个和理性这个理想相应的对象,我们就必须完全知道一切存在的东西,而且必须能够肯定地或否定地确定它。在一边,我们有了一个完全确定的对象的理想;而与这个理想相应的一个对象如果
〔286〕要为人所知道,我们就必须能够把它带到完全进入我们知识的范围中来,这样来看看它是否和我们的理想一致。可是,从知识的性质我们知道经验是永远不会完整的,因之我们永远不能知道相应于我们理想的对象。这样一来,我们剩下来的只是一个理想,它的价值不过是限定性的,知识绝对完整性的理想,用来指导知性的,虽然我们无权把它变为一条组织性的原理。

196b 绝对个体这个理念——在它里面包含着一切可能存在的这个个体——是排斥某些和它不相容的述语的。它排斥一切那些只在和其他述语的关系上才有意义的述语,而又排斥一切和积极存在相矛盾的述语。康德关于思想的概念乃是,按它的性质来讲,凡是积极的——换言之,凡是实在的——必然在它自己来说,是实在的或者说完整的。很明显,从这个观点来看,凡是想象为实在的,必然是独立于和任何其他东西的一切关系的。如果思维只要能承认自完整的东西是实在的,而且把一切矛盾从这个实在性排除出去,那就很清楚,理性要求一个包含在它里边一切积极
196c 的述语的个体,而排斥一切关系和一切否定的。所说的纯粹理性的理想就是这个东西。所以我们可以把这个理想看为包含着要找到事物一切实
〔197a〕在的确定用作准标的物质的或先验的内容。像斯宾诺莎一样,康德是把思维看为是属于这种性格的,看为存在借以得到确定的一切述语必须纯是积极的。换句话说,消极的述语,用在存在上,只是表示非存在或缺乏实在性,因而表达在理性所预先假定的无限定的实在性中的一些限制的。

197b 只有假定一个东西,在它自己里面包含着实在性的总体,我们才能把
〔287〕它思想为完全得到确定的。因为,如果一切否定不过是实在性的不存在,

那么，除了不包含否定的东西之外，没有什么东西能是绝对实在的了。但
是完全积极确定的一个存在者同时就是一个个体的存在者，因为我们必
须以每一个可能实在的述语归给它。那么在这里我们就有了一个先验的
理念，它迫使我们想到一个个体的实在是完全确定了的，而一切对象都必
须是以它为准标而得到判定的，只要是谈到实在性的问题。而这个就是
理性能具有的唯一真正理想；因为没有其他概念是一个个体存在，在它自
己里面完全得到确定或者说和一切其他存在分开的这个东西的概念。

很明显，只拥有这个理念，并不马上使我们有权来肯定与之相应的一 197c
个实在个体的存在。理性所需要来确定任何对象实在性的程度的，只是
我们得要拥有这个理想；它并不需要我们对于与之相应的对象具有现实
的知识。所以理性用这个理想作为样本或标准，一切有限的东西都是它
的不完善的抄本或模仿，用这个理想为准标，就知道事物含有或多些或少
些的实在性，可是一切有限的东西必须总是和它有一个无限的距离的。

那么，我们把一切有限的东西都认为是从在它自己里面包含着一切 198a
实在性的那个存在者取得它们的可能性的。我们用来叙述有限的东西作
为是有限的一切述语，都是否定的，因为它们是想为最高实在的一些限
制，它们的内容是被想象为得自于这个最高实在的。这样的东西借以得
到叙述的各种各样的确定，只要这些东西是和无条件的存在者区分开来
的，都是表达这些东西如何受到限制的不同方式，正如任何有限空间是无
限空间的一种否定或一种限制那样。理性树立起来的对象是被想象为，
首先，原始的存在者，就是说，一切其他存在从而出来的存在者，而它自己 〔288〕
不是从任何其他存在者出来的。它也是被想象为最高的存在者，因为它
在它自己的里边包含着一切实在性，而其他的存在者只包含着限制的程
度的实在性。最后，它是被想象为存在者的存在，来表示一切其他存在者
都是为它所限定而受它控制的。可是，虽然这个理想是预先假定为在有
限的东西的确定里面的，但决不是从而得到结论说，有一个和这个理想相
应的现实存在者是存在着的。

不能设想这个原始存在者是许许多多的派生存在者所构成的，因为 198b
明显地，无论几多这样的存在者能产生一个包含在它自己里面一切实在
性的存在者这个观念。所以必须把原始存在者想象为一单个的或单纯

的。一切其他可能性从原始存在者的得出不能是那个存在者的一种限定;因为如果那是真的的话,原始存在者就会是一大堆的派生存在者了,而我们刚才已曾看到那是不可能的。所以原始存在者不是一切有限的存在者的集合或总和,而是一切有限的存在者可能存在的预先假定。一个有限的存在者和另一个有限的存在者之间的区别不是原始存在者里边的一种区别,而是一切有限的东西必须看为那个存在者的产物;结果便是,来到我们经验里边的实在性的一切样式,包括我们自己的感性在内,对于原始存在者的关系是结果与原因的关系,不是部分与整体的关系。

199b 如果我们假定这个理想保证一个与之相应的实在对象的存在,我们就能够靠提出包含在我们关于它的概念里面的述语,例如统一性,单纯性,无所不足性,永恒性,来成立这个对象的存在。这个假定的对象恰恰就是在先验意义上上帝这个概念的意思,而这样,理性的理想就是先验神学的对象了。

〔289〕 由于这个先验观念的实体化或实在化,神学就超出这个观念的性质
199c 所规定的限度。理性不能满足于任何不达到实在性总体这个概念的东西,这无疑是真的,可是不一定这个概念是有与之相应的一个现实对象的。在我们知识的现实扩张中,我们固然不能得到满足而不树立起世界和自我的完全统一性这个观念,而这样的一个统一性只以理性的理想为准标才是我们所能想象的;然而我们没有权来假定与之相应的存在甚至是可能的,我们也不能从它揭露有限的对象的种种限制这个事实而推论到它的存在。

200a 那么为什么缘故理性要假定每一个东西的可能性含蕴着包含一切真实性在它自己里面的一个原始存在者的存在呢?回忆一下先验分析论的结果,我们就很容易答复这个问题了。在那里曾发现,除了在思维把感官的因素结合为统一体这限度内,没有经验的系统,没有真正的知识。感性的因素必须是给与我们的,而没有它,我们就完全没有经验的对象。除了我们把积极的和消极的述语应用于感官的对象这限度内,要确定感官的对象是不可能的。然而一个现象的实在因素必须在经验的一单个整体里边向我们出现。除了在一个经验的前后关系上出现的那东西之外,没有感性对象是可知的。因之我们可以说,对我们来说经验必然是经验的实

在性的一个总体。我们把这个经验的实在性总体和实在的存在总体混淆起来,有什么东西比这是更自然的呢?因为只在知识的分析中极度小心才发现知识只是现象的领会。因之,如果忽略了现象与物自身的区别,我 〔290〕
们就自然地把我们经验的统一性认为能使我们有权来肯定最后实在性的统一性。

我们在经验里边发现的统一性是一种个别的(distributive)统一性, 201a
就是说,它是合一的一种特别形式,含蕴在知性的过程中的,只要知性在完整性观念的指导下使用范畴。这个个别的统一性只是一个理想,因为完整性永远是不能在经验里边找得到的。然而我们认为不但我们这样就在现实上达到统一性,而且达到含蕴在经验总体里面的统一性;而这个集体的统一性我们想象为在它自己里边包含着一切实在性的一个个体的东西。已经达到了这点之后,我们就更进一步,而把所假定的经验总体和最后的实在同一起来,主张现实上存在着一个存在者相应于理性所曾树立起来的统一性观念。换句话说,我们把我们认为已曾成立作为一切经验的实在性总体和不只是经验的整体而且是现实存在的整体这个个体整体混淆起来;而且既然经验的实在性总体是认为包括一切特殊实在性的,所以这个假定的个体存在就被想象为一切可能有限的实在性的根源,因而是说明每一个有限的东西的全部性格的。

第三节　思辨理性关于最高存在者的存在的论证

理性企图要证明最高存在者的存在就采取以下的途径。(1)既然受 202a
条件限制的存在总是含蕴着某东西是它的条件,理性就不能满足于任何不达到一个无条件的或必然的存在者。(2)已经得出结论说某必然的存 〔291〕
在者是存在的,不管它的性格是怎样,跟着而来的问题就是,那必然的是哪一类的存在者;而答案就是,唯一的必然的存在者乃是一切其他实在性的条件的东西,而既然自己是无条件的就在它自己里面包含一切实在性。换言之,下一步就是肯定一个最实在的东西(ens realissimum),即在它里面包含一切实在性的一个存在者。然后(3)理性就结论说,包含在自己里面一切实在性的东西必然是一个最高存在者,而且必然是一切其他存在者的根源或原因。

即使这个论证的前提都是真的,从它们得出的结论却是谬误的。因 202b

为，首先假定我们真能合法地从受条件限制的或偶然的存在过渡到无条件的或必然的存在；而且其次，假定一个最实在的东西，或者说一个包含一切实在性的存在者，果真是和一个必然的存在者这个观念相一致的；并不得出结论说，唯一的必然的存在者就是在它自己里面包含着一切实在性的东西。因为没有什么东西叫我们不可认为一个必然的存在者的存在同时又是有限的。既然是这样，我们就不能从一个必然的存在者的存在推论到一个无限的存在者的存在。简略地说，承认了我们曾合法地达到有一个必然的存在者这个结论，我们是不能前进一步的。

203a 但是虽然上述的论证不导致真正什么结论，而它是这么简单，这么自然，因之它总是在它的意思得到了解时，就马上给人类的心思一个好的印象。事物乍生乍灭，这是无可怀疑的事实，因之我们不能满足而不提出事物遭遇的种种变动的原因是什么；而既然我们永远不能在经验里边找到一个最后的原因，我们就得到结论说，一定有一个最初的原因，这原因作
〔292〕为最高的原因，就是每一个可能结果的足够解释，而同时在它自己里边包含着一切积极的实在性的。而且因为我们不能满足于任何不达到这个绝对无条件的存在，我们就自然地认为这样的一个存在不但是我们理性所要求，而且是一个客观的实在了。我们认为一个最高原因是绝对必然的，因为我们是绝对必然要认为它是如此的。因之，甚至在还没有进步到超过多神教的民族当中，还总是有向着一神教的趋势。这个观念还没有以理性或思辨的任何明显的过程而达到，而只是从理性的自然活动在它的非反思的形式上得到的。

203b 关于上帝的存在只有三种可能的论证：(1)自然神学的，即从设计来论证的；(2)宇宙论的，即从第一原因出发的论证；(3)本体论的，即从上帝这个理念出发的论证。

204a 人心采取的现实过程是从第一个论证开始，然后进到第二个论证，而以第三个论证结束。但是，虽然是这样，实在迫使人心采取这个过程的东西乃是一个无限的存在者的存在是含蕴在那个存在者的观念里面的这个不言中的观念。所以引起这个过程的就是理性的理念。人心所借以推论的过程乃是开始于在经验中所与的事物的特别形式，过渡到一个必然的存在者这个观念，而从那个观念过渡到一单个最高存在者这个观念。所

以按这些论证的逻辑次序来考查它们是有好处的;因而我们就将从本体论的证明开始,这证明是根据一个纯先验的概念的。

第四节　本体论的证明

很明显,一个绝对必然的存在者这个概念是一个纯粹观念,它的客观 204b
实在性不能只由我们是有这个观念这个事实而证明,或者由理性不能满足于任何其他东西这个事实而证明的。因为,虽然理性要求完整性,然而 〔293〕
我们发现,既然完整性作为知识的一个对象是不能达到的,它的观念只能用来指出知性只在经验的范围里边才合理地活动。

虽然已经假定一个绝对必然的存在者这个观念是可能的,但并没有 204c
作出尝试证明这样一个存在者的存在或者来说明这是积极地可想象的。无疑并不困难,把一个必然的存在者下定义为一个存在者其不存在是不可能的。可是这不告诉我们不存在是不可能的那个东西是否真正可想象的。所以我们想要知道的就是,迫使我们肯定绝对必然的存在者的不存在是不可能的是什么条件。无疑那无条件的,是被认为知性所借以能把任何东西看为是必然的那些条件的否定;但是这个并不给我们以关于那无条件的一个积极的概念,因而可能它只是抽象思维的产物,没有任何东西与之相应的。

曾有人企图援引几何的判断,例如一个三角形必然是有三个角的,来 205a
证明一个必然的存在者的存在,而认为这种例子便使我们有权来从概念推论到一个必然的存在者的存在。然而这样的一切例子都不能成立所需
要的结论。说明一个判断中的各因素是不可分开的,并不对于存在证明 〔205b〕
什么东西。一个必然的判断不过是一个判断,其中述项是不能从主体分开的;因之承认了主体就必须也得承认述项。一个三角形有三个角是一个必然的判断,因为如果我们同意了三角形的存在,就必须也承认它有三
个角。但是判定了这述项属于这主体,并不就证明三角形作为一个实在 〔294〕
的对象是存在的。逻辑的必然性和必然的存在这一种混淆曾是幻象的多产根源。曾有人一直认为因为我们能够形成一个在它的内容里包括有存在的这样一个存在者的概念,我们因之就能进而肯定一个与之相应的对象的存在。所争持的就是,因为存在是和所想象的主体不可分开的一个述项,所以这主体就必然是存在的。可是这样的一个论证是基于逻辑的

必然性和实在的必然性的混淆的，那就是一个述项从某一定的主体的必然不可分离性和主体本身的必然存在这两者的混淆。

206a 在一个同一性的或分析的判断的情况下，否定述项就同时包含着否定主体，因为这述项是属于主体的概念的。因之我不能否定述项而同时又肯定主体的存在；因为假使那样，我就会是肯定主体的自相矛盾了。我不能否认一个三角形有三个角，然而又肯定三角形的存在。可是说三角形是没有的，因而也没有三个角，那是没有矛盾的。关于一个必然的最高存在者的概念，恰恰就是一样，我不能否认那个存在者的存在而不同时否认一切包含在那个概念里面的述项。但是否认一个必然的存在者是存在的，那就没有什么矛盾。如果我否认“上帝是万能的”，我便陷入矛盾，因为**上帝**这个概念不言中是包含着**万能**这个概念的；但是否认上帝的存在并没有什么矛盾，因为我同时否认一切包含在上帝这个概念里面的述项，因而就否认**万能**这个述项。

207a 然而笛卡尔论证说，有一个概念，而只有一个，不能否认它的对象的
〔295〕存在而没有矛盾的，即一个绝对必然的存在者这个概念。因为所说的是，一个绝对必然的存在者的唯一可能概念就是一个在他自己里面拥有一切实在性的存在者的概念，而包含一切实在性的必然是存在的。那么按所主张的，在这里就是一种情况，必然的东西的概念是含蕴着所想象的东西的存在的。如果否认那对象的存在，就有一种内部矛盾，因为那东西的可能性是含蕴着存在这一个述项的。

207b 显然整个问题，是以一个必然的存在者是存在的这个判断是分析的或综合的为转移的。如果这是一个分析判断，那么，既然这个概念包含有**存在**这个述项作为它的内容的一部分，那就很明显，那个思想不能叫我们超出这个概念。说这概念包含**存在**作为它的述项之一，并不是说处在概念外边的一个对象现实上是存在的。所以要就是只有这个概念而已，要就是离开这个概念的对象的存在是假定的。不管称那述项为实在性或存在，都是一样的，因为在一个分析判断里仍然是不能拿除已经包含在主体里面的东西来作述项的。另一方面，如果承认这个判断是综合的，而事实上它显然是综合的，我们就不能再进行论证说，否认**存在**这个述项是包含有任何矛盾，否认述项是自相矛盾的唯一情况，乃是在一个分析判断的情

况下。

这里的幻象是由于逻辑的述项和实在的述项的混淆，这是永远有倾 208a
向来陷入的一种幻象。逻辑是抽掉一切实在的内容的，因而无论什么都可用来做一个逻辑上的述词；可是我们一旦想要超出一个概念而进一步确定它的时候，要成立一个述项就必须除了靠概念的分析之外用某其他的方法。所以一切实在的确定，或者，等于说，一切存在的判断，所含蕴的 〔296〕
都是多于我们从而开始的概念的。从逻辑的观点看，存在(是)不是真正的一个述项，而只是判断的联系词。在“上帝是万能的”这个判断里面，是这一词的意思不是指上帝存在，而只表达这个判断中述项对于主体的关系。“上帝是有的”，或“有一个上帝”，就完全不是同一类的判断了，如果它的意思是，和上帝这概念相应的一个对象在这概念以外而存在。另一方面，如果这个判断的意思只是我有关于上帝的概念，那么所含蕴的意思不过是，我既有了那个概念，我就也有不言中包含在它里面的一切述项。以一个概念的内容和与之相应的一个现实对象的内容来说，无疑这一个和其他一个是同一的。一百个可能银元的概念包含着恰恰一百个银元，而现实的一百个银元也恰恰包含着一百个银元。所以我们不能论证说，从只是概念的存在就有与之相应的对象的存在。拥有一百个银元和只有一百个银元的概念，不是同样的一回事，这无疑是真的；但是这并不使这个事实变为无效，就是现实的一百个银元恰恰有和那概念同样的内容。基本的区别就是一百个银元的存在含蕴着的东西，比只是一百个银元的概念更多；所以是必须通过一种经验的综合而获得的某东西。

即使我们能够在一个事物的确定的绝对完整性上来思维它，说它是 209a
也不扩大我们关于它的概念。因为整个问题不是某些确定在我们思想中存在与否，而是这些确定独立于我们的思想存在与否。所以，尽管最高实 〔297〕
在性的一个存在者的概念是怎样完整，不超出我的概念，我就不能肯定这样的一个存在者的客观存在。而这里我们就看见整个困难的根源。谈到感性经验的对象时，立刻就很明显，我们从事物的只是一个概念不能过渡到它的现实存在的。概念只是叙明经验的一个对象成为可能的种种条件，而我们能把这个可能性变为现实性只有借助于直观，直观是使我们获得对象按它包含在我们经验的前后关系中的知识的。所以我们是通过直观才能从一个对象的概念过渡到关于它的知识的。可是谈到一个最实在的存在(ens realissimum)这个理念时,没有可能借助于直观来扩大我们的概念,因而我们不能在我们的理念中找出任何东西来把它的内容和只是可能性区分开来,是毫不奇怪的。所以虽然一个最高存在者这个概念是有价值的,但作为只是一个理念来说,它是决不能扩大我们的知识的;不止这样,我们甚至不能随着莱布尼兹说相应于我们理念的一个现实的
210a 存在者可能是存在的。所以著名的本体论的,或者说笛卡尔派的,关于最高存在者的存在的证明,是无效的。我们在我们的概念上加上几个述项来扩充我们的知识,无异一个商人在他的现金账上加上几个零来提高他的经济地位。

第五节　宇宙论的证明

210b 像本体论的证明那样,宇宙论的证明肯定在一个必然的存在者和一个包含一切实在性的存在者之间是有联系的。但是它不从最高的实在性开始而论证这必须和一个绝对必然的存在者同一,它的证明却从相反的方向进行而从一个绝对必然的存在者推论到最高的实在性。所采取的步
〔298〕 骤如下:在我们的经验中总是有某一个存在者是所与的,这个存在者预先假定有一个绝对必然的存在者的存在,而这个绝对必然的存在者只能是一个在它自己里面包含着一切实在性的存在者。看来这像是一个完全自
211a 然而合理的证明方法。以三段论式的形式来叙说,它是这样进行的:"如果任何东西存在,则一个绝对必然的存在者就存在。可是,至少我自己是
211b 存在的。所以一个绝对必然的存在者就存在。"这个小前提所说的是一件不可否认的事实,因为,不管别的事情是怎样可以否定,而不能否定我知道我自己的存在。大前提包含有从这个事实推论到一个绝对必然的存在者的存在。那么,这个论证是从经验的一个事实开始,所以在形式上很不同于本体论的论证,那是完全验前地进行的。它也和自然神学的证明不同;因为虽然像那个论证那样它是以经验为基础,然而它有这样的不同,它不管我们经验的各对象的特别特征是怎样,而完全从有限的实在性一
212a 般的性格推论的。论证最后一步是从绝对必然的存在者的存在推论到一个在它自己里边包含着一切实在性的存在者的存在。所论证的是,唯一绝对必然的存在者乃是在它自己里面包含着一切可能的述项的存在

者——换句话说，乃是完全确定的一个存在者。然而相应于这个要求的唯一存在者乃是在它自己里边包含着一切实在性的存在者，一个最实在的存在。所以我们必须把绝对必然的存在者和最高的存在者同一起来。换句话说，既然一个绝对必然的存在者存在，一个最高的存在者必然是存在的。

这个论证包含有一整套的辩证假定。它实在是本体论论证的伪装； 212b
因为它曾援用经验，但是证明的全部重力是在于从理性的一个理念出发的推论。为了自己有一个牢固的基础，这个论证不同于本体论的证明，援 〔299〕
引经验的一个事实。但是它使用这个事实的唯一方法是从它过渡到一个必然的存在者这个概念。因为很明显，经验关于这个必然的存在者的性质不能告诉我们什么，因而论证从这点起就不得不完全依靠理性的一个观念。所提出的问题是，一个必然的存在者是什么样的存在者？而唯一有效的答复，如所主张的那样，就是，一个必然的存在者是一个绝对实在的存在者，或者说在它自己里边包含着一切实在性的存在者。那么，在这个论证中，必然的存在者是申明和最高的存在者同一的。这个论证和本体论的论证之间唯一的差别就是后者以一个绝对实在的存在者开始而把它和一个绝对必然的存在者同一起来，而前者以一个绝对必然的存在者开始而把它和绝对实在的存在者同一起来。所以这两个论证之间，原则上是没有区别的；换言之，宇宙论的论证也正是本体论的论证，所加上多余的东西丝毫不增加它的价值。援引经验没有好处，因为论证的全部力量依赖着推论到绝对必然的实在性。

宇宙论的论证还有遁词（ignoratio elenchi 不识货）的毛病。它假装 214a
把问题奠基于经验，而实际上它是求援于纯粹理性的。它向我们提出的
新途径立刻就放弃了，而我们便回到旧路上来。揭露包含在这论证中的 214b
种种辩证假定是毫无困难的，而指出这些假定不再加以精细的工作也很足够了。

首先，这论证是从结果推论到原因的。然而因果作用的原理除了在 214c
经验的范围里边以外是和现实存在没有关系的。在某一事件在直观中给
予出来时，我们可以合法地以推论回到它的原因去，但是这个原因本身是 〔300〕
经验的原因的系列的一项。然而宇宙论的论证从经验的一个事实推论到

完全在经验以外的一个原因;就是说,它所用以进行的方法显然是非法的。第二,一个无穷系列的原因作为经验的对象是不可能的,而这个宇宙论的论证把这作为一种根据来推论到一个绝对开始的原因。但是,如我们已经看到,这样的一个推论在经验的里边是完全非法的,而在它扩充完
215a 全到经验以外,那就更是非法了。第三,这个论证假定从原因与结果的系列把一切条件抽掉,我们就获得系列的绝对完整性。但是这个意思不过是我们假定概念的完整性是因为在心面前没有任何对象。而第四,首先
215b 认定了一切可能实在性的概念是使我们有权来肯定一个包含着一切实在性的存在者的可能性的。然而这个假定是不可接受的。为要从一个可能的概念过渡到一个可能的实在性,我们应该要有某东西使我们能够从概念过渡到客观存在;换句话说,我们必须有一种和我们的概念的对象相应的经验,而这样的一种经验,从情况的性质看来是不可能的。

一切先验的证明中辩证的幻象的根源

215c 本体论的证明和宇宙论的证明同是先验的,就是说,它们想要说明我们从纯粹概念即理念便能获得关于上帝的存在的知识。诱导我们从必然性这个概念过渡到最高实在性这个概念,然后实现而且实体化这个理念的辩证幻象的根源是什么呢?

215d 关于偶性的存在迫使我们来想到必然是有某东西它不是偶性的而是
〔301〕必然的。这无疑是真的。另一方面,我们只在这个意义上关于必然的东西有一种知识的,就是我们知道作为有条件的而给予出来的东西的必然的条件。所以结论就是,关于物自身我们既不能断定它的必然性,也不能断定它的偶然性。很明显,最后的实在性不能同时是偶性的而又是必然的,因而如果我们迫不得已要同时肯定必然性和偶性时,就会有矛盾发生的。所以这些判断都不能是组织性的;就是说,我们不能说物自身是必然的或偶性的。可是,纵然这是真的,然而没有什么东西使我们不能把它们看为都是主观原理。关于偶性的东西的经验迫使我们去寻找某必然的东西作为它的条件,而直至找到了某东西是绝对必然的,即某东西它的本身不是偶然的,这以前,我们是不能满足的。另一方面,在经验的范围里边不能找到任何必然的东西,那就警告我们必不可把这个到必然的存在者的追求,变为我们已经找到了它这种武断的断定。这两条原理,在这个意

义上来理解，是发见的原理，它们的作用是摆在我们面前我们永远不可能满足于任何不达到无条件的东西的；换句话说，这两条原理是制约性的原理，而作为这样的原理就不是互相不一致的。一条原理告诉我们在我们一切关于自然的思辨我们应该好像有一个第一的原因存在，而这样来进行工作。这条原理是一条宝贵的制约性原理，因为它使我们能够系统化或统一我们一切的知识，这一种知识的获得，只有在我们一切深入现象的原因的研究中，我们总不忘记一个最高原因的理念作为我们一切努力的标的。其他一条原理防止我们认为在扩充我们的知识的过程中，实际上已经达到一个第一原因，而提醒我们，任何我们所选定的原因，从情况的性质来看，都必然是有条件的，因而我们的知识就是永远不能到绝对终止 〔302〕
的一个过程。既然在现象的整个系统中不可能找到任何绝对必然的或无条件的东西，所认为是无条件的那个东西就必须设想为处在经验以外的了。这是一个最高原因的理念，它永远不能落到我们知识的范围里边来，而只是一个理想，在我们知识的不断扩充中指导着我们的。所以一个最 217a
高存在者这个理想是理性的纯然制约性的原理，是在我们寻找现象的因果联系的一切努力中必须一直摆在我们面前的一个理想。它是一条规则，以它为准标，我们就有可能做到用普遍规律来解释世界所必需的那个系统的统一，但是它不使我们有权来肯定一个必然的存在者的存在。然而把这条制约性的原理认为是组织性的，那是自然的而事实上是不可避免的。正如空间，它只是我们感性的形式，但被认为是一种现实存在，使包含在它里面的形式有可能的，同样地，一个绝对实在的存在者作为一切现象的最高原因这个观念就自然地改变为这样的一个存在者的客观存在。因为这个观念是理性所要求作为一个条件来系统化我们的经验的，它就很自然地得到客观化，而且认为一个现实的对象是与之相应的。这样一来，一条制约性的原理就变为组织性的原理了。我们立刻能看到是有了这样的调换的，只要我们考虑一下，虽然说到最高的存在者作为世界上一切变动的必要条件是有意义，但是谈到这个存在者本身是必然的就毫无意义了。必要（或必然）的观念对我们来说是指必然的联系说的，因而我们不能把它看为它在经验以外包含着一种必然的存在的。

〔303〕 ## 第六节　自然神学的证明

218a 本体论的证明是一个从实在性作为整体的理念而出发的论证；宇宙论的证明是从我们在经验中知道的存在一般性格而出发的一个论证。既然这两个从事物一般性格出发的论证都没有成功，那么唯一的其他方法我们能指望用来成立一个最高存在者的存在的就是靠考虑我们所知对象的特别或特定的性格。事物可能是这样构成而互相关系着，使我们能够把证明一个最高存在者的存在的论证以这些东西为基础。如果能作出这样的一个证明，我们就可以正当地称它为自然神学的证明。如果这个证明也失败了，那么我们就必须甘心接受这个结论，说思辨理性是无法成立一个和这个先验理念相应的存在者的存在的。

218b 然而毋须特别考查所提出的新途径，我们立刻就看出它是很难成功的。这个论证是要以经验对象的性格为基础的。但是我们已经知道，要在经验里边找到任何和一个必然的而又无所不足的原始存在者这个观念相应的东西，是不可能的，因为这个理念是叫我们完全超出经验的和有条件的东西的范围的。

218c 最古老而又最简单的这个自然神学的论证对于一般人的心理必然始终有相当大的力量的。它给与自然研究以生气和运动。因为它使我们能把事物看为好像它们是理知的计划所产生似的，而且事实上，这个论证本
219a 身是发生于这个自然的倾向，要在我们研究自然时，像这样来看事物。可是，虽然这样来想事物的好处是不可否认的，但是不能指出它能有任何可
〔304〕 证明的确实性。其实自然神学的论证依赖宇宙论的论证，而既然宇宙论的论证又奠基于本体论的论证，所以，归根到底只有一种论证，即本体论的论证。

219b 自然神学的论证中主要的步骤就是这些：(1)我们在世界上发现意图的清楚证据，或者说手段对目的的适应，而这个意图或适应显出极大的智慧，在最细小的对象中都可找到而且扩充到我们经验所到的极远的限度。(2)这个适应性并不属于事物的本身，就是说，它是不能按纯然的机械原理来说明的，因为这些原理不能解释何以不同的东西是这样互相适应因之共同达到一单个目的的。所以我们必须认为它们是一个理性的原理特别使之适应的，这原理是从需要达到的一个目的这个观念而活动的。

(3)那么,必须有一个或更多的这个适应性的原因,而且我们必须更认定这个或这些原因是有理知的,或者说自由的。(4)世界作为一个整体看,必须按照一个巧妙构成的大建筑物的类型来对待,从这个事实着想,我们就有权来推论出只有一个理知的原因;而且我们的观察诚然在它的范围来看是有限的,但是按照类推来说,我们是有权推论到,如果我们的观察是无限的话,我们也应该发现事物同样的统一性与和谐的。

既然自然神学的论证是奠基于自然的各种不同形式的适应性与和 220a
谐,所以它是预先假定有适应于一个目的的物质或实体的。为了证明所要证明的,即世界的一个创造者,我们就得要认定这个物质不是在其本身就是属于这样的性格,使之本来就适应于一个目的,因而就认定世界的实质乃是最高智慧的产物。可是要证明这点,就不可能靠求援于人类艺术的类比这个论证,因为那个类比所依赖的正是物质本身不是适应于一个目的,而只为和它分开的一个理性的存在者所使之适应的。所以从设计出发的论证所证明的,只是世界的一个建筑师,他是能够使所与的材料适 〔305〕
合,可是他同时又为他用来工作的材料的性格所限制的。这个论证不可能证明世界的一个创造者是物质的根源而同时又是物质的适应者。如果我们要证明物质本身的偶然性,即证明它是依赖着一个理性的原理的,那么我们只有靠先验的论证才能这样做,而这正是从设计出发的论证本来要避免的。

那么,自然神学的论证预先假定有自身不能适应于一个目的的物质 220b
的存在,因而就推论出这个适应必然是偶性的,或者说由于和物质本身不同的一个原因的。而这个原因必须是足够来产生这结果,所以就论证说,必须存在着一个存在者,他是具有一切智慧、能力,等等的;换句话说,一个存在者,他是绝对完善或说自足的。

可是,不管事实是怎样在我们的观察或经验中,我们到处发现适应或 220c
意图的痕迹,正因为我们的经验是有限制的,我们不可能说这个适应是由于一个具有无限能力的存在者的。我们也不能从世界的秩序推论出需要绝对完善的智慧来产生它,或者说世界的统一性就证明创世者的绝对统一性。在这一切方面,论证都是从有限制的推论到无限制的。所以不可能用这个方法来证明世界最高原因的存在,或者从它得到一条可以用来作宗教的基础的神学原理。

221a 所以这个论证，充其量不能叫我们超出世界的创造者是有极大能力、智慧等等的想法。因之我们就不得不完全放弃经验，而退回到我们已经
〔306〕从世界的秩序与设计而推论出来的偶然性。从偶然性到一个必然的存在者，这是新过程的第一步，这个论证不过是将宇宙论的论证重复一次；而如我们已经知道，宇宙论的论证是完全从本体论的论证取得它的支持的，本体论的论证是把绝对必然的存在者和涵盖一切实在性的存在者同一起来的。自然神学的论证不能在它自己的方式上成立一个最高存在者的存在，即用援引经验对象的特别性格这个方式，因而就突然退回到宇宙论的证明上去；而既然宇宙论的证明不过是本体论证明的伪装，所以从设计出发的论证，实际上是依靠纯粹理性的，虽然它一开头是声言除了经验所证明的之外不用其他东西的。

221b 在我们这样看明白了自然神学的证明是从本体论的证明取得它一切的支持的，我们就不得不作出结论说，纯粹理性不能成立一个最高存在者的存在；因为除了已经考虑过的三种论证外，没有其他的论证基于纯粹理性而有甚至表面上的有效性的。

第七节　对于一切思辨神学的批判

222a 虽然理性在它的思辨用途上不能证明一个最高存在者的存在，然而它为一个有效的证明预备了道路，只要那证明能从某其他来源给予出来。一个最高存在者的概念，如纯粹思辨理性所要求的，是和这样一个存在者的性质相一致的，如果这存在者是存在的话。所以纯粹思辨理性把最高存在者这个概念和它自身而又和我们理知的种种目的协调起来，从它清
222b 除掉一切和一个原始存在者这个概念不相容的东西，而且把一切经验上
〔307〕的限制都从它清洗掉。这样，虽然对纯然思辨的理性说来，最高存在者只是一个理想，但是它是毫无瑕疵的一个理想，表达着理性必然作为人类知识全部的完整性所必需的东西而作出它的要求的。如果如康德所主张，我们能从道德的意识用一种论证成立一个最高存在者的存在，那么，我们的理想就是极其重要的，因为它就能使我们能够叙明最高存在者的性格必然是怎样的。因为深入思辨理性的性质这种研究，使我们从那个把现象的实在性和最后的实在性同一起来的倾向解放出来，而这样它就防止

我们以只能适用于经验对象的种种特征来陈述一个最高存在者。而且思辨理性不只使我们免除这个结论,而又使我们能够构成一个最高存在者的理想,在各方面都和它的自身一致的。这样形成的概念是一个绝对无限的存在者的概念,这是一个离开世界而存在着的,永恒的,即不受时间条件限制的,没有为空间限制所影响的,等等。这一切都是纯先验的述项,以从现象的和实在的一种混淆解放出来为先决条件的,而这样就为我们准备了一个关于最高存在者的纯净了的概念,这是不能在其他方式上得到的。所以理论的理性是实践的理性的同盟者,由于它提供了一个完全首尾一致的理想,而这是神学的唯一可能的基础。

225 **道德的形而上学**

〔308〕 第一节　从寻常道德的概念过渡到道德的哲学概念

在开始研究道德意识的各种条件时，康德要解决的是他原先声明他最感兴趣的问题——上帝的存在、自由和不死。在《纯粹理性批判》一书中对于知识的条件所做的研究是他现在要讨论的一个准备。前一个问题是为表面上不可能调停自然界中规律的控制和人类的自由与灵魂不死以及上帝的存在而强加在他头上的。因为，如果人像其他存在者一样，绝对受着自然的因果律所支配，那么看来自由就没有地位，因而灵魂不死也没有地位；而且，如果像洛克学派所主张，知识是限于落到感性经验里边的东西的，那就不可能证明上帝的存在了。所以康德觉得对于人类理性的能力必须作出一种批判的研究以解决这些高超的问题。他研究的结果是，如他所坚持那样，要说明关于他称为“理念”的对象，我们是一无所知的；换句话讲，超感性的东西无论在什么形式上都是处在理论的理性所能达到之外的。然而，同时我们却能够想到或相信超感性的东西的。这样，
〔309〕 虽然对纯粹理性批判迫使我们否认我们对于本体有一种**知识**，并不排斥本体的**存在**的可能性。事实上，我们知识的性格是这样，我们就不能不看到它本质上的限度。知识对我们来说，不是一个完整的整体，而人心既然不能满足于不够完整的整体，我们就不得不问，我们是否能够靠道德意识的研究而证明和理性的理念相应的种种对象的存在。显然道德是和一个自由的主体的实在性结合在一起的；因为，如果人不是自由的，他的行动就不能归之于他自己，因而人与自然界无生命的东西就没有区别了。然而我们关于自然和知识的限度的研究曾指出，本体的自我存在的可能性甚至盖然性，而这个本体的自我是不受感性对象一切条件的限制，而是自由的或者说自决定的。为着自由的维护和道德的解释，我们必须依赖这样的一个自我，不受经验对象种种限制的一个自我。知识的限制于现象给了我们一个观点，我们可以从而看见这个自由的、自决定的主体的可能性。经验的原理所指向的是超出经验以外，而康德在他的伦理著述中，尤其是在《实践理性批判》一书中，所进行的批判考察，其主要目标就是要确定道德意识的性质是否能使我们成立自由、灵魂不死和上帝的实在性。

所以在《道德的形而上学》一书里，康德站在通常道德意识的立场上而企
图通过它来达到道德的本质观念。正如《纯粹理性批判》一书从经验出发
而探求它在知识中的条件，同样地这部伦理学著述从道德律出发（康德称
这为类似的事实——quasi-factum），进而追问它的条件是什么。所以他 〔310〕
的第一个目标就是要显示道德律纯粹的性质。

寻常的道德意识是很清楚的，除一个良善的意志之外，没有什么东西 225a
是绝对良善的；而康德认为这是在最绝对的意义上肯定的，因为大家相信
没有什么存在者，不管是人或超人，能称为良善而不以一个良善的意志表
示出来的。寻常的心理，毫不犹豫地，把一切使一个人不同于另一个人的
那些内部或外部的优越性都放在一边作为无关于道德品质的。它不会承
认一个人是良善的，因为他本质上禀受了优越的智力，它也不承认外部的
优点（例如，非常富裕）是可以看为对于一个人的本质上的性格有任何的
贡献的，与此相反，在一个人意志并不良善而处境顺适，生活愉快，道德意
识就感觉到非常不满意。所以毫不能疑惑，人们的一般意见就是，人而没
有一个善良意志就不配享福。

那么，善良意志是什么呢？意志是良善的，这不因为它带来好后果， 225b
也不因为它所抱目的实现了，而只因为它所意向的是良善。康德否认一
种行动的道德性格为其后果所决定，他所谓后果，无疑指对于个人或他人
的幸福。所以他的看法正和约翰·穆勒所采取的看法相反。穆勒主张一
种行动性格是完全决定于它的幸福后果的，按康德的见解，一种行为是良
善的，全在于意志是良善的，或者说那人的动机没有其他而完全是良善
的，意思反正一样。康德的第二个论点就是，一个人意志的良善，不由他
能得到他所立志要达到的目标而判定。例如拿穆勒所举的实例来说，一
个人纯然由于责任的动机，尽力想营救一个落水者，即使他没救出那人，
他的道德行动依然绝对是良善的。一切其他的情况也是这样。然而得要 〔311〕
注意，如康德所警告我们那样，一个良善的意志和只是一个良善的愿望不
同，良善的意志是不断而坚决地努力要达到良善的目的，不这样，就不能 226a
称为良善的。所以我们必须要问，对于良善意志的这种信念，其根据是什
么呢？在理性一味追求幸福的时候，目的是永远不能达到的。从这个事 226b
实看来，就像很明显，生命的真正目标并不是幸福。这就部分地说明何以

开始认为幸福是生命的目标那些人，很容易陷入厌恶理论，或怨恨理性的
毛病，因为他们觉得运用理性去获取幸福，结果只是更大的愁苦。失败的
227a 真正教训是理性的实在功用是使人能够达到生命的真正目的——良善而
并非幸福。理性的目的在其实践用途区别于其理论用途者在产生一个绝
对良善的意志，而非只作为达到幸福的手段因而是良善的一种意志。诚
然，这个意志不是**完整**的良善而是最高的良善，而且是有一个完整良善的
条件。换句话来说，只在幸福在某种意义上是良善所限制的这个根据上，
我们才能替追求幸福这种自然的欲望加以辩解。既然良善或德行是自然
的智慧的目标，那么，在企图只靠以幸福为目的而达到完整的良善，其结
果是失败的这个事实里面，没有什么东西是和自然的智慧不一致的。

227b 为要弄清楚绝对良善的意志是什么意思，我们必须首先分析责任这
个概念。这个概念固然不是和一个绝对良善意志的概念同一的，所与之
227c 同一的是一种意志，表现在我们感性的性质种种限制之下，尽管有着外界
各种情况的阻扰，依然是良善的。那么，**责任**这个名词我们又要作何解
〔312〕 呢？首先，责任所排斥的不只是一切直接违反道德的东西，而且一切其动
机是意向的行为，纵然这些行为本身不和责任相对立，直接违反责任的，
例如杀人或偷盗，我们可以撇在一边，因为没有人会说，行动故意反抗责
任的人尽责。还有，虽然不违反责任，也不直接从自然的意向出来，然而
是为了满足某其他的意向而作的，例如一个零售商人和他的顾客公平交
易，是因为他相信诚实才是上策，这些行为我们也可以不谈。困难更加大
的在于责任和意向重合时。例如自卫是责任，而在正常的情况下，它又同
时是一种自然的意向。可是，如果自卫是由自然的意向而出来，它就没有
道德价值，它的道德价值只在于它发自责任，虽然自然的意向竟叫这人抛
弃生命。同样地，仁慈是一种责任，但是如果它只出自一种同情心的倾
向，它也没有道德价值。一个人只在纯然把仁慈看作一种责任时，才是仁
慈的，行为是道德的。总而言之，一种行为的道德价值在行为的动机和内
容一样都是在责任这个限度之内。

228a 但是，第二，一种行为的道德价值完全决定于准则或者说它所表示的
意志主观原理，而不是决定于对欲望起作用的对象。如已曾指出过，一个
行为可能不达成它的目标，然而是道德的，而另一个行为可能达成它的目

标，这目标又不和责任不一致，可是并没有道德的价值。所以一种行为的道德价值一定是在于它本身是指向某一定的目标，不管那目标是达成与否。良善的意志不能是自然意向所决定，因而必只决定于责任为着责任这条原则。

从这两个命题就得出作为第三点的结论，责任可下定义为从对规律 229a
的尊重而行动的义务。我不能尊重一种行为的结果，我只能想望它；我也 〔313〕
不能尊重任何自然的意向，无论是我自己的或别人的意向；我能尊重的唯
有规律。规律是确定我的意志的根据，是克服我的意向，至少是使它对于
我的行为的决定没有影响的原理。但是，当一切欲望和欲望的一切对象
都排除了的时候，剩下来决定意志的只有客观上规律本身而主观上对于
它纯然的尊敬。因之就有了这条准则，服从道德律，甚至要牺牲一切自然 299b
的意向。对于个人自己的愉快，甚至他人的幸福的预期好处，都不能决定
行为的道德性质，而像我们所曾看到，只有在意志里面才能找到最高的或
者说无条件的良善。所以道德的良善只在于规律自身是决定意志的这个
意识。只有一个理性的存在者才能有这种意识的，因为一个纯然感性的
存在者永远不超出直接的意向；而一个理性的存在者是良善的，乃是在他
的意志是良善的时候，完全不管他的行为的后果是怎样。

规律的观念是要独立于一切欲望，也就是独立于作为幸福的一切后 230a
果而决定意志的，是我们有权称为绝对良善的。那么，规律的性格是什么
呢？既然意志决不可为追求幸福的欲望所动，那就很明显，意志的原理必
须是绝对普遍的，就是说，它必然不是对特殊情况下的人来说才是规律，
而是适用于一切情况下的一切人的规律。规律肯定我们必须这样行动，
使得我们行动的准则可以有一条普遍规律的效力。起码要这样，否则就
和道德律不一致，而人们即使在日常判断中，也都承认这条原理的有效
性。在他们判定自己或他人的行动时，他们不言中或公开地问到这些行
动是否对一切人都应该这样的。“事实上，道德原理是没有以**感情**为基础 〔314〕
的，像通常认为那样的，而实在是一种模糊想着的**形而上学**，存在于每一 230b
个人心里作为他的理性能力的。任何教师以苏格拉底方式问问他的学生
关于责任的命令和这命令的用于行为的道德鉴定，就立刻要发现这点的”
(H. 7. 178)。一经人们的良心脱离了一时自然意向的迷惑影响，它便发

出一种明白的声音。例如,由于说谎和规律的观念本身不一致,任何人都不难拒绝说谎,因为他马上看到,如果他可出伪诺,人人有同样理由这样做。这一来,他的准则是自相矛盾的;如果个个人都说谎,就无谎可言,于
231a 是都互不信任。所以很明显,我们不能希望把出伪诺这准则变为一条普遍规律,这样做只有自相矛盾。那么,我们可以归结说,责任是由于对道德律的纯粹尊重而行动这种义务,即完全独立于情欲的行动这种义务。一个良善的意志,没有限制而是良善的意志的唯一动机就是这个。

231b 可是人不只具有理性,而且由于天性并具有某些要求和欲望。他认为幸福是在于这些要求和欲望的满足。因之在他的心里就发生一种冲突——理性规定要遵从责任,而欲望则刺激他去追求幸福。从这个冲突
231c 就产生一种自然的辩证,即一种实践上的幻象,这是出自于一种倾向,想要放松责任的束缚义务而使得能有自然欲望的满足。动机的这种冲突就叫人不得不研讨欲望对于理性的关系;换句话来讲,要动手研究道德哲学的问题,而没有人类理性的彻底批判,这问题在实践的范围内和在理论的
〔315〕 范围内都一样不能得到解决。很明显,我们不能永远满足于两条互相矛盾的原理,而决定承认哪一条的唯一方法就是靠一种特别的研究。

232

第二节 从普通的道德哲学过渡到道德的形而上学

在本节里,康德的目标是要说明必须超出以只是良心或人们日常的道德判断为基础的伦理学,而研究一切道德的终极基础,这种研究是领导我们超出经验的范围而到纯粹理性的道德基础的。

232a 如我们已曾看到,责任这个概念是用在道德意识的平常判断里的。可是认为它是以经验为基础,那就是一种错误。这个远远不是这样,因之我们不能指出一单个实例是我们能绝对靠得住地肯定一种行动是纯然由于责任而作的,虽然无疑很容易找出一些不与责任相反的行动这种例子,例如在上面引用过的自卫的情况下。其实任何想要把责任基于我们关于人们所曾做过的事情这种经验,其企图一定是失败的,而且不可避免地要导致对于整个概念的怀疑。所以我们必须承认责任的唯一基础是理性,理性是告诉我们应该做什么,而丝毫不管所曾做过的是什么的。绝对无私的友谊是一种责任,纵然可能从来就没有过一个现实的例子。

道德律也不只对人有束缚力，它对于所有有理性的存在者都同样有 233a
束缚力，而且是绝对地，必然地，在一切条件下而毫无保留的。如果不承
认这一点，道德就不能是客观的，而只能是在特殊情况下应该做什么的一
种说明而已，这种断然性格的规律，规定普遍地而且必然地应该做什么的 〔316〕
一种规律，显然不能得自经验的；因为从经验作出的任何概括都不能叫我
们超出一般性；它可能告诉我们在许多情况下所做的是什么，而绝不能告
诉我们在一切可能的情况下应该做的是什么。

“如果道德能从实例得出来，那事实上就很不幸。如果有一个道德的 H256
例子摆在我的面前，我首先就必须用道德的种种原理来查验它，然后我才
能决定它是否配作为一个原始的例子，即作为一个典型，而它决不能对我
供给一个权威性的道德概念。甚至福音书上的圣者也必须首先和我们道
德的完善性的理想相比较，我们才能承认他是一个典范；因而他关于他自
己是这样说的，‘你为什么说（你看见的）我是良善的，除了（你看不见的）
上帝一位之外，再没有良善的’（所谓良善指良善的原型说）。然则我们从
哪里得出上帝是最高的良善这个概念呢？完全是从道德完善这个观念而
来，而这是理性在经验之前形成而把它和一个自由意志这个概念不可分
割地联系起来的。在道德的行为中，模仿是没有地位的：种种实例只用来
刺激我们的道德努力，在于它们能无疑地说明规律所命令的是能实现的；
它们把一些在一种更一般的形式上表达了实践规则的具体例证提供给我
们，可是我们没有理由因而把理性里面的真正原型放弃而让实例指导
我们。”

所以道德的一切原理必须完全不依赖经验，而必须只从理性得出它 233b
们的权威来。如果是有任何实在的道德哲学，我们可以假定道德的概念
和以之为基础的一切原理都绝对是验前的。道德的这种哲学或形而上学 233c
必须谨慎地把一切经验的因素排除出去，而且不能甚至以神学的概念为 〔317〕
基础的。而它不只是责任的健全理论的不可少的基础，并且在生活的现
实进展中也是极有价值的；因为责任的观念，在理性把它纯然掌握住的时
候，对于人的心情的影响是这么强有力，因而是能够压制最强大的自然情
欲的。

从上面所讲的我们知道三件事：首先，一切道德的概念都是完全验前 234a

从理性出来的;第二,把道德的一切概念和规律在其纯度上摆在心面前是非常重要的,不止有利于道德的真正理论,而且又作为实践生活中的帮助;第三,纯粹实践理性的一切原理,不像理论理性的原理那样,是决不依赖人的特别性格,而是得自有理性的存在者的这个概念,因而是对一切有理性的存在者都适用的。

234b 普通哲学认为某些行动是公平的、诚实的,等等。它求援于人们的共同判断来支持它这些主张。然而既然哲学不能只依赖经验的援助,所以就必须追求一切道德判断的最后基础。为了说明道德的一种形而上学是必需的,我们就得要开始于实践理性规定行动的一般规则那一点,而跟着它借以达到责任这个概念的各步骤。

234c 在一个只按照规律而动作的存在者和有意识地奉行规律的存在者之间是有基本的区别的。前者是从外面,即按照机械的因果作用方式而得到决定的,而后者可以是理性所决定的。因为唯有一个有理性的存在者,一个具有规律的意识的存在者,才能按原则行动;或者说,只有一个有理性的存在者才是有意志的,反正是一回事。既然理性是从规律推演出行动所必需的,意志就和实践理性同是一样的东西:意志是表达为行动的理
〔318〕性。可是,意志或实践理性可能存在于一个存在者里面,它的意志是不会差错地为理性所决定的,就是说,一个存在者,它只愿望理性所规定作为绝对良善的东西的,而意志也可以存在于另一种存在者里面,它的欲望不总是和理性一致的。事实上,人类是属于后一种性格的。在人的情况下,他所承认为客观上必然的行动乃是主观上偶然的;就是说,虽然他的理性认为他应该做,而他可以不从理性行动而从情欲行动的。因之他的意志为客观规律所决定的东西对他出现为服从规律的义务,不是为他的意志
235a 的自发表现。所以理性命令对于它的客观原理的服从,而它的命令的以
235b 公式形成就是一种**命令的宣示**(imperative)。"应该"这个名词作为一种命令宣示的表达便表明意志不一定是遵照理性的客观规律的。那么,凡是由客观原理,即由适用于每一个有理性的存在者的原理决定意志的便是实践上良善的。在良善与愉快之间有基本的区别,因为愉快作为一种动机是由主观的原因而来的,而主观的原因随个人感性的不同而变动,但
236a 是理性的原理是对一切人都有效的。一个完全良善的意志和人类的理性

意志在遵照客观规律上是一致的，即在遵照良善的规律是一致的，但是在它不是有义务要遵从这些规律这点上就不同。一种命令的宣示用于神的意志或任何其他圣洁的意志是毫无意义的，因为这一类的意志按其本性是和理性的规律一致的。所以命令的宣示是限于意志不完善的一些存在者的，例如人类的意志那样不完善的，实际上表示客观规律对于不完善意志的关系的。

命令的宣示要就是有条件的，要就是无条件的。在有条件的命令宣 236b
示的情况下，例如发生于幸福或财富的追逐的，如果我们愿意得到它的目标，我们就得要愿意有借以能达到目标的手段；而无条件的命令宣示是命令我们为行动而愿意有这行动，而不只作为一种目标的手段的。每一条 〔319〕
实践规律都是肯定某一种行动是良善的，因而是一个有理性的存在者所 236c
应该做的。如果行动只作为其他某东西的手段才是良善的，这条命令的宣示便是有条件的了。如果行动在其本身是良善的，则这条命令宣示就是无条件的。可见命令的宣示提出实践的规则，是对于可能由于无知或 237a
由于和实践理性的客观原理相对立的种种准则的影响而不愿意良善的一种意志的；换句话来讲，所说的那些种种准则是以情欲为基础的。

有条件的命令宣示可再分为盖然的与实然的两种：前一种告诉我们 237b
关于某一定可能的目标，比如财富，什么行动是良善的，而后一种则告诉我们关于一种现实的目标，即幸福，什么行动是良善的。和这些命令宣示相反的无条件的命令宣示是毫无限制地命令一种行动的，它是一条断然的或说绝对必然的实践原则。

盖然的原理在数目上是无穷的，因为它们包括所有能为一个有理性 237c
的存在者为着某一种实践的目标而愿意做的行动。然而只有一独条有条件的原理是实然的，即幸福的原理，这是一切有理性的有限存在者，作为 237d
感性的存在者，事实上想要实现的，因为自然是使他们愿有愉快而不愿有痛苦的。这是一条有条件的命令宣示，因为它的手段是和目标分开而且不是为它自身而为人所愿意有的。这可以称为明达的准则，因为它包含的不过是选择达到目标的手段的机智；因为，虽然我们作为感性的存在者总是愿意它，然而不是理性把它作为行动的必然规律强迫我们服从的。 238a
把有条件的命令种种宣示放在一边，剩下来作为唯一的无条件命令宣示就是直接的命令,要作一种行动作为它本身就是目标,而不是要达到一个目标的手段的。这个命令宣示必然是直接出自理性,而且直接把行动和
〔320〕有理性的存在者本身的意志这个概念联系起来的。它和行动的特别种类或以愉快的方式作为预期从它得出的种种后果,毫无关系,而所关的只是行动者的原则或动机,而正当地可称为道德的命令宣示。

238b 知识问题和道德问题之间有一种类比。如我们所曾看到,前者总结出的问题是:知识的验前综合判断是怎样有其可能的?同样地,伦理学的主要问题就是:道德的验前综合判断是怎样有其可能的?现在,当我们考虑我们刚才分辨的那三类命令的宣示时,我们觉得作出对盖然性的命令宣示是怎样成为可能的这个问题的答复是没有困难的,因为在这情况下,命令宣示只告诉我们如果追求一个特殊的目标,就必须使用达到那个目标的手段。可以又称为技巧的这个命令宣示因之就是一个分析判断了。这个命令宣示所含蕴的意思不过是,在愿意有这目标的观念里面,是直接含蕴着达到这目标所必需的行动的愿意的。无疑在愿意有达到目标的手段这种情愿里面,是预先假定有知识的某些综合判断的,可是这些不是道德的综合判断,因为它们和意志的原理无关的。

239a 谈到实然性的命令宣示,事情就十分不一样。谁都渴望幸福,可是谁也说不准幸福指什么。如果我们能够准确地说出来幸福是在于什么,那么关于明达的命令宣示就明显地是分析性的了;因而我们就可以说,虽然它不同于盖然性的命令宣示,然而像盖然性的命令宣示一样,关于明达的命令宣示,也命令说,谁愿有这目标,谁就得要愿有这手段。所以这些命令宣示都不需要什么推演或辩解,因为两者都是分析性的。

240a 真正的困难是说明无条件的命令宣示的正当理由。我们不能说,这
〔321〕里是预先假定有目标的,而唯一的问题是关于手段。我们也不能把一个命令宣示奠基于经验上,因为无论有多少实例都绝不能成立一个普遍的、必然的命题的。经验可能告诉我们所曾做过的是什么而永远不能告诉我们应该做的是什么。所以我们必须能够说明无条件的命令宣示是不能变成为有条件的命令宣示的。

240b 一开头就要说,很明显,只有无条件的命令宣示才能有实践规律的尊严。实践规律是在一切可能情况下对所有的人都是有束缚力的。其他两

种的命令宣示是预先假定不是绝对必然的某一定的目标的;而既然那目标是可以否定的,所以这些宣示必须看为是偶然性的;可是谈到无条件的命令宣示时,目标是没有可能来否定的,除非也否定规律的绝对束缚性。

但是,我们怎样为无条件的命令宣示辩解,即为道德的无条件的规律 240c
辩解呢? 这里我们有自认为道德的一种验前综合的判断,所以是不能从经验得出的判断;而我们很难指望这样的一个判断的演绎,或者说辩解,将要比和它相应的知识的验前综合的判断的演绎困难少些。

让我们从一个无条件的命令宣示这个概念的分析开始,以便看看我 240d
们能否从它抽出道德的公式。这种研究相当于康德在《纯粹理性批判》一书里所称为范畴的形而上学的演绎。我们暂且假定有一个无条件的命令宣示,而只问它的性格必须是怎样的。这是比较简单的问题,而唯一的困难问题就是我们怎样能成立所肯定的无条件的命令宣示的客观有效性。

等到我们知道它应用的条件时,我们才能从有条件的命令宣示的概 241a
念得出什么来。在无条件的命令宣示情况下就不同;因为只从这样的命 〔322〕
令宣示的概念,我们就马上知道它所含蕴的意思是什么。这个命令宣示肯定行动者的意志借以得到决定的主观原理是一定要符合规律的客观原理的,就是说,动机和规律的内容必须符合的。这规律是普遍地适用的,或者说独立于一切特别条件的,因而行动者按照来行动的准则必须单只
地而且完全地是这个,就是在一切可能条件下他应该服从这条规律。所 241b
以只有一条无条件的命令宣示,它可以这样表示:“你应该照着这一条准则行动,而且只照着它,是与你行动的同时,愿意它成为一条普遍规律的。”

如果一切责任的命令宣示都是从这单独一条命令宣示出来,我们就 241c
能指出这无条件的命令宣示是什么意思,虽然我们不能够说明从它是能得出特别的责任的。在我们谈到一条自然律时,我们所指的是一条普遍地适用于一切事件的规律,在当前所讲的规律就是机械因果作用的规律。如果是有责任的规律,它们必须和自然规律一致是普遍的;换句话说,虽然它们是出自一个有理性的存在者,然而它们外表上是像自然的固定规律的。所以责任的普遍命令宣示可以以这种形式表示:“你行动应该像是你按着来行动的准则通过你的意志成为一条大自然的普遍规律。”如果我

242a 们在我们违反责任的一些情况下考察一下我们的意识，我们将要发现我们并不实在愿意我们按着来行动的准则应该成为一条普遍规律：我们实在愿意的乃是，规律应该依然有效，但是应该为我们的好处，或者在我们
〔323〕想要认为是很例外的情况下，有一种例外。所以，如果我们从同样的观点看一切事情，从理性的观点看一切事情，我们就应该看到，在我们的意志里面实在是有矛盾的，即承认一条原理是客观必要的然而主观上是偶性的，或者说可以有例外的这个矛盾。但我们并不这样做，而承认无条件的命令宣示的有效性，然而把我们的情况作为普遍规律的一种例外来避免矛盾。

道德的第一个公式，康德大体上是这样推论而得来的。人类作为有理性的存在者，不受纯然在机械的方式上决定他的行动的这种规律的支配；与此相反，他的行动预先假定有规律的意识，而这规律是他可以服从又可以不服从的。这条规律向他作为一种命令宣示出现，因为他发现在他自身里面有某些自然的欲望，是理性拒绝承认它们决定他的行动的要求的。这样，自我的纯意识就和对于普遍规律的愿意结合在一起。因之就有这个公式："你行动应该像是你按着来行动的准则通过你的意志成为一条大自然的普遍规律。"这并不是意味着行动是要受自然规律的决定，而只是说用自然规律作为自由行动的典型或类似；换句话说，这规律必须有自然律特出的普遍性和不可违反性，但没有它的外部必然性。

如康德所坚持，使用这个公式，我们就能够立刻决定任何提出的行动路向的道德性格了。考虑一下(1)对于一个人自己负完全义务的责任，而拿在任何情况下有没有正当理由来自杀这个问题作为例证。假如一个人已经没有了维持自己生命的这种自然欲望，他有没有正当理由来自杀呢？为了考验这条准则，这人应该考虑一下，如果不只他而且人人这样行动，
〔324〕结果会怎样。结果当然矛盾，因为"不可能想象有一个自然的系统，其中同样的感情，它的倾向原是使人们不得不自卫或者说促进他们的生命的，他们竟然由于自然的一条普遍规律而自行毁灭"。(2)作为对他人的完全负有义务的这种责任的例子，考虑一下这个问题：一种明知还不了而向别人借款的权利。有借有还这个诺言是意味着接受诺言者相信作出诺言者的诚实。那么，假如我们把扯谎的诺言普遍化，那就很明显，不能有这种

诺言，因为任何人都不相信另一个人的。所以，诺言这个概念本身是和它不是普遍地有效这个观念相矛盾的。(3)作为不完全义务的责任的违反例子，康德举出一个人的情况，他拒绝培养他自然禀受的一种天才。如康德所承认，假定一整个社会，其中每一个人都不培养自己的特别天资，这不是什么不可想象的，但是他论证说，懒惰的准则这种普遍化是和理性的意志相矛盾的。每一个人由于他的理性都必须承认，为一定的意图而存在的东西是应该用之于那个意图的。天才是为服务社会而存在的。因而全社团有理性的存在者都违反理性的明显命令，是和道德公式不一致的。(4)最后，不能把自私的准则普遍化而不和理性的意志相矛盾。无疑虽然个个人都拒绝帮助他的邻舍，人类依然可以存在，但是不可能愿意这样一条原则变为自然的一条普遍规律；因为如果人都这样自私的，就没有人能得到别人的帮助，而这样一来，他便是自败立场的了。

有人对康德的这种推论曾提出反对的意见说，一条准则的有效性或无效性不能由质问它能否变为普遍化而得到成立的。在普遍的自杀里、
普遍的说谎里其实在任何概念抽象的状态上，都没有什么东西是自相矛 〔325〕
盾的。在康德的论证基础上是这个不言中的假定，即生命和社会是良善的；因之无疑就得出结论说，生命和社会的毁灭是和理性的意志相违的。这个假定在康德的思想里变为更加明显，那就是在他继续为不完全义务的各种责任进行辩护，而所根据的不是其反面是不可想象而是它和一个理性的或公平的意志是不相容的。

那么，截至此为止，作为我们研究结果，我们首先知道责任这个概念 243a
必须在无条件命令宣示的形式上表达出来，其次，我们甚至找出它，如有可能时，所必须用来表达的公式。现在我们要问，我们能否在经验之前证明在现实上有一条命令的宣示，对于一切有理性的存在者，因而对我们自
己作为有理性的，都是有效的。 243b

最关重要的就是要注意到，这样一条原理的存在是不能得自人类本性的特别构造的。在研究知识的各种条件中，康德毕竟要主张知觉和思维的各种形式是人类所特有，至少是一切有限的存在者所特有的：这些形式不是终极的实在性的确定，而只是我们经验的形式。道德的原理，按他所力争的，必须有绝对普遍的有效性，因而说明这条原理适用于所有的人

是不够的。我们必须能够证明它适用于一切有理性的存在的,而且在具
243c 有感性的性质的存在者的情况下,它就必须采取命令宣示的形式的。

那么,是否一切有理性的存在者都是要问他们意志的准则能否普遍
〔326〕化才决定他们行动的价值呢?如果是有这样的一条规律,它必须是可能在验前从一个有理性的意志这个观念本身得出来的,而不要提到人类本性的特别构造。这样一来,我们就不得不完全超出经验的境界而进入形而上学或者说纯粹理念的境界了,因为整个问题是关于意志的在它自身上,既然它是只由理性决定的。所以意志必须完全从一切的经验因素分开而刚只为理性或者说在验前得到决定。其实在名词的正当意义上,除了对一个能够从某些规律的意识而决定自己去行动的存在者之外,是没有意志可说的;换句话来讲,意志只属于一个有理性的存在者。理性所引起的目标或目的必须对于一切具有理性的存在者都有它的束缚力,所以我们必须辨别以自然性向为基础的主观目标和出自对一切有理性的存在者有效的动机那种客观目标。独立于一切主观目标的行动原理是形式上的,就是说,它们是纯然以规律的普遍性为基础的。另一方面,依赖主观目标的种种原理是物质的,因为它们是决定于在某所与的情况下个人的特别感受性的。从它们的性质来看,后者不能是普遍的、必然的原理,而只是有条件的命令宣示。可是,如果有一个绝对目标——以自己为目标,
245a 唯一可能的无条件命令宣示,或者说实践规律,就在于此。

245b 一个有理性的存在者按其本性就是一个目标,永远不能看为达到另一目标的手段。但是一个自然欲望的对象只能有一种有条件的价值,因为它的价值是完全依靠它为这个或那个个人所喜悦的。任何自然欲望本身或它所从而自出的需要,也不能有一种绝对的价值;与此相反,每一个有理性的存在者必然想要脱离自然欲望的影响。一切非理性的存在者只有作为手段的相对价值,因之就称为东西,而有理性的存在者就称为人格,因为他们本身就是目标,永远不应被作为手段。那么,只在人格里我
〔327〕们才找到客观的目标,找到存在者,其存在在其自身就是一个目标的;而且事实上离开它们,我们就不能指出任何东西是有一种绝对的价值的;所以没有它们,就不可能证明有任何最高实践原理。

246a 承认了这条原理的存在,那就必定很明白这是意志的一条客观原理,

或者说是一条普遍的实践规律。这条原理的基础必然本身就是一个目标的那种东西的存在,因而就是对每一个有理性的存在者都必然是一个目标的那种东西。每一个人,由于他的理性性质,是把自己的存在对自己呈现为一个绝对目标的。因之,在人里面有(1)一个主观的目标,是在于他自己的存在,作为在自己就是一个目标的,而且又有(2)一个客观的目标,它对所有人都是共通的理性性质。这样我们就得到这个实践的命令宣示:"你行动时,应该把人性,无论是在你自己身上或者是在另一个人身上,总是作为一个目的,而永远不只作为一种手段来使用。"

可以用说明第一个公式的同样一些例子来说明第二个公式。(1)自杀是和把人自己作为目标这个要求不一致的,因为它把一个人的存在只作为一种手段来达到感觉的一种可忍受状态。(2)做假诺时,我利用别人作为达到我目标的手段,而不把他本身当作目标。(3)忽略了自己自然能力的发展就是不把自己当作目标,因为,我既是人就有责任促进凡是属于作为人的我的。(4)如果我把别人的人性看作一个目标,我就有责任促进他们的目标,好像就是我自己的目标。

把这第一、二个公式结合起来,我们就如康德所主张,得到第三个公 246b
式了。因为,第一,无条件的命令宣示普遍地适用于所有有理性存在者,
而不只在人类经验的限度以内;而第二,它不只是一个主观的目标,不是 〔328〕
事实上人们所喜悦的目标,而是一个客观的目标,一切主观的目标所必须受它支配的,因之它必然是完全从理性出来的。行动一切规律的客观根据是普遍性的规则和形式,而主观根据是所想望的目标。按我们第二个公式,每个有理性的存在者他自身都是一个目标,或者说,是一切目标的主体。因之就得出第三个公式:"你应该按照每个有理性的存在者的意志作为是规定行动的普遍规律的一个意志这个观念而行动。"

这种意志不能服从产生于利害关系的规律;就是说,服从将会得到种 247a
种愉快后果,因而服从了;那不是真正服从规律。例如行为诚实,是因为害怕通过国家或在来生受到惩罚这种后果,那就违反这条规律。人们无疑和自己幸福有利害关系,而他把这个认为,并且正当地认为,和对规律的服从是有联系的,但是不能让那对于规律的利害关系来决定他的意志。

我们现在明白了何以一向没有人发现道德的真正原理。固然很清 247b

楚,人有义务服从责任规律,但是没有注意到,既然这是他自己加于自身的一条规律,所以在服从这规律时,他只是实现自己的理性意志,这意志按其本性规定普遍规律。只要认为人不过是必须服从一条不是自己产生的规律,他的行动就不可避免地以某种利害关系作为从外面作用于他的意志的为准标。不抛弃掉这个假定,就不可能说明有一条关于责任的最高原理。但是,既然那原理实际上是自己加上的,它就可正当地称为意志
〔329〕 自决的原理而和一切其他应该称为他律的原理区分开来。

248a 每一个作为对自己规定普遍规律的理性意志这个观念都导致一个目标王国这个同性质的观念。"王国"是指共同规律所团结起来的有理性的
248b 存在者的一个系统或社会而言的。一个有理性的存在者的规律,就是看待自己和其他有理性的存在者,永远不只是作为一种手段而总同时作为一个目标。这就是团结在共同客观规律之下有理性的存在者的那个系统或社会的基础,那种系统或社会我们是已经称为目标王国的。这个目标王国无疑只是一个理想,因为不能指出实际有个社会,他们决定行动都纯
248c 然出于尊重道德;然而这是一切道德的基础。这样,一件道德行动就和含蕴在目标王国里面的规律系统是一致的。意志的原理就是每一个行动的准则必须和一条普遍规律一致。因之就有第三个公式:"应该这样行动,使得意志能把自己看为在它的准则上是规定着普遍规律的。"何以这条原理作为一种责任出现的理由就是,事实上我们按着来行动的准则不一定是和它协调的。因为人在目标的王国里,是服从者而同时又是主权者;是服从者,因为他必须服从束缚一切的那些普遍规律;又是主权者,因为这些规律是他自己的理性加在他身上的。作为目标王国里的一个成员,他像一切其他成员一样,是有义务要服从王国的规律的,但是在人里面,而且事实上在每一个有理性的存在者里面,一切道德价值的基础乃是意志的自决。

249b 我们看到了,一个为无条件命令宣示所决定的绝对良善意志,不受对于对象的欲望所影响,必须纯然为奠基于意志自决的意志形式所决定。每个有理性的存在者所加在自己身上的规律就是要完全独立于一切主观
〔330〕 利害关系而行动,或者说从可以用为普遍规律的准则而行动。

249c 这些话不能证明说这样的综合验前实践判断是有可能的。道德形而

上学不作这种证明。我们远远不认为问题已经得到解决，其实还不敢肯定实际上有这样一个原理。为了证明道德是实在的而且实践理性是综合性的，我们就必须开始实践理性本身的批判。暂时我们可以指出实践理性批判的一般性格，把问题的系统研究留待一种特别著论来处理。

第三节　从道德的形而上学过渡到实践理性批判 250

自由这观念作为意志自决的关键

意志这种原因是在有理性的有生存在者里面才可能的。自由是一种因果作用形式，主体只为他自己所决定。自然的必然性这种因果作用形式，是在非理性的存在者里面找到而为外在于它们自己的原因所决定的。

自由这个原因不为任何其他原因决定来活动，这个定义只告诉我们 250b
自由不是什么，可是它为它的积极观念预备了道路。凡是原因都必须受规律（德文的 Gesetz）所支配，而作为结果，它又必须为一个原因所断定（德文的 gesetzt）。所以作为因果作用的一种形式，不可把自由看为不依赖任何规律的（德文的 gesetzlos 无规律的），它只是不依赖自然的规律。一个自由的原因是按照规律的，虽然它是按照它自己的规律，而且事实上，没有规律而活动的自由意志是不可想象的。然而自然律是表达一种 〔331〕
纪律的（heteronomous）因果作用的，因为它的原因是为不同于它自己的某东西决定来活动的。所以自由必须自决，就是说必须对自己为规律的一个意志。但是这就等于说意志不为其他准则所决定，而只为这种准则所决定，其对象乃是一种普遍规律的，而这就是无条件命令宣示的公式和道德的原理，所以自由意志就是遵照道德律的意志。

如果我们从假定自由的存在开始，我们就能够以分析方法直接过渡 251a
到道德原理；换句话说，我们必须把自由意志想象为自决定的意志，或者说决意于普遍规律的意志，即一个道德意志。可是我们没有权利来假定自由而没有证明。道德原理是综合性的，因为我们不能只从一个绝对良善意志这个概念作出结论说，借以决定一个良善意志的准则是客观上或者说普遍地有效力的。从自由的消极观念，即自由作为独立于一切其他东西的一种因果作用这个观念，过渡到道德的观念，只能是通过自由的积极概念。换一种话来说，我们必须证明道德是包含着自由的。然而要把这弄清楚就需要有某些初步的研究。

自由是一切有理性的存在者的一种属性

252a 为了说明人的意志是自由的，就要说明他是一个有理性的存在者，所以他是自由的。道德本质是这样的，除了为有理性的存在者之外，它毫无意义，另一方面，它是一切有理性的存在者的意志的一种表示。可是，很明显，不是自由的存在者就不是有道德的，因而我们必须能够说明自由是属于一切有理性的存在者的意志的，然而没有可能在知识的基础上成立
〔332〕自由的存在；因为我们知识的条件是这样的，除了现象之外，什么东西也不在知识范围内，而现象是受自然因果作用规律所支配的。但是，虽然对一个自由存在者没有什么可能的知识，然而很明显，一个有自由意识而且只能在那意识下而行动的存在者，以他的行动来讲，必须作为自由的来看待。简单说，这样的一个存在者必须能够纯然从对于道德的普遍规律的尊重而行动。我们必须把一个有理性的存在者想象为有这样一种性格，他能完全照理性行动。没有可能把理性想象为在任何方式上受到外来影响，因为那样的话，这个主体就不是在自由观念下而行动，而是受自然冲动影响的了。所以，我们必须主张实践理性作为有理性的存在者的意志，必须看为靠它自己，就是自由的，因而在实践范围内必须以自由观念归之于一切有理性的存在者。

和道德一切观念结合着的重点

253a 说明了道德概念和自由概念分不开，并不证明实际上人是自由的，而仅证明：只要人是个有理性的存在者，他必是自由的。我们又曾说明每一
253b 个赋有理性的存在者必然是在自由意识下行动。我们更看到，如果人是自由的，他必然从一种普遍的道德律意识而行动。但是可能有人问：何以我作为一个个别的存在者要从这个意识而行动，而我并不由于对这规律有什么利害关系而受到强制来这样做呢？换句话说，从感觉上讲，自然冲动所决定的行动和尊重道德律而有的行动，两者分别是什么构成的呢？康德在这里感到的困难是，就他看来，一切从一种动机而发生的行动都是一种行动，其中的意志是为不同于它自己的某东西所决定的。他这样表
〔333〕达说，就是主体对于他说为决意要有的对象，有着一种利害关系。像他所

已经指出那样，道德律除道德律本身以外不容许任何其他东西对于意志有作用；这样，我们只得这样处理：我们必须没有一种动机而决意要道德律的，就是说对道德律没有什么个人的利害关系的。可是说，虽然我们不是从什么利害关系而行动，然而我们对于道德律还是有兴趣的，这样的说法无疑是一定有意义的。如我们后来要看到那样，康德想要解决这里所提出的问题，是把作为动机的一切情欲和对于道德律的尊重这个单一的动机划分为一种种类上的区别。如他所坚持的那样，后者是一种纯然理性的感觉或情绪；在主体从对于道德律的尊重而行动时，说这是对他的意志起作用，毋宁说它是当其时在主体中发生的情感。

已经说明过，只有从道德律的意识而行动的一个存在者才能是自由 253c
的。但是可以提出反对的意见说，还没有作出证明说道德律是普遍地有
束缚力的。也不能否认，这里有着一种循环，是无法逃避的。我们不能服 253d
从道德律，除非我们在目标的王国里是自由的存在者，能够以普遍的原理来决定我们自己的；而我们又不能设想自己为自由的，除非我们是隶属于道德律。所以自由与道德是互相含蕴着的，可是正因为那个缘故，随便哪一个都不能归结为其他的一个。康德在这里所提出的困难，如我们后来将要看到，是想靠这样的说法来解决的，就是自由是道德律的存在所必需，而我们证明自由的实在性是从我们关于道德律的知识的(参看《选读》第268页，康德在那里说，自由是道德律存在的理由——ratio essendi，而道德律是认识自由的理由——ratio cognoscendi)。只有一个自由的存在者才能创出道德律来，而只有一个有道德的存在者才能有关于自由的意识。

一个无条件的命令宣示如何可能？ 〔334〕

一个有理性的存在者是作为理性世界的一个成员把自己看为一个自 254a
由的原因，或者说作为是具有一个意志的。然而他意识到自己是属于感官世界的，因而就把他的行动看为又有现象的一方面，虽然它们是从他的意志出来的。而知识的条件既然不容许他越出现象范围而到处在他的行动后边的自由原因那里去，他就不得不把他的行动在它们现象方面，看为像其他现象那样，为现象的前项，或者说原因，所决定的；换言之，为自然的欲望或倾向所决定。如果人只是理性世界的一个成员的话，他的一切

行动都会和意志的自决一致的;如果他是纯然一个自然的存在者的话,他的行动就会单独为倾向或欲望所决定。在一种情况之下,他就会完全由于对道德律的尊重而行动,而在其他一种情况之下,他就会单独由渴望幸福而行动。然而须注意,用康德自己的话语来讲,“理性世界是感官世界的条件,因而就是那世界的种种规律”。意志完全属于理性世界,因而它的规律是理性世界的规律。所以,虽然人是带有情欲的存在者,但作为一个智力,他只隶属于理性世界的规律的。所以这些规律作为命令的宣示向他出现,命令着他应该不管情欲的阻扰,按着道德的普遍规律而行动;而这些规律所含蕴的种种行动因之就出现为责任或义务。

255a 那么,对于这个问题:一个无条件的命令宣示是如何成为可能的?答案就是,它是通过自由这个观念成为可能的,而这个观念是说明人是理性世界的一个成员的。如果人只是理性世界的成员的话,他的行动就会必
〔335〕 然地符合意志的自决;但是他既然又是感官世界的一个成员,我们能够说的只是他的行动应该符合意志的自决。所以这个无条件的**应该**乃是一个验前综合命题。换句话来说,责任这个观念不能得自任何关于情欲的现实作用的考虑,而我们得要超出人作为欲望的主体这个概念,而加上人作为加在自己身上一条普遍规律的自由的或有理性的存在者这个概念。这样就可以看到作为理性的意志是最高的条件,对于它,作为情欲的意志必须是绝对服从的。这里所用的方法是类似在知识范围里借以演绎出范畴的方法。在那里所论证的是,既然经验不能纯由感觉来解释,所以为了说明经验,就必须注意到种种范畴,即可知的对象结构所必需的验前概念。在这里我们同样地论证说,道德律这个观念不能得自情欲的作用,因而我们必须预先假定意志是理性的,以说明道德律的客观性。

实践哲学的限度

256a 从知识的观念看来,自由只是理性的一个观念,虽然经验显然不是实在性的全部,但我们不能把一个自由的存在者带到知识里边来,因为那就意味着我们会超出知识的必然限度。所以,虽然思辨的理性把关于自由这个观念作为可能的树立起来,但它是不能证明它的实在性的。因之就发生了实践理性的一种辩证,就是虽然理性要求有自由,而知识对我们保证的只是自然的必然性这个辩证。可是,思辨理性必须援助实践理性到

这个限度，即说明自由的可能性；换句话说，就是说明自由不是一个自相矛盾的观念；而它这样做的方法，就是揭露经验的限度，这样就使我们有可能来主张，虽然我们在知识的范围里对我们自己是作为在自然的因果律之下而出现的，然而我们作为本体的主体可能还是自由的。这样思辨哲学就为实践哲学预备了道路。 〔336〕

知性世界这个思想是理性的产物，但并不意味着我们是企图超出知识的正当限度的；因为，如我们已经看到那样，理性必然地树立起一个本体的或者说知性的世界这个观念，正因为经验的世界表示它自己为有限度的。在这样想到它自己的时候，理性是消极地想象到自己的——即想到自己不是属于感性经验的世界的——而没有把自己看为是在决定意志中规定规律的。但是自由这个观念不只是消极的，因为它必须被想象为一种因果作用，而作为自决定的这个因果作用，就是意志。所以，所谓意志是意味着按照一种合理的动机的性质而行动的原理；换句话说，是和普遍规律一致的原理。如果理性想要从知性世界这个观念得出意志的一个明确的对象，或一种动机，它就会是超出了它的正当限度，因为这样的一个对象必然会是知识的一个对象，而如我们已经看到那样，关于一个自由意志的现实作用的知识是没有的，而只有关于它在感性经验的世界中的结果的知识。所以一个知性世界这个观念只是一个观点，为理性树立在感官世界之外，是理性觉得自己不得不站的立场，因为不然的话，它就不能被想象为凭它自己就是行动的来源。如果人只是情欲的一个存在者，他就永远不会有这样的一个概念，只是因为他能够树立一个纯然知性的世界，和经验的现实世界对立起来，他才能把自己想象为一个理智。这个知性世界的概念包含着规律一个完全系统这个观念，这规律是人加在他 〔337〕
自己身上作为他应该服从的规律的。而完全不管他自己和别的人的行动是什么的。可见这个知性世界，或者说目标的王国，是一个理想的世界，其中一切有理性的存在者都被想象为自己就是目标，因而是把绝对的规律加在自己和一切其他存在者的身上的。但是这个理想并不叫我们能够借着理论的理性而进入知性的世界里去；换句话说，我们得要从立法系统的观点来想到它，而在这个立法系统里，意志的一切准则都是和普遍的规律一致的。

257a 那么,如果理性只要企图解释纯粹理性如何能作为实践的,或者说同样的话,自由是怎样成为可能的,它就完全超出它应有的限度。所有的解
257b 释都包含着自然因果律的应用,因而除了服从那些规律的东西之外,没有别的东西能得到解释的。不能把自由隶属于应用在经验事实的规律:自由是一个纯观念,它的客观实在性永远不能由表示在具体的感性形式上而得到证实。它的必然性乃是迫使理性来预先假定它自己的自由是实践的,即预先假定一个完全独立于实践的欲望的意志的这种必然性。可是,虽然我们不能解释自由,但是我们能够指出谁否认它的可能性,谁就是假定有了人类心理不能有的关于事物终究的性质的知识,这样就能保卫自由不受那些人的攻击。如果主张的是,有一个自由主体,它的意志在其结果上是和感性世界毫无关联,因而是绝对和自然律对立的,这种主张就毫
〔338〕 无疑问是一种矛盾;但是主张一种自由的原因不为感性世界的规律所决定,然而它的结果是在感性世界中出现的,这并没有矛盾。如果同意在这样的一种原因的概念中没有矛盾的东西,我们就可以理解决定物自身的
258a 行动的规律是如何不同于现象的规律,然而还与之一致的。所以虽然我们不能理解得透道德的命令宣示的无条件必然性,然而我们能透彻地理解它何以成为不可理解的。它是不可理解得透的,因为我们知识的限度使我们不能直接知道一个自由的原因;而另一方面,我们又不得不把这样的一个原因预先假定作为道德的基本条件。

实践理性批判 〔339〕

康德在《道德的形而上学》一书最后一节里已经用简明的概述给出了 261
实践理性批判的内容。所以他现在做的并不是增加什么绝对新的材料，而是给实践理性以一种详尽有系统的叙述，作为自由、灵魂不死与上帝的存在的根据。

第一卷　纯粹实践理性的分析论

第一章　纯粹实践理性的原理

在《道德的形而上学》一书的第一章里所论证的是，道德的行动是理性从它自己所提供的动机而行动，有别于其动机是得自于欲望的行动。这个学说在**实践理性批判**从而开始的三条“定理”中重述出来，而这两种叙述的唯一差别，除表达的形式外，就是在后一种叙述中一切对象所决定的都和愉快所决定的同一起来。

一、定　义

康德给实践原理下的定义是“一些命题，它们包含有意志的一般确 261a
定，即在它下面有各种各样的实践规则的一种确定”。其次，这些原理不
是准则就是规律；在它们是主观的，或者只在这个或那个个人特有的特别 〔340〕
条件下才有效的时候，它们就是准则；在它们是客观的，或者适用于每一个有理性的存在者时，它们就是规律。

释　　义

作为主观原理的一个例子，康德是用有仇必报这条准则，这没有人主
张是一条普遍规律的准则。另一方面，永远不应该作出骗人的诺言乃是 261b
客观原理或规律的一个例子，因为不管它和个人的私人目标是一致或不一致，它都是有效的。作为道德上是必然的，它是一条无条件的命令宣示，因而是对意志有效的，完全不管行动者所预期的后果或现实上在感性世界中从它得出的后果是什么。

二、定　理　一

预先假定有一个对象或欲望的内容作为意志的动机的实践原理是经
262a 验的而不能产生实践规律的。

所说的欲望的内容是指一个对象，其概念在主体中是激起求愉快的一种欲望的。那么，如果追求这个愉快的欲望是实践规则所依赖的基础，首先很明显，意志的原理就必须是经验的。它必然是经验的，因为除了是落在它下面的每一个可能的实例的条件的那种东西之外，没有什么东西能够被指出来是验前的，而在所假定的情况下，意志的动机是以所设想的对象作用于主体的感受性的方式为转移的。要在验前断定某一个对象将会怎样影响主体，这显然是不可能的，正如没有可能在验前预知在直观的某一对象出现时将会发生的特殊感觉是怎样一样。那么，在这种情况下，
〔341〕动机必然完全是经验的了，而因之根据它的原理也必然是经验的。

其次，这种原理，即以主体对于苦乐的特别感受性为转移的一条原理，从情况的性质来看，必须是一条准则，而不是一条规律，所以就直接得出第二条定理。

263a

三、定　理　二

一切物质的实践原理都是同这一类的，都可以归结为自爱或个人幸福。

一个行动者在一种事物存在的观念中所感到的愉快是依靠这行动者关于所想望的对象的特别感性素质，一个人易受这一种对象的影响，另一个人则易受另一种对象的影响，而这样的感受性是完全独立于每一个人的意志的。可是，愉快属于感官或感情，不属于知性。知性总是通过概念或观念而起作用的。在知识的范围里，它通过它的范畴或综合的验前方式而构成经验的对象，而在实践的范围里，它引起实践规律的观念。这样，知性是在所有的人都是同一的一种机能，而事实上在实践的范围里，它在理性的形式上是在一切有理性的存在者中同一的。另一方面，愉快既然是这个或那个感性主体所特有的，只在它作用于主体的想像力，导致他预期在一个对象的实现中所得的某种满意这个限度内，才能对行动有影响，或者说，才能是实践的。如果我们把追求各种各样的愉快形式加以

概括，我们就得到幸福作为终生继续的适意感这种不断的经验这个概念。所以追求幸福的欲望是从自爱的原理出来的。所以一切物质的原理，求援于某一个对象的实现所预期的愉快或痛苦这种动机的，都是同属于一 〔342〕
类的，因为它们都不过是自爱或个人幸福的原理的不同表现。

系　论 263c

一切物质的实践规则或准则都假定欲望的低级机能决定意志，而除非能够说明意志可能纯由规律的形式所决定，就完全不能有欲望的高级机能了。

释　义　一

通常以根据个别不同的来源为准标而作出低级与高级的欲望这种区 264a
别是没有正当理由可说的。一切愉快都是同属于一类的，不管它们是感官的愉快或者是理性的愉快。不管它们是发生于什么来源，又不管它们在内容上是怎样互相差别，一切愉快，只要它们是动机，在类别上是一致的，而且只能在经验上知道的。纵然一些愉快是出自知性或理性，作为愉快来讲，它们和感官的愉快只是程度上不同。这样，如果一个人是从一条道德的规律而行动，可是他从这而行动，只是因为他指望这样行动可以得到愉快或者因之而避免痛苦，他的行动仍然是反乎责任的观念的。例如只从害怕今生或来生遇见惩罚的后果而行动的不是一种道德的行动，因为在这种情况下，动机是依赖预期从所做的行动得来的特殊愉快或避免的痛苦的。“正如对于一个人来讲，不管他所用来还债的黄金是在山上掘 H·24
出来的或者是从沙中淘出来的，反正是不关重要的事情，只要那黄金在交 〔343〕
易上有同等的价值，同样地，一个单只以生命带来的愉快来估计生命价值的人，不会问到适意的感觉是来自知性的或感官的观念，而只问那些观念产生**多少**的愉快并且这愉快延长多久。唯有那些只想剥夺理性不假借感觉的帮助便能决定意志这种力量的人，才让他们自己陷入先就以同样一条愉快的原理为一切行动的准标，而曾几何时，又谈到好像愉快是有种类的不同的这种明显的前后不一致的毛病的。例如我们乐于只运用我们的种种能力，乐于意识到灵魂克服阻扰我们意图的种种障碍的力量，乐于培养我们的天才，等等，这些都是经验上的事；而我们正确地称这些愉快和享乐为更高尚的，因为既然比其他的愉快更多地受到我们的控制，它们就不叫我们生厌，而加强我们享受更大的乐趣的能力，而且同时对我们的快乐与修养有所贡献。但是主张它们和感官的愉快在决定意志上有所不同，这是荒谬的，而实际上，如果在我们里面没有一种自然的意向愿意用这些方法来得到愉快，这是使我们感觉到满足的主要条件的一种意向，这些东西也不会感觉为愉快的。以为更高尚的享乐，作为愉快看，本质上是不同于更粗糙的满足这个观念是和那些未受过锻炼的思辨者的形而上学同等的。那些人想到物质变为极其微细，而认为他们这样就能够把一种

H·25 延扩的实体设想为一种思维的实体了。如果我们同意伊璧鸠鲁的学说，说德行决定意志只是由于它所保证的愉快，我们就无权来责难他因为他认为这种愉快是和最粗糙的满足同属于一类的，因为没有什么东西说明他认为这种感觉借以在我们里面得到激起的观念是完全由身体上的感官

〔344〕 而来的。据我们所知道的，伊璧鸠鲁在知识的高级机能运用中，找到许多种愉快的来源，虽然这并不妨碍他，也不能妨碍他，主张从这些理智的观念而来的愉快，而按他的理论，唯一能在这种情况下决定意志的愉快，是和感官的种种愉快完全同类的。”当然知性和理性可以用来促进个人的幸福，但是这并不说明意志的原理包含有任何其他不是欲望的低级机能的动机。那么，结论就是，要就完全没有高级的欲望机能，要就纯粹理性靠自己决定行动而绝不依赖任何苦乐的感觉。

H·26 “每一个有理性的有限存在者必然是想要幸福的，所以幸福是他的欲望机能确定的一种不可避免的根据。因为满足于他的整个存在不是一种原有的禀赋——这是由独立自足而来的一种平静的状态——而是他的有限性质强加于他的一个问题。作为一个有限的存在者来说，他是容易受到缺乏的，而这些是和他的欲望的内容联系在一起的，就是和有关于苦乐的主观感觉的某东西联系在一起的，是表示什么是需要为他的完全满足的。但是正因为他只由经验才能发现这个物质的根据，所以就不可能把这个问题看作一条规律；因为一条规律，既然是客观的，就必须在一切情况下而且对所有的有理性的存在者来说，都包含着意志确定的同样根据的。诚然，在事实上，幸福这个观念提供一种统一性，可能把一切不同的欲望对象从属于它；但是在这观点上它只是一个意志的一切主观动机的

总称，而并不产生任何确定的原理，能给我们以我们从一条实践原理所要求的特别指示的。决定每个人的幸福观念的，乃是他们所经验的苦乐特殊感觉，而且即使我们限于同一个主体来说，我们发现在他的感觉变动 〔345〕
时，他的需要也在变动。一条规律作为自然律看是**主观上必然的**，所以在**客观上**是一条很**偶性的**实践原理，可能是，或者更确切地说，必然是随不同的主体而不同，因而它永远不能有一条实践规律的效力。在追求幸福的欲望里面，决定意志的，不是规律的形式而只是其内容，就是在遵从这规律时我可以指望得到的愉快和它的多少。无可怀疑，自爱的种种原理可以包含有技巧的普遍规则，告诉我们如何把手段适应于目标，但是在那种情况下，它们就纯是理论的原理了。另一方面，没有根据它们的实践告诫是能在任何时间成为普遍的，因为欲望是决定于苦乐感，那是不能普遍地指着同样的对象的。”

释 义 二

所以，纵然我们假定一切有限的有理性的存在者当中，关于愉快的追 264b
求和痛苦的避免，都有了一种绝对的一致，依然是没有普遍的规律能以这样的一种根据为基础的。关于什么对象适宜于带来愉快的意见的一致和一条客观的规律不是同一回事；因为按所假定的，控制意志的原理仍然是自爱或追求个人幸福的欲望。所以动机是主观的、经验的，不同于以验前种种根据为基础的一条客观的规律的。从这些考虑就得出第三条定理的真理。

四、定 理 三

如果一个有理性的存在者要把他的准则设想为行动的普遍规律，他 265a
就必须设想它们是决定意志的，不是由它们的内容来决定，而只由它们的形式来决定。

意志的内容或对象要就决定意志，要就不确定意志。在前一种情况 〔346〕
下，意志显然是受到经验的条件支配的；就是说，它是苦乐感所决定的。如果是那样，就没有实践规律，而只有一条准则。可是，如果把一切内容从意志拿掉，剩下的只是规律的一个普遍系统的纯粹形式。所以，要就是一个有理性的存在者不能设想他的准则或主观的原理是对所有的有理性的存在者都是有效力的规律,要就是他的意志必须纯然为规律本身的形式所决定。

释　义

265c 人们在他们日常的判断中实际上承认唯一能用作一条普遍规律的是准则的形式而不是它的内容。比方,假定我的准则是尽可能富裕起来,当前我手中一笔财产,是受托代管的,没有字据证明我曾收下这笔款;我能不能按照这条准则说,谁收到托管的款都可据为己用而采取行动呢? 如果我们假定人人都根据这条准则来行动,显然我们就自相矛盾;因为,在一个社会里,如果公认受托保管的款不用于它本来的对象,谁也不会托人管钱。这个实例说明一条实践的规律必须是普遍地,或者说没有任何例外地适用的,而且事实上这是同一性的一条命题。如果我的意志要服从一条实践规律,它就必须不受一切自然倾向的影响。

问　题　一

266a 假定:普遍规律的纯粹形式是唯一足以决定意志的准则的形式;那么,问题在于找出这样受到决定的意志的性格。

〔347〕 这个假定也就是说,意志单纯由规律的形式所决定,它因而和一切感
266b 性欲望的对象分别开来了。然而这种形式不可能属于感官世界,因而一个能为规律的纯粹形式所决定的存在者,在观念上必然是在感官世界之外的。决定意志的观念本质上不同于在自然的范围里决定现象相互关系的原理,因为这些原理都是服从机械的因果作用或相互影响的规律的。换句话说,在自然界中的事件都为别的事件所决定,就是说,其联系纯是一个现象和另一个现象的联系。可是,如果意志是决定于规律的形式,而规律的形式只能为理性所领会,所以它必然独立于机械的因果作用的规律。可是,对自然律的独立就是在独立于现象整个范围这意义上的自由。所以纯为准则的形式所决定的意志必然是一个自由的意志。

问　题　二

267a 假定:有个自由意志,那么问题在于找出唯一适于必然决定它的规律。

267b 只有从经验才能知道一条准则的内容或对象,可是自由意志必须完

全独立于经验,即完全独立于一切感性的条件,然而它既然是一个意志,它就必须能够被决定来行动。既然这个意志不受任何经验或感性条件所限制,所以它借以得到决定的原理只能是规律本身,抽掉了规律的内容来理解的。然而离开内容,只有规律的一般形式。所以,表达在准则里的规律的一般形式就是唯一能决定一个自由的意志的东西。

释　义 〔348〕

像这两个问题所说明,道德律和自由是紧密联系着的。现在不去管 267c
它们终究是否同一的这个问题,让我们来问关于它们的知识是如何成为可能的。我们是从关于自由的知识出发而推论到道德呢? 或者从道德出发而推论到自由呢? 很明显,我们关于自由不能有原始的或第一性的知识,因为我们关于自由的第一个概念是消极的,就是,它是和现象的意识对比而发生的。所以自由不能得自经验,因为经验只和现象打交道,并和作为现象的条件的自然因果律打交道。自然恰恰就是自由的反面,而且我们起初有关于自由的观念,乃是在于和自然的必然性对比的。那么,我们对于我们问题的答复就是,我们首先或原始意识到的不是自由而是道德律。我们在想到我们的种种准则纯然在它们的形式上时,我们就领会到这条规律。理性规定道德律作为行动的一条原理,作为完全独立于一切感性条件的一条原理。这样道德律的意识迫使我们来预先假定有自由。我们很正当地可以说关于道德律是有一种知识的,因为道德律是理性的一个直接对象,然而我们关于自由就不能有什么知识,因为落在经验的范围以外的东西是不可能为知识的对象的。但是虽然我们是从道德律推论自由出来,然而必须注意,道德律的条件是自由。所以我们可以说自由是道德律存在的理由(ratio essendi),就是现实上决意有普遍规律的条件,而道德律是自由被认识的理由(ratio cognoscendi),就是我们有正当理由推论出自由的实在性的基础。无疑,在自由这个观念中没有自相矛
盾的东西,但是除非我们首先就有了关于道德律的一种意识,我们就没有 〔349〕
正当理由来肯定它的现实存在。

纯粹实践理性的最高规律

行动应该这样,须使得你的意志的准则能和规律的一个普遍系统完 268a

全一致。

268b 这条规律的意识可以说是理性的一个事实,因为它不能被理性分解为比它自己更高级的任何东西。例如,不能把它从自由的意识得出来,因为从情况的性质看来,我们不能在知识的根据上成立一个自由的主体的存在。十分不错,如果我们是有这样的知识的话,那么我们就能从它得出这条普遍的规律,因为,像在上面问题二那里所曾看到的那样,假定了有一个自由的意志,那么这个意志必然是为规律的纯粹形式所决定的。可是,既然我们不能在知识的根据上成立一个自由的主体的现实存在,可以说明它是存在的唯一方法就是从道德律的意识过渡到对于自由的信念。康德否认我们对于一个自由的主体能有任何知识,他的理由是:从他来说,知识是和经验同一的。知性或理性这些概念,以它们本身来理解,是空洞的,因为对我们来说,只有在和感性经验的关系上,那种知识才有可能的。固然,如果我们具有一种理智的直观的话,那么我们就能了解我们怎样能对于一个自由的主体有现实的知识。可是我们的知性永远不是直观性的。那么,我们关于自由就没有知识。但是在某种意义上,关于道德律的意识是给与我们的。然而得要注意,当我们这样说的时候,"给与"这词的意义不是指对我们的直观有关系的东西。用术语来说,它不是一种"感官的材料";只在它是纯然由理性所引起这个限度内,它是"给与"的,
〔350〕因而在这个情况之下,只有在这情况之下,理性宣称它自己为规律的来源(sic volo,sic jubeo,愿意怎样,就怎样规定下来)。

系　　论

269a 纯粹理性纯然由自己而是实践的,而给人以一条普遍的规律,称为道德律。

释　　义

269b 道德的原理规定一条普遍规律,即一条纵然有欲望的诱惑而仍然有束缚力的规律,因而就是意志决定的最高根据。可是,这样绝对普遍的一条规律,按其本性,是适用于具有一个意志的一切有理性的存在者的。因之,不得认为它只是对人来说才是规律,而对一切其他可能的有限的存在者具有理性的,也都是一条规律,如果是有这样的存在者的话,而且甚至

对一个无限的存在者或者说最高的理智来说,也是如此。但是,既然在有限的存在者的情况下,自然欲望或倾向是和理性对立的,所以在它们的情况下,道德律采取一种命令宣示的形式。没有有限的存在者能具有一个圣洁的意志,即以其本性来说,总是愿意有良善的这个意志。这样的一个意志只能存在于一个最高的理智,按其本性表现为愿意有良善的一个理智。这样的一个存在者不违反规律而行动的,就是说,行动不是武断的,但是规律自身也是这个存在者的绝对性质的表现。虽然圣洁不是一个有限存在者可能达到的,因为那会意味着完全超出自然的欲望,然而它可以用来作一个理想,是人可以树立起来作为他的一切努力的标准的,而且他可以无穷地向着它接近的。事实上,德行正是在于这个保证,即我们的意志虽然不是绝对和这个理想一致,然而我们是不断地向着它迈进的。谁 〔351〕
也不可能肯定他一切行动都和道德律一致,但是他尽确信他逐渐接近于所理想。

八、定 理 四

意志的自决,或者说意志的纯然由理性所决定,就是一切道德律的唯 270a
一原理和与这些道德律相一致的种种责任的唯一原理。意志的他律不能是道德义务的基础,因为没有普遍有效的规律是能得自于总在变动着的种种欲望的。而且不但这样,意志的他律是和义务的原理而又和意志的道德相矛盾的,因为义务的唯一原理是理性所规定的原理。那么,道德的唯一原理乃是意志通过只是规律的普遍形式的决定。对于一切欲望的这种独立就是消极意义上的自由,而纯粹实践理性的自立法就是积极意义上的自由,所以道德律只是表达纯粹实践理性的自决。如果欲望在丝毫程度上加入意志中来而至于影响着它,那么意志就再不是纯由实践规律所决定,而变为他律的了。所以康德否认道德能够是欲望和理性的任何结合;因为,像他论证那样,如果意志是为自然欲望所影响,它就必然是依赖自然的一条规律,而和自由相对立乃是自然律的本来性格。在认为意志为自然欲望所影响这个假定上,理性的功用就不是向意志提供动机,而只是寻找欲望指出的目标所借以得到完成的手段了。即使一种行动和道德律完全相合,但不是从道德律的原理作出来的,它还不是道德的,并不胜于直接和道德律相矛盾的一种行动。

〔352〕 释 义

271a 毫无疑问,事实上,每一个有限的存在者都是追求幸福的,但是我们不能把一条规律奠基于这个事实上面而宣称说每一个人应该追求幸福,更不能说每一个人应该追求一切人(包括他自己)的幸福。换句话说,康德否认这条功利主义的原理,认为从经验的事实的归纳就找到道德律的基础。例如约翰·穆勒论证说,既然每一个人都想望他自己的幸福,我们就有权来说大家的幸福就是生命的真正目标。康德反对这种推论。首先,即使承认每一个人追求他自己的幸福是一个事实——他承认这是事实——我们也不能从这条命题过渡到一个结论说,每一个人应该想望他自己的幸福。换句话说,我们必须把想望的东西和应该想望的东西区分开来。而且,第二,即使承认每一个人想望他自己的幸福,我们也不能从这而得出这条规律来,说每一个人应该想望大家的幸福。简单地说,没有可能的方法来成立这条规律,说每一个人应该努力于促进大家的幸福,除了在这个根据上,即一条准则必须普遍化然后它才能作道德行动的根据。换句话来说,自爱的准则不能得到一条客观规律的尊严:除非这条准则有了规律的普遍性,道德义务的观念是绝对不可解释的。

一、纯粹实践理性的原理的演绎

272a 在实践理性的分析论中所提出的研究结果,就是说明,第一,纯粹理性实在提供出一条意志可借以得到决定的原理。而且这条原理是直接为〔353〕人知道的,就是说,人们通过纯粹理性有了关于道德律的一个直接的意识。第二,如我们所曾看到,这道德律的事实,向我们呈现出来时,就使我们不得不推论出自由的存在;因为一个有理性的存在者是意识到在他的意志上他不属于自然的范围的,而是在观念上提高到它之上的,虽然他也知道,以他属于感官世界这点来说,他的意志必然是隶属于自然的因果律,那是适用于一切现象的。

272b 在实践理性的分析论与思辨理性的分析论之间是有一个基本上的差别的。在后一种分析论中,我们不是从基本的原理出发,而进而从这些原理得出某些规律,而是从感性直观的材料出发,这些材料是由空间与时间的各种形式所安排好的,而进而说明在这些条件之下,某些规律是适用于

经验的一切对象的。结果就是，我们不得不否认关于一切处在经验界限
以外的对象的知识。诚然思辨理性不能满足于出现在经验的对象作为终
究的；因为它说明人心不能满足于少于完整的，或者说无条件的统一，而
这样的统一是不能到达的，正因为知识是为直观与知性的种种形式所限
制的。然而思辨理性所能说明的就是，在有一种自由的原因，即独立于感
性条件这种原因，这个假定里，没有什么东西是和我们知识的性质不一致
的。但是，虽然它是这样留有余地为实践理性来成立和它的观念相应的
对象的存在，然而它并不扩充我们的知识到经验的限度之外。

实践理性也不能叫我们能够直接和自由的原因接触，因为那就包含 273c
着知识扩充到经验的范围以外。它所做的就是提供我们以一种不可怀疑 〔354〕
的事实，就是我们意识到一条绝对道德律向我们出现为对一切有理性的
存在者都有束缚力的这个事实。从这事实我们不会看不到除非我们预先
假定有自由，道德律这个观念是不可理解的。那么，这个事实就表示在经
验的世界之外还有一个知性的世界，而这个世界的规律必然是表达在道
德律的规律。因为道德律适用于感官的世界，或者更确切地说，适用于有 273b
理性的然而有他们性质的感觉一面的存在者，而提供一个知性世界的形
式，可是并不干涉感性世界的固定条件。自然，在其最一般的意义上，是
指事物在规律下的存在说的。所以只要有带有感觉的性质的存在者的存
在，这些存在者在他们存在的那个方面，是隶属于自然律的。但是和理性
的纯粹立法对比起来，而这纯粹的立法一直是和理性自身绝对一致的，那
么，为感觉的欲望所决定的一个存在者就必然是描述为隶属于意志的他
律的了；所谓他律的意志，就是不是自决定的，而是通过独立于它的条件
的影响而得到决定的意志，与这对比的就有纯粹理性的自决。然而预先
假定为开始成立的某东西的条件的一些规律就是实践规律。所以有理性
的存在者的超感性性质只是他们在纯粹实践理性统属下的性质。可是这
种自决的规律就是道德律，所以道德律是理性世界的基本规律，或者说是
人作为一个纯粹有理性的存在者的基本规律。这个知性世界，虽然它只
存在于观念，然而是应该要实现的世界的概念，而且是应该要实现于感官
世界里而不干扰那个世界的任何规律的，所以这个知性世界可以称为原
型的世界，因为它是提供出来一切有理性的存在者应该按着来安排他们

〔355〕的行为的理想或模型的;而感官的世界,以它是遵照知性世界的规律的自由存在者的行动所产生的结果这限度来说,可以称为模仿的世界。道德律是绝对命令的,因而它要求应该得到实现。诚然,一个有限的存在者不是总是有可能来克服自然中妨碍道德律实现的种种障碍,但是一个有理性的存在者必须总是按照道德律的观念而行动,而以他这样做来说,他的行动就是和理性世界一致的,纵然他的行动的后果不是他预期从他的行动出来的后果那样。

274a 事实上我们并未发现人按其性质是准则所决定的。准则可以理解为普遍规律的一个系统,或者刚刚和这样一个系统一致的。与此相反,人自然地是追求特殊的或私人的倾向的满足的,而这些倾向是和理性的规律对立的。当以欲望为依据的准则是服从规律时,它们所服从的规律不是道德的而是物理的或病理学上的;因为以自然的欲望而论,必须把人看为像其他的存在者一样,是隶属于自然的或机械的因果作用的条件之下的。但是,另一方面,理性给我们一种规律的意识,我们的一切准则都是应该和这规律一致,正像是这些准则都是自然强加在我们身上来似的。这样,我们就得到自然系统的一个观念,不同于我们通过经验而得到知道的自
275a 然系统,而这个是一种系统,在它里面所有的人在一切时间上都是纯由道德律的动机而行动的。所以我们可以区分开来意志服从的自然律和服从意志的自然律。在前一情况下,意志被决定来行动是由于自然欲望追求一个对象的影响,而这个对象是想象为适合于带来愉快的。在后一情况下,对象发生于意志,或者说同一件事,意志是纯为理性的一个观念所决
〔356〕定的;当事情是这样的时候,理性在实际上是实践,就是说,它决定行动的性格。

275b 上面所说的构成了实践理性最高原理的形而上学的阐述,就是说,它在这最高原理是绝对的这个假定上,提出必须属于这样一条原理的性格。既然它是一个验前的综合命题,这条原理的演绎,或者说提出正当的理由——换句话说,证明它在现实上是客观地或说普遍地有效——我们得要指望发现它比纯粹理论的知性的原理的演绎还更困难。康德的意思是说,后者的演绎是比较容易的,因为没有知性的种种原理,我们就完全没有经验的系统,如他所说的所含蕴,在实践理性的最高原理的情况下就不

同;因为在这里,我们完全不能上诉于经验,由于这原理,假定它是有效的,不只适用于经验的限度以内,而且是有绝对普遍性的,即适用于一切可能的有理性的存在者的。我们怎样能够成立一条规律的存在? 假定它是存在的话,它必然是纯由理性的一个观念出来的。岂不是在这里比理论的理性情况下的困难还大得多吗? 就是说,虽然我们能够想到一条绝对的道德律和一个自由的主体,但我们不能把这种思维的能力作为和我们的思想相应的一个对象的存在的保证。

没有可能靠上诉于理论的理性来成立一条道德律的客观实在性,而 275c
它也不能根据经验。但是,虽然道德的原理的演绎在这两种方式上都没 275d
有可能,然而我们发现它可以用一种方法演绎出来,而这方法是纯粹实践理性所特有的。道德律形成我们必须奠定一个自由主体的实在性所依赖的基础。它本身并不需要任何演绎,但是由于我们见到除非它是为一个 〔357〕
自由的主体所创始,它就不能存在,所以我们就能从道德律这个事实反推到这样一个主体的存在。那么,这就是自然的一个超感性系统的根据。正如自然的因果律是自然的一个感性系统存在的条件那样,同样地,道德律就是一个自然超感性系统存在的条件。这样,实践理性就能做思辨哲学所不能做的,即给一个自由的原因这个概念以客观的实在性。道德律 276a
得到成立是这样叫甚至思辨理性都获得满意的,就是道德律既然本身是一个观念,没有它道德行动就是不可能的,所以它就预先假定有一个自由的原因,这个原因不只不受感觉的欲望所影响,而且是直接为理性所决定的。像这样,道德律就得到证明为客观的,虽然它不落在理论的理性范围里边来;因为虽然除了现象和现象的规律之外,没有东西是客观上可知的,然而很容易说明道德律不是现象的规律而是一个本体的或者说自由的原因。既然实践理性批判证明人可以是一个自由的原因,结论就是,虽然在现象方面,他的行动属于经验的领域是隶属于自然因果律的,然而在其他方面,这些行动可能对现象世界有一种影响,而这样就有内在的用处。

在现象的世界里,没有一个原因的本身不又是结果的,因而我们就不 276b
能找到经验中的任何无条件的原因。与此同时,由于理性永远不能满足于任何达不到无条件的东西,所以它就树立起一个自决定的因果作用这种的观念。而一个自决定或自由的原因的可能性是理论的理性的性格所保证的。正因为在现象的世界里面找不着因果作用的完整性，理性就开
〔358〕 始觉知到经验的有限度的和有条件的性格。自由的可能性并不要求我们去用实践理性的公准，就是说，我们毋须说明可能有一个自由的原因，因为这样的一个原因的可能性已为思辨理性足够地保证了。可是，我们既然不能在经验中找到一个行动的任何例子是一个无条件的或自由的原因的结果，那么思辨理性能保卫自由原因这个观念免受攻击的唯一方式就是靠指出一个存在者，他一方面属于感官的世界，然而在另一方面又是一个自由的即本体的原因。已经这样说明自由不是自相矛盾的，即理性可以很首尾一致地主张关于同样的行动，同时可能有自由的和自然的两种因果作用，那就为实践理性所只能采取的下一步准备了道路。以理论的理性来讲，自由这个观念不是组织性的而只是限制性的；就是说，它是一种观念，能够使我们把我们的行动想为好像是以自由方式而决定似的，虽然我们现实上并不知道这些行动是自由的。但是只有靠实践理性，一个自由原因的现实存在才能得到成立的。这样一来，思辨理性所留下来的空地就为适用于知性世界中的一个自由的主体所填满了。思辨理性并不这样获得任何另外的知识，可是它对于一个自由原因的存在就得到确信。我们甚至不能够说，在我们已经成立了一个自由原因的客观实在性时，我们就已经把因果作用本身的概念扩充到经验的世界以外去了；因为那个概念除了它应用在现象之外，毫无意义，这依然是真实的。如果能够说明理由与结果这个逻辑的概念不只关于时间上的事件而且关于一个本体的即自由的原因，都是可决定的，那么我们在实际上就有了因果律的扩充。
〔359〕 但是没有一种直觉性的理性，这样的扩充是不可能的，因而实践理性并不扩充原因的概念。实践理性也并没有什么动机要试图扩充它；因为我们所需要来成立道德律的客观有效性的只是这个确实性，即我们能够用它来决定我们的行动，换句话说，只是我们是自由原因这个确实性。

二、实践理性的范围和思辨理性的比较

278a 除了它对于感性对象的关系之外，理智还有对于欲望的关系，而在这点上，我们不说智力或知性而说意志。而且既然理性在对于欲望的关系上纯然通过规律的观念才得到行动的结果，在这种情况下它就正当地被

称为纯粹意志。一个纯粹的即道德的意志,也等于说一个纯粹实践理性的客观实在性,可以说是给与我们作为我们道德意识的一种事实的:这个意思是说,并不是说它是感性经验的一种事实,而是说它是实际上存在于我们高级意识里面的一种事实。意志这个概念是包含着意志作为一个原因这个概念的,因而一个纯粹意志的概念就包含着一个自由原因的观念,就是说一个不隶属于自然律,因而不能说明是以感性经验为任何标准而存在的一个原因。没有可能的方法来说明它的正当理由,除非是验前的方法,即通过一条纯粹实践规律的方法。可是,一个具有自由意志的存在者这个观念就是一个本体的即非现象性的原因这种观念。如果我们只注意到原因这个概念是从纯粹知性而来,而且注意到我们只在它是独立于一切感觉的条件这个根据上才能有正当理由来主张它的客观有效性的,那就很明白,在这样的一个原因的观念中没有什么是自相矛盾的了。从它的起源来说,在原因本身的观念中没有什么东西要把它局限于现象的; 〔360〕
换句话说,没有什么东西使我们不能假定原因的纯概念实现在不出现于经验的圈子里边的一个存在者。可是,因为我们除了出现于经验里边的对象之外,没有其他任何对象是我们能应用原因这观念的,我们就没有可能认为对于一个自由原因知道什么,因而以理论的理性来说,自由原因还依然是一个空洞的观念。然而为着保证一个纯粹意志即一个自由原因的存在,我们毋须主张我们的知识是能扩充到现象之外的。既然原因的概念,如我们已曾看到那样,不是发生于经验,所以就没有什么东西妨碍我们来主张一个自由原因实际上是存在的,尤其是我们看到,除了那个假定之外,就不能有道德律。而且既然因果作用的纯粹概念在超感性的范围 280a
里边是有意义和实在性的,一切统属于它的其他范畴都从它得到客观实在性,虽然无疑只从它们是关系于意志借以得到决定的道德律来说的。

第二章　纯粹实践理性的对象 280b

关于纯粹实践理性的对象这个问题是很不同于关于在知识范围里边对我们出现的一个对象的问题的。在前一个情况下,我们不是问,在自然的范围里边,某一个对象能否按照自然的因果律而存在,而是问,某一种行动是否应该决意要有的,假定我们有能力使这行动所指向的对象变为

存在的。我们在这里所要考虑的就是道德的可能性这个问题，因为我们
280b 得要处理的是意志的规律，即一个自由主体的规律。那么，把一切在现象
〔361〕的意义上的对象除开，而纯然和对于实践理性出现的种种对象打交道，我们发现唯一的对象就是善与恶，前者是欲望的必然对象，而后者是厌恶的必然对象，但两者都依据理性的一条原理的。

280c 可是，愉快与痛苦不能开始于纯粹理性，因为它们是依赖一个想象中的对象对于能感受苦乐的主体的关系的。因之任何企图想把道德的判断奠基在感觉上是注定成功不了的。一切享乐主义的理论都把良善和达到愉快的手段同一起来，把恶和对行动者发生痛苦同一起来，如果我们承认善恶这种概念，我们就必须否认有什么本身就是善或恶的东西，而且所谓善，只是因为它是达到别的东西，即愉快的经验的一种手段，而所谓恶只是生出痛苦的东西。

281a “祸与福”这两个名词可以用来分别表达某些对象激起的痛苦和愉快的感情。善与恶则不同。严格地说来，除了对于理性所决定的意志的关系上，善恶是没有意义的。结论就是愿意有善的这种意志永远不是决定于某一所与对象是适合于带来愉快这个观念，而只决定于普遍规律的。善与恶，在这个意义上，和行动者的状态或感情毫无关系的，而只是用来肯定他的行动的。如果有任何绝对善或恶的东西，它不能是指行为的对象说的，而只应归于行动者借以得到决定来行动的准则的性格。

281b 如果承认有一条原理在它自身就能决定意志的，那么那条原理就是一条验前行动规律，而纯粹理性从它自己就提供决定这行动的动机，这样决定的行动本身就是良善的而不只是达到期待的愉快这种经验的一个手段。所以一个意志，其准则是和规律一致的，就是绝对，即在每一方面都是良善的而且是一切良善的最高条件，另一方面，在准则预先假定了一个
〔362〕适合于带来愉快与痛苦的对象时，动机就不是和绝对的规律一致；换句话说，它就不是一个道德的动机。如果在这样一种情况下我们说行动是好的，我们的意思不是说这些行动是绝对好的，只是作为达到一个目标的手段是好的。所以这样的准则绝不能是规律，不过是实践的告诫而已。那
282a 么，善恶，在严格的意义上，只在行动者靠一条验前的规律来决定他自己这限度内，才是有意义的；换句话说，只是在他是一个通过纯粹理性而行

动的原因这个限度之内才有意义。所以在一切情况下,行动者的行动被看为善或恶,都只是在这些行动是出自行动者本身作为一个自由原因这限度内的。这样,理性就说明它自身是实践的。可是,虽然一种行动得到它的道德性格是从它对于理性的关系,那理性是树立起一条自由的规律,因之那行动就属于知性世界的,然而另一方面,它必须在感官的世界里表现为一种事件,而作为事件,它就必须服从自然因果律,那是对一切现象都适用的。所以实践理性只在对于现象的关系上,虽然不是借着现象,才能决定自己;换句话说,行动者的行动,以他是一个有理性的存在者来说,必须和自然为知性的种种范畴,特别是自然因果作用这个范畴所构成的规律一致的,所以在这里,理性不能在理论上使用;而且既然知识的规律是纯然为知性所决定,理性只能决定普遍的规律,因之把各种各样的欲望隶属于含蕴在实践理性即纯粹意志里的自我意识的统一性。

纯粹实践判断的典型

善恶作为对象来说,除了在对于一个有理性的意志的关系上是没有 282b
存在的。然而这个问题就发生了:我们怎样决定某一个行动是从理性的 〔363〕
一条实践规则而来,或者是由一个想象中的对象对于欲望的影响而决定的呢?答复这个问题就是实践判断的功用。就是说,实践判断必须把某一种行动统摄在普遍规律之下,或者说,它必须把理性所规定的规律的形式应用于行动的具体情况。在理论理性范围内,在判断中找出知性的一条原理所适用的情况是没有困难的,因为在那里我们是处理现象的。例如因果作用的原理或规律,在应用于感性直观的对象时,就引起因果作用的图型,即一个事件跟着另一个事件的不变的相继续。然而在实践理性的情况下,没有图型用得着,因为实践理性不是对现象起作用而是对纯粹观念起作用的。所以道德律不能靠判断力通过一种图型来应用,而它只得通过纯粹知性而起作用,除此没有其他方法。然而知性不是和图型而是和规律起作用的,而在目前的情况下既然规律是一条纯粹验前的规律,在这里,判断力就不使用一个图型而使用一种典型;换句话说,虽然在道德的范围内,我们不能承认主体,作为是自由的来说,是隶属于一条不可违反的规律的,但我们有正当的理由来使用自然的一种不可违反的规律的形式来类推自由主体决定它自己的方式。一个道德的存在者不是隶属

于一条不可违反的规律，但是他用这规律作为一个典型来指导他决定他
283a 的行动是不是道德的。判断力依赖不可违反的规律作为一种典型就得到
的规则如下："问问你自己，能不能把所提出的行动，由你的意志决定为好
像它是按照自然律而发生似的?"而事实上，这就是每一个人借以判定他
H73 的行动是善或是恶的规则。"把我们行动的准则和自然的普遍规律这样
H74 来比较，不是决定我们的意志来实际行动的动机。自然律作为一个典型，
〔364〕 为我们按照道德的原理对准则作出判定。如果准则不是这种性格，使它
283b 能经得起在给它自然律的形式时所叫它接受的考验，它在道德上是不可
能的。"所以我们可以拿自然律作为理性性质的典型，只要我们小心注意
到理性必须只靠规律的形式来控制自己而不隶属于自然倾向或欲望的影
响；因为一切规律在这点上是共通的，不管是自然的规律或者是一个自由
行动者的规律，它们必然是普遍的。

284

第三章　纯粹实践理性的动机

284a 如果一种行动是要有任何的道德价值，意志就必须直接为道德律所
决定。纵然在行动不是违反道德律时，它仍然可以是不道德的。无论什
么样的感情加入意志中去，就毁灭行动的道德纯洁性，因为在那种情况
下，意志不是单独为规律所决定，而行动，即使在它和规律一致时，只是一
种法律的而不是一种道德的行动。因为人可以为欲望所决定，我们才谈
到动机和意志的关系。因之，首先，谈到神的意志所从而得到决定的动机
是毫无意义的，因为这样的一个意志按其本性是决意于道德律的；而且，
第二，人类的意志，或者任何有限的有理性的存在者的意志，应该借以得
到决定的唯一动机就是道德律。这样一来，意志的客观根据同时也就是
唯一的道德动机。因之，一种行动可能和规律的条文一致却违反它的精
神的。

284b 从我们知识的条件看来，要我们了解意志怎样能直接为一条和现象
的规律不同性质的规律所决定是不可能的，有一种动机的一个意志看来
〔365〕 像是受到不同于它自己的某东西作用的；可是在所谈的情况下，行动者必
然是纯然由他自己而行动，因而像是他能合理地从任何动机而行动。要
我们来解释我们怎样可以纯然由道德律的动机而行动，而依然是自由地

行动,那是不可能的。但是不必要说明一个自由的行动者如何由道德律决定他自己,道德律这个观念的存在使我们不得不把自由作为先决的条件,因而我们看到道德律对人心的现实影响也就足够了,这是以那规律提供行动的动机这点来说的。康德在这里谈到,如他紧接着就进行解释的那样,是对道德律的尊重这种感觉,而他认为这感觉不是平常身体上变化的感觉,而是发生于一个感性的存在者在他的感觉性质从属于实践理性时所得到的一种感觉。

道德的动机,如我们所已经看到的那样,必须总是道德律,而且只是 284c
道德律而不是别的东西。行动者只在这是他的动机这限度内,才是自由地行动的,那时他的行动是纯由道德律所决定而甚至没有自然欲望同时起着作用的。所以凡是自由的意志就必须约束一切和道德律背道而行的自然倾向,而在它们和道德律相矛盾的地方,它就不但约束而且完全要遏止它们了。所以道德律对于欲望的关系的影响是消极性格的,而它借以得到决定的动机必然是验前向我们出现的,就是作为和一切特殊的动机相对立的一条规律向我们出现。在意志为自然的倾向或感觉的欲望所决定时,动机是采取一种感觉的形式,人们认为具有这种感觉是适宜于带来愉快的。既然道德律拒绝让感觉对意志有任何影响,它自己就必须对欲望的主体运用某一种影响。当自然倾向受到挫折时,结果是某一种感觉,
可称为痛苦的感觉,虽然我们必须注意,这是一种只有具有感性性质的有 〔366〕
理性的存在者才能经验到的痛苦。这是唯一的实例,我们在它里面能够验前说明理性如何能对感觉有一种影响。自然倾向有两种来源,即自爱与自尊,两种都可看为自重的特别形式。对一切具有感性性质的有理性的存在者来说,自爱是自然的,因为想往自己的幸福,在这样的存在者说来,是自然的而且是合理的。纯粹实践理性并不肯定自爱必然是和道德律相冲突的;就是说,它并不断言,想往自己的幸福而同时又有德行是不可能的;它所肯定的是,必不可决意要幸福,虽然幸福可能是决意要道德律而产生的后果。所以纯粹实践理性只叫自爱和道德律变为一致,而在那时它就称为有理性的自爱。另一方面,纯粹实践理性是完全毁灭自尊的;因为没有人能自认为因服从他应该服从的规律而应有什么功绩的。然而道德律,虽然它的影响是这样消极的,而在它自身是积极的:其实它

是生活在一个理性世界里的而能自由行动的一个存在者的形式。然而就道德律使自爱和它自己一致来说，它就在有理性的主体里面产生一种尊重的感觉；而就它根除一切自尊来说，它就产生一种最高尚的尊重这感觉。这种不是出自经验而是理性对于有欲望的行动者起作用的结果的感觉，是在验前可以知道的。所以对道德律的尊重是有一种理性的根源的，而且其实它是可以绝对验前知道而看出是必然的唯一的感觉。

286a 那么，道德律首先就是纯粹实践理性借以决定行动的形式，其次，它
[367] 是我们称为善恶的那些行动得到决定所必具的客观条件；再次，它是一切道德行动的主观条件或者说动机，由于对主体起作用而在他里面产生一种感觉是有助于规律对他的意志的影响的。的确是不错的，如果我们不是能够为感觉欲望所影响的存在者的话，尊敬的感觉就不会在我们里面发生，但不能由这便得出结论说尊敬感不过就是感觉欲望。在它的来源上说，它不是由于身体的变化而是关于实践的，是理性对欲望影响的结果。一切感觉性的动机都是外在于意志而从外面对意志起作用的。尊敬感却不同：它不是一种外部的动机；就它变为意志的动机来说，它就是道德律本身。把一切和自己有冲突的自爱种种要求摆在一边的时候，纯粹实践理性就为道德律取得了绝对的权威。由于对这条规律的尊敬是理性对于在他的本质一方面是感觉性的这种存在者起作用的结果，我们就不能说一个最高存在者对规律是有尊敬感的，而另一方面，一个纯粹有理性的存在者，纵然他是有限的，如果他不为感觉欲望所影响的话，也不会有
H82 尊敬感的；简单地说，只是在理性和欲望相冲突的地方才有这种感觉的。“尊敬远不是一种愉快感，甚至我们是很迟疑地才情愿接受它的影响的。我们甚至企图避免对道德律本身的严肃尊严表示尊敬。另一方面，尊敬也远不是一种痛苦感，因之在我们把自高自大摆在一边的时候，而让它运用它的实践影响，我们就一直凝视着它的庄严灿烂而绝不觉得饱足；灵魂认为它自己得到提高，其程度是正等于它认识到圣洁的规律是怎样高出于它自己之上和认识到它自己的性情是怎样软弱无能。”

H83 “对道德律的尊敬无可怀疑是一种道德的动机，而且是唯一的道德动
[368] 机；它是感觉的一种形式，绝不在任何其他理由上向着一个对象的。在理性的判断中，道德律是首先客观地而且直接地决定着意志的；自由，它的

因果作用是完全通过道德律而能决定的，不过就是把一切倾向限制服从纯粹规律这个条件，而一切个人的尊敬都是根据于这个服从的。这种限制对感受性有一种影响，引起痛苦的感觉，而这是能验前得自道德律的。到此为止，它的结果是**消极的**；如它实际上那样，它是从一个纯粹实践理性的影响发生，它的主要任务是防止主体为倾向所影响，而使他觉得离开道德律他就毫无个人价值。这样一来，道德律对我们感觉的影响是叫我们感到自卑，如我们能在验前看到那样，虽然在这种感觉中我们不能发现纯粹实践规律作为一种动机的力量，而只觉得它对于感觉性动机的抵抗。但是既然这同样的规律在纯粹理性的观念里是意志得到决定的一种直接的和客观的根据，而且既然这种自卑的感觉只是关系于道德律的纯洁性的，于是在感觉方面降低了我们对道德上受尊重的要求，即使我们觉到自卑，而在理性方面，却提高我们对道德律本身的道德上即实践上的尊重而加强我们对它的尊敬。因之，当我们考虑它的理性起源时，这种感觉在验前就被认为是**积极的**。因为减少了活动的障碍就是促进了活动。然而对于道德律的认识就是实践理性在客观根据上一种活动的意识，这种活动只是主观的或由于身体变化的原因才使它不能对我们的行动显示它的影响的。因之对道德律的尊敬，就它降低我们的自尊心而削弱种种倾向的反对影响来说，也必须看为是那条规律对感觉的一种积极的，虽然是间接的影响，因而是服从的活动的主观根据，即服从的**动机**，同时也是和它一致的生命准则的基础。” 〔369〕

“责任和义务是正当表达我们对道德律的关系的唯一名称。我们无 H87
疑是一个道德领域的立法成员，而道德是通过自由有其可能的，而且为我们的实践理性对我们提出来作为尊敬的一种对象的，但是我们同时是在那领域中的服从者而不是主权者，忽视我们作为被创造者的地位而对神圣的规律的权威表示一种傲慢的漠视，就是对那神圣规律的反抗，纵然我们是服从它的条文的。”

“这个看法是完全和这样的一个命令的可能性相一致的，即**你要首先敬爱上帝而且爱你的邻舍如同爱你自己**。因为作为一条命令来说，所要求的是对于**命令要爱**的一条规律的尊敬，而并不留待我们随意选择我们是不是把这条规律变为我们的原则。作为倾向(身体变化的爱)的对上帝敬爱是不可能的，因为上帝不是感官的对象；而爱人，虽是可能，但不能是命令的宣示；因为只由命令而爱别人是不可能的。所以在一切规律的核心里，所指的是**实践上的爱**。爱上帝就是高高兴兴地服从他的命令；爱邻舍就是高高兴兴地尽到我们对他的一切责任。但是把这作为我们行动的规则的这条规律，不能是命令我们在行动中**要有**心中这样的气质，而只是要向它**努力**。要我们高兴去做某事的命令是矛盾的，因为如果我们已经知道我们必须做的是什么而且又在做这的时候意识到愉快，那就毋须有命令了；另一方面，如果我们是由于对规律的尊敬而毫不愉快地去做，那么把这个尊敬心情变为我们准则的动机的一条命令就会是直接反乎所命令的意向而活动的了。所以一切规律的规律，像福音书的一切道德训条那样，得要看为是在我们面前树立起心的真正道德习惯，作为不是被造的
〔370〕 存在者所能达到的完善的一个理想，虽然这是原型，是我们努力在一个不断而无止境的前进中使我们自己与之成为一样的。"

H89 "人(而且按我们所能看到的每一个有理性的被造者)所站在它上面的道德生命的特性等级，就是对道德律的那种尊敬。应该使他不得不服从道德律的心情就是一种责任感而不是一种自发的冲动，像能使人去承担一种他不觉得有义务的驱使而做工作那样的冲动。他所能维持的最高道德状态就是**德行**(virtue)，那就是一种不断在努力和冲突中支持着的善良；而不是**圣洁**，那是包含着心思与意志完全达到纯洁性的。在我们鼓励人们去做某些事时，只因为这些事是'高尚的'，'崇高的'而'豪迈的'，那不过是道德的狂热和虚荣心的提高。因为用这一类的劝告，我们就把责任的明显动机摆在一旁，这动机就是对道德律的尊敬，它的轭(虽然在某种意义上是轻省的，因它是理性本身放在我们身上的)是我们不只是可以而且是必须忍受，不管是怎样不愿意，所以在忍受时，我们得要谦卑而放弃一切功绩的要求。按这样的原理来行动，其害处就是它不满足道德律的**精神**，这规律是要求有服从的心内气质而不只是行动外表与之一致；而且害处又是因它以同情或自爱的身体变化的动机来替代处在道德律本身里面的**道德**动机。不但这样，所讲的那种行动引起心内的一种吹嘘，无度和空想的习惯，令我们过分地夸耀自己，好像我们已经具有一种自发的善

良，毋须再受鞭策，而在空想到我们的功绩之中忘掉了我们的责任。如果别人的行动是曾支付出很大的个人牺牲作为代价，而我们谈到时，说是高尚的、伟大的，这固然是可容许的，虽然我们这样谈的时候，必须有很好的 H90
理由来相信这些行动是完全由于对责任的尊重而不只是从心情的冲动而作的。可是，如果我们拿这种行动作为模仿的典范时，我们就必须着重对 〔371〕
道德律尊敬这个动机，唯有这动机才构成真正的道德感的。因为只有这样，责任的、神圣的与恳切的告诫才使我们不以病态的种种冲动来欺骗自己（这些冲动至多不过类似道德的原则），并且使我们不以自己的功绩来夸耀自己。”

“如果狂热，在它最一般的意义上，是在明显的原则上，努力于超出人类理性的限度，那么道德狂热就可以下定义为竭力超出纯粹实践理性对人类的规定的限度，那就是在这理性发出命令，要道德的行动的主观动机应该只是在道德律里面，而且在我们准则中表示的内心习惯应该是对道德律的纯粹尊敬这种习惯。”

纯粹理性分析论的批判审查

自然界的机构和行动的自由两者之间表面上的矛盾，只有在我们牢 286b
记着纯粹理性批判的结果时，才能解决的。自然因果律只在谈到作为时间上出现的事件才有意义，因而它是服从时间的种种条件的。当然，人的行动是有现象的性格的，就是它们对我们是作为时间上的事件出现的；因之不能作出任何行动而不能追溯到一个前因。非常对，一个行动者的行动，以它们是属于过去的来说，不再是他力量所能及的了，因而对于过去，他是不自由的；可是，就他意识到自己是一个自由的存在者这点来说，他是明白他的一切过去的行动都可以是自由地决定的。就他作为一个理性的存在来说，他作为一个自由的存在者的经验中，没有什么东西是我们能 〔372〕
说为是从外边对他的意志起作用的。他把那些在内部感官发生的变动归之于他自己的自由因果作用。从这个观点来看：一个有理性的存在者可以正确地说，所有他做的坏事都可以不做的，而这并不和这事实冲突，即从现象的观点来看，行动是在一连串的自然因果作用中发生的。这一整系列的行动都属于他曾为他自己造成的现象性格，而这性格是由他的自由行动所决定了的。因之,从他的自由这个观点来看,即从他独立于一切外部的影响这个观点来看,他就看自己为对于整个一连串的行动负责,而这些行动都是他的内部实质的外部表现。

287a 谈到一个属于感官世界的存在者,关于自然机构和自由的调和还剩下一种困难。可以这样说,怎样有可能,一个存在者能是自由的,如果与此同时又承认一切实在性都必然是从上帝而来的呢?如果上帝是一切事物的创始者,他就必然又是人在其本体的性格上和在其现象的性格上的存在的原因。因之,人的行动终究必须归之于上帝而不是归之于他自己了。

288a 如果我们记得现象和本体的区别这里面含蕴着什么,这困难是容易解决的。一个本体的存在者是受自然因果作用原理所限制的,因为虽然他的种种行动对时间上的事件有影响因而对他是作为事件出现的,但表现的这个方式并不丝毫影响他作为一个自由原因的存在。思维的存在者的创造必须要看为实在是自由的存在者的创造,虽然他们,或者更确切地说他们的行动,是以时间上的事件的形式对他们自己出现的。我们正当
〔373〕地不能够说到经验对象所出现的感觉性形式的创造。所创造的存在者必然是像他们在本身那样的存在者,而我们已经有理由来主张人在其真正的本质上是自由的。既然现象不是实在的东西,如果我们主张上帝造现象而与此同时,上帝又造在实在性质上是非现象的存在者,那就是一种矛盾了。所以让我们承认,时间上的存在只在对现象的关系上才有意义的。然而我们已曾看到,自由不是和作为现象的行动的自然机构不相容的;就是说,我们已经证明,人,从他是有一条道德律这个观念这一事实来看,是自由的;因而人的自由,不能因承认在他的存在上他是依赖一个创造者而被摧毁的,因为我们必须认为被创造的,是作为自由存在者的人。无疑的,如果我们认为在感官世界中的一切存在者都是实在的存在者,那就会是一种矛盾;因为在那种情况下,人的被创造,就会意味着他是作为隶属于自然的因果律而被创造的;但是主张人的存在是从上帝而来,只要我们主张在其实在的性质上他是非现象性的,因而是脱离自然机械的束缚的,那就没有矛盾了。

第二卷　纯粹实践理性的辩证论 289

第一章　泛　论

289a 纯粹理性是辩证的，即易受到一种不可避免的幻象的，不管它是在理论上用于知识的获得，或实践上对于行动的关系。理性决不能满足于任何不达到无条件的东西；就是说，它要求有一切条件的绝对总体作为任何出现为有条件的东西的必然的先决条件。可是由于一切条件的这个总体〔374〕不能在现象范围内找得到，理性就进行在物自身的范围里来寻找。然而在理性纯然在自己里面活动的时候，它在它的理论用途上没有可能渗透到物自身里面去，因为知识的条件是这样，没有直观，我们的概念或观念就没有客观上的应用。所以我们由理性在理论上的用途是找不到这无条件的东西的；我们只能从条件过渡到条件来寻找一个无条件的东西，而从情况的性质来看，这是一辈子不能作为知识的一个对象找得到的。可是，理性是这么深信这无条件的东西的必然性，以致陷入这个幻想中去，认为这无条件的东西能在现象范围中找得到；而它在这个自然的幻象的影响下一直前进，直到它碰见一个绝对的矛盾，而只是那时它才开始怀疑那无条件的东西不能是知识的一个对象。理性的全部能力在它的理论用途上受到批判，才发现这条真理。乍看起来，理性在它的追求无条件的东西这个过程中像是完全受到挫折了，可是经过详细的考虑，结果它所陷入的矛盾，或二律背驰，正是发现事物更高级性质的手段。在我们发现我们一直是把现象作为绝对实在的东西看待时，我们就开始看到，实在如它实际上那样，必然是属于一种性格，高于感性经验的对象的。而且在我们一经看到了在我们自己的情况下自由存在的可能性，如同我们关于道德律的意识这个事实迫使我们那样，我们就能够解决这矛盾，而这矛盾是理论的理性不能解决的。

290a 纯粹理性批判已经说明思辨理性的自然辩证是如何可以得到解释的，而且我们是如何这样就能够防止从这自然的幻象作出我们易于遭到的错误推论。但是理性，在它的实践用途上正如在它的理论用途上一样，〔375〕是辩证的，因而实践理性批判必须寻找在这个情况下也发生的幻象的解释，在这里，理性要求有条件的东西在实践上无条件的东西。正如在知识的范围里，它所寻找的无条件的东西是对感性直观而言的，同样地在实践理性的范围里，它从自然的倾向和欲望出发而为它们要求有一个无条件的东西，虽然在这个情况下，不是把无条件的设想为决定意志的，而只是作为纯粹实践理性对象的无条件的总体。这个对象就是最高的善。

290b 在我们进行到纯粹实践理性的辩证论之先，要紧的是注意到，最高的善这个观念，是预先假定着意志是纯由一条普遍规律的形式而不是由任何内容所决定的。如我们立刻就要看到那样，最高的善有两种成分：它包含着完全道德或者说德行的实现这个概念和完整的幸福这个概念。这个是理性所要求的一个对象而不是意志借以得到决定的动机。唯一纯粹的动机就是道德律本身，因为如果意志是为一个称为善的对象所决定，它就会不是纯为道德律所决定的了。像我们在分析论中所曾看到那样，为规律的纯粹形式所决定应该是唯一的动机，这是道德所必需的。

第二章 至　善

291a 至善，即最高的善，包含有两个因素，必须要彼此仔细地区分开来的，即最高的(拉丁文的 supremum)和完整的(拉丁文的 consummatum)。最高的善就是绝对无条件的，而预先假定没有什么东西高出于它自己的。
〔376〕所以它是不隶属于任何其他东西的(拉丁文 originarium 原始的)。完整的善是一个整体，它不是任何更大同类整体的一个部分(拉丁文 perfectissimum 最完全的)。然而德行，即配得幸福的条件，就是一切我们能看为是值得想往的东西的最高条件，因而它就是完整幸福的最高条件。所以德行是最高的善，但却不是整个或完整的善，是有限存在者不只想要得到而且是公平的理性宣称为欲望的一个合法的对象的。在这样的假定上，即有一个无限力量的有理性的存在者，我们就必须认定他的愿望是他的被造者们不但是有德行的而且是幸福的，这总是以幸福为德行的结果作为条件来说的。所以一个可能的世界的最高的善必然是在同一个人身上德行和幸福的结合或一致，就是说，必然是幸福和道德成准确的比例的。所以所谈的至善即最高的善是指整个即完整的善而言的。然而得要特别注意的东西就是德行，即最高的善，是完整的善的必要条件，因为

除非是有德行的人就没有权来指望有幸福。这样,幸福不是本身就是善,而只在行为是和道德律一致这个条件之下才是善的。

一、实践理性的二律背驰

那么,至善即最高的善,是要求德行和幸福的统一的。可是德行这个 292a
概念不一定含蕴着幸福这个概念,幸福这个概念也不一定含蕴着德行这个概念;就是说,我们不能由纯是分析的过程从一个过渡到其他一个去;与此相反,我们尽能够设想到德行可不带来幸福,而且,如我们已经看到那样,追求幸福的欲望,如果成为行动的原则的话,是和德行矛盾的。德 〔377〕
行和幸福能得到结合的唯一方法是按一条综合的原理,而且事实上是通过因果的概念把它们相互联结起来的综合原理。整个问题是有关于行动的善,一种只通过意志才成为可能的善。因之我们得要说,要就是追求幸福的欲望给德行的准则提供动机,要就是德行的准则是幸福的有效原因。但是前者是绝对不可能的,因为谁把幸福变成他的动机,谁就毁灭了他的行动的道德性,而后者又以另一方式成为不可能的,因为虽然一个人可能是决意要有道德律,但这并不一定是他的行动结果就取得幸福。可能有了和道德律的一致而没有幸福,因为幸福依靠在经验的世界中事物的全部联系,因而就预先假定完全知道自然的种种规律而同时又有物质力量来利用这些规律以促进某些目标。由于人显然既不是万能的又不是无所不知的,即使极其小心谨慎地严守着道德的种种规律,也不能指望以幸福为结局而达到最高的善。

二、二律背驰的批判解决

在纯粹理性批判中所处理的自然必然性和自由的二律背驰里面,我 293a
们发现唯一逃避矛盾的方法就是主张自然因果作用的原理只是现象的规律,因而对于自然律的不可违反性尽管绝对承认,也不一定和一个自由原因的存在不能一致,实践理性二律背驰的解决在性格上是相同的。说德行是追求幸福的结果这个命题是绝对错误的,因为幸福变成行动的目标时,是和德行不相容的。但是第二道命题,即幸福是德行的结果,不是绝对错误的:恰恰相反,不可否认的要求,或者说理性的公准,就是,有道德 〔378〕
的行动者是配得幸福的,因而就应该是幸福的。矛盾是在于认为平常感性经验的世界是终究的这个假定:因为,既然在他的感性存在的条件下,任何有限的存在者没有可能获得绝对的幸福,我们就不能肯定,其实必须否定,德行在一切情况之下都以幸福为结局的。可是我们理性的批判整个性格已经说明,我们经验的世界不是终究的。不但我的存在作为一个在知性世界里的本体这个概念是可能的,而且道德律是属于这样的一种性格,因而它是一条纯然知性的原理,然而是能够决定我的因果作用的(按其表现在感官世界里而言)。所以在德行和幸福应该是统一的这个观念里面,没有什么不可能的东西。我们所要否定的,就是它们是直接统一的;但这并不妨碍我们假定它们可以间接地得到统一——固然不是由我们来统一它们,因为我们没有力量来决定自然的结构,而是由自然的一个有理智的创造者,这样通过不是我们的一种理智的联系,是我们能够想象的德行和幸福有效的统一的唯一方法,因之这联系不是必然的而是可有可无的(不必的)。

294a 在目前的情况下,表面上的矛盾即二律背驰是发生于这个事实的,即实践理性正确地要求德行和幸福的统一,而另一方面,道德成为可能只有不是幸福而是纯粹的道德律成了行动的目标。然而我们已经看到,现象
〔379〕和本体的区别是怎样准备了逃避这个表面上自相矛盾的一条道路;因为,在看到了通过自然的一个无限的创造者这个媒介则有结合的必然性和可能性时,道德意志的终究目标和对象就和理性所要求的德行与幸福的结合一致了。在现象的范围穷尽了存在的全部这个错误的假定已经放弃了,二律背驰于是也就消逝了。

四、灵魂的不死

294b 那么,至善,即德行和幸福的统一,就是理性所要求的。但是理性这样要求有这个目标,完全是以最高的善是意志所决定的为条件;因为除非是决定了它,则完整的善是不可能的。然而有了这个条件,我们就能说理性要求德行与幸福的统一,可是决意有最高的善就意味着一个有理性的而又是感觉性的存在者在他的生命中每一时刻都决意要遵从道德律,就是说,决意有最高的善就是在于意志和道德律的完全一致,而这就称为圣洁。但是以一个存在者,他的欲望是和理性冲突的来说,只有靠无限的进展,圣洁才成为可能的。因之既然纯粹实践理性肯定完全的圣洁应该达

到，它就要求我们以向着完善的一个无限进展为先决的条件。

可是，只有我们预先假定一个有理性的存在者的存在是延长到无限， 295a
然后一个无限进展才是可能的。此外，这个存在者必须保持他的自我意识即人格，因为不然的话，他就不是一个自由的而且能够决意要道德律的原因。所以只在个人永远不死这个预先假定上，最高的善在实践上才成为可能的。这样，灵魂不死是一个道德的存在者这个概念的必然逻辑后果。这是不能得到证实的，因为证实依赖使用自然因果作用的原理，但是
它是纯粹实践理性的一条必需要的公准，就是一条绝对验前的实践规律 〔380〕
所必然要求的一个命题。

一个有限的有理性的存在者不可能在一切时间上决意有道德律，因 295b
而它只能有一个向着道德完善的无穷进展或接近；但是由于无限的存在者不为时间所限制，他看道德努力的善作为是实现的善，因而就能够把实现的过程当作等值于它的完成。他坚决要求有圣洁作为每一个人参加到最高的善里面去的条件；但是，既然他的意识形式必然是一种理性的直观的形式，他看这个圣洁是作为已实现的，只要那有限的存在者是在良善里面作不断而稳定的前进。除了受得起遵守道德律这个考验之外，对有限的存在者来说，是没有称为义的可能的；虽然作为这一生的一个现实上的事实来说，这样地遵守道德律是没有一个人能自负的，但是如果过去他曾从低级的道德向高级的道德进展，他就可以指望在这一生的将来，甚至在来生不断前进。因之，他是很合理地指望，在他的存在的无限时间里，像出现于上帝的心那样，他可以达到和道德律的完全一致。

五、上帝的存在

第二条公准是上帝的存在。这也能从道德律得出来的。第一条公准 296a
是直接根据于最高的善这个观念，因为这个观念是含蕴着意志与道德律的一致的；但是在完整的善这个概念里也是含蕴着完全幸福的实现，而第二条公准是根据德行和幸福的这个结合的。理性正当地要求完整的善的
实现，完整的善是包含着幸福按道德的比例而实现，而且它作出要求的根 〔381〕
据是纯然与个人无关的。可是，只有在我们认定上帝的存在作为唯一能使之出现的原因，我们才能设想这个统一得到实现的。

幸福，即不断经验到欲望和意志的满足，有其可能，只有自然是这样 296b

的一种性格,就是它是在行动者决意按照道德律而行动这种条件下,适合于为行动者取得他一切欲望的满足的。可是,虽然愿意有道德律是在人作为一个自由存在者的权力范围内,然而他对自然的结构是没有权力的。所以,既然道德行动的原因和任何可想象的自然原因是两个不同的东西,那就毫无理由我们要肯定,甚至完全和道德律的一致,要以幸福按德行的比例而得到为结局的。与此同时,纯粹理性必然认定德行与幸福的一致。在主张人是绝对有义务来寻求最高的善时,它就预先假定幸福按德行的比例是可以达到的,而且又肯定这是一个合法的要求。所以我们就必须认定自然作为一个整体的原因的存在,这是和自然不同的一个原因,因为在自然里面没有什么东西保证它和人类的欲望一致的。这个原因必须有权来把幸福与道德按准确的相互比例联系起来,那么,一个原因,它同时是自然体系的创造者而又准备了这个体系要行动者的道德性格一致,那就必须不只是有理智的而且是有道德的了。因之,最高的善在这个世界上能够实现,就要我们认定有一位存在者是自然的原因而同时使自然和行动者的道德品格相一致的。这样的一位存在者,既然是由规律的意识而行动,就是一个有理性的存在者,就是智慧;而那存在者的因果性,既然像它实际上那样,预先假定有规律的意识的,就是意志。这样最高的善这
〔382〕个观念就含蕴着一位存在者的存在,他通过他的智慧和意志是自然的原因;换句话说,那观念含蕴着上帝的存在。所以承认了我们可以正当地认定有最高的派生的善,即尽可能最好的世界,我们就必须又认定有这个派生的善的来源的存在,即上帝的存在。促进最高的善不但是我们的责任,而且责任这个观念本身就使我们有权来预先假定这个最高的善是可以得到实现的,而这个实现只在预先假定了上帝存在这种条件下才成为可能的。最高的善是不可分割地和责任联系着的,或者如我们可以公道地说那样,主张上帝的存在是道德上必需的;就是说,作为道德的可能性的解释,它是必需的。

H31 “我们必须留心注意,这个道德的必要性是主观的,意思是,它是我们的道德意识的需要或者说要求;它不是客观的,因为它本身不是一种责任。因为不能有什么责任来假定任何东西或存在者的存在,这只能是一种理论的确信问题。其次,上帝存在的假定也不能成为我们服从道德律

的义务的根据，道德律，如我们已经确实地证明，是完全依靠理性本身的自决的，我们的责任只能是极力实现和促进最高的善，这最高的善的可能性因之就可以认定的。但是，由于我们的理性觉得这个可能性的可以想象就必须预先假定一个最高智慧，而那个智慧存在的假定是和我们责任的意识结合在一起，虽然这个假定本身是属于理论理性的范围的。只有在和理论理性的关系上，它才被看为解释的一条原理或假设(hypothesis)，而关于通过道德律而出现的一个对象(最高的善)的可理解性，因而关于对实践种种意义的一种要求的可理解性，它就可称为一种信念，而且其实是一种理性的信念，因为，它所从而发生的唯一来源就是纯 〔383〕
粹理性，在理性的理论用途上是这样，在它的实践用途上也是这样。”

“这个演绎使我们能够明白何以古希腊的各学派永远不能解决最高 V132
的善的实践可能性的问题。他们的错误是在于把人的意志利用他的自由的规则看为这个可能性的唯一足够的根据，而完全不理会到上帝的存在。他们说道德的原理独立于这个公准，道德的原理只能从理性对于意志的关系才能得到证明，因而它就是最高的善的最高的实践条件。以上的说法是完全正确的；但不能就得出结论说，那条原理就是最高的善的可能性的全部条件。伊璧鸠鲁派的人固然曾假定一条完全错误的原理作为道德的最高原理，那就是幸福，而且他们把根据每人的倾向进行选择的这条准则来替代一条规律；但是他们前后一贯地进行把最高的善降低到同于他们的基本原理的低水平，而所追求的幸福不高于能由人类明达所能获得 H133
的幸福，那种明达是包括节制和倾向的适度……斯多葛派人则不同。他们很正确地认定德行作为最高的善的条件，但是由于他们主张德行的纯粹规律所需要的德行品级是完全在这一生可达到的，他们就不只过于强用人称为智人的道德力量，远超过他本性的一切限度而且是反乎我们对于人们所知道的，而最重要的是他们拒绝承认最高的善的第二个因素，即幸福，是人类欲望的一个特别的对象，并且假定他们的‘智人’是完全不依赖自然来得到他的满足而生活在他自己个人的美德这种像神的意识里。”

“基督教的教义，即使不去谈它的宗教方面，在‘上帝的国度’这个观 〔384〕
念里提供了最高的善的一个概念，这个概念是达到实践理性最严格的要 H134
求的……在这个观念里面，自然和道德的美德统一在一种和谐里面，而这 H135

种和谐不是这两者在它们的本身来理解的概念所需要的,可是为一位圣者,即一切的创造者,所建成,这圣者就使最高的派生的善成为可能的了……与此同时,基督教的道德原理不是本身就是神学的;它不是纯粹实践理性的他律,而是它的自决;因为基督教不把关于上帝或他的意志的知识作为道德律的根据,而只在那道德律受到服从时作为达到最高的善的根据;它也不把服从的真正动机放在预期的结果上,而单只在责任这个观念上,唯有忠实地遵守责任才叫我们配得那些结果。像这样,道德律作为纯粹实践理性的对象和终究的目标,就引导至**宗教去**;因为宗教是关于一切责任作为神圣命令的知识,不是把责任作为一个外来的、与己无关的意志所附属于它的任意命令的种种制裁,而是本身就是自由的每一个意志的必需的**规律**。然而这些规律必须看为最高存在者的命令,因为只从一个道德上完全(圣洁而良善)而同时又是万能的意志,并且由于和这个意志一致,我们才能指望达到最高的善,道德律是把这最高的善作为我们的责任来摆在我们面前作为我们一切努力的对象的。"

六、纯粹实践理性的一些公准

298a 纯粹实践理性的一些公准不是理论的教条,而是人作为一个道德的行动者性格所要求的一些预先假定。它们并不扩大我们思辨的知识,而
〔385〕只叫我们能够肯定思辨理性观念的客观实在性。例如它们使我们在使用一些概念上有正当的理由,否则就会不合法地使用它们的。

298b 这些公准就是灵魂不死、自由和上帝的存在。第一条是根据理性这个要求,即最高的善得要实现,而这要求必须有行动者是不灭的这个条件才能得到满足的。第二条公准是根据这个必需的预先假定,即人作为一个自由的行动者独立于欲望的一切影响,这样就能按照一个知性世界的规律,即自由的规律,而决定他的意志。第三条公准所依靠的,是必需预先假定一位既有理智而又有道德的最高存在者作为最高的善能得到实现的唯一条件。

298c 最高的善是在对于道德律的尊敬中所预先假定的,而这样我们就得到实践理性的三条公准,而且能够解决思辨理性留下未解决的问题。(1)灵魂不死这个概念曾把思辨理性陷入一种谬误推理(paralogism)里面去,即一种逻辑的谬论,模糊了名词的含意,这种含糊是理性由于现象

的主体和实在的主体的不可避免的混淆而陷入的。理性既要求有一个无条件的主体，就被引诱到把思维的主体这个意识和认为是关于一个实在的看作独立于自然的实体的知识混淆起来，而在这个混淆上就作了灵魂的恒久性或说不灭性的根据。但是理性在其理论用途上所不能证明的东西，在实际上为理性在其实践上成立了，而在实践上的理性是正当地认定人是不灭的，因为作为一个道德的存在者来说，他必须有一个时间，足够完成道德律的实现的。(2)思辨理性在它需要有一个无条件的东西这个要求上，也树立起一个知性世界这个宇宙论的观念和我们在它里面存在着的这个观念，而这样一来，它就被卷入自由的和自然的因果作用的二律背驰里面去，而这个二律背驰，由于我们的知识的必然限制于经验的对
象，是思辨理性所不能解决的。但是在这里实践理性，又一次，用它的自 〔386〕
由这个公准，使我们在信念的根据上能够成立不能根据知识的东西而说明人在现实上是自由的。(3)思辨理性导致一个最高存在者的概念，但不能证明它不只是一个理想。另一方面，实践理性说明一个最高存在者在现实上是作为最高的原理而存在，没有这最高原理，则最高的善是不可能的，而且又说明这个最高存在者是拥有在知性世界里规定种种道德律的主权的。

那么，这些公准扩大我们的知识吗？从思辨理性来说是超经验的灵 299a
魂不灭、自由和上帝，而对实践理性来说，就是内在的、组织性的吗？它们是内在的、组织性的，但只是在道德的意识中被预先假定的这个意义上。实践理性并不把自由的主体，理性的世界，或一个最高的存在者直接带到知识范围里边来：它所能做的只是说明它们是和最高的善这个实践的概念结合在一起的。它们的实在性得到成立纯是在道德律的根据上的。我们不能理解自由是如何成为可能的，因为从我们经验的性格来讲，关于一个自由的原因的积极知识是不可能的，我们可能说的只是必须有一个自由的原因，因为没有它，就不能有道德律。谈到灵魂不灭和上帝的存在，也是一样的；因为虽然关于这些对象的知识是不可能的，但是没有什么诡辩能摧毁我们对于它们的实在性的合理信念。

七、实践理性的扩张

那么，理性的三个理念不是知识，而是关于对象的思想，即使理论的 300a
理性也说明是有可能的。所谓它们有客观的实在性，意思是说它们对于 〔387〕

道德律的实现是不可少的。我们不能怀疑和它们相应的对象的存在,虽然我们不能知道它们是怎样和那些对象有关系,因而我们关于它们不能作出任何理论上的综合判断。但是,虽然通过这些观念,我们的知识没有任何扩张,然而在这种意义上理性的范围本身是加大了,就是我们现在确实知道是有了和它们相应的现实对象。然而甚至这种不明确的知识都只是由理性在它实践的用途而来的。"不错的,在实践的范围里,对理论是超经验而没有对象的理念变成内在的和组织性的了。因为它们作为实践理性必需的对象,包含有实现最高的善的可能性的种种根据,而理论的理性在它们里面只找到限制性的一些原理。这些原理的价值,是在于促进理智在经验中的运用,但不是在于使我们能够关于经验以外一个对象的存在获得任何的确实消息,然而当我们由于道德的意识一经掌握了这个新的确信,理性作为一种思辨的能力就进来(虽然正当地只保护它的实践用途),而开始在一个消极的方式上用这些理念来活动,就是,并不去扩张它们而是阐明它们;这样它就一方面排除神人同形同性论(Anthropomorphism),作为一种迷信的泉源,这种迷信是用一种虚构的经验自认为能扩大我们的知识的,而另一方面排除宗教盲目的信仰(Fonaticism),那是妄想同样的知识的扩大,而不是靠经验,乃是利用超感性的直觉或感觉。因为这两种东西都同样是理性实践用途的障碍,而对它们的排除就可以看为我们的知识在实践观点上的扩张了。"

301a 说我们拿人的性质某些术语用在这些理念上面去,就是把它们变为
〔388〕感觉性的,或者是不合法地自认为具有关于超感性的对象的知识,因而就使我们易于受到神人同形同性论的非难,这不是一种有效的反对意见;因为我们只是使用理智和意志的术语,这些术语既不是感觉性的,又不是超感性的,而我们只是在道德律的性质所要求的方式上看这些东西是互相关系着的;而我们从内部观察所知道的,而且是人类的理智和意志所特有的心理学特征,都是作为和一个最高存在者的理智与意志不相容而被放在一边了的。因之我们不把推理的理智,只直接和概念打交道的理智,归之于上帝,也不把他的直观看为是相继续的,或者把他的意志看为是依靠所指向的对象的存在来得到满足的。当这样的一切确定已经排除掉时,剩下来的术语只是那些属于纯粹的理智,是道德律的可能性所必需的术

语了。这样,我们只有是需要来说明道德行动的那种对于上帝的理解;而这种理解并不使我们有权来自认为对他的本性有什么积极的知识。因为,虽然我们必须设想他是有一种直观性的理智和一个意志,其所指向的对象的存在不是他依靠来得到满意的,但是这并不把他的本性带到我们知识的限度里边来,纵然这对于道德律的实现是足够的。

八、信仰作为纯粹理性的需要

实践理性要求最高的善的实现,因而就要求有它实现的可能性,同时 302a
也作为一些条件,没有这些条件这最高的善的实现就没有可能的,就要求有上帝、自由与灵魂不死。我们有义务来促进最高的善,这是毋须证明的,而且和关于事物的内部性质,世界史的隐秘意图,和世界的一位最高统治者的存在这一切理论是毫无关系的。道德律对于行动者的影响,引 〔389〕
导他来努力促进他能促进的最高的善,这是预先假定最高的善是有可能来实现的;不然的话,那就不过是一种虚构而已。可见,虽然道德的原理对我们来说是主观的,但是客观上它也是对于上帝、自由和灵魂不死的信仰基础,因为不认定这些作为先决条件,则最高的善是不可能得到实现 H149
的。"如果得到承认,纯粹道德律是坚定不移地对每一个都是作为一条命令有它的束缚力的,则正义的人会这样说:'我决意要有一位上帝;我决意虽然我是在这个自然的世界里面,但不应属于它,而应属于一个纯理智的世界的;最后,我决意我的存留应是永远的。我坚持这点而不让这个坚信从我拿走。'这是唯一的情况我的利害关系不能避免地决定我的判断,因为我毫无权利来放弃或限制它。"费津万(Wizenmann)攻击这个从人类本性的基本需要着手的论证,说它是不能说服人的。他以实例说明他的论点而以一个恋爱的人为例子,这恋爱的人用他的情人的美丽这种观念来欺骗自己,而这个情人只是存在于他的想象里面,并不在别处的。康德的答复是:"我在一切情况下完全同意于费津万,如果需要的感觉是只由倾向或自然的欲望而来的,这样的一种需要不能认定所需要的对象的存在,甚至对感觉这需要的人来说也是如此;它更远不能作为一种普遍的要求或公准的根据。可是,在所谈的情况下,我们有理性的一种需要,不是出自我们愿望这种主观的根据,而是出自意志的一个客观的动机,这是对每一个有理性的存在者都是有效的,因而是验前授权他来预先假定在自然中有为它的满足而需要的一切条件的存在的。"

〔390〕 # 判断力批判

307 判断力批判不是康德原来计划的一部分，这个计划本来打算是限于纯粹理性在它的思辨和实践应用上的批判的。这个计划的扩充很自然地从三种考虑发生：第一，为要给自由的主体和现象世界之间的关系以一种清楚的表达；第二，准备根据于审美的判断的美学的考虑；和第三，处理有生命的存在者的特别性格所表示的关于世界的目的论的考虑这个问题。康德觉得需要来区分开理智的三种机能：知性、判断力和理性，知性和理性已经考虑过了，前者是限于现象的秩序或者说系统的确定，而后者是限于纯粹主体的确定的，这是就它是组织性来说的。他曾经提到判断力，作为介于知性的纯粹概念和感官的质料两者之间的，但是当他最后开始考虑纯粹的主体和现象的世界两者之间的关系，而且处理审美的现象和有生命的存在者的特征时，更广泛的一个问题就替他展开来了，他现在在更广泛的方式上把判断力想象为这样的一种机能，它在一切情况下是介于知性和理性之间，或者说介于知识和感情之间，或者还可以说，介于作为
〔391〕 一个机械的系统来着想的世界和从一种有机的统一性观点来看的世界这两者之间的。所以判断力批判在它的范围里包括着，第一，作为介于自由的主体和现象的世界两者之间的判断力；第二，判断力在它对于愉快与痛苦的特别感情的关系上，而这种感情是发生于美丽和崇高的静观的。最后，使用意图或者说最后原因的限制性原理的这种判断力。

导　论

一、哲学的划分

307a 哲学的目的是要找出理性可借以得到事物真正知识的一切原理的。由于对象可以从两个观点来看，即理论的观点和实践的观点，所以哲学通常划分为理论的和实践的，这是很合理的，可是，既然作出了这样的划分时，我们就必须小心地把它根据于实在相互排斥的概念。

307b 只有两种概念可以作为标准来作出哲学的划分为理论的和实践的。

理论的哲学只有关于自然的概念;换句话说,它处理现象有秩序的系统的结构所必需的那些纯粹概念即范畴。另一方面,自由这个概念只是理论的知识的一条消极的原理;就是说,它只告诉我们一个自由的主体,如果这样的一个主体是存在的话,必须是独立于一切感觉性的欲望的。但是通过道德律的意识,这个概念也使我们能够扩大意志的范围,而意志不过是实践理性,那么,这两个概念,在它们清楚地得到理解时,就使我们能够
不致把理论的哲学和道德的哲学混淆起来。前者是关于自然的哲学,而 〔392〕
后者是关于自由的或者说道德的哲学,然而这些名词没有前后一致地来使用,而由于"实践的"这个名词的含糊用法,已经是用于从事于研究自然的种种科学而又用于自由的或者说道德的主体,因之就引起了一种混乱。可是前一种用法显然是不合法的,如果我们考虑到在正当的意义上,除了从一个自由的道德主体出来的那些行动之外,没有什么东西是"实践的"。

欲望本身不过是许多属于现象世界的原因之一;换句话说,只要我们 308a
从现象的观点看它们,我们自己的行动是和其他事件同属于一种性格的事件,而作为事件来讲,是隶属于同样的规律的,更详细地说,欲望必须看为是服从机械的因果作用的规律的,如果根据我们的行动前面有要达到的对象的观念,而就企图把欲望从自然的范围抽取出来,康德就答复说,这个作法本身并不引进来任何基本的分别;因为这只是一个行动前面有一个观念,并不说明它是从现象范围拿出来的,从它看为是一种事件来说,欲望属于自然的范围,因而它显然是落到理论哲学的领域里去的。另一方面,在我们从本体的自我、作为自由的自我这个观点来看我们的行动时,就必须看它们在实践上是可能的或者在实践上是必然的;就是说,必须看它们是一个自由的或有理性的主体的自确定。这样看时,我们的行动就落到道德哲学的范围里。所以真正的对比是从属于自然因果作用的事件和出自自由的主体的事件两者之间的。

把这两个范围清楚区分开来是最重要的。如果我们从自然因果作用 308b
的观点来看意志,严格地说,我们不能说我们是处理属于实践哲学的一个
问题;因为,纵然以我们自己的行动作为现象看来说,它们至多也不过在 〔393〕
技术上是实践的,而不是道德上实践的。

一切技术上的实践规则都只是理论哲学对特别情况的应用。它们包 308c

含有艺术和技能的规则，或者说实践聪明的规则，是能使我们影响人的，但是在它们的本身是和道德上实践的东西毫无关系，因而是不属于实践哲学的范围的。这样，我们就得到两个对比范围之间的一个完全清楚的区别。除了自由的种种规律和必然地从它们出来的那些公准之外，没有东西属于实践哲学。所谓“实践的”技术如测量、政事、耕作等，而且甚至借以可得到幸福的那些明达的规则，都只是技术上的实践规则，因而是属于理论理性的范围的，像这样，我们就明白实践哲学和道德哲学是同一的，以自由的超感性原理为根据的；而理论哲学是限于现象的联系，不管这些现象是发生于无生的物质情况下的事件或只是动物的本能，或者是我们自己的欲望，就这些欲望看为只是在现象世界中的事件来说。

二、哲学的领域

309 知识的机能同时和感性的东西有关系而又和超感性的东西有关系，虽然关系是在不同的方式上，而对于可以称为存在的，总范围的这个一般关系就可名为知识的地域(field)，但是，由于超感性的东西严格地说不在知识的范围以内，我们就必须划定地域的限界来指定只有验前的概念才适用的实地或领土(territory)，在这个领土内，康德的意思是包括多于自
〔394〕然的一般体系的；因为，虽然不错，构成知识对象的概念只是范畴，但还有心灵的一种活动，是范畴所已经确定的对象借以进一步靠他称为反思的判断而得到确定的。所以领土有两个部分：第一，知性的验前种种原理所适用的那部分；而第二，在反思判断范围里的那部分。后一部分有关的是在意图或者说设计这个限定的观念的指导下得到发明的那些自然的特别规律。这个领土为范畴，即知性的原理，所确定的那部分，康德称为区域(realm)；而由于范畴只用构成现象这种方式来确定感官的细目，这个区域究竟只是一种住处(dwelling-place)，因为这样构成的对象在其本身来说是经验的或者说偶性的，康德在这里想要强调的主要东西，是知性的原理应用为组成现象的，和在意图这个观念的指导下用特别的规律进一步确定现象这两者之间的区别；这个最后的作用是判断力和知性区分开来的特别工作。

309b 知性通过它的范畴和理性用自由这个观念都是和经验的领土有关的；换句话说，和现象的世界有关的，但是它们的规律是完全不同，而且决

不互相干涉的，范畴或知性原理构成对象，但只是现象性的对象；而自由的规律纯是为一个本体的主体的一条规律。在这里，一个对其他一个是没有影响的。这并不意味着现象的世界是绝对不受自由主体的一切影响；所说的意思是，现象世界的规律是不同于理性世界的规律的。这种分 〔395〕
开的成为可能是由于这个事实，就是适用于自然的概念只在对于感觉的对象即现象的关系上才有意义，而不是在对于物自身的关系上的；而另一方面，自由的规律完全是一个理性的对象或者说一个物自身的规律。因之，关于两个区域作为物自身都不能有任何理论的知识；因为知性只叫我们能够确定现象性的对象，而理性既没有关于超感性对象的知感就对它们毫无知识了。

那么，超感性的东西是完全处在我们的知识之外的。它不能到知性 310a
的范围里边来，因为知性只在感性直观的因素的关系上才活动，而在关于超感性的东西的关系限度内，没有这样的因素是能对它给与出来的。理论的理性也不能使我们和超感性的东西接触，因为理论的理性只是不受感性直观限制的知性。因之，虽然我们为了理论和实践两者的利益必须占领超感性东西的地域，但是提供我们以那个占领的有效保证的只是实践理性。正如康德在实践理性批判里所指出那样，我们能够肯定超感性的东西的实在性只是间接通过道德律，而道德律只是实践理性的一条规律。以理论的知识来说，超感性的东西，甚至在实践理性已经保证了之后，依然是完全在我们能到达的以外，就是说不能把它变成知识的一个特定的对象的。

感性的和超感性的这两个区域，因之，以它们自身来说，是绝对分开 310b
的，因为像康德用一个显眼的隐喻来说明那样，在它们之间安置了一条深坑，这从理论的理性来说，是绝对不能越过的；与此同时，一个自由的主体必须能够实现它自己，而在它的性质的一方面是感觉性的一个自由的主体，必须是能够在感官的世界里实现它自己的。因之，虽然自然和它的规 〔396〕
律是独立的，它们的性格必须是能容许自由的实现的，换句话说，感性的和超感性的区域必然是这样地互相适应，使得前者不对后者的实现引起一种不可克服的障碍。所以，必须有某种原理把自然的超感性的基质和包含在一个自由的或者说道德的主体这个概念里的超感性的东西结合起来。这样一条原理,虽然它永远不能叫我们能够把我们的知识扩张到超感性的区域里边去,然而能提供心灵以一个概念使它能够把理论的和实践的结合成为一个和谐的整体。

三、判断力的批判是哲学两个划分之间的联系环节

311a 人心有三种绝对不可分解的机能:知识、感情和欲望。知识的规律是现象借以得到构成的知性原理。欲望的验前规律是理性在验前所规定的道德律。既然愉快和痛苦的感情是介于知识和欲望之间的,我们就必然指望介于知性和理性的判断力这个机能也是和愉快与痛苦的感情有关的;而且,如果判断力有它自己的一条验前的原理,我们也必然指望它在某种方式上要规定支配愉快和痛苦的规律的。可是,愉快与痛苦是和行动联系着的,因为要就是它们发生于预期一个认为是适合于带来愉快或痛苦的对象,要就是它们发生于一个决意有道德律的自由主体的经验之中。所以我们必须指望判断力是使自然的区域和自由的区域成为和谐而〔397〕调停知性与理性的,而且它又是对愉快与苦痛的感情有关系而作为知识与欲望的中间环节的。

四、判断力是验前规律的一种机能

311b 判断力在一切情况下是把特殊带到普遍的下边来的能力,但是普遍的可能是属于心灵作为思维的这个结构,或者它不是直接包含在那个结构里而得要去寻找的,在规律或原理是属于前一种性格时,康德称它为决定的(determinant)判断力,因为它从普遍的出发而以知觉的详细情节为标准而详细说明它或确定它的;在后一种情况下,得要寻找规律,所以它就称为反思的判断力。然而在反思的判断力里,必须使用某一条原理作为引线,而判断力是以这引线为标准来活动的。康德在意图或目标里发现这个引线。那么,决定的判断力不过是那种判断力,使用着在纯粹理性批判里所已经提出的知性各种原理,即直观的公理、观察的预测、经验的类比和经验思维的公准。另一方面,反思判断力是特别的各门科学在发现自然的特殊规律过程中所使用的判断力。

312a 决定的判断力使特殊从属于知性所提供的普遍先验的规律;换句话说,它的作用是确定或详细说明在知性的各原理中所表达的这种规律。

所以在这个情况下,规律不是判断力而是知性所提供的,虽然像这样我们能够说明任何经验成为可能的普遍条件,但是在判断力应用了知性的各种原理之后,我们还远远没有得到对自然的一种完备的知识。因为,虽然比方说,自然是一个体系,它的各部分是为因果作用的原理所联系着的, 〔398〕
但是在一定的对象和事件的联系中所表现的形式是无限多样性的,因之必须超出看为知性的种种原理所确定的自然一般体系,而寻找那些特定现象的规律。以我们的理智来说,这些规律必须看为是偶性的,就是说,不能说明没有它们我们就不能有任何经验的系统的。另一方面,如果我们是要发现自然的特定规律,就必须有制约着我们手续的某一原理——这是不能从特殊事实观察而来的一条原理,因为它的目标正是要在规律之下结合那些事实的。所以反思的判断力的原理得要设想为不是为不同 312b
于自然的一个理智硬加在自然身上的一种统一性,而是一种叫我们能够对待自然作为好像它是一个有机整体似的,其一切部分都是为一个不同于我们的理智的理智所决定的。可是我们不能肯定现实上确有这样的一个理智;我们所能说的只是判断力在其寻找自然的特定规律的过程中必须按照这条原理而进行,即自然是一个有机整体,其一切部分是为不同于我们的理智的一个理智所结合,为了使它能为我们所理解这个目标的。 313a
可是,如果我们是要对待自然作为是有一个目标的,那么自然的不同的各部分显然是必须看为要成为有意图的这样相关系着的了。那么,这个就是反思的判断力活动所总是按照着的一个概念,反思的判断力按照来进行的原理,就是自然的特定规律可以看为好像它们是一个有意图而活动着的理智的表现似的。

五、自然的形式含有意图的意味这原理
就是判断力的先验原理 〔399〕

判断力的先验原理是"一条原理,它叫我们能够验前思维到这普遍的 313b
条件,没有这条件,事物就完全不能是我们知识的对象"。这个就是,康德附加以"先验"(transcendental)这个词的一般观念的应用,例如空间的先验阐明说明数学判断成为可能的普遍条件,而知性的各原理是一般经验成为可能的普遍规律的一种表达。那么,如果是有判断力的一条先验的原理,它将是关于对象的知识的必需的验前条件的一条原理。康德把他

在这里称为“形而上学的”原理从这原理区别开来。形而上学的原理就是一条原理,为了它的应用,要依靠的是多于经验对象的普遍性质的。事实上,它是适用于在特定方式上确定的对象的一条原理。比方,在经验的世界中一切变动必须有一个原因这条原理是一条先验原理,因为它是适用于一般对象的;但是某些变动必须有一种外来的原因这条原理就是形而上学的,正如在我们说在空间运动的物体必须是为外在于它的另一物体对它有作用那时候那样,然而自然是有意图的这条原理不是一条形而上学的而是一条先验的原理,因为它不是局限于经验的某些特定的对象,而是适用于每一个可能的对象的。作为这样的一条原理,它是一般经验的一个条件。那么,意图这个观念,就它应用于经验的对象来说,或应用于自然来说,是一条先验的原理。另一方面,意图这个观念可以应用于一个自由意志的决定,而在这种情况下,这原理就是形而上学的,因为意图这
〔400〕个观念在这里取得它的特定意义是从它所应用的范围而来的。但是虽然如此,我们必须注意,意图的原理,不管它是怎样使用,是验前的,而不是经验的,因为它是先行于知识而又限制知识的一条原理,不是得自特殊事实的观察的原理,那么,康德的意思是说,意图的原理,用在各门自然科学时,为人使之发生作用,只是想要以普遍规律为标准而确定自然的特定对象;而判断力本身按照着来活动的原理不是得自特殊事实的原理,而是先行于特定规律的发现的一条原理。它是一条先验的原理,但与此同时,它只是一条限定性的原理。

314a 自然作为有意图的这个概念是一条先验原理这一点是这个事实所证实的,即科学研究工作者习惯上按着来行动的某些准则是明白意味着自然是看为好像它是有意图似的。例如是说,“自然采取的是最短的途径”(lex persimoniae 节省律),“它不跳跃的”(lex continui in natura 自然的连续律),和它“有许多规律而甚少原理”(principia praeter necessitatem non sunt multiplicanda 除必要时原理不增加)。这些说法都含有这个意
314b 思,即可以看自然为对着一个明确的目标而工作,而且使用最适合于达到那目标的手段的。仅仅说在事实上我们发现我们是用这些命题,并不能解释它们;因为像这样,我们最多只得到结论说它们在有限数目的情况下是有效的,而它们的特征是它们必然地而且普遍地适用的,而且既然这些

命题是它的特殊应用的这个观念乃是意图这个观念，我们就必须认为自然是有意图的这个概念是一条先验的原理；就是说，它是包含有一个验前的综合判断，而作为这样的一个判断是需要有一个先验的演绎的。

如我们曾看到那样，知性的普遍规律或者说原理，是任何经验的存在 314c
所必需的：因为没有它们，就不能有现象的联系系统，即没有自然的系统。〔401〕
这些规律以通过直观的验前条件这媒介应用于感官的细情而以范畴为根
据的。在和范畴的关系上，判断力是决定的，因为知性提供规律出来，而 315a
判断力只把感官的特殊从属于这些规律。例如知性规定每一个变动都有一个原因这条规律。这条规律是自然的一条普遍原则，因为没有它，就不会有现象的系统，即没有我们从它的形式这个观点所谈的自然这个意义上的自然——即康德在别处称为从形式看的自然（natura formatiter spectata）。另一方面，先验判断力，即从知性得到普遍的规律或者说原理，只提出这普遍规律借以获得特别化的验前条件。谈到因果作用，这个验前条件就是事件相继续中固定次序这个观念；换句话说，就是和因果作用这个范畴相应的图型。这样，因果律就被认为自然作为可能经验的一个对象的一种绝对必需的条件。但是除了这个一般的确定之外，我们知识的对象还在许多其他的方式上得到确定；至少我们可以验前地说它们是能在许多其他方式上得到确定的。这样，知识的扩张所包含的，不只是知性的规律对于感官的特殊的应用，而且是自然中对象相联系的特定方式的发现，而这些特定的方式是构成形成各门特别科学的题材的特别规律。由于这样发现的规律必然每条都有它自己的决定性格，结果就是它们不能得自知性的普遍规律，因而对我们来说是偶性的；换句话说，我们不能在经验之前知道这些规律是什么，而必须使自然受到特别的观察，其目标是找出它的特定形式是怎样联系着的。那么，就自然的经验的规律
来说，那些只从特别的观察和推论获得的规律必须看为是在一种偶性的 〔402〕
或意外的方式上和我们知识的机能有关系的。虽然是这样，我们必须预先假定自然可以看为**好像**它是一个统一体似的；因为不然的话，我们的经验就会变成零碎的，而我们就会没有知识的联系系统了。诚然，自然的普遍规律叫我们能够肯定自然是一个系统；但是由于这个系统在性格上是极其一般的，如果我们是要关于自然在它的多种多样的形式上有什么知

识,判断力就必须考虑到它自己的一条原理,由这原理的应用它就能免于把自然作为好像它不是一个有联系的整体似的来对待。然而判断力提出的预先假定,说自然可以作为一个统一体对待,虽然就我们来说是偶性的,但是同一于这个观念,即自然的性格是不和我们知识的机能不一致的这样的;换句话说,在自然和我们的理智之间是有一种适应或者说意图的。因之,判断力,就它是寻找观察的特殊事实必须从属的规律这点来说,是反思的,而不是决定的,而且是不得不把自然作为在对我们的知识的关系上是有意图的来想。这就是表达在上面提到,实践上为科学里面的发明家所假定的一些人所熟悉的公理里面的东西。意图这个概念既不是自然的一个概念,又不是自由的一个概念。它不是前者,因为,如果它是的话,它就会决定或构成自然的系统了;而它又不是后者,因为它不是意志的规律或原理,而只和知识的扩张有关的。所以意图这个观念只是一条准则,或者说判断力的主观原理,用来作知识扩张中的一个指导,但不是组织性的。

〔403〕

六、和自然是有意图的这个概念联系着的愉快感

317a 使用意图这个观念作为一个指导时,科学工作者就发现他能在某些情况下把许多特殊从属于一条规律,或者把许多特殊规律从属于一条更高的规律。这样的一种发现其结果就是在他里面激起一种愉快感,这显然是发生于在某种意义上自然是适应于我们知识的机能的这种坚信的一种感情,这种愉快是有一种很显著的性格的,而甚至在人们对这样发现的规律久已熟悉之后还继续存在着的。

七、自然中意图的审美的意识

317b 我们必须小心地把一个观念的美学性格从它的逻辑性格分别开来。预先假定作为外部对象意识的条件的形式就是空间,可是虽然空间是我们直观机能的形式,但它是直观对象组成所必需的,这也是真的,因为外部直观的对象必须作为延扩于空间而出现的。其次,感觉虽然在外部对象直观中是一个主观的因素,但也是对于这样的对象的意识也是必需的,因为在它为直观与思维的各种形式确定时,它就进入我们对于它们的意识里面来,而没有它,这样的意识就会是不可能的了。可是,虽然感觉是

感情的一种形式.但不是感情的唯一形式;因为和我们对象的直观联系着的有时发生一种愉快或痛苦的感情,并不进入我们关于对象的知识里面去,因而不是在那知识里的一个因素或组成部分。所以问题就是,我们怎样来解释这种特别的感情呢? 康德的答复就是,它是发生于主体的知识的各种机能之间的和谐。我们靠可以一般称为想象的能力把空间中一个〔404〕对象呈现在我们面前,而在这个对象是和我们的知性相和谐时——换句话说,在我们有着一个感觉的整体的表现时——那时就在我们里面发生一种愉快的特别感情。那时,想象的对象就说是美丽的,判定它为美丽的能力称为审美力。

美学的意识还有另一种形式,即崇高,从静观一个看为是美丽的对 318a 象,无论是自然的或艺术的对象,而发生的愉快是由于对象的形式和反思判断力的一种适应。另一方面,崇高发生于主体作为一个自由的或者说道德的存在者对于对象的形式或无形式性的适应。在这个后一种情况里,主体虽然是作为一个感觉性的存在者为一种发生于他自己的有限性这个意识的感情所影响,然而作为一个自然的存在者却对那意识有反冲而对自然中的任何东西,不管它是怎样巨大,伸张他的优越性。这样就发生对崇高的情绪,因之判断力的批判有两个主要部分,第一部分处理美丽的,而第二部分则处理崇高的。

八、自然中意图的逻辑观念

截至此为止,我们所处理的审美判断力是依据对象的适应于主体或 318b 主体的适应于对象的。判断力的这种形式的特征就是在它里面没有关于对象的明显概念,因之美丽或崇高的感情是发生于对对象的直接静观而没有任何概念介乎其间的。然而还有另外一种的适应,就是在它里面,对象的被看为有意图的不仅仅在于它对主体的关系而且是在于它的本身的;而在这种情况下,就一定有东西按它的本性就是有意图的这种形式的一个概念。康德在这里所谈到的是含蕴在有机体的适应或意图,而这种适应,照他所主张的,对我们来说,不引入实现在它们的形式里的意图这〔405〕个观念就不可理解的。审美的意图所依据的愉快是直接发生于一个对象的形式的静观,而自然中意图的逻辑观念只通过对象性格的一个清楚概念才成为可能的,所以意图的这个后一种形式是不依赖任何可能发生于

对对象的静观的愉快感，而预先假定有知性的判断的；换句话说，固然不
错，一个有组织体可以引起美丽的感情，但是这种感情是完全不依赖对象
作为有组织的这个意识，因而是作为有意图来想的。可是，对于一个对象
的概念可能是在对象现实的表现之先，像在艺术的情况下那样，又可能是
对我们出现了。然后我们才进行判定它。在这个后一种情况下，我们不
得不使用意图这个观念以便说明这种特别的对象是怎样能存在的。这并
不就是说，我们这样归之于对象的意图现实上是存在于对象里面的，但是
我们能够把对象的性格变为我们能理解的唯一方法就是把它设想为好像
它是自然有意图地形成它似的。在我们从审美的意识这个观点来处理自
然对象时，我们可以把自然的美想为是一个形式的或者说主观的意图这
个概念的表象，而我们归之于自然的自然目标我们就可以看为是一个实
在的或者说客观的意图的表象。在一种情况下我们把自然想为是把对象
来适应我们知识的能力，而在其他一种情况下是把自然想为是按一种明
〔406〕确的意图来构成对象，前者是审美判断力或者说欣赏的对象，而后者是知
性或理性某些逻辑判断的对象，这样一来，判断力的批判就有了两个主要
部分，如它实际上那样，分别处理审美的判断力和目的论的判断力。

九、通过判断力知性和理性的联系

320a 我们曾看到，知性规定使关于自然作为感官对象的一种理论知识成为可能的验前规律。其次，作为实践的这个理性规定自由的验前规律，而这样就引起关于作为一个自由主体的规律的道德律的一种无条件地实践的知识。自然的区域和自由的区域在它们自己的性格上相互间是毫无联系的，因为自然这个概念并不妨碍道德律的自由实现，而自由主体作为在这样的规律之下而行动着的这个观念也并不扩张关于自然的理论知识。可是，虽然在自然和自由这两个区域之间有着这样绝对分开，以致感性的东西不能对超感性的东西有任何可能的影响，但是在某种意义上我们可以说超感性的东西对感性的东西必然是有影响的。道德律既然是无条件地对人有效，所以它必然是能实现的，道德律就是**应该**在感性世界上实现的。无疑我们不能在我们在现象世界里边用原因这个名词的意义上来谈到一个自由主体作为一个原因；但是我们有权；而且事实上不得不把一个自由主体想为是自然世界里某些结果的根据或者说终究的条件。我们曾

看到，甚至在我们局限自己于理论的理性的时候，一个自由的原因是要在现象的世界里显出它的影响来表示它自己的；而在我们想到人是一个能够实现道德律的存在者时，我们就必须设想他是一个自由的原因然而又是感性的。然而介于超感性和感性这两个区域的就是判断力，它提供我 〔407〕
们以自然中的意图这个概念，而这样就使从自然作为规律的一个系统过渡到自由作为能在自然里面实现它自己作为一个终究目标成为可能的。 321a
知性在规定自然的验前规律时，只是和现象的东西打交道的；换句话说，自然作为从属于知性的规律的一个系统这整个概念是预先假定有自然的一种超感性的基质的。另一方面，作为是实践的这个理性以决意有道德律来确定这个超感性的基质。其次，判断力利用它的意图的验前原理就使我们能够明白怎样知性在一方面而理性在另一方面是可以得到联系的，虽然不叫我们深入事物的终究性质有任何其他的洞见。

心灵的三个高级机能就是知性、判断力、理性。知性提供知识的组织 321b
性原理；判断力给我们以关系于愉快或痛苦的感情的原理；理性是处理关系于欲望的原理的。自然中的意图这个概念只是知识的一条限制性的原理。就审美判断力提供关系于愉快或痛苦的感情的组织性原理来说，它是组织性的。这样它对于道德意识也有某一种关系，就是它加强心灵对道德感的感受性。这样，自然中意图这个概念自然就使我们能够实现从自然这个概念过渡到自由照它的影响所显出来的这样一个观念。

〔408〕

审美判断力批判

第一部分　分析论

第一卷　美的分析论

甲、鉴赏判断是关于质的

第一节　鉴赏判断是审美的

断定一个对象是美或是丑，不是因为知性理解它是知识的一个现实对象，而只是因为它对于主体有关系，它在主体里面激起一种愉快感或痛苦感。如我们所知道的那样，在这种情况下，起作用的特别能力是想像力——在心的面前提出意象的机能——或者更确切地说，想像力和知性结合着在工作。其实在这里康德暗示着在某种意义上我们可以认为在我们里面有一种直观性的理智；因为想象和知性的直接结合必然是意味着理智是像知觉或直觉那样工作，不同于知性就其使用普遍或以概念来说的活动。鉴赏的判断因之就不是关于知识的一个判断，就是说，它对于所知的对象的性格不作出任何肯定的。说判断是审美的，意思就是美或丑这个术语只表示主体在受到称为美的或丑的对象影响时是怎样感觉的。如康德所认为那样，这是唯一的情况当判断是主观的；在一切其他的情况

〔409〕下，判断是依据所知的对象某种特征的。甚至感觉，虽然它们在某种意义上是主观的，然而还是现象的构成所必需的。所以只在审美判断这单个情况下我们才发现完全是主观的一种观念的关系。

比方拿一座断定为美的楼房这个实例来说，就这楼房是判定为十分适合于人们居住的这个意图的一个对象来说，人们是从知性的观点看它的，因而这个判断在这种情况下是逻辑性的。另一方面，在判定这楼房是美的时候，术语就不依据各部分适应于某一目标这个观念，而简直地并单独地依据在静观它时直接发生的愉快感或者说满意。这样发生的感情是

属于主体而且事实上是属于作为一个感性或有生命的存在者的。然而在这里断定对象是美的这个机能是很特殊的，因为它所作出的一些判断对于对象的知识毫无贡献的，而是依据我们的各观念相互间的关系的特别性格的。当然在有一些情况里面，在含蕴在一个判断里的观念是依据感性经验的，而我们可以在一种意义上称这些观念为审美的，因为它们属于不同于知性的直观机能的；但是借助于它们而形成的判断是逻辑性的，这是因为就这判断是对于知识的对象有关系而言的。另一方面，如果这些观念在我们心里面是纯然在一种理性的方式上得到联系，就是说，如果它们脱离一切经验的因素，然而是和谐的，那么，我们就有了一个审美的判断。

第二节　在鉴赏判断中表达的满意是没有任何利害关系的

在一切行动的情况下发生的满意是很不同于和美的东西关联着的满意的。前者必然地含有这个意思，即行动者对于他在心中树立起来作为 〔410〕
值得想往的对象是有利害关系的。当行动是出自欲望时，先行于行动而是为想象树立起来作为值得想往的东西的愉快感就是这种利害的一种形式。另一方面，当行动纯为理性所决定时——换句话说，当它得到决意时，是因为它和道德律一致——行动者仍是有一种利害关系，虽然这是在种类上不同于和直接欲望的满意相连的利害关系。但是，当我们问一个东西是不是美的时候，我们是把它和对于我们欲望的任何关系截然分开的，无论这关系是在从自然倾向的满足预期得到的愉快这种形式上，或者是在从对于道德律的尊重而来的特别愉快这种形式上。这里的愉快和主体的满足毫无相干，而对象是在单纯的直观里，或毫没理会到主体的利害关系而对对象的反思上，得到判定为美的。

第三节　对于愉快的满意是有利害关系的

在一切情况下愉快都是对于感性的主体有关系的，但是很重要的是要指出各种不同的感觉形式之间是有一种明显的差别的，而事实上，在我们谈到满意的一切形式作为愉快的感觉时只是导致混乱的。这种说法的基本弱点就是它毫不区别开来从对我们的欲望适意的对象这种意识而发生的愉快，由于实践理性在决意有道德律中的活动而来的愉快，和与静观美的东西联系着的愉快。如果我真是用感觉这个名词来表示愉快或痛苦的感情,我们就必须小心把这三种意思分别开来;不这样做的话,就是把和关于一个对象的知识相关联的满足与并不对知识有任何贡献甚至对主
〔411〕 体关于他自己的知识都没有贡献的这种满足的形式混为一谈了。然而比较好的办法,就是把感觉(德文的 Empfindung,英文的 sensation) 这名词局限于渗入对象直观的结构的那种主观因素,而保留感情(德文的 gefühl,英文的 feeling)这名词来表达纯是主观的东西,即不作为一种成分渗入一个对象意识里的东西。比方草地的绿色正当地要就它为主体所领会来说,看为感觉,因为它是渗入所看见的对象里去的;但是就草地的直观引起正当称为感情(gefühl)的这个感觉的形式来说,心的状态纯然是主观的。当一个对象说为是愉快的时,我们作出的肯定总是谈到我们对它的利害关系的,从这事实就很清楚,即在我们激起的感觉产生,或可以产生对对象的某种欲望。那么,这个欲望就意味着在对象中得到的满足所预先假定的不只是关于它的一种判断,而且又是在直观到它的主体中的某一种满足。

第四节 对于善的满意是有利害关系的

善在一切情况下,都是看为带给一个有理性的存在者以某种满意的东西。一个东西是善的,要就是因为它是达到另一东西的手段,即有用的,要就是因为它本身是善的。在前一种情况下,满足发生于称为善的东西是得到愉快的一种手段;在后一种情况下,说它是善的,是因为它本身就带来满意。在两种情况下,都含蕴着一个目标,这个概念,因而就含蕴着善对于意志的关系;换句话说,善总是含蕴着某种利害关系的。除了关于它我们有一个明确概念的那种东西之外,没有什么东西是看为善的。但美的东西则不同:它不含蕴着这样的一个概念。花、自由的素描,毫无
〔412〕 意图互相缠绕着而为人称为簇叶饰的纹线,在含蕴着思维的明确活动这意义上是毫无所指的,然而对它们的静观依然引起审美的愉快。对于美的满意所以是由于对一个对象的静观而并没有任何明确的概念在内,而在这方面它是不同于善和愉快的。愉快的东西和善的东西虽不是同一的,但在这点上是一致的,即它们总是含蕴着对它们的对象有利害的关系。不只愉快的东西是如此,作为达到另一东西的手段,而是善的东西是

如此，而且本身是善的东西，即道德的善，亦复如此。善乃是意志的一个对象，因而它含蕴着为理性所决定的欲望的一种机能；但是决意有任何东西和对它有一种利害关系是同一回事。

第五节　愉快的、善的和美的相比较

愉快的和善的都对于欲望机能有关系，但前者只是通过一种外来的冲动在感性的主体里面所产生的满意，而后者发生于主体对通过意志而变为存在的对象的一种关系。在这两种情况下，对象的存在都是满意所必需的，就是说，主体和对象有一种关系。但鉴赏的判断则不同：它纯是静观的。这对象不是主体要使之成为存在的某东西，而是主体把它摆在自己心面前而在它里面觉得有直接的满意的某东西。其次，对于这个对象的静观不是为要获得关于它的知识的；因为鉴赏的判断力不是根据一个概念，也没有什么概念作为它的目标；换句话说，它既不通过知性而动作，也不通过意志而动作。这样就明显，鉴赏是一个判断，根据于从对象的只是静观而发生的满意或不满意，完全不管主体对它具有任何利害关系的。这种满意的对象称为美的。〔413〕

乙、鉴赏判断是关于量的

第六节　美是离开概念而作为一种普遍的满意的对象来看的

从美的东西是纯粹的或者说毫无利害关系的满意的一个对象这事实就直接得出结论说，美的东西应看为普遍的满意的对象而没有一些概念插在其间的。当我们意识到我们所经验的满意完全不是由于我们自己的倾向而是完全不是私人的性格的，我们只得判定这对象对每一个人都是会给以满意的。我们所经验的满意并不是决定于我们自己作为个人的特有的东西的；因之在发觉它是这种性格的时候，我们就自然假定每一个人在同样的对象面前会有同样的经验的。所以我们就容易把美说成好像它是在对象里面似的，而认为鉴赏判断是逻辑性的了，然而这些都是自然的幻象；因为这种对象本身不是美的，虽然当它激起我们的机能到和谐的活动时，我们就经验到一种满意的感情的；而关于美的判断，虽然它无疑和

逻辑的判断一致是对一切人都有效,但在这方面就基本上不同,就是它不依据概念而依据对对象的直接直观。

第八节　在鉴赏判断里的满意的普遍性只是作为主观的看的

鉴赏判断在量上是单一的。这是发生于这个事实,即判断的这个形式既然是依据一种乐感或苦感,而没有一个概念插入来,在客观上它就不
〔414〕能是普遍的。另一方面,审美判断总是对于直接在直观或想象里在我们面前的个体对象有所陈述,因之它在量上总是单一的。如果有人提出反对的意见说,我们可以作出像"一切玫瑰花都是美的"这种判断,其中的量是普遍的,康德就答复说,虽然无疑这个判断在量上是普遍的,但是它不是一个审美判断,而是一个真正的逻辑性的判断,依据着许多审美的判断,其中每一个都是在量上是单一的。

第九节　愉快感是在鉴赏判断之前抑在它之后呢?

在认定对于某一所与的对象的愉快是在判定它是美的这判断之先这个假定里面是有矛盾的。因为按这个假定愉快不过是对感受性的一种影响,因而是以个人的特别感性素质为转移的,那么我们就不能够解释它是可以传达到每一个人的这种深信。在一个鉴赏判断里,在美的东西的意识里所经验到的感情的状态必须是能够为每一个人所经验到的,因而对对象的愉快是从判断而来的。但是除了在某种形式上的知识以外,没有什么东西是能够传达给一切人的:除了是有知识存在时,没有其他情况是有任何客观的意识的,因而知识是预先假定为普遍性的条件的。如果判断的根据纯是主观的,就是说不含蕴着一个对象的明确概念的,它只能是在我们对于一个对象的意识是关于一般的知识作为不同于依据一个明确概念的知识那个时候,伴随着我们各种机能的相互关系的那种心的状态
〔415〕而已,在这里有着我们知识各机能的一种自由活动,在知识是根据一个明确概念时,例如因果作用的概念,知性是运用在对象的构成里面的;但是在我们知识各种机能自由活动里没有这样明确概念规定着和限制着它们的运用。可是,一般地说,知识的机能是把直观的各因素集合在一起的想象和那些因素借以得到结合成为一个统一体的知性。因之,在某一所与

的对象的观念终结为知识各机能的自由活动时，这样发生的感情状态必然是普遍可传达的，因为知识的各机能，因而伴随它们运用的感情，在一切人里面都是同样的。所以审美判断走在我们对对象的愉快之前，而且是它的根据；但是愉快的普遍传达性是由于判断的主观条件的普遍性，即由于在一切人里面知识各机能的作用的同一性。必不可认为在这种情况下，我们有了关于我们各机能的有意图的活动的一种理智的意识：我们所有的不过是对于想象和知性激起的不定的、却和谐的活跃的一种感情而已。那么，美的东西是普遍地给与愉快而没有明确概念介乎其间的东西。

丙、鉴赏判断是关于目的的关系的

第十节　一般意图

在先验的意义上，所说的一个目标(end)是指一个对象，其存在只是借助于一个概念才成为可能的。显然这样的一个目标，不能以经验的特殊事实为标准而得到解释。例如一个对象可能在主体里面产生一种愉快感，而这个愉快可能称为一个目标，但是既然它以主体的特别感受性为转 〔416〕
移，它就不是在先验的意义上的一个目标；因为我们不能验前地说出它发生的各种条件。在先验的意义上，一个目标是结果或后果的观念先行于原因而且是它的根据的这样的。所以这里我们有的一种因果作用是最终原因(forma finalis)的因果作用，它是以刚才提到的标志区别于自然的因果作用的。即结果只能借助于关于它的一个先行的概念才能变为存在的。对于维持主体在某一种状态中的观念这个意识可以称为愉快，而痛苦就是愉快的妨碍或消失。可是意志是关于欲望的机能，这是就它是通过一个目标这个概念而能得到活跃起来这点来说的。这里我们就有了意图在这名词最严格的意义上的一例：主体关于目标或说要达到的对象有明确的概念，而且以这为准标而决定他自己。但是纵然是在没有关于一个目标的明显概念时，如果不引进一个有意图地活动着的原因，我们就不能说明它的存在，那么一个对象，或心的状态，或者甚至一个行动也可以说是有意图的。在这种情况下，像我们可以说的那样，我们就有了“没有意图而有意图性(purposiveness without purpose)的一例；因为，虽然我们不肯定对象在现实上是为一个意志所产生，但是我们别无他法来把它的存在弄得使我们可以理解,而只有在那方式上来设想它。

第十一节　鉴赏判断的根据是一个对象有意图的形式

在一个目标这个概念是满足的根据时,它就在主体里面造成一种利
〔417〕害感,而判断就以这个为根据。另一方面,鉴赏判断不能像这样发生,也不能根据于一个对象本身是有意图的或本身是善的这个概念。作为审美的,它只能有关于我们知识的各机能的相互关系,因而必须依据一种纯形式的或者说主观的适应。

第十二节　鉴赏判断的根据是验前的

一个感觉或概念将产生什么愉快或痛苦的结果我们只有从经验才能知道。无疑在《实践理性批判》一书里曾经验前地说明一种尊敬感是可以得自普遍的道德概念的;因为在那里我们是能够超出经验以外,而把那种感情和一个自由的或者说超感性的主体联系起来,虽然我们那时不能从道德的观念得出这个感情本身而只得出意志的决定。实则意志的任何决定都意味着对感受性的影响,因而不是它的一种结果,在审美判断中发生类似的东西。正如实践理性对感受性起作用,引起对道德律的尊敬感,同样地知识各高级机能的和谐运用结果为称为审美的这种愉快。这两种情况的差别是,在前一种情况下,对对象有一种利害关系,而在后一种情况下,愉快是纯然静观的,因而毫无利害关系的。因之我们的知识各机能的和谐这个意识在对于美的对象的静观里面,本身就是审美的满意而激发它们到和谐的活动的。所经验的愉快是因果性的,但只在它维持着意识的状态而不导致明确知识这个意义上的:心灵留恋在美的对象上,而对它的静观就加强自己而且复生自己。

第十三节　纯粹的鉴赏判断是不依赖叫人
〔418〕
喜欢的东西和情绪的

对一个对象的个人利害感毁灭掉纯粹鉴赏判断所必需的不偏颇性,尤其是如果这利害感是发生于自然的倾向而根据从一个所与的对象的实现所预期的愉快的。除非对象同时有感觉性的魔力或者产生感觉性的刺激,就不满足于静观的这种鉴赏是野蛮的。如果这些偶性成为对象是美的这个判断的基础的话,则它就尤其是野蛮了。康德在这里谈到"感觉性

的魔力”就是一种直接的感性的质，例如草地的绿色，或者，比方说，在日光影响下一个对象可见的光彩。

第十五节　鉴赏判断完全不依赖完善性的概念

可以知道一个对象是有意图的，只是在它的各部分对一个明确目标有一种关系的时候，因而只在有了那目标的一个明确的概念的时候，这样马上就很清楚，判定一个对象是美的这个判断不依赖一个目标的任何概念，而是在某种方式上和知识的形式联系着的。

在一个对象里的有意图性要就是外部的，要就是内部的：在这个对象被看为适应于不同于它自己的某东西时，有意图性就是外部的；在这对象是被看为内部有意图的，即在它的各部分的联结上显出某一种完善性时，它就是内部的。很清楚，审美的满意不能发生于对象的统一性这个观念；因为如果是这样的话，它就会依赖这对象和它所适应的对象相比较，而这样的比较是知性的一个动作；而美的判断是直接的而不依赖知性的任何明显的活动的。完善性，即一个对象的内部有意图性，看来好像更近于美〔419〕
这个术语；因而思想家如鲍姆嘉尔顿(Baumgarton)曾把一个对象的完善性和美同一起来，只附加地说，在审美判断的情况下概念是模糊不清的，而在完善性的情况下它是清楚而明晰的。确定这种同一化是否可以站得住脚是极其重要的。

如果断定一个对象本身是有意图的，我们就必须能够说明没有引入一个目标这个概念，而且其实没有引入内部有意图性这个概念，它就是不可想象的。在这种情况下，我们因之就必须首先有这对象应该是什么样的东西这个概念，换句话说，我们必须有关于它的质上的完善性的观念，如在于它的各部分或因素的和谐，质上的完善性必须从量上的完善性区分开来，后者是在于对象够得上它所属的类的标准而且含有这个类特有的一切因素的。仅仅是一个东西各种因素间的和谐并不叫人知道这对象是有意图的，除非先就有了这和谐应该是在于那一类的统一性的这种明确的概念。但是当抽除掉这个作为目标的统一性时，而我们又不去问这东西为了成为完善，应该是什么，剩下来的就只是静观对象的个人里面心中各机能和谐作用所含蕴的主观有意图性罢了。无疑，这个是含蕴着在主体里面容易在想象中现出对象的形式，但它是完全不依赖对象的完善性的,因为没有作为有意图的对象这个概念。可是鉴赏判断是审美的;换句话说,它完全依据主观的根据,而它既然不含蕴在对象中的任何意图的
〔420〕概念中,它就不能依赖对象的完善性,在判定一个对象是美的时候,并没有它的完善性作为一个对象这个意识;所以认为完善性这个观念和美这个观念是同一的,那就是一个错误了。这个差别不是程度上的而是种类上的。鉴赏判断的不同于逻辑判断不是在于它不这么清楚;由于它完全不依赖关于对象的任何知识,它在种类上是不同的。

丁、鉴赏判断是关于模态的

第十八节　鉴赏判断的模态

美的东西就是被看为含蕴着对我们的满意有一种必然的关系这样的东西,但是这个必然性是一种特别的必然性:它不是一种理论的或者说客观的必然性,是依赖着知性在它对于直观种种因素的关系的基本结构的;换句话说,它不是经验对象通过因果律的一种必然的或不变的联系。在断定一个对象为美的时候,我们不能验前地说,事实上每一个人都要感觉到同样的满意,像它是由于自然律而来的满意那样。这个必然性也不能同一于道德的义务,像发生于对一切有理性的存在者都有效的一条规律或规则的那样。在这种情况下的必然性必须称为示范的(exemplary);就是说,它的意思不过是说,在这个对象出现时,各个人应该一致地断定它是美的。

第十九节　我们以之归于鉴赏判断的主观必然性是有条件的

鉴赏判断是普遍的、必然的,但只是在这个意义上,即我们有权来主张每一个人对我们自己作出的判断都应该同意的。在这里的应该不同于
〔421〕道德义务的应该;因为后一应该是无条件真的,因为它对一切可能的理智而且对人在一切可能的条件下都是适用的,而前一个应该是有条件的,因为它假定个别的实例是正确地包摄在同意的规则之下的。

第二十节　一个鉴赏判断所肯定的必然性是依据共通感的观念的

鉴赏判断不是无条件地必然的;不像知识的判断那样,它不是一条明

确的客观原理的应用；因为在作出这种判断时，我们并不把一条原理，像因果作用这样的原理，摆在我们的心面前，而把这特殊实例包摄在它下面。另一方面，鉴赏判断不是独立于一切原理的；因为如果那样的话，它就会像直观的特殊判断没有任何必然性了。所以判断的这种形式必须是根据一条原理，但是所根据的原理是主观的，就是说，这原理是依据感受性只为对于一个美的对象的静观所影响的方式的。可是它是一条依然是根据感情的原理，尽可说是根据常识的(common sense)，只要我们小心地留意到这个所谓常识〔应说共通的感情〕[1]是完全不同于这个名称常用来指的通常理解；因为后者永远不是根据感情而只根据概念的，虽然无疑是这些概念不足以作为反思的明显对象而是在一种直接的或非反思的方式上存在着的。

第二十一节　我们有没有正当的理由来预先假定有共通感呢？

一切知识的判断，连同伴随着它们的信念，都是普遍地可传达的，就是说，凡是体会它们的意思的人都能够作出这样的判断的。不然的话，每一个人就会作出他自己特别的判断来，只表达他自己的意识的主观活动——这是一种见解，在逻辑上要完全以怀疑主义为结果的。然而，如果 〔422〕
大家共同能分有知识，那么在伴随着知识的感情状态中必须还有一种可能的一致；就是在于为了一般的知识的这种各机能和谐运用的感情。事实上，任何时候，各个感官使想像力在直观的不同因素的综合中发生作用，而想像力又使知性活跃起来，把这样产生的想象的综合进行到知性的统一性，那时，现实上知识就发生了。在知识中运用的各种力量的和谐是按照对象的性格而不同的，但是它必须是适合于使想像力和知性有对于知识最合宜的比例。所以它是感情而不是概念所决定的。那么，既然知识各机能的这个和谐必须是大家所能共有的，所以作为它的记号或指标的感情也必然是这样，而感情的普遍传达性是预先假定着一切经验到这种感情的人当中，是有一种一般的感情上的一致的；换句话说，它是预先假定有一种共通感的。因此，只从知识各机能的和谐运用比例上得到适

① 英语中“常识”和“共通感”都是common sense——译者。

意的感情这点来考虑,我们就有了足够的证据来认定是有一个共通感的了。所以我们可以说,我们不必退后而靠心理学观察这种靠不住的证据,而验前地能证明这个共通感的存在的。

从这些一切的考虑,我们得出结论说,美毋须任何明确概念插进来,就可作为一种必然的满意的对象而被知道的。

一般的说明

全部讨论的结果如下:鉴赏力是一个对象借以得到判定为美的这一
〔423〕种机能,不是因为它能被带到一条明确的规则的下面,而只因为它含蕴着和想像力的一条规则式规律的自由符合。然而鉴赏判断必不可看为是根据再生的想像力的;因为想像力的这个形式只是观念的任意活动像联想所暗示的那样。鉴赏判断所根据的想像力形式是生产的或者说自活动的。无疑是在把任何所与的对象提出在它自己的面前时,想像力是为这个对象的确定形式所限制的,而就这限度来说,它是不自由的;但是在这个事实里没有什么东西妨碍我们来主张对象这样提供出来的形式是包含有这样的一种是想像力自己创造的种种部分或因素的结合,如果想像力是有余地来绝对自由运用的话;所以这是一种结合,必须是和知性的规律或规则相协调的。当然我们不能说,想像力本身同时是自由而又受规律的支配的,因为那就会是一种直接的矛盾;但是没有什么东西妨碍我们来说,想像力按照知性所规定的规律自由地工作。当想像力被迫来遵照一条明确的规律时,它的成果所采取的形式是什么是应该的这个概念所决定的。可是在这种情况下发生的满意,就不是在于美的东西而是在于善的东西了,因之这个判断就不是一个鉴赏判断。这样一来,我们就明白,用在审美区域中的想像力是没有规律而符合规律的;换句话说,实际上,想像力是自由地按照知性的规律,但不是在一个对象的明白而确定的概念下这种条件而这样做的。

〔424〕

第二卷 崇高的分析论

第二十三节 从美过渡到崇高

美的和崇高的一致是本身令人愉快的。它们的一致是根据一个反思的判断，而不是根据一个感官的或逻辑上决定的判断的；就是说，在它们的情况下，判断不是一个特殊对象包摄在所与或所预先假定的一条规则之下的，它也不是根据于特殊对象的感觉性的特征的一个判断；它是一个判断，其中的对象是直接被呈现出来，但是对象所包摄在它下面的规则不是在判断之先的。所以对于崇高的和美的那种满意是不依赖感觉，而且又不依赖任何确定的概念的。与此同时，这种判断对概念有某一种关系，虽然这些概念是不明确的；因而审美的愉快发生于只是一个对象的表象，或者是对表象的机能有关系的。因之在这里，想像力这个机能在某一所与的表象的情况下是被看为和知性或理性相一致的。美的判断和崇高的判断都又是单一的，然而它们却自认为是对每一个主体都普遍有效的，但并不把它们的要求根据于关于对象的性格的任何一定的知识。

虽然美的东西和崇高的东西在其本身是令人愉快的这一点上是相同而且又在预先假定有一个反思的判断这一点上是相同，然而它们显出显著的差别。自然的美是和准确有限制的对象相关联的，而崇高发生于和一个没有一定限度的而且可能甚至完全无形象的对象的联系的。这样，美的东西含蕴着明确的限度，而崇高的东西含有向着一个完全整体迈进的努力，这是永远不会完全成功的一种努力。所以美的东西可以看为含〔425〕蕴着知性的一种隐晦的运用；由于知性是以特定的概念来确定对象的机能；而崇高可以看为理性的一种隐晦的运用，因为理性的特性是追求一个无条件的总体的。所以在美的东西里面，满意是和对象的质的意识相关联的；在崇高的东西里面，满意是和量的观念相关联的。在两种情况下的意识又在种类上不相同；在美的东西的情况下有一种愉快感，发生于生命活力的自由流露，因而可能和感觉性的魔力与幻想的活动有联系。另一方面，连同崇高而发生的愉快不是直接的而是间接的。崇高的对象第一个影响是阻止生命活力的流露，而随着这个有活力的更强烈的流露，这只是第二性的。因之，崇高排斥直接的感觉性魔力而含有想像力的剧烈而庄严的运用。既然发生于崇高的愉快感是间接的、第二性的，它是一种消极的愉快多于一种积极的愉快，类似伴随着道德律的意识的尊敬感的。

在更详细地来考虑崇高的和美的之间的差别时，我们可以局限于自然的崇高性，因为艺术中的崇高不过是自然的崇高性某种方式上的仿造。

自然的美是在于含蕴在对象形式里各因素的和谐,而这和谐在我们里面激起一种愉快感,是审美判断所根据的;结果在美的东西的情况下有一个直接的判断,像是依据对象对我们知识各机能的直接适应的。另一方面,在崇高的东西的情况下,对象的形式或无形式性有点是意图出现的否定,
〔426〕结果是判断不是直接的而是间接的。想像力努力于表现超过它的能力所能表现的。对象是这样的一种性格,因之不能把它压缩在限度的里边,它逃出一切表现它的企图,因而判定对象是崇高的这种判断是间接的,而且其实得要注意,它越是挫折想像力要表现它的一切力量,它就越为人看为更崇高。因之看来在这里像是有对象和我们知识各种机能之间一种对立而不是相互间的直接适应。

严格地来说,我们不能称自然的一个对象本身为崇高的,虽然我们可以很正当地谈到自然对象是美的。因为在崇高东西的情况下没有对象的形式和主体的机能两者之间的直接适应,像含蕴在美的东西的情况下那样。所以我们对于我们称为崇高的自然对象不能有一种直接的满意感,因为它和我们机能的直接运用与其说是和谐毋宁说是不和谐的。我们需要说的就是,不是自然什么对象是崇高,而是它适合于由心情对于对象的反作用产生一种对崇高性的感情。真正崇高的东西不能压缩在任何感性形式的里边来。它含蕴着理性的一种直接的运用,这种运用一直是在追求一个绝对整体或者说无条件的东西,因之就对不能实现这东西的一切对象起而反抗。在心灵中唤起崇高感的,正是感觉上呈现出来的对象的不足以实现理性的观念。为狂风激起而怒号的大海在其本身不是崇高的而简直是可怕的,而只有当心灵充满着理性的观念时,才对于感性的本性从威胁到它毁灭的东西自然的退缩引起一种反作用,因之心灵就对外来的对象反作用,被冲动到高升于一切感性的东西而纯然从事于观念。可
〔427〕见在崇高东西的情况下,有意图性是在主体里面,而且其实是在有理性的主体里面,而不是在对象里面。

自然的美是这样一种性格,所以我们自然不得不按一个有意识的行动者的类型来描写它,实现着一个意图或本着要达到一个目的的这个目标来把各种不同的因素结合起来的。我们这样引入来的有意图性这条原理暗示着应该判定现象不只是属于自然的机械系统而且是属于类似艺术

的东西的。诚然美的东西实际上不扩张我们关于自然的知识;因为,如我们已经知道的那样,知识是为知性的各种原理局限于对象的确定的,而这些原理的最高一条就是交互的因果作用的原理,这条原理并不把我们带到自然作为一个机械的系统以外。但是,虽然如此,而美的东西迫使我们引入有意图性这个观念,这也是属实的,因而我们就不得不把自然想为好像它是一个艺术家似的。另一方面,没有什么东西在崇高的东西里是叫我们要把意图这个观念直接应用在自然本身上面的;因为自然在它的最野蛮而最无约束的状态上是适合于激起崇高的感情的,只要它显出它的极其庞大或力量,所以崇高这个观念不如美的观念那样导致这么丰富的实用。它并不暗示在自然自身里有什么意图,而只在我们利用它时产生高出感性的东西这个意识。我们不得不用对象性格中某种东西来解释美的东西;而我们却把崇高的东西归于从自然力量伟大的静观而在我们里面发生的特别心灵状态。像这样,在美的东西的情况下以之归于对象的有意图性,在崇高东西的情况下是只从主体的考虑而发生的,所以崇高的 〔428〕
理论是自然中有意图性的审美判断的一个附属物。

第二十四节　崇高的各种形式

崇高的分析迫使我们作出数学的崇高和力学的崇高两者的划分,这种划分在美的情况下是不必要的。前者是大小的崇高,后者是力或能的崇高。

崇高感和美感的区别就是在前者里面有心灵本身的运动,而在后者里面心灵是休止于对象的。必须把这个运动看为含蕴着某一种有意图性在主体里面的,因为崇高这个意识是为一种愉快感所伴随着的。作为通过想像力对知识或者对欲望有关系的崇高感含蕴着一种适应,这种适应必须归之于我们机能的和谐的;因为这愉快感不发生于通过对象而得到的满意任何这种观念,而是完全无利害关系的。在一种情况下,适应则归之于作为大小量的对象;在其他一种情况下是归之于作为力的对象的。所以要就是想象的数学确定,要就是想象的力学确定。

甲、数学上的崇高

第二十五节　"崇高"这词的解释

绝对伟大的称为崇高,所以我们必须把它从大小即一定的量(quanta)

〔429〕区分开来。绝对的大是超过任何一定的量的。说一个东西是绝对大不等于说绝对它是大;因为在前一情况下我们只肯定一个东西就它自己本身来说是大的,而在后一情况下我们声明它是无可比拟的大。那么,在我们说任何一个东西是大、是小或不大不小时,我们不是在使用着知性的一个纯概念,因为一个概念是固定而不变动的某东西。我们也不是在利用着感官的一种直观,因为除了和某其他东西相比较以外,不说什么东西是大、是小或不大不小的。我们所使用的也不是理性的一个概念,因为它不包含知识的原理的。所以这里成为问题的是理性的一个观念。如果我们只拿一个大小量的本身来说,我们知道它是一个一定的量或定量,因为它含蕴着许多同质单位在它里面;但是我们只靠拿某其他的量作为一个标准而把它和这标准相比较,才能说它是多么大。所以在判定大小时,我们考虑的不只结合为整体的单位,而且还有单位的大小,就是说,我们凭拿来作测量标准的单位的数目来估计一个东西的量。因之现象的量既然总是相对的,它的确定不可能产生大小量的一个绝对的概念。可是当我们说一个东西不只是大而且是绝对大或崇高时,想在这东西本身以外寻找一个比较的标准显然是无用的。马上得到结果就是崇高不是在自然里面而只在我们的观念里面去找的。可以表达这点说,崇高是和它比较时一切其他都是小的那个东西。很明显,既然自然不过是感性现象的总和,在它里面没有什么东西能判定为无限大或无限小的。这些术语只表示一个相对的观点,只肯定和更小的比较这东西是大的,和更大的比较它就是小
〔430〕的。因之没有感官对象能够是崇高的。然而想像力永远不断向前突进,力图表现某一个无限的或绝对大的东西,而想像力的失败就表示理性要求有绝对的总体;因为如果我们没有无限的这个观念,我们就不能意识到想像力表现无限是失败了的。所以我们也可以这样来表达崇高的性格:那就是崇高的,只是能够想到它,就证明我们具有超出感官任何标准的一种能力。

第二十六节　在估计自然的事物的大小量中需要什么才得到崇高这个理念

大小量利用数目的概念来估计的就是数学的估计,而用眼或触觉在直观中来测量的这种估计就是审美的。然而我们只利用数目,即用一个

单位这个概念,才能对一个对象的大小得到明确的概念,所以一切靠思维的一种动作来估计大小量都是数学的估计。与此同时,这种逻辑的方法除了在直观的根据外无法进行;因为用来作大小量尺码的单位必须认定了之后,数目估计这种逻辑的方法才能进行的。而既然任何单位,在逻辑上来判定,是和另一标准(尺码)有关系的,归根到底,要用来作标准的单位必须在直观中表现出来,就是说,单位可以说是审美的。

在大小量的逻辑估计里没有最大(maximum),因为我们一个单位加上一个单位可以继续到无穷,但是在我们尽力用直观来估计大小量时,这等于说在想象中来估计大小量时,毫无疑问是有一个最大的。这样一来,〔431〕
在大小量的审美的估计中是有一个最大的。在这里,如果肯定有一个绝对的尺码而不能找到更大的,那就很明显我们是树立起超出一切可能表现的东西这个观念。崇高这个观念是在这种方式上发生的,在我们里面产生一种特别的情绪,是在利用数目的大小量数学估计中没有的。

无限不只是比较上大而是绝对大的。因之同类的一切其他的量和它比较起来都是小的。然而就当前的关系来说,重要的东西是能把它作为一个整体来思维的这种能力,这就说明在我们里面有心灵的一种机能是超出任何感官的标准的。要在感性上表现无限,就需要一种理解的力量,在它里面所用的标准,是和认为可在数目上表达出来的无限有一定的关系的。这显然是不可能的,但是仅仅能思维到这个无限的力量而不带有矛盾就意味着在人类心灵中有一种超出直观的机能。只有借助于这个引起一个本体的观念的机能,才能在思维中完全掌握得住感性世界的无限性,虽然依靠使用数目概念的数学方法是不能理解它的。

一定的量的尺码不是绝对的而是相对的。自然的唯一绝对尺码是在绝对无限性这个概念中给与出来的。可是,当这个概念应用在作为一个现象的自然的时候,就发现它是自相矛盾的,因为没有可能表现一个绝对总体,即无限,由于对想象表现它的唯一方法是靠一个单位加上一个单位以至无底止的这个方法。结果就是,想像力在它企图表现够得上无限性〔432〕
这个概念的东西遭到挫折,因之心灵就退回到在想像力和在我们思维的机能里面所预先假定的自然的超感性基质那里去。作为超感性的这个基质显然超出感官的任何尺码,因而严格地说来,它不得称为一个对象,而只是在我们心中的一个观念,是我们用来批判想像力所提出的对象。因之必须看为崇高的,正当地说来,就是我们自己的心灵状态。

第二十七节　包含在我们关于崇高的判断里面的满意的质

当包含在一个观念里面的绝对总体是不可达到的时候所发生的感情就是尊敬感,因为我们的理性拿一条绝对的规律硬给我们负责,而我们作为感觉性的存在者尽到极大的努力还是不能完全达到。然而理性的规律要求有现象的完整综合这个观念,因为理性的性格总是不能满足于任何达不到无条件的东西的。在当前的情况下它拒绝承认除了完整的整体以外的任何绝对的尺码;而既然想像力甚至尽到它最大的努力还永远不能达到这样的一个整体,因而就永远不能成功地表现一个够得上理性的观念的对象,所以它就露出它自己的限度和不完全性来,而与此同时,它证明一直指导着它的理想就是理性的观念或规律。所以对我们以之归于自然的崇高的这个感情正当地是对我们自己作为有理性的性格的尊敬;因为理性绝不理会感官的种种限制而要求绝对和它自己的规律一致的。所以我们是用一种暗中窃取的方法,把严格说来只属于在我们自己人格里的人性的东西,即属于设想为以一条合理的规律担负在自己身上的人性那个东西,转移到自然那里去。在这里我们有了一种新的证据,证明我们知识的各种机能的合理确定是优越于甚至我们直观的或感性的本质的最大努力的。

〔433〕

乙、自然在力学上的崇高

当自然显出超过一定的估计,但同时却又不压服我们的时候,自然就被看为在力学上是崇高的。

自然永远不被看为力学上的崇高的,除了首先是在它成为能激起惧怕的时候——当然我们还是惧怕许多不是崇高的东西。一个审美判断,从它的性质来说,是不能根据知性的一个明确概念的,而在它里面,对于反对力量的优越性意识必须以抵抗它的力量的大小来估计。凡是我们想要抵抗的,从我们的感性本性说来,都是一种恶的东西,而且它是这么大,以致超过我们一切抵抗的力量时,它就是惧怕的对象了。在审美的情况下，因之只是在自然是惧怕的对象，就是在它激起从自然的邪恶的自然退缩时，它才是看为一种力量，看为在力学上是崇高的。

但是一个对象可能被看为可怕，即算到要带来自然的恶事给我们的，然而我们还可不怕它。这是发生于我们只想到我们可以抵抗这种情况，而同时认识到抵抗是枉然的这个时候。有德行的人可以说是敬畏上帝而不怕他；就是说，他想到反抗上帝的诫命这种可能性，但是他把这种事情置之脑后作为与自己没有个人利害关系的，因为他没有违反那些诫命的欲望。然而在想到抵抗认为是一条神圣诫命的东西是可能的这种情况下，那就认为上帝是可怕的了。

惧怕自然的人不能判定自然是崇高的；因为崇高只发生在心灵超出纯是物质上的恐怖的时候，正如对于美的东西的意识只发生于对象激起一种纯然无利害关系的感情的时候，就是一种不和情欲与倾向的满足相 〔434〕
关联的感情。

“悬崖峭壁，黑云密集，雷电交作，火山爆发，狂风怒号，海洋澎湃，瀑布飞腾，这些惊心荡魄的现象，使人魂飞体外，不敢仰视，更说不上抵抗了。”

可是它们越可怕，我们就越为这样的自然对象所感动，只要我们的心情是把我们提升到自然恐怖之上的。在这种情况下，我们断言自然是崇高的，正因为它唤起我们心灵的力量的一种非常的运用，而在我们里面揭露一种尽到最大的努力来抵抗纯是外力的力量，这样就给我们勇敢来与自然的无所不能较量一较量。

自然的广大磅礴，和不能找到与它的大小量估计成比例的标准这种情况结合起来，就使我们深深觉得我们物质存在的种种限制，但是它又揭示给我们这个事实，即理性有一个标准高于任何在现象中能对我们出现的东西。自然的无边力量究竟是够不上绝对统一性这个观念，而和这相对比自然里边一切都是渺小的。这样，在我们自己的心里就有了一个观念，把我们提升到自然一切广大无边的之上。这样，自然所激动的不可抵抗的力或能，一方面使我们意识到我们物质上的无能和限制，而同时在另一方面揭露出独立于自然的判断能力。我们作为个人在自然的不可抵抗的力量面前，是觉得软弱无能的，可是理性，叫我们从人类的观点看，是依然未屈服的。这样一来,就开始把自然看为不是可怕而是崇高的了。严格地说,在这个崇高,正如在数学上的崇高里面一样,崇高的不是自然而
〔435〕是人自己,因为由于他的理性,他就意识到在他自己里面那个把他提高到完全在自然之上的东西。

那么,我们以之归于自然的崇高性实在是在我们自己的心里面,由于我们上升到我们自己的自然存在之上,也就同时上升到一切外在于我们的东西之上了。

第二十九节　就自然的崇高说到判断的模态

谈到自然的美的对象时,我们在大多数情况下可以指望别人和我们的审美判断同意,因为这些判断都是直接为对象的直接性格所激起的。可是关于崇高,我们就不能有同样的保证,保别人会和我们同意;因为在这情况下,我们必须预先假定不只审美的判断力有过相当多的培养而且还要知识的各种机能也是如此。对崇高的易接受性意味着在主体里面一种对理念的收容量,而且包含着理性的运用,创始绝对或者说无条件的出来;因为崇高在本质上,是自然在想像力面前所呈现的限制和想像力甚至在它尽到最大努力时所不能表现的无限这个理念这两者之间的对比。所以,既然崇高意味着对无限这个理念的收容量,而且道德的种种观念是依据一条绝对的道德律这个概念的,因之只有受过某种程度的培养的人才能上升到超出自然呈现为可怕的那个第一相而判定自然是崇高的。但是虽然为了对自然中崇高的意识所需要的培养,远多过美的情况下所需要的,但不能由之而得出结论说,我们能把崇高解释为只是培养和习俗的产物;恰恰相反,它的基础是在于人类的本性,而且其实是在于我们可以公
〔436〕道地要求于每一个人的,即承认道德观念的倾向。在这个倾向上面,我们就可以根据这个要求,即别人应该同意我们对崇高所作出的判断。正如我们说,谁对于自然的美漠不关心,谁就是缺乏欣赏能力的那样,我们也说,在一个人对我们判定为崇高的一个对象无动于衷时,他就是缺乏感情的了。两者都是对每一个人所要求的,而两者都是对只有文化的人可以预先假定的。虽然如此,在美的和崇高的这两者之间,我们是作出划分的。前者是我们指望每一个人都经验到的,因为在这里有着想像力对于知性的一种直接关系,而知性是一种机能,没有它就任何经验都不能有

的。另一方面，谈到崇高，就有着想像力的一种关系，不是对于知性而是对于理性的，那么我们就预先假定道德感作为它的主观条件；因为道德感发生于直接欲望的谴责，由于它是和道德律这个观念相对立的，因之，虽然我们不能以这个道德感归之于每一个人，但是我们还是主张每一个人都应该经验到它，因而我们就把关于崇高的判断看为也是必需的。

审美判断的演绎

第三十节　纯粹审美判断的演绎

只是在审美判断含蕴着在对象的形式里有满意或不满意时，这种判断的演绎或辩解才是需要的。所谓“演绎”，康德的意思是指一种证明，说明主体所作出的判断必然是在某方式上和对象一致的。例如范畴的演绎是在于说明判断有某些原理是在经验的对象里面预先假定的，因为没有这些原理，就没有这样的对象。在当前的问题上，康德论证说，主体所作出的判断含蕴着在对象里有某一种形式。可是属于这种性格的是鉴赏判断。不错，这样的判断不依据知识对象借以得到构成的知性概念，但是它们的确依据这个预先假定，就是认为对象的形式是这样，结果就是它适合于我们知识的各种机能，因之激起满意或不满意的感情。自然中的崇高则不是这样的：它不包含有对象的形式和我们知识各机能的关系；因为可以把对象看为没有形式或形象的，然而它依然可以引起满意的感情而这样就含蕴着有意图性，不是在对象的形式和主体知识的各机能的关系，而是在主体自己的知识各机能之间的关系，所以谈到崇高时，演绎是不需要的，因为严格地说，我们毋须超出主体，因为在自然本身是没有崇高性的；因之，虽然由于一种暗中窃取，我们谈到自然是崇高的，其实崇高性的根据是处在人类本性里面的。所以在崇高的阐明中，当说明崇高出自主体的性格，因为它是能够由于理性高出一切现象的时候，就已经作出了实际上就是一种演绎的东西了。那么，需要演绎的审美判断只是关于自然美的判断。

第三十一节　鉴赏判断的演绎方法

除了判断要求必然性是自己的这种情况以外，演绎是不需要的，但是我们必须也把自认为对每一个人都有效的判断列入这一类，虽然它们所依据的不是知识而是愉快感或痛苦感。鉴赏判断不是知识判断，因为它不是理论的，又不是实践的；就是说，它既不根据自然的概念，又不根据自由的概念。所以在这里我们得要验前地说明一种判断的正当理由，它既不表示属于客观世界性质的东西，又不表示含蕴在道德律里面的那个普
〔438〕遍的义务。所要说明的，就是一个表达着一个对象的形式和主体的各机能两者之间的某一种和谐的单一性判断的普遍有效性。这种普遍有效性的证明不能由上诉于经验而以所有的人都在我们的感觉上和我们同意这一点为根据，因为一个普遍、必然的判断是不能这样得到成立的。我们所要说明的就是每一个人必须一致在把他的审美判断根据于某一种愉快感，就是根据于他个人的欣赏，然而这个一致性又不依据知性的概念的。那么，鉴赏判断有两个与别不同的特征：首先，它是验前普遍地有效，然而还是一个单一判断；其次，它是必然的，即依据验前的根据的，虽然不能以任何逻辑方法来验前地证明它的必然性。

第三十六节　鉴赏判断演绎的问题

和鉴赏判断演绎联系着的困难发生于这个事实，即所要证明的就是有一种验前有效的判断，然而它不能根据概念而只根据感情。所以问题就是，我们怎能把一个普遍判断根据于我们自己对一对象的愉快感而要求每一个人都作出同样的判断，然而这个要求又不能根据任何经验的概括的。这个问题可以从属于先验哲学的一般问题，就是验前的综合判断是怎样成为可能呢?

第三十七节　在一个鉴赏判断中关于一个对象应该在验前肯定的是什么?

一切鉴赏判断，按情况的性质来说，都是单一的，因为没有明显的概
〔439〕念是这个个别情况可以从属的，因为这种判断是根据目前的个别实例的观念的。但是，虽然这个判断是单一的，然而它又必然有普遍的有效性，因而在鉴赏判断中所陈述的就是这个愉快感的普遍有效性。所以，鉴赏判断验前地肯定主体在这个个别情况下所感觉的愉快乃是对每一个人的一条普遍规则。

第三十八节　鉴赏判断的演绎

鉴赏判断所与之联系的纯是对象的形式，完全不是它的感性内容。

它也不能根据知性的一个概念；但是由于对象的形式是在同样的方式上对所有的人出现，因为它是依靠我们直观机能的性格的，而且既然美的这种感情发生于对这个形式的直接知觉，所以我们有权来作出结论说，在对象的形式和主体的知识各机能之间必然有一种适应。因为知识各机能在所有的人里面，对于同样的对象活动的主观条件，必须是同一的。所以我们能验前认定，在这里有一个理念和判断的种种条件相一致。

注　　解

鉴赏判断的演绎是很简单的事情，因为它不需要说明一个概念客观有效性的理由，像在范畴的演绎的情况下那样。如果那是需要的话，我们就会有困难来解释概念怎样能确定客观有效性了。由于美不依据概念，鉴赏判断就不是一个关于知识的判断；它所肯定的只是我们有正当理由来认定在所有的人里面都有同样的判断条件，而且所谈的对象是已经正确地包摄在那些条件之下的。无疑总是可能在这种包摄中犯错误的，而 〔440〕
在经验的判断中这样的错误，事实上是不可能的。知性的概念是，没有它，关于一个对象的经验就完全不可能的这种条件，而在审美判断里我们是处理想像力和知性的一种关系，而这种关系在意识中只在感情的形式上出现的。但是，虽然在我们的包摄中，错误是有可能的，然而鉴赏判断有权来要求普遍同意，这是正确的，因为它只断言凡是正确地把对象包摄在知识的主观条件之下的人都将像我们自己一样作出同样的判断。

第二部分　辩证论

第五十六节　鉴赏的二律背驰

和鉴赏的原理相关联而发生的二律背驰可以这样来叙述：

(1)正题：鉴赏判断不是根据概念的；因为如果是的话，它就会导致争辩而可以有证明的。

(2)反题：鉴赏判断是根据概念的；因为如果不是的话，纵然有它的分歧，但不会有争辩，像我们要求别人一定必然地对我们的判断都同意的那样。

第五十七节　鉴赏二律背驰的解决

像在分析论里所解释的那样，这两条原理的冲突(这两条原理不过是鉴赏判断的两种特征)，只靠分别清楚“概念”这词分别在正题和反题里面

所谈到的意义,才能得到终结的,不能把“概念”这词的双重意义只作为观
〔441〕念的混淆就算了数;它是由判断的先验能力整个性格而来的,因而在这情况发生的幻象如在其他情况下所发生的一样,是不可避免的。

鉴赏判断必须涉及在某种意义上的概念,就是个别的实例必须从属于一条普遍规则,因为不然的话,就不可能辩解它对于普遍有效性的要求。但是这并不等于说这个要求是能从一个概念得到辩解的。一个概念有时候是能够确定的,像在逻辑判断情况下那样,在那种情况下,如我们曾看到那样,知性的规则是给与出来的,而在感性质料已向它呈现出来时,判断是在于以那质料为准标而确定概念。可是另一方面,一个概念可能是未确定,而且实际上是不能有确定的。超感性的东西这个理念就是这样。它是预先假定在我们一切感性的东西的领会里面,但是它不能为理论的理性进一步予以确定。因为对我们来说,这样的确定唯一有可能的方法,就是靠知性各概念的应用,而这些概念是必然有限制的,因为它们只适用于感性直观的对象的。牢记着这点时,鉴赏的二律背驰是不难解决的。鉴赏判断有对于感官对象的应用,但是它通过这种应用并不确定,因而由这确定而限制知性的一个概念。它不是一个知识的判断;根据只从对一个个别对象的静观发生的愉快感,所以它是个别主体的判断。所肯定的就是,对我来说,这个对象是令我满意的对象,不管对他人它是怎样。然而在鉴赏判断里所含蕴的关系,是广泛于只说各人有各人的鉴赏的不同这个说法所能表达的。含蕴着的有对象对于主体的某一种普遍
〔442〕的关系,而因为这个关系,我们就能为我们的单一判断要求普遍有效性。可是,普遍有效性绝不能存在,除非是含蕴着某种概念,虽然不必要把这个概念带到明显的意识中来。所以必须在这个情况下预先假定有一个概念,但这个概念是不能为直观所确定或限制的。因之,通过这个概念不能知道任何对象,鉴赏判断的证明也不能根据它。可是,一个以直观为准标没有确定的概念乃是超感性的纯理念,而在现象性的对象和能判定的主体的基础上的,就是在这个意义上的概念。那么,鉴赏判断是根据超感性的概念或理念的。

在我们明白了含蕴着有一个概念,虽然不是知性的概念时,在鉴赏的二律背驰里以公式形成表面上的矛盾就消逝了。一种为自然对我们判断

机能的适应的一般根据这个概念不能使我们能够关于所表现的对象确定什么,因为它本身是不能有确定的。然而这种判断不因那个理由就再不是对每一个人都有它的有效性的,因为就人在他的本体,即超感性的一方面来说,它是根据人的普遍性格的,这样,这种判断是对所有的人都有效的,虽然当然只作为直接伴随着直观的一个单一判断。那么,鉴赏二律背驰的解决是根据"概念"这词分别用在正题与反题的不同意义的区别。肯定鉴赏判断不是根据概念的正题,在它不是根据明确的概念这个意义上,是真的;但是反题肯定鉴赏判断是根据概念的。在把"概念"这词理解为一个不定的概念,即超感性的基质或者说本体的概念或理念时,反题也是同等程度真的。做出了这个区别的时候,表面上的矛盾就消逝了。所以 〔443〕
这两条表面上矛盾的原理是能互相协调的。无疑我们不能把这种协调根据于积极的知识,因为我们知识的各种机能受到限制就使我们不能把超感性的东西带到经验的范围里面来,但是刚才作出的区别说明正题和反题都可能是真的,而为着二律背驰的解决并毋须有更多的了。如果企图把鉴赏判断根据于愉快,由于说它含蕴着一个个体这个观念,或者如果我们采取像鲍姆嘉尔顿这派作家的看法,说这种判断是根据完善性的原理的,那么在两种情况下都没有二律背驰解决的可能,因为这两种看法都是认为现象是物自身,而按那种假定,矛盾则依然存在,因为正题和反题都是在同样意义上以同样的对象为准标,就要同时都是假的,因为它们不只是矛盾的而且是相反的了。连同鉴赏判断发生的二律背驰是类似我们在《实践理性批判》一书里所处理的二律背驰,而且解决也是同样的性格的;因为在这两种情况下,我们都不得不越过感性东西的区域而在超感性的东西这个观念里寻找我们知识各机能的协调的;并且事实上别无他法是理性能免于自相矛盾的。

〔444〕

目的论的判断力的批判

323

第一节　目的论的判断力的分析论

六二、形式上客观的意图

323a 常常碰见不是有意地抱定那个目标而构成的几何形发觉有这样的一种性格，就是它们能使我们用一单个方法来解决几个问题，或者用许多不同的方法来解决一个问题。这里的适应显然是在作为一个对象的几何形，而且这适应是理性的，就是我们在这里不是有适应的一个实例，像在审美判断的情况下所曾讨论过的那样，其适应是主观的。但是这些几何形，虽然它们发现是适应于一个特别的意图，却不是单独为了那个意图而构成的。因之，虽然这个对于一个目标的适应是理性的、客观的，但是它不是在对象里的一种适应而只是形式上的。除了在适应同时既是客观的而又是直接有意图的这时候，我们没有目的论本身的实例；所谓客观的而又直接有意图的，就是说它依据目标或意图这个概念，而且那意图是归之于对象的。所以在我们考虑目的论的判断时，可以把几何形适应的情况
323b 摆在一边。另一方面，当事物或对象作为外部的出现，然而仍然安排在某一定的方式上，就有了实在的适应，不同于形式上的适应。在一座花园里
〔445〕 有树木和道路的布置，因为这是产生于一定的意图的，因而除非我们关于这种对象有现实的经验，是没有可能来知道这样的布置是存在的。所以实在意图的这样一个实例是不同于发现为在解决问题上有用的几何形的适应的。

六三、相对的意图和内部意图的对比

324a 只是在我们没有其他方法来说明事实的时候，经验才迫使我们把意图这个观念应用于自然对象。这个可以发生在结果被看为本身是意图的结局的时候，或者是在它只是其他可能的自然存在者行动的资料或手段的时候；换句话说，我们使用意图这个观念，要就是在目标这个意义上，要

就是在达到一个目标的手段这个意义上。在后一种情况下,意图在它对于人的关系上就称为功用;就是说,人自己有意识地使用这对象作为实现他自己的目标的一种手段;而在我们谈到其他的被造物时,它们自己不是为着达到某些目标这个意图而有意识地使用这手段的,那么,就称为便利(advantage)。其次,在结果被设想为本身就是艺术的产物时,意图就是内部的或内在的意图,这是被看为对对象存在这个概念本身是必需的。324b
譬如拿便利的一个实例来说,即沙土和松树的关系。无可怀疑,松树繁殖于沙土,而事实上海洋从波罗的海岸退缩时留下大块的沙土,用来助长松树,因而对松树是便利的。所以问题可以提出,海洋的退缩是否要看为是为了松树的滋养的。如果是的话,那么就要把沙看为一种相对的目标,而〔446〕
海洋的退缩作为一种手段;正如松树是一个目标而沙就是一种手段一样。不管把意图这个观念这种应用的合法性说成怎样,至少很明显,在这里我们有了一个纯是相对的或说偶性的意图;因为意图不是归于松树本身,或归于沙,归于海洋,而只归之于这些不同现象之间的外部关系。这样就很明显,只有我们假定有某一种是自然预定的绝对的目标,我们才能辩解外部自然目标这个观念;不然的话,我们就永远达不到手段以外,而且事实 325a
上就会有无止境的前进(progressus ad infinitum)。但是为了成立这样的一个绝对目标的存在,我们必须完全超出自然,因为从物质方面来考虑,自然不过是特殊现象的总和。所以,相对的意图虽然暗示着自然是有意图的这个假设,但它永远不能为一个绝对的目的论判断作辩解;为了获得这样的一个判断,我们必须能够说明有些现实事物得要设想为本身就是有意图的。

六四、自然目标的事物的属性

把意图归于自然的对象必须根据没有可能用平常的机械规律来解释 325b
对象所显示的各部分的结合。所以这对象必须是属于这样的一种性格,除非在理性的概念这种预先假定上,我们就完全不能解释这对象的存在;换句话说,各部分的形式或结合必须为理性看到是需要意图这个观念作为它的预先假定的。在当前的情况下,对象显示出一个就自然寻常的规律来说是不需要的形式这个事实,就是我们把这个形式作为只通过理性才有可能的一种充足理由。可是,在它是实践的这个限度内,理性是意

〔447〕 志，或者说是按定一个目标而行动的机能，因而在这个情况下，必须把这
325c 对象看为好像理性以一个设想的目标为准标产生它出来似的。可是，把对象设想为理性所产生是不够的，因为人为的产物也是这样的。只有在一个东西是它自己的原因而又是自己的结果的时候，就是说只有在它是自为原因的时候，而在这是这样时，即种是如此、个体是如此、个体的各部分也是如此这个时候，这东西才是一个自然目标。首先，拿一个例子来说，一棵树产生另一棵树是按照人所熟悉的自然律的。所产生的树和产生它的树是属于同样的种的，因之我们可以正确地说这树是自繁殖的，即是自己的原因而又是自己的结果。其次，个别的树是自产生的，通常称这为成长；但是成长不只是大小的增加，这是可以由机械的规律说得清楚的，而且它是在于个别的树拿来作为发展自己的资料的这样的质料的同化作用。当然是不错，树是从外边得到为它的成长或者说为它的自产生的资料；但是它对这个资料运用一种分开、结合和形成的活动，把资料变为它维持自己的手段。最后，树的每一部分都是自产生的；因之，除非每一部分显出同样的自保持的力量，树本身就要死的。例如接种在另一种树的小枝上的一个树芽不显出那另一树的特征而产生本种的树。所以我们可以正当地说，同一棵树的每一小枝或每一片叶，在某种意义上，都是接种在树上的，而自成一棵独立的树，只是外在地附加于另一树上而为它所滋养的。但是一方面小枝和叶为树所滋养，而另一方面它们又对树供给营养，这也是属实的，因之，假使重复地剥去它的叶，树是会枯死的。

〔448〕

六五、自然目标的东西是有组织的物

327a 知性所想到的因果联系总是构成一个回溯系列的原因与结果的；因为这里原因在结果之先作为它的条件；而由于这原因本身又是一个结果，它的前面又有另一个原因，而这本身又是结果，如此类推以至无穷。这种联系我们称为充足原因的联系。但是有一种因果联系不在同样的意义上含蕴着一个回溯系列的，这就是目标的概念。这里的系列严格上不能称为一个系列：除了从我们对它的领会这个观点来看，因为它可以回溯也可以前进的；换句话说，以因果联系着的各因素是并存而且是相互依赖的。所以原因一样正当地可称为结果，而结果称为原因。因果联系的这个形式是最后原因的联系(nexus finalis)。

一个东西是一个自然目标，首先是在它的各部分只在对于整体的关系上才成为可能的；换句话说，是在各部分的结合，预先假定决定各部分得到布置的特殊形式的那个概念或观念的时候。可是这还不足以表达一切含蕴在一个自然目标里面的东西；因为所说的对于人为的产物也同程度是真的。在人为产物那里，原因是一个理智的存在者，不同于在某一定方式上结合来实现主体所预期的东西那些部分的。因之，其次，一个自然产物必须不只预先假定一个目标的概念，而且按它的本性必须是能不依赖任何外在于它的理智原因而实现那目标的；换句话说，这个意图不是外部的而是内在的。而只有在那自然产物各部分是彼此的形式交互为因果时，所说的才是真的。没有其他的条件能使整体的观念决定一切各部分的形式与结合。在这里我们不能谈到一个在某一定方式上集合各部分的原因；我们必须说的是，除了在内在的意图这个预先假定的条件下，没有其他方式是我们能想象到表示在对象的各部分那种特殊的结合的。所以一个物体是一个自然目标，只是在它的各部分在它们的形式上和在它们的结合上都是交互依赖才成立的；而反过来，整体的观念可以看为是按一条原理作为这物体的原因。所以在这个情况下，有了充足原因和最后原因的结合；换句话说，充足原因被想象为最后原因借以得到实现的手段。在一个自然产物里面，不只每一部分是借着其他部分才存在，而且是被想象为为了其他部分和为了整体而存在的，因之每一部分都是一个工具或者说一个机件；不但是这样，而且这些机件是彼此交互产生的——这是清楚地把有组织的存在者从人为的产品划分开来的一个事实。所以唯一的自然目标是发现于自组织的存在者里面的。 327b 〔449〕

有组织的存在者是自然中唯一的东西，从它们自身来看是必须被想象为只作为目标而存在的；因为没有在其他情况是意图归之于对象的，为着这个缘故，自然的目标这个概念，作为从实践的目标分别开来的，就是从人为地为一个不同于对象的理智的主体所得到的一个目标分别开来的，第一次从有组织的存在者获得客观的实在性；而且如果还没有发现有自然的对象是不能在其他方式上得到解释的，那就不会有正当的理由在目的论上来想像自然了。 328c

六六、有组织物赖以判断为内部有意图的那种原理

329a 在一个对象被判定为内部有意图的时候所用的原理可以这样来叙述：

〔450〕 自然的一个有组织的产物是一个产物，其中一切部分都是交互为目标与手段的。这就意味着一个有组织物的每一部分对于整体的完善是必需的，或者说在这物里面没有东西是能归之于盲目的自然机构的。当然，康德不会否认，一个有机体有些部分是不能指为有意图的，但是他会把这些部分看为不是对于这有机体的存在是有必要的；在一个东西里面，凡是实在有机的，必须被看为对于整体的完善同时是一个目标而又是一个手段。

329b 在我们想要解释经验中一切的事实时，这条原理就自然对我们浮现出来；因为经验永远不能给我们多过有限数目的实例，因而就永远不能达到一条验前原理的普遍性和必然性。另一方面，我们必须把最后原因这个概念和知性的验前种种概念区别开来。后者是组织性的，就是说，它们是必需的条件，没有它们，对我们来说，经验的系统完全是不会存在的；而前者只是一条主观原理，固然如果没有它我们就不能使得有组织的物成为我们可理解的，但它不是构成对象的，因为只是我们的判断的一条限制性的原理。

六七、关于自然作为一个目标系统的目的论的判断力

329c 上面已经指出过，外部的意图不叫我们有正当理由来谈到一个自然对象本身就是有意图的，因为外部意图的意思只是说我们把一个对象作为另一个不同的对象存在的手段，而没有把它看作在它自己就是有意图的。除非我们被迫去越出外部意图之外，我们没有根据来把意图归于从它自己来理解的对象；因为给与出来作为某另一东西的手段的一个对象
〔451〕 是可以按机械的种种原理得到解释的，至少在外部意图这个概念里面没有什么东西是排斥一种机械的解释的。所以在这种情况下，只能假设地判定意图；就是说，如我们已经看到，我们能把意图归于对象，只有是能指出它为它作为手段的对象必须想像为在它自己是有意图的这个时候。

329d 不引入意图这个观念就没有判定一个对象的可能性不就等于说自然

是有意图的这个判断。后一断言,所需要的,不只我们是被迫来使用意图这个观念作为我们判断的一条原理,而且我们要具有关于自然本身这样一种知识,叫我们有权来把意图归于自然。可是这就意味着我们必须对自然作为一个整体具有一种理解;而由于我们经验的种种条件使我们不能有完整的或者说无条件的知识,显然在这里我们就被驱使完全超出经验而进入超感性东西的区域里边来。甚至只一茎草叶都是我们不能理解的,除非我们把它作为内部有意图的来设想,这是完全正确的;但是这件事所指明的不过是从我们有限知识这个观点来看,我们除了把它设想为内部有意图的这看法外,我们不能在任何其他方式上理智地来说明一茎草叶。然而,如果我们改变观点,而把它只作为其他自然物存在的一种手段来考虑,我们就从事于寻找一个本身是绝对有意图的对象;而我们既然能把一个对象认为是起因于另一对象,又把这另一对象认为是出于第三个对象,如是类推,以至无穷,我们这样就发现我们永远不能找到一个对象是要实现无条件的这个观念,然而又是我们的理性所要求的。这样,我们就完全被驱使越过感性的东西,因而越出关于世界的一切物理目的论的考虑。

那么,只在有组织的存在者的情况下我们才不得不应用自然目标这 〔452〕
个概念。但是一经得到这个概念时,就不可能排斥自然是目标的一个系 330a
统这个观念;因为在有组织的存在者必须存在这假定上,我们有权来肯定它们存在所需要作为一种手段的东西也要存在。这样我们就得到自然的整体作为目标的一个系统的这个观念,而自然设想为一个机械的系统就得要看为按照理性的种种原理从属于这个更高的系统了。简单地说,自然作为一个整体必须设想为有机的。

然而这条原理显然不是决定性的而是反思的;它是限制性的,不是组 330b
织性的;因为一个决定性的判断,或一条组织性的原理,就是这样的,在它里面我们把经验的特殊东西包摄在知性的一条规则之下,因而它只在经验的限度里边适用。不能在经验对象的确定中使用反思判断或限制性的原理;因为限制性的原理只是一条原理,是我们谈到那些对象时不得不用的,因为不用这原理我们就不能解释它们,但是这原理本身是根据超感性的东西这个观念的。所以意图的原理只把一个指导的概念放在我们手里，利用它把已经在机械上确定的自然对象包摄在最后原因的原理之下。然而，既然机械的因果作用这原理适用于经验对象本身，而最后原因的原理只是我们关于自然必然地从属于一个超感性的观念的这个概念，我们就不能说在自然里有任何东西本身是有意图的了。

331a〔453〕 当目的论判断对于有组织的存在者的应用引导我们把自然的整体作为有机的设想时，我们就开始看到甚至自然的美，即自然和我们知识各机能的自由活动的和谐是可以合法地对待为好像这是自然有意图地预定了的——虽然这样想像自然和人之间的关系当然只是主观的。

第二节　目的论的判断力的辩证论

七〇、判断力的二律背驰

331b 在处理自然作为感性对象的总和时，理性或者从知性的一些验前规律出发，或者它可能依据属于一种特别性格而且能有不定的扩张的规律。在把知性的规律应用于自然时，判断力不需要反思的任何特别原理；它的唯一任务只是把感性特殊的东西包摄在知性为它们规定了的规律。但是自然的特别规律是这么繁多而各种各样不同，因之理性就不得不越出只是决定性判断所构成的自然系统。所以在这里为判断力的限制，一条特别的原理是必需的，而且如果深入自然现象的一种研究是要按一定秩序的方式来进行，那条原理就必须由判断力自身提供出来。除非判断力是有这样的一个指导的概念，它显然就必然在一种完全无系统的方式上进行。但是既然有两个判定自然的不同方法，即决定性判断所采取的方法和作为反思判断特征的方法，于是一种二律背驰就可能产生；因为在假定了判断的这两种形式都应用于经验的对象而且是在相同意义上应用于它们的，一种辩证的矛盾就不可避免地发生，因为假定了反思的原理是组织性的，像决定性的判断的原理一样。

332a 判断力的第一条准则就是这个立场：一切物质东西的产生和它们的
〔454〕 形式必须按照纯然的机械规律判定为可能的。

332b 第二条准则是反对的立场：有些物质的自然的产物不能按照纯然机械的规律，而需要有完全不同的因果作用规律，即最后原因的规律，来判定它们是可能的。

这样叙述出来，这些都是限制性的原理，可以使用在自然的特别规律 332c
的研究中，如果改变为组织性原理，确定着自然对象成为可能的各条件，它们就是这样的：

立场：一切物质东西的产生，按纯然机械的规律，都是可能的。 332d

反对立场：物质东西有些产生，按照纯然机械的规律是不可能的。 332e

可是，如果我们拿最后两个命题作为组织性的、或者说作为确定自然 332f
对象的性格的，它们显然是互相矛盾的。所以在这里我们有一种二律背驰，是从判断力的性格发生的。理性不能证明两者任何一个，因为理性纯是处理超感性的东西的，因而它不提供组成感性东西的任何验前原理。

可是头两条命题则不同，它们只表达反思判断力的准则，因而实际上 333a
不是矛盾的。当我们说，物质世界的一切事件，因而自然的一切产物，必须按纯然机械的规律判定为可能的，在这说法里面没有什么东西是含蕴着关于它们没有其他可能的方法来判定的。所肯定的是，在力求获得关于感性对象的特定性质或规律时——换句话说，在增进我们关于特种科学的知识时——我们必须在一切情况下看对象好像它们纯是自然的机械
产品似的，因为就我们经验所及来说，既然自然是一个机械的系统，其中 〔455〕
每个对象都是为它对于它以外的另一对象的关系所决定，那么我们关于自然作为自然的判断必须为机械的因果作用原理所控制。但是，虽然如此，没有什么东西妨碍我们，在我们碰见一些对象时，在它们作为自然机械系统的部分得到确定后，显然还没有得到完全解释，那我们就跟着最后原因这个概念的导引线，而用它作为一条主观的或说限定性的原理，借以推进我们关于自然特定形式的知识。没有人否认机械原理的确定是确定对象的原理；所说的只是，我们必不可认为没有其他可能的方法来确定它们。在我们规定最后原因的原理时，而又在我们用它企图发现自然特定规律的时候，我们并不否定纯由自然机构的原理可以解释对象的；我们所肯定的只是，我们的理性，既然是这样结构的，永远不能积极地在理论上发现自然的隐秘根据，因而我们没有条件来肯定或否定自然的形式，归根到底，是可以在纯机械的方式上说得清楚的。所以问题就是正当是存而未决的，如果我们真能渗透到自然的内部根据，或说基质，这样就取消掉我们知识的限度，我们会不会找到判定自然对象的两个方法——即用机

械的方法和用最后原因的方法——归根到底分化为一单条原理。然而我们必须承认我们的理性在其理论的用途上按它的本来性格是不能有关于自然的超感性的性质的一种直接或者说直观性的知识的;因而我们不能理解反思判断力的原理,即最后原因,作为靠它自己的特别原理来确定自然某些形式的。

〔456〕

七六、释　义

334a 理论的理性不能做出客观的或综合的判断,树立起无条件的这个观念在它的世界、自我和上帝的三种形式,它仍然不能合法地从这三个理念过渡到肯定和它们相应的对象。其实理性提供我们知识只限于理性的概念为它们对于空间与时间的感性对象的关系所决定或限制;换句话说,通过理性的一切积极的知识都采取知性的形式,而知性的形式使我们能够构成现象的系统,但并不使我们有正当的理由认为就有了关于最后实在性的知识。所以理论的理性,正因为它是处理超感性的东西,而我们的知识是局限于感性的东西的,并不包含有任何组织性的原理而只包含有限制性的原理。然而我们理论的理性的本性,或者说理智,迫使我们把可能的和现实的区分开来。毫无疑问,无条件的这个概念在我们心里头是一个现实的观念,但是它并不叫我们有权来肯定有任何相应的实在性。我们能想到可有可无的东西,作为区别于现实的东西的。对我们来说,这种区别总不会发生,如果我们的理智按其不可改变的结构不是依赖感性直观才能有具体的特殊东西,而感性直观是属于这样的一种性格,以致它使我们不能有知道事物照它们本来的样子的可能性。如果我们的理智不受感性经验的种种限制;换句话说,如果它是一种直观性的理智;那么知识对象就会总是现实的,因为凡我们直观到的就会同时是实在的了。所以可能与现实之间的分别是不能适用于最后的实在性,或说如实的事物的。
〔457〕这是一种分别只从我们知识各机能的特别性格而发生的,而且只因为我们能**想到**我们不能**知道**的东西才有一种意义的。的确是如此,可能的也许不是现实的,而因之我们不能从可能性得出现实性来。与此同时,必须清楚地注意到,这个分别只对于人类的理性才是正确的,或者至少是对于一种,像我们的那样,是推论的而不是直观性的理性才是正确的。甚至从这点也很明白这种分别不适用于物自身的,就是,如果理性没有树立起无

条件的东西这个观念,我们永远不会明白我们经验的对象只是现象。所以,理性显出一种不可遏止的倾向要预先假定一种毫无条件的必然条件,即事物的一种原始根据,在其中是再没有可能与现实的分别的。一个绝 335a
对必然的存在者这个概念,即一个对在它里面凡可能的都是现实的存在者,是理性的不可或缺的一个理念,但是同时也是永远不能积极地得到成立的一个理念。可能的和现实的这个对比完全是由我们知识各机能的性格而来的,因而它不能有客观的适用的。我们不能说每一种理智必须作出这样的一个分别,因为我们无权来认定一切理智都在适用于我们的理智的限制下活动的。没有什么东西妨碍我们来认定有一种理智,在它里面思维是直观性的,即一种直观性的理智,因而没有什么东西妨碍我们来认为有一些存在者,对他们来说,没有可能的和现实的对立的。对一个直观性的理智来说,凡是可能的都是现实的,因而这样的一个理智永远不能划分偶然的和必然的;凡是的东西对它来说就会是必然的,就是等于说,可能的和现实的是同一的。

正如理论的理性预先假定自然原始根据无条件的必然性这个观念那 〔458〕 335b
样,实践理性也就预先假定它自己的无条件的因果作用,即自由,作为是从它加在主体身上的绝对命令所推论出来的。在这里,在对于具有感受性的性质的一切有理性的存在者都有普遍束缚力的一种行动这个意义上的必然性,和在通过自然的因果作用规律的事件在经验中不可违反的联系的意义上的必然性,这两种必然性之间有一个对比。在道德上必然的一种行动还可以看为在物质上是不必然的,因为道德的义务并不是不可避免地含有把自由行动转变为物理次序的形式这种意义。只是由于我们实践能力的性格,道德律才对我们以命令的形式出现,而遵照这些命令的行动就作为责任,因为这是发生于这个事实,即既然我们同时是理性的而又是感性的,我们的行动不总是纯然从理性出来的。因之理性所表达的必然性,其形式不是这个行动不可避免地要发生,而是它应该发生。如果在我们里头,理性是完全独立于感觉性的欲望而活动的一种原因的话,那么凡我们现在声明应该有的行动就会在现实上发生,因而就不会有实在的和应该的这种分别;换句话说,如果人纯是理性世界的一个公民,因而他就是一切行动都完全遵照道德律的一个存在者,这种分别就会消逝了。

如果是这样，那就无须区别开来实是与动作，无须区别开来表达我们能够决意的实践规律和通过我们才在现实上有的东西的理论的规律。简单地说，在一个纯知性的世界里，凡是可能的同时也就是现实的，因为除了理性所加上的，即绝对是善的东西之外，没有东西是可能的。虽然道德律的意识使我们有权来推论出存在于我们里面的自由作为一个知性世界形式
〔459〕上的条件，然而对我们来说，这是一个超验的概念，因而不能用为决定我们行动的一条组织性的原理，因为这些行动在理论上对我们来说，是自然的即现象的世界之一部分，虽然我们的性质，部分是感觉性的，因为是为自然欲望所影响的，自由含蕴着和理性一致这个观念的，对我们和对一切其他具有感觉性的性质的有理性的存在者来说，是一条普遍的限制性原理，这也是真的。这条原理在客观上不决定自由的性质，但是它命令每一个人要按照自由的观念来行动，而且是绝对地这样命令，好像它是一条组织性的原理似的。

336a 从这些考虑我们就可知道判断力所使用的目的论原理的性质。我们何以被迫来把自然的机械规律和自然的目的论联系分别开来，其理由就是我们的理智，因为是知觉性的，为它的素质迫使来从普遍进行到特殊。由于我们不能关于特殊适应于一个目标的知识，判断力就不能是决定性的，除非它有一条普遍规律来把特殊包摄在这规律之下。像康德所论证，我们不能只靠特殊的积累而前进；另一方面，也不能只通过思维的普遍概念而有知识。在一切情况下必须有某种方法把普遍和特殊结合为一个行动。可是在感性观察中向我们出现的特殊不是必然的或直接和普遍一致的而是显出某些偶性的。然而理性不能满足于任何达不到把特殊归结为规律的东西。事实上理性原来的性格就是在一切情况下它都寻求统一性。而由于特殊和普遍不是总是相互协调的，那就不可能直接地把前者
〔460〕包摄在后者之下。我们在这里处理的事情是偶性的，而凡是以普遍的为标准而有特殊的这样的偶性的地方，我们只得进行好像在它们两者之间是一致似的。因之自然产物是有意图的这个概念，即在它们和规律的观念之间有一种适应的这个概念，虽然对我们的判断力是必需的，但不能归之于对象本身的。如果是可能的话，我们就得要主张内容与形式没有分别了；换句话说，主张特殊是这样的性格以致它们必然遵照一条不可违反

的规律。但这就再一次会意味着自然归结为机械的结构。那么,意图这个观念不过是理性的一条主观的或说限制性的原理,虽然就我们的判断力来说,它有同样的有效性,好像它是一条客观的或者说组织性的原理似的。

七七、作为从我们的智力的特别性格而来的自然目标的概念

甚至我们知识的各高级机能都有某些特性,是我们自然地作为术语 337a
应用于事物的。其实它们不是这样能应用的,因为它们只是在理念中表现出来,而像我们知道的那样,在经验中找到和理念相应的对象是没有可能的。甚至对于自然目标这个概念也是这样,自然目标不能用来陈述对象而只存在作为一个理念。纵然如此,和这个理念相应的影响,即自然的产物,在现实上存在在自然里面,因而看来好像我们有权来使用自然目标这个理念作为一条组织性的原理似的。因之在自然目标这个理念和理性的一切其他的理念之间有了一个显著的区别。康德的意思是说,在一切其他理念的情况下,完全不能在自然中发现任何对象是可以应用理念的。
例如灵魂这个理念是这么完全从个别在时间上主体的特殊状态分开,以 〔461〕
致在这些状态里面没有任何东西强迫我们来应用自然目标这个理念。同样地,在上帝这个理念里面,我们是完全被提高到感性事物的整个总和之
上的。自然目标这个理念和一切其他理念之间的分别是由于这个事实而 338a
来的,就是虽然它无疑是理性的一条原理,但是它却不是知性所能使用的一条原理。如果是的话,就会有感官的特殊直接包摄在一条普遍规律或规则之下了。自然目标这个理念是完全对判断力有关系的,因而就只是我们的智力一般地应用于经验的可能对象。在这个情况下判断力不是决定性的而只是反思的,因而虽然它所处理的对象是在经验中提出来,而对象所从属的理念只是判断力的一条原理,它不能确定对象本身而只在反
思上使用来把对象从属于意图这个主观的或说限制性的观念。所以我们 338b
人类理智的一种特性就是我们必须以意图这个观念为标准来判定自然事物。然而像在这种情况所表示的那样,我们理智的限制本身却暗示给我们一个不是这样受限制的理智这个理念;换句话说,就是一个直观性的理智这个理念,其中的对象是直接知道的,而不是间接从属于一个主观的概

念为了经验的组织的。正如在《纯粹理性批判》一书里，用树立起不同于
我们的直观的一种直观的观念这种方法使我们看到我们的直观是受到限
制的那样，同样地，和不是这样受限制的一种更高的理智对比起来，我们
就清楚地看见我们目的论的判断力的性格，当我们看到从一个可能更高
的理智的观点来看，自然产物就会像它们原来那样被知道的，而我们就必
〔462〕须纯以我们知识的种种条件为准标来考虑它们，在这个时候，我们又看到
我们考虑自然产物，好像除非它们是一个以预期的目标为准标而活动的
理智所产生，它们就完全不能有存在似的，这是一条主观的原理。但是虽
然我们不能避免这个想法，我们却没有正当的理由来认为它使我们有权
来肯定一个有理智的原因是现实上存在的，即它以一个目标为准标而产
生某些自然对象的这个原因。一个更高的理智也许会觉得按机械的概念
338c 就可完全说得清楚对象而无需用最后原因这个观念，其实我又怎样知道
呢？所以我们必须打算在我们的理智和它的判断能力之间的关系里面发
339a 现某一种的偶性，而这个偶性的性格的确定就要现出我们的理智和其他
可能的理智之间的分别。这个偶性显然是在于这个事实，即我们的理智
并不创出特殊而是要依靠感性直观来得到特殊的。因之判断力只能是在
于把这样提供出来的特殊从属于知性的普遍。由于我们知性的性格，知
性才给我们以普遍，就是说，它是在于一个普遍而必然的结合能力，然而
直观的特殊影响我们的感受性却有许多方式，纵然这些方式在某一共通
的特征上是一致的。就我们来说，在一切情况下，知识含蕴着概念和直
观，如果我们是具有一种直观性的能力，自发地创出特殊的，我们的知识
就不会像所描述的方式那样受到限制；可是这样的一种能力就不会是感
受性的一个形式，因为感受性的本性就是它是接受的。然而和我们的理
智对比，我们能够想象到一种直观性的理智；虽然由于对它没有经验，我
们只能消极地描述它，说它不是推理的，即间接的，而是直观性的，即直接
的。我们想到这种理智在这个方式上不同于我们的理智，就是它不从普
〔463〕遍通过特殊而进行来构成个体；因为在这样的一个理智里面自然的特殊
规律和知性之间就会有一种直接的联系，因而就不会有偶性的。我们能
339b 够想到自然事物适应于我们判断的能力的可能性就是通过这种直观性性
格的一个理智这个概念。这样想象的理智不是像我们的理智的一种理

智，在观念中树立起某一目标，然后进而去实现它，而是在它里面的对象必须是想象为直接表现出来，以致现实和可能之间没有区别的可能的。我们能够描述自然规律和我们判断能力之间的关系，只能是靠把自然律设想为这样适应于我们判断的能力，使得我们能够借助于意图这个限制性的概念把我们的经验系统化，就是说在解释它们之间的关系是使用最后原因这个概念。

我们的知性必然是从分析的普遍进行到特殊的。既然像它实际那样 340a
用抽象概念来工作，它在它的本身是不能越出它所从出发的抽象普遍的；因而为了特殊，它就不得不依赖经验的直观。另一方面，这些特殊在离开普遍来看时，不是成为统一的，而判断力的功用就是把它们从属于普遍而实现它们的结合。但这并不排斥一个在类别上不同于我们的理智的一个理智这个观念，即一个理智，它是直观性的而不是推理性的，因而是从综合的普遍进行到特殊的，直接掌握整体，而这样就不需要为着普遍越过它所从出发的普遍而去获得特殊的。这样的一个理智，假如它存在的话，不会把整体看为从部分分开的，或者部分从整体分开的，所以，对它来说，在
各部分的联系上是没有偶性的。然而我们理智的本性叫我们不得不把自 〔464〕
然中每一个实在的整体作为各部分结合的动力的结果来看，就是作为一个机械的系统来看。用这个过程我们是从部分过渡到整体的，而和这种程序的方式相对比的，我们可以想象到一个原型的理智，它把各部分在它们特定的性质上和在它们的联系上都在整体里面来掌握住。可是，在像我们的理智的那种推理性的理智的情况下，既然各部分的联系不一定以整体为先决条件，各部分的形式和联系得到解释，显然就是借助于整体的观念。但是这样的一个整体是被看为一种结果或成果，而观念就被设想为成果的原因。换言之，在这里我们看成果为一个目标，它的获得是由于先就树立起成果这个观念而看各部分为实现它的手段。所以我们把某些自然产物看为是由于不同于自然律的一种因果作用而来，即由一个最后的因果作用而来，乃是由于我们理智的性格才这样的。但是既然最后原因这个观念的应用是发生于我们理智的特别性格，我们就不能把它归于物自身，甚至现象性的对象我们都不能认为知道，因为它们是看作手段或目标只因为我们的理智不得不这样确定它们。例如虽然我们必须以内在

的意图归于生物，作为我们能够说明它们作为现象的性格，这并不等于说，内在的因果作用这个术语现实上是确定了或构成了它们的性质。在企图以最后原因的观念来解释自然产物时，我们经验到的不满意，其理由就是最后原因这个观念是不过主观的这一种感情。这种不满意的理由就是这个不言中的深信，认为我们没有权来把意图归于对象；换句话说，认为意图这个观念只是一种方法，是我们的反思的判断力用来叫我们能够
〔465〕解释我们用其他方法所不能说得清楚的东西的。必须注意，在这样树立起一个原型的理智（intellectus arche typus）时，我们不是肯定一个直观性的理智的现实存在。这样的一个理智是不是存在必须靠其他考虑来决定；我们所肯定的是，我们是和一个直观性的或者说原型的理智对比才发现我们自己的理智的相对的或者说有限的性格。

341a 一个物质的整体在其形式上，是由各部分互相作用和反作用所产生的这个概念给我们以机械的观念。然而这个观念并不含蕴着一个整体作为目标的这个概念，因之它是够不上来解释有组织物的特别性格的，而在有组织物里面有一个对象向我们出现，离开整体作为决定各部分的形式与结合的性格的这个观念，我们就不能解释它的可能性。这并不意味着有组织物究竟不可能是机械力的产物；因为那就会等于说，没有理智有可能想到各部分结合为一个统一体，除非统一性这观念是整体的原因，就是说，除非产物是被看为有意图的。这一种别的统一性是根据作为在空间的对象的性格的；而空间不是产物的实在根据，只是它们形式上的条件而已。空间诚然属于这样的性格，使得除了在对于整体的关系外，各部分得不到确定的；但是另一方面，作为只是一种形式上的条件，它并不确定各部分的性格或它们结合的方式的。然而对我们来说，物质世界是现象性的，而作为现象性的它就含蕴着和一个理性直观这个观念相应的一个基质的可能性，我们这样就获得自然世界一个超感性的和实在的根据，虽然由于我们知识的种种条件，那个根据不能使之到经验系统的里边来。只
〔466〕要我们是处理现象，我们就必须应用机械的规律，因为这些就是唯一的规律适用于在空间与时间中出现的对象的；但是特殊规律和自然的形式的和谐与统一性不因之而被排斥，因为自然的机械作用只适用于现象的。自然的超感性根据纯是理性的一个对象，而在我们碰见带有现象本身的

不同性格的现象的超感性根据这个观念时,我们只能利用最后原因这个观念来协调这两者。这样一来,自然就得要按着两条不同的原理来判定,即机械的原理和目的论的原理,它们是彼此不冲突的,因为前者适用于纯然作为现象来看的对象,而后者是有关于超感性的和感性的可能和谐的。

这样一来就很明显,在自然产物的一种机械派生这种种原理和目的 342a
论的原理之间是没有矛盾的。当现象是属于这样的一种性格时,使我们设想它们为自然的目标或有组织物,就没有可能用我们已知的机械规律来解释它们,没有可能甚至想象到怎样有那些规律的任何扩张能说明一单个有组织物。这样,最后原因这条原理在扩张我们的知识时,对我们是绝对不可少的。没有人类理智,其实没有有限的理智在任何时候能用机械的原因说得清楚甚至最简单的有组织物;因之在我们关于这样的对象的判断上,最后原因这条原理是我们不可少的。诚然在外部现象中没有什么东西叫我们不得不肯定它们只作为一个验前的理智的产物而存在的。得到这种结论的理由必须在现象的基质中来寻找。然而既然我们关
于那基质毫无所知,因为我们的知识是必然限于自然的对象的,我们就必 〔467〕
须在我们的理性机能的素质里追寻目的论联系的最后根据;换句话说,我们必须树立起一个原始的理智作为世界的原因以便替我们自己解释有组织的物的存在,又从而解释作为整体的自然。

关于方法的附录

八七、上帝存在的道德证明

按物理的目的论的根据,对理论的理性来说,主张世界有一个知性的原因是有充足的辩解的。然而从另一个观点,我们必须推论出一种道德的目的论。在我们道德的意识里面我们有一条不承认任何例外的规律的确实性,像我们在《实践理性批判》一书里所曾看到那样,这条规律叫我们不得不在我们自己里面假定自由的因果作用为当然的。但是我们所追求的道德目标即意图和表达行动普遍原理都既然是验前的,我们不能只从道德律的意识推出在我们以外的一个理性的原因的存在。道德律在它本身是绝对的,因为纯是我们自己的理性所加在我们身上的,而事实上如果我们企图把它根据一个最高理智的话,道德行动的纯洁性就会被摧毁的。

与此同时，虽然从行动的动机这个观点来看，道德的目的论是完全不依赖
自然的世界，然而必须在这种意义上和那个世界联系着的，就是道德律借
以得到实现的行动必然是一定对自然的现象产生影响的。换句话说，人
不只是一个道德的存在者，而且又是一个自然的存在者；因而他的道德意
图变成行动就包含有对他自己的感性性质直接发生影响，而这样对其他
〔468〕的外部对象也就间接发生影响。那么，我们在我们自己作为从属于道德
律的这个概念里，就发现我们作为标准来判定其他事物是目标，或从属于
作为最后目标的我们自己的一种目标的标准。照康德的看法，道德的实
现是唯一的最后目标，是我们有权肯定为一切事物力求达到的最后目标，
因为世界上除了良善的意志之外没有东西是能看为终究的。那么，道德
目的论所处理的是我们自己作为原因对我们摆在自己面前的道德目标的
关系，其实这关系是对一个绝对道德的集团，其中每一个人把自己和其他
的人都变为在自己本身就是目标的一个集团的实现这一最后目标的关
系。这个最后目标的实现预先假定外部世界不是和它绝对对立的，而容
许它的实现的。所以问题就发生了，我们是否为理性所迫使要追求一条
原理，在世界之外而又独立于世界的，能说明自然和道德的最后目标两者
的统一的。这样就发生了一种道德的目的论，它一方面处理一个道德的
即自由的主体的自立法，而另一方面处理自然作为在它里面这样一个主
体必须实现他自己的范围。

344a　承认了自然事物的偶性之后（这是我们感性经验通常的观点），就必
须把每个对象看为依赖作为它的原因的某另一东西，即看为不是自为原
因的。另一方面，这个不能是最后的观点，因为理性要求有一个最高的即
最后的原因，因而我们可以在物理的秩序里或者在目的论的秩序里寻找
这个最高原因，即受条件限制的东西的无条件根据；换句话说，我们可以
问，产生事物的最高原因是什么？或者问，事物的最高的即没有条件限制
的目标是什么，就是含蕴在某一类事物，即有组织的物，甚至一切事物的
〔469〕产生里的目标是什么？可是，在后一种情况下，我们把这个原因设想为一
个理智，它把它所追求要实现的目标摆在自己面前，或者至少像康德很小
心地说的那样，我们必须把那个原因设想为好像它是一个理智似的，因而
好像它是按照一个理智的规律而行动似的。

从目的论的观点来说，大家都承认理性在验前所要求的唯一最后目 345a
标就是人作为服从道德律的这个目标。其中没有道德的存在者，就是说没有在他们本身就是目标的存在者，这种世界，而且是只为无生的物或者纵然是光止动物所组成的世界，会毫无意义、毫无价值的，因为在这样的一个世界里，没有有理性的即理智的存在者的存在，因而整个世界就必然是属于纯然机械的性格的。而且甚至假定在这世界上有理性的存在者，但是这些存在者是不能有自确定能力或者说自由的，而只从事物适合于带来愉快这个观点来估计事物的，虽然无疑会有相对的目标，但是没有绝对的即最后的目标的；因为从适合于带来愉快的对象对感性主体的关系是不能得出最后目标的。但是人作为一个道德的存在者为自己规定绝对有束缚力的目标，因而作为自立法的而且自决定的存在者，他的道德就满足一个最后目标这个概念。那么，在世界上唯一最后的目标就是在他们为自己规定的绝对道德律之下生活着有理性的存在者的目标。

可是，作为自由的形式上的条件的道德律把它自己加在我们身上是 345b
纯然由它自己的权力，而拒绝承认自然欲望作为自然欲望来说对我们有任何要求。与此同时，它替我们决定下来，而且事实上验前地决定下来，一个最后目标作为我们的一切努力应该指向的鹄的；而那个目标是世界
上通过自由的最高可能的善，换言之，即道德律的完全实现。另一方面， 346a
我们有权看为是合理的主观条件就是幸福。这个目标必须从属于德性即 〔470〕
善良这个最后目标。世界上可能的最高的物质的善是幸福，而且我们必须设法促进这个目标的（虽然它永远不得是我们行动的动机），而且总是在这个客观的条件之下来促进，即只有把道德律变为他的动机的人才配得到幸福的。可是不可能和我们理智的各种机能无矛盾而主张这两个目
标，即德性与幸福，能只由自然原因的作用而得到；因之，如果在世界上唯 346b
一的原因是自然，就等于说在世界上没有道德律的要求得到实现的保证。实际上在自然的必然性的性格里没有什么东西叫我们有权来说道德律的实践必然性是丝毫能得到实现的；换句话说，我们尽管决意有道德律，然
而世界的性格可以是这样，结果是幸福没有可能。所以如果我们是要满 346c
足理性的一切要求，而且至善（summum bonum）在它的两种意义上得为有效，我们就必须假定有一个不同于自然的原因使道德和幸福这两个目

标彼此协调,而这个原因必须设想为道德的,因为不然的话,我们所肯定的就只是一个自然的即机械的原因而已。所以一个绝对目标这个概念就是说绝对道德律为它们本身就是目标的存在者所自由地实现的可能性这个概念,是预先假定一个道德的原因或者说世界创造者的存在的;换句话说,它是预先假定上帝的存在的。

八八、道德证明的限制

347a 最后目标作为只是我们实践理性或者说道德意识的一个概念不能得
〔471〕自经验的事实,因而它决不扩张我们的知识。它的唯一可能的用途是在行动为一个自由存在者所决定的时候,这存在者把一条理想的规律摆在自己面前而纯然以它为准标而行动。世界创造的最后目标必须设想为世界的那种素质,它是和理性承认为绝对对我们有束缚力的唯一目标相和谐的。因为道德律把一个绝对的义务加在我们身上,同时又拒绝承认对它有任何例外,它就使我们有权来预先假定道德的实现是有可能的,因而自然就不能是这样的性格以致它的实现是没有可能的。在道德意识的根据上,而且只有在道德意识的根据上,我们才能主张创造的最后目标的存在。

347b 刚才得到的结论就是有一种道德的目的论;换句话说,世界必须是适合于理性要求为一个最后目标的那个东西的实现,即道德的存在者的存在。可是,我们为了说明理性的要求这个最后目标必须是能实现的正当理由,就必须从道德的目的论进一步而到神学了;因为我们不能设想理性所要求的最后目标有可能和自然相和谐,除非预先假定这个和谐是一位又有理智而又是道德的存在者,即上帝,所产生的。但是,虽然这个结论是理性所要求的,但必须注意,它只对于叫我们能够对自己表象理性的要求是如何能得到实现这个判断有效的。在这个情况下,判断不是决定性的判断力而是反思性的判断力所作出的。无疑理性在规定绝对的道德律时,是不依赖理性提出在自然中那些规律可以得到实现的条件的。严格地说,事实上,后者不属于实践理性,而属于理论理性。但是我们不能假定在世界的最高原因里面——那是我们必须设想为一个理智的——有着
〔472〕作为实践的理性和作为理论的理性两者之间的对比,并且假定为最后目标所需要的一种因果作用是不同于为自然目标所需要的一种因果作用的。所以我们没有权来推论出世界的最高原因是一个道德的存在者,在

树立起某些目标而进行去实现它们的这个存在者的意义上。我们也不能设想这个存在者是有意图地把自然适应使之和道德相和谐的这个存在者。然而我们能说的是，由于我们理性的素质，我们没有可能来设想除在自然适应于道德律的方式外，有其他方式是相对的目标和最后目标的对立能彼此得到协调的。所以我们必须设想世界的最高原因不只是世界的创造者或统治者，而且又是一个道德的立法者。

这样，对于自然的考虑就为理论的反思判断力证明了世界的一个理 348a
智的原因；就是说，自然向我们表现某些对象，除预先假定有一个有理智的原因之外，是我们完全不能设想是有可能的；而且间接地它又证明自然的一切对象必须从目的论的观点来设想。另一方面，道德的目的论为实践判断力成立这样的一个原因的存在，就是迫使我们承认自然有一个最后目标，那是在我们把它和道德律的观念发生关系的时候。诚然我们不能只从自然作为含蕴着意图这个考虑来证明上帝作为世界的道德创造者的存在。但是理性的性格本身就是它不能满足于任何达不到一切原理的绝对统一的东西，因而在关于物理的目标的知识和关于道德的目标的知识发生关系时，前者就是一种手段，我们因之能够把上帝这观念的实践实在性和它已经是对判断力存在着的理论实在性结合起来。

关于上帝的存在，有两件事是必须牢记在心的。首先，既然由于我们 348b
的知识限制于感性经验的对象，我们关于一位最高存在者的存在毫无积 〔473〕
极的知识，我们只得用类比的方法来想到或者设想这位存在者的属性。我们不可能知道上帝，因为在我们的经验里边没有什么东西对我们显示一个超出一切经验的存在者的性质的。其次，从这就得出结论说，虽然我们有权来说，按他的性质，最高存在者必须和我们所说的理智与道德相应，但是这并不叫我们能够认识他如他实在是那样，我们也不能用这些属性积极地来述说他。我们能够对自己实现最高存在者的性质的唯一方式就是通过最后原因或者说意图这个观念的应用，而那个观念，像我们已曾看到那样，只是一条限制性的原理而不是一条组织性的原理。理性必须采取决定性的判断力然后我们才能绝对地确定上帝的性质，而这却和它的基本性格相反的。然而我们全程研讨的最后结果就是把关于上帝、自由和灵魂不死的信念置于一种彻底合理的基础上，这个结果乍看起来像是知识必然限制于感官世界所排斥的。

译 后 语

华特生从康德的四种著名的哲学原著摘录了若干段落编成他的《康德哲学原著选读》一书，并且自己从德文翻译成英文，作为大学学生的康德哲学研究的参考资料，其后，他根据自己在大学课堂上的讲稿写成了他的《康德哲学讲解》。这书原是为了和他的《选读》一书并用的，但是也可以单独用作大学学生和一般研究康德哲学的人一种入门的书，因为这书不但很概括地把康德的三大《批判》的主要部分予以阐述，并且在阐述中尽量地不加入个人的主观意见，所以很可以说，他是在比较简短的篇幅里如实把康德的主要哲学思想呈现出来的。以这书为研究康德哲学的初阶，既可以不致像读教科书那样觉得隔靴搔痒，不能看到康德哲学的真相，又不致感觉到康德原文的词句晦涩，难予竞读。

可是，华特生的翻译，有些名词是和康德的《纯粹理性批判》(英译本)以及斯密著的《康德(纯粹理性批判)解义》等所用的名词不一致的。为了使英译名转译为中译名后得以统一，本译者在翻译上述几本书时曾将这些有关名词采用统一译名。

华特生的《讲解》原书栏外附有他的《选读》英文本的页数，在我们的中译本中在栏外表示出来；其栏外所注的康德原著页数也在中译本栏外一一注明；另外，为了便于读者查对《讲解》原书，中译本将《讲解》的页数也在栏外标明出来，不过都加了方括弧，以示区别。

中译本的缺点和错误，虽然经过译者的再三校对，但是限于译者的思想和业务水平，是在所难免的，希望读者加以批评指正。

韦卓民

1963 年 7 月于华中师范学院

整理者后记

一、本卷由韦卓民先生的五部译著构成。其中,《一切未来的形而上学导论》、《实践理性批判》(节选)、《自然的形而上学初步》、《道德的形而上学基础》(节选)是康德本人的著作,《康德哲学讲解》是加拿大人约翰·华特生解读康德哲学的著作。上述著作中,《一切未来的形而上学导论》系第一次整理出版,我们根据 Karl Vorländer 主编的 Prolegomena zu einer jeden kunftigen Metaphysi, die als Wissenschaft wird auftreten konnen (Leipzig,1920),并参考 Paul Carus 主编的英译本 Kant's Prolegomena to Any Future Metaphysics (London: The Open Court Publishing Company,1949)和 Gary Hatfield 的英译本 Prolegomena to Any Future Metaphysics That Will Be Able to Come Forward as Science (Cambridge University Press,2007)作了校订。《实践理性批判》(节选)和《道德的形而上学基础》(节选)选自约翰·华特生编选的《康德哲学原著选读》,该书与《康德哲学讲解》曾在商务印书馆和华中师范大学出版社出版过,华中师范大学出版社还推出过《自然的形而上学初步》的整理本,对于这些著作除了部分字句和版式、格式等方面的必要修改之外,基本沿用过去的整理本,不作实质性改动。

二、在校订过程中,我们力求保持译者的风格,尽可能尊重译者的手稿译文,在此前提下,围绕下述五个方面对译文作了必要修改:一是明显的笔误和误译;二是不太合现代汉语规范的字句和句子结构,但不影响理解的尽量不改;三是过时或者与习惯译法不一致的专门术语、人名和地名;四是在不改变原意的前提下,根据德文本和英译本对个别句子和段落作了一定增删,以使文意更加顺畅;五是不正确的标点符号。

三、对于许多概念、范畴和专门术语的翻译,韦卓民先生在长期的学术研究和翻译实践中形成了自己的独到见解和固定译法,其中有些尽管按汉语读起来不够顺口,甚至别扭,如"出现"(appearances,通常译为"现象""表象"等)、"验前"(a priori,通常译为"先天")等,但都有其奥妙、独到和合理之处,因此在校订过程中予以保留。

四、本卷整理、校订工作分工如下:《自然的形而上学初步》和《康德哲学讲解》由高新民负责;《一切未来的形而上学导论》分别由祝欢和曾自卫依据韦卓民先生手稿进行整理,其中祝欢负责导言至四十四节部分,曾自卫负责第四十五节以后部分,刘占峰根据德文本和英译本对全书进行校订,并负责本卷的统稿工作。在全书整理过程中,为了减少纰漏,我们参考了相关著作的中英文译本,但由于我们能力有限,加之时间紧迫,仓促之间,错误疏漏都在所难免,还望广大读者能够批评指正。

华中师范大学《韦卓民全集》整理小组

2012 年 6 月 13 日

出版后记

韦卓民先生(1888—1976),广东珠海人,我国著名的翻译家、哲学家、教育家,曾长期担任华中大学校长(1929—1951年)。韦先生毕业于文华大学,曾留学美国、英国,先后获哈佛大学哲学硕士学位和伦敦大学哲学博士学位,精通英、德、法、俄等多种外语,学贯中西,尤其是在康德哲学、黑格尔哲学、逻辑学、宗教学方面造诣很深。他毕生致力于沟通中西文化,在西学东渐、弘扬中国传统文化方面作出了巨大贡献。整理、出版《韦卓民全集》(11卷)对全面展示、传承韦卓民先生的学术成就,弘扬他的爱国精神和教育思想具有重要的文化价值和现实意义。

华中师范大学有一批富于抢救保护学术珍品责任感的领导和学者,一直在不计得失地付出。如上世纪八九十年代,以章开沅教授为首的校领导组织成立了韦卓民遗著整理小组,与韦先生一同工作过的曹方久(已去世)教授,敬仰韦先生学问与人品的唐有伯、高新民、王宏维等教授,一直在搜集、整理韦先生的遗著。华中师范大学出版社从20世纪90年代起就开始陆续编辑出版韦卓民先生的译著系列及相关研究,出版有“韦译哲学名著研究系列”及关于韦卓民研究的重点图书260多万字,包括《康德哲学讲解》、《康德〈纯粹理性批判〉解义》、《康德哲学原著选读》及《韦卓民学术论著选》等书。其后,由于经费和人手的紧张,仍有约700万字的译稿和文章等未能整理出版。所幸2013年湖北省新闻出版广电局启动了湖北省学术著作出版专项资金资助项目,11卷本的《韦卓民全集》获得资助;一贯重视韦卓民著述出版的珠海市委宣传部对该套书的出版也给予了高度重视和经费上的有力支持;还有马敏、余子侠、高新民、刘家峰等老师也为全集的出版不计名利地做了大量工作。特别要说明的是,韦卓民先生的后人对全集出版给予了无私的帮助,他们承诺放弃稿酬。根据他们的建议,出版社和他们商定全集出版后开付的稿酬,将作为“韦卓民奖励基金”,用于研究韦卓民先生著述的出版及相关的学术活动。在此,对这些一直关心、支持全集出版的所有同仁一并致以诚挚的谢意!

《韦卓民全集》的书稿形式繁多而复杂,除有大量手稿外,还有一些是从图书馆和档案馆拍摄的图片资料;手稿的大部分存放于华中师范大学档案馆,少部分保存在韦先生亲属手中,还有部分资料被收藏在英国和美国的大学图书馆。韦卓民遗著整理小组力求尽量把海内外所藏相关文献搜罗完备,整理出版。此次出版的《韦卓民全集》包括韦卓民生前已公开出版的各类作品和从未刊发的手稿、书信等,总体上分为翻译书稿和研究论著两大类,并按照哲学、逻辑、教育、宗教及文化等板块进行分卷,共11卷。

由于《韦卓民全集》绝大部分为翻译作品,如康德的《纯粹理性批判》、《康德的经验形而上学——〈纯粹理性批判〉上半部分注释》、《判断力批判》及卡斯拉的《康德〈判断力批判〉解义》、《康德哲学原著选读》,斯密的《康德〈纯粹理性批判〉解义》等,都是深奥难懂的哲学著作;加之韦卓民先生生活的年代和当时的行文习惯,书稿中有些说法和表述与现在的语言文字规范及出版规范有较大出入,但又不能按现在的要求径改,只能采取尊重历史、适当变通的原则进行特殊处理,现分述如下:

1. 关于标点符号。书稿中有很多不是分句而使用分号,不必断句而使用逗号,在"与"、"和"等之前使用标点的情况,还有在破折号前使用逗号和句号,以及括号中的内容单独列出并在句末用句号的情形等。这是当时的行文特点及作者的表达习惯,只要不影响对文意的理解,一律保持原貌;但如果导致无法理解,甚至是明显的错误,才按现在的规范予以改正。

2. 对书稿中的有些字词与现在的说法有出入的处理。如把"钥匙"写作"锁钥"、"介绍"写作"绍介"、"终究" 写作"终久"等,都一仍其旧;还有一些不符合现在的用词规范的,如"已曾"、"看成是"、"涉及到"等,只要不影响对内容的理解,亦未作改动。

3. 全集的注释很多,且形式繁杂。有大量简写的,如"A713 即 B741"是指康德《纯粹理性批判》两个不同版本的页码;有很多注项不全的,如"见书之第 12 节";同一文献资料有多种说法的,典型的如华特生的 The

Philosophy of Kant Explained 一书,韦先生有时简译为《解康德》,有时译为《释康德》,更多的时候译为《康德解》等等。编审人员不宜按照现有的规范统一,注项不全的也因资料有限而没法补充完整。为了尽可能保持原貌,更为避免造成新的错误,只能大致统一。

4. 正文内容的层次复杂,很多并没按现在通行的层次表达形式。同一层次的内容,有用 A、B、C……表示的,也有用 a、b、c……表示的,还有用(1)、(2)、(3)……表示的等,甚至同一层次的内容,其表现形式也不统一。考虑到没有错误,均未径改。

5. 有些表述虽不合适,但明显属于个人的写作习惯。如书稿中经常用"而"表递进关系,还有很多"是……的"句式,但有的"是……"后面没有"的"字等。虽然改了更符合现在的规范,但文中此类表述甚多,考虑到这种表述不影响读者的理解,亦未擅改。

6. 全集中还有少部分英文内容,原稿中同一个英文单词既有英式拼写,也有美式拼写,专用词的大小写亦不统一,同一地名的写法不尽相同,还有作者在书信后的署名写法不尽一致,为了保持作品原貌,亦未全书统一,仅在同一篇章或同一书信中统一。

韦卓民先生行文的特殊性还有不少,书稿的编校需要特别对待之处也很多,在此不一一赘述。

与大多数 20 世纪上半叶人物文集整理出版的难度大一样,《韦卓民全集》书稿的整理、编审难度远远超乎我们的想象。书稿除了少部分成书外,绝大部分都是图书馆和档案馆存放多年的手稿,编校这类书稿的难度有三:一是书稿中有大量非规范的简化字、繁体字、异体字,并夹杂有德文、英文、法文、拉丁文、希腊文等外文,且字迹难以辨认;二是书稿存放时间太久而导致的字迹脱落或模糊不清;三是由于书稿的专业性太强而难于理解。这不仅给书稿的收集整理增加了难度,对编审和校对人员也是极大的挑战。为了使文集尽量保持韦先生写作的原貌,也为了最大限度减少书稿的差错,编校人员反复查阅原件,并多次到图书馆、档案馆通过复印、拍照等方式获得资料进行核对和辨认。这仅仅有负责、敬业的精神和认真、细致的态度是不够的,编辑同人是怀着对韦先生的景仰之情和对学术的敬畏之心来做这套书的。我们有理由相信,《韦卓民全集》的出版将为学术界提供一个全面研究韦卓民先生的最佳文本,也将为西方哲学、教育学和宗教学等的研究提供重要的学术资源。同时,韦卓民作为研究中西方文化的先贤,其全集的刊行也将进一步推动中西方文化的交流与合作,为我国当下的学术发展与文化建设起到积极作用。

本社

2016 年 3 月 10 日